中华现代学术名著丛书

U0785549

清史探微

郑天挺 著

商务印书馆
创于1897 The Commercial Press

2014年·北京

图书在版编目(CIP)数据

清史探微/郑天挺著.—北京:商务印书馆,2014
(中华现代学术名著丛书)
ISBN 978-7-100-07450-6

I.①清…　II.①郑…　III.①中国—古代史—研究—清代　IV.①K249.07

中国版本图书馆 CIP 数据核字(2010)第 202232 号

中华现代学术名著丛书
清　史　探　微
郑天挺　著

商　务　印　书　馆　出　版
(北京王府井大街36号　邮政编码 100710)
商　务　印　书　馆　发　行
北京瑞古冠中印刷厂印刷
ISBN 978-7-100-07450-6

2014 年 8 月第 1 版　　开本 880×1240　1/32
2014 年 8 月北京第 1 次印刷　　印张 24⅛　插页 1

定价:72.00 元

郑 天 挺

(1899—1981)

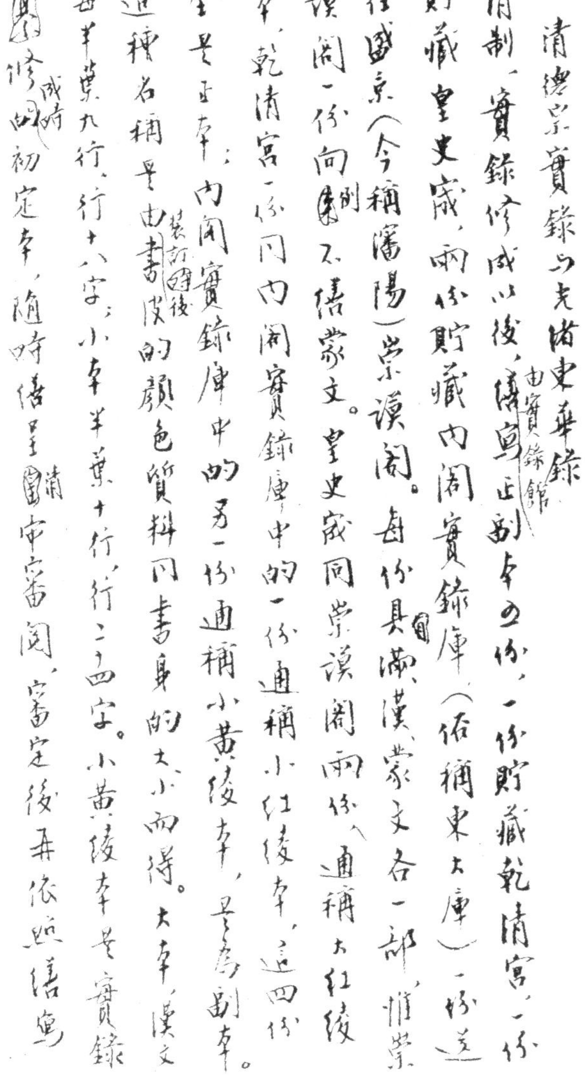
清德宗實錄與光緒東華錄

清制，實錄修成以後，由實錄館繕寫正副本五份，一份貯藏乾清宮，一份貯藏皇史宬，兩份貯藏內閣實錄庫（俗稱東大庫），一份送往盛京（今稱瀋陽）崇謨閣。每份具有滿、漢、蒙文各一部，惟崇謨閣一份向例不繕蒙文。皇史宬同崇謨閣兩份，通稱大紅綾本，乾清宮一份同內閣實錄庫中的一份通稱小紅綾本，這四份全是正本；內閣實錄庫中的另一份通稱小黃綾本，是為副本。這種名稱是由裝訂時後書皮的顏色質料同書身的大小而得。大本，漢文每半葉九行，行十八字；小本半葉十行，行二十四字。小黃綾本是實錄修成時初定本，隨時借呈清帝審閱，審定後再依照繕寫

作者手迹

出版说明

百年前，张之洞尝劝学曰："世运之明晦，人才之盛衰，其表在政，其里在学。"是时，国势颓危，列强环伺，传统频遭质疑，西学新知亟亟而入。一时间，中西学并立，文史哲分家，经济、政治、社会等新学科勃兴，令国人乱花迷眼。然而，淆乱之中，自有元气淋漓之象。中华现代学术之转型正是完成于这一混沌时期，于切磋琢磨、交锋碰撞中不断前行，涌现了一大批学术名家与经典之作。而学术与思想之新变，亦带动了社会各领域的全面转型，为中华复兴奠定了坚实基础。

时至今日，中华现代学术已走过百余年，其间百家林立、论辩蜂起，沉浮消长瞬息万变，情势之复杂自不待言。温故而知新，述往事而思来者。"中华现代学术名著丛书"之编纂，其意正在于此，冀辨章学术，考镜源流，收纳各学科学派名家名作，以展现中华传统文化之新变，探求中华现代学术之根基。

"中华现代学术名著丛书"收录上自晚清下至20世纪80年代末中国大陆及港澳台地区、海外华人学者的原创学术名著（包括外文著作），以人文社会科学为主体兼及其他，涵盖文学、历史、哲学、政治、经济、法律和社会学等众多学科。

出版“中华现代学术名著丛书”，为本馆一大夙愿。自1897年始创起，本馆以“昌明教育，开启民智”为己任，有幸首刊了中华现代学术史上诸多开山之著、扛鼎之作；于中华现代学术之建立与变迁而言，既为参与者，也是见证者。作为对前人出版成绩与文化理念的承续，本馆倾力谋划，经学界通人擘画，并得国家出版基金支持，终以此丛书呈现于读者面前。唯望无论多少年，皆能傲立于书架，并希冀其能与“汉译世界学术名著丛书”共相辉映。如此宏愿，难免汲深绠短之忧，诚盼专家学者和广大读者共襄助之。

商务印书馆编辑部

2010年12月

凡　　例

一、"中华现代学术名著丛书"收录晚清以迄20世纪80年代末，为中华学人所著，成就斐然、泽被学林之学术著作。入选著作以名著为主，酌量选录名篇合集。

二、入选著作内容、编次一仍其旧，唯各书卷首冠以作者照片、手迹等。卷末附作者学术年表和题解文章，诚邀专家学者撰写而成，意在介绍作者学术成就，著作成书背景、学术价值及版本流变等情况。

三、入选著作率以原刊或作者修订、校阅本为底本，参校他本，正其讹误。前人引书，时有省略更改，倘不失原意，则不以原书文字改动引文；如确需校改，则出脚注说明版本依据，以"编者注"或"校者注"形式说明。

四、作者自有其文字风格，各时代均有其语言习惯，故不按现行用法、写法及表现手法改动原文；原书专名（人名、地名、术语）及译名与今不统一者，亦不作改动。如确系作者笔误、排印舛误、数据计算与外文拼写错误等，则予径改。

五、原书为直（横）排繁体者，除个别特殊情况，均改作横排简体。其中原书无标点或仅有简单断句者，一律改为新式标点，专名号从略。

六、除特殊情况外，原书篇后注移作脚注，双行夹注改为单行夹注。文献著录则从其原貌，稍加统一。

七、原书因年代久远而字迹模糊或纸页残缺者，据所缺字数用“□”表示；字数难以确定者，则用“（下缺）”表示。

目　录

原序*

右近年读清史所作杂文十二篇，次为一集以求证于当世。天挺早失怙恃，未传家学，粗涉载籍，远惭博贯。比岁僻居无书，蓄疑难证，更不敢以言述作。独念南来以还，日罕暇逸，其研思有间恒在警报迭作晨昏野立之顷，其文无足存，而其时或足记也。通雅君子原其“率尔操觚”之妄，有以匡其违误，斯厚幸矣。

民国三十四年四月十二日，长乐郑天挺书于昆明靛花巷公舍之及时斋。翌晨闻美国罗斯福总统于其日逝世，即以此书为之纪念。

* 此为郑天挺先生为《清史探微》1946 年版所撰之序言。——编者注

清代皇室之氏族与血系

一、清代以满洲表部族

满洲之名，前史未见，明末建州女真始以自号。后世或目之为地名（日本人），或目之为国号（《实录》），或目之为部族之称（《满洲源流考》）；溯其原始，则或谓由于建州声转（《东北史纲》），或谓由于西方佛号（《满洲源流考》），或谓由于族内尊称（《明元清系通纪》及《满洲字义考》）。其说夥颐，非本篇所能尽。

清官书钦定《满洲源流考》卷一称：

> 按满洲本部族名，……以国书考之满洲本作满珠，二字皆平读。我朝光启东土，每岁西藏献丹书皆称曼珠师利大皇帝。翻译名义曰，曼珠华言妙吉祥也，又作曼殊室利大教王。经云释迦牟尼师毗卢遮那如来，而大圣曼殊室利为毗卢遮那本师，殊珠音同，师室一音也。当时鸿号肇称实本诸此。今汉字作满洲，盖因洲字义近地名，假借用之遂相沿耳。实则部族而非地名。（案此所引经文，据石峻先生考订，所谓"释迦牟尼师毗卢遮那如来"，盖出于密教经典，而"大圣曼殊室利为毗卢遮那本师"则无所据，或出于喇嘛传说，或由作者增文杜撰。其引

翻译名义集亦有删节，曼殊华言妙，曼殊室利乃妙吉祥也。)

《满洲源流考》撰始于乾隆四十二年（丁酉，公元1777），其说盖本于高宗御制全韵诗自注（《源流考》卷一并载其文）。案满洲一词，满洲字作 ᠮᠠᠨᠵᡠ，音妈因朱（manchu）。曼殊室利梵文作 Manjucri。所谓西藏岁献丹书称曼殊师利大皇帝云者盖属汉语译文，西藏朝贡清廷始于崇德七年即明崇祯十五年（壬午，1642）十月，王氏《东华录》记其仪注有宣读达赖喇嘛来书之语，然书文失载，其原文尚待深考。《西藏考》（撰人未详，记事迄乾隆元年，见仰视千七百二十九鹤斋丛书）附录雍正十二年（甲寅，1734）布鲁克巴（即不丹）及噶毕东鲁卜奏书，其于清廷概称“天下含生共戴满主西天大主”，《卫藏通志》（撰人未详，旧云和琳，余疑出于松筠幕府）卷十五引作“天下含生共戴满洲西土大主”，则与乾隆所述盖不相侔。所谓满主是否曼殊之译文或满洲之别译，亦待详考。然终清之世以满洲为部族之称，与汉人对列，则未尝稍改。《清太祖武皇帝实录》（故宫博物院印行）卷四称：“（天命十年九月）甘泉铺南海州所属张屯，汉人欲叛，密以人通毛文龙，文龙遣兵三百夜袭其屯，屯中满洲人身无甲胄与之战，杀其四人，敌遂败走。”天聪元年（明天启七年，丁卯，1627）五月初五日庚午太宗遗朝鲜王书曰，“自后若有尔国逃人，我即捕送，我国之满洲汉人……逃至尔国，尔即捕送”（王氏《东华录》天聪二）。天聪八年（明崇祯七年，甲戌，1634）正月十六日癸卯，太宗遣萨哈廉语诸汉官有曰，“尔汉官皆谓满洲官员虽娴攻战，贪得苟安，不知忧国急公”；又云“当国中年岁荒歉，八家均出米粟赈济贫氏，朕与诸贝勒又散给诸固山满洲蒙古汉人赡养之，尔等岂不知乎？”（王氏《东华录》天聪九）均以满洲与汉人并称。

是未入关前已然，非出后人改定。

《清太祖武皇帝实录》述满洲源流，谓“其国定号满洲”，并注云“南朝误名建州”。《武皇帝实录》成于崇德元年，即明崇祯九年丙子，公元1636，（王氏《东华录》崇德一，十一月十五日乙卯条。）远在《满洲源流考》之前，其说应较可信。然考录中称为国者，大明、朝鲜而外，凡有哈达、兀喇（乌喇）、辉发、夜黑（叶赫）、胡笼（扈伦）、胯儿胯（喀尔喀）、蒙古插哈拉（察哈尔）、蒙古廓儿沁（科尔沁）、蒙古兀轮特（兀鲁特）诸名。其中哈达、兀喇、辉发、夜黑又或称为部，不曰国；又或称为胡笼国中兀喇部、哈达部、夜黑部、辉发部；胯儿胯又或称为蒙古国胯儿胯部。插哈拉、廓儿沁、兀轮特在王氏《东华录》概称部不称国。是《武皇帝实录》之所谓国，仍属部落之称。又《武皇帝实录》于太祖幼时述曰，“时各部环满洲国扰乱者有苏苏河部、浑河部、王家部、东果部、哲陈部、长白山内阴部、鸭绿江部、东海兀吉部，……各部蜂起，皆称王争长，互相战杀”（王氏《东华录》天命一作：“时诸国纷乱，满洲国之苏克苏浒河部，浑河部、王甲部一作完颜、董鄂部、哲陈部、长白山之讷殷部、鸭绿江部、东海之渥集部……争为雄长，互相攻战”）；又于辛卯年（明万历十九年，1591）述曰：“时满洲长白山所属朱舍里、内阴二卫（王氏《东华录》天命一作：“未几，长白山所属朱舍里、讷殷二部”），同引夜黑兵将满洲东界叶臣所居洞寨劫去。……太祖曰，……朱舍里、内阴是我同国，乃敢远附异国之夜黑劫掠我寨，盖水必下流，朱舍里、内阴二部终为我有矣。”内阴部既为“环满洲国扰乱”诸部之一，何以复有“是我同国”之言，既曰“是我同国”，何以复有“朱舍里、内阴二部终为我有”之说？可知其所谓国实指部族，与国无涉。意谓朱舍里、内阴二部远引异族加兵于同族也，此盖译文者之疏。然则

《武皇帝实录》所称其国定号满洲，实即部族定号满洲。《清史稿·太祖纪》不取其文，易为"号其部族为满洲"（卷一），盖非无故。洲字本训水中居地，与原野迥殊，不曰满州而曰满洲，实避土地之名。天聪二年（明崇祯元年，戊辰，1628）四月甲辰，太宗遗明使李喇嘛书曰，"我师既克广宁，诸贝勒将帅遂欲进山海关，我皇考（太祖）……因欲听汉人居山海关以西，我自居辽东地方，满汉各自为国，故未入关而返"（王氏《东华录》天聪二），是当时关外固自仍其本称。近世强以满洲为地名，以统关外三省，更以之名国，于史无据，最为谬妄。满洲出于建州左卫，为女直支裔，即唐之靺鞨，周之肃慎，乃中华历史上宗族之一，清朝入关后散居中原，更不可以一省一地限之也。

二、满洲先世在元明之地位

《清太祖武皇帝实录》谓清代祖居长白山东南鳌莫惠之鳌朵里城（卷一），鳌朵里王氏《东华录》作俄朵里，注曰：一作鄂多理，盖入关后改定之译文，孟心史先生以为即元初之斡朵怜万户府（《明元清系通纪》前编二）。案《元史》五十九《地理志》二，辽阳等处行中书省合兰府水达达等路下称：

> 元初设军民万户府五，抚镇北边；一曰桃温，距上都四千里；一曰胡里改，距上都四千二百里，大都三千八百里；一曰斡朵怜；一曰脱斡怜；一曰孛苦江；各有司存，分领混同江南北之地。其居民皆水达达女直之人。各仍旧俗，无市井城郭，逐水

草为居，以射猎为业，故设官牧民随俗而治。

斡朵怜或作斡朵里，《明实录》、《朝鲜实录书》及朝鲜之《东国舆地胜览》、《龙飞御天歌》均见之。明洪武二十年（丁卯，1387）于其地置三万卫（《明史》四十一《地理志》），明年徙开元。《明实录》洪武二十一年三月辛丑称："先是诏指挥佥事刘显等至铁岭立站，招抚鸭绿江以东夷民。会指挥佥事侯史家奴领步骑二千抵斡朵里立卫，以粮饷难继奏请退师，还至开元。野人刘怜哈等集众屯于溪塔子口，邀击官军，显等督军奋杀百余人，败之。抚安其余众，遂置卫于开元。"（卷一八九）是元明以来我国疆圉固极于其地。

《元史》卷九一《百官志》七，诸路万户府下曰，"其官皆世袭"（8页），又卷九八《兵志》一曰，"国初典兵之官，视兵数多寡为爵秩崇卑，长万夫者为万户，……皆世其官"（1页）。是斡朵怜万户盖世袭之官与土官等，而所谓"各仍旧俗"、"随俗而治"，亦与西南土司无殊。《元史·兵志》又云，"辽东之乣军、契丹军、女直军、高丽军，云南之寸白军，福建之畲军，则皆不出戍他方者，盖乡兵也。"寸白即爨僰，畲为畲客（或曰畲蛮），皆地方之土族。女直与两者并列，更知元初定制东北与西南初无二致。降及明初，踵事不改。《明英宗正统实录》一七四，正统十四年正月乙酉，英宗致速达可汗书称："彼女直野人地方，附近辽东境，皆我祖宗开国之初设立卫分，给印授官，管治人民。"何乔远《名山藏·王享记》五"东北夷·海西"条称，"洪武初归附，高皇帝为设都司卫所，官其酋长为都督、都指挥、指挥、千百户、镇抚等官，使因其俗自相役属，不给官禄，听其近边驻牧，保塞不为寇。"陈仁锡《潜确类书》卷十四《区域》九《四夷》三"东北夷·女直"条亦称："其酋长为都督、指挥、千百户、镇抚诸职，给之印信，俾仍旧俗，各统其属，以时朝贡”（崇祯十三年刻本）。此与《明史》七六《职官志》所称“皆因其俗，使之附辑诸蛮，谨守疆土，修职贡，供征调”之西南土官，更无差异。永乐七年于东北设奴儿干都指挥使司，辖建州等卫一百八十四，兀者托温千户等所二十，以东宁卫指挥康旺为都指挥同知（七年闰四月己酉《实录》，及《王享记》），并与兵二百同往护印。永乐十二年又益以辽东都司兵三百，敕逾二年遣还（十二年闰九月壬子《实录》卷九十三）。是建置之始，任流官，调客兵，与其他行政区域同（孟森《清朝前纪》一称，奴儿干都司不设府县，亦与辽东各卫所之隶属都司相等）。其后都司虽废，而关系未断，来朝晋禄史不绝书，而官辽东者若王翱、马文升、张学颜更以能威辑东北号名臣。清太宗自谓“我祖宗以来与大明看边，忠顺有年”，盖亦未尝不以边民自命也（天聪四年木刻《谕官军人等榜文》，见《国学季刊》一卷二号）。

《英宗实录》一七四，正统十四年正月乙酉，英宗致瓦剌速达可汗书，有云：“去岁秋，女真野人卫分都督、都指挥等官来奏，尔瓦剌遣头目把秃不花等同兀良哈达子赍文书到各卫，……朕览其词，皆诱胁之意，……彼女真野人地方，……皆我祖宗开国之初设立卫分。……今可汗欲诱其往来交通可乎？且尔处亦有部属人民，朕遣人招之而来，可汗之心安乎？”是明初女真与瓦剌虽同为边外民族，而与明朝之关系固自不同，其地位亦大异。

据此可知，所谓“满洲”，久在疆理，早沾政化，元明授以爵禄，给之敕印，俾其世守，其性质实类近于西南大姓锡名自保之土司，其拥众抗命亦犹田州之岑猛，永宁之奢崇明，水西之安邦彦。迨其兵力强大，边吏委之外族以卸罪，世遂以域外拟之，过矣！

三 爱新觉罗得姓稽疑

明永乐初，循洪武故事，于建州头人多赐以汉字姓名，若阿哈出之名李思诚(《清史稿》作李诚善)，释加奴之名李显忠，咎卜之名张志义，阿剌失之名李从善，可捏之名郭以诚皆是(永乐元年九月，八年八月《实录》卷七一)。逮其子孙间亦蒙其赐姓，若释加奴子曰李满柱，阿哈出孙，猛哥不花子曰李撒满哈失里，李满柱子曰李古纳哈，均见之《明实录》，但仅蒙其姓未尝立汉名。当时赐姓以李氏独多者，窃谓由于唐开元中尝赐黑水靺鞨部长国姓，名之曰李献诚(《金史》一)，故其俗相沿以为尊贵。若建州之王杲、王兀堂，哈达之王台，无涉于赐姓，亦非姓氏相袭，《清史稿》谓明于东边酋长称汗者皆译为王某(列传十《万传》)，疑不尽然。杲与兀堂皆未尝称汗，或其先世尝赐姓完颜，或冒金国姓，故冠以王姓耳(《金史语解》称完颜汉姓曰王)。

清代先世或称之为童氏，或称之为佟氏。明初，朝鲜实录书、《东国舆地胜览》(卷五十《会宁都护府》下)称猛哥帖木儿为童猛哥帖木儿，其父曰童挥厚，子曰童仓；万历十七年《明实录》称奴儿哈赤为佟奴儿哈赤，《皇明从信录》及《东夷考略》均称奴儿哈赤姓佟，明末钱谦益称清太祖为佟奴(《初学集》四十三《岳忠武王画像记》)，张鹤鸣谓清太祖与佟卜年同姓不同族(《两朝从信录》卷九天启元年十月条。案：佟卜年，辽阳人，万历进士，实汉人)。童佟一音，是其姓历二百年未尝或改，盖与一时诡冒者不同。然既非明代赐姓，亦非汉字对音，其得姓之由必自有故。且汉姓累千，独以童氏为称，亦当有文献足据。

稻叶《清朝全史》引朝鲜李朝太祖（李成桂）《龙飞御天歌》卷七第五章注，有“女直则斡朵里豆漫夹温猛哥帖木儿，火儿阿豆漫古论阿哈出，托温豆漫高卜儿阏”（见《李朝太祖实录》卷八，影印本，349页）之语，又云，“古论与夹温皆其姓也”。豆漫汉语为万户，斡朵里即《元史·地理志》之斡朵怜，火儿阿即胡里改，托温即桃温，皆合兰府水达达路之万户府。或谓“夹温”为爱新二字之双声互转，又谓为“金之合音”，窃以为不然。夹字属见母，为牙音；爱字属影母，为喉音；温字新字属心母，为齿音；声类迥殊，通转为难。合音之说较近。然阿哈出与猛哥帖木儿同属建州女真，果因与金同部而得姓，二人不应有别；且“夹温”合音为金自成义意，若“古论”合音则当为昆（平声）为困（去声），更无名义可寻；至“高”仅一字，且无从翻切矣，故亦不能无疑。

稻叶君山以为“夹温”、“古论”皆属官名，其说尤妄。此二称他处未见，且不得其解，一也。女真旧俗，凡官名称号皆系于姓名之下，《松漠记闻》卷上“辽亡大实林牙亦降”条，注曰：“大实，小名，林牙，犹翰林学士。虏俗，人皆以小名居官上。”《太祖武皇帝实录》之称“黍儿哈奇（名）贝勒（爵）”，“呵呵里（名）厄夫（即额驸）”，“非英冻（名）扎儿胡七（官）”，“胡儿刚（名）虾（官）”，“厄儿得溺（名）榜识（称号）”，“厄一都（名）把土鲁（称号）”，皆其证。夹温果为官名或称号，不应系于名字之上，二也。（黍儿哈奇即《清史稿》之舒尔哈齐，出燕即褚英，呵呵里即何和礼，非英冻即费英东，胡儿刚即扈尔汉，厄儿得溺即额尔德尼，厄一都即额亦都，《清史稿》均有传。）豆漫已为官名，何以又重系以官名，阿哈出与猛哥帖木儿同为万户，何以所系又不同，而高卜儿阏又作何解？三也。

窃谓“夹温”、“古论”及“高”，盖三万户之姓氏，朝鲜不辨女真土俗之但称名字，于其来附，一一询其姓氏冠之名上，而“夹温”、“古论”为汉姓所无，与“高”氏之习见者不同，故复特释之曰，“古论与夹温皆其姓也”。如其所知未确，不应更有此释，高卜儿阏虽未明其姓氏，然如其非高氏则原注不应无释，此可推而知。阏在汉字有四读，均喉音，其所对女真语今不可考。万历时有卜儿汉，为叶赫贝勒之弟（《从信录》。在《东华录》作布尔杭古）。正统时有毛怜卫都指挥同知郎卜儿罕（《实录》），郎字盖汉姓，其例正同。又猛哥帖木儿被七姓野人杀后，其子童仓逃至朝鲜，同往者有百户高早化，岂高卜儿阏之族人欤？（并见正统二年十一月丁酉《实录》卷三十六）

《金史》卷七《世宗纪》，大定十三年（1173）五月，“禁女直人毋得译为汉姓”；又卷八，大定二十七年（1187）十二月，“禁女直人不得改称汉姓”（20页）；又卷九《章宗纪》，明昌二年（1191）十一月，“制诸女直人不得以姓氏译为汉字”；前后十九年间，三由国家示禁，当时风气之盛可知。以胡姓译从汉姓，盖倾慕汉化之一端。明永乐十一年，敕修《奴儿干永宁寺碑记》有“佟答剌哈”（《明实录》及《东夷考略》同，《潜确类书》作佟答剌）、“王官音保”、“赵锁古奴”、“张察罕帖木”之名（据稻叶引内藤拓本），是冠汉姓之俗始终未替。《金史》卷末，《金国语解·姓氏类》凡列国姓某汉姓曰某者三十一条，钱大昕以为即大定明昌间（1161—1195）所译（《廿二史考异》八四），其说是也。案《元史》一四九《王珣传》称，“王珣，……本姓耶律氏，世为辽大族，金正隆（1156—1160）末，契丹窝斡叛，祖成从母氏避难辽西，更姓王氏”，与《语解》“耶律汉姓曰王”合。《元史》一六二《李庭传》称，“本金人蒲察氏，金末来中原改称李氏”。与《语解》“蒲察曰李”合。《元史》一七九《萧拜柱传》称，“契丹石抹氏也，曾祖丑奴，……仕金为古北口屯戍千户”。与《语解》“石抹曰萧”合。又元石抹也先子曰查剌（《元史》一五〇《石抹也先传》），《耶律秃花传》（《元史》一四九）称之为“札剌儿”，而王恽《史忠武公家传》称之为“萧札剌”（参看钱大昕《十驾斋养新录》卷九“太宗三万户名不同”条）。父子异姓，必其先尝冠萧氏，所译亦与《语解》合。是其时译改汉姓皆有一致之轨则，并非各徇己意，而《金史语解》所列姓氏亦即当时之通例。犹之后魏孝文帝改拓拔为元，步六孤为陆，上下相守，不可或易。故《语解》小序申之曰，“国姓为某汉姓为某，后魏孝文帝已有之矣”。惟《元史》一六二《刘国杰传》称其“本女真人也，姓乌古伦，后入中州改姓刘氏”。以乌古伦改译刘氏，与《语解》“乌古论曰商”不合，或偶尔例外，或别有其故，今不可考。《金国语解·姓氏类》有“夹谷曰同”一条（陶宗仪《南村辍耕录》卷一，金人姓氏亦有“夹谷曰同”一条）。夹谷，乾隆十二年钦定《金国语解》注满洲字为[illegible]，音喀呼固，其字疑即夹温之称所自来。夹谷为金源白号之姓（《金史》五十五《百官志》），据《元史》一七四《夹谷之奇传》，夹谷本加古部，盖以地为氏。金天辅时有夹谷谢奴，隆州纳鲁悔河人（《金史》八一）；又有夹谷吾里补，暗土浑河人（同上）；正隆时有夹谷胡剌，上京宋葛屯猛安人（《金史》八六）；大定时有夹谷清臣，胡里改路桓笃人（《金史》九四）；又有夹谷守中，咸平人（《金史》一二一）。其所居固待详考，而上京、隆州、胡里改，则皆清代祖居周近。所谓“夹谷曰同”者，承上文“完颜汉姓曰王”而省（应曰“夹谷汉姓曰同”），谓金源姓氏之夹谷易汉姓则曰同。夹谷既译为同，则金人之冠同姓者必自夹谷氏出。同、童、佟，三姓同音，而童最习见。窃疑在金本曰同，朝鲜讹而为童，故称童猛哥帖木儿。佟在辽东最为大族，清太祖慕之取以自重，故易为佟。朝鲜李朝《太祖实录书》与《龙飞御天歌》时代相若，所据皆当时记录，而一称童猛歌帖木儿，一称夹温猛哥帖木儿，盖一用汉姓，一用对音。夹温他书未见，疑即夹谷。温乌浑切，魂韵，谷古禄切，屋韵，在声韵规律无可通假。且温字朝鲜读为On，谷则读为KOK（高本汉《中国音韵学研究·方言字汇》），相去尤远。然同为合口一等字，异国远道口耳相传或以致讹。《金史国语解·人事类》有"蒲阳温曰幼子"一条，蒲阳温，乾隆时注满洲字音"费雅音顾"，即诸书所谓"费扬古"，则女真旧音以温对古亦非绝无轨迹可寻。又《龙飞御天歌》原注下文有"托温"字，或缮写错行因以致误，均未可知。至阿哈出之姓古论，当即乌古论也（乌古论，部名，据《金史》六七《乌古论留可传》在统门浑蠢水合流之地。案统门即今图们江，浑蠢水即珲春河）。

《清太祖武皇帝实录》称始祖布库里英雄，（《史稿》作布库里雍顺）姓爱新觉罗，并于爱新下注曰，"华言金也"，于觉罗下注曰，"姓也"。案《金史国语解·物象类》，"金曰桉春"，武英殿本"桉"作"按"，《钦定语解》谓"按春即ᠠᡳᠰᡳᠨ（爱新）"，满字音读阿伊西恩（《金史》二十四《地理志》又曰"国言金曰按出虎"，盖对音别写）。其姓不见《金史》，《八旗氏族通谱》叙列满洲氏族，有金元旧姓，有新兴大族，或以部为氏，或以地为氏，或以姓为氏，或以名为氏，独其国姓于此数者皆无与。《武皇帝实录》称布库里雍顺（原作英雄）答三姓酋长之问，自言"我乃天女佛古伦所生，姓爱新觉罗"（自言）。王氏《东华录》称，布库里雍顺既长，"母告以吞朱果有身之故，因命之曰汝以爱新觉罗为姓"（天命一）（母命）；而《清朝通志》（旧称《皇朝通志》）卷一又称，"我国家肇兴东土，受姓自天"（托之神异）。记述各异，若有所隐避。世之论者多据《武皇帝实录》注文为之说，以为太祖托之金源同姓以自高门第，就文籍证之，盖亦不然。《实录》注例，于诠释满洲语处多系以华言二字，其一词为两字连缀而成者亦不分离，如黑秃阿喇，下注曰，“黑秃，华言横也，阿喇，岗也”，是也。其一词分为二注者必分标华言二字，如牛录厄真，于牛录下注曰“华言大箭”，于厄真下注曰“厄真，华言主也”。今爱新觉罗为一姓，而《实录》分为二注，一称华言，一无所称，明示二者有别。所谓“姓也”之注，盖与“虎栏哈达”下注“山名”，“酸”下注“酸，地名也”之类相同，乃言觉罗为姓氏之一，非谓华言为姓也。《清朝通志》一《氏族略》称“国语以金为爱新，觉罗，姓也”，不言“以姓为觉罗”而言“觉罗，姓也”，其意甚显。满洲语姓氏之姓为ᡥᠠᠯᠠ(《清文启蒙》卷一，第二页后)，读为哈拉(Hala)，凡询人姓、氏自答姓氏皆用之(《启蒙》卷二，第34页)，无言“觉罗”者，尤其明证(觉罗满洲音读基伊优罗鄂)。

清与金源有连，明人习闻之，但所传有不同，在清人亦无所讳。《明会典》一百七《礼部》六五“东北夷”条，“女直，……为金余孽”，此本就宗族言之。天启二年(清天命七年，公元1622)五月，王纪、邹元标、周应秋定首祸狱疏乃称，“奴酋(清太祖)阿骨打(金太祖)之苗裔也”(《两朝从信录》十三)，直以清为完颜氏子孙。明末官吏尝掘断房山金代陵墓地脉，以厌其王气(见顺治十四年正月十五日戊午，王氏《东华录》顺治二十八)；佟卜年之狱，刑部署部事侍郎杨东明论以大辟，谓卜年每岁必祭金世宗墓(《牧斋初学集》五十《顾公大章墓志铭》)。当时士大夫之所认定顾皆如此。崇祯二年(清天聪三年，公元1629)清兵初次入塞，遣阿巴泰、萨哈廉祭金太祖、世宗之墓(十二月十一日辛酉，王氏《东华录》天聪四)。入关而后，崇敬之礼加于历代诸陵，世人益疑其与金代确同宗支。然金姓完颜，其部人号异姓完颜，支派藩衍，历久不衰，清代果其嗣胤，何不仍以完颜为姓而必别立新称？清高宗尝谓："金源即满洲也"（乾隆十二年丁卯七月十八日丙午，《东华录》二十六），又谓："至如尊崇本朝者，谓虽与大金俱在东方而非同部，则其所见殊小。我朝得姓曰爱新觉罗氏，国语谓金曰爱新，可为金源同派之证。盖我朝在大金时未尝非完颜氏之服属，犹之完颜氏在今日皆我朝之臣仆"（乾隆四十二年丁酉八月十九日壬子，《东华录》及《满洲源流考》卷七）。可知金清两代关系不在同姓氏而在同部族。清既臣属于金，当时必自有姓氏，且元初已受万户之封必为一代著姓，改而托之爱新觉罗者，因既已托始祖于天女感朱果而生，自不能仍袭旧姓也。

清制，凡显祖（清太祖之父塔克世）本支子孙（即太祖兄弟之子孙）为宗室，束金黄色带，号黄带子；兴祖（清太祖之曾祖福满）、景祖（太祖之祖觉昌安）子孙称觉罗，束红色带，号红带子，其制盖仿自金代之宗室与同姓完颜。然金姓完颜，称完颜已足，清姓爱新觉罗何以仅称觉罗？《武皇帝实录》称：太祖赐胡里罕（即扈尔汉）姓觉落（觉罗），命为养子（卷一戊子年，王氏《东华录》同）。其事《史稿》本传失载，惟称扈尔汉年十三太祖养以为子（列传十二）。既养为子，应蒙其姓爱新觉罗，何以仅赐姓觉罗？清代又有所谓"民觉罗"。《清朝通志·氏族略》一曰，"宗室觉罗之外有民觉罗氏，其族属之众者冠以地名，如伊尔根，舒舒，西林，通颜之类（案冠地名觉罗氏凡八，其中伊尔根，满洲字作ᡳᡵᡤᡝᠨ，华言民也，即民觉罗之本字，非地名），散处者上加民字，以不同于国姓也"。其于得姓命氏之由未著一字，独于"不同于国姓"郑重言之。夫清之国姓自属爱新觉罗，与觉罗显不相同，何必多此一民字耶？可知"觉罗"本女真旧姓，清之国姓即出于此，故于族人则称觉罗，赐姓则赐觉罗。同姓疏族加之民字以示别，其“爱新”乃太祖所加。所谓爱新觉罗者，谓金之觉罗氏也。觉罗为一姓之专称，非姓氏之泛称也（宗室赐姓之称觉罗，固可以姓氏之泛称解之，若民觉罗则不能）。

清代所谓觉罗氏，疑即《金史》之夹谷氏。《八旗氏族通谱》于金代氏族见之《金史》者一一注明，若瓜尔佳氏、钮祜禄氏、舒穆禄氏凡四十余姓。其见之《金史语解》者亦标出，若完颜氏、温特赫氏、尼玛察氏凡十姓，独不见夹谷氏。《金史金国语解·姓氏类》三十一姓，乾隆时均注以满洲字音，而删其汉姓，以为“姓氏惟当对音，而竟有译为汉姓者，今既灼见其谬，岂可置之不论”（乾隆十二年七月十八日谕，《东华录》乾隆二十六）。今参传世两本，核之八旗氏族，表列于次：

金姓	译汉姓	满字音读	清姓
○完颜	王	斡英基雅	完颜（旧译王甲）
乌古论	商	武库哩	乌库哩
○乞石烈	高	赫佘哩	赫舍里乞石烈殿本作纥石烈
徒单	杜	图沙因	都善
○女奚烈	郎	尼由祜噜	钮祜禄案《历代职官表》谓即《金史》之粘割盖别译也
兀颜	朱	武雅	乌雅
○蒲察	李	富察	富察
颜盏	张	雅因扎	颜扎
○温迪罕	温	武因特赫	温特赫
○石抹	萧	舒穆噜	舒穆禄
奥屯	曹	鄂托英	鄂托？
孛术鲁	鲁	播都哩	博都哩
○移剌	刘	伊喇	伊喇
斡勒	石	倭呼	倭呼

○纳剌	康	纳喇	纳喇
夹谷	同	喀呼固	喀尔库?
裴满	麻	佛伊莫	费摩
○尼忙古	鱼	尼马哈	尼玛哈
斡准	赵	鄂岳	鄂卓?
○阿典	雷	阿克扎因	阿克占
阿里侃	何	阿礼哈	阿礼哈
○温敦	空	武因图因	温都案温敦或作温屯
○吾鲁	惠	珠噜	珠噜
抹颜	孟	穆雅因	穆颜
都烈	强	都哩	都哩
散答	骆	萨克达	萨克达
呵不哈	田	哈因楚哈	罕楚哈
乌林达	蔡	武礼英噶	乌灵阿?
○仆散	林	布萨	布萨
朮虎	董	珠赫呼	珠赫呼
○古里甲	汪	顾斡勒基雅	瓜尔佳

（有○规者《通谱》注明本金姓见之《金史》）

其间惟奥屯等四姓（有？符者）不敢确定，而夹谷居其一。夹谷，满洲字音喀呼固，通谱亦未见，惟与喀尔库一姓声近。喀尔库氏世居乌拉，族姓单寒，与夹谷氏之为金源巨室，散居上京、隆州、胡里改各地者不相当，且入元夹谷氏犹有显者，不应遂尔零落，绝非一姓也。夹谷氏宗支蕃绵，录谱牒者不当或遗，而《通谱》不著其姓氏，必已译改他字。觉罗满洲字作[illegible]，音基伊优罗鄂与喀呼固之音亦不合，疑清高宗定《语解》时，故以满洲希姓喀尔库当夹谷氏以自隐。观于高宗钦定《满洲源流考》（四十三年），钦定《历代职官表》（四十五年），钦定辽、金、元三史《国语解》（四十六年），改译《辽》、《金》、《元》三史（四十七年），复以满洲瓜尔佳氏当金之夹谷氏，其有意歧异隐避之迹可见（《满洲源流考》七附《金史姓氏考》两见瓜尔佳氏，一云旧作夹谷，一云旧作古里甲，其迹甚显）。私臆清代先世以童佟为汉姓，由于同字之转。同姓之来由于夹谷，清太祖重定姓氏，微易其字而为觉罗，复加爱新于其上，以示尊异。《氏族通谱》因其已为国姓改译觉罗，故不重出，又以清代托姓于天，故不复著其源流。夹谷与觉罗就声韵求之，惟夹觉同属见母，余无可通。然自来述女真对音者，如明安之为猛安，穆昆之为谋克，贝勒之为孛堇（《清文鉴序》），穆苏之为马赤（《清朝通志·七音略》），"音无的据，而义多牵合"（《七音略》），其来久矣。僻居无书，莫从取证，姑存此疑，以待异日。

四、氏族与旗籍

满洲姓氏，据《清朝通志·氏族略》并合所列凡六百四十七，见之《金史》者约十之三（《氏族略》一），而同姓未必同族。《八旗氏族通谱》于瓜尔佳氏载某与某同族凡二十余条，于纳喇氏著其别族有三。《清朝通志》以为"阅世既远，以姓为氏者或数典未忘，而以地为氏者往往混淆莫辨"（卷一《氏族略》序）；《清史稿》亦言，"满洲诸大家多以地为氏，往往氏同而所自出异，战绩既著，门材遂张"（列传二九传论），盖非谰语。故虽有清宗子亦有莫详其属籍者，若觉罗果科即其一例。谱录之难，古今同慨。

清太祖分隶国人于八旗，然隶满洲八旗者不必皆为满人。初蒙古来附皆隶满洲旗，其自明朝至者又入汉军旗，蒙古旗制既定，先已籍满洲、汉军者亦不复追改（《清史稿》列传十六传论），如恩格德尔之隶满洲正黄旗，和济格尔之隶汉军正白旗（并见《史稿》传十六），此一例也。蒙古旗分定后，尝因内附诸蒙古多违令，乃罢蒙古旗散隶满洲各牛录，于是明安改隶正黄旗，恩格类、布当皆改正蓝旗（《史稿》传十六，其事系于天聪六年），传之子孙亦不复改，此又一例也。更有以功改隶者，顺治时喀兰图由蒙古正黄旗改隶满洲正黄旗（《史稿》传十六《附洛哩传》），雍正时莽鹄立由蒙古正蓝旗改隶满洲镶黄旗（《史稿》传七八），乾隆时张承勋由汉人归入汉军正黄旗（乾隆五十九年十一月己丑，《东华录》一一九），同治时官文由汉军正白旗改隶满洲正白旗（《史稿》传一七五），其例尤多。至后族之抬旗，则有孝康后家自汉军镶黄旗改隶满洲镶黄旗，孝仪后家自汉军改隶满洲镶黄旗，孝哲后（同治之后）家自蒙古正蓝旗改隶满洲镶黄旗（《史稿》传二五五《崇绮传》）。

满人命名，初取满文，继用汉义，历世既久，满汉遂致相互法效。若苏勒芳阿之为汉军马氏（《史稿·封爵表》二，侯），官文之为汉军王氏，诚端之为朱明后裔（《史稿·封爵表》二，一等延恩侯），赵珏之为阿尔泰玄孙（《史稿·封爵表》三，三等襄勤伯）尹继善之姓章佳氏，李荣保之为富察氏，若徒寻姓氏，往往失之。是故考族姓者不能仅求之于旗籍命名，此又治清史者所宜慎。

五、清代诸帝之血系

清代满汉之畛域甚严，婚姻嗣继各有规制，末季屡言化除满汉界限，终无成议。清初祖训，宫中禁蓄汉女（《清史稿》列传一《孝庄皇后传》及顺治十二年七月乙酉，王氏《东华录》顺治二十五），而采女宫女之选又求自八旗（《清会典》九五“户口”条）及内务府属三旗(《会典》八七),则宫闱之中宜无他族。然世祖诸妃有陈氏、唐氏、杨氏、苏氏;圣祖诸妃有王氏、高氏、袁氏、刘氏;世宗诸妃有耿氏、齐氏、李氏、宋氏,实汉姓。世祖纳石申女为恪妃,圣祖纳王国正女为密嫔,世宗纳年遐龄女为贵妃(以上并见《清史稿》传一《后妃传》及《清朝文献通考》二四一),高宗纳高斌女为皇贵妃(《清朝文献通考》二四一"皇贵妃高氏大学士高斌女",《史稿·后妃传》改称高佳氏。斌子恒,恒子樸,恒孙杞,均姓高氏,斌从子晋,父名述,明凉州总兵,其为汉人无疑;但后入内务府为汉军耳),实汉人。若更进而一究清代诸帝母姓血统,太祖而外几皆非纯粹之满洲人。

清太祖之母宣皇后姓喜塔腊氏,(《清太祖武皇帝实录》作奚塔喇氏《八旗氏族通谱》作喜塔喇氏),为都督阿姑女(《武皇帝实录》一),阿姑,《史稿》作阿古(列传一),族系不详。日人稻叶君山谓阿古为王杲之转音。孟心史先生则考定太祖母为王杲孙女(见《明元清系通纪》四,又别有专文。案孟先生《清朝前纪》十及十三尚主宣皇后为王杲女之说,嗣复改定)。王杲者,嘉靖间建州右卫都指挥使(王在晋《三朝辽事实录·总略》及《清史稿》列传九),黠慧剽悍,数为明边患,李成梁破之,万历三年(乙亥,1575)为哈达王台(清代记载所谓万汗)擒送京师,其子阿台居古勒寨,其后亦为成梁所破,而太祖之父祖同及于难,即太祖所藉为兵端者也(阿台妻为景祖之女孙,礼敦之女,实太祖之嫡堂姊妹,太祖之母为王杲女孙,则阿台又为太祖之外祖行,此类缔婚在当时无嫌)。《太祖武皇帝实录》于太祖继母归自哈达者识之甚详,而于太祖生母不著其国别族属,必其同为建州女真无待更言。《清史稿·王杲传》称"不知其种族"(列传九),谓不知其姓氏所出耳,非谓不知其种族也。王杲既主建州，通蕃汉语，又为诸部酋长所尊信，其为女真无疑。据此太祖父系母系固皆纯粹所谓满洲人也。

清太宗之母孝慈后，姓纳喇氏，为叶赫部长杨吉砮女（《史稿》传一，《武皇帝实录》作杨机奴）。其先出自蒙古，姓土默特氏，灭扈伦纳喇部据其地，改以地为姓。后迁叶赫河岸，因号叶赫纳喇氏（《史稿》传十《杨吉砮传》），以别于乌拉、辉发两纳喇氏（《清朝通志》三）。初杨吉砮以少女许太祖，杨吉砮卒，其子纳林布录（《武皇帝实录》卷一，作纳林卜录）于万历十六年戊子送妹来缔婚，即孝慈后也。据此，太宗血统中实有蒙古血。惟自叶赫始迁祖星根达尔汉下逮杨吉砮，已历六世（《史稿》传十），其间婚媾莫详，太宗之蒙古血成分或不甚多耳。孝慈婚后，叶赫仍与太祖贰，数相攻伐。万历二十五年丁酉，叶赫复以贝勒布杨古之妹许太祖，愿复缔前好。布杨古者布寨之子，清佳砮之孙，杨吉砮之侄孙，此女则孝慈后之从侄也。太祖聘之而未婚。万历三十一年癸卯，孝慈后疾笃，思见其母，太祖遣使迎之，叶赫不许。后卒，明年太祖怒伐叶赫，万历四十七年即天命四年卒灭之。而所聘之女亦二十年未成婚。叶赫更以他许，当时所谓北关老女系扈伦四部之亡者即其人。俗传清与叶赫以此成世仇，叶赫誓必覆清，清亦禁不与叶赫婚，清末违祖训，孝钦（慈禧）、孝定（隆裕）两后相继入宫，清室遂亡。案太宗时有侧妃叶赫纳喇氏，为承泽亲王硕塞之母；高宗时有舒妃叶赫纳喇氏，为皇十子（未有名）之母，俗说绝不可信。

清世祖（顺治）之母孝庄后（顺治时称昭圣太后，康熙时称昭圣太皇太后），姓博儿济吉特氏，为科尔沁贝勒塞桑之女（见《史稿》传一《孝庄后传》。塞桑，《八旗氏族通谱》作寨桑，《史稿·外戚表》作宰桑），世居蒙古科尔沁左翼中旗（《史稿·外戚表》），为元太祖弟之裔，明洪熙间服属察哈尔(《史稿》传三〇五《藩部传》)，万历二十一年癸巳(1593)塞桑之父莽古思(《武皇帝实录》作蟒孤，又作莽古，《史稿·藩部科尔沁传》作莽古斯，《太祖纪》甲寅年作莽古恩，恩为思之讹)随叶赫等四部攻太祖不胜。三十六年戊申(1608)复败于太祖，乃遣使乞好(此据《史稿》传三〇五《科尔沁传》，《武皇帝实录》通好系于二十二年甲午)，四十二年甲寅(1614)莽古思以女妻太宗，是为孝端后，及天启五年即清天命十年(1625)塞桑之子乌克善复以妹妻太宗，是为孝庄后，孝庄后实孝端后之侄。据此，清世祖盖半属蒙古血。孝庄后母系不明，如非蒙古人则清世祖应为四分一蒙古血之混合血统，更就太宗之叶赫蒙古血计之，其成分更不只此。清皇室与博尔济吉特氏婚媾最繁，太祖一女，太宗十女，圣祖五女，高宗二女，仁宗二女，宣宗一女，均嫁其族；太祖后妃一人，太宗后妃六人，世祖后妃三人，宣宗后妃一人，均娶于其族；而宗女宗子之婚嫁不与焉，但非皆一族耳。清代大征伐科尔沁必以兵从，而咸、同间僧格林沁为尤著，以故终清之世崇礼不衰。

清圣祖(康熙)之母孝康后(康熙时称慈和太后)为佟图赖女，图赖姓佟氏，原名盛年，父名养真，家抚顺(《史稿》传十八《佟养性传》)，实辽东汉人(见后)，太祖克抚顺，养真降(《史稿》传二二《佟图赖传》)。养真之降，图赖年已长(天聪五年从征大凌河有功)，其母应亦为汉人。《清会典》八三《太常寺勤襄公祠祝文》，称佟图赖妻为觉罗氏(康熙十六年七月二十五日庚子，王氏《东华录》康熙二十同)，当属清宗室女。(顺治八年八月壬戌，王氏《东华录》顺治十七，称佟图赖为谭泰妹夫，谭泰姓舒穆禄氏，当别为一妻。)是孝康后父为纯粹之汉人，母为纯粹之满人。然则圣祖盖属四分一汉血，四分一蒙古血，二分一满洲血而杂叶赫蒙古成分之混合血统。

清世宗（雍正）之母孝恭后（雍正时称仁寿太后），姓乌雅氏，为威武之女（《史稿》传一）。威武，《清史稿·外戚表》作卫武，隶满洲正黄旗。乌雅氏世居哈达地方，哈达为扈伦四部之一，与满洲语言相通而统属不同。（《清史稿》传十《万传》。《武皇帝实录》一，辛卯年明万历十九年，"时夜黑国主……遣部下……来谓太祖曰，兀喇哈达、夜黑、辉发，满洲总一国也，岂有五王之理？……太祖答云，我乃满洲，尔乃虎伦……"；又卷三，天命四年，明万历四十七年，"满洲国自东海至辽边，北自蒙古嫩江，南至朝鲜鸭绿江，同一音语者俱征服，是年诸部始合为一"。）明万历二十八年（己亥，1600）清太祖征哈达尽收其国，于是哈达入于满洲，《清朝通志》三称威武之祖额布根国初来归，当即其时。额布根长子额森从征朝鲜有功，官至内大臣，即威武之父。是孝恭后盖满洲人，而世宗血统中有八分一汉血，八分一蒙古血，此外四分三皆满洲血而略杂叶赫成分。

清高宗（乾隆）之母孝圣后（崇庆太后），姓钮祜禄氏，隶满洲镶黄旗，为凌柱之女。凌柱为太祖时功臣额亦都弟额亦腾之孙（《清朝通志》二），世居长白山（《史稿》传十二《额亦都传》）。钮祜禄氏为金代旧姓，见于《金史》，盖纯粹之满洲人。故高宗之血统仅有汉血十六分一，其余皆满洲血。

清仁宗（嘉庆）母孝仪后为清泰之女（《史稿》传一）。清泰姓魏氏，本汉军，嘉庆时以后故抬入满洲镶黄旗，改魏佳氏（《史稿·外戚表》及传一），用孝康后后族抬旗例也。是仁宗血统中更有新汉血成分。孝仪后生于雍正五年（1727，见《后妃传》），距入关八十四年。清泰官至内管领，父名武士宜，官内务府大臣，祖名嗣兴，官护军校，通显已久，其与满人之姻媾必非简单，则所含之新汉血尚难计算，或仅八分一或十六分一耳。

清宣宗（道光）之母孝淑后，姓喜塔腊氏，为和尔经额之女，隶满洲正白旗，与太祖之母宣皇后同姓。清文宗（咸丰）之母孝全后，姓钮祜禄氏，为颐龄之女，隶满洲镶黄旗，与高宗之母孝圣后同姓。皆纯粹满洲人。在有清诸帝中，太祖而后，宣宗、文宗之满洲血成分最多，然仍含有汉人血与蒙古血成分。

清穆宗（同治）之母孝钦后（慈禧太后）姓叶赫纳喇氏（《史稿·后妃传·外戚表》均作那拉氏），为惠徵之女，隶满洲镶黄旗，与太宗之母孝慈后同姓。清德宗（光绪）之祖母为宣宗庄顺妃乌雅氏，母为醇贤亲王妃叶赫纳喇氏，即孝钦后之妹（《史稿》纪二十三）。叶赫于天命四年（1619）并于满洲，去孝钦生时（道光十五年，1835）已历二百十五年，所谓叶赫盖与满洲无复差异。是穆宗、德宗之血统中满洲之成分益多，而蒙古与汉人之成分几于莫辨矣。

据上述可知清皇室血系之复杂，在宣宗以前累世均有新血素之参入，此与当时武功之奋张，文化之调融，不无关系。最趣者清世以龙兴东土朱果发祥之贵胄自衒，而不自知其为汉满蒙古之混合血统；雍正、乾隆轻藐汉人，时肆诋諆，而自忘其亦有汉人血素。设详求清代外戚血缘以作更密之探讨，可述者当尤过于此。

六、佟氏与汉人

清代国史称佟养真先世本满洲，居佟佳，以地为氏，贸易入明

（清国史馆《佟养性传》，《国史忠义传·佟养正传》，《清史稿》传一八《佟养性传》，钱大昕《潜研堂集》三七，在史馆作《佟国纲传》），其子姓遂以佟为氏（《清朝通志》二《氏族略》），窃甚疑之。按《路史》，“夏太史终古归商后有佟氏”；《广韵》，“佟，姓也，北燕有辽东佟万，以文章知名”；《通志·氏族略》，“北燕有辽东佟万，以文章知名”；《姓觿》引《千家姓》，“辽东族，《北燕录》有辽东文士佟万，将军佟寿”；是中国旧有佟氏，且居辽东。明永乐时有都指挥佥事佟答剌哈（见前），宣德时有都指挥佟胜（见《重建永宁寺碑记》，稻叶书引），景泰时辽东有经历佟□（见叶向高《女直考》），天顺时有自在州知州佟成（见陈建《皇明通纪》，自在州据《一统志》即开原），成化时有建州左卫都指挥佟那和札（见五年七月《实录》乙巳，卷六十九），嘉靖时有广宁卒佟伏（见《明史》二一一《马永传》），其族姓虽不能详，然不必尽为佟佳氏，且太祖亦尝冠佟姓，则所谓因本姓佟佳而改佟氏，亦未必然。（稻叶谓太祖依妻族称佟氏，孟心史先生已驳之，见《清朝前纪》九。）

至谓佟氏由边外新附，尤难征信。明末佟氏族人降满洲者，养真而外有养性，镇国、佟山、佟三（见天聪五年五月庚子，王氏《东华录》天聪六，及《清史稿》传二一《孔有德传》）、国印（据天主教记载，国印为国器亲弟）、国祚（国祚万历时已官授辽游击）皆立功太祖、太宗之世；世祖及圣祖初年登朝列者，又有佟代、养和（顺治二年江西总督，见王氏《东华录》，《史稿·疆臣表》失载）、养甲（养甲为佟山之侄，崇祯时已官总兵，弘光时提督南直盐法，见《东明闻见录》及《南明野史》下）、养量、养巨、延年、康年、徽年、壮年、国允、国应、国鼐、国器、国祯、国佐、国卿（康熙十五年琼州总兵，见《蠡勺编》十九）。是其族实当时大姓，宗支蕃衍。《清国史忠义传·佟养正传》（即佟养真，避世宗嫌名改，见《史稿》列传二十二《佟图赖传》）称，“祖达尔哈齐以贸易寓居开原，继迁抚顺，遂家焉”（《清史稿》传十八《佟养性传》称，“达尔哈齐子养真”子字为孙字之误）；而养真之孙国纲自称臣高祖达尔哈齐贸易边境，明人诱入开原（钱大昕《佟国纲传》），其言果确，则是其只身入明，仅传三世，子孙何以繁茂至此？史书不言养真与养性同祖，则最亲不过再从兄弟，至镇国、佟山更属疏族，明代塞外入边匪易，诸人果自外来，何以一时若是之多？此可疑者一。《清国史忠义传・佟养正传》称“祖达尔哈齐以贸易寓居开原，继迁抚顺，因家焉”；《清国史・佟养性传》称“先世为满洲，居佟佳，……因业商迁抚顺”（正编一，卷四）；乾隆《一统志》四一，奉天府人物《佟养性传》“世居抚顺所，为商贩，以资雄一方”。是佟氏群从皆家抚顺。然据《皇明从信录》万历四十二年称，“奴儿哈赤复垦前罢耕地，开原参义薛国用力主驱逐，会巡抚都御史郭光复新莅任，……都御史廉知通夷佟养性，贳其重罪，令佯入奴反间”；《皇明通纪辑要》泰昌元年称，“御史舒荣都言……郑之範（《东华录》作郑之范）察处县令，夤缘入辽，虐佟鹤年致养性外叛，以陷开原”；则养性实居开原。据《明史・王纪传》（二四一）养真族子卜年籍辽阳（后移家居楚中，见《两朝从信录》眉批，章氏遗书《湖北通志》未成稿《卜年传》称寄籍江夏，当别有据。卜年之孙名世临，入清著籍江南上元，其拜先王父墓下诗有“孤忠未返辽东鹤，俎豆聊分江夏贤”之句，见沈德符选《清诗别裁》卷十四，则移居之说或较确），不居开原亦不家抚顺。可知佟氏于时分居开原抚顺辽阳三地，果属入塞未久，何以分布如是之广？此可疑者二。佟卜年以进士历官南皮河间知县有声，迁夔州同知，未行（《明史》二四一《王纪传》）。熊廷弼经略辽东，以其辽之巨室，用为登莱监军佥事，军前赞画(《两朝从信录》七，天启元年七月)。明末礼部尚书顾锡畴为佟邦年之门生(《明季稗史》二十《粤游见闻》)。邦年爵秩不详，当为科第中人，亦卜年群从。(据《明季稗史》二三《东明闻见录》佟养和曾任清湖南监军、兵部侍郎，应亦明末科第。)明制最重文官，举士尤严，其非土著者必须祖父入籍在二十年以上，坟墓田宅俱有的据，取同乡官保结方许应试(《清朝文献通考》四七，顺治元年定制盖全用明法)。而任官更须三代清白，佟氏果新附未久，卜年、邦年何能应试得官？(朝鲜《宣祖朝实录》三十二年，万历二十七年，有明驻辽阳副总佟养正，孟心史先生以为即养真。以年代证之，疑不尽符。)养真避世宗嫌名改养正，《朝鲜实录》不应预为之讳也。明代自塞外入边，不外三途，一为扣关请附，一为久商潜住，一为略诱作奴。三者取得属籍均非易易。属籍不得，遑论其他？此可疑者三。太祖开国功臣有扈尔汉(《史稿》传十二)、巴笃理(《史稿》传十三)、努颜(《史稿》传二八《席特库传》)皆佟佳氏。满洲士族固多氏同而所自出异(《史稿》传二九传论)，然巴笃理、努颜世居佟佳，当时不闻与养真兄弟相闻知，而必待太祖命其考订支派，叙为兄弟(佟国纲自言见钱传)，其原无瓜葛可知，况当时又焉得谱牒足据？此可疑者四。窃谓所谓达尔哈齐盖属伪托，其事实不足信。

佟养真以天命二年即万历四十五年降太祖，养性之降更在其前，其时尚无汉军旗之称，钱氏《佟国纲传》谓“初养正(真)之来归也例入汉军”(卷三七)。盖据家传之词，未加考证。太祖既下抚顺，编其降民为一千户(《武皇帝实录》二)，而官兵仍明制之旧，由李永芳统之(同上)，其后乃籍明边丁壮为兵(《稿》传一八)，清官书称之为旧汉兵(《通考》一七九)，太宗天聪间始改置成军号乌真超哈，即汉军之始，以佟养性为昂邦章京、汉语总兵，石廷柱副之，并谕养性曰，“汉人军民诸政付尔总理”，又谕诸汉官曰，“汉人军民诸政命额驸佟养性总理”。（养性娶宗女，号施武里额驸，施武里又作施吾理，见《史稿》本传，又作西屋里，见清国史馆本传，天聪四年喇嘛法师宝记碑汉字称驸马，见《东洋文化史大系清代之亚细亚》，135 页。）其时汉人初自成军而以养性总之必非无故。养性既卒（天聪六年），石廷柱代之为昂邦章京。崇德二年明崇祯十年（1637）八月，乌真超哈分为两翼，廷柱辖左翼，马光远辖右翼。（以上并据《清史稿》传一八诸人本传。王氏《东华录》系太宗谕佟养性之语于天聪五年正月乙未，系乌真超哈之名于八年五月庚寅，系满洲各户汉人十丁授绵甲一命马光远等统之于天聪七年七月辛卯朔。《清朝文献通考》一七九系定乌真超哈之名于天聪八年改定八旗官名之后。）廷柱，辽东人，亦自托瓜尔佳氏，世居苏完；光远，大兴人；二人均以明将归降，当时与孔有德、耿仲明、尚可喜并称汉将（汉将之称见《史稿》传一八《马光远传》）。天聪十年（即明崇祯九年，1636）群臣上表劝进，汉官亦五人列名。可知初时统乌真超哈者皆汉将。崇德中汉军八旗制定（王氏《东华录》崇德四年，1639，六月丙申设四固山，崇德七年，1642，六月甲辰设八固山），隶佟养性子于汉军正蓝旗（《史稿》传十八），隶佟养真子于汉军镶白旗；时去养真之降已二十余年。据此可知，入关以前清人未尝目佟氏为满洲。

更证之明末记述。沈国元《两朝从信录》九，谓“奴酋（清太祖）倡逆而佟养真等佐之，明弃我之冠裳，甘为贼之肺腑”（天启元年十月），解学龙《饬玩惩贪疏》，谓“李（永芳）佟（养性）二贼虽倾心于奴，但非彼族类，终不能释奴之疑”（《两朝从信录》二十，天启四年二月)；皆明其本为汉人。天启二年(天命七年,1622),千总杜茂以奸细被诬,词连佟卜年,卜年故为熊廷弼所荐,兵部尚书张鹤鸣与廷弼有隙,欲藉卜年以甚其罪(《明史》二四一《王纪传》,《两朝从信录》九,十三,十四)。当时疏奏繁多,好事者或谓其与"建酋"同姓,时祭金代陵墓,或谓其交通李永芳,谗害毛文龙(《两朝从信录》十四,兵部上言,奸细关系宗社,奉圣旨,毛文龙因拿佟养真,佟卜年遂投陶朗先处监军,谗害毛文龙云云),然均无据,卒以佟养真近族论流三千里(《明史·王纪传》作二千里),瘐死狱中。佟养真自言其祖为佟卜年之曾祖(《两朝从信录》九,天启元年十月兵部尚书张鹤鸣奏疏引养真供词),设果有所谓达尔哈齐其人,自边外来归,何难援之定谳？而卜年卒长系以死,必明廷上下深知佟氏之世居辽东,确为汉人,不能以诬。据此可知明末汉人未尝目佟氏为女真。

顺治十一年(1654)三月十八日戊申圣祖生,王氏《东华录》称"母曰佟氏"(二十二),十八年正月世祖遗诏称"朕子玄晔,佟氏所生"(三十六)。王氏《东华录》康熙总纪称"母孝康章皇后佟氏",均不称佟佳氏；康熙十六年册佟国维女为贵妃,二十年进皇贵妃,二十八年册为皇后,谕旨亦均称佟氏不称佟佳氏(并见王氏《东华录》,盖本于《实录》。《清史稿·圣祖纪》、《后妃传》、《外戚表》及《清朝文献通考·帝系考》均改佟佳氏)。据此可知佟氏自称出于佟佳氏之说,在清初皇室亦未尝许之。康熙时吴伟业为佟彭年有年之母刘淑人墓志,称其孙十三人,命名皆冠以国字,盖为佟图赖族人。志中一曰"在我本朝佟为贵族",再曰"维佟氏远自晋魏"(《梅村家藏稿》卷四十八)。据此可知清初汉人亦未尝以满族目佟氏。

康熙十六年(1677)七月,清圣祖推恩母氏所出赠佟图赖一等公(《清文献通考》二五系在八月),以其子佟国纲袭,二十七年(《史稿》本传在二十年)国纲上疏言:“臣家本系满洲,臣高祖达尔哈齐贸易边境,明人诱入开原。比太祖高皇帝(太祖于康熙元年改谥曰高)遣使入明,臣叔祖佟养性备述家世求使者代奏。即蒙太祖谕云,朕福晋佟佳氏塔本巴颜之女,尔佟姓兄弟分散入汉之故,朕知之久矣。及大兵克抚顺,将臣族人居佛阿拉之地,不加差使。臣叔祖得尚宗女,赐号施武里额驸,令与佟佳氏之巴都里、孟阿图诸大臣考订支派叙为兄弟。臣家族籍既明,请赐改隶满洲。”事下户部,户部议将国纲族人改归满洲,仍留于汉军旗下,佟氏文武官俱留现任,其编审册内改称满洲,从之(《史稿》传六八《佟国纲传》及《潜研堂集》三七)。其时距养真之降已七十年,入关亦四十五年,关外老臣,死亡殆尽,其所述太祖之语,莫可究诘。所可疑者,佟氏之请何以迟至数十年后始为之?而户部之议何以仅予其名(改归满洲),不予其实?(仍留于汉军旗下)既准之后,何以独其本支改入满洲(《清史稿》传六十八《佟国纲传》),而他支仍隶汉军旗?(《史稿·诸臣封爵世表》四,佟养性正蓝旗汉军;《史稿》传六〇:“佟凤彩汉军正蓝旗人,养性从孙也。”)窃谓清代满洲与汉军本非平等,初时佟氏自谓旧居佟佳以地为氏者,盖攀援以求容,其后求改属籍者盖假藉以自尊。部臣明知其疑,而佟氏方在贵盛,子弟遍于内外,有女宠为皇妃(孝懿后佟国维女,时为皇贵妃),且皇帝之舅,莫敢违忤,故有此两全之议,议定之后复迟阻其行,编审册内有意不予悉改。

清代所谓汉军旗,盖清初汉人之降者,清高宗尝言“汉军其初本系汉人”(乾隆《东华录》十五,乾隆七年四月壬寅),是其明证。

在清廷视之亦与汉人相若,康熙三年,尝命以汉军京堂官归入汉缺,与汉人一体升转(王氏《东华录》康熙三年闰六月丙戌,康熙四),其一例也。

据上列数事证之,佟氏确为汉人无疑。

当佟国纲请改隶满洲,同时正白旗汉军内大臣和硕额驸华善亦疏言:“臣高祖布哈原姓瓜尔佳氏,明成化间授建州左卫都指挥佥事,臣曾祖阿尔松阿嘉靖间袭父职,臣祖石翰移居辽东,临卒遗命诸子立功以归本国。及太祖高皇帝兵取广宁,臣父石廷柱开城门归顺,太祖见而喜曰:此我国人也,特赐御用鞍马,太宗文皇帝知臣父本系满洲,故命为满洲甲兵额真,后又命为统领汉军额真,累擢至一等伯。臣家世实系满洲。”(《潜研堂集》三七《佟国纲传》)事同下户部,议并同。案华善所述较之佟氏尤离奇。所谓建州左卫即清太祖本支所自出,成化间正明廷对建州两剿一抚多事之际,从未见布哈其人。一也。成化末去天启二年廷柱之降已一百三十六年仅传四世,年代不能相符。二也。乾隆二十九年修《清一统志》四一《奉天府·人物门》有石廷柱小传,称其“先世为辽东武弁,父翰始家焉。天命七年来归”。《一统志》小传盖本之未修改前之国史旧传,最为近真,华善所述与之不合。三也。窃疑石氏请改之私,伪托之迹,盖均与佟氏同,而户部亦以其方在贵盛不敢驳(华善额驸内大臣定南将军,石琳云南巡抚,石文炳福州将军)。所异者,《清史稿·外戚表》于佟图赖已称满洲镶黄旗,而《封爵表》于石廷柱仍称汉军正白旗,《清朝文献通考·封建考》列佟图赖于满洲异姓封爵之内(卷二五〇),而列石廷柱于汉军异姓封爵之内(卷二五四)耳。盖所许编审册内改称满洲之议,不知何时潜易之矣(佟养性一支亦未改当属同时同议)。

七、清初通婚政策

清初广与他部通婚，盖为一代国策。太祖时，若哈达部、乌喇部、叶赫部、董鄂部、苏完部、渥集部、科尔沁部、扎鲁特部、喀尔喀部，其部长莫不与太祖近属相婚嫁；而一时亲近大臣，若额亦都（娶太祖妹，继娶太祖女），何和礼（娶太祖女），费英东（娶太祖孙女），杨古利（娶太祖女，但《公主表》不录），康果礼（娶穆尔哈齐女）之属，既崇之以爵秩，复申之以婚姻，其汉人初降者亦间及焉。世传清代汉满不通婚，证之清初史实颇有不合。《明实录》载万历四十七年己未五月初一日癸未，户科给事中李奇珍奏，谓李如柏曾纳素儿哈赤（舒尔哈齐）之女为妻，即太祖之侄女，此汉满通婚之最早者（永乐时后宫有猛哥帖木儿家人，见《朝鲜实录书》不计）。清太祖下抚顺，明守将李永芳降，太祖以第七子阿巴泰之女妻之（《史稿》传十八）；太祖建号，佟养性以潜行输款为明吏置之狱，脱归太祖，太祖妻以宗女（《史稿》传十八本传，《清朝通志》作太祖孙女）；此建号后之通婚。清太宗既下大凌河，兵部贝勒岳托主善养汉人，凡一品官降者，以诸贝勒女妻之，二品官以国中大臣女妻之，其兵士则先察汉人女子给配，余察八贝勒下庄头女子给配（天聪六年正月十五日癸丑，王氏《东华录》天聪七）；太宗善之，命德格类安插大凌河汉人于沈阳，以国中妇女配之，不足，令诸贝勒大臣各分四五人配以妻室。此太宗时未尝禁汉满通婚之证。然当时方以明朝相攻伐，义属敌国，故通婚必由君上主之。入关之初，满洲以战胜之威，与汉人未能辑睦，多尔衮摄政患之，于顺治五年（戊子，1648）八月二十日壬子，谕礼部曰，“方今天下一家，满汉官民皆朕臣子，欲其各相亲睦，莫若缔结婚姻，自后满汉官民有欲联姻好者听之”（不必经由国家允许）；二十八日庚申，又谕户部定婚嫁报部之法，并定“满洲官民娶汉人之女实系为妻者，方准其娶”（见顺治十一），意在禁其横扰，是入关而后且加之劝导。故顺治时，吴应熊娶太宗第十四女，尚之隆娶硕塞女（《公主表》），耿精忠娶豪格女（《史稿》传二六一《附吴三桂传》），耿昭忠娶苏布图女（《史稿》传二一《附耿仲明传》）。康熙时，耿聚忠娶岳乐女（《公主表》），孙承运娶圣祖第十四女。固所以结功臣心，实亦为之倡。康熙四年（乙巳，1665）定例，“宁古塔流徙民人有嫁女旗下者听”（《清朝文献通考》二〇三）。所谓民人概指旗籍以外之汉人，流徙民人既准嫁与旗下，其良家自更无禁。

《户部则例》卷一《户口·旗人嫁娶门》有“在京旗人之女不准嫁与民人为妻”之规定，满汉不通婚之说似仿于此。但则例明定已许字者仍准完配，惟须将此出嫁旗女开除户册，至民人之女嫁与旗下为妻者概无所禁；是其意非不许汉满通婚，仅于满人之嫁汉人有限制耳（其重要原因，实为选秀女）。逮同治四年（1865）六月复定“旗人告假出外已在该地方落业，编入该省旗籍者，准与该地方民人互相嫁娶”，是其限制又只行于京师矣（以上并据同治十三年校刊《户部则例》）。光绪而后，谈国是者每以化除汉满界限为言，皆首举通婚。然稽之典制实无禁止明文，故光绪二十七年饬通婚之谕亦含浑其词，谓“满汉臣民朝廷从无歧视，惟旧例不通婚姻，原因入关之初风俗语言或多未喻，是以著为禁令”（《清朝续文献通考》二六《户口》二），以强为之说。窃疑汉满通婚法令固无明禁，而习俗形成之藩篱甚严，汉满不相婚嫁，汉人之畏避或更甚于满人也。

八、选秀女之制

清代后妃多嫔自名门，亦一代制度之善者。若佟图赖、国维、舒明阿（佟图赖之后，官杭州将军，为宣宗孝慎后之父），一门三皇后莫论矣。圣祖孝诚后父噶布拉官至内大臣，祖索尼辅政大臣，曾祖硕色巴克什；孝昭后父遏必隆官至辅政大臣，祖额亦都一等大臣；世宗孝敬后父费杨古官右卫将军步军统领；高宗孝贤后父李荣保官察哈尔总管，祖密思翰户部尚书，伯马齐大学士；仁宗孝和后父恭阿拉官礼部尚书；宣宗孝穆后父布彦达赉官户部尚书；文宗孝德后父富泰官太常寺少卿，祖祺昌兵部员外郎，曾祖明山刑部尚书；穆宗孝哲后父崇绮状元吏部尚书，祖赛尚阿大学士；莫不累叶通显。其故皆由于后宫之选出自秀女。

清制，秀女阅选以三年为率，由户部移文八旗都统造册，请旨阅选。凡京职满洲蒙古护军领催（正五品武职）以上，汉军笔帖式（文职七八九品不等）骁骑校（正六品武职）以上，外任同知（正五品文职）游击（从三品武职）以上，驻防副都统（正二品武职）以上；现任官员之女，年在十三岁以上（《清会典》八七《内务府·会计司》），十七岁以下（《户部则例》一《户口》"选验秀女"条），身无残疾，且未缠足者，始能备选，其公主之女（始自嘉庆五年，见《户部则例》），达海子孙之女（《史稿》传十五，盖尊其创造满洲字之功），官阶在前述各职以下者之女（外任如仅官同知游击者其女亦不备选，官阶尚须在其上），官吏缘事革职者之女，八旗闲散人等及兵丁之女（其得有顶戴无实职者同），在京孤孀之女其父原非五品以上文职四品以上武职者；均不送选。其制，武官严于文官，外官严于京官，驻防严于外官，孤孀严于现任职官，盖重家教也。秀女入宫，妃、嫔、贵人，下逮答应惟帝命，但贵人以上必选自世家女（《史稿·后妃传》序），其选阅之严，与明代委之宦寺，求之市井，而勋臣家禁不入选者迥异。故有清皇子之母鲜有出身微贱者。圣祖尝谓胤禩之母良妃卫氏母家为贱族（《史稿》传七。王氏《东华录》康熙四十八年正月癸巳、甲午，五十三年十一月甲子。案《史稿·后妃传》及《清朝文献通考》二四一《帝系考》三均作卫氏，惟《通考》二四二《帝系考》四又作魏氏，卫、魏两氏八旗氏族均无之，盖汉军也。余别有文），然妃父阿布鼐尝官内管领（《清通考》二四一），亦内务府正五品文官，与孝仪后之父同，家世固非明末之武清、嘉定比也。（明慈圣太后之父武清侯李伟微时业圬，崇祯周后父嘉定伯周奎微时寄食人家代为管库，此清代所绝无。并见《枣林杂俎》。）清代皇室教育远胜于明，或亦以此。

清宫内之汉姓女子，汉军秀女而外，或选自汉官（世祖时），或纳自潜邸（世宗高宗时），其制与秀女异。

九、余论

世传清高宗（乾隆）出自海宁陈氏，孟心史先生尝考之，搜讨甚富，其文尚未及见。然以时证之，高宗生时（康熙五十年辛卯，1711），世宗方居潜邸（康熙四十八年己丑，1709，封雍亲王），春秋鼎盛（年三十四），且尚有子（高宗为世宗第四子，第一子弘晖为孝敬后所生，康熙四十三年年八岁殇，其时高宗未生。第二、三子生卒待考。高宗即位后于雍正十三年十月己丑谕曰，“从前三阿哥年少无知，性情放纵，行事不谨，皇考特加严惩以教导朕兄弟等，使知儆戒"云云，是高宗生时三阿哥弘时未殇也），又何必急急于夺人之子以为己子耶？附之篇末，以当余论。

1943 年 6 月 27 日大雨中初稿成于昆明靛花巷
1944 年 4 月 11 日讲于西南联大文史讲演会

满洲入关前后几种礼俗之变迁

今天我们只谈谈满洲入关前后的几种礼俗之变迁。关于前清礼俗上变迁的材料，昆明能够找到的很少，所以仅仅排比一些文献；有许多私家著作，稍涉可疑或出于想像，全不敢取，因之所得更少。因为它本身未必全是一个问题，所以不一定有解答，更谈不到发明。

严格来说，在历史上我们所要谈的这一段时期，应该称作建州女真或后金，但我们为简便及通俗起见，题目同内容仍称为清或满洲，其中所涉事迹，为引征方便也用清朝的纪年，同时是名从主人的缘故。

清之先世在明曰建州卫，元为斡朵怜万户，再前为金、女真、渤海、靺鞨、勿吉、挹娄、肃慎；为中华古代民族之一，详见《金史》世纪、《两唐书·靺鞨传》、《魏书·勿吉传》、《三国志·东夷传》、《通典·边防》等，兹不多述。在这些记载中，我们知道这部分人民从前无文字，穴居无宫室，裸袒无衣冠，无棺殓之礼，有车马麻布，知耕稼，劲悍善射，俗编发，然而不洁。不过这是历史上记载，至金源已不尽然。金献祖所居，别人呼作纳葛里，纳葛里就是汉语居室。金昭祖死后，他的仇人欲夺其柩，可知当时已有棺椁。到了明代建州更不同。虽然在荒僻塞外，不惟有屋宇，更有很好的烟囱装置在屋外，院落有围栅，城寨更有砖石的墙。至于文字，金朝的女真字虽然亡逸，可是努尔哈赤仿蒙古字又作了满洲字。衣冠有了规制，表现出他们的特点，那就是帽上的红缨，所以当时有红缨满洲之号（王氏《东华录》顺治八，顺治四年五月乙巳条）。舆服丧葬由具备而趋于奢侈，衣服有了缎绣，马鞍有雕饰，丧葬不但讲求且重厚殓。最显著的是人民不但不"不洁"，而且注意修饰，甚至于讲求的太过，以致清太祖说，"愚暗之夫……所修治者宴会时服饰，此与妇人何异"？（天命六年七月甲子，王氏《东华录》天命三）太宗说，"近见新进少年诸臣，每至朕前，言动举止，专事修饰，未足凭也"（天聪五年七月辛巳，王氏《东华录》天聪六）一类的话，屡次下令告诫。（以丈夫比女子，是当时一种较重的责辱，如代善同布扬古说，"汝非男子，乃妇流耶"之类，见《武皇帝实录》卷三。）可知这部分人民，他们本身的进步与改革，以及吸收大多数人的文化是很快的。

在清太祖、太宗时候，这部分人民的礼俗方面，也有显著的变迁，入关后更不同。

一、渔猎

渔猎本是女真旧俗，可是这时候已经不是纯粹经济的渔猎生活，而为一种娱乐同消遣。天聪五年（1631）六月，太宗同他的群臣到浑河上游捕鱼，一直玩了五六日到了抚顺；崇德元年（1636）五月，代善第三子萨哈廉病死，他是当时赞助太宗汉化的最重要的人，大家全很伤痛，于是太宗同代善及代善长子岳托往浑河"观鱼舒忧"，以所得的鱼分给新附的蒙古和汉官；崇德三年（1638），清命岳托、多尔衮由墙子岭入塞，分道南扰，翌年班师，岳托同弟马瞻阵亡，代善追痛其二子，于是太宗率诸王大臣同他到浑河捕鱼“以娱之”，并设大宴；这可见当时纯以渔捕为娱乐。

打猎的习俗更盛于捕鱼。在入关以前，几于一年有三四次大规模的打猎，天聪四年五月、十一月、十二月凡三次，六年九月、十月、十二月凡四次，九年三月、四月、八月凡四次。每次少则三四日，多则二十四五日以至三十日。天聪九年八月丙午，出榆林边射猎，九月辛未还，凡二十五日；崇德二年十一月庚寅猎于打草滩，十二月癸未还，凡二十三日；崇德七年十一月甲戌猎于克勒开原，闰十一月甲辰还，凡三十日；至于每猎在十日左右是最常见的。每年行猎季节，多在冬季农闲，春秋亦有，五月已少，六月则绝无。当时凡出军凯旋要行猎以为庆祝。天命十年（乙丑，1625），清太祖命王善、达朱户征瓦尔喀部，俘获甚众。四月初二日己卯军还，太祖出沈阳城迎之，翌日至避荫地行猎，凡四日然后祭旗朝谒，并以所猎的兽犒宴军士同降人。凡有忧患亦要行猎以为排解。天聪九年（乙亥，1635）九月二十四日辛未，代善以其子尼堪祜塞病，率本旗人员各自行猎；又崇德六年（辛巳，1641）九月清太宗与明帅洪承畴相拒于松山，而其妃宸妃死，太宗还沈阳追伤不已，十一月十三日己卯，诸王贝勒劝其出猎，遂猎于蒲河四日。可知当时行猎亦是一种消遣与娱乐。所以在行猎时遇有意外即行停罢。崇德四年（己卯，1639）十一月二十八日，太宗与代善等猎于英格布占，代善射獐，马蹶伤足，太宗为之裹伤，遂令罢猎；崇德七年（壬午，1642）十二月初二日，太宗同诸王大臣猎于叶赫，到了十二日丁丑，太宗忽然得病，大家亦请求罢猎，不许。有时因为疾疫流行，也会举行田猎。

此外,行猎更是一种重要的军事训练。在太祖、太宗时累以出征行猎并举,劝勉群下。太祖说,"愚谙之夫,出猎行兵之事,漠不经心"(天命六年,1621,七月二十五日甲子,王氏《东华录》天命三)。太宗说,"凡出兵行猎不至错乱,庶大事可成"(天聪四年,1630,十一月十九日甲午,王氏《东华录》天聪五)。又说,"今若不时亲弓矢,……则田猎行阵之事必致疏旷,武备何由得饬乎"?(崇德二年,1637,四月二十八日丁酉,《东华录》崇德二。)可见当时行猎,是一种训练,以为行军之准备。所以行猎之纪律,与行军一样,不准乱行,不准断围,不准践踏田禾,不准斫伐山木。太祖时将部众每三百人立一牛录厄真管属,就是后来的佐领,为八旗制度的基本单位。牛录,华言大箭,厄真,华言是主。满洲旧俗,凡出师行猎,不论人数多寡,全依照族寨而行。每人出箭一枝,十人中立一总领,率十人而行,各依方向,不许错乱,此总领名曰牛录厄真,后来官制即取于此,这是出猎制度演为军队制度的一个显著的例子。打猎时进行的方向与行列不得错乱,不得逗留在后,圈场的包围圈不得间断,在当时禁令很严,每旗令大臣一人专司统辖(天聪六年,1632,十二月癸酉,《东华录》天聪七)。凡有违犯者,即就取其箭,以为猎后惩责的根据,大都用鞭责或罚薪。有一次在都尔鼻城一带田猎,代善第四子瓦克达乱行,太宗甚怒,代善遂亲自鞭之三次,瓦克达幼弟马瞻在旁因兄被责而哭,太宗说:"尔不继加辱詈,乃反哭之,理宜然乎?"(崇德二年,1637,七月初五日辛未,《东华录》崇德二)又有一次在博硕堆行猎,右翼叶臣所属合围中断,有黄羊逸出,为硕托所见,当时鞭责了一人,又将余人送兵部议罪(崇德三年,1638,三月初一日甲子,《东华录》崇德三)。至于军士践踏田禾者,重则射之,轻则鞭之(崇德七年,1642,六月初五日癸卯,《东华录》崇德七），斫伐山木者，即行执究（天聪六年，1632，十二月初十日癸酉，《东华录》天聪七），其罚尤重太宗时虽然常用行猎来奖励武事，但不使他无节，因为多行猎可使马匹疲瘦，所以尝以此为代善的罪状（天聪九年九月壬申，《东华录》天聪十），并且告之都察院人员，如自己逸乐畋猎，教大学直谏无隐（崇德元年，1636，五月十四日丁巳，《东华录》崇德一）。

太宗在崇德元年（1636），七月二十五日丁卯曾对诸固山贝子说："昔太祖时，我等闻明日出猎，即于今日调鹰蹴毬，若不令往，泣请随行。今之子弟惟务游行街市以图戏乐。在昔时，无论长幼穷困之际，皆以行兵出猎为喜。尔时仆从甚少，人各牧马披鞍，自爨而食。……今子弟遇行兵出猎，或言妻子有疾，或以家事为辞者多矣。不思奋发向前，而惟耽恋室家，国势能无衰乎？"（《东华录》崇德一）这虽是太宗勉励群下的话，但也可看出其时渐习富厚、不耐劳瘁、行猎风气渐渐不为大家所重了。入关以后，其风更替。顺治七年十一月十三日壬戌，皇父摄政王多尔衮，"以有疾不乐，率诸王贝勒贝子公等及八旗固山额真官兵猎于边外"（王氏《东华录》顺治十五），这还是祖风，结果他去了二十七天（十二月初九日戊子）死在喀剌城，后来用以解忧的射猎便不更见。顺治四年七月二十八日丁卯，世祖时年十岁，幸边外阅武，据《清文献通考》卷二七〇说，就是行猎。后来世祖亲政以后自己曾说："我朝之定天下，皆弓矢之力也，曩者每岁出猎二三次，练习骑射，今朕躬亲政事，……日无暇晷，心常念兹不忘也。"（顺治十年三月初二日戊辰，《东华录》顺治二十）可见远不如前。康熙初常在南苑行围，平定三藩后又累巡塞外举行校猎，但每岁亦不能"二三次"了。康熙二十一年春，圣祖自关外回京，因见吉林兵丁役重差繁，遂将围猎规制加以改定，并说："围猎以讲武事，必不可废，亦不可无时。冬月行大围，腊底行年围，春夏则看马之肥瘠酌量行围。……所获禽兽，均行分给。围猎不整肃者照例惩治，不可时加责罚，苛求琐屑。遇有猛兽，须小心防御，以人为重，勿致误有所伤。"（二十一年五月十九日丙寅，《东华录》康熙二十九）这与在关外时行猎情形大不相同。至于康熙偶尔用了本人射得的鹿尾（二十二年七月己卯），钓来的鲢鲫（二十一年三月丙辰），献给他的母亲和祖母（《史稿·后妃传》），还有些旧日风气。其后每年的秋狝（《清文献通考》二七〇），实在只是游幸，而八旗官兵的冬初步猎（《大清会典》九七《八旗都统·训练》），更属具文。至于渔更不用谈了，不惟最初的意义不存，就是旧俗的形式也没有了。

二、祭告

《金史》二十八《礼志》说："金之郊祀本于其俗有拜天之礼，其后太宗即位（公元 1123），乃告祀天地，盖设位而祭也。天德（1149—1152）以后始有南北郊之制。"可知女真拜天旧俗，最初只是望天而拜，随时随地均可，方向则向东（据《金史》二，太祖伐辽，出门举觞东向，祷于皇天后土）。后来才设位而祭，最后乃有固定地点，至于南北郊那当然是渐染汉俗所致。满洲入关前，固定的祭天的地点就是所谓堂子，而一般设位而祭的"位"，全是立旗八面为代表。《武皇帝实录》说，阿巴泰等攻札鲁特部凯旋，太祖出城四十里迎之于古城堡，乃"竖旗八杆，吹螺拜天"（事在天命八年五月，见卷四），《东华录》说世祖梦"列旗吹角，对天稽首"。吹角就是吹螺,想来这是当时的仪式(事在顺治九年十一月初四壬申,顺治十九)。

满洲风俗,凡有大的盟誓,全要杀乌牛白马祭告天地,将所杀牛、马削肉留白骨以祭,并设酒一杯,肉一碗,血一碗,土一碗,对天地而誓。誓词中说,"如背盟则似此血出,土埋,骨暴而死;如践盟,则食此肉饮此酒,福寿永昌"。太祖在明万历二十五年(1597)正月,同叶赫、哈达、辉发、乌喇盟;天命四年(1619)十一月,同喀尔喀盟;天命九年(1624)二月,同科尔沁盟;太宗在天聪元年(1627)三月,同朝鲜盟,全是如此。在天命九年以后两次盟誓,祭祀时又加了"焚香",这是渐染外族风俗。盟誓誓词在双方用同样的词句。但太宗在天聪五年(1631)十一月,同明降将祖大寿誓,大寿还是用"谨具香帛昭告于上帝神祇",这可见当时汉俗绝没有用土骨血设誓的习惯,而满洲也不像强迫蒙古人、朝鲜人的样子来强迫汉人。入关以后,这种祭告少见了,尤其是法定的制度里,我们在《大清会典》卷三十七圜丘第二成陈设图里看,所列的祭器全是些簠簋笾豆,祭品也是些黍稷枣栗,虽然也有牲牢,可是不见乌牛白马,这完全汉化了。

三、祭堂子

祭堂子就是清代固定祭天的所在,是两座南北对面的神殿,一座方形在北,南向,名叫祭神殿;一座圆形在南,北向,名叫圜殿。圜殿南院庭正中设皇帝致祭时立杆子的石座,其后又有石座六行,每行分六重,为皇子王贝勒等致祭之用。《清史稿·礼志》四说:

“清初起自辽沈,……于静室总祀社稷诸神祇,名曰堂子,建筑城东内治门外”;可见其来已久,必是旧俗。入关以后建堂子于北京东交民巷玉河桥东,庚子以后,改立于东安门外之南。在没有堂子的地方,仍是设座而拜。“堂子”一词比较晚出。万历二十一年癸巳九月叶赫等九部来侵,太祖统兵拒之,《东华录》说,先率诸贝勒诣堂子拜祝(天命一),在《太祖武皇帝实录》同《满洲实录》的汉文里则说“谒庙”;又天命三年太祖以七恨告天对明出兵前,在《东华录》也说“谒堂子”(天命二),可是在《武皇帝实录》只说告天,不言祭堂子。《满洲实录》的汉文则作“谒玉帝庙”。可知在天聪修《太祖实录》时,“堂子”一词尚无确当汉译。在《满洲实录》的满文里,上面所引的“谒庙”、“谒玉帝庙”全作ᡨᠠᠩᠰᡝ(tangse),就是堂子的还音。

祭堂子典礼不一,元旦拜天及出征凯旋祭堂子,是国家的大典,由皇帝主祭,王公满洲大臣及从征将士陪祭,这是公的祭祀;月祭、杆祭、浴佛祭、马祭等,则为皇室或皇帝个人的祭典,是私的祭祀。私的祭祀,无须陪祀。入关以前,凡元旦皇帝须先祭堂子后方能御殿受朝贺,如皇帝因病不能亲诣,须派员行礼。崇德八年元旦,太宗不豫,命亲王以下诣堂子行礼,就是一个例,这与历代郊天大祀是一样的重视。与祭的人,崇德元年定制:自亲王以下副都统以上,其后改为满一品文武官以上(《会典》八八《内务府·掌仪司》)。《清史稿·礼志》四说限贝勒以上,后又限郡王以上,是不对的。在限制内是不能僭越的。元旦祭堂子前,并在堂子悬挂纸钱,这亦是满洲旧俗,意义不甚明白,它的限制亦很严,崇德四年元旦,贝子硕托因为越分在堂子悬挂纸钱,降为辅国公,并罚银五百两。在入关前,元旦祭堂子是一个重要典礼,入关以后记载不常见，或因习见之故。凡出兵征伐，无论是否亲征，均应率从征将士先诣堂子行礼，天命三年太祖攻明，崇德元年太宗征朝鲜（据《史稿·礼志》九），全是如此。因为当日是皇帝亲自临阵，所以规定凡出征诣堂子，皇帝应该军服骑马（《会典》三五《礼部仪制清吏司·军礼》，案清制皇帝衣色用明黄，惟祀天则用蓝色），凯旋诣堂子，则在班师回京之后，皇帝应先祭堂子然后还宫。天聪二年三月，太宗征察哈尔还沈阳先诣堂子，即其一例。后来出兵凯旋的诣堂子，渐渐变成了中国历代帝王所行的祃祭，有时亦省略了，如康熙二十九年六月亲征噶尔丹，七月初六乙未，抚达大将军福全师行，《东华录》只说，“上御太和门赐敕印，出东直门送之”（康熙四十六），没有说祭堂子。（三十五年二月，三度讨噶尔丹，于三十日丙辰诣堂子行礼，亲领六军启行。）而于三十六年噶尔丹之死，亦只在闻信后“于行宫（布古图）……率文武官员行拜天礼”（四月十五日甲子，《东华录》康熙五十九），班师回京以后并没有诣堂子行礼。在清初满洲习俗中，祭堂子是保存旧俗最多最虔诚的一种，可也不如入关以前了。但有清一代祭堂子有几点还保存着关外习惯：一，祭堂子时兵部陈八旗蒙古画角海螺，行礼时螺角齐鸣，饶歌大乐备而不作，与其他祭祀不同。二，堂子的圜殿同黄龙大纛全是北向，行礼时向南而拜，这与汉俗的向北而拜不同，也与金朝的向东而拜不同。三，祭圜殿以后要祭黄龙大纛，虽亦行三跪九叩礼，可是不用鸣赞官赞礼。清制汉官不参加祭堂子（自康熙十二年始），蒙古王公亦不参加，或者就是因为不同俗之故。

私的祭堂子，多半遣所司代表致祭，间或皇帝亲临。祭祀时亦有几点可以注意的：一，临祭时由坤宁宫中将所祭的神位或神像移来（佛菩萨关帝），祭毕送还。二，皇帝或主祭人坐于祭神殿檐下东向，俟司祝祝祷后入殿行一跪三叩礼，礼毕仍出殿外，从祭的王公大臣等不行礼不入殿，皇帝不亲临王公大臣就不到。三，祭时由萨满（司祝）祝祷，歌“鄂啰罗”，弹三弦，拍神板，并举刀指画，祝词初用满洲语，乾隆后改汉字。四，祭品用饽饽，熟豕，每年正、四、七、十各月，并用马牛荐神（见《清会典》三十五《礼部仪制清吏司・军礼》及八十八《内务府・掌仪司》，《清史稿・礼志》四，《清文献通考》九十九）。五，祭毕，撤祭品赐从祭的王公大臣。六，祭毕还宫，仍至坤宁宫行礼。这当然全是旧俗的保留。所谓“萨满”实际就是女真族中的巫。祭祝的仪注很繁，容另谈。杆祭是立杆子于圜殿南面庭院中石座上而祭，杆子又称神杆，采松木长三丈径五寸，树屑留枝叶九层。祭杆子和祭堂子，其意全在祈福或禳解。堂子又是皇室的祭祀所在，所以立杆的前后（皇子在第一排，亲王在第二排，郡王贝勒贝子公以次递降），神杆的数目（旧制，王贝勒祭三杆，贝子公二杆，将军一杆，后改入八分公以上均祭一杆，将军等不立杆致祭），致祭的日期（皇帝在月朔，王贝勒以下各以次轮，凡祭三杆者，上旬先祭一杆，其余二杆，在中旬以后祭），均依照主祭人的爵秩，加以严格限制，不准僭越，不准多祭，也不准争竞。皇族以外的官员庶民，不准入堂子致祭，更不准私家建立堂子，但事实上八旗各家莫不有其杆子，莫不有其祭神之所，以维持其旧俗，到清末还有存在的，可是虔敬不如前了。

四、丧葬

天命十一年（明天启六年丙寅，1626）八月十一日未时（下午一至三时）清太祖卒，十二日辰时（上午七时至九时）其后（后称大妃即多尔衮之母）被迫以身殉。《武皇帝实录》说，“乃与帝同柩，巳时（上午九时至十一时）出宫，安厝于沈阳城内西北角”（卷四）。所谓同柩，其事甚怪，据《东华录》说实在是同时殓，辰时棺殓，巳时移榇出宫，当日即行埋厝，可谓简单之至。录中并没说到臣下的服制，也没有繁文缛节的仪制，我们于此可以窥见当时满洲的质朴风气。到了崇德八年（明崇祯十六年癸未，1643）八月初九日亥时（夜九时至十一时）太宗死时就大不同了。在顺治《东华录》卷一所记当时丧仪，有百官及命妇的缟素、截发、哭临、斋戒斋宿，以及禁止屠宰等，我们用明代制度一为比较，知道这已渐渐汉化了。太宗于天聪八年（1634）二月初五日壬戌定丧祭例（天聪九），旧习的变更想是自此开始。入关以后《会典》中更有详密的规定，汉化的程度愈高。然而其中亦还保留些满洲旧俗。第一是截发。凡是父母之丧或帝后大丧（旧俗后丧不截发辫，康熙后改），成服时男子全要截发辫，女子要截发。所谓截发辫又称剪发辫，又称割辫（《清文献通考》一四八，康熙二十六年十二月己巳，《东华录》康熙四十），应当是将辫子长发剪去些，究竟剪多少，如何剪，则不清楚。据道光十三年孝慎后丧仪，当时因皇子年幼遂无截发辫礼节（《会典事例》四八八）。是必有长辫乃可截，则所剪必多。（当时宣宗第一、二、三子均已卒，文宗年三岁，所谓皇子即指文宗。）乾隆尝说，自行剪发为国法所最忌（《东华录》八十八，乾隆四十三年九月乙未），当即指此。中国古制，丧服中只有绕发（周），歛发（唐），披发（唐明），而没有截发（此俗清末仍存，见《会典事例》四七三）。第二是丹旐。凡人死，丧家应立丹旐于门前，男在左（其右为鼓），女在右（其左为鼓），所谓丹旐就是红色长旛，用丝织品制成，上有织金龙凤绮，男用龙，女用凤，以绮文多少为尊卑。皇帝用织金九龙绮，皇后用织金九凤绮(《会典》九十《内务府·掌仪司》三)，设木座立高竿悬挂。每天黎明悬出，日暮取下，放在棺柩旁侧，发引时用丹旐为前导，殡后焚掉，看来是用作招魂的。《清会典》五十四注“旗人用丹旐，汉人用铭旌”，可知这是满俗，而且并没有强迫汉人去用。第三是殷奠。在移殡以前，择期将死者生时所着衣服焚燔，并焚大量楮帛，在清代礼制里叫做殷奠，是一个最隆肃的仪式。太宗于天聪二年正月初五日丁卯下谕国中，“凡送死者殉葬焚化之物，各遵定制毋奢费”(《东华录》天聪三)。并定官员各限焚三袭，庶人各一袭，不得新制(《清文献通考》一九五《刑考》一)，就是指此而言，可见由来已久。降及清末，奢风更甚，竟有作锦绣新衣来焚的，孝钦后的殷奠礼就是一例。(《红楼梦》六十九回说，尤二姐死后，贾琏开了尤氏箱笼，有几件半新不旧的绸绢衣裳，都是尤二姐素日穿的，一齐包了自己提着来烧，就是写当时旗俗。)第四是百日剃头。满洲人头顶边缘的头发是要时常剃去的，但是遇父母之丧或帝后之丧则不准剃，必须候到一百日满，这是服丧的表示之一。剃头是满俗，居丧不剃头应该也是满俗，但是百日不剃头，在太宗同世祖的丧仪中全没有明白提到。王氏《康熙东华录》一，顺治十八年四月十七日丙申称，“上诣世祖章皇帝梓宫前行百日致祭礼”，而没有说是否剃头。圣祖之丧，据高宗说，世宗于移葬后始剃头。圣祖于二月二十三日满百日，三月二十七日移葬，是则剃头在百日期满之后(《会典事例》四五八)。康熙五十六年十二月初六日孝惠章皇后之丧，于三月十五日百日期满，圣祖命诸人均于四月初七日移葬后再行剃头，亦在百日期满之后(《事例》四七七)。据此可知，百日剃头之期亦可改变，但不能在百日之内。乾隆以后，百日剃头遂明定于丧制内，并且不许满百日后不剃（《会典事例》四八二）。至于在百日以内剃头的治罪尤严，乾隆十三年三月十一日孝贤后之丧，都司姜兴汉，知府金文醇，总河周学健，巡抚彭树葵、杨锡绂，总督塞楞额，全以在百日内剃头几乎处斩，后乃特赦（《东华录》二七，二八）。第五是摘冠缨。满洲礼服，帽顶用红缨为饰，遇丧事就将红缨摘去，也是表示服丧之意。康熙十三年孝诚后之丧，因对三藩用兵，曾令军前不摘冠缨，于是成了后丧定制，乾隆时又恢复一律仍摘冠缨。

太宗以后的丧仪虽说沿袭明代，可也稍有增减。如明自世宗死后已免命妇哭临，而清朝仍袭用此制。或者由于关外不知，遂不及改。又明成祖死后禁屠四十九日，清太宗死时仅禁十三日（世祖死后就禁四十九日了）。明制皇帝死，太子及诸王斩衰三年，二十七月除，服内停音乐嫁娶（《明史》五十八《礼志》），事实上多半以日易月，嗣天子多丧服百日。清太祖卒于八月，至除夕已历一百三十九日。而太宗以国丧为理由，停止了除夕同元旦的乐舞大宴，自己并且素服居丧（天聪二），这既不同于古时的二十七日，也不同于通行的百日，然而也并不是实行二十七个月的礼，因为在二年七月已有大宴的记载（天聪三），尚未满二十七个月。在上面所说的除夕这一天，太宗曾命达海往三大贝勒家议事，达海所看见的情形是：太宗是素服居丧，俯首独坐；代善（太祖子）是素服俯首卧榻侧；阿敏（太祖侄）是与三福金同坐，福金盛服，阿敏垂泣；莽古尔泰（太祖子）是与弟妹盛饰筵宴，女乐吹弹为戏（《天聪东华录》一，天命十一年十二月戊辰）。这更可证明当时还没有确定的丧仪，太宗的停止宴乐以及同代善的在一百四十日后还素服，不过是盲目的模仿汉化，而阿敏、莽古尔泰家人的盛装倒是当时的普遍风气。《大清会典》五十一，规定皇帝大丧，京朝官二十七月不作乐，期年不嫁娶，较之明朝群臣辍乐百日，官停婚嫁百日，民停婚嫁一月的规定，亦重得多。

女真有丧葬较迟，所以满洲风气不注意坟墓的修治，太祖殓后即日埋于城内，经过三年到天聪三年二月十三日已亥改葬于石觜头山，又经过五年到天聪八年十月初六日己丑，始命加建寝殿，植松木，立石象，狮、虎、马、驼等。自己说是“仿古制行之”（天聪九），实际是效法明朝，这亦可看出当时的汉化。

入关以后殡葬习惯中，还有几点是清朝自认为国俗的。高宗尝言，“我满洲旧制，凡侧室虽生有子女者尚不得与本夫合葬，盖以名分所在，不可逾越”（乾隆四十三年，1778，二月十八日己酉谕锺音，见《乾隆东华录》八十七）。世祖生母孝庄后不祔葬昭陵，别建昭西陵，后人多以为疑，我想就是为此。又孝庄后死于康熙二十六年十二月二十五日，礼部定十二月二十九日发引，圣祖不许，群臣根据“我朝向日所行，年内丧事不令逾年”，及“素无久留寝宫之例”的理由来争（《东华录》四十），后来勉强定为正月十一日。又如丧中遇清明祭祀不用祭文，遇冬至日祭祀不许哭（《清文献通考》一四七），亦是其例。

五、殉死

清太祖死，诸王逼乌喇纳喇后殉（纳喇后是多尔衮之母，清代官书改称大妃，此据《武皇帝实录》）。又有二庶妃阿迹根代因札亦殉（《武录》）；太宗死，章京敦达里、安达里二人殉（《顺治东华录》

一);世祖死,妃栋鄂氏殉(《清史稿》传一《世祖贞妃传》,又《康熙东华录》一,二月壬辰),侍卫傅达理殉(《康熙东华录》一,四月壬午);太祖孝慈后死,太祖命四婢殉之(事在万历三十一年癸卯九月,见《武皇帝实录》);多尔衮死,侍女吴尔库尼殉(顺治八年二月癸巳,《东华录》顺治十六);岳托死,其福金殉(事在崇德四年四月初一日戊子,见《东华录》崇德四)。可知妻妾殉夫,奴婢殉主,是满洲的旧俗,并不仅限于殉君上。(明太祖殂,殉葬宫人甚多,所谓朝天女户是也。英宗以前仍以宫妃殉葬,英宗遗命禁,见《明史》五十八《礼志》十二。)殉死有是自己情愿的,也有不是情愿的,可是自称愿殉而不果殉的,则为大家所不齿。雅荪尝自矢欲殉太祖,后来迟迟不死,天聪三年八月戊辰太宗杀他还以不果殉为罪(王氏《天聪东华录》四)。乌喇纳喇后之殉太祖,诸王逼之甚急,太祖《武皇帝实录》记其事说,"后……有机变,……留之恐后为国乱,(太祖)预遗言于诸王曰,俟吾终必令殉之。诸王以帝遗言告后,后支吾不从。诸王曰,先帝有命,虽欲不从不可得也。后……于是……自尽"(卷四)。是否太祖遗命事不可知,就是真有遗命的话,而"虽不从不可得也"一语,在今日读之还觉得有些余懔森森,无怪《东华录》后来将它删节了。当时还有因嫡庶不和,而强迫殉身的事。所以天聪八年二月初五日壬戌定丧祭例时定了一条,"妻愿殉夫葬者仍予表扬,逼侍妾殉者妻坐死"(王氏《东华录》天聪九),就是为防止其害而设。

奴仆殉主入关以后亦禁止了,事在康熙十二年六月十七日乙卯,《东华录》只说,"禁止八旗包衣佐领下奴仆随主殉葬",而没有说到它的原因(康熙十三)。据涵芬楼秘笈《松下杂抄》说,是由于朱裴的请求。朱裴字小晋,山西闻喜人,顺治三年进士,《清史稿·

附刘楗传》（传五十一）。传云：“满洲俗尚殉葬，裴疏请申禁，略言：泥信幽明，未有如此之甚者。夫以主命责问奴仆，或畏威而不敢不从，或怀德而不忍不从，二者俱不可为训，好生恶死人之常情，捐躯轻生非盛世所宜有，疏入报可。”以时代核之，恰正相当，《杂抄》所说应该不误。（《红楼梦》十三回述秦氏死后有侍婢瑞珠触柱而死，贾珍遂以孙女之礼殡殓之，亦是描写旗人旧俗。）

六、婚嫁

在《太祖武皇帝实录》说，明万历二十五年（丁酉，1597），太祖聘布羊古（《东华录》天命一作布扬古）之妹，用鞍马盔甲等物作聘礼；万历三十一年（癸卯，1603），布占太（《东华录》天命一作布占泰，乌喇贝勒）聘蒙古明安（科尔沁贝勒）之女，用盔甲十副，貂裘猞狸狲裘共十领，羊裘十领，金银各十两，骆驼六只，马十匹，鞍鞊俱备作聘礼，可以看出当时婚嫁聘礼以鞍马盔甲为主。这是他们的旧俗，还遗留着男子因武勇而得妻的余绪。其后虽然仪文繁缛，可是其意不改。顺治八年世祖大婚，纳采礼用马十匹鞍辔具，甲胄十副，缎百匹，布二百匹，金茶筒一具，银盆一具（《清会典事例》三二四）；其余亲王以下的聘礼也还保存着鞍马甲胄的馈赠。但是因为汉化的缘故，又加了许多金约领、金簪、金珥、金钏、衣帽、表里、衾褥之类，甚至还有绵三百斤（《会典事例》三二五）。至于公主下嫁外藩，额驸于鞍马甲胄以外，还要进骆驼（《会典》二九《礼部·婚礼》二），这与布占泰之聘明安女儿相同，想是用蒙古习俗。

在关外时婚礼，最重的是亲迎同大宴。《武皇帝实录》载称，戊子年(万历十六年,1588),“哈达国万汗孙女阿敏姐姐(胡里罕贝勒女也),其兄戴鄯(《东华录》天命一作戴善)送妹与太祖为妃,亲迎之至于洞(地名),……戴鄯同妹至,太祖设宴成礼”。又“初太祖如夜黑,其国主杨机奴……言我有小女堪为君配,……太祖遂聘之,杨机奴故后,子纳林卜禄于是年(戊子)九月内亲送妹于归,太祖率诸王臣迎之,大宴成婚”(《东华录》天命一作叶赫贝勒杨吉砮子纳林布禄);又丙申(万历二十四年,1596)“十二月布占太感太祖二次再生恩,……将妹……送太祖弟黍儿哈奇(舒尔哈齐)贝勒为妻,即日设宴成配”(卷一);又辛丑年(万历二十九年,1601)“十一月内兀喇(乌喇)国布占太送满太之女(名阿巴亥)与太祖为妃,太祖以礼迎之,大宴成婚”;又壬子年(万历四十年,1612)“明安贝勒……送其女来,太祖以礼亲迎,大宴成婚”(卷二);又甲寅年(万历四十二年,1614)“四月十五日蒙古札伦卫(札鲁特)桩农(锺嫩)贝勒送女与太祖次子古英把土鲁贝勒(代善)为婚,贝勒亲迎大宴以礼受之”(卷二);又“蒙古廓儿沁(科尔沁)蟒孤贝勒(莽古思)送女与太祖四子皇太极贝勒为婚,贝勒迎至辉发国胡里气山城处(扈尔奇山),大宴以礼受之”(卷二);可见当时婚礼质朴而亲敬。大宴的意义是要亲族会面,承认这个婚礼,如果不到就是不赞成,阿敏以女许嫁蒙古,初时太宗不知,后来宴会太宗也不赴,就是不承认的表示(天聪四年六月乙卯,王氏《东华录》天聪五)。入关以后,世祖在顺治八年同十一年举行了两次大婚(《会典事例》三二四),所谓亲迎仪式没有了,这是汉化以后皇帝地位加高,所谓“天子无亲迎礼,汉晋以来皆遣使持节奉迎”的缘故。

《大清会典》二九《礼部·婚礼》一,所载大婚礼注,同《明史》五五《礼志》九,天子纳后仪(正统七年定),大同小异,更可见清初的效法明制。再从它们的不同之处来看,也可得到一些保存下来的满洲旧俗。

清制有"皇后凤舆启行出大门,前导命妇四人,后扈命妇七人,均乘骑"(《会典事例》三二四)。这是明朝所无,清朝末年也取消了(穆宗、德宗大婚均无之)。我想这是关外亲迎风俗的遗留,当时人人善骑,同时也没有其他交通工具,所以扈从亲迎的妇女也骑马。

明制,有"(皇后入内殿)帝……具衮冕,后……更礼服,同诣奉先殿行谒庙礼,祭毕还宫合卺"(《明史》五五)。这是清朝所无。清制皇后娶入宫以后,"皇帝御太和殿赐后父及亲属燕,王公百官咸与。皇太后御慈宁宫赐后母及亲属燕,公主、福晋、大臣命妇咸与。吉时届,宫中设燕行合卺礼"(《会典》二九)。并无谒庙礼。这种燕后父母同亲属的仪式,我想就是入关前所谓"大宴成礼"、"设宴成礼"的遗俗。至于不谒庙,也是因为旧俗没有。明制天子虽然不亲迎,可是皇后舆入宫以后,有"皇后出舆,由西阶进,皇帝由东阶降,迎于庭,揖皇后入内殿"的规定,还有夫妇敌体之意,清朝并此去掉,同它旧俗相去更远了。

汉族习惯上所谓外亲妻亲的尊卑,在满洲旧俗根本没有这个观念,所以缔婚只注意本人,而不注意其他。多尔衮同豪格是叔侄,可是二人同娶于桑阿尔寨之女,为姐妹。清孝端后同孝庄后是姑侄,可是先后嫁清太宗,在顺治初年同时称皇太后。世祖废后同孝惠后也是姑侄,而先后嫁世祖。太宗的三、四两公主下嫁外家,行辈也不同。如下(参看《清史稿·外戚表》、《公主表》及《后妃传》):

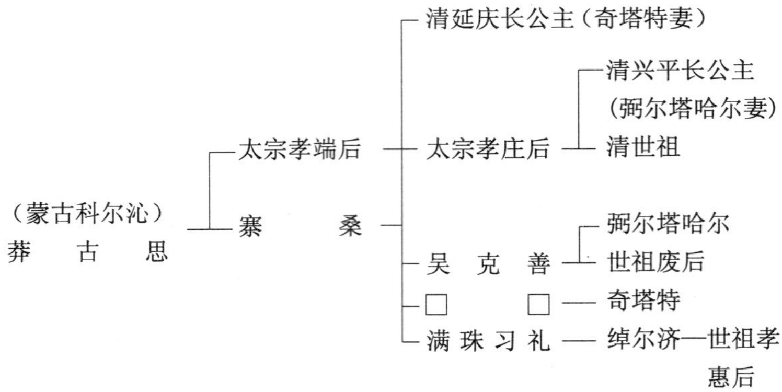

又如太祖同叶赫部太杵子孙的婚媾也很复杂，行辈也不一：

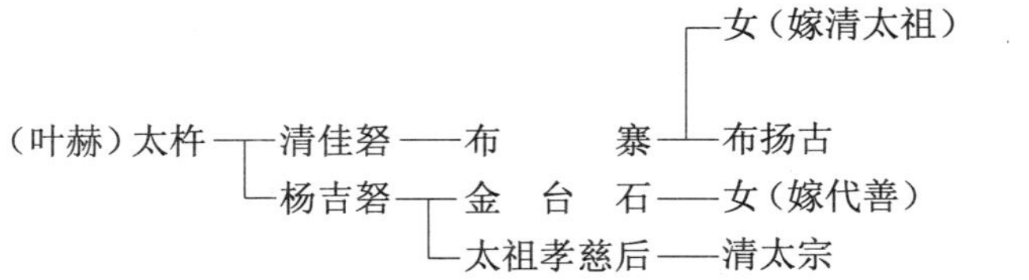

乌喇部贝勒同太祖的媾姻的情形也相同，太祖既娶布占泰侄女，而布占泰又娶太祖第四女，相差两代：

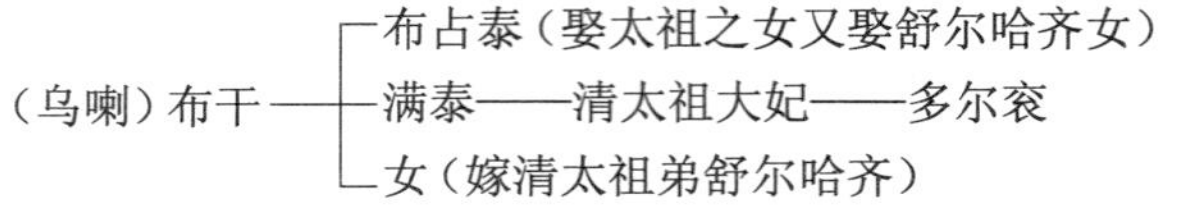

至于阿敏以亲女嫁蒙古塞特尔，自己又娶塞特尔之女，二人互为翁婿（天聪四年六月乙卯，王氏《东华录》天聪五），尤为奇特。这种现象，入关以后渐渐没有了（同治时孝哲后与珣妃为侄姑，偶尔一见）。《会典》中（卷五四《丧礼》五）明显的表列了外亲服图（母族），妻亲服图（妻族），户律中规定了外姻有服尊属卑幼共为婚姻的科条，无服尊属卑幼共为婚姻的科条（《会典事例》七五六，所谓无服尊幼如父母之堂姨，子孙妇之姊妹等），并且禁止了姑舅两姨姊妹为婚,这完全是汉化的表现,所谓"外属无服尊卑不通婚"(《通典》六〇),从唐朝早已如此了。姑舅两姨姊妹的不能通婚,是因为他们尚有缌麻之服,可是这与后来的习俗并不相合,所以雍正以后将它解禁,听从民便。

七、剃发

满洲习俗,男子将顶发四周边缘剃去寸余,而中间保留长发,分三绺编成长辫一条垂在脑后,名为辫子,或称发辫。这是满洲人的特别表征,与汉人全部束发不同,与蒙古人分作左右两辫也不同。四周剃去的头发,除了父母之丧同国丧以外全不准养长,应时时剃除,名为剃发,或称剃头。这是与清朝相终始从未改变的一种满洲习俗。清太祖天命四年以后,凡其他部族投降加入满洲集团的,无论汉人朝鲜人,全以剃头为唯一表示。《武皇帝实录》天命六年记辽阳之胜说,"其余官民皆削发降",又说:"辽阳既下,其河东……大小七十余城官民俱削发降。"(卷三)削发就是剃发。在以前纪天命三年下抚顺,四年下开原,全没说削发剃发事,可知天命四年以前尚无此例。天聪元年七月太宗答朝鲜王李倧书,谈到"前剃发降我"的人民遣还的事(王氏《东华录》天聪二);崇德元年十二月征朝鲜之役,太宗告谕朝鲜人民说,"尔等既降,勿逃避山谷,宜速剃发在家"(王氏《崇德东华录》一,十二月壬午)。可见当时朝鲜人降附亦须剃发,但其后何以复允朝鲜保存全部留发旧俗则不可知。清太宗时几次入塞扰明,经过的地方官民时有剃发出降者,如天聪三年十月经汉儿庄城,四年正月攻永平城(并见王氏《东华录》天聪四，天聪五），但不知清兵退出之后，已剃发者明朝如何处治？在当时明清屡次战争中，明朝文武官员被擒获的，也以不剃发为不投降表示。大凌河之役，明监军道张春被擒不肯剃发，清太宗令与白喇嘛同居三官庙，后来终于不降而死（天聪五年十一月丙戌，王氏《东华录》天聪六）。洪承畴松山之败，于崇德七年二月十八日被擒，未死亦未剃发，四月初一日张存仁建议太宗说，“窃思承畴欢然幸生，是能审天时达时务，……宜令其剃头在官任使”（王氏《东华录》崇德七）。是被擒四十余日尚未剃发，可以看出他于死节投降两途尚在徘徊，到五月五日他朝见太宗想来已剃发了。

多尔衮率兵入关，与吴三桂晤于山海关前，命三桂兵以白布系肩为号，当时三桂兵尚未剃发。多尔衮入关以后，凡迎降的全要剃发，非迎降的传檄限期剃发作为归顺的表示。然而当时令禁并不甚严，且听自便，明朝廷臣投降者亦在观望。冯铨、孙之獬、李若琳之流，因故明阉党关系被科道纠弹，他们就以于众人未剃之先首先剃发改换满装为人所忌自解（顺治二年八月丙申，王氏《东华录》顺治五），可知当时剃发尚不普遍。顺治二年六月以后，福王覆亡，多尔衮谕多铎说：“各处文武军民尽令剃发，倘有不从以军法从事。”（六月丙辰，王氏《东华录》顺治四）又谕礼部说：“向来剃发之制不即令画一姑听自便者，欲俟天下大定始行此制耳。今中外一家，……若不画一，终属二心，不几为异国之人乎？……自今布告之后，京城内外限旬日，直隶各省地方自部文到日亦限旬日，尽令剃发。遵依者为我国之民，迟疑者同逆命之寇，必置重罪。若规避惜发，巧辞争辩，决不轻贷。该地方文武各官皆当严行察验，若有复为此事渎进章奏，欲将已定地方人民仍存明制，不随本朝制度者杀无赦！”（二年六月丙寅，王氏《东华录》顺治四）自此法令加严，而刑戮随之！二年十月孔文谭以孔子子孙为理由不愿剃发及改服制，他说："先圣为典礼之宗，颜、曾、孟三大贤并起而羽翼之，其定礼之大者莫要于冠服，先圣之章甫缝掖子孙世世守之，是以自汉暨明制度虽各有损益，独臣家服制三千年未之有改，今一旦变更，恐于皇上崇儒重道之典有未备也，应否蓄发以服先世衣冠，统惟圣裁！"多尔衮摄政批答说："剃发严旨，违者无赦，孔文谭奏求蓄发已犯不赦之条，姑念圣裔免死。况孔子圣之时，似此违制有玷伊祖时中之道。"（十月戊申，王氏《东华录》顺治五。蒋氏《东华录》作孔闻漂，系在八月。）这是当时一件趣事，也可看出人民的不愿剃发。其后清兵在江南各地的大屠杀，全导因于剃发。田仰指剃发为名在通州如皋海门起兵（顺治二年七月丁丑，王氏《东华录》顺治五）；江阴耄老以"头可断，发决不可剃"的口号，抵制清朝"留头不留发，留发不留头"的政令，起义抗清八十日（《江阴城守记》）；嘉定因剃发令到县，民众大哗，以"为我保此发肤"的口号，各乡义兵不约而起，与清军拒守二十余日（《嘉定县乙酉纪事》，《痛史》本）；吴江也因为不肯剃发杀县令，遭层城（《启祯记闻录》五）；他们全以碧血殉了发肤！

八、衣冠

满洲章服与明朝衣冠的显著差别，一个是缨帽箭衣，一个方巾大袖（士人），纱帽圆领（官）；一个窄瘦，一个宽博。满洲服装最初也不是大家一致的，在传统的相近习俗下仍许随从各人之便。清天聪六年（明崇祯五年，1632）十二月初二日乙丑，清太宗布令国内禁冠服僭越(《东华录》天聪七);七年六月初九日己巳又谕官民冠服遵制画一(王氏《东华录》天聪八)。崇德二年(明崇祯十年,1637)四月二十八日丁酉,太宗谕诸王贝勒说,“凡出师田猎许服便服,余俱令遵国初定制仍服朝服”(《东华录》崇德二)。便服同朝服分别言之,可知当时尚不能完全画一,更可见满洲服装曾经一度改革。这个改革,是将服装式样,同颜色加以规定加以统一,其时间应该在天命初间,就是太宗谕内所称国初。天命四年(明万历四十七年,1619)十一月,太祖赐蒙古克石克图靴帽衣带(王氏《东华录》天命三尚有貂镶朝衣),五年二月赐色特希尔蟒衣裘帽靴带(《东华录》失载),三月赐色本蟒衣轻裘靴带,这种赐予衣服应该全照规定格式作成。

多尔衮入关以后下令明朝臣民衣冠皆用清朝制度(顺治元年五月己丑,王氏《东华录》顺治二),但并未严厉执行。顺治元年七月十四日己亥山东巡按朱朗鑅启多尔衮说,“中外臣工皆以衣冠礼乐覃敷文教,顷闻东省新补监司三人俱关东旧臣,若不加冠服以临民,恐人心惊骇,误以文德兴教之官疑为统兵征伐之将,乞谕三臣各制本品纱帽圆领临民理事”。多尔衮特允其请,说,“目下急剿逆贼,兵务方殷,衣冠礼乐未遑制定,近简用各官姑依明式,速制本品冠服以便莅事。其寻常出入,仍遵国家旧制”(王氏《东华录》顺治三)。可见当时不但汉人没有改满装,而满官还要用明服。这是因为多尔衮本人汉化程度较深而且倾慕汉化,所以如此,但是一般满洲人是不赞成的。所以在福王覆灭以后,服装之禁亦严,顺治二年六月十五日丙寅严行剃发谕内原有“其衣帽装束许从容更易,悉从本朝制度”的话(《东华录》顺治四),过了五十三日到七月初九日戊午(中间有闰六月)又谕礼部说,“官民既已剃发,衣冠皆宜遵本朝之制。从前原欲即令改易,恐物价腾贵一时措置维艰,故缓至今日。近今京城内外军民衣冠遵满式者甚少,仍著旧时巾帽者甚多,甚非一道同风之义。尔部即行文顺天府五城御史,晓示禁止。官吏纵容者访出并坐。仍通行各该抚按转行所属一体遵行"(王氏《顺治东华录》五)。于是衣冠之禁也和剃发同样严了,因不改衣冠而被刑戮的也同样多。顶发一剃不易复留,衣冠旧者也不易即毁,因之人民服装时有反复,而政令也时有张弛。《启祯记闻录》所记苏州情形可作一例:

乙酉(顺治二年,1645)九月十二日,"奉新旨:官民俱依满洲服饰,不许用汉制衣服冠□。由是抚按镇道即换钹帽箭衣"。案此新旨当即七月戊午的谕。(卷六)

十二月十九日,"迎春,府卫县官俱汉冠吉服束带"。(同上)

丙戌(顺治三年,1646)四月初八日,"苏松新兵道行牌云,大兵将至,士庶不许方巾大袖,速更满洲衣帽"(卷七)。五月二十六日,"土公(国宝)悬示皋桥,欲士民俱遵满装,一切巾帽俱不准戴,巾铺歇闭改业,违者重责枷示"(卷七)。十一月初一,复严衣帽之禁,大袖每加扑责,巾即扯毁,由是举监生儒皆戴小帽,士庶漫无分别。(卷七)

丁亥(顺治四年,1647)"新正,城市俱服大袖,月余因贝勒王自浙回兵,……抚按有司申饬,衣帽有不能备营帽箭衣者,许令黑帽缀以红缨,常服改为箭袖,由是人尽加红绒一撮于帽顶"。(卷七)

壬辰(顺治九年,1652)六月,"抚台(周国佐)又忽申巾帽

之禁，十五日兵卒复抢扯人帽，行人多顶凉笠”。（卷八）

在满洲人严厉执行汉人满装的时候，有一件可注意的事，就是汉人女子始终没有接受满洲装束，直至清朝覆灭时止，女子礼服仍是凤冠霞帔，便装仍是上衣下裳，所以在民间传说上有所谓“生降死不降，男降女不降”。有人说这是洪承畴的政策，其实不然。或者许是因为女子不出门，而棺殓别人又不易见，所以仍在保存着故国衣冠。民国十年以后女子盛行旗袍，这也是前人想不到的。

有清一代不改它本来的服制，这是他们传统国策之一。清太宗曾谆谆训谕诸王，“凡言语衣服及骑射之事，时谕子孙勤加学习”，以“金熙宗完颜亮变易祖宗衣冠制度，循汉人之俗，服汉人衣冠，尽亡本国言语”为戒。并且说，“朕所以谆谆训谕者非为一时计也，正欲尔等识之于心，转相告诫，使后世子孙遵守无变弃祖宗之制耳”（崇德二年四月丁酉，王氏《东华录》崇德二）。顺治八年闰二月二十二日己巳御史匡兰兆请用衮冕朝祭，世祖不允（王氏《顺治东华录》一六）。后来高宗于乾隆十七年三月在箭亭刊泐卧碑，重申太宗禁止效汉人服饰制度之意（《乾隆东华录》三五），又于序《礼器图式》时说（乾隆二十四年奉敕修，三十一年重加校补凡二十八卷，名《钦定皇朝礼器图式》，见《四库总目》八二，《清朝文献通考》二二二《经籍考》十二作十八卷）：“至于衣冠乃一代昭度，夏收殷冔本不相袭，朕则依我朝之旧而不敢改焉，恐后之人执朕此举而议及衣冠，则朕为得罪祖宗之人矣！此大不可。且北魏辽金以及有元，凡改汉衣冠者无不一再世而亡，后之子孙能以朕志为志者，必不惑于流言，于以绵国祚，承天佑，于万斯年勿替引之。可不慎乎！可不戒乎！”乾隆三十七年十月二十二日癸未又说：“辽金元衣冠初未尝不循其国俗，后乃改用汉唐仪式……，前因编订《皇朝礼器图》，曾亲制序文，以衣冠必不可轻言改易，……诚以衣冠为一代昭度，夏收殷冔，本不相沿袭，凡一朝所用原各自有法程，所谓礼不忘其本也。自北魏始有易服之说，至辽金元诸君浮慕好名，一再世辄改衣冠，尽失其淳朴素风，传之未久，国势寖弱，洊及沦胥，盖变本忘先，而隐患中之，覆辙具在，深可畏也。……朕确然有见于此，是以不惮谆复教戒，俾后世子孙知所法守，是创论实格论也。所愿弈叶子孙深维根本之计，毋为流言所惑，永永恪遵朕训，庶几不为获罪祖宗之人，方为能享上帝之主，于以永绵国家亿万年无疆之景祚，实有厚望焉。”（《乾隆东华录》七六）他一再说服制改易关系国祚，似乎笃信甚坚，所以癸未一谕不但“申谕中外”，而且“仍录一通”，悬勒于皇子读书所在的“上书房”。清代服制直至覆亡没有变革，此数谕关系甚大。但是制度虽然未改，而瘦窄的风气却早已荡然无存。

以上所举的清初几种礼俗，有的强汉人法效，有的禁汉人从同，有的潜移默化与汉人趋于一致，而大体上均有所变革。这种变革不是由于政令的强制而是文化的自然调融。

1942 年 12 月 8 日在西南联大文史讲演会讲演，
承何鹏毓先生笔记。嗣复增加例证，广为此篇。
1945 年 3 月 18 日识于昆明靛花巷

清代包衣制度与宦官

一、包衣名称的解释及包衣的性质

包，汉语为家，衣为虚字"的"字；包衣译汉语为"家的"或"家里的"。

清太祖时的八旗制度，每一固山（旗）由一贝勒主之，此贝勒同他旗下所属的人有主仆之分，旗下之人大部分应服役于国，小部分则给使于旗主贝勒之家，此给使于家之人就是所谓包衣，后来名为包衣佐领，其服役于国的后来名为旗分佐领。凡是隶包衣的，不必再服国家兵役、工役，或其他劳役；崇德二年（明崇祯十年，1637）七月初五日辛未，太宗对群臣说，"朕侍卫四十员，乃太祖在时免役者，或……朕包衣之子，皆非应役之人"（王氏《东华录》崇德二），可以推证。包衣为给使之人，实即家仆，大都从侍很久，并且下及子孙。天聪三年（明崇祯二年，1629）九月初一日壬午考试儒生，得二百人，"凡在皇帝包衣下，八贝勒等包衣下，及满洲蒙古家为奴者皆拔出"（《东华录》天聪四）。崇德三年正月十五日己卯，又议考试，"满、汉、蒙古家仆俱不准与试"，当时祖可法、张存仁以为"前科取士（天聪三年、八年两次）有奴仆中式者即行换出，仁声远播，今忽改此制，恐多费更张，……各家奴仆皆宜准其考试"（王氏《东华录》崇德三）。前曰“包衣下”，后曰“奴仆”，可知两者无别。康熙二十二年（1683）三月初八日庚戌议觉罗画特失误军机罪，拟革职，籍没家产，编入包衣佐领，圣祖以为“觉罗（皇帝同族）编入包衣佐领为奴似属不便，著免其编入包衣佐领”（王氏《东华录》康熙三十一）。可知“包衣”即是“奴仆”。在法律上，他们的隶属、居住、生活、婚娶全无自由，而且他们的奴籍是子孙相续的，非得主人的特许不能脱离。所以就性质说，包衣就是私家的世仆。不过有一点应该注意，就是包衣之所谓奴仆，只是对他们主人而言，他们可能另有自己的官阶、自己的财产、自己的奴仆。

包衣既然专给使于旗主不再服公役，依理旗主不应于包衣以外再役使其他普通牛录（旗分佐领）之人，但这种限制后来渐渐废弛。雍正时削夺旗主之权，在雍正元年七月十六日又下谕申明此禁，说，“看来下五旗诸王将所属旗分佐领下人，挑取一切差使，遇有过失，辄行锁禁，籍没家产，任意扰累，殊属违例。太祖、太宗时将旗分佐领分与诸王，非包衣佐领可比，欲其抚循之，非令其扰累之也。……嗣后仍照旧例，旗分人员止许用为护卫，散骑郎，典仪，亲军校，亲军。或诸王挑取随侍之人，或欲令所属人内在部院衙门及旗下行走者兼管家务，或需用多人以供差役，或补用王府官职，或令随侍子侄，著列名请旨”（《雍正上谕》）。我们在这里可以看出所谓列名请旨的各项职事，就是旗分佐领下不应作而应由包衣下作的。

二、包衣的产生

包衣之制，实际上远在旗制创立以前，因为这是他们的旧俗，不过旗制定后包衣成了一个法定组织,更制度化了。《八旗通志》说,正红旗包衣第一参领第一满洲佐领,“系国初随礼烈亲王编位”,镶红旗包衣第三参领第一佐领,“国初编立,……随贝勒褚英分封时立”。既曰随,必是先有这些人而后定为制度,褚英死于万历四十三年(1615),八旗还没有成立,可见包衣在旗制之前。《金史》一三三《张仅言传》,称其年数岁,贞懿皇后留之藩邸,稍长侍世宗读书,遂使主家事,绳检部曲,一府惮之。世宗即位,凡宫室营造,府库出纳,行幸顿舍皆委之,就是后来所谓包衣。

因为包衣制度发生在八旗制度之前,所以清初的宗室贵戚勋旧,无论是否主管旗务全有包衣。王氏《顺治东华录》一,崇德八年八月二十三日甲申称:“有遗匿名帖谋陷固山额真谭泰者,为公塔瞻母家高丽妇人所得,言于包衣大达哈纳,达哈纳以告伊主公塔瞻及固山额真谭泰,塔瞻因启诸王,王等令送法司质讯。”(4页)这是顺治即位初一个大狱,兹不详述。所谓包衣大就是包衣头目。塔瞻为扬古利次子。扬古利,《清太祖武皇帝实录》作扬古里(卷二,1页),是太祖太宗时名将,崇德二年死于征朝鲜之役,追封武勋王,在清入关前群臣中爵秩最高;塔瞻初袭超品公,后降一等公;父子均未尝作过固山额真。太宗初立,于天命十一年九月设总管旗务八大臣,及佐管十六大臣。王氏《东华录》注称,“额驸扬古利前此已授一等总兵官,其秩在贝勒之次,……不预此”(天聪一)。仿佛是因爵高而不入选,但扬古利亦未能与贝勒同样的主旗务作旗主。据此可见,不是旗主不是固山额真也可以有包衣。《清史稿》列传十三《扬古利本传》称,“扬古利手刃杀父者,……时年甫十四,太祖深异焉,日见信任,妻以女,号为额驸”。其家之有包衣当因额驸之故。但《清朝文献通考》二四二《帝系考》、《清史稿·公主表》、《武皇帝实录》全没有太祖女嫁扬古利的记载，惟有《清朝通志·氏族略》二称，太祖“命其子扬古利入侍，以公主降焉”，又《天聪东华录》亦称扬古利为额驸，似乎本传所称并非无因。当时所谓额驸，本不专指娶太祖太宗女儿的人，如佟养性娶宗女(《史稿》传十八下同)，李永芳娶阿巴泰女，均称额驸，扬古利或亦其类；否则必因获罪不列玉牒，以致失载。扬古利、塔瞻父子家既有包衣，其他戚畹勋爵之家亦必不能没有。

太祖起兵时追随的人很多，这些人全是后来的勋戚，他们全有给使的仆役，就是包衣。当时旗制未定所以未尝加以限制，旗制既定亦未尝因之取消。但包衣的主人爵秩有尊卑，地位有高下，因而包衣也有等差。包衣之下还用包衣，主人之上仍有主人。所以有一时期，分隶上三旗包衣佐领下的皇帝包衣，与分隶下五旗包衣佐领下的王公包衣，以及勋戚功臣家的包衣，其他私家的包衣，统称包衣，一无差别。逮后包衣制度日严，名称相同易于混淆，私家“包衣”渐改他称。顺治十四年正月二十一日甲子，谕吏、礼、兵三部说，“官员子弟及富家世族，……本身不充兵役，尽令家仆代替，……概行严禁”。这里所说的“家仆”，以及《会典事例》中所谓“旗下家奴”(光绪十二年本卷一一一六)，《户部则例》中所谓“八旗户下家奴”(同治十三年校刊本卷一)，实在就是私家的包衣，因为要别于旗制里的包衣，所以改称。

三、包衣的来源

包衣的来源，有的是战争俘获，有的是罪犯子孙，有的是分拨，有的是占取，入关后又有所谓投充。满洲人以外还有汉人。凡是加入的，统名为编入包衣。王氏《东华录》说，太祖攻下抚顺之后，论功行赏，以俘获人口分给各营，这是俘获的例子。英亲王阿济格获罪幽禁以后，谣传将他的一个儿子给巽亲王为奴，一个儿子给承泽亲王，诸妇女悉配夫，阿济格听说之后忿怒欲拆毁监房（顺治八年十月庚申，王氏《东华录》顺治十七）。这虽未成事实，可以看出当时罪犯子孙为奴，在亲王亦不能免（《儿女英雄传》所述长姐儿即分给功臣家之罪犯子女）。分拨是将奴仆由父兄家拨给子弟家，占取是将旁人的奴仆作为自己奴仆，投充是汉人投旗下充当奴仆。投充的原因，最初是因为旗下汉人有父母、兄弟、妻子不在旗籍（未被俘获或未投降仍住原籍者）而情愿入旗同居的，所以准其投充入册（《会典事例》一五六，顺治元年例），后来贫乏无业的人，也多投靠勋戚之家，藉以种田赡生（王氏《东华录》顺治八年八月辛酉、癸酉条。顺治十七）。更有无聊之人欲倚旗人权势投充作恶，或悍仆欺压故主，或部民欺压本官，或倾陷富室，慢侮缙绅，或占骗人口财物（《会典事例》一五六，顺治二年例）。甚至有富厚之家携带房地投充旗下，名为带地投充。但旗人对投充之人不惟无恩惠可言，甚者残虐不堪，所以演成后来的“逃人”事件。

凡编入包衣的，子孙世世永在包衣，惟遇立功绩，或罪案昭雪，或其他特别原因，才可以“发出包衣”。清初定制：凡攻战首先登城的八旗壮丁准其开户（《会典事例》一一一三“分析户口”条），并将胞兄弟嫡伯叔带出，这是立功除奴籍的例子。顺治时卓灵阿因父罪编入包衣，后来世祖认为问罪太过，又将他“发出包衣”，这是减罪的例子（康熙六年七月十七日己未，王氏《东华录》康熙七，苏克萨哈罪状第十八款）。又上述太宗时考取儒生的拨出包衣，就是特别的原因了。

八旗定例,奴仆全是子孙永远服役(《户部则例》四),家奴的子女名曰“家生”(《户部则例》四),又曰“家生子”(《会典事例》一一一三),《红楼梦》四十六回称鸳鸯为“家生女儿”,四十五回称周瑞之子非“家生子儿”,皆此类。是不能脱离主人他去的,所以包衣也是一样,除非有上面的“发出”或“拨出”的原因。

四、包衣的组织

包衣的组织最初很简单,包衣之上只统以包衣大。后来改同普通八旗一样,最下层的称为“包衣下人”,其上有“包衣大”,“包衣大”之上又有“包衣佐领”、“包衣参领”。包衣佐领原名包衣牛录(见顺治十年正月乙未,王氏《东华录》顺治二十),是旗制创立后给使于旗主的一个组织单位,它的组织,人数,与旗分佐领即普通牛录相等。包衣参领原名包衣扎兰,组织也同普通参领一样。包衣大,就是包衣长,大为满洲语头目之意(或译作达),包衣大汉字译为管领。(《清史稿·世祖纪》一,顺治二年正月庚戌,禁包衣大等私收投充汉人,王氏《东华录》顺治四引作“禁内务府管领等私收投充汉人”。)“包衣下人”又称“包衣佐领下人”,就是一般包衣的基本组成分子,所谓家仆了。

入关以后,满洲八旗因统属不同,地位不同,分为二等:天子自将的镶黄、正黄、正白为上三旗,其余正红、镶白、镶红、正蓝、镶蓝为下五旗。各旗包衣也分为两个系统:上三旗的包衣称为“内务府属”,下五旗的包衣称为“五公府属”(《会典事例》一一一三“分析户口”条顺治九年例注)。上三旗属于皇帝,包衣就是皇室的仆役,当时管理皇室事务的为内务府,所以称为内务府属。天聪三年九月初一日壬午,《东华录》有"皇帝包衣下"之语(天聪四),顺治八年七月初一日丙子,世祖谕有"朕之包衣牛录下"之语(顺治十七),全是指内务府属而言。上三旗之称虽在入关以后,但内务府创立则在入关以前,其时日已不可考。内务府首长名为总管,满洲语称为包衣昂邦,昂邦汉语就是总管,可知内务府制度是由包衣制演化而成。包衣的职务是在管家务,供差役,以及随侍,所以内务府的职守也不外乎此。然而在中国皇室,这些事原是属于宦官职掌的,所以包衣制在实际上是同宦官制度不并容的。(顺治八年三月壬午,王氏《东华录》十六,有"御前包衣昂邦"的记载,这是随侍的一个例子。)

五、入关后关于宦官的几次争斗

明末李自成军进攻北京,在宣府、居庸率众迎降的是监视太监;自成围北京,开门迎接的是督理城守太监;多尔衮入关,首先在皇城用明朝卤簿御辇跪迎的也是故明内监。所以在这两次大变动中,明朝的太监并没有受到影响淘汰与屠戮,正如太监杜勋在崇祯十七年(1644)三月十八日和其他太监所说的:"吾曹富贵固在也。"(《明史》三〇五《宦官高起潜传》)虽然李自成曾下令尽逐内竖(同上),但为时不久满洲入关,他们依然盘踞在宫庭禁掖之内,时时想继续恢张其权势。而明朝降清的旧臣,鉴于明末阉寺之祸,对于入清以后的太监更加意防嫌,随时裁抑,恐其再起。他们的政治立场显然,所以在清初有几次的暗斗:

一次是禁内监收租。顺治元年七月十八日癸卯，太监吴添寿等请照旧例遣内员征收涿州宝坻县皇庄钱粮，多尔衮以为差官必致扰民，不许，命归并有司，另项起解（顺治三）。这时顺治帝等还没有至京师。这是太监们的第一次尝试。

一次是禁内监朝参。顺治二年十二月二十八日丙午礼部奏："内监仍故明例，每遇朝参，行礼在文武诸臣之前，于体未合。嗣后内监人员概不许与朝参，亦不必排班伺候。"从之（王氏《东华录》五）。明朝太监用朝服仿照外廷仪注参加朝参山呼，是熹宗以后的事，旧制只许常服叩头呼万岁（《酌中志》及《烈皇小识》）。太监朝参这件事，在顺治元年十月户科给事中郝杰就纠弹过，以为"辱朝廷而羞当世"，可是未成功（见凌扬藻《蠡勺编》十九，粤雅堂本）。礼部这次的启奏，必是因为在顺治二年元旦时还有太监在文武诸臣班列之前朝参，所以特加裁禁，以免三年元旦的重演。当时主持礼部的，汉侍郎是李若琳、高尔俨，两人全是《贰臣传》人物。高尔俨是李若琳所荐，李若琳是冯铨徒党，冯铨又是魏忠贤遗孽，他们同太监不无瓜葛，这次的启奏应该是代表当时一般舆论。

一次是禁在外太监私自入京。顺治三年定："先年内监曾经发回者，若非奉旨取用，有地方官文书起送，而私自来京图谋进用者，问发边卫充军。"（《清会典事例》一二一六）这是为防止明末已斥的阉党复起。

一次是顺治三年四月二十三日己亥的罢织造太监（王氏《顺治东华录》六）。

在这时，清朝由多尔衮摄政，他是汉化很深的人，时同汉官接近（见《多尔衮摄政日记》）。所居在南池子（今名普度寺，俗称玛哈噶喇庙），不在宫禁，所以能不受太监的包围，因之太监权势日微。顺治八年世祖亲政以后，在顺治九年九月初四日癸酉，裁了户部制造等库太监五十五人（《顺治东华录》十九），十月初二日庚子，又裁了工部各监局太监一百十三人（同上）。这是反宦官极盛时代。宦官为求生存，尽力包围世祖，于是有十三衙门之设。十三衙门之设，《清史稿·职官志》五说在顺治十一年，《清朝通志》六六说在十三年，实在是在十年。在入关以前，清朝自谓“我太祖太宗痛鉴往辙，不设宦官”（《康熙东华录》一，顺治十八年二月乙未），但实际上并不是没有太监。王氏《东华录》（崇德七）崇德七年十月二十九日丙寅，记贝勒杜度之死，有太监焚瘗纸人一事（顺治一），崇德八年八月二十三日甲申，记宗室巴布海家有太监，全可以推证。然而他们仅执奴仆贱役，与近侍不同，并且人数很少，来源不明。顺治十年六月二十九日癸亥，开始正式酌用内官，世祖谕内院说：

> 朕稽考官制，唐虞夏商未用寺人，自周以来始具其职，所司者不过阍闼洒扫使令之役，未尝干预外事，秦汉以后，诸君不能防患，乃委以事权，加之爵禄，典兵干政，流祸无穷。岂其君尽暗哉？缘此辈每以小忠小信固结主心，日近日亲，易致潜持朝政。且其伯叔弟侄宗族亲戚实繁有徒，结纳搢绅，关通郡县，朋比夤缘，作奸受贿，窥探喜怒，以张威福。当宫廷邃密，深居燕闲，稍露端倪，辄为假托，或欲言而故默，或借公以行私，颠倒贤奸，溷淆邪正，依附者巧致云霄，迕抗者谋沉渊阱，虽有英毅之主，不觉堕其术中。权既旁移，变多中发，历观覆辙可为鉴戒。但宫禁役使此辈势难尽革。朕酌古因时，量为设置：首为乾清宫执事官，次为司礼监，御用监，内官监，司设监，尚膳监，尚衣监，尚宝监，御马监，惜薪司，钟鼓司，直殿局，

兵仗局。满洲近臣与寺人兼用。各衙门官品虽有高下，寺人不过四品。凡系内员，非奉差遣不许擅出皇城，职司之外，不许干涉一事，不许招引外人，不许交结外官，不许使弟侄亲戚暗相交结，不许假弟侄等人名色置买田屋，因而把持官府，扰害人民。其在外官员，亦不许与内官互相交结。如有内外交结者，同官觉举，院部察奏，科道纠参，审实一并正法。防禁既严，庶革前弊。仍明谕中外，以见朕酌用寺人之意。（王氏《东华录》顺治二十）

这些新建立的衙门，就是所谓内十三衙门，简称为十三衙门，又称内十三道（《玉林国师年谱》）。谕内对于历代宦官的情弊可以说是洞照无遗，而防范之严（八个不许）亦可以说是至详且备。世祖时年十六岁，就他的才识经验不会如此，据后来康熙即位后诏书，这是受满洲佟义同内官吴良辅的蛊惑而然，此外当然还有一二大臣与之同恶相济。这种改变，绝不能为当时所满意。所以到七月初四日丁酉（本年清闰六月），都察院承政（满左都御史）屠赖等因雨潦进言说：

至前代不似我朝，左右有内大臣，侍卫随从，内务有包衣大臣章京管理。今奉上谕设立司礼监等衙门，寺人与近臣兼用。夫宫禁使令固不可无寺人，但不必专立衙门名色，止宜酌量与近臣兼用以供使用可也。（王氏《东华录》二十一，蒋氏《东华录》七）

他以有包衣大臣为理由，反对寺人的专立衙门，是根据旧制立论。屠赖,《清史稿·部院大臣年表》一上作图赖,他同入关初破李自成降福王的图赖不是一个人。这次进言是都察院的全体,由他领衔,所以说屠赖等。当时汉左都御史为赵开心,汉副御史为张朝琳、林德馨。世祖的答复相当客气,有所解释,也有所反诘。他说:

> 此所奏是。……今总管内事乃勋旧大臣,忠诚为国,朕自无虑,万一有如冷僧机其人者,专权作弊,何以防察?因分设衙门使各司其事,庶无专擅欺蒙之患。衙门虽设,悉属满洲近臣掌管,事权不在寺人,且所定职掌,一切政事毫无干预,与历代迥不相同。著仍遵前旨行。(同上)

冷僧机是不久以前杀掉的多尔衮党,所以之反诘。在十三衙门设立后八十四日,世祖发生废后之议,我们推想这也是出于太监们的迎合献计,因为就旧俗,就祖制,全无此必要。我们于此也可看出当时太监们的不惜任何手段以求见好,以遂牢笼,而增高其权势。

十三衙门既设,复于顺治十一年十月二十三日己卯改为十四衙门,因为太宗时原设有尚方司,废之不便,所以仍复设立(王氏《顺治东华录》二三)。当时太监的势力虽然抬头,然而一般汉官还在尽力抑制,尤其怕厂卫的复活。世祖本人善画,时常以画分赐廷臣。当时并入銮仪卫的明代锦衣卫旧缉事员役,遂在内院门首访察受赐之人,给事中张国宪深恐重蹈明代宦官以锦衣卫为爪牙的覆辙,请求禁止,世祖允许了(《史稿》传三一《季开生传附张国宪传》)。这是一个显著的例子。同时世祖本人虽然用宦官但并不放任,顺治十二年六月二十八日辛巳命工部立铁碑,文曰:

皇帝敕谕(《东华录》二十四无此四字):中官之设,虽自古不废,然任使失宜,遂贻祸乱。近如明朝王振、汪直、曹吉祥、刘瑾、魏忠贤等专擅威权,干预朝政,开厂缉事,枉杀无辜,出镇(《东华录》作阵)典兵,流毒边境。甚至谋为不轨,陷害忠良,煽引党类,称功颂德,以致国事日非,覆败(《东华录》作辙)相寻,足为鉴戒。朕今裁定内官衙门及员数职掌,法制甚明。以后但有犯法干政,窃权纳贿,嘱托内外衙门,交结满汉官员,越分擅奏外事,上言官吏贤否者,即行凌迟处死,定不姑贷。特立铁牌,世世遵守(《东华录》作遵行。铁牌照片见《东洋文化史大系清代亚细亚》二〇页插图)。

在十三衙门内本有尚宝监,专司皇帝宝玺。顺治十二年十月初一日辛亥,又于外廷设尚宝司衙门,置满汉官员,专理用宝事务(王氏《顺治东华录》二十五)。十三年三月二十日己亥,又以事简员多复行裁去(同上书二十六)。在这小小的兴废中也可以看出外廷与内官势力的消长。尚宝司之设是在监视尚宝监,分宦官之权,十三年的裁撤,是太监职权的贯彻。

在顺治十五年,正是宦寺极盛时代,而交通外廷官员事发。二月十四日癸巳,世祖谕吏部:

设立内监衙门官员原止令供办宫闱事务,不许干预朝政,交通外廷。是以朕于新旧内监各员特立铁牌,屡行禁饬甚严,不意乃有行私纳贿之徒。朕密行采访得其奸弊,已命内大臣严行审拟。事内有见任官员私相馈遗者,亦有罢任官通同贿赂者,深可痛恨。此辈坏法通贿,科道各官为朕耳目,岂无见

闻？乃竟不行指参，殊负朝廷设立言官发奸摘弊至意。尔部即行传知。（王氏《东华录》顺治三十）

这是告发之始，还没有问出主名，告发情节亦不明，世祖责言官不指参，似乎告发之人并非科道。三月初七日甲辰，又谕吏部：

内监吴良辅等交通内外官员人等作弊纳贿，罪状显著，研审情真。有王之纲、王秉乾交结通贿，请托营私，吴良辅等已经供出即行提拿。其余行贿钻营有见获名帖书柬者，有馈送金银币帛等物者，若俱按迹穷究，犯罪株连者甚多，姑从宽一概免究。官员人等如此情弊，朕已洞悉，勿自谓奸弊隐密，窃幸朕不及知。自今以后务须痛改前非，各供厥职，凡交通请托行贿营求等弊，尽皆断绝，如仍蹈前辙作奸犯法者，必从重治罪，决不宽贷。尔部速刊刻告示内外通行严饬。（王氏《顺治东华录》三〇）

顺治时凡公私大狱莫不详密侦鞫，惟独此案既没有宣布告发之人，又没有公布审判经过，关于交结案情，通贿数目，全没叙述，太监只提到吴良辅，外廷只提到王之纲、王秉乾，显然是意存包庇，欲用“姑从宽一概免究”以结束此案。吴良辅是世祖最信任的太监，在世祖逝世前五日，他在法源寺祀发替世祖出家，世祖还去看（孟森《清初三大疑案考实》）。王氏《东华录》于此谕下有“良辅寻伏法”五字，《清史稿·世祖纪》遂于其日书“内监吴良辅受贿伏诛”，实在错了。这次大案其后又经了两次会议方始结束：

(四月二十六日)壬辰,吏部等衙门会议陈之遴、陈维新、吴维华、胡名远、王回子等贿结犯监吴良辅,鞫讯得实,各拟立决。得旨:陈之遴受朕擢用深恩,屡有罪愆,叠经贷宥,前犯罪应置重典,特从宽以原官徙往盛京,后因不忍终弃召还旗下。乃不思痛改前过,以图报效,又行贿赂交结犯监,大干法纪,深负朕恩。本当依拟正法,姑免死,著革职,并父母妻子兄弟流徙盛京,家产籍没。陈维新姑免死,并父母妻子兄弟流徙盛京,家产籍没。吴维华,胡名远,王回子等俱姑免死,各责四十板,并父母兄弟妻子流徙宁古塔,家产籍没。(王氏《顺治东华录》三〇)

(七月初九日)甲辰,内大臣巴图鲁公鳌拜等会审广东雷州道王秉乾,以地方僻远希图规避,贿属内监吴良辅撤回另选得实,拟立斩。得旨:王秉乾著免死,革职,籍没,鞭一百,发宁古塔给披甲人为奴。(王氏《顺治东华录》三一)

陈之遴,浙江海宁人,原任大学士;吴惟华,顺天人,原任漕运总督。二人当时全是废员,或者希冀复任,所以贿赂吴良辅;也可能是被人诬陷。(吴梅村与陈之遴为儿女亲家,集中于陈之遣戍,似深惜之。)吴良辅案是外廷与宦官斗争最激烈的一幕,当时外廷诸臣,满人与汉人,汉人与汉人,均显有尔我之分,二人是否罪有应得,尚待史料证明。

顺治十七年三月二十九日甲申,司吏院(司吏院就是司礼监提高职权以后的名称)咨吏部,请照各院监官品级议兼卿寺等衔,吏部不敢驳,以奏世祖。世祖虽然没有许可,可是将宦官的职名加以厘正。就当时情形来看,十三衙门中较大的已改监为院,司礼监改为司吏院,俨然以内廷的吏部自命,于吏部用咨文,视若平行,真可谓毫无忌惮(王氏《顺治东华录》三十四)。幸而不久十三衙门取消,否则不知更要发生什么事!

顺治十八年正月初七日丁巳,世祖殂,遗诏以十四事自罪,第十一款云:

> 祖宗创业未尝任用中官,且明朝亡国亦因委用宦寺,朕明知其弊,不以为戒,设立内十三衙门,委用任使与明无异,以致营私作弊更逾往时。是朕之罪一也。(同上,三十六)

遗诏由王熙、麻勒吉起草(《康熙东华录》一),奏明皇太后(孝庄文皇后)而后发布。遗诏内容同世祖行事判若两人,王熙自著年谱于草遗诏事又多隐晦,故史家颇疑遗诏经太后同满大臣改换,不是世祖阅定之原稿。圣祖(康熙)即位,于顺治十八年二月十五日乙未,又下诏谕吏部刑部等大小各衙门说:

> 朕惟历代理乱不同,皆系用人之得失,大抵委用宦寺未有不召乱者,加以佥邪附和其间,则为害尤甚。我朝太祖、太宗痛鉴往辙不设宦官,先帝以宫闱使令之役偶用斯辈,继而深悉其奸,是以遗诏有云,"祖宗创业未尝任用中官,且明朝亡国亦因委用宦寺",朕懔承先志,厘剔弊端,因而详加体察,乃知满洲佟义,内官吴良辅阴险狡诈,巧售其奸,荧惑欺蒙,变易祖宗旧制,倡立十三衙门名色,广招党类,恣意妄行。钱粮借端滥费以遂侵牟,权势震于中外以窃威福,恣肆贪婪相济为恶,假窃威权要挟专擅,内外各衙门事务任意把持,广兴营造糜冒钱

> 粮，以致民力告匮，兵饷不敷。此二人者，朋比作奸，挠乱法纪，坏本朝醇朴之风俗，变祖宗久定之典章，其情罪重大，稔恶已极，通国莫不知之，虽置于法，未足蔽辜。吴良辅已经处斩，佟义若存，法亦难贷，已服冥诛，著削其世职。十三衙门尽行革去。凡事皆遵太祖、太宗时定制行，内官俱永不用。（王氏《康熙东华录》一）

此诏重申世祖遗诏之意而口气加重，想是辅政四大臣承孝庄后之意而发。所谓“凡事皆遵太祖太宗时定制行”，就是恢复皇室包衣制。谕中所述罪状，应该全实有其事。十三衙门成立不过八九年已恣肆如此，必然有许多故明老监逞其余恶，无怪为满洲旧人所不能容，就是汉人也必深以为忧惧。假使当时不行废斥，更加以厂卫为之爪牙，晚明阉寺之祸的重演，绝无疑问。又谕内称“吴良辅已经处斩”，其死当在此诏以前，《清史稿·圣祖纪》六，于二月十五日乙未罢内官之上，又书“诛有罪内监吴良辅”，也错了。

清官书全说“国初置内务府”（《清文献通考》八三，《清通志》六六，《历代职官表》三七），而没有说到确实设置年月；内务府制度本由包衣演化而成，包衣又是满洲旧俗，所以难确定它的起始。至于内务府组织的完成则在康熙以后。内务府管理宫廷的宴飨、典礼、祭祀、库藏、财用、服御、赏赉、造作、牧厩、供应、刑律等事，统以总管大臣，其下分设广储、会计、掌仪、都虞、慎刑、营造、庆丰七司；广储司设银、段、衣、茶、皮、瓷六库。各司均铸给司印，各库钧铸给图记，所以可单独对外。此外又有武备院、上驷院、奉宸苑，号内三院；总理工程处，养心殿造办处，武英殿修书处，刊刻御书处，御茶膳房，御药房，三旗纳银庄，官房租库，官学，织染局，江宁、苏州、杭州织造监督；均统于总管大臣或隶属七司（参看《清史稿·职官志》五，《大清会典》八七，《会典事例》一一七〇，《清朝通志》六六，《清朝文献通考》八三，《清朝续文献通考》一二五）。各司的职掌同设立的先后，以及与十三衙门的分合蝉递，如下：

内十三衙门	内　务　府	职　　掌	附　　注
司礼监 掌皇城内一应仪礼刑名内外章奏（据明制，下同）			清康熙以后分其职于敬事房奏事处及内务府慎刑司
御用监	广储司 康熙十六年改御用监为广储司	掌内府库藏出纳	
御马监	上驷院 顺治十八年改御马监为阿敦衙门康熙十六年改上驷院	掌群牧之政及内厩御马	
内官监 顺治十七年改宣徽院	会计司 康熙十六年改宣徽院为会计司	掌内府帑项	
尚衣监 掌御用冠冕袍服靴袜	并入广储司		
尚膳监	都虞司 顺治十八年改尚膳监为采捕衙门康熙十六年改都虞司	掌府属武职升补内府护军及供应畋渔	

（续表）

内十三衙门	内　务　府	职　　掌	附　　注
尚宝监 顺治十三年改尚宝司掌宝玺			内阁用宝，先期知会内务府转行宫殿监，至期赴乾清门验用，宝玺贮交泰殿（《会典》二）由侍监首领二人专司。（《史稿·职官志》五）
司设监 掌卤簿仪仗帷幕诸事	并入武备院		
尚方司 顺治十二年改尚方院	慎刑司 康熙十六年改尚方院为慎刑司	掌内府刑罚重谳移三法司	
惜薪司	营造司 顺治十八年改惜薪司为内工部康熙十六年改营造司	掌理造作兼司薪炭	
钟鼓司 顺治十三年改礼仪监十七年改礼仪院	掌仪司 康熙十六年改礼仪院为掌仪司宣统改掌礼司	掌内府祭祀礼仪兼稽太监品级果园赋税	
	庆丰司 康熙二十三年分掌仪司立	掌牛羊群牧嘉荐牺牲及口外牧场	
兵仗局	武备院 顺治十八年改兵仗局为武备院	掌供御用武备制造兵仗	
织染局	织染局 隶广储司	掌织造	

至于十三衙门的名称次序，各书亦不尽同，如下：

顺治十年六月癸亥初定十三衙门	顺治十一年十四衙门	会典事例十三衙门	历代职官表十三衙门	清史稿职官志十三衙门	顺治十三年七月十三衙门	顺治十七年三月十三衙门	附注
一 乾清宫执事官	同	无	无	无		无	
二 司礼监	同	同一	同一	同一		一 司吏院	
三 御用监	同	同六	同三	同二		五 御用监	
四 内官监	同	同八	同五	同四		二 宣徽院	
五 司设监	同	同四	同九	同八		十一 司设局	
六 尚膳监	同	同九	同七	同六		八 尚膳监	
七 尚衣监	同	同三	同六	同五		七 尚衣监	
八 尚宝监	同	同五	同八	同七	尚宝司	九 尚宝司	
九 御马监	同	同七	同四	同三		六 御马监	
十 惜薪司	同	同十	同十一	同十		十 惜薪司	
十一 钟鼓司	同	同十一	同十二	同十一	礼仪监	三 礼仪院	

（续表）

顺治十年六月癸亥初定十三衙门	顺治十一年十四衙门	会典事例十三衙门	历代职官表十三衙门	清史稿职官志十三衙门	顺治十三年七月十三衙门	顺治十七年三月十三衙门	附　注
十二　直殿局	同	无	无	无		无	明制直殿监掌各殿及廊庑扫除，见《明史》七四，《酌中志》十六。
十三　兵仗局	同	同十二	同十	同十二		十二　兵仗局	
一执事官衙门八监二司二局	尚方司	同二	同二	同九		四　尚方院	
	一执事官衙门八监三司二局	织染局十三	同十三	同十三	原谕称内设衙门原有六监二司云云不详所指及其裁并时日。	无	
		八监三司二局	八监三司二局	八监三司二局		十三　文书馆 四院四监二司二局一馆	明制文书房在廿四衙门之外，掌收通政司每日封进本章，并会极门所上封事，一应谕旨俱落底簿发行，见《明史》七四，《酌中志》十六。

内务府总管大臣无定员，由满洲侍卫，府属郎中，内三院卿简补，或王公，内大臣，尚书，侍郎兼摄。初秩从二品，乾隆十四年定为正二品。各司设郎中正五品，员外郎从五品，主事正六品，笔帖式秩与各部同。各库也有郎中等官，又有司库，正六品。全是由上三旗满洲及内务府包衣人等遴充，间或亦有下五旗满洲人。所以内务府成立，而宦官的势力锐减。

清代皇室的财富库藏既操之内务府，而江宁、杭州、苏州的织造监督，京师崇文门监督，各省的工关户关监督，全由内府官属兼充，或由内务府大臣兼理（《史稿·官职志》一《户部》）。取索漫无限制，典藏亦无稽考，所以内务府实在是奢汰贪婪之薮。清朝诸帝往往用它私其所亲。所谓贵幸之臣，椒房之戚，大都管理过内务府。如明珠、高恒（慧贤皇贵妃之弟）、金简（淑嘉皇贵妃之弟）父子、和珅之子丰绅殷德，全是显著的例子。康熙四十七年九月初四日丁丑，圣祖将废太子胤礽，在布尔哈苏台行宫，集群臣面数胤礽罪状，其中有一条说："朕知胤（原作允）礽赋性奢侈，著伊乳母之夫凌普为内务府总管，俾伊便于取用，孰意凌普更为贪婪，致使包衣下人无不怨憾。"（王氏《康熙东华录》八二）这明显的看出内务府对于太子的予取予求，惟恐他不方便。太子如此，皇帝可知。鄂尔泰是雍正朝名臣，世宗说他所以赏识鄂尔泰的原因，是由于在藩邸时，鄂尔泰作内务府员外郎拒绝了他的请求（《清史稿》传七五《鄂尔泰传》），这亦可看出当时皇子对内务府的需索无人敢拒绝。全祖望作赵殿最神道碑，说到殿最离去工部尚书的原因，他说：

> 故事，内务府有营造率资经费于工部，然府员滥支冒销以为习惯，工部莫敢谁何也。公（赵殿最）独正色裁抑之。会重

筑郊坛驰道，公庀材数工，核减府员所估之十九而事集。内务府诸郎群聚而谋所以去公者……。(《鲒埼亭集》一八)

内务府的腐败情形于此可以概见。直至清朝覆亡未尝稍改。所以内务府的代替宦官只是制度的改变，而政务本身并没有进步，所不同者，宦官是少数人把持的，是终身的，是国家法令所不易及的；而内务府人员虽以上三旗为基本，但人数较多，他们是流官，有升转，有外用，有京察，不能永久把持，且在国家法令层层监督下，他们虽然奢汰贪昧，但是还不能因之作恶。

上三旗包衣形成内务府后，组织逐渐加强，而下五旗包衣在雍正以后则逐渐变质。此为世宗消灭旗主势力之政策，其详可参看孟心史先生《八旗制度考实》。在乾隆以后更许汉军旗人出旗，其变革更大。

在十三衙门废除以后，关于太监的选验(乾隆四十一年以前先由礼部报名)、补放、管理、惩处，全由内务府掌仪司同会计司主管，升迁降调并咨吏部；在宫内则统之于敬事房，其首领名曰宫殿监督领侍。(《史稿·职官志》五《宦官·敬事房》，"甄别调补内监"。)关于太监的法令，有宫中现行则例，会典太监事例等，立法甚密，意在防微杜渐，以绝奸萌。世宗、高宗严以驭下，纲纪肃然，高宗尤为峻厉，虽微细琐事，亦不稍假借。太监苏培盛于雍正时尝与庄亲王胤禄并坐接谈，又在"九州清宴"饮馔，遇见和亲王(弘昼)、宝亲王(即高宗)延坐共食。高宗即位以后遂大加申斥，认为狂妄骄恣，并且有"若……仍敢蹈袭前辙，妄自狂纵，……立行正法"之谕(《乾隆东华续录》一，雍正十三年十月丙子)。高宗即位后，他的弟弟弘瞻(当时称为圆明园阿哥，见《乾隆东华录》一，雍正十三年九月庚子）派太监王自立请安，称他为“汗阿哥”，他认为称谓不当，重责了王自立四十板（《乾隆东华录》一，雍正十三年十月癸未）。乾隆四年十一月，有太监李蟠往弘皙（圣祖废太子胤礽之子）处将宫中之事信口传说，于是高宗命将李蟠夹讯并将总管太监议罪（见十二月初一日癸酉《东华录》乾隆十）。很可看出他防范的无微不至。乾隆三十九年高朴在热河揭发太监高云从将记名人员记载泄漏于外，审问属实，牵连到大学士于敏中等多人，于是将高云从处斩，案中牵涉的观保、蒋赐棨、吴坛、倪承宽等革职拟斩，后来从宽释放。并且一再追究，故使株连。（《乾隆东华录》八〇卷，七月甲戌、乙亥、丁丑、己卯、庚辰、辛巳；八月丙申、癸卯；九月壬子、甲寅、丁巳诸条。）于敏中当时虽免治罪（仅交部议处），但传说他于乾隆四十四年病喘还没有死，高宗就赏赐他一件饰终之典的棺殓用的陀罗经被，于是他不能不自杀（《清史稿》传一〇六《于敏中传》论）。后来高宗还以严嵩比之（本传及《乾隆东华录》一〇三卷，五十一年二月壬午），全是由于交结高云从之故。又如高宗巡幸滦河，巡检（从九品官）张若瀛杖责不法内监，特擢七级，仍谕内监在外生事者听人责惩（《史稿》本纪十二，乾隆二十二年四月），更是有意扼抑内监，使他们不敢为恶。嘉庆时内监吴天成因内外交结，常永贵因骄纵无法，萧得禄因滥保非人，均降革惩戒，还略有父祖遗风（《清史稿·职官志》五），但已不如从前之严，后来更因宽弛而有内监刘金、刘得财、杨进忠、阎进喜等交通天理教林清之变。到了道光时，鉴于前失，束驭复严，内监曹进喜因向吏部查问各省道府名单，革去五品总管，重责二十板（三年），马长喜因假冒顶戴，招摇进香，按律治罪（五年）。虽然峻厉较之乾隆时相差已远，但宦官仍赖以不敢凶恣横暴。

同治以后，慈安、慈禧以母后临朝，太监地位较前又稍不同。廷臣恐怕他们因之渐渐专擅威权，造成汉唐之祸，所以在外廷特加防范。同治三年御史贾铎以太监将库存段匹裁作戏衣论劾，四年御史穆缉香阿以慎选左右侍从为言，八年山东巡抚丁宝桢以内监安德海捏称织办龙衣坐船到德州，将他查拿正法。十一年御史袁承业以太监开列店铺蓄养戏班为言，十二年御史文明以太监越礼驰行为言，光绪元年翰林院侍读宝廷以严宦寺杜干预为言（《吏稿》传二三一），十二年御史朱一新以太监李莲英随同醇亲王奕谖巡阅海军为言，二十年御史安维峻以中日和议出自李莲英为言，二十七年两广总督陶模以裁减宦官改用士人为言。这些事虽然有的实行有的未行，有的成功有的失败，但是清末太监的气焰不致太高，行为不致太纵，全有赖于这些清议与果决。

汉朝宦官利用了他们的密近地位，假借皇帝或太后的权威，“手握王爵，口含天宪”以专制朝廷。唐朝宦官把持住皇室兵权，东南财富，养成他们的特殊势力。明朝宦官以批红操政柄，厂卫立刑威，宫帑供财用。清朝宦官没有这些凭藉，所以清朝三百年无宦官之祸，这是包衣制的赐予。

1943 年 9 月 13 日写，1944 年 1 月 4 日
在昆明国立西南联合大学历史学系晚会讲

多尔衮称皇父之臆测

清顺治初，多尔衮以亲王摄政称皇父，为往史之所无，举世骇怪，颇多蜚语[①]。尝疑"皇父"之称与"叔父摄政王"、"叔王"，同为清初亲贵之爵秩，而非伦常之通称，其源盖出于族中旧俗。建国伊始，典制未备，二三功高懿亲，位登极爵，莫可更晋，乃加称谓于封号，用示尊异，未暇计及体制当否。以视后世之加"世袭罔替"、"赏食亲王双俸"、"赏穿四团正龙补服"、"赏戴三眼花翎"诸类，用世禄章服之虚荣，以赏懋功而无嫌于视听者相去盖甚远。

崇德八年（明崇祯十六年，1643）八月庚午（初九日），清太宗（皇太极）崩，诸王、贝勒、贝子、公，及文武群臣定议，翊戴帝子福临即帝位，是为世祖；以郑亲王济尔哈朗、睿亲王多尔衮辅政。时范文程启多尔衮入定中原。顺治元年（明崇祯十七年，1644）四月乙丑（初八日），多尔衮拜奉命大将军，统军南下。既逐李自成，入京师，乃迎世祖迁都燕京。十月乙卯朔，世祖诣南郊，祗告天地，并祭宗庙社稷，甲子（初十日）加封和硕睿亲王多尔衮为"叔父摄政王"[②]，丁卯（十三日）加封和硕郑亲王济尔哈朗为"信义辅政叔王"。其时，若礼亲王代善，镇国公阿拜，饶余郡王阿巴泰，镇国公巴布泰，英亲王阿济格，辅国公赖慕布，睿亲王多尔衮，豫亲王多铎，均太祖（努尔哈齐）子，于世祖为伯叔；若郑亲王济尔哈朗，贝子务达海，镇国公汉岱，贝勒拜音图均显祖（塔克世）孙，色勒为景祖

(觉昌安)曾孙,皆于世祖为从叔;而仅多尔衮称“叔父王”,济尔哈朗称“叔王”,而以二人同辅政,且封亲王久,多尔衮又有入关功,非他人所可拟,乃别加“叔”,“叔父”之字以尊宠之,非家人通称也。“叔父王”,“叔王”为爵秩专称,与“皇叔父”,“皇叔”之通称者有别。顺治四年,甘肃巡抚张向曾以题报本内仅称“皇叔父”,遗“摄政王”三字,革职拟罪③,亦以此也。

“叔王”之制盖昉于太宗时代善之封“和硕兄礼亲王”,而“兄王”之称又源于“大贝勒”。太祖建号天命,封子代善、莽古尔泰、皇太极及弟子阿敏为和硕贝勒。国中称代善大贝勒、阿敏二贝勒、莽古尔泰三贝勒、皇太极(即太宗)四贝勒。其后诸子弟封贝勒者多,于是此四贝勒遂有“大贝勒”之目,号“四和硕大贝勒”④。太宗天聪五年,大凌河之役,莽古尔泰与太宗争论于城西山冈,莽古尔泰举佩刀前向;其后代善等拟其御前持刀罪,“议革去大贝勒降居诸贝勒之列”⑤,可知诸贝勒之名位不与“大贝勒”等,而同一名爵阶秩有等差,其制早始于此。逮天聪六年二月壬申(初四日)定仪仗制,“凡近地往来,御前旗三对,伞三柄,校尉六名;大贝勒旗二对,伞一柄,校尉四名;诸贝勒等各旗一对,伞一柄,校尉二名”,而其别益显。太宗初立,以代善等为其兄,不以臣下视之,朝会皆引与同坐。天聪十年四月丁酉叙功,册大贝勒代善为和硕兄礼亲王,示以兄礼敬之,于是乃成爵秩之号,与其他亲王有别。

英亲王阿济格与多尔衮及豫亲王多铎同为太祖大妃乌喇纳喇氏子,⑥而齿居长。多铎既卒,阿济格自请为“叔王”,遣吴拜、罗玺启摄政王多尔衮曰:“郑亲王乃叔父之子,予乃太祖之子,皇上之叔,何不以予为‘叔王’,而以郑亲王为‘叔王’?”多尔衮使吴拜报之曰:“‘叔王’原为亲王,尔原为郡王,……郑亲王虽叔父子,原系亲王，尔安得妄思越分，自请为‘叔王’，大不合理。”⑦据此可知“叔王”之为尊爵，其阶上“亲王”一等，不以齿亦不以亲也。

顺治三年五月丁未，苏尼特部腾机思等率所部叛奔喀尔喀部硕雷，命豫亲王多铎往征之，十月凯旋，四年七月晋封多铎为“叔王”，《东华录》顺治九，记其事曰：

> 七月庚子朔，摄政王传集内大臣，各部尚书，启心郎等谕之曰：“兹内大臣，礼部佥以和硕德豫亲王剿灭流寇，底定陕西，殄福王，平江南，及击败喀尔喀部落土谢图汗硕雷汗，厥功甚懋，应进封为辅政叔德豫亲王。予初亦念及此，尚以王为予季弟，故犹豫未果。然予恭摄大政，简贤黜不肖，国之巨典，乌容瞻顾。尔等偕诸王定议以闻。”众佥以为然。于是进德豫亲王多铎诫之曰：“汝继予辅政，益加勤勉，斯名誉非小矣。”
>
> 辛丑（初二日）上御太和殿，册封和硕德豫亲王多铎为“辅政叔德豫亲王”，赐金千两，白金万两，鞍马一匹，空马九匹。增册文曰：“定鼎中原以来，所建功勋卓越等伦，因封辅政叔德豫亲王。”（同上）

曰：“厥功甚懋，应晋封为辅政叔德豫亲王”；曰“定鼎中原以来，所建功勋卓越等伦，因封辅政叔德豫亲王”；则“叔王”之为亲王建功晋封之阶可知也。

世祖即位，代善以年高病足不复与军旅政事，虽以太宗时之“和硕兄礼亲王”，而入关不得晋爵“伯王”。顺治四年，济尔哈朗以府第逾制罢辅政，仍称“和硕郑亲王”，及多尔衮卒，再辅政，复封“叔和硕郑亲王”。则“叔王”之称以功不以亲，又可知。

就仪制言之，“叔王”与“亲王”差异尤显，而“叔王”与“叔父王”亦有别。《东华录》称：

顺治元年十月辛未（十七日），定诸王、贝勒、贝子、公俸禄：摄政王三万两，辅政王一万五千两，亲王一万两，郡王五千两，贝勒二千五百两，贝子一千二百五十两，镇国公辅国公俱六百二十五两。[8]

顺治元年十一月甲午（初十日），定诸王、贝勒、贝子、公等下护卫员数：摄政王三十员，……辅政王二十三员，……和硕亲王二十员，……多罗郡王十五员，……多罗贝勒十员，……固山贝子……六员，公……四员。[9]

顺治三年十二月丁酉（二十五日），定诸王入朝降舆及朝列坐次仪注：辅政王入午门至太和门降舆，德豫亲王、肃亲王、英郡王入午门至昭德门降舆，诸王俱午门外降舆。[10]……（前已定叔父摄政王于午门内从便下轿）

“叔父”与“叔”在汉族家人称谓上原无歧异，而顺治初摄政王与辅政王以“叔父”与“叔”分冠之，尊卑秩然如此。其在文移题奏遇“叔王”及“摄政王”称号之抬写，亦与“亲王”异。北京大学研究所所藏顺治五年九月二十四日户部尚书巴哈纳题本，“皇上”，“皇叔父摄政王”双抬；九月二十六日刑部尚书吴达海题本，辅政叔德豫亲王亦双抬，与皇叔父摄政王同，其例正多。

总上列诸事观之，可知清初之“叔王”，盖为“亲王”以上之爵秩。凡亲王建大勋者始封之，不以齿，不以尊，亦不以亲，尤非家人之通称。

“叔王”之制如此。“皇父”之称应不相远。然济尔哈朗，多铎本世祖之叔，“叔王”之封固无僭越，而多尔衮终非世祖之父，当时不疑嫌悖，必以“皇父”为称者，其故亦可得而述。

多尔衮以“叔父摄政王”专政久，勋绩甚懋，而爵无可迁，就家人行辈言之，亲尊于伯叔者惟父耳。左右献谀乃以“皇父摄政王”之称进，摄政示尊于国，皇父示尊于家，此其故一也。

多尔衮初摄政尚守臣节，朝贺赐予皆修臣礼，《东华录》称：

> 顺治元年四月乙丑（初八日），上御笃恭殿，赐摄政睿亲王多尔衮大将军敕印，……王受印敕行三跪九叩头礼[11]。
>
> 顺治元年九月癸卯（十八日），上驻跸通州，摄政睿亲王多尔衮率诸王、贝勒、贝子、公、文武群臣迎驾，上遣人赐王鞍马一，王跪受讫，偕诸王至通州见上，跪候驾过。上至行殿，……诣上行三跪九叩头及抱见礼。[12]
>
> 顺治元年五月己丑（初二日），师至燕京，故明文武官员出迎五里外，摄政睿亲王进朝阳门。……内监以故明卤簿御辇陈皇城外，跪迎路左，启王乘辇。王曰：“予法周公辅冲主，不当乘辇”，……望阙行三跪九叩头礼，毕，乘辇入武英殿升座。[13]
>
> 顺治二年十月戊子（初十日），赐摄政王多尔衮、辅政王济尔哈朗、和硕肃亲王豪格马各一匹，王等跪受，入武英殿叩首谢恩出。上遣冷僧机、巴哈谓摄政王曰，“凡遇朝贺大典，朕受王礼，若此等小节，不必行此大礼”。王曰，“上年幼冲，臣不敢违礼，俟上春秋鼎盛，凡有宠恩，自不敢辞”。[14]

均其明证。逮执政稍久，渐恣放自擅，视朝臣若臣仆。此由于骄纵者半，由于左右谄谀者亦半。《东华录》称：

> 顺治二年五月丙戌（初五日），辅政王济尔哈朗及内大臣等定议，以皇叔摄政王代天摄政，虽赏罚等于朝廷，而体统尚未崇隆。夫为皇上辅国立政，所关至重，一切仪制亦应加礼……[15]甲辰（二十三日），礼部议定摄政王称号及仪注：凡文移皆书"皇叔父摄政王"。一切大礼，如围猎，出师操演兵马，诸王、贝勒、贝子、公等聚集之所，礼部俱启传集等候，其各官则视王所往，列班跪送。候王回，……遇元旦及庆贺礼，满、汉文武诸臣朝贺皇上毕，即往贺皇叔父。……若赉食于诸亲王及饶余郡王，俱立受不叩头；承泽郡王衍禧郡王以下跪受叩头……[16]

于是摄政王之体制，视诸王益崇，而文武百官之于摄政王亦犹于皇上。然此仅示尊于群臣，尚未疏略礼注于世祖也。顺治四年十二月丙申（三十日），辅政德豫亲王多铎同郑亲王济尔哈朗……等议，遣索尼、冷僧机、大学士范文程……等启摄政王曰，"今国家既定，享有升平，皆皇叔王福泽所致。其元旦节皇叔父王于皇上前行礼，及百官行礼起立以待，进酒时入班行跪礼，俱行停止。我等所以启请者，知皇叔父王体有风疾，不胜跪拜，恐勉强行礼，形体过劳，国政有误"。摄政王从其言，谕曰："止今年率众行礼毕就座位，进酒时不入班行跪礼，以后凡行礼处，跪拜永行停止。"[17]自是而朝会燕飨，不复跪拜。其时君威隆肃，揆之臣仪微嫌亏略，欲弥其阙，惟以皇帝所尊者称之，于是乃有"皇父"之号，此故二也。

当清太祖、太宗两帝之崩，多尔衮皆有缵承大位之机，而太宗

崩时其势尤可自为。其事在官书已削节无存，然钩稽旧文尚可窥知一二：

顺治八年二月己亥(二十一日)，追论睿王多尔衮罪状，诏示中外。诏曰："郑亲王、端重亲王、敬谨亲王、巽亲王同内大臣等合词奏言，太宗文皇帝龙驭上宾，诸王贝勒大臣同心翊戴，共矢忠诚，扶立皇上。……皇上因在冲年，曾将朝政付伊与郑亲王共理，逮后睿王多尔衮独专威权，……以皇上继位，尽为己功。……擅自诳称太宗文皇帝之即位，原系夺立，以挟制中外。……"⑱

顺治二年十二月癸卯(二十五日)，摄政王多尔衮集诸王、贝勒、贝子、公、大臣等，遣人传语曰："今观诸王贝勒大臣但知谄媚于予，未见有尊崇皇上者，余岂能容此。昔太宗升遐，嗣君未立，诸王贝勒大臣等，率属意于予，跪请予即尊位。予曰：'尔等若如此言，予当自刎，誓死不从。'遂奉皇上缵承大统。……且前此所以不立肃亲王者，非予一人意也，尔诸王大臣皆曰，'若立肃亲王，我等俱无生理'，因此不立。……"⑲

顺治五年三月己亥(初四日)，贝子屯齐、尚善、屯齐喀及公扎喀纳、富喇塔、努赛等共讦告郑亲王济尔哈朗罪状。……国忧时图尔格、索尼、图赖、锡翰、巩阿岱、鳌拜、谭泰、塔瞻八人往肃王家中，言欲立肃王为君，以上为太子，私相计议。……肃王使何洛会，扬善谓郑王云，两旗大臣已定立我为君，尚需尔议。郑王云，摄政尚未知，待与众商之。……于是会议郑亲王济尔哈朗当两旗大臣，谋立肃王为君，以上为太子，及议时乃言我意亦如此。……擅谋大事，其罪一也。⑳

> 顺治九年三月癸巳(二十二日),世祖发出拜尹图、巩阿岱、锡翰、席纳布库、冷僧机五人罪状。其中一款曰"皇上即位时,英王、豫王跪劝睿王当即大位,汝不即位,莫非畏两黄旗大臣乎?我舅阿布太及固山额真阿山曾有言,两黄旗大臣愿皇上即位者不过数人,尔我等亲戚咸愿王即大位也。是以睿王于众前亦述此言。夫两黄旗阿布太阿山有亲者,不过谭泰及尔等耳,更有何人"?[21]

据此可知太宗之崩,继位人选时有四议:一、多尔衮;二、肃亲王豪格;三、世祖福临;四、豪格称帝,福临为太子。而多尔衮独排众议,弃尊荣,翊戴福临即大位。此清高宗(弘历)所誉为"史册所罕睹"者也[22]。然究其心志,初非无意于此。其详固莫可得见,惟世祖于顺治九年三月二十二日(癸巳),发布拜尹图等五人罪状时,有一款曰,"睿王曾云,若以我为君,以今上居储位,我何以有此病证"云云[23],可知多尔衮虽翊戴世祖,自居摄位,而实有以世祖为储贰,自为皇帝之意,左右希旨,遂上"皇父"之号,此其故三也。

考之满文题本,"皇父摄政王"满文作ᡥᠠᠨ ᡳ ᠠᠮᠠ ᠸᠠᠩ(哈阿,安;伊;阿,玛阿;斡阿,昂。Han i ama wang),译言"汗(君)的父王"。满文ᠠᠮᠠ(阿玛 ama),汉语为"父"。此种称谓施之外人,在汉族伦理观念上,除寄养之外决不可通,而当日略不避忌加之多尔衮者,疑在满洲旧俗向有呼尊者为父之例。《太祖武皇帝实录》称,丙申(明万历二十四年)十二月,"布占太感太祖二次再生,恩犹父子"(《东华录》作事如父)。又戊申(明万历三十四年)秋九月,"布占太遣大臣来求曰:吾累次背盟获罪于恩父,诚无颜面,若得恩父之女与我为妻,吾永赖之"。又壬子(明万历四十年)冬十二月,"布占太令兀巴海把土鲁乘舟而来，立于舟上呼曰：恩父汗兴兵无非乘怒而来，今恩父之怒已息，可留一言而去，如此遣使三次。布占太又亲率六将乘舟来至河中，于舟上顿首呼曰：兀喇国即恩父之国也……”。又“……布占太对曰：或者人以谗言令吾父子不睦”[24]。《东华录》及《开国方略》诸书，凡记布占太与太祖对语，均有父子之称，其非泛泛之词可知也。乌喇贝勒布占太事清太祖如父，遂称之为父，此一例也。《元朝秘史》中亦有称他人为父之例：

卷二，“帖木真说，在前俺的父（额赤格）也速该皇帝与客列亦惕种姓的王罕契合，便是父（额赤格）一般，他如今在土兀剌河边黑林住着，我将这袄子与他。于是帖木真兄弟三个将着那袄子送去。见了王罕，帖木真说：在前日子，你与我父亲（额赤格）契合，便是父亲（额赤格）一般，今将我妻上见公姑的礼物将来与父亲（额赤格），随即将黑貂鼠袄子与了”。[25]

卷三，“于是帖木真、合撒儿、别勒古台三个前往土兀剌河的黑林行脱斡邻勒王罕处去。到了说，不想被三种篾儿乞惕每将我妻子每掳看要了，皇帝父亲（罕、额赤格）怎生般将我妻子救与么道”。[26]

王罕为元太祖之父执，而称之为“父亲”，为“皇帝父亲”，盖太祖尝事之如父也[27]。满洲与蒙古同为边外民族，其风俗多有相似处，疑此种称尊敬如父者为父，盖金、元以来之旧俗也。郑亲王济尔哈朗为清太祖弟舒尔哈齐子，而其宠赐无间于太祖诸子，史称其“幼育于太祖宫中”，疑亦事太祖如父而称之为父者也。“皇叔父摄政王”满文作（哈阿，安；伊；额，绠伊，珂额；阿，玛阿；斡阿，昂。

Han i ecike ama wang)，译言“汗(君)的叔父父王”。世人徒疑其后之称“皇父”为可骇怪，不知在称“皇叔父”时，早用“阿玛”(父亲)之称矣。凡此所称父《满洲实录》三满文均作阿玛 ama(俗称叔，只用 eshen 不加 ama 字)。

“皇父摄政王”既为当时之最高爵秩，多尔衮之称“皇父摄政王”复由于左右之希旨阿谀，且其称源于满洲旧俗，故决无其他不可告人之隐晦原因在。其后《实录》所以削之不书者，盖汉化日深，渐觉其事之有嫌僭越不相称耳。然其事见于蒋良骐《东华录》，则在乾隆三十年尚不深讳[28]。多尔衮除封后，至乾隆三十八年二月初三日始有诏重葺其茔域[29]；四十三年正月初十日始复还其爵号[30]；八月二十五日入祀盛京贤王祠。以意度之，官书之尽削皇父之事，当亦在其时。四十三年正月复多尔衮爵号谕中，有“其原传尚有未经详叙者，并交国史馆恭照《实录》所载，敬谨辑录，增补宗室王公功绩传，用昭彰阐宗勋至意”之语。既遵之增补，必亦遵之削节。史称《顺治实录》重修于雍正十二年十一月，乾隆四年十二月告成，其书即蒋氏《东华录》所从出，尚无“皇父”之讳，则其后《世祖实录》必尚经校改也。

“皇父摄政王”之体制仪注，今无完确之文献足据，所可知者，凡朱笔批票本章，皆用“皇父摄政王旨”字样，不用皇帝朱批，一也。皇父虽较皇帝为尊，而其仪注则次于皇帝，内外题奏或仅称“皇上”，或仅称“皇父摄政”，或“皇上”、“皇父摄政王”并称，但无列“皇父摄政王”于“皇上”之前者，二也。“皇父摄政王”告群臣称“旨”，皇帝告君臣称“敕”，三也[31]。又顺治六年赐祭朝鲜国王礼物，皇父与皇帝所赐亦有差别，其单如次[32]：

	皇帝赐祭朝鲜国王礼物	皇父摄政王赐祭礼物
檀香	一束	一束
祭帛	一匹	一匹
银壶	二把	二把
银爵	三对	三对
白绫	六匹	六匹
白丝绸	六匹	六匹
蓝丝绸	二匹	二匹
以上绸帛共十五匹		以上绸帛共十五匹
犊	一只	一只
羊	二只	二只
猪	二口	二口
祭筵	二十桌	十五桌
酒	二瓶	二瓶
以上代银二百两		以上代银一百五十两

据此可知"皇父摄政王"之一切体制均下于皇帝,与"太上皇"固不同也。

多尔衮称"皇父摄政王"之时日,《东华录》与《清实录》、《清史稿》所载各不同:

> 蒋氏《东华录》卷六曰:(顺治五年十一月)冬至(初八日),恭奉太祖配天,四祖入庙,遣官祭告天地太庙社稷,文曰,"……溯推原本,追崇太祖以上四世,高祖泽王为肇祖原皇帝,高祖妣为原皇后;曾祖庆王为兴祖直皇帝,曾祖妣为直皇后;祖昌王为景祖翼皇帝,祖妣为翼皇后;考福王为显祖宣皇帝,妣为宣皇后。聿成大典,敷布多方,备此明禋,预申虔告"。余文同覃恩大赦。加"皇叔父摄政王"为"皇父摄政王",凡进呈本章旨意,俱书"皇父摄政王"。(9页)

《清世祖章皇帝实录》卷四十一曰：顺治五年十一月辛未（十一日），以奉太祖武皇帝配天及追尊四祖考妣帝后尊号，礼成，诸王群臣上表称贺，是日大赦天下。诏曰，"……特大赦天下以慰臣民，应行事宜条列于后：叔父摄政王治安天下有大勋劳，宜增加殊礼，以崇功德，及妃世子应得封号，院部大臣集议具奏，……布告遐迩，咸使闻知"。

王氏《东华录》曰：（顺治五年十一月）戊辰冬至（初八日），祀天于圜丘，奉太祖武皇帝配享太祖以上四世：高祖泽王为肇祖原皇帝，高祖妣为原皇后；曾祖庆王为兴祖直皇帝，曾祖妣为直皇后；祖昌王为景祖翼皇帝，祖妣为翼皇后；考福王为显祖宣皇帝，妣为宣皇后。上诣太庙致祭上册宝。辛未（十一日）以奉太祖武皇帝配天及追上列祖尊号礼成，御殿受朝贺，大赦天下。诏曰："叔父摄政王治安天下有大勋劳，宜增加殊礼，以崇功德，及妃世子应得封号，部院诸大臣集议具奏。"㉝

《清史稿》列传五《睿忠亲王传》曰：五年十一月南郊礼成，赦，诏曰"叔父摄政王治安天下，有大勋劳，宜加殊礼，以崇功德"，尊为皇父摄政王，凡诏疏皆书之。

此外若清国史馆《宗室王公传》中之《多尔衮传》及《清史稿·世祖本纪》皆削而不书。据蒋氏《东华录》及《清史稿》本传说，多尔衮称"皇父"，盖与覃恩大赦同时；据《清实录》及王氏《东华录》说，则在覃恩大赦以后，经群臣集议而始定。考是年十一月辛酉朔，戊辰冬至祀天为初八日，辛未覃恩大赦为十一日。国立北京大学文科研究所藏有十一月十一日覃恩大赦诏，文与《实录》同，则皇父之称盖经群臣集议而后定；是称“皇父”确在十一日以后，然其时日尚有待于新史料之证明也。国立中央研究院历史语言研究所所藏大库档案已封存，无可取证；而国立北京大学文科研究所所藏顺治五年十一月题本为数较少，又无称“皇父”者。今所见旧档，称“皇父”最早者为史语所藏顺治五年十一月二十九日工科给事中魏象枢《圣朝大礼既行亟请更正会典》揭帖一件耳[34]。

1936年7月25日北平西城
小将坊胡同二十三号

注　释

① 近惟孟心史先生以为皇父之称犹古之尚父，见《清初三大疑案考实》。

② 其后以御史赵开心言，改称皇叔父摄政王，但玉宝仍作“叔父摄政王宝”，北大藏有钤宝之令旨。

③ 见顺治四年四月丁酉，《东华录》顺治八。

④ 四和硕大贝勒之称见天聪四年六月阿敏罪状谕。

⑤ 见天聪五年十月癸亥，《东华录》天聪六。

⑥ 见《清史稿·后妃传》，4页，及天命《东华录》。

⑦ 事在顺治六年六月壬寅，见《东华录》顺治十二，及《清史列传》二《多尔衮传》。

⑧ 顺治三。

⑨ 同上。

⑩ 顺治七。

⑪ 顺治二。

⑫ 顺治三。

⑬ 顺治二。

⑭ 顺治五。

⑮ 顺治四。

⑯ 同上。

⑰ 顺治九。

⑱ 顺治十六。

⑲ 顺治五。

⑳ 顺治十。

㉑ 顺治十八。

㉒ 《清史列传·睿忠亲王传》及乾隆《东华录》。

㉓ 《东华录》顺治十八。

㉔ 均见故宫博物院印本卷一及卷二。

㉕ 叶德辉刻本卷二,40 页。

㉖ 叶刻本卷三,3 页。

㉗ 高宝诠:《元秘史李注补正》卷二,9 页。

㉘ 蒋氏自序曰:"乾隆三十年十月重开史馆于东华门内稍北,骐以谫陋,滥竽纂修。天拟管窥,事凭珠记。谨案馆例,凡私家著述但考爵里,不采事实,惟以《实录》红本及各种官修之书为主。遇阉分列传,事迹及朝章国典兵礼大政与列传有关合者,则以片纸录之,以备遗忘。信笔摘抄,逐年编载,祇期鳞次栉比,遂觉缕析条分。积之既久,竟成卷轴得若干卷云。"

㉙ 顺治十年三月二十一日丁亥尝修葺一次,见《东华录》顺治二十。

㉚ 多尔衮夺爵后,凡文书涉之者概称睿王,亦有称墨勒根王者,详见拙作《墨勒根王考》。

㉛ 《明清史料》二九三,五一七。

㉜ 《明清史料》六六八。

㉝ 卷十一。王氏《东华录》本从《清实录》出,但未录全文亦明言其为覃恩之公告;又《实录》外间罕觏,故并录之。此据国立故宫博物院文献馆藏本。

㉞ 今畿辅丛书本《寒松堂集》卷一收有此疏,已芟刈皇父字样矣。

篇中关于中央研究院历史语言研究所所藏清代档案均李光涛先生检示;国立北京大学文科研究所档案均杨向奎先生检示;国立故宫博物院文献馆所藏《清实录》由刘官谔、单士元两先生检示;满文均由李永年先生音释:谨此志谢。

墨勒根王考

清顺治七年庚寅（1650）十二月初九日戊子，皇父摄政王多尔衮卒于喀喇城。二十五日甲辰，追封为懋德修道广业定功安民立政诚敬义皇帝（凡十四字，时太祖太宗尊谥亦均十四字），庙号成宗，祔于太庙（蒋氏《东华录》六及《清史稿》列传五本传）。八年辛卯二月十五日癸巳，苏克萨哈等首告多尔衮私制帝服，及生前逆谋；于是郑亲王济尔哈朗、巽亲王满达海、端重亲王博洛、敬谨亲王尼堪及内大臣等，合词追论多尔衮罪状，二十一日己亥，乃诏示天下追夺封号，并其母妻所得封典（母曰孝烈武皇后，妻曰义皇后，见蒋氏《东华录》六及《清史稿》传五），其嗣子多尔博亦归本宗（《清史列传》五。多尔博本豫亲王多铎子）。

多尔衮执政久，内外庶政多与之相关涉；既追夺封谥，凡事涉多尔衮者，官书概避称"睿王"。王氏《东华录》顺治八年辛卯闰二月乙亥（二十八日），刑部审议刚林等罪状，议称，"刚林初在盛京，曾犯大罪应死，蒙皇上恩宥，乃不思感激图报，反依附睿王，朝夕献媚"（顺治十六）。九年壬辰正月乙未（二十三日），"郑亲王、巽亲王会议具奏，向睿王于诸臣皆得恣意妄行，以索尼为主报效，不惜性命与之抗拒，恶之，遂托言遣祭昭陵，无故削职，令守昭陵。臣等议，索尼功大应留，优升二级，于二等伯再加一级为一等伯"（顺治十八）。十年癸巳（1653）三月丁亥（二十一日），"谕工部，睿王坟园因伊罪恶竟行废坏，似属太过；其房屋门墙俱著修理，柱用黑色，仍令信郡王拨人看守”（顺治二十）。八月己丑（二十六日），谕礼部，“今后乃睿王于朕幼冲时因亲定婚，未经选择。自册立之始，即与朕志意不协，宫闱参商，已历三载，事上御下，淑善难期，不足仰承宗庙之重。谨于八月二十五日奏闻皇太后，降为静妃，改居侧宫”（顺治二十一）。顺治十二年乙未（1655）正月戊戌（十三日）谕诸王大臣等，“……及定鼎京师，奄有四海，于时睿王摄政，朕惟拱手以承祭祀，凡天下国家之事，朕既不预，亦未有向朕详陈者。故于满兵之艰辛，人民之疾苦，原未周知……”（顺治二十四）。十六年己亥（1659）十月乙卯（二十八日）“先是上谕议政王大臣等，巽王满达海，端重王博洛，敬谨王尼堪谄媚抗朕之睿王，及睿王死分取其人口财货诸物，……朕故宣示其罪……”（顺治三十三）。凡此均其例也。

顺治八年以后，章奏中往往有称“墨勒根王”者，其时宗室及藩王中均无此封 号，官书亦不载，然以其事迹考之，盖即多尔衮也。

顺治十年四月初六日，刑部尚书交罗巴哈纳为公报故明宗室朱同事题本（国立北京大学文科研究所藏），“又据兖州府署印推官刘中砥呈复，……再查前日奉旨严缉务获，乃墨勒根王之行；近奉恩纶宽宥明宗，乃皇上之恩纶也，或宽限仍缉振会，或缓赦转请从宽，此典出自宪台，非卑职所敢轻议”。

又，“……查核已数，往返推敲又极详切，该县之印结并阖乡保之结状昭然，适与恩赦相符。朱同，振会，锡侯，宁所，自应概为宽释。况严缉振会乃墨勒根王之行，宽宥明宗，实皇上新猷之焕也”。

又，“今查朱同原系故明宗室，实未谋叛，止因怀疑滋惧，随改姓易名，于顺治七年三月十三日奉旨究拟，屡因无明宗应拟正律，不敢擅释，是以就‘谋叛未行为首’律拟绞，尚未结案。……今案查顺治八年正月十二日皇上躬亲大政恩诏，（是日颁诰大赦天下），……即为具题释放”。

案顺治七年，郑亲王济尔哈朗已罢辅政（济尔哈朗以四年二月罢信义辅政叔王，见《东华录》顺治八），豫亲王多铎亦已前卒（多铎以四年七月封辅政叔德豫亲王，六年三月卒）。巽亲王满达海、端重亲王博洛、敬谨亲王尼堪三人虽理六部事，但仅以不须入奏者为限（《东华录》七年二月辛亥，顺治十四）。其时执政者惟摄政王多尔衮一人而已。内外政事批票红本，概以皇父摄政王谕行之，此云“顺治七年三月奉旨究拟”，又云“前日奉旨严缉务获，乃墨勒根王之行”，则所谓墨勒根王者，非摄政王多尔衮莫属。

顺治十三年七月二十五日，刑部尚书图海等，为请旨同户部会议事题本（北京大学藏），“据额伦告称，我哥哥家管家吞太，他自巧饰，将我家人十户，并我哥哥家人两户，共十二户开出。有墨勒根王抢北京来后，我们听见，到户部说，‘与他们开户我们原不知道，今可还写在档上。’有户部大人查档。吞太等他自己将人口开出，屡次亦有开出，亦有写入档内者。开户伦亦不知道，我家管家也不知道。若果将我家人十户分出，我家管大（家）为何不去写，岂肯教别人家管家去写？户部问吞太等供称奴才是实等语。查档，家里档上的也有，分写的也有，故此将家产断与我。启叔和硕郑亲王说户部徇庇。交与刑部。吞太等又巧辩我不是奴才。因此户部大臣问罪，吞太等十二户断出，叔王同刑部审结，差刑部章京老插到北京启墨勒根王。老插回说，王爷吩咐户部大人问罪，吞太等十二户断出，将我哥哥因占各户人口有罪免罪，后再做这样，决不轻放等情。……”

济尔哈朗以顺治元年九月扈世祖入北京（《清史列传·宗室王公传》二），五年九月拜定远大将军征湖广，七年正月凯旋，此外未尝离京师。此云“叔王同刑部审结”，又云，“到北京启墨勒根王”，盖当济尔哈朗未在北京时；然南征不得复同刑部结案，则此事尚在世祖未入关前也。世祖初立，济尔哈朗与多尔衮同辅政，顺治元年五月多尔衮入北京，济尔哈朗与世祖仍留关外。其时虽未迁都，而内外政令均由多尔衮于北京发之。此案既经叔王与刑部审结，而复差刑部章京到北京启墨勒根王，则墨勒根王之权位必远在六部及郑亲王之上，以当时制度推之，除多尔衮无足以当此。题本中又有“墨勒根王抢北京”之语，亦即指多尔衮之率兵入关；此抢字盖档案中遗存之珍贵史料也。济尔哈朗以顺治九年二月再封“叔和硕郑亲王”，此本乃就其后封爵而言，非当时即有此称。

顺治十年十一月初十日内大臣鳌拜等，为给白塔人役口粮事题本（北京大学藏）“内有墨勒根王下打牲人四百一十五名，亦交与辛太监管属”。

此本无可资证。然王公之打牲人而劳内大臣为之分配管属，则其封爵已除可知。顺治十年时王爵黜革者惟睿亲王多尔衮，英亲王阿济格及郡王劳亲数人(劳亲以六年十月封亲王,七年八月改多罗郡王,均无封号;官书但称"王劳亲",或称"劳亲王"),证之前列两题本,则此墨勒根王亦指多尔衮也。

墨勒根王,满文题本作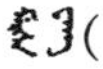(墨,额,呼歌额,恩;斡阿,昂 Mergen Wang),汉语为聪明王,盖即汉文睿亲王封号所从出。天聪二年(1628)二月,清太宗征察哈尔多罗特部,胜之,三月戊辰(初七日)还沈阳,于途中大宴。太宗曰,蒙天眷佑,二幼弟随征异国,俘获凯旋,宜赐以美号。于是名贝勒多尔衮为墨勒根代青(见《东华录》天聪三,《清史稿》本传作墨尔根代青,《武皇帝实录》作默里根歹青)亦即此字。墨勒根于满语本为善射者之称,引申而为聪明之义,代青 daicin 则蒙古语"统率者"也。

据此,可知所谓墨勒根王实即摄政王多尔衮。多尔衮既夺爵,章奏中不愿见其名,乃以满语旧封称之,亦犹官书之称睿王也。俞正燮《癸巳存稿》九"墨尔根王府"条称,"墨尔根王为睿亲王,……今墨尔根王府在东单牌楼石大人胡同,乾隆时所立也"。是道光时仍沿其称以名睿亲王。墨尔根王之号,疑为入关前世俗通称,其后官书之称"睿王",即用其例,故不称睿亲王。满语名称能久传于后,应亦以当时习用之故。

1936年10月北平小将坊胡同23号

释“阿玛王”

清初耶稣会士之书牍及著作中，时见 Amavan 或 Amawang 之名，国内译籍或译为阿玛王，实即多尔衮也。

冯承钧译《入华耶稣会士列传》第四十九《汤若望传》，有“皇叔阿玛王”（198 页），及“先是阿玛王擒永历太后例纳（Helene）及其他妃主送京师”（199 页）之文。其原文未见，而擒永历太后事则甚可疑。案永历时称太后者有二，一为桂端正常瀛正妃，一为永历生母。桂王正妃或云王氏（《明史》一二〇，《行在阳秋》，《粤游见闻》，《南疆逸史》，《南明野史》卷下），或云马氏（《明季南略》十四“永历骑射”条），时称太后；永历生母或云马氏（《逸史》），或云范氏（《野史》），或云王氏（《南略》），时称圣后，徽号曰昭圣仁寿太后（《南疆逸史》）。当日与永历皇后并称“三宫”。永历五年，即清顺治八年，公元 1651，辛卯，四月十二日永历太后殁于田州，七月十八日葬两江之宋村山，谥孝正（《南明野史》卷下，《行在阳秋》失载。《南疆逸史·纪略》三作葬南宁杨美山）。无被清廷俘获事。至圣后则随永历迁安龙，迁云南，入缅甸，复为缅人送之吴三桂。康熙元年（1662），吴三桂与爱星阿奏捷，所谓“永历及其眷属全获无遗”（王氏《东华录》康熙二），即有圣后在（《行在阳秋》永历十六年四月皇太后王氏不食崩，他书未见）。永历蒙难，圣后及后嫔俱入京（《南疆逸史·纪略》三），其时多尔衮逝世逾十年矣。多尔衮摄政时，孔有德等于顺治四年（公元1647，即永历元年）十二月尝俘获永历太子及朱明宗姓等二十七人（王氏《东华录》顺治九），其中不闻有永历太后或妃嫔，《汤传》所记必有误。案永历太后笃信天主教义，永历太监庞天寿与耶稣会士毕方济（Francois Sambiasi）相从甚密，均见之西方载籍，《汤传》所指必为永历圣后，而其年时则在永历遇害之后，但擒之者非多尔衮耳。

然吾人不能以此而疑阿玛王之非多尔衮。

《中国现实情形》（*The Present State of China*）第一书（Letter I）载 *Lewis Le Comte*，Jesuit 致 Pontchartrain 书称：

> 鞑靼王崇德（Tsonte）无暇享受他的战胜之一切。他仅即帝位而死，遗留行政的管理和六岁幼子的照顾给他的弟弟。他的弟弟名阿玛王（Amavan），征服了所有尚未归服的省份。一个亲王应得的钦慕，不仅为他的勇敢和品行常常留意于成功，而且亦为他的忠贞和本分。当幼王及龄，他即交还他的政权，并且尽力在帝国中效忠新王，像他当年为他自己一样。

书中所述，其时其人就清史证之非多尔衮莫属，而其事则微异，盖异国远人追述旧事不能近真。（氏于1688即康熙二十七年抵北京，书牍当作于其时。）

阿玛王，其字源于满洲文之ᠠᠮᠠ ᠸᠠᠩ，ᠸᠠᠩ音斡阿昂，即汉字王爵之王对音，ᠠᠮᠠ音阿玛，华言父也，两字译言父王。多尔衮摄政后，其满文称号莫不系此二字。所谓“皇叔父摄政王”，在满文无“摄政”字而有“阿玛”字。见之文书，铸之印信。余疑当日世祖（顺治）在宫中于多尔衮亦必有此称，即世俗所谓“寄父”也者，故登之称号，以为独尊（参看《多尔衮称皇父之臆测》）。

多尔衮生平称号最多，天命、天聪时俗称之九王，天聪二年赐号墨勒根代青。崇德元年封睿亲王，世祖即位称摄政睿亲王，顺治元年十月封叔父摄政王，通称皇叔父摄政王，顺治五年十一月改皇父摄政王，既卒（顺治七年十二月）谥成宗义皇帝，削爵谥（顺治八年二月）后官书称睿王，俗称墨勒根王，乾隆四十三年追封谥曰睿忠亲王。此均见之官私记载，确然无疑。毛奇龄《后鉴录》又称之为台星可汗，当必有所据。台星之原文未详，疑与墨勒根代青之“代青”同源，或蒙古人于多尔衮摄政后尊之为可汗，故有此称也。

1940 年 11 月 17 日昆明
靛花巷雨中，时离北平三年

多尔衮与九王爷

王氏《东华录》，顺治四年（1647）四月壬申朔，“庚辰（初九日）顺天巡按廖攀龙奏剿土寇捷音，奏内称皇叔父摄政王为九王爷，命革攀龙职，下刑部拟罪”（顺治八）。其事甚可怪。时多尔衮摄政已四年，如旧无九王之号，攀龙何所据而敢以之入章奏。如确有此称，又何为革职拟罪？

明末档案称多尔衮为九酋（《明清史料》乙编，571 页），阿济格为八酋（同上丙编，569 页）。日人稻叶君山著《清朝全史》，尝引朝鲜孝宗李淏为世子时手记，其中记诸王拥立世祖事，称礼亲王代善为大王，英亲王阿济格为八王，多尔衮为九王，豫亲王多铎为十王（但焘译本上二，105 页）：是多尔衮之号九王爷，凿然有据，非同虚构矣。

多尔衮为清太祖第十四子，依序宜称十四王（嘉庆中，宣宗以皇二子称二阿哥，端亲王绵忻以皇四子称四阿哥。道光时，恭亲王奕䜣以皇六子俗称六爷，醇亲王奕譞以皇七子俗称七爷），不得称九王。如依爵，多尔衮之权位甚尊，不得列第九。然则“九王爷”之称又何所自？

天聪十年，明崇祯九年（1636）四月十一日乙酉，清太宗称尊号，改元崇德，建国号曰清。二十三日丁酉，叙功，册封代善为兄礼亲王，济尔哈朗为郑亲王，多尔衮为睿亲王，多铎为豫亲王，豪格为肃亲王，岳托为成亲王，阿济格为武英郡王（王氏《东华录》天聪十一），是为清代封王爵之始。其后硕塞之封承泽亲王，尼堪之封敬谨亲王，博洛之封端重亲王，阿巴泰之封饶馀郡王，瓦克达之封谦郡王，勒克德浑之封顺承郡王，均在顺治时。崇德中封王者既仅七人，不应有“九王爷”之号，则当时此称，不专指王爵而言可知矣。

清太祖时，尚无王爵称号（其后亲王、郡王之王字，在满洲文均依汉字对音），惟贝勒最尊，国人往往依其爵秩仿汉法称之曰王。其后于贝勒上复立亲王、郡王二阶，王与贝勒乃别为二，《清史稿》、《东华录》诸书所称大、二、三、四贝勒，在《太祖实录图》汉文注及《太祖武皇帝实录》均作大、二、三、四王，而在《满文老档》及《实录图》满文注仍作贝勒。李德启《〈满文老档〉之文字及史料》谓，“崇德本《清太祖武皇帝实录》满文之贝勒汉文俱作王，……乾隆重修之《太祖高皇帝实录》中，复改大王、二王之王字，仍为贝勒”（见民国二十五年《故宫文献论丛》，论述二）。天聪四年辽阳大金喇嘛法师宝记有“钦奉皇帝敕旨八王□令旨”之语（《东洋文化史大系清代之亚细亚》135 页照相），此八王即阿济格，乃贝勒也。是则译贝勒为王，在天聪初已然。代善时号大贝勒，而李淏手记称之为大王，可知手记中之所谓王，实即《史稿》、《东华录》及诸官书所称之贝勒。九王即九贝勒也，然其事不见于官书，殆俗称耳。

代善与阿敏、莽古尔泰、皇太极（太宗），在太祖时四人并列。代善为太祖第二子，号大贝勒；莽古尔泰为太祖第五子，号三贝勒；皇太极为太祖第八子，号四贝勒；而阿敏以太祖弟子亦号二贝勒。据此，可知当日之序列，不以太祖之子为限，亦不专依长幼，惟就同爵秩者以年龄定其先后之序。多尔衮之序列第九，称九王爷，盖亦如此。（《太祖武皇帝实录》卷二于甲寅年，明万历四十二年，公元

1614,四月二十日条下,称莽古尔泰为太祖三子,皇太极为四子,盖因三贝勒、四贝勒而误。)

清太祖、太宗时,大、二、三、四贝勒(即大、二、三、四王)之称,见之于官书;八、九、十王(即贝勒)之称,又见之于朝鲜世子手记及明末档案;然则五、六、七三王(贝勒)又何人乎?

天命十一年(明天启六年,公元1626)八月太祖殂,九月朔,诸贝勒议请皇太极继大位,是为太宗。《东华录》称,太宗既立,欲诸贝勒共循礼仪,行正道,交相儆戒。九月初二日辛未,率贝勒代善、阿敏、莽古尔泰、阿巴泰、德格类、济尔哈朗、阿济格、多尔衮、多铎、杜度、岳托、硕托、萨哈廉、豪格十四人誓告天地。此十四贝勒中,阿敏及济尔哈朗为太祖弟舒尔哈齐子,为太祖之侄;杜度为太祖长子褚英子,岳托、硕托、萨哈廉三人为代善子,豪格为太宗子,均太祖之孙;其余七人则为太祖之子(天聪一)。《东华录》中备载盟誓全文,其衔名序列如此,必有所据。

誓文中阿巴泰、德格类、济尔哈朗三人,列于代善等三人与阿济格等三人之间,益以清太宗适共十人。代善、阿敏、莽古尔泰,及皇太极既称大、二、三、四贝勒,阿济格、多尔衮、多铎,又号八、九、十王,则阿巴泰、德格类、济尔哈朗,岂所谓五、六、七王欤?至杜度以下五人,与代善等行辈不同,故虽同为贝勒而不得随之序列。

《太祖武皇帝实录》称,天命六年(明天启元年,公元1621)正月十二日,太祖与带善(代善)、阿敏、蒙古儿泰(莽古尔泰)、皇太极、得格垒(德格类)、迹儿哈朗(济尔哈朗)、阿吉格(阿济格)、姚托(岳托)诸王等对天焚香,祝求福佑(见卷三,此事《东华录》失载);天命九年(明天启四年,公元1624)正月太祖与蒙古胯儿胯(喀尔喀)缔盟,二月与廓儿沁(科尔沁)缔盟,命大王、二王、三王、四王、阿布太台吉(阿巴泰)、得格垒台吉、戒桑孤台吉(寨桑武)、迹儿哈朗台吉、阿吉格台吉、都督台吉(杜度)、姚托台吉、芍托台吉(硕托)、沙哈量台吉(萨哈廉)十三人与誓,列名号誓词中。二者均以代善、阿敏、莽古尔泰、皇太极领首,盖以其为四大贝勒(卷四)。六年祝天殿以岳托,九年誓词殿以杜度、岳托、硕托、萨哈廉,均以子侄续伯叔,行辈秩然,亦与十一年誓文同。然其间名号则小异。六年四大贝勒下列德格类、济尔哈朗、阿济格;少阿巴泰、多尔衮,多铎。无多尔衮(十岁)、多铎(八岁)者,应以二人年尚幼,其无阿巴泰则以爵秩未崇未能与闻。阿巴泰为太祖第七子,母曰皇妃伊尔根觉罗氏(《清史稿》、《东华录》作侧妃,《武录》作皇妃),太宗即位后尝自求和硕贝勒、代善等共责之,以为德格类、济尔哈朗、杜度、岳托、硕托,早从五大臣议政;阿济格、多尔衮、多铎在太祖时使领全旗,先入八分,阿巴泰不应与之比拟;可知其爵秩次于诸人,故迄九年始与盟誓之列。九年誓词中德格类下多寨桑武一人,其人为舒尔哈齐第四子,济尔哈朗兄,《史稿》无传,天命六年三月尝与德格类安抚三岔河海州,九年以后事迹无闻,或其已死,故十一年共誓不与。据此,是名号预否虽有不同,而其先后次第未尝或紊,其为当时规制可知。

太祖十六子,长子褚英早世,太宗时存者,前述八人而外,尚有阿拜(三)、汤古代(四)、塔拜(六)、巴布泰(九)、巴布海(十一)、赖慕布(十三)、费扬果(十六)等七人,当时阿敏等以弟子尚得号贝勒,而七人皆太祖子竟无与,此亦清代“皇子不必定封王”祖制所自始,而诸人母氏贵贱亦有关。《太祖武皇帝实录》中称后者四:一为先娶之后,即褚英、代善之母,其后官书改称元妃;一为继娶之后,即莽古尔泰、德格类之母,官书改称继妃;一为中宫皇后,即皇太极之母，官书称孝慈高皇后；一为继立之后，即阿济格、多尔衮、多铎之母，官书改称大妃。此诸后所生之子，莫不与贝勒之选。《武皇帝实录》中称皇妃者一，即阿巴泰之母，官书改称侧妃；又称妃者三，即馀子之母，后官书改称庶妃；《清史稿》传四《太祖诸子传》称阿拜一母，汤古代、塔拜一母，巴布泰、巴布海一母。《武皇帝实录》于太祖诸子遗赖慕布、费扬果，《东华录》遗费扬果，据《史稿》则赖慕布母亦庶妃，而费扬果不详所自出。此诸妃所生之子，惟阿巴泰预贝勒，母称皇妃，盖其位较他妃为尊耳。或谓费扬果与莽古尔泰、德格类同母，余更疑其人即《武皇帝实录》所言八固山中四小王之一（天命十一年六月），而太祖预使领全旗而由皇太极代主者也。当时未预共誓者或以年幼之故（多铎仅十三岁，费扬古应更小）。

据上述推之，可知清初俗有十贝勒之称，亦曰十王，起自天命季年，其人则代善、阿敏、莽古尔泰、皇太极、阿巴泰、德格类、济尔哈朗、阿济格、多尔衮、多铎也，阿巴泰为太祖第七子，本太宗之兄，依齿不应列太宗下，但太宗封贝勒在前，早有四贝勒之号，且清初“大贝勒”与“诸贝勒”爵秩亦有等差，此阿巴泰所以仍居第五也。《太祖武皇帝实录》卷三，天命四年，有“十固山执政王”之称，与此不同，或纂述偶误，今本《实录》删之仍称八旗是也。

五、六、七王之称，记载罕见，明沈国元《两朝从信录》三十三，天启七年三月登莱巡抚李嵩塘报，有“天启七年二月十九日准平辽总兵毛文龙揭帖，正月十四日奴兵八万余众兵犯抢，大王子带领四万余贼实抢铁山，……十六日大王子急调铁山六王子兵来，云务要并力夹攻，活拿职去”一条，其所谓王子即贝勒。抢铁山盖指朝鲜之役，事见天聪元年三月十四日辛巳《东华录》，录称，“阿敏等奏，正月辛巳(十三)至明哨地,……壬午(十四)夜薄朝鲜义州,竖梯攻城,……是夜分兵捣毛文龙所居铁山,杀明兵无算,文龙遁往岛中未获"即此事(天聪二)。当时奉命统兵征朝鲜者有阿敏、济尔哈朗、阿济格、杜度、岳托、硕托六人,《东华录》暨《史稿》本传失载分兵攻铁山之人,所谓六王子者谁属莫能决。六王子是否八王之讹亦莫定。此役代善未尝从,所谓大王子者亦误也。然而当时确有六王之称则据此可知。(朝鲜世子手记称济尔哈朗为幼置王,或其称在前,遂沿用不改。)

顺治而后,多尔衮以皇叔父王摄政,位在诸王上,廖攀龙仍以旧爵俗称呼之,宜其获罪,非当时别有所讳。

1936 年 11 月 16 日北平旧作

1944 年 4 月 2 日改订

清史语解

读史之难，难于熟知史乘用语之当时涵义，其杂有异文殊俗者为尤甚。清社之覆，去今仅三十年，然读《史稿·礼志》“堂子祭天”，“坤宁宫祀神”所述，已不识所谓。吾侪生长清季，颇闻其典章往事，且复如此，他莫论矣。清代入关之初，立制多沿旧名，观于开国诸臣与雍、乾以后诸臣列传，及《东华录》所节太祖、太宗与世祖《实录》，可以窥其遭递之迹，而读史者亦殊其难易。往尝有志于读史释词之作，顾惭谫陋，不敢自信。近陈寅恪先生于《读书通讯》论史乘胡名考证之要，读之心喜，因取清史习见满语加以诠释，明其本义，申其蕴潜，广三史语解之简约，异厉氏拾遗之驳芜，聊当初读清史者翻检之助，以言考证则吾岂敢。

一齐下喇哈番

或作一齐虾喇哈番，官名，就是汉文郎中。崇德三年七月改定官制，定各衙门有理事官，顺治时改称郎中，十五年七月定满字称一齐下喇哈番。初秩三品，后改五品，又改四品，康熙九年定正五品。分司理事，各有专职，所以通称为司官。

一齐额尔机哈分布勒哈番

官名,汉文称右通政。通政使司初设有左右通政,满员三品,汉员四品,顺治改正五品,康熙九年定正四品,乾隆十三年四月裁。

一尔希哈番

官名,汉文称少卿。初大理寺少卿满员三品,汉员四品,康熙九年定正四品。太常寺少卿定正四品,光禄寺少卿正五品,鸿胪寺少卿从五品。

土黑勒威勒

清初凡职官及世爵犯罪较轻者,多罚"土黑勒威勒",就是轻的罚俸。"土黑勒威勒"一词,在《清史稿·刑法志》,《清会典》同《会典事例》的吏部、刑部,《清朝通志·刑法略》,《清朝文献通考·刑考》,全没有提到,所以当初制度不详。王士祯《池北偶谈》卷一"土黑勒威勒"条,只说,"顺治中百官罚俸者有土黑勒威勒之名,康熙中尚沿旧制,未久停止"。也没有说到办法。

天聪七年二月十七日己卯,王氏《东华录》称:

> 先是库尔缠……遣往朝鲜,……及至彼国,复索烟、币诸

物，比还，为部中人搜获。法司议革职治罪，上宥之，但罚“土黑勒威勒”。（天聪八）

崇德三年三月初一日甲子，王氏《东华录》称：

先是行猎博硕堆时，……席翰、康喀赖二甲喇合围中断，……贝子硕托……令伦拜、屯齐哈二甲喇驻其断处，及回队后见屯齐哈围亦断。……遂……送伊等于兵部议罪。议革席翰、屯齐哈甲喇章京任，罚马，……罚康喀赖“土黑勒威勒”。……上命革锡翰、屯齐哈甲喇章京任，免罚马，仍罚“土黑勒威勒”，康喀赖亦罚“土黑勒威勒”。（崇德三）

崇德七年正月初七日丁丑，王氏《东华录》称：

召亲王以下，牛录章京以上，集笃恭殿，谕曰：凡和硕亲王、多罗郡王、多罗贝勒、固山贝子及公俱有一定名号，今不遵定制概称王贝勒，何以示别耶？此后若有违禁妄称者罚“土黑勒威勒”，闻人谄奉僭称而不斥责者俱罚“土黑勒威勒”。（崇德七）

崇德八年六月二十七日己丑（原作己酉误），王氏《东华录》称：

上幸马馆，见部臣役民夫修路不分高下皆增土修治。以工部役民无状，罚承政萨木什喀、参政裴国珍，启心郎喀木图“土黑勒威勒”。（崇德八）

此四条《清史稿 · 太宗本纪》及诸人本传均不见。崇德元年十一月初三日癸卯，王氏《东华录》载：

论征明违律将士罪，……杨古利出边时不劝武英郡王殿后，坐是罚“土黑勒威勒”。（崇德一）

此事《史稿》本纪亦不见，《杨古利传》（列传十三）仍作“罚土黑勒威勒”，没有解释。天聪四年十月十六日辛酉，王氏《东华录》称：

谕曰：时值编审壮丁，……或有隐匿壮丁者，将壮丁入官，本主及牛录额真，拨什库罚“土黑勒威勒”，知情隐匿者每丁罚银五两，仍罚“土黑勒威勒”。（天聪五）

《清史稿 · 太宗本纪》一叙此事只说，“谕编审各旗壮丁，隐匿者罚之”；《清朝文献通考》一九五叙此事也只说，“今时值编审壮丁，如有隐匿者将壮丁入官，本主及牛录额真，拨什库等俱坐以罪”（页6596），全没有说到“土黑勒威勒”的本义。崇德三年七月十六日丁丑《东华录》：

谕礼部曰：……凡出入起坐有违误者，罚“土黑勒威勒”。一切名号等级久已更定，而仍称旧名者戒饬之。（崇德三）

这分明是两回事，可是《史稿 · 太宗本纪》二把它连为一起，说：“出入坐起违式及官阶名号已定，而仍称旧名者，戒饬之。”崇德三年正月初七日辛未，《东华录》称：

> 叶臣坐其下顺托惠挟仇强夺额克亲俘获妇女，罚“土黑勒威勒”，仍鞭顺托惠一百，贯耳鼻。（崇德三）

此事《史稿》列传二十《叶臣传》不载，《清朝文献通考》一九五叙此事，只有“顺托惠鞭一百，贯耳鼻”（刑一），而没有说到叶臣。据此可知“土黑勒威勒”一词，后来的史官已经不大知道它的意义，所以遇着它总是含糊规避。至于处罚的办法更难知了。

蒋良骐《东华录》八，顺治十八年四月，有根据红本纪录一条，我们就之勉强可以知道一些罚“土黑勒威勒”法则。原文是：

> 吏部尚书伊图等题：“为本年三月奉旨，‘部院官员罚土黑勒威勒者，不论有前程与白身，应照职任处罚。或任大罚少，或任小照前程罚多，似属不均。尔部照依职任大小分别议奏。钦此。’臣等谨遵旨议得，凡部院尚书有一品二品者，侍郎有二品三品者，郎中有三品四品五品者，员外郎有四品五品者，主事有四品五品六品者，其品级先后所定之例虽异，俱因除授部院之职支俸，为部院事务罚‘土黑勒威勒’，俱各照职俸每十两罚一两。若此内除部院职任之外有大任大前程者，除大任大前程之俸，亦照依部院职任按俸罚处可也。”奉旨“依议”。（卷八）

此谕不见于《清史稿》及王氏《东华录》。所谓部院职任是指现任的本职，所谓大任是指临时的差遣，所谓大前程是指世袭的封爵。同一官职而品级不同是清初政策，满汉官员不一致，职任繁简亦有分别。据此“土黑勒威勒”罚则是十分之一，但是职任品级规定不同，各人兼职不一，俸给标准不免参差，至是始定依现任本职俸给处罚。

这种轻微的罚俸，我们推想是满洲旧俗，源于薄扣工资，所以仍用满语旧名，其上更有罚牛马、罚银、罚赎身、革前程等，以治更重之罪。这是一个系统。

入关后，另外还有较重的罚俸。顺治九年五月二十八日戊戌，工部侍郎刘昌因奉差事竣不先还朝竟自回家，罚俸一年（《东华录》顺治十八）。顺治十年四月初九日甲辰，大学士陈名夏、尚书陈之遴因议任珍罪主张勒令自尽，不合典例，罚俸一年（顺治二十）。顺治十年十一月二十三日乙卯，吏部尚书朱玛喇等以误诠房之骐为山东驿传道，朱玛喇赎身革尚书，金之俊罚俸一年调用，木成格罚俸六个月（顺治二十一）。顺治十三年四月初二日庚戌，吏、户二部以不深究朱世德亏空额税一案，侍郎海尔图、苏纳海、白色纯等革任，并革世职，罚俸一年，启心郎苗澄、韩世琦等留任，罚俸二年。这种重的罚俸是沿袭明法，本来限于汉官，顺治十一年正月以后，因祁通格之言亦加于满员（顺治二十六）。上面朱玛喇不罚俸，海尔图罚俸，就是这个原因。这又是一个系统。

在同一期间，两种不同系统的罚则并行国内，自然不妥，而且不公。所以康熙十年六月参合两者又定了罚俸自一月递增至一年的法则（《东华录》康熙十一）。凡依律文，公罪应笞一十者罚俸一月，二十、三十各递加一月；四十、五十各递加三月；杖六十罚俸一年。私罪应笞一十者罚俸两月；二十罚三月；三十、四十、五十各递加三月。后来又有抵消办法，凡因功记录一次者抵罚俸六月，因军功纪录一次者作二次计，抵罚俸一年。见《会典》卷六。自此以后，“土黑勒威勒”一词遂不常见，而它的意义也就湮没了。

1943年8月26日昆明

牛录额真

又作牛禄厄真，明人记载作牛鹿。牛录汉语是大箭，额真是主。满洲旧俗，凡出猎行围，每人各出箭一枝，十人中立一总旗，管率九人而行，各照方向不许错乱，此总领呼为牛录额真。清太祖自明万历十一年癸未（1583）五月起兵以后，相从的人日多，但还没有一致的组织，凡出师行军不论人数多寡全依照族党屯寨而行。至万历二十九年辛丑（1601）始将部众每三百人编一牛录，每牛录立一牛录额真管属。于是牛录额真成为官名，而牛录亦成为满洲兵民组织之基本单位，八旗制度即基于此。初时满洲人口不足，兵民不分，牛录是行政单位，同时也是军队单位，五牛录设一甲喇额真，五甲喇设一固山额真，固山就是一旗。旗制创始年月，现已无考，只知原有四旗，增为八旗。其后兼并渐广，人户增多，无须人人作战，改用选拔军士办法，于是牛录成为单纯之行政单位，牛录额真只“掌稽所治人户田宅兵籍，以时颁其职掌”（《会典》九十五）。又以人户滋生日蕃，每衍殖三百人别增一牛录，于是甲喇、固山之组织亦渐改。天聪八年（明崇祯七年，1634）四月定管牛录者称为牛录章京，即前此之牛录额真，顺治十七年三月，又定牛录章京汉字称为佐领，秩正四品，遂永为定制。太祖建国以前，东北地方部落甚繁，种姓不一，凡有挟丁口来归者全籍为牛录，使他为牛录额真领其众，顺治时定汉字称为世管佐领（《史稿》列传十四《博尔晋传》），其余的为普通佐领。但各族归附不同，情形不同，牛录编立其牛录额真人选除授亦不同，于是演成不同之制度。《清朝通志》六十八说：“佐领（即牛录额真）之制，有世袭，有公中。世袭佐领有四等:国初各部落长率其属来归,授之佐领以统其众,爰及苗裔曰勋旧佐领。其率众归诚,功在旗常,得赐户口者,曰优异世管佐领。其仅同弟兄族里来归,固授之以职,奕叶相承者,曰世管佐领。其户少丁稀合编佐领,两姓、三姓迭为是官者,曰互管佐领。皆以应袭者引见除授。公中佐领则因八旗户口蕃衍,于康熙十三年以各佐领拨出余丁增编佐领,使旗员统之。"

《清会典》九十七,将优异世管佐领与世管佐领并为一,统称世管佐领,其子孙递袭佐领办法并有详密之规定。《清史稿》列传十四《康果礼传》称,"康果礼……为绥芬路屯长,……与其弟……率丁壮千余来归,太祖……分其众为六牛录,以康果礼……世领牛录额真"。这就是所谓勋旧佐领。《清史稿》列传二十三《逊塔传》称,"逊塔,……安费扬古孙也,父硕尔辉。安费扬古既卒,太祖以所属人户分编牛录,授硕尔辉牛录额真。卒,逊塔嗣"。《清史稿》列传十七《武理堪传》,"太祖初起,武理堪来归。……旗制定,……分辖丁户为牛录额真,……二子吴拜、苏拜。……吴拜已代父为牛录额真"。这就是所谓优异世管佐领。至于世管佐领、互管佐领,更不胜举。在天聪八年四月至顺治四年(1647)十二月之间,又有所谓牛录章京世职,如《清史稿》列传十七《阿什达尔汉传》,"(崇德)六年,……降世职为牛录章京"。《安达立传》,"天聪九年授牛录章京世职"(《史稿》列传十七《附鄂莫克图传》)。这与牛录额真、牛录章京、世袭佐领均无关,而是一种褒叙勋绩、酬庸懋赏的世袭的封爵。牛录章京世职在顺治四年十二月十八日甲申改为拜他喇布勒哈番(顺治《东华录》九),乾隆元年七月十六日戊申,又改称汉文骑都尉。

扎兰达

《清朝文献通考》一九五，顺治十六年，“定京城贼盗伤人该管官处分之例。兵部以京城被盗伤人，拟该管扎兰达罚俸，拨什库鞭责。上以所议太轻，命将扎兰达革职，拨什库送刑部拟罪，著为例”。案《清会典》九九《步军统领》下有捕盗步兵尉掌“缉捕盗贼稽查奸宄”，《清朝通志》六八作捕盗校，疑即所谓扎兰达。

扎拦厄真

即甲喇额真。

扎尔固齐

扎尔固齐为清太祖时官名。又作扎儿胡七，即《元史》之扎鲁忽赤，所谓断事官也（《元史》八七《百官志》三“大宗正府”）。《清史稿》列传十三《巴笃理传》，“太祖察巴笃理才，使为扎尔固齐”；又列传十五《额尔德尼传附噶盖传》，“太祖以为扎尔固齐，位亚费英东”；又列传十五《满达尔汉传》，“父雅虎率十八户归太祖，太祖以为牛录额真，隶满洲正黄旗，擢扎尔固齐”；全没有说到职掌。惟《史稿》列传十二《费英东传》说，“扎尔固齐职听讼治民”。

案《清史稿·太祖纪》，乙卯年（万历四十三年），“置理政听讼大臣五，以扎尔固齐十人副之”。《东华录》乙卯年十一月纪其事，说：

> 又置理政听讼大臣五人，扎尔固齐十人，佐理国事。……凡有听断之事，先经扎尔固齐十人审问，然后言于五臣，五臣再加审问，然后言于诸贝勒。众议既定，犹恐尚有冤抑，令讼者跪上（太祖）前更详问之，明核是非，故臣下不敢欺隐，民情皆得上闻。（天命一）

据此，扎尔固齐职掌似乎全在听讼。但费英东于任扎尔固齐后奉命伐瓦尔喀部，巴笃理任扎尔固齐后积战功授游击，雅虎任扎尔固齐后伐东海卦尔察部，并不专司听讼。当时文治武功未尝分离，扎尔固齐是太祖部下综理军民的高级官吏，权秩很崇，一时任其职者，如费英东、巴笃里、噶盖、雅希禅（《史稿》传十四）、博尔晋（同上）、阿兰珠（《史稿》传十三《附西喇布传》）、雅虎之流，全是才猷懋著文武兼资的，所以他们的职务不仅限于初审审判，无事时在内理民，有事时率众出征，《实录》及《东华录》不过举其一端而已。

扎尔固齐之设置，《太祖武皇帝实录》及《东华录》全系于太祖天命前一年乙卯（万历四十三年，1615）之末总叙内，《清史稿·太祖本纪》亦如此，但上面加有“是岁”二字。《实录》还是存疑的态度，《史稿》就肯定了。可是我们在诸人本传里看，噶盖任扎尔固齐职在万历二十一年癸巳（1593）以前，费英东任职在万历二十六年戊戌（1598）以前，阿兰珠任职在万历四十一年癸丑 1613）以前（本传称“阿兰珠旋擢扎尔固齐，从伐乌拉”，乌拉亡于癸丑），可见扎尔固齐之设不在乙卯年。费英东于乙卯年列五大臣，《清史稿》列传十二本传称,“岁乙卯……置五大臣辅政,以命费英东,仍领一等大臣扎尔固齐如故”;既言如故,必非初设,可见扎尔固齐设置与五大臣不是同时,而在其前。直到天命十一年丙寅(1626)九月,太宗设置八大臣、十六大臣,扎尔固齐始废。

《清史稿·太祖本纪》所说“扎尔固齐十人副之”一语,亦有可疑。《太祖武皇帝实录》于乙卯年述扎尔固齐只说,“又立理国政听讼大臣五员,都堂十员”(卷二),所谓理国政听讼大臣满语谓之“达拉哈辖”,都堂就是“扎尔固齐”,并没有说到两者有正副主辅之别。上面所引《东华录》虽有“佐理国事”之语,但其意包括理政听讼大臣而言,是说两者皆佐太祖,而不是扎尔固齐佐理政大臣。扎尔固齐之设远在理政大臣之前二十余年,不应先有副而后有正。费英东戊戌以前已为扎尔固齐,乙卯任理政大臣仍兼其职,及天命五年三月十二日丙戌费英东死,史官仍系其衔曰,“左翼固山额真总兵官一等大臣扎尔固齐费英东卒”(《东华录》天命三),界属副贰,何必终身兼之?窃疑两者各有职掌,不相统属,而品秩微有高下。在先满洲所属部众不多,以扎尔固齐管理其人民间相互的问题与争议,其后部众日多,相互之关系日益复杂,又有旗与旗间的问题,官署与官署间的问题,这些本来是由太祖自己解决的,所以又设理国政大臣来辅佐。而扎尔固齐的职掌还是在管理其人民间相互的问题与争议,不过他变作第一审,上面更有第二审第三审而已。——当然有战争时还要从征。

扎尔固齐一名,没有确定的汉译。《清史稿·刑法志》三,天聪《东华录》一,均作“理事十大臣”,《清太祖武皇帝实录》作“都堂”,《史稿·太祖本纪》,诸臣列传及天命《东华录》全用满名。当时满洲称明朝“巡抚”曰“都堂”,扎尔固齐亦称都堂的缘故,大约是比照其品秩而定。

《清朝通志》三《氏族略》“呼尔哈氏”条称，康喀赉授扎尔固齐预十六大臣之列。案康喀赉佐管镶蓝旗预十六大臣，见《天聪东华录》一，但扎尔固齐是十大臣，与此无涉，《通志》以扎尔固齐与十六大臣连书，岂太宗时尚沿扎尔固齐之称，抑史官之误？待考。

1943 年 8 月 3 日昆明

巴牙喇

巴牙喇又作巴雅喇、摆牙喇、摆呀喇、摆押拉，汉语精锐内兵，后来定汉字译名为护军。《清太祖武皇帝实录》记天命三年四月十三日壬寅，以七恨兴兵攻明事称：

> 次日（十四日）分二路进兵，令左侧四固山兵取东州、马根单二处，亲与诸王率右侧四固山兵及八固山“摆押拉”取抚顺所。（卷二）

《东华录》记其事作：

> 癸卯（十四日）分两路进，令左翼四旗兵取东州、马根单二处，上（太祖）与诸贝勒率右翼四旗兵及八旗护军兵取抚顺所。（天命二）

又《东华录》天命六年三月初十日壬子称：

> （明总兵）李秉诚……来援沈阳，营于白塔铺，……我国雅荪率精锐护军二百往侦。（天命三）

《武皇帝实录》作：

> 李秉诚……来援，至白塔铺安营，……满洲雅松领二百健兵探之。（卷三）

同日《东华录》又称：

> ……乃收军，上（太祖）率诸贝勒引护军营沈阳东门外，令诸将率大军屯于城内。（天命三）

《武皇帝实录》作：

> 帝（太祖）收兵，诸王各领健卒于东门外教场安营，令众将率大兵屯于城内。

据此，巴牙喇汉字译名未确定前，尚有健兵、健卒等数称，但全不是后来的法定译名。

太祖时，军队以牛录为基本单位，其上辖以“甲喇”同“固山”，全国共分八固山，即所谓八旗。行军时，若地广则八固山并列，分八路而进，地狭则八固山合一路而行。当兵刃相接之际，披坚甲执长矛大刀者为前锋;披短甲,即两截甲,善射者自后冲击;精兵立于别地观望,不令下马,势有不及处相机接应(《太祖武皇帝实录》及《东华录》乙卯年十一月,天命一)。所以在隶属上军队虽分列八固山,但在军队性质上又分为三等,因此演变成后来的前锋,护军,骁骑,步军等制,其最先形成单独组织的是巴牙喇,就是后来的护军。

巴牙喇是在各牛录选拔的精壮,每牛录十七人(《清会典》九六《八旗都统·兵制》,《广阳杂记》一)。据《太祖武皇帝实录》所载:

> (天命六年)三月初十日,帝(太祖)自将诸王臣领大兵取沈阳,……令右固山兵取绵甲战车徐进击之,红号巴牙喇不待绵甲战车至即进战。帝(太祖)见二军酣战,胜负不分,令后兵助之,遂冲入。(卷三)

又:

> (天命六年三月)十八日……率大兵乘势长驱以取辽阳,……遂令(右四固山)绵甲军排车进战东门敌兵,其营中连放枪炮,我兵遂出战车外,渡濠水呐喊而进,两军酣战不退。有红号摆押拉二百杀入,又二白旗兵一千亦杀入,大明骑兵遂走。各王部下白号摆押拉俱杀入夹攻之,其步兵亦败。(卷三)

可知巴牙喇的职务偏于策应、冲杀与防护,所以能在固山外自成组织。《清朝文献通考》一九二引天聪七年大阅后清太宗谕八旗护军之言：

> 如敌不战而走，则选精骑追之，追时护军统领勿往，但引纛结队蹑后而进，倘追兵误入敌伏，或众方四散追逐遇敌兵旁出，护军统领即接战。

用意亦同，更可证明。此事《东华录》天聪七年十月初七日丙寅只有“大阅”两字（天聪八），没有详细记载，但是它的内容与清初的军令相合，应该是有根据的，不过护军统领之名是史官追改的。上面《实录》所称“白号”、“红号”，《东华录》作“白甲”、“红甲”，是甲胄的颜色，不是固山的旗别。当时八固山的巴牙喇多协同作战不分旗，所以称为“八固山摆押拉”，“各王部下白号摆押拉”。

巴牙喇选自各牛录，而各牛录又属于各王公大臣，所以各王公下全有巴牙喇。天聪五年八月初十日辛亥，《东华录》述围大凌河城之役，有“明人有出城刈禾者，布颜图率兵追之斩三十人，莽古尔泰，德格类下摆牙喇兵斩十八人，济尔哈朗下摆牙喇兵斩十五人”的记载（天聪六）。又九月十六日丁亥有“上（太宗）闻锦州增兵来援，亲统兵前行，……上命众军止中途，与多铎率亲随摆牙喇兵二百同往”的记载（天聪六）。这就是《太祖武皇帝实录》所谓各王部下摆押拉。此种以主管将领姓名称军队的制度，据《东华录》及《清朝文献通考》一七九说，在天聪八年五月五日庚寅始废（天聪九）。

巴牙喇之组织称巴牙喇营，每旗以巴牙喇纛额真统之，其下有巴牙喇甲喇额真（天聪八年四月初六日辛酉改额真为章京），巴牙喇壮达，及巴牙喇。《清朝文献通考》一八〇说，“天聪年间设巴牙喇营”，又一七九，于天聪八年五月五日庚寅改定诸营名色下说，

"巴牙喇为护军营之始"。仿佛巴牙喇营始于天聪八年。但《清史稿》列传十四《康果礼传》称"太宗即位列十六大臣，佐正白旗，寻擢巴牙喇纛章京，天聪元年从贝勒阿敏伐朝鲜"，又同卷《扬善传》称，"太宗即位，旗设调遣大臣二，扬善佐镶黄旗，寻授巴牙喇纛章京，（天聪）三年从伐明"；则巴牙喇营的设立实在天聪八年前。

巴牙喇虽分旗设纛额真，可是仍然联合作战。《清史稿》列传二二《图赖传》说：

> 顺治二年正月，李自成将刘方亮以千余人出关觇我师，图赖与阿济格尼堪等令正黄、正红、镶白、镶红、镶蓝等五旗各牛录出巴牙喇兵率以击敌，大败之。自成闻败，亲率马步兵拒战，又征镶黄、正蓝、正白三旗兵相助，贼连夕攻我垒皆败走，遂破潼关。（《史稿》原文镶均作厢。又刘方亮应作芳亮）

图赖是正黄旗巴牙喇纛章京，阿济格尼堪是正白旗巴牙喇纛章京，当时还有阿尔津是正蓝旗的（《史稿》二二《阿济格尼堪传》），他们协同作战而且不一定用自己本旗的兵。此外还有一个特点，是作战时不以每牛录下全部巴牙喇为单位，使他们全部出马，而以巴牙喇中之每一个人为单位临时挑选。如崇德三年九月二十二日，清兵从密云县北墙子岭毁墙入明境，分为四路，令纛章京图赖率右翼每牛录巴牙喇兵一名，及喀喇沁每旗巴牙喇甲喇章京一员，从岭之右侧步越高峰而进（崇德三）。崇德元年十二月，清太宗亲征朝鲜，二十一日闻朝鲜四道合兵来援，遂选八旗每二牛录巴牙喇一人，每两旗甲喇章京一员，以阿尔津统之截其来路（崇德一）；又遣巴牙喇纛章京巩阿岱等率每牛录巴牙喇一人往助多铎。在每个牛录巴牙喇中选拔一二人，自然是精锐中之精锐，各人不在同一牛录，各不相习，自不能联合退缩或作恶，只有勇往直前了。

顺治十七年三月十九日甲戌，定武职汉字官名，寻又议定巴牙喇纛章京称护军统领，巴牙喇章京称护军参领。巴牙喇壮达，称护军校（见《清朝文献通考》一七九，《东华录》失载）。乾隆以后定制：护军统领八旗各一人，正二品；护军参领每旗满洲十人，蒙古四人，正三品；副护军参领如参领数，正四品；委署护军参领每旗七人，系五品虚衔；护军校八旗满洲蒙古每佐领下一人，从六品；随印笔帖式每旗各二人；门笔帖式镶黄正黄正白三旗各十人；护军满洲蒙古每佐领下各十七人（《会典》五九《兵部·官制》及九八《前锋统领》，《通考》一八〇）。至汉军旗则无之。

巴牙喇在清入关前及初入关战功甚著。《史稿》列传二十《齐尔格申传附巴都里传》称"明年（崇德四年）从济南还师，出青山口，明师追至，巴都里率所部还战，巴牙喇兵有被创坠马者，令他兵护以归"，知巴牙喇兵皆用马，所以骁捷善战，所在奏功。顺治以后详定营制，以上三旗（镶黄、正黄、正白）护军参领、护军校、护军等守卫禁门。下五旗（正红、镶白、镶红、正蓝、镶蓝）各守王公府门，遇行围出征八旗一律分拨。雍正三年定八旗护军均司禁卫（《清朝文献通考》一八〇），旧日的效用全失。护军之拔补，亦定为由护军统领会同本旗都统于本佐领下骁骑、执事人、教养兵、步兵、闲散壮丁内，遴选善于满语、弓马娴熟、人才壮健者补用（《会典》九八《护军统领》），所得人才更不如前。

1943 年 8 月 13 日昆明

巴牙喇壮达

壮达或作专达，汉语队长，巴牙喇壮达，汉文官名称护军校。每牛录（佐领）下巴牙喇（护军）十七人，巴牙喇壮达（护军校）一人。天命时已有此官。清初名臣若鄂莫克图（《史稿》传十七）、博尔辉（《史稿》传三三）、舒里浑（《史稿》传十三《附达音布传》）、崆古图（同上）、鳌拜（《史稿》传三六）皆起自巴牙喇壮达，是满洲一种进身之阶。入关后定护军校由本佐领下前锋、亲军、护军、领催（骁骑步军及驻防全有领催，相当于校）及食四两饷银之执事人内遴选（《会典》九八），资格大差，升迁亦难，大不如前。

巴牙喇甲喇章京

或称巴牙喇章京，官名，汉文称护军参领。额亦都之孙陈泰，于天命时授巴牙喇甲喇章京，其设官在纛章京以前。清初道喇以巴牙喇兵从征伐，积功至巴牙喇甲喇章京，在天聪时（《史稿》列传十四《附康格里传》），叶玺以巴牙喇甲喇章京从征喀尔喀，没于阵，赠巴牙喇纛章京，在顺治时（《史稿》传十三《附常书传》）；又天聪时，额色赫以巴牙喇壮达授兵部理事官（《史稿》传二十五），我们于此更可看出当时之重视巴牙喇。（参看“巴牙喇”条）

巴牙喇纛章京

官名，汉文称护军统领。刘献廷《广阳杂记》一，"每八旗满洲有纛章京一员，职与都统等，止管摆呀喇，掌龙纛"，即指此。所谓巴牙喇纛，是一面大旗，颜色各如其本旗旗色（两黄旗，黄色，余同），裁成三角形，镶边作火焰状，直长五尺五寸，斜长七尺三寸。旗上绘龙，竿长一丈二尺，铁顶，有缨，正红旗垂黑缨，余旗用红缨（《清朝文献通考》一九四）。旗上龙形多用织金，所以名为织金龙纛，又名龙纛。巴牙喇纛与八旗之旗不同处在一为方幅，一为三角。《清通考》一九四称："正黄、正白、正红、正蓝四旗均方幅，镶黄、镶白、镶红、镶兰四旗，均左幅稍锐。""左幅稍锐"，其意不明，但据下文所述，绝非三角形。《广阳杂记》谓，"纛章京一员，职与都统等"，实不然。都统兼辖本旗军民，所谓"掌宣布教养，整诘戎兵，以治旗人"（《会典》九五）；而巴牙喇纛章京只掌巴牙喇兵之政令。都统秩正一品，纛章京秩二品。伊尔德于天聪五年（1631）擢巴牙喇纛章京，顺治八年（1651）始授本旗（正黄）固山额真（《史稿》传二十二本传）；阿济格尼堪于崇德四年（1639）擢巴牙喇纛章京，顺治五年（1648）始授正白旗（本旗）满洲固山额真（《史稿》传二十二本传）；阿尔津于崇德二年（1637）任纛章京，至顺治十一年（1654）始迁固山额真；其间相距很远，权秩大不同。

巴图鲁

巴图鲁又作把土鲁，汉语英雄。即《元史》之拔都（卷一五六

《张弘范传》)、拔都鲁(卷一七四《郝天挺传》)、八都(卷一二〇《朮赤台传》),《元秘史》之把都儿。

满洲习俗好以称号加人,大都照其人性行定一美名,清太祖用它表彰部下的才能和功绩,于是有所谓赐号,成了一种恩荣。太祖时,巴雅喇赐号卓礼克图(《史稿》传二),褚英赐号阿尔哈图土门(《史稿》传三),扈尔汉赐号达尔汉辖(《史稿》传十二仅作达尔汉),武纳格赐号巴克什(《史稿》传十七);太宗时,多尔衮赐号墨尔根代青(《史稿》传五),多铎赐号额尔克楚呼尔(《史稿》传五),李国翰赐号墨尔根侍卫(《史稿》传二三),全是其例。多尔衮、多铎因为天聪二年伐察哈尔多罗特别有功赐号。《东华录》纪其事说,"三月戊辰(初七日),上将还沈阳,于途中大宴。上曰,蒙天眷佑二幼弟随征异国,俘获凯旋,宜赐以美号……"云云(天聪三)。可以看出当时赐号的郑重。

赐号中最习见的是巴图鲁,因为它是表示武勇的,所以又称为"勇号"。巴图鲁勇号有两种:一种只称巴图鲁,不再加别的字,是普通的;一种巴图鲁上再加其他字样,是专称的。

普通的勇号只是清开国初有。太祖以前称巴图鲁的有礼敦(《史稿》传二),太祖时以额亦都为最先(《史稿》传十二),其后又有穆克谭(《史稿》传十三《附巴笃里传》),喀喇(同上《附达音布传》),鄂莫克图(《史稿》传十七),吴巴海(同上《附吉思哈传》),多尼喀(《史稿》传二〇《附齐尔格申传》),苏鲁迈(同上《附叶臣传》)等。这种普通巴图鲁称号全加在本人原名之下,如《太祖武皇帝实录》丁亥年称,"八月内令厄一都(额亦都)把土鲁领兵取巴里代城"(卷一)。又天命九年称,"大父李敦把土鲁"(卷四)(李敦即礼敦,太祖之伯父,此云大父,译文之误),是其证。其后改为加在本人原名之上，如《东华录》之称“巴图鲁额亦都”是。

专称的勇号，如穆尔哈齐赐号青巴图鲁（《史稿》传二），代善赐号古英巴图鲁（《史稿》传三），安费扬古赐号硕翁科罗巴图鲁（《史稿》传十二），本科理赐号苏赫巴图鲁（《史稿》传二九《敦拜传》）之类全是。最初专称的称号——包括勇号与非勇号——是用以代表本人名字，所以称称号就不再称原名。《太祖武皇帝实录》二，癸丑年称：

> 太祖子古英把土鲁，侄阿敏，及非英冻（费英东），呵呵里厄夫（何和礼额驸），打喇汉虾，厄一都（额亦都），雄科落等奋然曰……

古英把土鲁是代善，打喇汉虾（达尔汉辖）是扈尔汉，雄科落（硕翁科罗巴图鲁）是安费扬古，全不写本人原名。《实录》二，天命元年称：“帝遣答儿汉虾（达尔汉辖）、雄科落二将领兵二千征东海查哈量部（萨哈连）。”又卷四天命八年称：“十月二十日大臣搭儿汉虾（达尔汉辖）卒，年四十八。”全是一样。上面所述是清代入关前的旧俗，其后称号之下仍列本人原名。《武皇帝实录》三，天命五年“九月皇弟青把土鲁薨”，在《东华录》作“九月甲申，皇弟青巴图鲁贝勒穆尔哈齐薨”（天命三），这是史官用后来的制度追改的，与赐号的原意不符了。

专称的勇号和其他称号，同时不应有两个一样，以避重复，但不同时则可。安费扬古于太祖时赐号硕翁科罗巴图鲁，死后劳萨亦于天聪八年赐号硕翁科洛巴图鲁（《史稿》传十三），同年图鲁什亦追号硕翁科罗巴图鲁（《史稿》传十三），因为他们不是同时生存的。这种制度后来亦破坏了。嘉庆初,乌什哈达号法福哩巴图鲁(《史稿》传一三六《附惠伦传》),富志那号法福礼巴图鲁(《史稿》传一三三),王文雄号法佛礼巴图鲁(《史稿》传一三六),三者满字实同。同治六年七年间,赵德光(《史稿》传二一六),周达武(《史稿》传二一七),李长乐(《史稿》传二一八),同时赐号博奇巴图鲁。同治元年,余际昌(《史稿》传二一六),滕嗣武(《史稿》传二一八),曾国荃(《史稿》传二〇〇)同时赐号伟勇巴图鲁。程学启(《史稿》传二〇三),郑国魁同时赐号勃勇巴图鲁。这全是赐号不胜其多的缘故,揆之入关前制度不是对的。但赐号的人既不以称号代替本人原名,则重复亦不要紧了。

称号有时亦可更改,太祖长子褚英初号洪巴图鲁,后以破布占泰功赐号阿尔哈图土门(《史稿》传三);宣宗时,齐慎赐号健勇巴图鲁,后以从征回疆立功,改号强谦巴图鲁(《史稿》传一五五《附杨芳传》);文宗时,鲍超赐号壮勇巴图鲁,褫夺后又以援曾国藩祁门功,赐号博通额巴图鲁(《史稿》传一九六)。凡有新号,旧号即废,不能并存。咸丰八年田兴恕赐号尚勇挚勇两巴图鲁(《史稿》传二〇七);同治二年李长乐赐号侃勇巴图鲁,次年又赐号尚勇巴图鲁(《史稿》传二一八),这不是典制,而是主政的疏失。

勇号的赐予,在表彰武功,所以没有等第,亦无问文武。有的以小官得赐号,有的虽大官而不得。咸丰四年,虎坤元以守备(正五品)赐号鼓勇巴图鲁(《史稿》传一八九),同年僧格林沁赐号湍多巴图鲁已是郡王、内大臣(正一品)、参赞大臣(《史稿》传一九一);咸丰三年,戴文英以千总(从六品)赐号色固巴图鲁(《史稿》传一八九),同年托明阿赐号西林巴图鲁,已是绥远将军襄办军务(从一品,《史稿》传一九〇)。又如袁保恒以翰林院编修赐号勒伊勒图巴图鲁(《史稿》传二〇五),胜保以内阁学士帮办河北军务赐号霍銮巴图鲁(《史稿》传一九〇),蒋益澧以知府赐号额哲尔克巴图鲁(《史稿》传一九五),刘腾鸿以知县赐号冲勇巴图鲁(《史稿》传一九五),全是文职;而曾贞干赐号迅勇巴图鲁(《史稿》传二〇〇)时,更是从八品的教官——训导。

专称的勇号,初用满语冠于巴图鲁之上,如青巴图鲁、古英巴图鲁之类,是为清字勇号;后来加用汉字,如武勇巴图鲁、壮勇巴图鲁之类,是为汉字勇号。汉字勇号全用两个字,而下一字总用勇字,所以它的变化只在上一个字,在乾隆末柴大纪赐号壮健巴图鲁(《史稿》传一一六),蔡攀龙赐号强胜巴图鲁(《史稿》传一一五),这种例子后来是没有的。勇号的清字和汉字没有什么分别,满人可以赐汉字勇号,汉人亦可以赐满字勇号。福康安号嘉勇巴图鲁(《史稿》传一一七),达三泰号常勇巴图鲁(《史稿》传一三六),果权号志勇巴图鲁(《史稿》传二四一),是满人赐汉字号;德楞泰号继勇巴图鲁(《史稿》传一三一),是蒙古人赐汉字号;罗思举号苏勒芳巴图鲁(《史稿》传一三四),张国樑号霍罗绮巴图鲁(《史稿》传一八八),唐友耕号额勒莫克依巴图鲁(《史稿》传二一七),是汉人加赐清字勇号。

清字勇号和汉字勇号本来没有轩轾,李续宾由知府赐号挚勇,其弟续宜由知府赐号伊勒达(《史稿》传一九五);岑毓英由道员赐号勉勇,其弟毓宝由道员赐号额图珲(《史稿》传二〇六)。这是最显著之例。穆宗、德宗之时,武臣立功往往由汉字勇号改赐清字勇号,谓之换号,《清史稿》称之为晋号。如郭宝昌以卓勇巴图鲁晋号法凌阿巴图鲁(《史稿》传二一五),张文德以翼勇巴图鲁晋号达桑巴图鲁(《史稿》传二一六),雷正绾以直勇巴图鲁晋号达春巴图鲁

(《史稿》传二一七),陶茂林以钟勇巴图鲁晋号爱星阿巴图鲁(《史稿》传二一七),其例甚多。这是因为军事正亟,不能不强为分别以济爵赏之穷,在前是没有的。杨遇春于乾隆六十年由守备赐号劲勇巴图鲁(《史稿》传一三四),杨芳于嘉庆五年由参将赐号诚勇巴图鲁(《史稿》传一五五),皆历阶至大将封侯,四十年称号不改,未尝有所谓晋号!

入关前,赐号者甚多,康、雍、乾之间虽有许多次大征伐,可是一时名将如岳钟琪(《史稿》传八三)、策凌(《史稿》传八三)、哈元生(《史稿》传八五)、葛尔弼(《史稿》传八五)之流,全没有赐过勇号。乾隆二十年以后,本进忠号法式善巴图鲁(《史稿》传九八),海兰察号额尔克巴图鲁(《史稿》传一一八),舒亮号穆腾额巴图鲁(《史稿》传一一五)、始渐重见,但不是人人可得。如蓝元枚(《史稿》传一一五),董天弼(《史稿》传一一六)和隆武(《史稿》传一一八)等,虽然功勋懋著,赐花翎,赐袍服,赐鞍辔,赐荷包,赐银币,别的赏赐很多,而未尝赐勇号,与咸同以后大不同。这亦可看出赐号风气的先后转变。

1943 年 10 月 17 日昆明靛花巷

巴克什

清入关前,赐读书识文墨者之普通称号曰巴克什,与武勇之称巴图鲁同。若额尔德尼(《清史稿》传十五,下同)、达海、尼堪、武纳格(《史稿》传十七)、希福(《史稿》传十九,下同)、范文程、硕色

（《史稿》传三六《索尼传》）等皆是。《史稿·额尔德尼传》称，“兼通蒙古汉文，……从伐蒙古诸部，能因其土俗，语言，文字宣示意旨，招纳降附，赐号巴克什。”希福本传称，“兼通满汉蒙古文字，召直文馆，屡奉使蒙古诸部，赐号巴克什”；武纳格本传称“通蒙汉文，赐号巴克什”，可知当时所注意是在通译外族语言文字。但得“巴克什”赐号者，并不全是文弱书生，像武纳格就是有名的大将，因为当时文武没有分途。

“巴克什”又作“榜识”，或作“榜式”、“巴克式”。最早见于万历十九年（1591），遣巴克什阿林察持书谕叶赫（《东华录》天命一，十四页）。凡赐号的，最初皆系于本人原名之下，其后亦改在原名之上，《太祖武皇帝实录》于太祖建号时称，“厄儿得溺榜识接表”，《东华录》作“巴克什额尔德尼接表”；《实录》于天命三年（明万历四十六年，1618）四月取抚顺后至明边时称，“乃遣厄儿得尼榜识令二王停兵”，《东华录》作“乃遣巴克什额尔德尼令两贝勒勿进兵”（天命二），是其证。康熙八年五月初七日己亥，准达海立碑，当时谕称，“达海巴克式通满汉文字，于满书加添圈点，俾得分明，……著追立碑石”（康熙《东华录》九）；又《清史稿·达海本传》载：“圣祖咨诸大学士，达海巴克什子孙有入仕者乎?”（传十五，并见康熙二十一年十二月十五日戊子，《东华录》三十。）可见康熙时“巴克什”称号还写在原名下面。天命《东华录》将“巴克什”写在原名上面，大概是雍正十二年以后校定《实录》时所改。

太宗于天聪三年（明崇祯二年，1629）四月初一日丙戌，设置文馆，分两直，达海、刚林等翻译汉字书籍，库尔缠、吴巴什记注时政得失（王氏《东华录》天聪四，及《史稿》传十五《达海传》）。文馆满语曰笔帖黑色（天聪五年十二月二十四日壬辰《东华录》，案《史稿》传十九《甯完我传》作笔帖式)，其本义原为书房。凡通文史命直文馆者，授官参将游击，皆号榜式，通称儒臣，又称文臣；其以儒生俊秀选入文馆尚未授官者，称秀才，或称相公(《清史稿》传十九论，又传二五《蒋赫德传》)。于是“巴克式”(榜式)乃近于官名，称者较多。当时官名有笔帖式(天聪三年二月初二日戊子，《东华录》天聪四)，天聪五年七月初八日庚辰改官制，立六部，各部又设“办事笔帖式”，遂更定“文臣赐号榜式者许仍旧称，余称笔帖式”(天聪六)。巴克什之称复严。《史稿·达海本传》说他于天聪五年七月赐号巴克什，可是《东华录》在天聪三年四月已称榜式达海，这种赐号以前所称榜式，就是因为入直文馆之故，到五年七月既申非赐号不得称“巴克什”之令，而达海博通蒙汉文字，所以重行赐号。

文馆初设，制度和组织全不完善，甯完我于天聪五年十二月上疏，说文馆是“官生杂处，名器弗定”(《史稿》传十九)。王文奎(后复姓沈)于天聪六年八月上疏论及文馆，说，“自达海卒(六年七月)，龙什罢(六年六月)，五榜式不通汉字，三汉官又无责成，秀才八、九哄然而来，群然而散，遇有章奏彼此相诿，动淹旬月，……至笔帖式通文义者惟恩国泰一人，宜再择一二以助不逮”。文奎又说：“帝王治平之道，奥在四书，迹详史籍，宜选笔帖式通文义者，秀才老成者，分任移译讲解。”(《史稿》传二六《沈文奎传》)所谓榜式是赐号之人，笔帖式是直文馆授官之人，秀才是没有授官之人，所谓官是指笔帖式或授其他官职之人，生就是秀才。

文馆分直始于天聪三年四月，可是相类的工作早起于清太祖时。《史稿·希福本传》说他在太祖时召直文馆，《雷兴传》说他在太祖时以诸生选直文馆(《史稿》传二六《附马国柱传》)，《达海传》说太祖召直左右，命他翻译《明会典》及《素书》《三略》，可知在太祖时已有同样组织，不过没成正式制度而已。天聪时先后参加文馆的人，可知者有达海、库尔缠、希福、范文程、甯完我、鲍承先、蒋赫德、王文奎、刚林（以上并见《史稿》本传），罗硕（《史稿》传十四《附扬善传》）、苏开、顾尔马浑、托步戚多、吴把什、查素喀、胡球、詹霸（以上见列传十五《达海传》），高鸿中（见传十九《甯完我传》），罗绣锦（传二六《附马国柱传》），朱延庆（见传二十七《申朝纪传》），张文衡（见天聪九年二月初三日甲申，《东华录》天聪十），梁正大、齐国儒（以上见天聪九年十月二十七日甲辰《东华录》），龙什、恩国泰、江云深、孙应时、李栖凤、杨方兴、高士俊、马国柱、马鸣佩、雷兴（以上并见《史稿》传二六《沈文奎传》）等，亦可谓一时之选，不知时论何以鄙薄若是。苏开以下三人，文馆初设与达海、刚林同任翻译；吴巴什以下四人，与库尔缠共记时政，入文馆甚早。江云深以下数人，即文奎疏中所谓"哄然而来，群然而去"之"秀才八、九"。

天聪十年（明崇祯九年，公元1636）三月改文馆为内三院：一名内国史院，掌记注诏令，编纂书史，及撰拟表章；一名内秘书院，掌撰外国往来书状，及敕谕祭文，并录各衙门章疏；一名内弘文院，掌注释历代行事，御前进讲，并颁行制度。各设大学士、学士，以希福、范文程、鲍承先、刚林分领之，佐以罗硕、罗绣锦、詹霸、胡球、王文奎及恩国泰（崇德元年五月初三日丙午，《东华录》天聪十一），全是文馆旧人。顺治元年入关，沿袭明朝官制设翰林院，次年以翰林官分隶于内三院，改称内翰林国史院，内翰林秘书院，内翰林弘文院。顺治十五年复改内三院为内阁，重新分设翰林院，并定翰林院满字名称为笔帖式衙门。在制度上虽然是文馆演变成为内阁，可是在满洲名称上实际是翰林院承继了文馆。

自从天聪五年七月以后入直文馆者不称“巴克什”，顺治五年刚林以后亦没有再赐巴克什称号的（《史稿》传三二），其后唯一仅存的只有宿卫内廷宫门的“阅门籍护军”，满文还称为巴克什（《会典》九八），这是从记注起居递遗下来的。

1943年9月11日昆明

包衣大

大，汉语为长，包衣大就是包衣长，意为仆役头。内务府设官有包衣大，汉文名管领，秩正五品。《清史稿·世祖本纪》一，顺治二年正月“庚戌，禁包衣大等私收投充汉人，冒占田宅，违者论死”。《东华录》作禁内务府管领等私收投充汉人云云，是其证。崇德三年四月十二日乙卯，《东华录》记岳托新福金诉其大福金事，中有大福金遣包衣大准布录、萨木哈图前往恐吓一事。岳托是代善长子，崇德元年封成亲王（《稿》传三《附代善传》）。据《八旗通志》镶红旗包衣第二，参领第一、二佐领，全是岳托分封时所立，所以岳托亦是当时旗主之一，这些“包衣大”全是他所属包衣下的头目，给使于他家的。《顺治东华录》一，崇德八年八月二十三日甲申，称“有遗匿名帖，谋陷固山额真谭泰者，为公塔瞻母家高丽妇人所得，言于包衣大达哈纳，达哈纳以告伊主公塔瞻及固山额真谭泰，塔瞻因启诸王，王等令送法司质讯”。这是顺治即位一个大狱，兹不详述。所可疑的是塔瞻家何以有“包衣大”？塔瞻为扬古利次子，扬古利，《清太祖武皇帝实录》作杨古里（卷二，页1、页3），是太祖、太宗时名将,崇德二年死于征朝鲜之役,追封武勋王,在清入关前群臣中爵秩最高。塔瞻初袭超品公,后降一等公,父子均未尝作过固山额真。太宗初立,于天命十一年九月设总管旗务八大臣及佐管十六大臣。《东华录》注称,“额驸扬古利前此已授一等总兵官,其秩在贝勒之次,……不预此”。仿佛是因秩高而不入选,但扬古利亦没有同贝勒一样主旗务作旗主。《清史稿》传十三《扬古利本传》称,“扬古利手刃杀父者,……时年甫十四。太祖深异焉,日见信任,妻以女,号为额驸”;案《清朝文献通考》二四二《帝系考》,《清史稿·公主表》及《武皇帝实录》,全没有太祖女嫁扬古利的记载,但天聪《东华录》亦称扬古利为额驸,似乎本传所称并非无因。当时所谓额驸,不专指娶太祖、太宗女者,如佟养性娶宗女(《稿》传十八),李永芳娶阿巴泰女(同上),均称额驸,扬古利或亦其类,否则必因获罪不列玉牒,以致失载。塔瞻之母是否即此清代皇室之女,今不能确知,扬古利既为额驸,必有随嫁之包衣大,应无疑问。但我怀疑入关以前一般宗室勋旧无论是否主管旗务全有包衣,有包衣就有包衣大。塔瞻家之有包衣大并不是因为父为额驸 。太祖初起兵几年追随的人很多,他们全有给使的包衣,就是仆役。当时旗制未定,所以不会加以限制,旗制既定亦不会因之取消,有一时期勋旧的包衣与分隶各旗包衣佐领下的包衣,同时并存。顺治十四年正月二十一日甲子,谕吏、礼、兵三部,所说“官员子弟及富家世族,……本身不充兵役,尽令家仆代替”,这家仆实在就是私家的“包衣”,因为要分别于旗制里的“包衣”,所以改称。逮后包衣制度日严,私家的“包衣”渐渐改称,成了《户部则例》中所谓“八旗户下家奴”。

包衣昂邦

昂邦汉语为总管，包衣昂邦是官名，汉字称内务府总管，又称总管大臣。顺治八年三月初五日壬午《东华录》，“先是搜获英王藏刀四口，刑部不行奏上，但告知巽亲王、端重亲王、敬谨亲王，将刀交御前包衣昂邦收之”。所谓御前包衣昂邦就是在御前的内务府总管。内务府管理宫廷的宴飨、典礼、祭祀、库藏、财用、服御、赏赉、帑项、造作、牧厩、供应等事，即所谓皇帝包衣。入关以后，镶黄、正黄、正白三旗由天子自将，谓之上三旗，隶内务府的全是上三旗。内务府制度由包衣演化而成。天聪三年九月初一日壬午，《东华录》有“皇帝包衣下”，顺治八年七月初一日丙子，世祖谕有“朕之包衣下”，这全是所谓内务府。顺治十一年置内十三衙门（《清朝通志》六六作十三年，误），宫廷给使由宦官主持，设官亦旧臣与宦官并用（《史稿·职官志》五），于是内务府制度中废，世祖遗诏以此自罪。圣祖即位后，于顺治十八年二月才又恢复。其后定制：内务府设广储、会计、掌仪、都虞、慎刑、营造、庆丰七司，广储司设银、段、衣、茶、皮、瓷六库，织染局，江宁、苏州、杭州设织造监督，又有御茶膳房、御药房、三旗纳银庄、官房租库、官学、刊刻御书处、武英殿修书处、养心殿造办处，均统于总管大臣或隶属七司（《清朝通志》六六）。康熙十三年奉宸苑、武备院、上驷院亦由府兼辖。于是阉宦之权全归内务府。各司的职掌同它与内十三衙门之分合，可参见《清代包衣制度与宦官》。

内务府总管无定员，由满洲侍卫府属郎中，内三院卿简补，或王公内大臣、尚书、侍郎兼摄。初秩从二品，乾隆十四年定正二品；

各司设郎中，正五品；员外郎，从五品；主事，正六品；笔帖式，秩与各部同；各库有司库，正六品（《会典》卷三，卷八十七，《史稿·职官志》五）。织造官由内务府司官兼管。

厄夫

或作额驸，汉语为女婿，系在人名之下作为尊贵称号。如《太祖武皇帝实录》数称“呵呵里厄夫”、“恩格得里厄夫”、“苔儿汉厄夫”、“查哈量厄夫”等全是。后来改译额驸，又系在本人名字之上，如“苔儿汉厄夫”，《东华录》作“额驸达尔哈”（天命四年八月己巳）。《太祖武皇帝实录》修于天聪，所保存的是当时制度。《东华录》所据是乾隆校订后的实录，可知额驸称号系姓名之上是入关以后的制度。

王甲

完颜的别译。部族名，又姓，以部为氏。

清世祖入关前章奏程式

甲申(明崇祯十七年,清顺治元年,1644)三月十九日,李自成陷京师。四月初八日,清以摄政睿亲王多尔衮为大将军统兵南下,进略中原。会明平西伯吴三桂亦自山海关致书,请选精兵入关。四月廿一日多尔衮师至山海关,与李自成马步兵二十余万遇,破之,入关。五月初一日多尔衮至通州,初二日入北京,初六日令在京内阁、六部、都察院等衙门官员,俱以原官与满官一体办事。六月十一日多尔衮等议建都燕京,九月十九日清世祖(顺治)始入京师。在世祖入关前,多尔衮以摄政居北京,前明内阁六部均治事如故,实为当时政令所从出,内外臣工章疏文移,除多尔衮外,亦均以北京为中枢;而名义上之行政元首则仍居盛京。王氏《东华录》于世祖入关前后,其书法有显然之区别。世祖未入关前,于臣工言事均称"启"。如顺治元年六月戊午(初二日)"大学士冯铨、洪承畴启言,国家要务莫大于用人行政……";七月丁亥(初二日)"礼部启,定鼎燕京,应颁宝历……";八月戊辰(十三日)"山东莱州府知府黄纪启言,大兵自晋临秦,贼势不支……";九月戊子(初三日)"兵部右侍郎金之俊启,请收民间兵器马匹入官"是也。至世祖入关后,则称"奏"。如十月丙辰(初二日),"给事中郝杰奏,从古帝王无不懋修君德,首重经筵。……";十一月乙酉(初一日),"大学士冯铨等奏,翰林院明初原定正三品衙门,……仍宜复翰林院为正三品衙门”是也。世祖以九月甲辰入京师,翌日乙巳(二十日)即书“平定山西固山额真叶臣等奏,潞泽所属州县俱委员管理”,尤为显著。往时尝疑此仅史官书法之变易,继见清初档案,始知所谓“启”者,盖当时文书之名。

自顺治元年五月多尔衮入北京,以迄世祖迁都,为期甚暂,且新国初建,疆土未广,今存档册不若统一中原后之多。今录国立北京大学文科研究所所藏顺治元年七月十二日朱帅鏊(此字未识,上从心从音从犬,下从金。)启本于次:

见任直隶真定府监纪巡捕同知今署大名府知府事,臣朱帅鏊谨

启:为恭谢报仇

洪恩,钦沐维新雅化,再请大张挞伐,亟灭闯逆,以安社稷,以慰舆望事,窃照臣庆籓宗裔,叨蒙换授,初除饶令,继拔今职,惟失竞业官守,敏勉孝忠,以益奋初心。岂期莅任未及月余,贼变竟出意外。臣幽居抱痛,卧薪苦尝,辛庇我

王上轸念

先朝夙好,义激剿除同仇,励兵数战,逆寇狼奔。畿辅一带官民伏威,复睹天日,各官荷理原职。不惟臣庶顶戴报复,即

先帝亦瞑目地下矣。臣自贼逃窜之际,统率各镇绅衿军民人等,乘机鼓舞,亲冒锋刃,颇斩多贼,保全城池。因而绅衿等众,共泣拥臣料理原务,已经塘报在部可察。伏思臣谱丝

先帝,谊切宗臣,仰感浩荡

天恩,思投诛仇

大义,又不啻异姓臣子之奋激者。奈臣卑力微。惟尽赤有心,

雪愤无地，是以匍匐遥恳，再请我
王上赫怒振威，整兵西伐。且臣近闻，败贼飞遁固关之日，晋地忠
良即时遍起，悉皆见机抗贼拒城。但我兵追缓，渠竟肆志，遂
缘榆次县抗拒，攻洗其城，而众县始畏恶敛迹，引领云霓。似
此愈宜顺天应人，急剪破胆穷寇，提兵长驱虎穴。想山陕之士
民，人人箪食壶浆，处处望援水火，何难乘胜扫荡，一鼓成擒之
为愈也。况今日文武际会，济济多人，戡乱大定，在此一举。
臣虽愚陋，委署大名府事，敢不竭力抚绥，以报
王上。但闯逆未灭，谊不共生，伏望
睿电采纳臣言，速擒死贼，馘告天下。料天下之人，必百叩感戴，臣
犹（尤）焚香而拜祝。庶黔黎之鸡犬桑麻，又有宁日，而家国之
土谷财用，不致消耗。是
明良喜起之盛世，再见今朝，而一道同风之至治，诚可拭目俟也。
臣不揣为此冒昧激切上陈，如果臣言不谬，叩祈
敕部施行，臣曷胜激切战栗恃
命之至。为此具本，专差官刘国鼎赍捧，谨具启
闻。

自为字起至本字止计伍百伍拾陆字纸一张

右谨　启

闻

顺治元年七月十二日见任直隶真定府监纪巡捕同知今署大名
府知府事臣朱帅鑿

吾人于此，得以略窥当时章奏程式，其可述者约有五事：

一、当时章奏皆上之多尔衮：《东华录》顺治元年五月己丑（初

二日)，“师至燕京，故明文武官员出迎五里外，摄政睿亲王进朝阳门，老幼焚香跪迎。内监以故明卤簿御辇陈皇城外，跪迎路左，启王乘辇，……礼毕，乘辇入武英殿，升座，故明众官俱拜伏呼万岁”。是入京之始，故明官民即以君上视多尔衮，异国远道于关外政事固不能深知，此清高宗(乾隆)所谓“吴三桂之所迎，胜国旧臣之所奉，止知有摄政王”者也。故当时章奏皆直上多尔衮，无称皇上者，与世祖入京后之皇上皇叔父摄政王并称者不同。

二、称多尔衮为王上：朱帅鑋启本三称王上，均双抬，盖指多尔衮。此与宝应刘氏食旧德斋藏《摄政王多尔衮起居注》合(《摄政王起居注》今由故宫博物院印行，改题《多尔衮摄政日记》)。《多尔衮起居注》五月二十九日记曰：“大学士等入见，户部官启事毕，王上曰：‘近览章奏，屡以剃头一事，引礼乐制度为言，甚属不伦。’”中央研究院历史语言研究所藏顺治元年七月镇守真顺广大等处副总兵王燝揭帖有“窃照职谫劣庸流，谬蒙公举，谨遵令旨入阙朝见，荷蒙王恩，隆以御宴，锡以貂裘，……微职何幸，欣逢王上不次恩遇”之语(《明清史料》六七)，此均以“王上”称多尔衮之显证。又北大藏顺治元年七月初六日镇守紫马三关专辖四路等处地方总兵官后军都督府都督同知郝之润恭报官兵军马数目文册题本，有“伏乞王上鉴查，亟复旧制，敕部议复”之语，王上亦双抬与此同。

三、官员于多尔衮自称臣：朱氏启本前后及文内皆自称臣，亦与《多尔衮起居注》合。《起居注》中六月初三日记曰：“王顾问‘代王有遗腹子否，知他住处否，有赡养否，著抚按查明与他养赡’。大学士冯等叩头谢。王问云‘给代王养赡为何叩头谢？你们到底是念你旧主’。大学士冯等对‘王尚且笃念，何况臣等。’”则当时虽大学士亦称臣也。

四、上书称启：今所见顺治元年十月以前章奏：七月初六日郝之润本（北大藏），八月二十九日凌駉本（中研藏，见《明清史料》八一）均称“题”；七月十四日朱朗𨭉本（北大藏），八月初二陈大猷本（中研藏，见《明清史料》七五），均称“启”：盖递嬗之际，典制未一，遂至参差。然以用“启”者为多（《明清史料》，第一册收十八件称启者八，称题者一，余为塘报揭帖），且与《东华录》合。前录朱帅鑾本内，称“谨具启闻”；又七月十四日朱朗𨭉本，称“为此具本谨启请旨”；七月二十七日，冯铨洪承畴本，称“谨启”（《明清史料》七二）：当是其时上书摄政王定制。《东华录》顺治元年五月己亥（十二日）“都察院参政祖可法，张存仁言，今王代天行仁，……宜将内院通达治理之人，暂摄吏兵二部事务。……启入，摄政睿亲王报曰‘尔等言是……’”；又正月丁未（十八日）“都察院承政公满达海等上摄政二王启曰：……”；又四月辛酉（初四日）“大学士范文程上摄政王启曰：……”；皆其证也。

五、称多尔衮之言为令旨：顺治元年七月初六日郝之润为恭报官兵军马数目题本内有“军兵应否补其原额，未奉令旨，不敢擅募”；八月十九日修政历法远臣汤若望为刊历事奏本内有“随奉令旨治历大典……”；此所谓令旨，盖即多尔衮之旨，亦当时定制也。中央研究院藏顺治元年七月郝之润揭帖，有“其四路官军皆地方土著，已奉令旨，不敢概为传剃”（《明清史料》六八）；又七月初七日署保定巡抚丘茂华启本，有“谨此申报情形，延颈殿下令旨”（《明清史料》七〇）；八月十二日署保定巡抚丘茂华启本有“内院抄传奉摄政王令旨”（《明清史料》七八）：尤其显证也。

朱帅鑾启本后有“自为字起至本字止，计五百五十六字，纸一张”一行，此明代公文定制，所以防涂改增损。汤若望为刊历事奏本之末，有“自为字起至本字止计五百九十七字，纸二张”一行；中央研究院藏原任陕西三边总督李化熙启本，其末亦有“自为字起至本字止，计二百八十字，纸一张”一行(《明清史料》七九)；又崇祯六年五月二十八日朝鲜国王李倧奏本，亦有“自为字起至此字止，计字八十九个，纸一张”一行：均其证。此制顺治入京后渐废。附志于此，以验文书演变之迹。

1936年3月3日夜

原载《天津益世报》1936年3月26日《读书周刊》

明清的“两京”

明太祖于公元1356年进据金陵（当时名为集庆路），利用金陵的形势同地位，作了他的事业发展的基础。1368年大明建国，定金陵为国都，称南京（当时开封称为北京），目的在“宅中图大，控制四方”。到1378年又改称京师。明成祖即位以后，因为他兴起北平，与北平有三十二年深密的关系，同时注意到北方疆土之辽阔与边防之重要，遂改北平为北京，称为“行在”。成祖本人时常驻居北京，各部主要官吏也随之北上裁决政务，称为行部，而南京则由太子监国。自此，政治中心渐渐由南京移到北京。到1431年，正式改北京为京师，京师为南京。

在明代迁都以后，因为南京曾经作过六十六年的都城，又是明太祖孝陵所在，所以体例上始终没有降低。在南京有六部，有卿寺，有科道，并且有宗人府；只是没有“献替可否，票拟批答”的内阁。南京官署的职掌、分司，依然遵守旧制，没有改变；只是员额较少。他们主管的范围，虽然限于南京，不复照顾全国，但是各部依然有尚书、侍郎，各司依然有郎中、员外，品秩和北京一样。在南京有多量的军队，有四十九卫，有五军都督府，有守备，有操江，一切留守防护的工作异常完备。在南京有著名的国子监——所谓南监，学生自四方来学，出版的书籍通行全国。所以体例上我们看不出前后的差异。至于文物之盛，也依然与首都一样。

但是，在心理上，人们的观感就多少有些不同，南京和北京官吏的官阶虽然相同，而北京是国家最高政令所从出，是政治中心，所以一般官吏全愿留在北京，在嘉靖时，南京礼部尚书缺员，竟没有一个合于资格的人愿去。南京职官，虽然有时候不过是一个迁转阶级，而大家看来，总觉有些像左迁。事实上，也实在如此。嘉靖初年，李梦鹤被荐为御医，有人说他是贿赂桂萼而得，经法司审问定罪，后来又有人证明说是法司故意构成赃罪，于是刑部的郎中员外全都夺职，而刑部尚书周伦亦调为南京刑部尚书。这是一个明显的例子。在党争中，遇到机会一如京察，把反对党挤到南京去更是常有的事。所以南京有时形成了一个政治上失意人的聚集所。话虽如此，可是陪都究竟与普通城市不同，在南京，有天堑的形势，有开国建都的荣誉，有充足的保卫布置，有完备的崇高体制，有深入人心的陪都偶像，而且交通便利，地位适中，这全不是其他城市所能具备的。一般想以学问结纳天下知名之士的人，除了北京，全愿意住在南京，像明末复社黄宗羲、万泰、顾杲、杨廷枢、沈士柱，以及侯方域诸名士，就是其例。一般不得意而有才华，在政治上有野心的人，招纳游侠，谈兵论政，与朝士广通声气，沽名要誉，希冀起用，北京既不便住，只好流寓南京，像马士英、阮大铖之流，便是其例，所以南京往往是众流所汇。南京既有她特殊的条件与政治地位，每当国家发生存亡问题的时候，朝野人士总是首先想到她。崇祯殉国以后，史可法诸人所以很迅速的能在南京建立一个规复的中心，也就因为南京是南方的政治中心。

清太祖于 1625 年自东京迁都沈阳，1634 年定名为盛京，1644 年多尔衮入关，迁都北京，中间只有二十年历史。建都的期间，较之明初的南京相差很多，而且盛京的经营，全在太宗时候，当时满清只是一个塞外小国，一切体制虽说摹拟明朝，然而规模太小，不能与北京相提并论。多尔衮入关以后，他觉得“燕京势据形胜，乃自古兴王之地”，“迁都于此，以定天下，则宅中图治，宇内朝宗”，所以决议迁都北京。现在虽然没有看见当时沈阳人们对于迁都态度的史料，可是我们从满洲人们以往反对迁界凡，反对迁沈阳的情形，以及多尔衮六月建议迁都，而世祖九月才入关的事实来看，可以想像到，当时在沈阳的人对于迁都北京是很迟疑的。

清朝迁都北京，于是盛京仅成为东北的政治中心。入关以前，满洲人口少，迁都后，大部分相从入关，盛京只有小部分驻防。及因为保全地利的关系，许多山林矿产，全部封禁。因此，清代的盛京与明代的南京，体制上大不相同。最初在盛京设置内大臣为留守，后来改内大臣为昂邦章京，给镇守总管印，后来又改昂邦章京为将军。他的职责是“镇守险要，绥和军民，均齐政刑，修举武备”，这是明朝南京所无的。清代在盛京也设了各部，掌管盛京同边外的事务，但只有户、礼、兵、刑、工五部，而没有吏部，各部只有侍郎一人而没有尚书，此外也没有卿寺科道，这是与明代南京不同的。在盛京五部的官吏，只用满人，不用汉人，这也与清代北京各部满汉员额并设的制度不同。所以清代盛京的体制，远不如明代的隆重。又因为当时交通的困难，盛京虽距北京只有千余里，但许多人视为畏途。乾隆时候，有个人叫世臣，去到盛京作礼部侍郎，他非常不满意，作了许多诗，诗中有“霜侵鬓朽叹途穷”，“半轮明月西沉夜，应照长安尔我家”等句。我们于此可以推想当时一般人对于盛京是如何的怕去，如何的不愿久居了。

原载《周论》第一卷四期，1948 年 2 月

杭世骏《三国志补注》与赵一清《三国志注补》

清代治《三国志》者，以何义门焯《读书记》、陈少章景云《校误》①、杭堇浦世骏《补注》、赵诚夫一清《注补》为较先。杭赵二书尤繁博负盛名。顾两家所述，颇多雷同，今分列于后：

篇　　目	杭氏《补注》	赵氏《注补》	附　　注
《魏志·武帝纪》 《三国志》卷一 杭氏《补注》卷一	1.《水经注》，涡水又东迳谯县故城一条。	同。引作《水经·阴沟水注》云云，惟较略。(4页)	天挺案，汪知非杭书勘误曰，"兄腾宜作腾兄，《魏志·曹仁传》裴注云仁祖褒颍川太守，此云腾兄，斯其人也"。
赵氏《注补》卷次与《国志》同	2.《魏氏春秋》，武王姿貌短小一条。	同。引作《御览·短人部》引《魏氏春秋》曰云云。(5页)	

篇　目	杭氏《补注》	赵氏《注补》	附　注
	3.《世说》，魏武少时一条。	同。（5 页）	
	4. 刘昭《幼童传》，太祖幼而智勇一条。	同。（5 页）	
	5.《后汉·刘陶传》，司徒东海陈耽一条。	同。（6 页）	
	6."案《后汉书·瑯琊王传》，顺王容嗣，初平元年遣弟邈至长安奉章贡献，盛称东郡太守曹操忠诚于帝，操以此德邈。操虽不就东郡，当时犹以此称之也"一条。	"《后汉书·光武十王传》，瑯琊顺王容初平元年遣弟邈至长安，盛称东郡太守曹操忠诚于帝，操以此德于邈。一清案操虽不就东郡之命，当时犹以此称之也。"（7 页）	
	7.《水经注》，谯城东有曹太祖旧宅一条。	同。引作《水经·阴沟水注》曰云云。（7 页）	
	8.《操别传》，拜操典军都尉一条。		
	9. 梁祚《魏国统》，初太祖过故人吕伯奢也一条。	同。引作《御览》卷四百七十八引梁祚《魏国统》曰云云。（8 页）	
	10.《太平寰宇记》，黑山去封邱县北一条。	同。文句小异。（11 页）	
	11.《名胜志》，黑山一名墨山一条。	同。文句小异。（11 页）	

篇　　目	杭氏《补注》	赵氏《注补》	附　　注
	12.《水经注》，初平四年一条。	同。引作《水经·泗水注》。(14页)	
	13.《水经注》，端水又迳穰县故城北一条。	同。引作《水经·湍水注》。(22页)	
	14.《水经注》，涅水又东南迳安众县一条。	同。引作《水经·湍水注》。(22页)	
	15.《水经注》，渠水又左迳阳武县故城南一条。	同。引作《水经·渠水注》。(25页)	
	16.《水经注》，睢阳城北一条。	同。引作《水经·睢水经》。(27页)	
	17.《太平寰宇记》，枋头城在淇县南一条。	引《水经·淇水注》。(29页)	
	18.《魏武帝》上事一条。	同。引作《魏武帝集》破袁尚上事曰云云。(30页)	
	19.《英雄记》，操于南皮攻袁谭一条。	同。(31页)	
	20.《通典》，魏武初平袁绍一条。		
	21.《英雄记》，操一战斩蹋顿首击马鞍，于马忭舞一条。	同。引作《水经·大辽水注》，《英雄记》曰，操一战斩蹋顿以首击马鞍，于马上作十片。(34页)	
	22.《博物志》，魏武帝伐冒顿一条。	同。(34页)	

篇　目	杭氏《补注》	赵氏《注补》	附　注
	23. 张怀瓘《书断》,师宜官南阳人一条。	同。文句小异。(40页)	
	24.《英雄记》,曹公赤壁之役一条。	同。引作《御览》卷十五《英雄记》曰云云。(37页)	
	25.《江表传》,周瑜破魏军一条。		
	26. 郭义恭《广志》,鼍长三尺有四一条。		
	27.《岳阳风土记》曰,乌黎口即乌林也。郦善长云,吴黄盖败魏武于乌林,即其地也。《太平寰宇记》引《通典·州郡录》云,曹州即曹公为吴所败烧船处。又云,今鄂州蒲圻县赤壁山即曹公败处。案曹公留曹仁守江陵城,自迳北归,夏口令汉阳军也。而《汉阳郡图经》云,赤壁亦名乌林,在郡西北二百二十里,在汉阳县西八十里,皆误也。曹公既从江陵水军沿流已至巴邱,刘备在夏口,孙权周瑜与备并力迎曹公,自当在巴陵江夏二郡界一条。		

篇目	杭氏《补注》	赵氏《注补》	附注
	28.《太平寰宇记》,曹公垒一条。		
	29.陈少章下文皆云攸等一条。	同。引作何云陈少章曰云云。文句小异。下有一清案“下云攸等所大惧也,明是公达为首,而非彦云矣”数语。(47页)	天挺案,杭氏此条为《四库总目》所称,以为“参校异同,颇为精核”,惟误入《文帝纪》。
	30.《陈思王集》,叙愁赋序一条。	同。(48页)	
	31.《续汉书》,献穆曹后一条。	引《后汉书·皇后记》。(53页)	
	32.《通典》,魏武王以礼送终之制一条。	引《宋书·礼制》。(64页)	
	33.虞荔《鼎录》,魏武帝铸一鼎一条。	同。(65页)	
	34.《幽明录》,谯县城东一条。		
	35.《曹操别传》,操引兵入岘一条。		
	36.《魏略》,典农校尉太祖置一条。	引《续百官志》注。(19页)	
	37.《博物志》,汉中兴一条。	同。(65页)	
	38.《英雄记》,操与刘备密言一条。	同。(5页)	
	39.《世说》,魏武有一妓一条。	同。(66页)	

篇　　目	杭氏《补注》	赵氏《注补》	附　　注
	40.《世说》，魏武行役失汲道一条。	同。（66 页）	
	41.《世说》，魏武当言人欲危己一条。	同。（66 页）	
	42.《世说》，魏武尝云我眠中不可妄近一条。	同。（66 页）	
	43.《世说》，袁绍年少时一条。	同。（5 页）	
	44.《乐府解题》，魏武帝宫人一条。		
《魏志·文帝纪》志二 杭一	45.《水经注》，文帝以延康元年幸谯一条。	同。引作《水经·阴沟水注》。（4 页）	
	46.《隶续》，在长安瑶台寺一条。		
	47.《隶辨》，大飨记一条。		
	48.《总略》，文帝欲受禅一条。	同。引作《御览》卷八百十四、九百九及九百三十一引《魏略》曰云云，惟文句小异。（11 页）	
	49.《殷芸小说》，魏国初建一条。		
	50.《水经注》，繁昌县一条。	同。引作《水经·颍水注》。（12 页）	
	51.《元和郡国志》，许州有丹书台一条。		

篇目	杭氏《补注》	赵氏《注补》	附注
	52.《鼎录》，文帝黄初元年一条。	同。（12 页）	
	53.《太平寰宇记》，尚书台一条。		
	54.《晋书·礼志》，魏文帝即位一条。		
	55.《晋书·礼志》，黄初二年一条。	同。引在案语内。（16 页）	
	56.《水经注》，春秋佐助期曰一条。	同。引作《水经·洧水注》春秋佐助期曰云云。（16 页）	
	57.《洛阳宫殿簿》，凌云台一条。	同。引作《世说注》引《洛阳宫殿簿》曰云云。（18 页）	
	58.《世说》，凌云台楼观精巧一条。	同。（18 页）	
	59.《博物志》，黄初三年武西都尉王裒一条。	同。（18 页）	
	60.《水经注》，今南阳郡治一条。	同。引作《水经·泗水注》，惟文句小异。（23 页）	
	61.《魏略》，司农度支校尉一条。		
	62.《决疑要注》，汉初制五经课试之法一条。	同。（23 页）	天挺案，杭氏此条为《四库总目》所称，以为“足以资考证”。
	63.《水经注》，泗水又东南迳魏阳城北一条。	同。引作《水经·泗水注》。（23 页）	

篇　目	杭氏《补注》	赵氏《注补》	附　注
	64.《通典》，富平有荆山，沮漆水西有魏文帝陵一条。		天挺案，杭氏此条洪亮吉以为误仍前人之失，洪氏之言曰："今考文帝陵在偃师县首阳山南，其在富平者西魏孝文帝长陵也。"
	65.《城冢》，记魏文帝陵在首阳山南一条。		
	66.《太平寰宇记》，魏文帝陵一条。	同。引作卷五。(28页)	
	67.《薛收元经传》，汉故事一条。	同。(28页)	天挺案，文津阁《四库》本此条阙收字。
	68.《史记索隐》，皇览纪先代冢墓之处一条。		天挺案，杭氏此条为《四库总目》所称。
	69.《世说》，弹棋始自魏宫内一条。		天挺案，《四库总目》论杭书曰："他如魏文帝角巾弹棋，裴《注》已引《博物志》，而又引《世说》；曹操之发邱摸金，裴《注》已载《陈琳檄》，而又引《宋书·废帝纪》。书名有异，而事迹不殊，又何取乎屋上之屋？"
	70.《水经注》，刘备以申仪为西城太守一条。		
	71.《太霄经》，魏武帝为九州一条。	同。引在《武帝纪》。(卷一，65页)	

篇　　目	杭氏《补注》	赵氏《注补》	附　　注
	72.《名胜志》，西园在邺一条。		
《明帝纪》志三杭一	73. 杜氏《通典》，正月丁未一条。		
	74. 杜氏《通典》，文帝黄初二年罢五铢钱一条。	同。引作《通典》卷八。（2 页）	天挺案，杭氏此条为《四库总目》所称。
	75.《水经注》，魏文帝合房陵上庸一条。	赵氏引《续郡国志》及《三国志列传》考证甚详。（2 页）	
	76.《后汉书·西域传》，灵帝建宁三年一条。		
	77. 司马彪《战略》，太和元年一条。	同。引作《御览》卷三百五十九司马彪《战略》曰云云。（4 页）	
	78.《荆州记》，达登白马塞而叹曰一条。	引《水经注》，事同文异。（4 页）	
	79.《水经注》，许昌城内一条。	同。引作《水经·洧水注》。（10 页）	
	80.《鼎录》，明帝太和六年一条。	同。（10 页）	
	81.《西谿丛话》，许昌节使小厅一条。		
	82. 缪袭《神芝赞》，青龙元年一条。	同。引作《御览》九百八十六载缪袭《神芝赞》云云。（12 页）	
	83.《博物志》，汉末发范明友冢一条。	同。（13 页）	

篇　　目	杭氏《补注》	赵氏《注补》	附　　注
	84.《御览》引《魏略》,有却非殿一条。	同。引作《御览》一百七十五引《魏略》曰云云。(15页)	
	85.山谦之《丹阳记》,按《史记》秦王改命宫为庙一条。	同。引作《御览》一百七十五引山谦之《丹阳记》云云。(15页)	
	86.《卮林》,志称叡封武德侯一条。	同。引作明周婴《卮林》曰云云。(26页)	天挺案,《四库总目》称举杭书,有《明帝纪》陈泰年三十六一条,案《明帝纪》无陈泰年三十六之文,《四库》所指当是此条,及之《少帝纪》陈泰当作州泰一条。
	87.《汉晋春秋》,明帝勤于政事一条。		
	88.《傅子》,魏明帝以高山制似通天一条。		
《三少帝·齐王芳纪》	89.《洛阳纪》,平乐园一条。		
志四 杭一	90.《梁四公记》,有商人赉大院布三端一条。		
	91.《水经注》,《齐地记》曰一条。	同。引作《水经·潍水注》引《齐地记》云云。(1页)	
	92.《吴录》,南北景县一条。		
	93.《魏略》,正始元年一条。		

篇目	杭氏《补注》	赵氏《注补》	附注
	94. “愚案，此晏字衍文，孔又字元儁，见第十六卷《注》中，因下文统言晏又而误也”一条。	同。引作“何云，此晏字衍，孔又字元儁，见第十六卷《注》中，因下统言晏又而讹也”。（8页）	天挺案，杭氏此条为《四库总目》所称，惟误入《明帝纪》。
	95. 陈少章云，陈泰当作州泰一条。	同。引作何云陈少章云云，惟文句小异。（9页）	天挺案，《四库总目》称美杭书陈泰一条，当指此。
	96.《古今刀剑录》，齐王芳一条。	同。（16页）	
《三少帝·高贵乡公纪》	97.《尚书正义》，郑玄信纬一条。	同。（21页）	天挺案，杭氏此条为《四库总目》所称。
志四 杭一	98. 王隐《晋书》，祥南面凡杖一条。	引《晋书·王祥传》。（24页）	
	99.《后汉书·郑康成传》，以其手文似已一条。	同。刻本删，见《补遗》。（12页）	
	100.《后汉书》注引《魏氏春秋》，文王曰一条。	同。（25页）	
《三少帝·陈留王纪》	101.《世说》，魏朝封晋文王为公一条。	引《晋书·阮籍传》。（29页）	
志四 杭一	102.《晋书·礼志》，十二月甲子一条。	引《宋书·礼志》。（36页）	
	103.《晋兴中书》，元帝绍封魏后一条。		
	104.《晋书·元帝纪》，咸和元年一条。		
	105.《穆帝纪》，升平二年一条。	同。（38页）	

篇　　目	杭氏《补注》	赵氏《注补》	附　　注
《后妃传》 志六 杭二 《武宣卞皇后》	106.《世说》，魏武帝崩一条。	同。（2 页）	天挺案，文津阁《四库本·三国志补注·后妃传》入卷二。
《文昭甄皇后》	107.《世说》，曹公之屠邺也一条。	同。（4 页）	
	108.《炙毂子》，塘上行一条。	同。（3 页）	
	109.《隶续》，甄皇后识坐板一条。		
《董卓传》 志六 杭二	110.《续汉书》，张奂少立志节一条。		
	111.《后汉书·种劭传》，董卓至渑池而进一条。		
	112.《元和郡国志》，洛阳董卓宅一条。	引《洛阳伽蓝记》，事同文异。（1 页）	天挺案，汪知非杭书刊误曰，"国字疑县字之误"。
	113.《太平御览》引《续汉书》，卓烧南北宫一条。		
	114.《古今刀剑录》，董卓少时一条。		
	115.《鼎录》，董卓为太师一条。		
	116.《献帝春秋》，初平二年地震一条。		
	117.《董卓传》，卓孙七岁一条。		
	118.《通典》，郿汉县一条。	引《后汉书·卓传》，文异。（1 页）	

篇目	杭氏《补注》	赵氏《注补》	附注
	119.《董卓别传》，卓会公卿一条。		
	120.《三辅故事》，董卓坏铜人十枚一条。	同。引作《御览》七百十二引《三辅故事》云云。（1页）	
	121.《幽明录》，董卓信巫一条。	同。引作《御览》卷七百三十五引《幽明录》云云。（2页）	
	122. 华峤《后汉书》，有人书回字于布上一条。	同。引作《御览》卷八百二十引华峤《后汉书》云云。（2页）	
	123.《董卓别传》，吕布杀卓一条。		
	124. 谢承《后汉书》，董卓死一条。	引《后汉书·卓传》，事同文异。（4页）	
	125.《后汉书·鲁恭传》，谦子旭一条。	同。有案语曰："一清案旭即馗也，字异耳。"（5页）	
	126.《后汉书·赵典传》，作董卓从弟应一条。	《赵典传》作董卓从弟应，盖范史之疏。（9页）	
	127.《后汉书·杨震传》，震长子牧一条。	同。（10页）	
	128.《太平寰宇记》，李潅郭汜等追乘舆一条。		
《袁绍传》志六 杭二	129.《后汉书·袁隗传》，董卓忿绍术背己一条。		
	130.《典论》，大驾都许一条。		

篇　　目	杭氏《补注》	赵氏《注补》	附　　注
	131.《宋书》，废帝以魏武帝有发邱中郎将一条。		天挺案，杭氏此条为《四库总目》所讥。
	132.《古今刀剑录》，袁绍在黎阳一条。	同。(28 页)	
	133. 袁绍遗垒一条。		
	134.《晋太康地记》，乌巢泽一条。	引《水经·济水注》，文异。(29 页)	
	135.《水经注》，渠水又东迳田丰祠北一条。	同。引作《水经·渠水注》。(30 页)	
	136.《冢记》，袁绍墓一记。	引《寰宇记》五十五，(30 页)事同文异。	
	137.《述征记》，黎阳城西南七里一条。	同。(30 页)	
	138.《元和郡县志》，袁谭故城一条。		
	139.《濬县志》，袁谭城一条。	同。(30 页)	
《袁术传》志六 杭二	140.《九州春秋》，袁术为虎贲中郎将一条。		
《刘表传》志六 杭二	141.《后汉书·刘表传》注，宗贼一条。	同。引在何云之下。(39 页)	天挺案，杭氏此条为《四库总目》所称。
	142.《水经注》，沔水南有层台一条。	同。引作《水经·沔水注》。(39 页)	又案，赵氏于《贺齐传注》曰："宗宗贼也，此言合宗起贼，盖合宗起共作贼，而章怀《后书·刘表传注》以宗党共为贼解之非矣。"(见卷六十，第 3 页)

篇目	杭氏《补注》	赵氏《注补》	附注
	143.《襄阳耆旧传》,蔡瑁一条。	同。惟文句次第小异。(39页)	
	144.《襄阳耆旧传》,瑁少为魏武所亲,刘琮之败武帝造其家一条。	同。(39页)	天挺案,杭书此条,《道古堂外集》本、《粤雅堂》本均与上条合为一,而无瑁少为魏武所亲七字,今从文津阁《四库》本改正。
	145.《荆州图经》,襄阳县南八里一条。		
	146.《水经注》,蔡瑁刻石一条。	同。引作《水经·沔水注》,南有蔡瑁冢,冢前刻石云云。(39页)	
	147.《水经注》,宜城县有太山一条。	同。引作《水经·沔水注》。(40页)	
	148.《典略》,刘表跨有南土一条。		
	149.《晋书·天文志》,刘表为荆州牧一条。	同。文句小异。(40页)	
	150.《水经注》,襄阳郡城东门外一条。	同。引作《水经·沔水注》云云。(42页)	
	151.《述征记》,刘表冢一条。	引《方舆纪要》,事同文异。(42页)	
《吕布传》志七 杭二	152.《明一统志》,饮马沟一条。		
《张邈传》志七 杭二	153.《钟玩良吏传》,陈登一条。		

篇　目	杭氏《补注》	赵氏《注补》	附　注
《臧洪传》志七 杭二	154.《后汉书》本传，洪年十五一条。	同。(4页)	
	155.《献帝春秋》，绍使琳为书八条一条。	同。引作《洪传注》引《献帝春秋》曰云云。(5页)	
	156."徐众当是徐爰"一条。	"《隋书·经籍志·三国志评》三卷，宋徐爰撰，众字误也。"(5页)	天挺案，杭氏此条为《四库》目所称。
《公孙瓒传》志八 杭二	157.《英雄记》，瓒除辽东属国长一条。	引《后汉书·瓒传》，事同文异。(1页)	
	158.《英雄记》，瓒与破虏校尉邹靖一条。	同。引作《御览》卷八百七十引《英雄记》云云。(1页)	
	159.《太平御览》，引《英雄记》，刘虞食不重肴一条。		
《陶谦传》志八 杭二	160.《名胜志》，曹公城一条。		
《公孙度传》志八 杭二	161. 王隐《晋书》，李裔一条。		
	162.《水经注》，辽水又东迳辽隧县故城西一条。	引《前汉·地志》及《方舆纪要》(7页)	
	163. 司马彪《战略》，司马宣王军到襄平一条。	同。引作《御览》卷三百三十七引司马彪《战略》曰云云。(8页)	

篇目	杭氏《补注》	赵氏《注补》	附注
	164. 司马彪《战略》，军到襄平一条。	同。与上连，共为一条。	
《张鲁传》志八杭二	165.《水经注》，初平中刘焉以鲁为督义司马一条。	同。引作《水经·沔水注》。（11页）	
	166.《后汉书·灵帝纪》，光和四年秋七月一条。	同。引作中平元年。（11页）	天挺案，事在中平元年秋七月，杭引误。
	167. 李膺《益州记》，张陵避病疟一条。	同。引作《御览》卷六百六十二引。（11页）	
	168.《隋书·地理志》，汉中之人一条。		
	169. 陈琳为曹洪与魏文帝书一条。	同。引《文选》。（12页）	
《夏侯惇传》志九杭二	170. 嵇绍赵至叙，沛国史仲和一条。		
《夏侯渊传》志九杭二	171.《通典》，魏武之初一条。		
	172.《魏武·军策令》，夏侯渊令月贼郃鹿一条。	同。引作《魏武帝集·军策令》曰云云。（3页）	
《曹仁传》志九杭二	173.《水经注》，平鲁城西南一条。	同。引作《水经·沔水注》。（5页）	
《曹休传》志九杭二	174.《博物志》，大司马曹休一条。		

篇　目	杭氏《补注》	赵氏《注补》	附　注
	175.《太平御览》引《曹肇传》,明帝宠爱肇一条。	同。(8 页)	天挺案,此肇第纂事,见《御览》三百八十六引《曹肇传》,又见《御览》卷六百八十九。侯康《三国志补》注续曰,"杭《注》引之以为肇事误"。又曰,"杭《注》之误本《御览》六百八十九,彼文略不及此之详也"。
《曹真传》 志九 杭二 凡附传者仍举本传篇目	176.《世语》,爽与明帝少同笔砚一条。	同。引作《世说》。(9 页)	
	177.《曹羲集》,九品议一条。	同。引作《御览》卷二百六十五引。(10 页)	
	178.《桓氏家传》,范为兖州刺史一条。	同。引作《御览》卷二百五十五引《桓氏家传》云云。(14 页)	
	179.《晋阳秋》,桓范出奔一条。		
	180.《魏略》,晏南阳宛人一条。	同。引作《世说注》引《魏略》,曰云云。(16 页)	
	181.《何晏别传》,晏小时一条。	同。引作《御览》卷三百八十五引《何晏别传》云云。(16 页)	
	182.《语林》,何晏以主爵驸马都尉一条。	同。引作《御览》卷一百五十四引《语林》曰云云。(16 页)	

篇　　目	杭氏《补注》	赵氏《注补》	附　　注
	183.《晏别传》，武帝欲以为子一条。	同。引作《御览》卷三百九十三引《晏别传》云云。(16页)	天挺案，杭书此条《粤雅堂》本、《道古堂外集》本均与上条合为一，而无《晏别传》曰四字，今从文津阁《四库》本改正。
	184.《世说》，何晏七岁一条。	同。引作《世说》。(16页)	
	185.《太平御览》，引《魏末传》，宣王欲诛曹爽一条。	同。引作卷六百五引《魏末传》云云。(18页)	
《夏侯尚传》志九　杭二	186.《魏氏春秋》，玄大将军前妻兄也一条。	同。引作《世说注》引《魏氏春秋》云云。(19页)	
	187.《世说》，夏侯太初尝倚柱作书一条。	同。(19页)	
	188.《世说》，裴令公目夏侯太初一条。	同。(19页)	
	189.《世说》，魏明帝使后弟毛曾一条。	同。(19页)	
	190.《世说》，时人目夏侯太初一条。	同。(19页)	
	191.刘峻《世说注》，见顾恺之书赞一条。	同。引作《世说注》引《语林》曰云云。(19页)	
	192.《世说》，夏侯玄既被桎梏一条。	同。(21页)	
	193.刘峻《世说注》，《名士传》，初玄以钟毓志趋不同一条。	同。(21页)	

篇　目	杭氏《补注》	赵氏《注补》	附　注
	194.《异苑》，夏侯玄为司马景王所诛一条。	同。引作《御览》八百八十四引《异苑》云云。(22 页)	
	195.《世说》，夏侯太初与广陵陈本善一条。		
	196.《名士传》，玄以乡党贵齿一条。		
	197.《世说》，许允妇一条。	同。(24 页)	
	198.《世说》，允为吏部郎一条。	同。(23 页)	
	199.《陈留志》，阮共一条。	同。(24 页)引作《世说注》引，分列二则，先后不同。	
	200.《世说》，经被收一条。	同。(25 页)	
《荀彧传》志十 杭二	201.《荀氏家传》，荀彧德行周备一条。		
	202.《祢衡别传》，黄射作章陵太守一条。	引《后汉书·衡传》事同文异。(2 页)	
	203.《祢衡别传》，南阳冠松柏一条。		
	204.《宋景文笔记》，荀彧之与曹操一条。	同。(5 页)下有案语。	
	205.《晋诸公赞》，颉蹈礼立法一条。		

篇　　目	杭氏《补注》	赵氏《注补》	附　　注
	206.《永嘉流人名》,徽字文季一条。		
	207.《管辂传》,裴使君有高才一条。		
	208.《世说》,傅嘏善言虚胜一条。		
	209.《世说》,荀奉倩与妇至笃一条。	同。(5页)	
《贾诩传》志十杭二	210.《太平御览》引《齐职仪》,魏文黄初二年日蚀一条。	同。引作卷二百七引《齐职仪》云云。(9页)	
《国渊传》志十一杭二	211.《后汉书·郑康成传》,乐安国渊一条。		
《田畴传》志十一杭二	212.魏武帝令东曹椽田畴一条。		
《王脩传》志十一杭二	213.王脩《诫子书》,我寔老矣一条。	同。引作《御览》卷四百五十九王脩《诫子书》曰云云。(5页)	
	214.《冢记》,汉孙嵩墓一条。	引《寰宇记》卷二十四,事同文异。(4页)	
	215.《名胜志》,修以慈孝表一条。	引晏氏《齐记》,事同文异。(4页)	
	216.《冢记》,三国王裒墓一条。	同。引《城冢记》。(5页)	
《邴原传》志十一杭二	217.《御览》引《原别传》,里中为之诵曰一条。	同。引作卷五百三十二引。(6页)	
	218.《世说》,注引《原别传》,中国既宁一条。	同。(7页)	

篇目	杭氏《补注》	赵氏《注补》	附注
	219.《水经注》汝水之东北一条。	同。引作《水经·汝水注》云云。(6页)	
	220.《太平寰宇记》,朱虚故城一条。	卷十二,第3页,引《寰宇记》十八朱虚故城。	
《管宁传》志十一杭二	221.《名胜志》,管公都一条。	同。(7页)	
	222.《水经注》,晏谟言一条。	同。引作《水经·汶水注》。(9页)	
	223.邱渊之《征齐道里记》,朱虚城一条。		
	224.《嵩高山记》,魏文帝时一条。	同。引作《御览》卷九百六十七引《嵩高山记》云云。(10页)	
	225.张怀瓘《书断》,昭少而博学一条。	同。(11页)	
	226.《博物志》,近魏明帝时一条。	同。(12页)	
	227.周日用,曰焦孝然一条。	引《神仙传》,事同文异。(12页)	天挺案,文津阁《四库》本《三国志补注》第二卷止于此,《崔琰传》以下入卷三。
《崔琰传》志十二杭二	228.《语林》,匈奴遣使来朝一条。	同。引《史通·暗惑篇》《魏志》注《语林》曰云云。(2页)	天挺案,《四库总目》杭书提要曰,"至于崔琰捉刀,刘孝标《世说注》中已辨裴启《语林》之误,乃弃置刘语而别《史通》之文;张飞豹月乌本出叶廷珪《海录碎事》,乃明标叶书,又冠以汇苑之目;大抵爱博嗜奇,故蔓引卮词,多妨体要"。

篇　　目	杭氏《补注》	赵氏《注补》	附　　注
	229. 刘知幾难曰一条。	同。有案语。（2页）	
	230.《世说》，作陈韪一条。	同。作"炜《世说》作韪"。	天挺案，《四库总目》称举杭书有《崔琰传》陈炜一条，考陈炜见《崔琰传》注，引《续汉书》，《粤雅堂》本《道古堂外集》本杭氏《补注》均无此条，今从文津阁《四库全书》补入。
	231.《秦子》，孔文举为北海相一条。	同。（3页）	
	232.《列士传》，孔融被诛一条。	引《世说》，事同文异。（4页）	
	233.《后汉书·边让传》，初平中王室大乱一条。		
《毛玠传》志十二 杭二	234.《傅咸集》，表曰一条。	同。引作《御览》卷二百十四引《傅咸集》云云。（5页）	
《钟繇传》志十三 杭三	235.《续述征记》，钟繇城一条。	同。（1页）	
	236.《名胜志》，钟繇台一条。	引《寰宇记》卷七，事同文异。（1页）	
	237. 张怀瓘《书断》，繇少从刘胜入抱犊山一条。	同。（1页）	
	238.《书断》，钟繇善书一条。	同。（1页）	

篇　目	杭氏《补注》	赵氏《注补》	附　注
	239.《书断》曰，"钟书有十二种意外巧妙绝伦多奇"一条。	同。（1页）	天挺案，杭书此条《粤雅堂》本、《道古堂外集》本均无之，今从文津阁《四库》补入。
	240. 袁昂《书评》，钟繇书一条。		
	241. 王僧虔《论书》，钟公之书一条。		
	242. 梁武帝观繇书法，子敬不迨逸少一条。		
	243.《尚书故实》，魏受禅碑一条。		
	244. 韦续《书法》稿及行隶者一条。		
	245. 韦续《九品书》，上魏钟繇正书一条。		
	246.《世说》钟毓为黄门郎一条。		
《华歆传》志十三 杭三	247.《吴历》，孙策送华歆还洛一条。	同。引作《御览》卷八百十九引《吴历》云云。（5页）	
	248."《齐职仪》曰，司徒品制冠服同丞相郊朝服冕同太尉。汉哀帝时从朱博议始置三司，改丞相为大司徒，以孔光为之，魏以华歆为之"一条。	同。（5页）	天挺案，杭书此条《粤雅堂》本、《道古堂外集》本均无之，今从文津阁《四库》本补入。

篇目	杭氏《补注》	赵氏《注补》	附注
《王朗传》 志十三 杭三	249.《世说》注引《魏书》,作东海郯人也一条。	同。(7页)	天挺案,杭氏此条为《四库总目》所称,但误入《华歆传》。
	250.谢承《后汉书》,袁忠乘船载笠一条。		
	251.袁山松《后汉书》,王充作《论衡》一条。	同。引《世说》及《世说注》引袁山松《后汉书》,惟文句小异。(8页)	
	252.《鼎录》,王朗为司空一条。	同。(8页)	
	253.顾野王《舆地志》,王朗为会稽太守一条。	同。引作《御览》卷六百五引顾野王《舆地志》云云。(9页)	
	254.《太平御览》,载王肃表一条。	同。引作卷二百三十三引。(10页)	天挺案,杭氏此条为《四库总目》所称。
	255.《御览》,王肃秘书不应属少府表一条。	同。(10页)	
	256.《后汉书》,有周生丰见《冯衍传》,《风俗通》云周生姓也,罗泌《路史》曰,《燉煌实录》曰魏侍中周生烈本姓唐,外养周氏因为姓,亦见《七录》及《中经簿》姓书一条。	《后汉书》有周生丰见《冯衍传》,注引《风俗通》云周生姓也,罗泌《路史后记》曰,《燉煌实录》魏侍中周生烈本姓唐,外养周氏,因为姓,亦见《七录》及《中经簿》。《隋经籍志·周生子要论》一卷,录一卷,魏侍中周生烈撰。案烈为张既辟举,见既传。(12页)	天挺案,杭氏此条为《四库总目》所称。

篇目	杭氏《补注》	赵氏《注补》	附注
	257.“《太平御览》引此作家贫好学有才”一条。		天挺案，杭书此条《粤雅堂》本、《道古堂外集》本均无之，今从文津阁《四库》本补入。
	258.“《太平御览》引此作唯洪与冯翊严苞字文通，故众为之语曰，州中熠熠贾叔业，辨论汹汹严文通，材学最高”一条。	“交当作文，苞字文通也。”（13页）	天挺案，《四库总目》称举杭书有《华歆传》严苞交通一条，考严苞见《王朗传》注引《魏略》贾洪字叔业条内，今《粤雅丛书》本、《道古堂外集》本杭氏《补注》皆无此条，今从文津阁本《四库全书》补入。
《董昭传》志十四 杭三	259.《语林》，董昭为魏武帝重臣一条。	同。引作《御览》卷四百八十八引《语林》云云。（3页）	
《蒋济传》志十四 杭三	260.葛洪《字苑》曰，尥作皰九伪反一条。		天挺案，杭氏此条为《四库总目》所称。
《贾逵传》志十五 杭三	261.《水经注》，沙水又南与广漕渠合一条。	同。引作《水经·渠水注》（9页）	
	262.《水经注》，鲍子北有都关县故城一条。	同。引作《水经·鲍子水注》。（9页）	
	263.《贾逵别传》，逵庙一柏树一条。		
《任峻传》志十六 杭三	264.《通典》，以峻为典农中郎将一条。	引《晋书·食货志》，事同文异。（1页）	

篇目	杭氏《补注》	赵氏《注补》	附注
《杜畿传》 志十六 杭三	265.《通典》，河阳古孟津一条。	同。引作《通典·州郡七》云云。（3页）	
	266.《三辅决录注》，怒拜黄门侍郎一条。	同。引作《御览》卷二百二十一《三辅决录》云云。（3页）	
	267.《通典》，景初元年河南尹一条。	同。引作《通典·州郡七》云云，较详。（4页）	
	268.《御览》引魏名臣奏，黄门杜恕奏曰一条。		
	269.《通典》，河南郡福昌一条。	同。引作《通典·州郡七》，惟文句小异。（5页）	
	270. 王僧虔《能书录》，畿子恕一条。	引《书断》，事同文异。（3页）	
《张辽传》 志十七 杭三	271. 是当作自一条。（《四库》作"当是作自"，今改）		天挺案，《四库总目》称举杭书有《张辽传》大呼是名一条，今《粤雅堂丛书》本、《道古堂外集》本杭氏《补注》均无此条，从文津阁《四库全书》补入。
	272.《魏略》，张辽为孙权所围一条。	同。引作《御览》卷二百七十九引《魏略》云云。（1页）	
	273.《名胜志》，汲县东南二十五里一条。	引《太平寰宇记》，事同文异。（3页）	
《张郃传》 志十七 杭三	274.《汉末传》，丞相亮出军围祁山一条。	同。引作《御览》二百九十一引《汉末传》云云。（6页）	

篇　　目	杭氏《补注》	赵氏《注补》	附　　注
《徐晃传》 志十七 杭三	275.《魏略》,徐晃性严一条。	同。引《御览》卷七百五十七引《魏略》曰云云。(6页)	
《吕虔传》 志十八 杭三	276.《晋中兴书》,吕虔有佩刀一条。	引《晋书·王祥传》,事同文异。(4页)	
《庞德传》 志十八 杭三	277."《太平御览》引《典略》曰,德为司隶督军从事,讨郭援为飞矢所中,乃以囊裹其足而战,斩援首,诏拜徐州刺史"一条。		天挺案,杭书此条《粤雅堂》本、《道古堂外集》本均无之,今从文津阁《四库》本补入。
	278.傅玄《乘舆马赋》,马超破苏氏坞一条。	同。引作《御览》卷八百九十七傅玄《乘舆马赋》云云。(5页)	
《魏湝传》 志十八 杭三	279.《魏略》,魏湝外祖父为人所杀一条。		
《任城威王彰传》 志十九 杭三	280.《名胜志》,郭颁世语一条。	引《水经·渠水注》,事同文异。(1页)	
	281.《世说》,魏文帝忌弟任城王一条。	同。(1页)	
《陈思王植传》 志十九 杭三	282.《陈思王集》,《离思赋》序一条。	同。(1页)	
	283.《文士传》,修少有才学一条。	引作《世说注》引《文士传》云云,惟文句小异。(2页)	
	284.钟嵘《诗品》,降及建安一条。		

篇目	杭氏《补注》	赵氏《注补》	附注
	285.《陈思王集》，令曰一条。	同。（5页）	
	286.《集》作《责躬诗》一条。	同。（6页）	
	287.《集》作《应诏诗》一条。	同。（6页）	
	288.《世说》，曹子建七步成章一条。	同。（5页）	
	289.《世说》，文帝尝令东阿王七步中作诗一条。	同。（5页）	
	290.《太平广记》，魏文帝尝与陈思王同辇出游一条。		
	291.龚公《芥隐笔记》，墨子虽有贤君不爱无功之臣一条。	引《文选注》，文句小异。（7页）	
	292.《太平御览》，魏明诏曹植曰一条。		
	293.《陈思王集》，谢赐奈表一条。		
	294.《异苑》，陈思王尝登鱼山一条。	同。（8页）	
	295.《砚北杂志》，陈思王读书台一条。		
	296.《名胜志》，曹子建墓一条。	同。（8页）	
《武文世王公传》 志二十 杭三	297.《荆楚岁时记》，魏武帝刘婕妤一条。		

篇　目	杭氏《补注》	赵氏《注补》	附　注
《邓哀王冲》	298.《异苑》，山鸡爱其羽毛一条。	同。(1页)	
	299.《陈思王集》，仓舒诔一条。	同。(2页)	
《楚王彪》	300.《续述征记》，白马城一条。		
	301.《陈思王集·赠白马王彪诗》序曰，黄初四年正月，白马王任城王与余俱朝京师，会节气，到洛阳，任城王薨。至七月与白马还国，后有司以三王归藩道路宜异宿止，意毒恨之。按《志》称七年徙封白马，而《集》称四年白马王朝京师，则当时未有此封，宜称吴王一条。	同。"按《志》称"以下引作"杭氏世骏曰，史称七年徙封白马，而《序》称四年白马王朝京师，则当时未有此封，宜称吴王"。其下有案语曰，"一清案，诗序既有白马之文，疑是史误"云云。(卷十九，7页)	天挺案，杭氏此条为《四库总目》所称。又案，洪亮吉曰，"今考《陈思王集》云，黄初四年五月白马王任城王与余朝京师；《魏氏春秋》亦载植是年还国，《赠白马王彪诗》；植传黄初四年徙封雍邱王，则彪徙白马亦当在此时；传言七年或误也。"
《鄗戴公子整》	302.《陈思王集》，《释思赋》序一条。	同。(3页)	
《王粲传》志二十一杭三	303.《汝南王志》，王粲侨居于此一条。		
	304.《金楼子》，王仲宣昔在荆州一条。	同。引作《御览》卷六百一引《金楼子》云云。(2页)	

篇　　目	杭氏《补注》	赵氏《注补》	附　　注
	305.《异苑》，魏武北征蹋顿一条。	同。引作《御览》卷五百五十九引《异苑》云云。（2页）	天挺案，《四库总目》论杭书曰，“又《异苑》王粲识礜石事，佚其荆州刘表数言；诸葛亮《梁甫吟》不载出《艺文类聚》，辗转稗贩，疏漏亦多”。
	306.《世说》，王仲宣好驴鸣一条。	同。（3页）	
	307.《冢记》，徐幹坟一条。		
	308.“《魏书》曰，琳谢曰，矢在弦上不得不发，太祖爱其才不咎”一条。	同。引作《御览》五百九十七引《魏书》云云。（5页）	天挺案，自此条至《文士传》厨人进瓜一条，《粤雅堂》本、《道古堂外集》本杭氏《补注》均无之，今从文津阁《四库》本补入。
	309.“《太平御览》引《文士传》曰，瑀少有儁才，应机捷丽，就蔡邕学，叹童子奇眉朗朗无爽”一条。	同。引作卷三百八十五引《文士传》云云。（5页）	
	310.“《典略》曰，阮瑀以才自护，曹洪闻其有才，欲自报答书，瑀不肯，榜笞瑀，瑀终不屈。洪以语曹公，公知其无病，使人呼瑀。瑀终怖诣门，公见之谓曰，卿不肯为洪且为我作之，瑀曰诺，遂为记室”一条。	同。引作《御览》卷二百四十九引《典略》云云。（5页）	

篇　　目	杭氏《补注》	赵氏《注补》	附　　注
	311."《金楼子》曰，刘备既去，曹操使阮瑀为书与备，马上立成"一条。	同。引作《御览》六百引《金楼子》云云。(5页)	
	312."《后汉书·应劭传》曰，中兴初，有应妪者生四子而寡，见神光照社，试探之，乃得黄金，自是诸子宦学并有才名，至玚七世通显"一条。	同。(5页)	
	313."《太平御览》引《文士传》曰，桢少以才学知名，年八九岁能诵论语诗赋数万言，警悟辩捷，所问应声而答，当其辞气锋烈，莫有折者"一条。	同。引作卷三百八十五引《文士传》云云。(6页)	
	314."又曰，厨人进瓜桢为赋立成"一条。		
	315.卫恒《四体书势》，梁鹄宜为大字一条。		
	316.《四体书势》，魏初传古文者一条。		
	317.王僧虔《能书录》，淳得次仲法一条。		

篇　　目	杭氏《补注》	赵氏《注补》	附　　注
	318.《襄阳沔记》，繁钦宅一条。	同。引作《御览》卷百八十引《襄沔记》云云。（7页）	阳字衍。
	319.《乐府·题定情篇》一条。		
	320.《御览》引《魏氏春秋》，阮籍幼有奇才一条。		
	321.《世说》，晋文王功德盛大一条。		
	322. 王隐《晋书》，魏末阮籍有才而嗜酒一条。		
	323.《竹林七贤传》，籍奇才一条。		
	324.《太平寰宇记》引《魏氏春秋》，籍见孙登长啸一条。		
	325.《嵇康别传》，康长七尺八寸一条。	引《晋书原传》，事同文异。（11页）	
	326. 晋百官名嵇喜一条。	引《康传》，事同文异。（11页）	
	327. 干宝《晋纪》，安尝从康一条。		
	328.《史通》，嵇康《高士传》一条。		
	329.《史通》，康撰《高士传》一条。		
	330.《隋书·经籍志》“圣贤高士传赞”一条。	同。文句小异。（17页）	

篇　　目	杭氏《补注》	赵氏《注补》	附　　注
	331.《文士传》，康性绝巧一条。		
	332.《世说》，钟世季精有才理一条。		
	333.《晋阳秋》，安冀州刺史招之第二子一条。		
	334.《晋阳秋》，逊阴告安挝母一条。		
	335.《文士传》，吕安罹事一条。	同。引作《世说注》引《文士传》云云。（16页）	
	336. 王隐《晋书》，康之下狱一条。		
	337.《世说》，嵇中散临刑东市一条。		
	338.《水经注》，华阳亭名一条。	同。引作《水经·洧水注》。（12页）	
	339.《述征记》，山阳县城东北一条。	同。引《水经·清水注》。（13页）	
	340.《太平寰宇记》，山阳城北一条。		
	341.《广异志》，嵇中散神情高遭一条。		
	342. 韦续《书评》，嵇康书一条。		
	343.《修武县志》，太行之北有天门山一条。		
	344.《九州要纪》，天门山有三水一条。		

篇　目	杭氏《补注》	赵氏《注补》	附　注
	345.《世说》，嵇康身长七尺八寸一条。		
	346.“《灵异志》曰，嵇中散常西南去洛数十里有亭名华阳投宿，一更中操琴，闻空中称善，中散呼与相见，乃出，见形，以手持其头共论声音，授以《广陵散》”一条。	同。引作《御览》卷五百七十九引《灵异志》云云，惟较详。(11页)	天挺案，杭书此条与前第341条略同，《粤雅堂》本、《道古堂外集》本均无之，今从文津阁《四库全书》补入。
	347.《语林》，嵇中散夜灯下弹琴一条。	同。引作《御览》卷五百七十七，(11页)及卷六百四十四引《语林》云云。	天挺案，《四库总目》曰，“至于神怪妖异如嵇康见鬼，诸葛亮祭风之类，稗官小说，累牍不休，尤诞谩不足为据”。
	348.《太平御览》引《世说》，会稽贺思令善弹琴一条。		
	349.《大周正乐》，嵇康有正俗之志一条。		
	350.李充《吊嵇中散》一条。		
	351.袁宏友李氏《吊嵇中散》一条。		
	352.《元和郡县志》，苏门山一条。		

篇目	杭氏《补注》	赵氏《注补》	附注
《卫觊传》志二十一杭三	353.《殷芸小说》，魏国初建一条。	未标所从出，文句亦小异。(21页)	天挺案，杭氏此条亦见《文帝纪》，惟详略不同。
《刘劭传》志二十一杭三	354.刘邵《律略》，删旧科一条。	同。引作《御览》卷六百三十八引刘劭《律略》云云。(23页)	
	355.《文章叙录》，袭累迁侍中一条。		
	356.宋躬《孝子传》，缪斐东海兰陵人一条。	同。引作《御览》卷四百十一引宋躬《孝子传》云云。(23页)	
	357.《后汉书·仲长统传》，袭常称统一条。	同。(23页)	
	358.《世说注》引《四体书势》，诞善楷书一条。	同。(24页)	
	359.《三辅决录》，韦诞除武都太守一条。	引《书断》，事同文异。(23页)	
	360.虞喜《志林》，钟繇问蔡邕笔法于韦诞一条。	引《书断》，事同文异，见卷十三卷，1页。(《钟繇传》)	天挺案，文津阁《四库本·三国志补注》无此条。
	361.韦续《九品书》一条。		
	362.袁昂《书评》，韦伯将书如龙拿虎据一条。		

篇　目	杭氏《补注》	赵氏《注补》	附　注
	363. 张怀瓘《书断》,仲将八分隶书一条。	同。所引较多。(23 页)	
	364.《书断》,姜诩一条。		
《传嘏传》志二十一杭三	365.《世说》,见傅兰硕一条。		
《桓阶传》志二十二杭四	366.《桓阶别传》,上已平荆州一条。	同。引作《御览》卷二百六十二引《桓阶别传》云云。(1 页)	
	367.《桓阶别传》,阶为尚书令一条。	同。引作《御览》卷四百八十五引《阶别传》云云,惟首句作"阶贫俭文帝尝幸其第",而无"阶为尚书令"数字。(1 页)	
《陈群传》志二十二杭四	368.《傅子》曰,司空陈群始立九品之制一条。	同。引作《御览》卷二百六十五引《傅子》曰云云。(3 页)	
	369.《孙楚集奏》曰,九品汉氏本无一条。	同。引作《御览》卷二百六十五引。(3 页)	
	370.《水经注》,潩水又南迳颍阴县一条。	同。引作《水经·潩水注》。(4 页)	
	371.《世说》,正始中人士比伦一条。	同。(5 页)	
	372.《汉晋春秋》,曹髦之薨一条。	同。引作《世说注》引《汉晋春秋》云云。(7 页)	

篇　　目	杭氏《补注》	赵氏《注补》	附　　注
《陈矫传》志二十二杭四	373.《世说注》引《世语》曰,本字体元一条。	同。(8 页)(体元作休元)	
	374.《汉晋春秋》,陈骞兄一条。		
《常林传》志二十三杭四	375.《魏略》,林历宰守刺一条。	同。引作《御览》卷四百三十一引《魏略》云云。(2 页)	
《高柔传》志二十四杭四	376.《通典》,作以为体式一条。	"《通鉴》作以为体式"。(5 页)	天挺案,文津阁《四库》本《三国志补注》无此条。
《辛毗传》志二十五杭四	377.《魏略》,明帝时大会殿中一条。	同。引作《御览》卷二百二十七引《魏略》云云。(1 页)	
	378.《晋阳秋》,诸葛亮寇于郿一条。		天挺案,赵书未及诸葛遗司马巾帼事,但于《诸葛亮传》引《史通·叙事篇》王隐称诸葛亮挑战真获曹咎之利后,加案曰"一清案武侯数挑战,懿不出,因遗以巾帼妇女之饰以激怒之,知幾所指即此事也"。(卷三十五,11 页)
	379.《世说》,诸葛亮之次渭滨一条。		
	380.《御览》引夏侯孝若为《辛宪英传》一条。	同。引作卷八百十五。(1 页)	

篇目	杭氏《补注》	赵氏《注补》	附注
《郭淮传》志二十六 杭四	381.《古今刀剑录》,郭淮于太原得一刀一条。	同。(6页)	
《徐邈传》志二十七 杭四	382.《魏氏春秋》,徐邈善画一条。	同。引作《御览》卷七百五十引《魏氏春秋》云云。(1页)	
	383.《魏略》,上以农殖大事一条。	同。引作《御览》二百四十一引《魏略》云云。(1页)	
《胡质传》志二十七 杭四	384.刘氏《史通》难曰,古人谓方牧为二千石一条。	同。(3页)	
	385.《晋武帝起居注》,豫州刺史胡威一条。	同。引作《御览》卷二百四十引《晋武帝起居注》云云。(3页)	
《王昶传》志二十七 杭四	386.《御览》,王昶考课事一条。	同。引作《御览》卷二百十二引王昶考课事云云。(4页)	天挺案,杭氏此条为《四库总目》所称。
《王基传》志二十七 杭四	387.《魏氏春秋》,司空东莱王基一条。	同。引作《御览》卷五百四十一引《魏氏春秋》云云。(8页)	
	388.《晋太康起居注》,故司故王基一条。	同。引作《御览》卷二百十五引《晋太康起居注》云云。(8页)	
《王凌传》志二十八 杭四	389.《水经注》,肥水东北迳白芍亭一条。	同。引作《水经·肥水注》。(1页)	天挺案,汪知非杭书勘误曰,"张林文《水经注》作与吴将张林大战于芍陂,林当作休,见《吴志·顾谭传》。"

篇目	杭氏《补注》	赵氏《注补》	附注
	390.《水经注》,沙水又东南流一条。	同。引作《水经·渠水注》。(2页)	
	391.《水经注》,渠又右合五池沟一条。		
	392.《水经注》,颍水又东迳邱头一条。	同。引作《水经·颍水注》,(2页)有案语。	
	393.《水经注》,谷水迳小城北一条。	同。引在《贾逵传》,见卷十五,10页。	
	394.王隐《晋书》,永嘉元年一条。		
	395.《遇冤记》,宣王有疾一条。	同。引作颜之推《还冤记》云云。(2页)	天挺案,文津阁《四库本·三国志补注》作《还魂记》。
	396.隆字孝兴,东平平陆人一条。	同。引作《晋书·马隆传》。(3页)	天挺案,文津阁《四库本·三国志补注》无此条。
	397.《世说》,王公渊娶诸葛诞女一条。	同。(3页)	
	398.《世说》刘峻注,引《魏氏春秋》一条。	同。(3页)	
《毌丘俭传》志二十八 杭四	399.《旧唐书·地理志》,霍邱县北一条。		
	400.《水经注》,山桑邑一条。	同。引作《水经·阴沟水》注。(8页)	
	401.《魏略》,文钦为庐江太守一条。	同。引作《御览》卷八百七十一引《魏略》云云。(8页)	
《诸葛诞传》志二十八 杭四	402.曹嘉之《晋纪》,诸葛诞以气厉称一条。	同。引作《御览》卷十三引曹嘉之《晋纪》云云。(8页)	

篇目	杭氏《补注》	赵氏《注补》	附注
	403.《御览》引《魏末传》，诞杀乐綝一条。	同。引作《御览》卷三百六十七引《魏末传》云云。（9页）	
	404.《水经注》，芍陂渎一条。	同。引作《水经·肥水注》。（9页）	
	405. 王隐《晋书》，诸葛诞反淮南一条。	同。引作《御览》卷三百三十六引王隐《晋书》云云。（10页）	
	406.《晋诸公赞》，吴亡靓入洛一条。		
	407.《诸葛恢别传》，恢少有令闻一条。		
《邓艾传》志二十八 杭四	408.《古今刀剑录》，邓艾年十二一条。	同。（12页）	
	409.《通典》，宣王善之一条。	引《御览》卷三百三十三，较详。（13页）	
	410.《太平寰宇记》，故西平城一条。	同。引作卷十一。（14页）	
	411.《任豫益州记》，江油一条。	引《寰宇记》卷八十四及《方舆纪要》卷七十三，事同文异。（17页及21页）	
《钟会传》志二十八 杭四	412.《世说》，见士季一条。	同。（16页）	
	413.《书断》，会善书，一条。	同。（16页）	
	414. 韦续《九品书》一条。	同。（16页）	

篇　目	杭氏《补注》	赵氏《注补》	附　注
	415. 王隐《晋书》卫瓘监军一条。	引《晋书·卫瓘传》，事同文异。（22 页）	
	416.《古今刀剑录》，钟会克蜀一条。	同。刻本删，见《补遗》，38 页。	
	417. 干宝《晋纪》，钟会邓艾将伐蜀一条。		
	418.《世说》，何晏为吏部尚书一条。	同。（24 页）	
	419.《世说》，何平叔注《老子》始成一条。		
	420.《世说》，何晏注《老子》未毕一条。	同。（24 页）	
《方伎华佗传》志二十九 杭四	421.《玉涧杂书》，华佗固神医也一条。	同。有案语，刻本删，见《补遗》，39 页。	
	422.《冢记》，华佗墓一条。		
	423.《博物志》，魏王所集方士一条。	同。有案语。（3 页）	
	424.《博物志》，皇甫隆遇道士一条。		
	425.《博物志》，《典论》又云王仲统云一条。		
	426.《鲁女生别传》，封君达一条。		
	427.《神仙传》甘始一条。		

篇目	杭氏《补注》	赵氏《注补》	附注
《方伎·杜夔传》 志二十九 杭四	428.《晋后略》，钟律之器一条。	同。引作《世说注》引《晋后略》云云。(4页)	
	429.《博物志》，汉末丧乱一条。		
	430.《魏台访议》曰一条。		
《方伎·管辂传》 志二十九 杭四	431.《名士传》，是时曹爽辅政一条。	同。引作《世说注》引《名士传》云云。(6页)	
《四夷传》 志三十 杭四	432.《突厥本末纪》自突厥北行一月一条。	同。引作《寰宇记》卷一百八十五引《突厥本末纪》云云。惟文句小异。(11页)	
《蜀志·刘二牧传》 志三十一 杭五	433.盛弘之《荆州记》，郑卿乡一条。	同。引作《御览》卷五百五十九引盛弘之《荆州记》云云。(1页)	
	434.《后汉书·桓帝纪》，延熹二年八月一条。	同。(1页)	
	435.《后汉书·方术传》，丞相诸葛亮一条。		
《先主传》 志三十二 杭五	436.傅玄《乘舆马赋》，刘备之初降也一条。	同。引作《御览》卷八百九十七引傅玄《乘舆马赋》。(4页)	
	437.《水经注》，刘备之奔江陵一条。		

篇目	杭氏《补注》	赵氏《注补》	附注
	438.《零陵先贤传》，刘璋请刘备一条。	同。引作《御览》卷三百四十六引《零陵先贤传》云云。（7 页）	
	439. 洪遵《泉志》，直百钱一条。	同。同在《刘巴传》。（卷三十九，2 页）	
	440.《泉志》，直百五铢一条。	同上条。	
	441.《泉志》，傅形五铢钱一条。	同上条。	
	442.《隋书·地理志》，蜀郡临邛眉山一条。		
	443.《日知录》，《谯周传》一条。	同。引作何云亭林公有案语。（10 页）	天挺案，杭氏此条为《四库总目》所称。
	444.《水经注》，沔水又东迳沔阳故城一条。	同。引作《水经注·沔水注》，惟文句小异。（9 页）	
	445.《梁州记》，刘备为汉王一条。		
	446.《通典》，魏武据中原一条。	同。引在《后主传》。（卷三十三，6 页）	
	447.《水经注》，秭归县城一条。	同。引作《水经·江水注》。（11 页）	
	448.《鼎录》，蜀先主章武二年一条。	同。（12 页）	
	449.《水经注》，永安刘备终于此一条。	同。引作《水经·江水注》。（12 页）	
	450. 贾谊《新书》，《审微篇》一条。	同。引作何云。（13 页）	

篇　目	杭氏《补注》	赵氏《注补》	附　注
《后主传》志三十三 杭五	451.《古今刀剑录》，后主禅一条。	同。(4页)	
	452.《水经注》，南广郡县一条。		
	453.《通典》，蜀刘禅炎兴元年一条。		
	454.《史通》，陈氏《国志·刘后主传》一条。	同。引作《史通·曲笔篇》，在案语内。(8页)	天挺案，杭氏此条为《四库总目》所称。
	455.《史通》，按《蜀志》称王崇一条。	同。引作《史通·史官建置篇》，在案语内。(8页)	
《二主妃子传》志三十四 杭五	456.《鼎录》，章武三年一条。	同。(1页)	
《诸葛亮传》志三十五 杭五	457.《水经注》，诸葛垒一条。	同。引在《后主传》作《水经·沔水注》，惟文句小异。(卷三十三，2页)	
	458.《水经注》，亮好为《梁甫吟》一条。	同。引作《沔水注》。(1页)	
	459.《梁州记》，诸葛亮宅一条。	引《寰宇记》卷一百四十五，事同文异。(1页)	
	460.《梁父吟》一条。	引在案语内。(1页)	天挺案，杭氏此条不载出《艺文类聚》，为《四库总目》所讥。
	461.《水经注》，檀溪之阳一条。	同。引作《水经·沔水注》。(2页)	

篇目	杭氏《补注》	赵氏《注补》	附注
	462. 梁祚《魏国统》,崔州平者汉太尉烈之孙也一条。	同。引作《御览》卷四百八十一引梁祚《魏国统》云云。(1页)	天挺案,汪知非杭书勘误曰,“州平系太尉烈之子,均之弟也,见《崔氏谱》。”
	463.《说宝》,孙权据江东一条。		天挺案,杭氏此条为《四库总目》所讥。
	464.《水经注》,西乐城一条。	同。引在《后主传》,作《水经·沔水注》。(卷三十三,2页)	
	465.《水经》,五丈谿一条。	同。引在《后主传》,作《水经·沔水注》。(卷三十三,3页)	
	466.《古今刀剑录》,诸葛亮定黔中一条。	同。(5页)	
	467.《困学纪闻》,《殷芸小说》云,诸葛武侯一条。		天挺案,杭氏此条为《四库总目》所称。
	468.《语林》,诸葛武侯一条。	引《世说》,事同文异。(11页)	
	469.《水经注》,诸葛亮死一条。	同。引作《水经·沔水注》。(12页)	
	470.《宋书·殷孝祖传》一条。	同。(13页)	
	471.《魏氏春秋》,诸葛亮损益连弩一条。		天挺案,陈汉章谓杭氏此条与裴《注》同。
	472.《水经注》,营东即《八阵图》也一条。	同。引作《水经·沔水注》。(12页)	
	473.《水经注》,石碛平曠一条。	同。引作《水经·江水注》。(12页)	

篇　　目	杭氏《补注》	赵氏《注补》	附　　注
	474.《荆州图副》，永安宫南一里一条。		
	475.《荆州记》，垒两聚石为八行一条。		
	476.《水经注》，定军山东一条。	同。引作《水经·沔水注》。(12页)	
	477.《北齐书·陆法和传》，军次白帝一条。	同。(13页)	
	478.《博物志》，临邛火井一条。		
	479.《砚北杂志》，汉中之民一条。		
	480.《困学纪闻》，昭烈谓武侯一条。	同。(13页)	
	481.《史通》，陆机《晋史》一条。	同。(13页)	
	482.《困学纪闻》，晦翁欲传末略载瞻及子尚死节事一条。	同。(15页)	
	483.《水经注》，车骑沛国刘季和之镇襄阳一条。	同。引作《水经·沔水注》。(16页)	
	484.《古今刀剑录》，蜀主刘备一条。	同。较略。(13页)	
《关羽传》志三十六 杭五	485.《宋书·庾炳之传》，何尚之曰一条。		
	486.《江表传》，孙权使朱俊往喻一条。		

篇目	杭氏《补注》	赵氏《注补》	附注
	487.《古今刀剑录》,关羽为先主所重一条。	同。(2页)	
《张飞传》志三十六 杭五	488.《古今刀剑录》,张飞初拜新亭侯一条。	同。(2页)	
	489.《汇苑》,豹月乌张飞马见《海录碎事》一条。		天挺案,杭氏此条为《四库总目》所讥。
《马超传》志三十六 杭五	490.《江表传》,魏太祖与马超单马会语一条。	同。引作《御览》卷七百四引《江表传》云云。(4页)	
《黄忠传》志三十六 杭五	491.《水经注》,容裘谿一条。	同。引作《水经·沔水注》。(5页)	
	492.《古今刀剑录》,黄忠从先主定南郡一条。	同。(5页)	
《赵云传》志三十六 杭五	493.诸葛亮《与兄瑾书》一条。	同。(6页)	
	494.《城冢记》,南阳县南一条。	同。(7页)	
《庞统传》志三十七 杭五	495.《舆地志》,荆南东南白沙一条。	引《水经·沔水注》,事同文异。(1页)	
	496.《襄阳耆旧传》,德公居岘山之南一条。	同。较略。(3页)	

篇　目	杭氏《补注》	赵氏《注补》	附　注
《许靖传》志三十八 杭五	497.《典论》，汝南许劭一条。	同。(1页)	
	498.韦续书《九品》，一条。		
《李严传》志四十 杭五	499.《江表传》，严少为郡职吏一条。	同。引作《御览》卷四百九十六引《江表传》云云。(3页)	
	500.《水经注》，巴汉世郡治江州一条。	同。引作《水经·江水注》，文作巴郡汉世治江州。(4页)	
《杨仪传》志四十 杭五	501.《水经注》，蔡洲东岸一条。	同。引作《水经·沔水注》。(6页)	
	502.《襄阳耆旧传》，作沔阳冠冕一条。	同。引作"何云以《襄阳耆旧传》校江作沔。"(6页)	天挺案，文津阁《四库本·三国志补注》作"《襄阳耆旧传》江南作沔南"。
	503.《襄阳耆旧传》许汜一条。	同。引在《张邈传》，作《世说注》引《襄阳耆旧传》云云。见卷七，3页。	
《张裔传》志四十一 杭五	504.诸葛亮《教张郡嗣》曰一条。		
《黄权传》志四十三 杭五	505.《水经注》，洧水又南迳预山东一条。	同。(1页)	
《黄祎传》志四十四 杭五	506.《荆州先贤传》，吴与蜀和一条。	同。引作《御览》卷七百七十八引《荆州先德传》云云。(2页)	

篇　　目	杭氏《补注》	赵氏《注补》	附　　注
《姜维传》志四十四 杭五	507.《旧唐书·地志》,维州薛城县一条。	同。文句略异。(3页)	
	508.《益州记》,姜维抗钟会一条。		
《邓芝传》志四十五 杭五	509.《水经注》,阳关一条。	同。引作《水经·江水注》。(1页)	
	510.《襄阳耆旧传》,作中卢人一条。	同。卢作庐。(2页)	天挺案,杭氏此条为《四库总目》所称。
《吴志·孙破虏传》志四十六 杭六	511.《幽明录》,孙钟吴郡富春人一条。	同。引作《御览》卷五百五十九引《幽明录》云云。(1页)	
	512.《元和郡国志》,复州郤月城一条。	引《方舆纪要》,见卷四十七,2页。	
	513.《水经》,岘山上有桓宣所筑城一条。		
	514.《中华古今注》,孙文台获青玉马鞍一条。	同。(7页)	
《孙讨逆传》志四十六 杭六	515.《语林》,孙策年十四一条。	同。(8页)	
	516.《后汉书·陆康传》,袁术屯兵寿春一条。	同。(9页)	
	517.《太平寰宇记》,石城山一条。	同。引作卷九十四,见《吕蒙传》。(卷五十四,6页)	

篇　　目	杭氏《补注》	赵氏《注补》	附　　注
	518.《后汉书·襄楷传》,臣前上琅邪宫崇一条。	同。(13页)	
	519.像《天地经》,后汉顺帝时一条。		
	520.《神仙传》,宫崇一条。		
	521.《吴地记》,盘门一条。	同。较略。(14页)	
	522.《异苑》,余姚县仓一条。	同。引作《御览》卷百九十引《异苑》曰云云,在案语内。(14页)	
	523.《容斋续笔》,孙权即帝位一条。	同。较略。(15页)	
《吴主传》志四十七 杭六	524.《豫章古今记》,分鄱阳一条。		
	525.《水经注》,孙权自公安徙此一条。	同。引作《水经·江水注》引《九州记》曰云云。(7页)	
	526.《鼎录》,孙权黄武元年一条。	同。(9页)	
	527.顾微《广州记》,黄武三年一条。		
	528.《古今刀剑录》,孙权以黄武五年一条。	同。(12页)	
	529.《中华古今注》,吴大皇帝一条。	同。(12页)	

篇　目	杭氏《补注》	赵氏《注补》	附　注
	530.《御览》引《吴志》,权与群臣一条。		
	531.《水经注》,庾仲雍江水记一条。		
	532.《江夏记》,败船湾一条。	同。较略。败船作败舶。(14页)	
	533.《中华古今注》,孙权时一条。	同。(13页)	
	534.《虞囊橘柚》,孙权命工人一条。	同。引作《奚囊橘柚》云云。(13页)	天挺案,《四库本·三国志补注》作《奚囊橘柚》。
	535.《武昌记》,孙权猎于武昌一条。	同。引作《水经·江水注》又《武昌记》云云。(15页)	
	536.《水经注》,武昌城西一条。	同。引作《水经·江水注》。(15页)	
	537.《鼎录》,权为姆立庙一条。	同。(16页)	
	538.《泉志》,大钱五百一条。	同。(21页)	
	539.《晋书·食货志》,孙权铸当千钱一条。	同。(21页)	
	540.《泉志》,此泉有二品一条。	同。(21页)	
	541.《通典》,当千大钱一条。	同。(21页)	
	542.《通典》,孙权赤乌三年一条。	同。(23页)	
	543.《建康宫阙传》,赤乌殿一条。		

篇　目	杭氏《补注》	赵氏《注补》	附　注
	544.《建康宫阙传》,太初宫一条。	引《方舆纪要》。(27页)	
	545.《丹阳记》,蒋陵一条。	同。(28页)	
	546.《元和郡县志》,蒋陵一条。		
	547.《太平寰宇记》,吴大帝陵一条。	同。引作《寰宇记》卷九十。(28页)	
	548. 韦续《九品书》一条。	同。刻本删,见《补遗》,44页。	
《吴三嗣主传·孙亮》志四十八 杭六	549.《中华古今注》,孙亮作金螭屏风一条。		
	550.《鼎录》,孙亮建兴元年一条。	同。(1页)	
	551.《古今刀剑录》,孙亮以建兴二年一条。	同。(1页)	
	552.《豫章古今记》分南城一条。		
《吴三嗣主传·孙休》志四十八 杭六	553. 莔《小名录》作蔄一条。	何云,莔《小名录》作蔄宋本作莔。(7页)	天挺案,杭氏此条为《四库总目》所称。
	554. 相同二字《小名录》作䝴䝴一条。	何云柜宋本作䝴。(7页)	
	555.《世说》,孙休好射雉一条。	同。(7页)	
	556. 刘峻《注》,条列吴事曰休在位一条。	同。(7页)	
	557.《困学纪闻》,孙休之遣李衡一条。		

篇　目	杭氏《补注》	赵氏《注补》	附　注
	558. 朱彝尊,《吴志》不言定陵所在一条。	同。(9页)	
《吴三嗣主传·孙皓》志四十八 杭六	559.《万历湖州府志》,乌程侯井一条。	引《寰宇记》卷九十四引《括地志》,事同文异。(9页)	
	560.《丹阳记》,孙皓宝鼎元年一条。	引《宋书·五行志》,事同文异。	
	561.《豫章古今记》,分宜阳一条。		
	562.《古今刀剑录》,孙皓以建衡元年铸剑一条。	同。(13页)	
	563.《孟宗别传》,宗事母至孝一条。	同。引作《御览》四百十三及二百六十二引。(16页)	
	564.《孟宗别传》,宗为光禄勋一条。	同。引作《御览》卷二百二十九引。(16页)	
	565.《语林》,贾充问孙皓一条。		
	566.《语林》,王武子与武帝围碁一孙。	引《晋书·王济传》,事同文异。(26页)	
	567.《王濬表》,孙皓出案行石头还一条。		
	568.《世说》,晋武帝问孙皓一条。		
《刘繇传》志四十九 杭六	569.《豫章古今记》,刘繇城一条。	引《寰宇记》。(2页)	

篇　　目	杭氏《补注》	赵氏《注补》	附　　注
	570.《水经注》，毗陵城北一条。	同。引作《水经·沔水注》。（2页）	
《太史慈传》志四十九 杭六	571.《献帝春秋》，策获太史慈一条。		
	572.《卮林》，慈若于神亭见囚一条。	同。（3页）	天挺案，杭氏此条为《四库总目》所称。
	573.《豫章古今记》，太史慈城一条。		
《吴妃嫔传》志五十 杭六	574.《吴地记》，华亭通元寺一条。		天挺案汪知非杭书勘误曰，“案《三国志》孙权无吴夫人，疑是吴破虏孙坚”。
	575.《会稽典录》，谢承迁吴郡督邮一条。		
	576.《六朝事迹》，今蒋子文庙一条。	同。（2页）	
《张昭传》志五十二 杭六	577.山谦之《丹阳记》，大长安道西一条。	同。（1页）	
《顾雍传》志五十二 杭六	578.梁祚《魏国统》，吴丞相顾雍谏孙权一条。	同。引作《御览》卷四百五十四引梁祚《魏国统》云云。（4页）	
	579.《世说》，邵在郡卒一条。	同。（5页）	
	580.《鼎录》，顾雍铸一鼎一条。	同。（3页）	
	581.《太平御览》引《苏州志》，通贤桥一条。	同。引作卷四百六。（5页）	

篇　　目	杭氏《补注》	赵氏《注补》	附　　注
	582.《世说》，庞士元至吴一条。		
	583.《顾谭别传》，谭徙交州一条。	同。引作《御览》卷七百七十五引《顾谭别传》云云。(7页)	
《诸葛瑾传》志五十二 杭六	584.《世说》，诸葛瑾弟亮一条。	同。(8页)	
《步骘传》志五十二 杭六	585. 王隐《晋书》，叔骘为交州一条。	引《水经·泿水注》，较详。(8页)	
	586.《吴地志》，步骘坟一条。	同。(9页)	
	587.《水经注》，郭洲长二里一条。	同。引作《水经·江水注》详略小异。(9页)	
《张恢传》志五十三 杭六	588.《庄子·逸篇》，小巫见大巫一条。	同。张作何云。(1页)	
《阚泽传》志五十三 杭六	589.《会稽先贤传》，泽在母胞一条。	同。引作《御览》卷四及卷三百六十引。(2页)	
	590. 甄鸾《数术记遗》注，会稽太守刘洪一条。	引刘昭《补注律历志》引《袁山松书》及《宋书·历志》。(3页)	
	591."《会稽典录》，作不宜有此刑，遂从之，一本又作不宜有此刑，权从之"一条		天挺案，汪知非杭书勘误曰，"案《阚泽传》只有不宜复有此刑权从之，无不宜有此举动二句，当与注易转"。

篇　　目	杭氏《补注》	赵氏《注补》	附　　注
《薛综传》志五十三 杭六	592.《晋书·陆喜传》,有较论品篇言薛莹一条。		
《周瑜传》志五十四 杭六	593.《英雄记》,曹操进军至江上一条。	同。引作《御览》卷七百七十一引《英雄记》云云。(3页)	
	594.《荆州先德传》,周瑜领南郡一条。	同。引作《御览》卷二百六十四引《荆州先德传》,见《庞统传》。(卷三十七,3页)	
	595.《古今刀剑录》,周瑜作南郡太守一条。	同。(4页)	
	596.《古今刀剑录》,赤乌年中一条。		
	597.《吴地记》,周瑜坟一条。	同。(4页)	
	598.《吴书》,孙权每赐周瑜衣一条。		
《鲁肃传》志五十四 杭六	599.《元和郡国志》,益阳城一条。	同。(5页)	
	600.《幽明录》,王伯阳亡其子一条。	引《续搜神记》,事同文异。(6页)	
《吕蒙传》志五十四 杭六	601.陈芬《芸窗私志》,吕蒙读书一条。	同。引作《芸窗私记》。(7页)	
	602.《水经注》,陆水又入蒲圻县北一条。	同。引作《水经·江水注》。(8页)	
	603.《荆州记》,长沙蒲圻县一条。	同。(11页)	

篇　　目	杭氏《补注》	赵氏《注补》	附　　注
《程普传》志五十五 杭六	604.《湘中记》，君山有地道一条。		
《黄盖传》志五十五 杭六	605.《黄滔笔记》，陶靖节诗一条。	同。（1 页）有驳语。	天挺案，杭氏此条为《四库总目》所称。
	606.《水经注》，鹦鹉洲之下一条。	同。引作《水经·江水注》。（1 页）	
《蒋钦传》志五十五 杭六	607.《古今刀剑录》，蒋钦拜别部司马一条。	同。（2 页）	
《周泰传》志五十五 杭六	608.《古今刀剑录》，周幼平击曹公一条。	同。（3 页）	
《董袭传》志五十五 杭六	609.《古今刀剑录》，董元代一条。	同。下有案语。（4 页）	
《甘宁传》志五十五 杭六	610.《江表传》，孙权攻合肥一条。		
	611.《晋书·甘卓传》，曾祖宁一条。	同。（6 页）	
《徐盛传》志五十五 杭六	612.刘义庆《徐州先贤传赞》，盛以敦直勇气闻一条。		
	613.《吴书》，徐盛与曹休战一条。	同。（7 页）	
《潘璋传》志五十五 杭六	614.《古今刀剑录》，潘文珪一条。	同。刻本删，见《补遗》，49 页。	
《丁奉传》志五十五 杭六	615.《宋书·王僧绰传》，初太社西空地一区一条。	同。（8 页）	

篇目	杭氏《补注》	赵氏《注补》	附注
《朱治传》志五十六 杭六	616.《古今刀剑录》,朱君理一条。	同。刻本删,见《补遗》,50 页。	
《朱然传》志五十六 杭六	617.《水经注》,余姚县城一条。		
	618.《吴书》,朱然破魏将李兴等军一条。	同。引作《御览》卷六百八十七引《吴书》云云。(2 页)	
《虞翻传》志五十七 杭六	619.《楼承先别传》,楼元到广州一条。	同。引作《御览》百八十引《楼承先别传》云云。(2 页)	
	620.《会稽记》,昔虞翻尝登绪山一条。	同。引作孔晔《会稽记》曰云云。(3 页)	
《陆绩传》志五十七 杭六	621.《文士传》,绩幼有俊朗才数一条。		
	622.《陆绩别传》,太守王朗一条。	同。引《御览》卷二百六十四引《陆绩别传》云云。(5 页)	
《张温传》志五十七 杭六	623.《吴录》,温英才瓌伟一条。	同。引作《御览》四百七引《吴录》曰云云。(5 页)	
	624.《笑林》,沈珩弟峻一条。		
《骆统传》志五十七 杭六	625.李贤《注后汉书》引谢承书,俊拜陈国相一条。	同。引作《后汉书·孝明八王传注》引谢承书曰云云。(6 页)	
《陆逊传》志五十八 杭六	626.《水经注》,魏武临江分南郡一条。	同。引作《水经·江水注》,较详。(1 页)	
	627.《江表传》,备舍船步走一条。	同。(2 页)	

篇目	杭氏《补注》	赵氏《注补》	附注
	628.《鼎录》，陆逊破刘备军一条。	同。(2页)	
	629.《吴书》，陆逊破曹休一条。	同。引作《御览》六百八十七引《吴书》云云。(2页)	
	630.《吴书》，逊破曹休一条。	同。引作《御览》七百七十引《吴书》云云。(2页)	
	631.《吴书》，上脱御金校带以赐逊一条。	同。引作《御览》卷六百六十六引《吴书》云云。(2页)	
	632.《吴地记》，华亭一条。		
	633.按《太平御览》引《吴地记》，陆氏宅在长宅谷，在吴县东北，谷名华亭，谷水下通松江，昔陆逊、陆凯居此谷，谷东有昆山父祖墓焉。故陆机《思乡诗》"髣髴松水阳婉娈昆山阴"一条。	《寰宇记》卷九十五引《吴地记》曰，二陆宅在长谷，谷在吴县东北二百里，谷名华亭，谷下通松江，昔陆逊、陆凯居此谷，谷东二十里有昆山，逊父祖墓在焉。故陆机《思乡诗》"髣髴谷水阳，婉娈昆山阴"，昆山有陆逊墓。(4页)	
	634.《日知录》曰，当云自益阳至白帝，余谓关羽下脱一濑字一条。	《日知录》曰，当云自益阳至白帝。一清案，关侯濑与白帝城相对文义，上删濑字，下去城字，史之省文，然不可通也。(4页)	

篇　目	杭氏《补注》	赵氏《注补》	附　注
《吴主五子传·孙虑》志五十九 杭六	635.《豫章古今记》，孙虑城一条。	引《寰宇记》卷百十一，(2页)文句小异。	
《孙和》	636.《吴兴记》，西陵山一条。	引《寰宇记》卷九十四，事同文异。(3页)	
《孙奋》	637.《豫章古今记》，孙奋城一条。		
《贺齐传》志六十 杭六	638.《太平御览》引《晋书》，徐盛失牙一条。	同。引作卷三百三十九，下有“权作黄龙大牙见《胡综传》”。(3页)	天挺案，杭氏此条为《四库总目》所称。
《全琮传》志六十 杭六	639.《吴书》，全琮年高一条。	同。引作《御览》卷七百十引《吴书》曰云云。(4页)	
《潘濬传》志六十一 杭六	640.《长沙耆旧传》，夏隆仕郡时一条。	同。(1页)	
《陆凯传》志六十一 杭六	641.《吴录》，后主暴虐一条。		
	642.《世说》，孙皓问丞相陆凯一条。		
《胡综传》志六十二 杭六	643.《魏氏春秋》，胡综论吴朝俊士一条。		
	644.《胡综别传》，吴时掘得铜印一条。	同。引作卷八百五引《胡综别传》云云。(2页)	
	645.《吴地记》，吴主遣徐详至魏一条。	同。(1页)	

篇　　目	杭氏《补注》	赵氏《注补》	附　　注
《诸葛恪传》 志六十四 杭六	646.《御览》引《诸葛元逊传》,昔元逊对南阳韩文晃一条。	同。引作卷八百三十。(1页)	
	647.《世说》,诸葛瑾为豫州一条。	同。(1页)	
	648."《吴书》,诸葛恪为将伐蜀,未至,上谓使曰,元逊为将军若还蜀可报丞相为致佳马。按恪未尝为将伐蜀,当从本《志》为是"一条。	"《御览》卷八百九十四引《吴书》曰,诸葛恪为将伐蜀,未至,上谓使曰,元逊为将军,若还蜀可报丞相为致佳马。一清案恪未尝为将伐蜀,当从本《志》为得。"(1页)	
	649.《异苑》,诸葛恪为丹阳太守一条。	同。引作《御览》卷八百六十六引《异苑》云云。(1页)	
	650.《困学纪闻》,孙竣荐诸葛恪可付大事一条。	同。(2页)	
	651.《困学纪闻》,楚莫敖狃于蒲骚之役一条。		
	652.《建康宫阙簿》,建业宫一条。	同。引作《御览》卷百七十九引《建康宫阙簿》云云。(3页)	
	653.《困学纪闻》,《诸葛恪传》注一条。	同。惟较略未引《志林》。(3页)	天挺案,杭氏此条为《四库总目》所称。
《贺邵传》 志六十五 杭六	654.《会稽典录》,贺善容止正其正冠一条。	同。引作《御览》卷三百八十九引《会稽典录》云云。(卷六十五,1页)	

篇目	杭氏《补注》	赵氏《注补》	附注
	655.《世说》，元皇初见贺司空一条。	引《晋书·贺循传》，事同文异。（3页）	
	656.“明刻冯梦祯本，作‘然此数子处无妄之世而有名位，殭死其理，得免为幸耳’”一条。		天挺案，《粤雅堂丛书》本及《道古堂外集》本均无此条，今据文津阁《四库》本补。

杭世骏《三国志补注》凡六百五十六条[②]，赵一清《三国志注补》与之雷同者四百二条其中六条刻本删，《杭州府志》谓“赵氏所引皆杭氏所未采”[③]，盖不然也。赵书之所征引七八倍于杭书，其雷同者仅此，本不为多；且两书均参稽旧籍，原书具在，尤无足异。惟论定之说，若“东郡”、“徐爰”、“周生烈”、“关羽滩”、“诸葛恪伐蜀”诸条，亦复相同，则不无可疑；况两氏生同时，居同里，交谊素笃乎？

杭世骏序《东潜文稿》，称“吾友赵君诚夫”[④]，赵一清序《道古堂外集》，称“堇浦杭太史余垂髫友也”[⑤]，二氏宜若为同辈矣。然以年岁及两家事迹考之，世骏盖先缔交于一清之父者也。世骏《赵谷林爱日堂吟稿序》[⑥]曰：

余少时锐意科举之学，先师沈似裴又禁不得为诗。后得交于赵氏谷林昆季，谷林有园亭甲于通邑。其时沈个庭、符药林两诗人皆主其家。尝所往来吴明经绣谷，厉孝廉樊榭及余三人，则蒋径之羊求也。霜宵雪昼，时过二林吟屋，效刘白之倡酬，斗孟韩之联句，余乃稍稍自见。

又《赵母朱孺人寿序》[7]曰：

> 余与谷林伯仲申登堂之敬者逾二十年，推襟送抱，意甚得也。山条水叶之嬉，明笺酒坐之乐，余未尝不在。一言之甘苦，一字之疾徐，讨论而削夺之，较量于要眇之间，其所以益余者非一日矣。余屡与计偕而不合，留京师，时时周恤余家。与人言，数严敬之友，则余与厉兄樊榭为称首。

全祖望《赵谷林诔》[8]亦曰：

> 谷林语其长君一清，谓执友中所当严事者，莫如堇浦与予。

据此，世骏实一清之父谷林先生昱之执友，于一清为前辈也。一清《符药林先生传》称“先生殁而先君子小山之友尽矣”[9]，时世骏尚健在，其所以遗之者，当因与其过从最密，视为己友也。

杭世骏生卒年岁，各家记载颇有异同。许宗彦《杭太史别传》称“太史生康熙三十五年丙子(1696)，卒乾隆三十七年壬辰(1772)”[10]。《疑年录》则称生于康熙三十五年，卒于乾隆三十八年，年七十八[11]。应澧《杭先生墓志铭》又称“以乾隆三十七年七月庚辰考终里舍，年七十有八”[12]。龚自珍《杭大宗逸事状》则称“癸巳岁纯皇帝南巡，大宗迎驾，名上，上顾左右曰‘杭世骏尚未死么’？大宗返舍是夕卒”。[13]四说各不相同。依许说，世骏应年七十七；依应说，世骏应生于康熙三十四年；依龚说，世骏应卒于乾隆三十八年。案厉樊榭鹗《杭可庵先生遗像记》[14]称“堇浦小于鹗四岁耳”；

厉氏以康熙三十一年壬申生，既长于世骏四岁，则世骏应生于三十五年。世骏《金存斋墓志铭》[15]亦云：

君同堂兄弟凡六人，余则棠棣鄂不之数适叶。亡兄年龄与君诸兄相亚；余生于子，维甸公仲子自白生于丑，君生于寅。嬉游追逐，若舒雁行，相得尤欢。

此云“余生于子”，而康熙三十五年太岁适次丙子，世骏生于康熙三十五年盖无可疑。

《疑年录》称杭氏年七十八，应澧《杭先生墓志铭》亦称年七十八，应氏为世骏之女夫，所记当无误。然杭氏既生于康熙三十五年，年七十八，则应卒于乾隆三十八年癸巳，不得卒于三十七年壬辰。是“年七十八”之说与“卒于三十七年”之说必有一误。案应氏《杭先生墓志铭》称“以乾隆三十七年七月庚辰考终里舍”，据是年七月为甲午朔推之，其月无庚辰日，而三十八年七月为戊午朔，其二十三日则适为庚辰。窃意应氏以女夫之亲，志窀葬之文，既具载其卒逝时日，不宜有误，此必传钞者误三十八为三十七耳。龚自珍《杭大宗逸事状》谓杭氏卒于癸巳，汪曾唯尝据癸巳无南巡事，以纠其谬[16]；其事虽无稽，然其癸巳之说固自有所本也。杭氏以康熙三十五年丙子（1696）生乾隆三十八年癸巳（1773）卒，年七十八，是钱氏《疑年录》所载为最确。

赵一清生卒年月，《文献征存录》、《国朝耆献类征》、《武林耆旧续集》、《国朝杭郡诗辑》、《两浙輶轩录》、《清史列传》、《清史稿》、《杭州府志》均失载。赵氏《东潜文稿》中可考其生平者以《大母朱太君安葬记》、《亡女哀诔》，及代其父谷林所作《铁岩公行状》

为较详。其《大母朱太君安葬记》曰：

乾隆二十年冬十一月丙申，奉大母朱太君之柩合葬于先祖东白府君先陇，——上虞县朱家滩老子山之麓。……先祖安土已三十一年，……小子缅承嫡长，世守宗祧，从十五龄以往再得凭棺一恸。摩挲往复，可称厚幸[17]。

是一清年十五其祖葬，葬后三十一年而其祖母葬。据此以推赵氏年龄，可得两说：

一，自乾隆二十年乙亥(1755)，上溯三十一年，——换言之即葬祖之年并计在内——至雍正三年乙巳(1725)，为赵氏十五岁。

一，自乾隆二十年乙亥上溯三十一周年，——换言之即葬祖之年另计一年——至雍正二年甲辰(1724)，为赵氏十五岁。

依前说，乾隆二十年，赵氏应年四十五岁，而生于康熙五十年辛卯(1711)；依后说，应年四十六岁，而生于康熙四十九年庚寅(1710)。

赵氏《亡女哀诔》曰：

汝生之年，实为作噩。汝死之日，月掩蟾魄。凶随书至，声与泪落。我年二十，驾言远适，挥手出门，汝才孩赤，呱呱而啼，转睐耆䝟。胜衣以往，长成巾帼，摊书对酒，曾未违隔。……我再入都，岁曰庚午，六月十三，送我廊庑[18]。……

《尔雅·释天》大岁“在酉为作噩”。乾隆庚午(十五年,1750)以前,雍正七年(己酉,1729)乾隆六年(辛酉,1741)皆逢酉;女之生年当在此二年中。证之上述乾隆二十年一清年四十五或四十六,则雍正七年一清应年十九或二十,乾隆六年一清应年三十一或三十二。诔中有“我年二十,驾言远适,挥手出门,汝才孩赤”之语,则以雍正七年为合。又“汝生之年,实为作噩”与“我年二十,驾言远适”,分别而言;可知赵氏生女与远游必非同在一年。赵女既生于雍正七年,赵氏远游必不在七年。且雍正六年七年方修《西湖志》,一清与分校之任[19],亦不能远离。赵氏远行既不在雍正七年,则雍正七年赵氏必非二十岁,应以年十九岁为合。雍正七年赵氏十九,实生于康熙五十年辛卯(1711),小于杭氏世骏十五岁。其葬祖母之时年四十五而非四十六也。

世骏与一清之父谷林相交逾二十年,两家集中唱和之作甚多。谷林富藏书,所居小山堂插架之盛为两浙冠[20]。世骏有所见,每为致之。——阎氏《古文尚书疏证》[21],宝庆《四明志》[22],开庆《四明续志》[23]其尤著者也[24]。一清与世骏髫龄相识,而过从之密当始于雍正六七年。其时两家同在杭州,世骏既与谷林日为诗酒之会,复与一清及一清叔父意林名信同在西湖志局[25]。世骏与一清之研经考史,砥砺学行亦在其时。一清《松吹书堂记》曰:

堇浦先生度屋之东偏隙地数弓,筑而居之,既成,选妙手图之,合诸同好为诗歌以落之。丹雘不施,丝竹不设,朋侪晨夕前于后喁,清籁徐响,琅然中节,默若有会,听若可乐,此松吹之所以名堂也。

先生家食贫,绩学不倦。三礼三传,疑义与析,而尤长于论史。于班、范两书有补注,《北齐书》有疏证。且于金源一代之制,详其人物,纪其风土,遗文佚事多所援据,窃附于裴松之、颜师古之流。又将冥搜群籍,取新旧《唐书》考竟其是非得失而折衷于尽善。亦复不余弃,引余为助,徒以抱惭弇陋,悦其意而卒莫之能助也。今先生方上承明诏,衰对大廷,使得遂窥中秘之藏,用展所学,于其生平庶几无负[26]。

此记年月虽无考,然《道古堂诗集·过春集》有“忆松吹堂前芭蕉有寄”诗;《补史亭剩稿》有“霜降雨中厉二鹗汪五沆过松吹书堂”诗,均在世骏入闽之前,堂之成必在一清未远游时。记中有“今先生方上承明诏,衰对大廷”之语,盖补作于世骏荐举“博学鸿词”后也。世骏《道古堂文集》有《与赵诚夫书》[27]曰:

仆于《旧唐书》怪其颇有抵牾,欲效吴缜《纠谬》之例,掎摭其疵病;辄念刘氏一代史才,不当以纤悉之未善,为朴学自炫之口实,随事观理,遂忘攻击,此书终不敢以苟作。然有所疑者数事,吾子方卒业旧史,蓄而不以告亦失先圣所以启助之意。……仆以顽虚,吹毛曩哲,盖以决游秦之疑,非为修欧阳之隙。谠谠之论,吾子原其意而考其辞,斯未必非刘氏之药石也。

又有《再与赵诚夫书》[28]曰:

仆阅景文之所笔记,则谓以对偶之文非宜入史传,如壮士施粉黛,笙簧佐鞄鼓。间尝以《英华》,《册府》,《唐大诏令》诸书，暨有唐一代硕士巨卿之著作，证之于刘氏之书，其去取亦有未为尽当者。景文之为纪传，盖有鉴于唐氏之诏册存之不可以尽存，不存则蹈于挂漏之议，遂复以断割而成其忍，乃倡为《笔记》之所云自救其简略之失，或者可以解于后世焉。

欧公志表颇有裁断，然《乐志》尽削去乐章不载，匪惟赓续谐叶之道尽失，且并有唐一代之雅颂无可复寻。而其尤哋缪而不可依据者，莫如宰辅世系一表。仆尝欲援南北八书以抉摘其舛误，吴兴沈君东甫方合钞新旧之书，世系固辨之也详。东甫立志专，而用力勤，斟量繁简，考正同异，其为功于两史也甚巨。虽然仆犹窃有憾也。《六典》《通典》之制度，开元之《礼》，元和之《志》，《律》之《疏义》，王溥之《会要》，其可以订得失而资证据者，固不胜渔猎焉；东甫乃沾沾以两史毕功乎？每欲发愤以补其阙，家贫不足以营副墨，辄嘎啃而中止。吾子年齿鼎盛，家之藏书甲于寰海，胸之记览富于老成，不朽之业及今不为，将复谁待也？仆虽懦钝，尚能与于复审之役，维吾子鼓勇而创稿焉。

赵《记》所谓"亦复不余弃，引余为助"者盖即指此。杭氏《诸史然疑·自序》谓"刘煦《唐书》赵上舍一清所赠"当亦在其时。然其后两氏于《唐书》均无成书。

赵一清以雍正八年离家远游，年二十；当系与其叔意林同入京师。一清代其父谷林所作《铁岩公行状》曰，"公念先子之故，顾余兄弟极厚。自打箭炉回雍正八年，家弟意林游学成均，得与公周旋"，当即其时也。一清与其叔意林同为监生，同年离家，必系同行。一清《亡女哀诔》有"胜衣以往，长成巾帼，摊书对酒，曾未违隔"之语，其后眷属当亦北上，且留京甚久也。意者当时赵殿最官京师，一清从之以就北闱也。杭世骏《咸淳临安志跋》称"辛亥岁同在志局，尺凫吴焯携是书来，予与赵子诚夫共相参校，乃得睹悉真赝，辄叹求书之难"；钱泰吉《曝书杂记》中引一清《咸淳临安志跋》语有"雍正庚戌辛亥间修《浙江通志》，开局于南榷关署，以白金一斤从竹垞之孙稼翁购得"之语。岂一清庚戌入京试毕即归，辛亥复携眷北上欤？

乾隆元年谷林、意林及世骏同举"博学鸿词"，世骏及第授编修，而二林报罢。意林随南归，谷林仍留京师，卜居斜街；世骏诗"大科未得继裴陆，小经差喜穷颜严，斜街卜宅迹转晦，寒庐僵卧神尤恬，酒人吴廷华全祖望日过访，同队一一游鲦鲇"㉙，盖记当时事也。时一清与世骏过从尤密。杭氏集中有"赵上舍一清屡以豘蹄果饵见饷赋谢"，"赵一清惠松门螯赋谢"，"七夕雨后赵上舍过访书堂，余以张公子芸佳招不值率赋奉简"，"过赵一清用东坡《梁左藏会饮傅国博家》韵"，均在其时。七夕雨后诗中有"瓜果转从儿女乞"，过赵一清诗中有"岩岩酒阵朝飞檄，兔琖鸡缸纷不一"，可见馈遗酬酢之频。世骏送一清南归诗"耦耕旧约词空费，作伴还乡愿又虚"；"平生一段怀人意，为尔临歧雪涕书"；尤见交谊之厚。

一清代其父作《铁岩公赵殿最行状》曰："适诏举博学鸿词之士，公谓余兄弟谬堪斯选，为言于临川李公巨来李绂，遂以贱名送入内阁；意林亦为家银台晴川先生赵之垣所举。旋各报罢，意林南归侍省，余淹迹都门。……迨公解组，余亦南旋㉚。"赵殿最于乾隆四年以"庆成灯"事被议告归，谷林南旋当亦在四年㉛。一清南归则在谷林之后。杭世骏《翰苑集》有《送赵一清南归》诗㉜，列于"雨后招同夏检讨之蓉，金国簿焜，金编修文淳，张孝廉芸集疏雨书堂，分得江字"一诗之后；"十月二十五日武殿试传胪，门下士贾生廷诏、白生钟骧皆赐一甲及第，赋此志喜"一诗之前。清制，新进士选入翰林者，初授庶吉士，以满汉大臣各一充教习；并选侍讲侍读以下官资深学优者，分司训课，名小教习。三年试其等而进退之，曰散馆；其及格留馆者授编修检讨有差[33]。金文淳为乾隆四年进士，诗称金编修则当在乾隆七年散馆以后。贾廷诏武进士第一亦在乾隆七年。杭氏诗集皆按年编次。送赵南归诗列于两诗之间，亦必作于乾隆七年，可知赵氏南归必在七年也。一清既归，世骏亦于八年癸亥解职，二人复会于杭州。其后两氏分走南北，过往之迹，集中所见，不若在京师时矣。然于论学析疑，仍往复不辍。乾隆二十八年一清序世骏《道古堂外集》曰："未几归乡里，名益震，望下风而愿从游者日益众。堇浦乃辑《道古堂诗文集》各数十万言，其词典以纯，其气宏以放，既已巍然大观矣。余方闲居小山堂，注释《水经》，偶获创解辄示堇浦；堇浦亦以其所心得者示余。"可以见其略矣。

据《东潜文稿》，一清于乾隆十五年复入都[34]，十六年游恒山，客浑源有《恒游记》，二十一年客山西阳曲有代作《翼然亭记》，二十四年客直隶顺德，定州有代作《重修龙冈书院碑记》、《新建定武书院碑记》，又客山东新泰有代作《重修羊太傅祖墓祠堂记》湖南辰州有诗[35]。盖家事渐落，不得不旅食于外。赵氏《亡女哀诔》"女执女红，劈缕唾绒，……昔也华朊，聊可娱目，今兹蕉萃，以供旨畜"。又有"我再入都，岁曰庚午，……弥历滞淫，转更贫窭"。其困厄之状溢于笔墨。

一清卒逝年月，亦无可考。乾隆三十七年正月诏求遗书，浙江省于三十七、三十八、三十九三年开局访求，曾采一清所著《水经注释》以进[36]，是一清卒逝必在三十九年以前，其年龄不能逾六十五也。兹略次杭、赵两家大事，各系年岁于下：

康熙三十五年，丙子，公元1696。

杭世骏生。赵一清之父昱谷林年八岁。

四十四年，乙酉，1705。

全祖望生。杭世骏年十岁。

五十年，辛卯，1711。

赵一清生。全祖望年七岁。杭世骏年十六。

雍正元年，癸卯，1723。

赵昱年三十五，厉鹗年三十四，杭世骏年二十八，全祖望年十九，共为文酒之会。赵一清年十三。戴震生。

二年，甲辰，1724。

杭世骏年二十九，举乡试。

三年，乙巳，1725。

赵一清年十五，葬其祖母。

七年，己酉，1729。

杭世骏年三十四，赵一清年十九，同在志局。

八年，庚戌，1730。

全祖望年二十六，入京。赵一清年二十入京。

十年，壬子，1732。

全祖望年二十八，北上，举顺天乡试。赵一清年二十二居京师。

十三年，甲寅，1735。

杭世骏年四十岁，《石经考异》成。

乾隆元年,丙辰,1736。

全祖望年三十,举进士,改翰林院庶吉士。

杭世骏年四十一,试博学鸿词及第授翰林院编修。

赵昱年四十八试博学鸿词报罢,留京师。

赵一清年二十六居京师。

二年,丁巳,1737。

全祖望年三十三南归。杭世骏年四十二,赵一清年二十七同在京师。

七年,壬戌,1742。

赵一清年三十二南归。全祖望年三十八居里中。杭世骏年四十七官京师。

八年,癸亥,1743。

杭世骏年四十八解职南归。

十一年,丙寅,1746。

杭世骏年五十一,全祖望年四十二,赵一清年三十六,是年春同在杭州。

十二年,丁卯,1747。

赵一清年三十七,其父昱卒,年五十九。

十四年,己巳,1749。

全祖望年四十五,校《水经注》。赵一清年三十九,杭世骏年五十四,同在杭州。戴震年二十七。

十五年,庚午,1750。

赵一清年四十,再入都。

十六年,辛未,1751。

赵一清年四十一游恒山。乾隆南巡,全祖望年四十七，杭世骏年五十六，同往吴下迎驾。

全祖望为杭世骏复审《汉书疏证》。

十七年，壬申，1752。

全祖望、杭世骏同在广东。

十九年，甲戌，1754。

赵一清年四十四，自序《水经注释》。戴震年三十二。

二十年，乙亥，1755。

全祖望卒，年五十一。杭世骏年六十。赵一清年四十五，葬其祖母。

二十四年，己卯，1759。

赵一清年四十九，在直隶。

二十八年，癸未，1763。

赵一清年五十三，序《道古堂外集》。杭世骏年六十八。戴震年四十一，入都。

三十八年，癸巳，1773。

杭世骏卒，年七十八。戴震年五十一，入四库馆。

三十九年，甲午，1774。

戴震年五十二，校《水经注》成。

四十年，乙未，1775。

杭世骏《道古堂文集》付梓。

四十二年，丁酉，1777。

戴震卒，年五十五。

五十一年，丙午，1786。

赵一清《水经注释》付梓，毕沅为之序。

五十三年，戊申，1788。

杭世骏《道古堂外集》付梓，毕沅助其成，并为之序。

五十九年，甲寅，1794。

赵一清《东潜文稿》付梓。

杭、赵两氏以何时补注《国志》，记载有阙，莫得而详。世骏《诸史然疑·自序》：

余年二十有五，始有志乎史学。贫无全史，且购且读。一日率尽一卷，人事胶扰，道涂奔走，祁寒盛暑，未尝一日辍也。风雨闭门，深居无俚，则又倍之。阅五年而始毕功。又一年而以《通鉴》参校史外，又益以旧闻，三千年之行事较然矣。于诸史中，以意穿穴有得，则标举其旨趣，前人所论不复论，前人所纠者亦不复纠也。《史》、《汉》考证业有成书，断自后汉以迄六代，唐宋以还论之不胜其论，纠之亦不胜其纠也。刘煦《唐书》赵上舍一清所赠，穷日夜观之，重复错缪远逊欧宋，间一论列，呫呫不胜其繁。闻吴兴沈东甫征士有《新旧合钞》一书，余未及见，……[37]。

又《补史亭记》曰：

作亭者何，补史也。史何补，补《金史》也。杭子疏证《北齐书》既毕功，越明年，乃补《金史》[38]。

杭氏自序其治史之述作如此，而未及《国志》之有专书。《诸史然疑》中考《国志》者凡六条；其书虽有疑为"后人钞其遗稿录之成帙"者[39]，然当其草创时，杭氏治《国志》尚无专书可证也。赵一清

《松吹书堂记》历叙世骏史学著述，亦无补注《国志》之目；《书堂记》作于世骏应大科时，然一清以雍正八年入京，其所述或为八年以前事，则在雍正八年前世骏尚未补注《国志》亦可证也。

《道古堂文集》有《与张曦亮书》曰：

> 比读陈寿三《志》窃怪裴世期之集注尚有阙焉，因更广采异闻以增益其所未备。然其间疑意累累，以臆妄解，略得一二。后问太鸿，便知"溺攒"、"落度"之说。昨者酒座未罄所谈，退谨疏明其辞，以附尘记室。舍其大而重问其细，谅吾子不以是为鄙也[40]。

曦亮为张熷字[41]，太鸿为厉鹗字[42]。书中言"后问太鸿"，又言"昨者酒座未罄所谈"，作此书时三人必同在一地。案全祖望《张南漪墓志铭》称"南漪不喜为场屋之文，故科举累失利，甲子乾隆九年王侍郎晋川[43]见其对策奇之，置之副车；丁卯乾隆十二年竟荐之；天子诏求明经之士事在乾隆十四年，梁尚书芗林[44]又与侍郎交登启事，故南漪久留京师。会召对之期在明年，南漪乃有金溪之行，舟至三衢，暴病，返棹，抵家五日而卒"[45]。可知张氏与杭氏从容论学，必在乾隆十四年之前。然自乾隆元年以后，杭氏官京师，八年始南归；厉氏又久客祁门马氏[46]，往来祁杭间，三人聚合殊少。三人之核史辨疑必在乾隆元年以前，而此函之作亦必在世骏应大科之前。据此可证世骏之有志广采异闻以增益《国志》裴《注》所未备，必在雍正八年以后，乾隆元年之前。其时赵一清逾冠未久也。

赵氏《注补·楚王彪传》尝引"杭氏世骏曰"云云，其文见《三国志补注》卷三[47]，可证杭氏著书在赵氏之前，而赵氏并曾见之。至

杭氏是否曾见一清之书，亦有可资旁证者数事：

《吴志·黄盖传注》引《吴书》曰，“故南阳太守黄子廉之后也”；世骏《补注》引黄滑《笔记》曰，“后汉尚书令黄香之孙守亮字子廉为南阳太守，……子廉乃守亮之字，亦非名也”[48]。而一清则谓“黄香是江夏安陆人，香子琼，琼子琬，无守亮其人者，……不知黄氏何从而得此说”[49]。世骏如先见一清之书，必不徒引黄说，此一事也。

《魏志·王凌传》“军到邱头”，世骏据《水经注》引《魏书·郡国志》注曰“宣王军次邱头，王凌面缚水次，故号武邱矣”[50]。一清则谓“司马懿虽尝讨凌至邱头，而武邱之名至司马昭克诸葛诞始改，见《晋书·文帝纪》”[51]。世骏若先见赵书必不仍其误，此二事也。

《魏志·楚王彪传》“七年徙封白马城”，世骏据《陈思王集》以为“《志》称徙封白马，而《集》称四年白马王朝京师则当时未有此封，宜称吴王”[52]；而一清则谓“诗序既有白马之文疑是史误”[53]。世骏若先见其文，必有申说，此三事也。

《蜀志·诸葛亮传》“好为梁父吟”，世骏据《艺文类聚》“步出齐城门”之词，以实武侯《梁父吟》[54]；而一清引何义门说曰“蔡中郎《琴颂》云‘梁父悲吟，周公越裳’，武乡之志其有取于此乎？今所传之词，盖非其作”[55]。此四事也。

魏武令崔琰在座而己握刀侍立，以见匈奴使者，其事不经；惟见《世说》第十四，及《语林》[56]。刘知幾尝著论以难之，以为“裴引《语林》斯事编入魏史注中，持彼虚词，乱兹实录”[57]；然传世裴《注》实无此文。杭氏书中备引刘说，而一清则谓“世期未尝采此事入注，不审知幾所云何谓也”[58]？此五事也。

凡此诸说均以赵书为长，而世骏无所增益于其书，足征世骏未见赵氏《注补》，尤非剿袭赵书也。

世骏既未见一清之书，是一清之书雷同于世骏。推原其故，不外三途：一，一清剿袭杭书；二，世骏以初稿付一清，而一清损益之；三，世骏、一清同治《国志》，一清有所发明以示世骏，世骏遂以入书。今案一清书内于顾炎武[59]、顾祖禹[60]、姜宸英[61]、朱彝尊[62]、阎若璩[63]、李光地[64]、何焯[65]、陈景云[66]、全祖望[67]诸家说，皆明标姓氏，自非攘美窃名之流，其非剿袭杭书更不待辨。古人同治一学，相互勘正，若全祖望为杭世骏复审《汉书疏证》之类[68]，所在多有，偶或雷同固不能目为剽窃，吾人不应以疑词厚诬贤者也。世骏始补裴注，一清方居京师，不能相与上下其议论；今两书义例相同，征据旧籍亦复相近，意者其世骏入京后以初稿付一清而一清损益之乎？

世骏“怪裴世期之集注尚有阙焉，因更广采异闻以增益其所未备”；综其条例约得十事：曰音义，曰地理，曰典制，曰人物，曰史实，曰杂事，曰异闻，曰考证，曰校雠，曰典籍。然“掇拾残剩，欲以博洽胜之，故细大不捐，瑕瑜互见”[69]。且所据佚书若司马彪《战略》，《丹阳记》，《齐地记》，《洛阳宫殿簿》之类，或引自《太平御览》，或引自《水经注》、《世说注》，世骏但举原书，不著所从出，其失一也。《御览》、《水经注》、《艺文类聚》之属，仅登正文，不称篇次，其失二也。杂引异说，不加裁定，若《魏志·文帝纪》既引《城冢记》、《太平寰宇记》谓文帝陵在偃师县首阳山，复引《通典》谓富平有荆山沮漆水西有魏文帝陵，自相抵牾，有疏抉择，其失三也。前贤旧说，或略所本，如《魏志》三《少帝纪》“孔晏乂”一条，出何焯《义门读书记》，世骏但称愚案，其失四也。世骏之书，稗贩为多，不下己意，其失五也。至若《四库全书提要》所讥“稗官小说，累牍不休”；“蔓引卮词，多妨体要”[70]者，盖不胜其论矣。

一清继作，捃摭益富，考订綦详，颇矫世骏之违枉。其尤显著者：——《御览》、《水经注》、《寰宇记》之属，皆详其篇次，佚书皆标所从出；一也。晦词疑义，能加诠定：若《武纪》“鉴镜不忘谓己割其鼻也”[71]；《诸葛亮传》“西南夷谓爷为索，关索寨即关爷寨，皆尊称也”[72]之类；二也。一时典制，多详其因革：若《武帝纪》“曹公以建安元年拜司空，故于三年置军师祭酒，然考之诸臣传无全称军师祭酒者”[73]；“《宋志》魏武为丞相以来置左右长史而已，此谓于《汉》旧仪之外别增二官，非谓尽省前职也”[74]之类；三也。州郡建置分省，一一详考：若荆州之吴蜀分领，南北双立[75]；临卬汉晋皆属蜀郡，不属汉嘉[76]之类；四也。诞谩杂说，若杭书之“崔琰捉刀”、“张飞豹月乌”之类，概从芟汰；五也。此一清之长也；然于“某人宅在某乡，某人墓在某里，其体全类图经。虞荔之《鼎录》，陶弘景之《刀剑录》，皆按年编入；而钟繇等传《书评》、《书品》动辄连篇；其例又如杂记”[77]，后人之所讥于世骏者，皆踵袭无遗，为例仍未纯也。

洪亮吉《三国志补注序》曰“令子宾仁于先生身后能一一刊先生之遗书，俾之流布”[78]，毕沅《道古堂外集序》曰：“先生《道古堂集》已刊于吴中，今令子宾仁复以先生《外集》十种就质于余，余既服先生于学之勤，又嘉令子之能承先志，遂为分俸助刊。工甫竣，而余适奉恩命擢督楚中事在乾隆五十三年，因匆匆为记其原始如左。”[79]是杭书为其子宾仁所刊行，竣功于乾隆五十三年；然未刊布前，浙江省已采进其书，著录于四库。今考文澜阁《四库全书》本《三国志补注》[80]与通行之《粤雅堂丛书》本、《道古堂外集》本，颇有差异。《四库》本每卷分标子目，如《张辽传》、《于禁传》之类；而通行本但依《国志》卷次总称《张乐于张徐传》。《四库》本先标志文，次举裴注低一格然后低二格以列补注；通行本志注不并举，补注低一格。《四库》本分卷与编列先后与通行本有殊（见上表）。窃意杭氏原稿并非完书，亦未经勘定，后人但就稿本誊钞付梓，故先后未能齐一。又其所征据如《殷芸小说》，一事重见（49，353）；诸葛连弩，误阑裴注（471）；魏文帝陵自相抵牾（64，65，66）；益可证其非审勘之定本也。

赵氏《三国志注补》光绪中始刻于广雅书局。稿本旧藏钱唐丁氏八千卷楼，今归南京国学图书馆。安岳陶元珍先生尝取以校刻本，辑其有关考证而为刻本所遗者成《补遗》一卷。钱泰吉《曝书杂记》谓"赵东潜一清评注《三国志》，地理为详，《方舆纪要》，《一统志》细书简端，字数几倍本书。今在岱峰金氏处，岱峰欲缮写清本未能也"。未审今传稿本是赵氏手录否？赵书抉择虽精，于裴注旧文亦有阑入[81]。又如《鼎录》、《刀剑录》、《九品书》、《城冢记》之类，无关史事，本属赘文。然同一《鼎录》于《武帝纪》（33）、《文帝纪》（52）则著之，于《董卓传》（115）则略之；同一《刀剑录》于《明帝纪》（96）、《袁绍传》（132）、《郭淮传》（381）则著之，于《周瑜传》（596）则略之；同一《九品书》于《钟会传》（414）、《吴主传》（548）则著之，于《钟繇传》（245）、《刘劭传》（301）则略之；此决非有所翦裁于其间。可知赵稿亦属抄最之长篇未尝成书也。

窃谓杭、赵两书，盖由世骏创为义例，发其端绪，一清踵而广之；故体裁相同，征据相近。然两书均未完成，故两家集中未及其事。两氏既卒，后人得其遗稿，辗转传录，遂并行于世。实则，若以毕沅、王先谦两家《释名疏证》例之，赵书既行，杭书可废；惜乎一清未能全袭世骏之文而辨证之也。

1936年7月6日
《国学季刊》五卷四号

注　释

① 《苏州府志》称陈景云有《三国志校误》，或谓即《四库》所收之《三国志辨误》。

② 通行《粤雅堂丛书》本、《道古堂外集》本实仅六百三十八条，今据文津阁《四库全书》本增补十六条，分改二条，共得此数。

③ 《杭州府志》卷一百四十五《人物》八"《文苑》二"《赵昱传》"子一清字东潜，精舆地学，凡海内郡邑志，山经，水记，罔不搜览。撰《水经注释》四十卷，《朱笺刊误》十二卷，附录二卷，足为郦氏功臣。又补注《三国志》，征引极博，皆杭世骏所未采"。志修于清光绪中叶，续修于民国初年，印于民国十一年。

④ 《东潜文稿》卷首；《道古堂文集》卷十一题曰《赵勿药文集序》。

⑤ 《道古堂外集》卷首；《东潜文稿》无之。

⑥ 《道古堂文集》卷九，16页。

⑦ 《道古堂文集》卷十七，4页。

⑧ 《鲒埼亭集》卷十九，5页。

⑨ 《东潜文稿》卷上，64页。

⑩ 《鉴止水斋集》卷十七。

⑪ 《疑年录》卷四。

⑫ 《道古堂文集》卷首。

⑬ 《定盦文集补篇》卷四。

⑭ 《樊榭山房文集》卷五。

⑮ 《道古堂文集》卷四十四，17页。

⑯ 汪刻《道古堂集》卷末轶事。原文曰"高庙南巡六次，辛未，丁丑，壬午，乙酉，庚子，甲辰；并无癸巳之年。其曰大宗返舍是夕卒，当是传述之

误”。

⑰ 《东潜文稿》卷上,52 页。

⑱ 《东潜文稿》卷下,98 页。

⑲ 见《西湖志》衔名及《东潜文稿·西湖非明圣湖辨》。

⑳ 《鲒埼亭集》卷十九《赵谷林诔》。

㉑ 阎书时鲜传本,杭氏为之钞录,一存谷林许,一存马涉江。见《道古堂文集》卷二十六《古文尚书疏证跋》。

㉒ 《道古堂文集》卷二十六《四明志跋》。

㉓ 《道古堂文集》卷二十六《四明续志跋》。

㉔ 谷林兄弟既殁,家事日落,其藏书均归祁门马氏曰琯曰璐兄弟,而小山堂亦易他姓。据孙锵《褚堂间史考证校勘记》“今象山试馆前赵氏小山堂故址也”,即今杭州高级中学东文龙巷。

㉕ 雍正修《西湖志》职名,分修内有“荐举博学鸿词浙江甲辰科举人拣选知县臣杭世骏”及“荐举博学鸿词浙江杭州府仁和县监生臣赵信”,分校内有“杭州府仁和县监生臣赵一清”。

㉖ 《东潜文稿》卷上,48 页。

㉗ 卷二十,7 页。

㉘ 卷二十,10 页。

㉙ 《道古堂诗集》,《翰苑集·题赵五徵君昱秋芙蓉馆吟稿后,即次其答郑筠谷侍读韵》。

㉚ 《东潜文稿》卷上,88 页。

㉛ 厉鹗《樊榭山房全集》卷十有《角招》一阕,自序曰:“予与赵谷林长安别三年矣。戊午初冬,谷林自北归,相见于邗城,尘衣风帽同话旧游,凄然枨触予怀也。家山渐近,又复薄遽分手,予归杭当在冬杪,谷林家西池梅花下谈谯之乐,计日可待。因用白石老仙自度曲所云黄钟清角调者制一阕寄之。”戊午为乾隆三年,与《铁岩公行状》不合,两存之。

㉜ 《道古堂诗集》卷十,9 页。

㉝ 《皇朝文献通考·职官考》。

㉞ 《亡女哀诔》“我再入都,岁曰庚午(乾隆十五年),六月十三,送我廊庑”。

㉟ 《两浙輶轩录》卷三十四。

㊱ 《浙江采集遗书总录》王亶望序“乾隆壬辰之岁,天子缉熙典学,发明诏下各直省征访遗书。于是浙……设法开局。……自壬辰秋迄甲午之

夏，作十二次综录奏进，凡为书四千五百二十三种，为卷凡五万六千九百五十五，不分卷者二千九十二册”。赵氏《水经注释》在戊集。

㊲ 此序见本书，《道古堂文集》未收，光绪中汪曾唯辑入《道古堂集外文》。

㊳ 《道古堂文集》卷十九，21页。记中有“余偷息化舒之世，名位不达，室无赢粮，堂有危齿”之语，则作亭时盖在入京就试大科之前。又杭氏《道古堂诗》有《补史亭剩稿》，所收为庚戌八月以后，迄入闽以前之作，则亭当作于雍正七年。

㊴ 见《四库全书提要》。天挺案《杭氏七种》有乾隆元年刻本，《诸史然疑》在其中，《提要》所云亦未尽然。

㊵ 《道古堂文集》卷二十，11页。案书中所问数条，皆不见补注。

㊶ 张熷字曦亮，一字南漪，浙江仁和人。著有《读史举正》四卷。

㊷ 厉鹗字太鸿，号樊榭，浙江钱塘人。著有《宋诗纪事》一百卷，《樊榭山房集》二十卷，《辽史拾遗》十卷。

㊸ 王会汾字药服，号晋川，无锡人。乾隆九年、十二年两为浙江乡试正考官。

㊹ 梁诗正字养仲，号芗林。

㊺ 《鲒埼亭集》卷二十，9页。

㊻ 《鲒埼亭集》卷二十《厉樊榭墓碣铭》“予交樊榭三十年。祁门马嶰谷兄弟延樊榭于馆，予每数年必过之。嶰谷诗社以樊榭为职志。……”

㊼ 《三国志注补》卷十九，7页。原文见杭氏《补注》卷三，11页，即本文表内第301条。

㊽ 《三国志补注》卷六，17页，即本文表内第605条。

㊾ 《三国志补注》卷五十五，1页。

㊿ 《补注》卷四，6页，即本文表内第392条。

51 《注补》卷二十八，2页。

52 《补注》卷三，11页，即本文表内第301条。

53 《注补》卷十九，7页。

54 《补注》卷五，6页，即本文表内第490条。

55 《注补》卷三十五，1页。

56 据《史通·暗惑篇》。

57 《史通·暗惑篇》。天挺案，《四库全书总目》谓“至于崔琰捉刀刘孝标《世说注》中已辨裴启《语林》之误，乃弃置刘语，而别引《史通》之文”

云云;其语似误。今《世说注》中仅引《魏氏春秋》及《魏志》各一条,未有辨证之词也。

58 《注补》卷十二,2页。

59 卷二十九,一页引顾炎武说。

60 卷十六,四页引顾祖禹说。

61 《注补》内卷一,19页;卷十,5页;卷十三,6页;均引有姜说。此外尚多不备举,下同。

62 卷四十八,9页,引朱说。

63 卷一,56页,引阎说。

64 卷二十八,14页,引李说。

65 书中引何说最多,如卷一,5页。

66 引陈说亦甚多,如卷九,7页。

67 卷一,41页,引全说。

68 《鲒埼亭集》卷二十二,22页《范冲一穿中柱文》。

69 《四库全书总目》卷45。

70 《四库全书总目》卷45。

71 卷一,26页。

72 卷三十五,5页。

73 卷一,21页。

74 卷一,35页。

75 卷一,38页。

76 卷三十二,12页。

77 《四库全书总目》。

78 《卷施阁文》乙集卷六。本书无之。

79 《道古堂外集》卷首。

80 今存国立北平图书馆。

81 卷十三,2页官此栒邑注;卷十四,6页祋祤注;均裴注原文。

附一

景印《三国志注补》序

陈寿《国志》,蹑迹班书,比axs《东观》,最称嘉史;而裴松之采

掇异同,刊补脱漏,撰集成注,尤号该密。裴氏表上其书,谓:

三国虽历年不远,而事关汉晋,首尾所涉,出入百载,注记分错,每多舛互。其寿所不载,事宜存录者,则罔不毕取,以补其阙。或同说一事,而辞有乖杂;或出事本异,疑不能判;并皆抄内,以备异闻。若乃纰缪显然,言不附理,则随违矫正,以惩其妄。其时事当否,及寿之小失,颇以愚意有所论辩。

裴氏既"务在周悉",又自著义例如此,后世或疑其志广异闻,无涉诂训,与应、晋注史殊科。(洪亮吉,《杭堇浦先生三国志补注序》:夫惟通训诂则可救塾师之失,服虔二十一家之注《汉书》是也;亦惟隶故事则可以救词人之失,裴松之之注《三国志》之类是也。)夷考其实,斯不尽然:

《魏志·武帝纪》,"黑山贼于毒、白绕、眭固等十余万众略魏郡",注"眭申随反";《文帝纪》,"其告郡国给槥椟殡敛",注"槥音卫";又"礼国君即位为椑,存不忘亡也",注"椑音扶历反":此明音切者也。

《武帝纪》,"司马法将军死绥",注"《魏书》云,绥却也,有前一尺,无却一寸";又"公还邺,作玄武池,以肄舟师",注"《三苍》曰,肄习也";《王粲传》,"表以粲貌寝而体弱通侻,不甚重也",注"臣松之曰,貌寝谓貌负其实也,通侻者简易也":此诂训者也。

《任城王彰传》,"乘胜逐北,至于桑乾",注"臣松之案,桑乾县属代郡,今北虏居之,号为索干之都";《蜀志·诸葛亮传》,"故五月渡泸,深入不毛",注"《汉书·地理志》曰,泸为水出牂牁郡句町县",《吴志·孙权传》,"使鲁肃以万人屯巴丘",注"巴丘今曰巴陵";《蜀志·后主传》,"后主至湔",注"臣松之案,湔县名也,属蜀郡":此释地理者也。

《魏志·武帝纪》,"始置名号侯,至五大夫,与旧列侯关内侯凡六等,以赏军功",注"《魏书》曰,置名号侯爵十八级,关中侯爵十七级,皆金印紫绶;又置关内外侯十六级,铜印龟组墨绶;五大夫十五级,铜印环组,亦墨绶,皆不食租。与旧列侯关内侯凡六等。臣松之以为今之虚封,盖自此始";《蜀志·二主妃子甘皇后传》,"《诗》曰榖则异室,死则同穴",注"礼云上古无合葬,中古后因时方有";《吴志·三嗣主传》,"使察战到交阯调孔爵大猪",注"臣松之案,察战吴官名号,今扬都有察战巷":此诠典制者也。

凡此均前史旧注之恒例也。又或疑裴氏有志未竟,散置偶见;(《四库总目》曰:又其初意似亦欲如应劭之注《汉书》:考究训诂,引证故实。故于《魏志·武帝纪》沮授字则注沮音菹,……《魏志·凉茂传》忽引《博物记》注一镪字之类,亦间有之,盖欲为之尚未竟,又惜所已成不欲删弃,故或详或略,或有或无,亦颇为例不纯。)然观其于音切垂八十事,知亦非确论也。大抵裴氏鸠集为工,傍摭甚富,而史实与训诂繁简相殊,多寡斯异,非必故为轩轾,意有偏废也。

清代治陈书者,以陈少章景云,何义门焯,杭大宗世骏,赵东潜一清为较先。各补遗逸,并有发明;赵氏《三国志注补》最以恢博著。其书规检裴注,征据尤勤。综所补正,约得十事:

一曰音义:卷一,“河内太守缪尚留守”,补注“缪当作槢,音留”;卷四十三,“定莋台登卑水三县去郡三百余里”,补注“孟康云卑音班”;卷十七,“追至祁口”,补注“祁口即泝口,……一清案,泝音怡,……祁阳……《晋太康地志》作泝,音祁”;卷一,“天子命公置旄头,宫殿设钟虡”,补注“《尔雅·释器》木谓之虡”;卷一,“仁风扇鬼区”,补注“鬼区即九区也,古九鬼同字”:是也。

二曰地理:卷一,“注在故市乌巢屯”,补注“一清案,故市汉县,属河南郡,后汉县废,在今郑州北”;卷一,“若寻西山来者”,补注“西山当指太行山”;卷一,“注诏书并十四州复为九州”,补注“一清案,《郡国志》首司隶,次豫,冀,兖,徐,青,荆,益,扬,凉,并,幽,而以交州终焉,合得十三州,此云十四州,以为参错。……盖十四州当数雍州,建安中分凉州置,见《晋书·地理志》”;卷十五,“文帝即王位初置凉州”,补注“《晋书·地理志》……统领八,金城,西平,武威,张掖,西郡,酒泉,敦煌,西海。一清案,西平郡分金城郡置,西郡分张掖郡置,西海郡即故居延国,并汉献帝时立为郡,其余皆故郡也”;卷四十七,“烧安成邸阁”,补注“《两汉志》,汝南郡安成侯国,一清案,安成城在河南汝宁府东南十七里,疑迂远,寿州南有安成县城,梁普通五年豫州刺史裴邃攻寿阳之安城,既而马头、安城皆降,宜此为是,盖吴境不得越淮而北至汝南也,三国时魏边境戍守处也”:是也。

三曰典制:卷一,“初置军师祭酒”,补注“一清案,祭酒之称,周末有之,……军师祭酒本汉官,见《后汉书·郡禹传》……”;卷十一,“迁伊阙都尉”,补注“伊阙都尉即灵帝八关都尉之一”;卷二,“注帝怒遣刺奸就考”,补注“一清案,《宋·百官志》,刺奸主罪法”;卷二,“注皆假节鼓吹”,补注“《宋书·乐志》鼓吹盖短箫铙哥,……魏晋世给鼓吹甚轻,牙门督将五校悉有鼓吹”;卷三,“其减鞭杖之制”,补注“《晋书·刑法志》:明帝改士庶罚金之令”:是也。

四曰人物:卷一,“山阳太守袁遗”,补注“《后汉书·袁绍传》注引《英雄记》曰,绍从弟”;卷一,“注幸城西故中常侍赵忠宅”,补注“《后汉书·宦者传》,赵忠安平人,……灵帝时迁中常侍,封列侯,后领大长秋”;卷十四,“巨鹿太守李邵”,补注“李邵亦见《司马朗传》,《蜀志·杨戏辅臣赞》,字叔南者又一李邵也”:是也。

五曰载籍:卷十三,“注《魏名臣奏》”,补注“《隋书·经籍志》,《魏名臣奏事》四十卷,目一卷,陈寿撰”;卷一,“注习凿齿《汉晋春秋》”,补注“《隋书·经籍志》:《汉晋阳秋》四十七卷,晋阳太守习凿齿撰”;卷四十七,“注《孙子兵法》”,补注“《隋书·经籍志》、《孙子兵法》二卷,吴处士沈友撰”:是也。

六曰故实:卷一,“注曹参以功封平阳侯,世袭绝而复绍”,补注引《前汉功臣表》,《曹参传》,《后汉书·和帝纪》以实之;又“养子嵩嗣官至太尉”,补注引《后汉书·曹腾传》,《袁绍传》注引《续汉志》以明之;又“太祖少机警有权数”,补注引《后汉·李膺传》、《太平御览》、《世说》、《英雄记》以补之:是也。

七曰异同:卷二,“注辛亥太史丞许芝条魏代汉见谶纬于魏王”,补注引《宋书·符瑞志》许芝奏,以见异文;卷二,“以孔羡为宗圣侯”,补注引《后汉书·儒林·孔僖传》注作崇圣侯；卷一，“卫将军董承与袁术将长奴拒险，洪不得进”，补注“《后汉书·董卓传》言董承患韩暹乱政，潜召操，此云承拒曹洪，二文不同”：是也。

八曰违误：卷一，“绍又尝得一玉印”，补注引《后汉书·徐谬传》注，谓举玺向肘乃是袁术；卷二，“帝疾笃召……征东大将军曹休”，补注引《晋书·宣帝纪》，证顾命辅政非四人，曹休无受遗辅政之事；卷三，“秋七月壬寅”，补注“一清案《晋志》亦作七月己巳，疑壬寅误”：是也。

九曰史法：卷四，“五年春正月朔日有蚀之”，补注“一清案景元元年即甘露五年，盖史氏追改之，陈承祚独于是年分别纪之，非常之变不没其实，真良史也。此本之春秋定公元年书法”；卷九，《夏侯惇传》，补注“案承祚以夏侯与诸曹互列一卷，正隐寓操为夏侯氏子，至操以女妻楙，盖欲掩其迹，所谓奸也”：是也。

十曰校雠：卷一，“购求信丧不得，众乃刻木如信形状”，补注“一本无众字”；卷八“单于执杨至黎阳”，补注“何云北宋本执作与”；卷一，“注太祖一名吉利”，补注“《太平御览》卷九十三引《魏志》注，太祖上有‘曹瞒传曰’四字，今本脱”：是也。

顾其所述，间有舛错。若《钟繇传》，“尸主事之臣，栒音荀豳地”；《刘放传》，“祋音都活反，祤音诩”；乃裴注之旧文。《魏武帝纪》，“操虽不就东郡之命，当时犹以此称之”，《陆逊传》，“关侯濑与白帝城相对文义，上删濑字下去城字，史之省文”，实杭氏《补注》之成说。又杂引《拾遗记》、《刀剑录》、《鼎录》诸书，无干史实，颇伤芜秽。疑此为赵氏抄撮之长编，未尝勘定，然其采摭恢宏，抉摘精审，要亦裴氏之亚也。

尝谓《国志》一书，考订证遗前哲肆力已多，今治斯史，允宜钩稽群籍，求其通贯。建安以降，竞尚屯田；《吕蒙传》称“权嘉其功，即拜庐江太守，所得人马皆分与之，别赐寻阳屯田六百户”，是吴尝以屯田兵户为赏赉之资，其制若何？盐铁之利，两汉行罢靡常，廷议纷呶，《吕义传》，传称“先主定益州，置盐府校尉，较盐铁之利”，《张裔传》称“先主以裔为巴郡太守，还为司金中郎将，典作农战之器”，则蜀尝行之，其利弊若何？《许靖传》“浮涉沧海，南至交州，经历东瓯闽越之国，行经万里，不见汉地，……复共严装，欲北上荆州，会苍梧诸县夷越蜂起，州府倾覆”；《零陵先贤传》“刘巴入交阯，与交阯太守士燮计议不合，乃由牂牁道去，为益州郡所拘留”，是由交州入中国通道不一，其兴圮若何？管宁、张弥乘海以入辽东，公孙度越海以收东莱诸县，景初元年公孙渊自立为燕王，魏明帝诏青兖幽冀四州大作海船；是其时海运大昌，其经涉若何？《诸葛亮传》“九年亮复出祁山，以木牛运”；“十二年春，亮悉大众由斜谷出，以流马运”，《魏明帝纪注》“使博士马均作司南车”；其技巧若何？诸若此类，不可胜举，倘得深识，究其指要，以视考求于一文一物之间，不亦多乎！

赵氏此书，久未付梓，稿本旧藏钱唐丁氏八千卷楼，光绪中叶始刻于广州，流传殊鲜。（前在蜚英阁书肆，见光绪乙未瑞安黄氏钞本《广雅书目》，史部独无赵书）。爰付景印以广其传。道光中吾乡梁氏章巨求赵氏遗说辑入《三国志旁证》，以今本对勘，间有异同。又刻本校雠亦多疏略。参稽订正，留以俟之有志。

1936 年 2 月 8 日

原载天津《益世报·读书周刊》第六十五期

附二

书郑毅生先生《景印三国志注补序》后

孟　森

赵东潜所著书，今所盛行于世者，为《水经注释》，所知其名而未见者，为《直隶河渠水利书》。今又知有《三国志注补》一书，前未之知，由郑君序文发表乃知之，自愧弇陋已甚，然其甚愿见此书之意，则尤殷矣。东潜之《水经注释》，为郦学中绝作，非数十年不能成。然其《直隶河渠水利书》，则就畿辅一隅，用郦书义例为之，得书至一百三十二卷之巨，身后又为戴东原所冒占，至阑入《戴氏遗书》中，为《戴氏遗书》未刻稿本。迨再被窃于王履泰，化名为《畿辅安澜志》，嘉庆朝进献得官，又刻入武英殿丛书中。东原子中孚愤欲叩阍，段茂堂书其事于《东原年谱》，又一再致书于直隶督方维甸，维甸为前直督方观承之子，观承督直时，始聘赵东潜修此书，东潜殁而书未刊行，阅数年聘戴东原整理前稿，东原遂奋笔加损其间，重定卷数为百零二卷，公然作为戴氏书，以稿托之曲阜孔荭谷，荭谷于东原殁后，总辑为《戴氏遗书》，而此《直隶河渠书》在列矣。此系另一公案，尚容别纪。

东潜年寿不永，而所成皆绝巨之书，令后人钦仰畏服。考钱宾四先生《近三百年学术史》，多载学人略历，东潜盖殁于乾隆二十九年甲申，其生年不详。据《东潜文稿》，中有《工部尚书赵铁岩行述》，铁岩为东潜从父，东潜奉其尊人功千先生命，代作此文，文中皆作功千语气，谓铁岩与先君子年相若，幼同学，出入与俱，则东潜之祖，年不过等于铁岩，至乾隆九年铁岩卒，得年七十有七，功千为作行述而东潜执笔，以二十年为一世之差计，是年功千不过五十九，东潜不过三十九也。后二十年为乾隆二十九年，东潜卒，至多不过六十左右人耳，著作之富如此，非卷帙繁多之谓，卷帙多而书中所用功力，皆穿穴万卷，而后可得一篇两篇之作，老辈记问之淹博，惟有令人骇叹。又其东潜之号，百余年所习称，其实乃先世所居村名，初非取其字义为号。《铁岩行述》言先世宋宗室，南渡后有万廿二府君，家于越之尖山，其后曰祥三府君，自尖山迁上虞县之镇龙乡东潜村，是为赵卷桥支派之祖，则东潜乃其小宗分派之所居，其地亦当不在杭州。迁杭后，始世以东潜为与大宗之别，晚自称东潜老民，犹是不忘其所始云尔。后遂以东潜所自署，并以自名其稿，举此皆以赵东潜为赵一清之别号，而于其本字诚夫反不及东潜之著，今亦仍其习称，不必复加分别，亦苏氏老泉之例也。

东潜卒以乾隆二十九年，问宾四以所从出，宾四言随手录记，一时忘所录何书，惟其可以相证者，东潜就《直隶河渠书》之聘，以甲申年离直，而《东潜文稿》中，有《泰山五汶考》五篇，第一篇后署乾隆二十九年二月二十四日病中书，第二篇署其明日又记，第三篇署后三日又书，第四篇署后二日又书，时为二月晦，第五篇署晦日灯下又书，盖皆数日间事，而《河渠书》之不卒业遂归，自必有不能卒业之故，二月间作文已称病中，一病遂致不起，故不能再返直，无可疑也。段茂堂谓不知东潜卒年，疑戴校《水经注》之画与东潜相同，为乾隆三十年乙酉，东原已从事治《水经注》之后，东潜窃戴绪论而改定之，盖据东潜《水经注释自序》，书成于乾隆十九年甲戌，戴读《水经注》始于乾隆三十年，故疑东潜书为三十年后窃戴绪论以自改。不知戴偷赵书，铁证日出，反谓东潜身后，能为偷戴之事，此茂堂尊师之过，不自意身列戴门，几有与盗同污之辱，反为真盗抵赖诬拔，思之可笑。东原《水经注》一案，张石州发之，魏默深证之，杨惺五、王静安覆勘定之，今日《永乐大典·水经注》行世，纵复有左袒东原者，亦已无可疑议，余别有《大典》戴、赵《水经注》合校，陆续写印，为抉疑之一助，又有代梁曜北复段茂堂书。总撮其意，皆将就正于世矣。

东潜学力绝伟大，而文字殊非所长。以《铁岩行状》一文论，首言公生有异禀，方面大耳，颜色微赪，体白如瓠，吐音洪亮，少遇异人曰："君他日之徐公也。"时冢宰徐文敬公里居，故目之云尔。尝祈梦于忠肃公祠，梦锡以金盆，命之盥，既又命之，益自负，读书立志，弱冠受知学使沔阳杨公入邑庠。康熙壬午，年三十六，以《春秋》举于乡，明年癸未成进士，云云。铁岩名殿最，国史自有传。其立身当官，自有本末，可以为传人，《清史稿》漏不列传，非也。若谓其见识于异人，征梦于于忠肃祠，而后自负，而后读书立志，则不成乎为赵铁岩，此东潜之陋也。且于事实亦多不合，冢宰徐文敬者，钱塘徐潮，以吏部尚书乞休，殁谥文敬，乞休归里，事在康熙四十九年，其官冢宰，亦自康熙四十七年始，铁岩于康熙四十二年癸未已登第，既仕于朝，达则为卿贰，与乡先辈颉颃，亦意中事，何得以少遇异人，作术士悬揣之搜词，且叙在弱冠入邑庠以前，至迟亦必二十岁以前之事，其时徐亦初登第之京秩，或且并未登第之年，徐以康熙十二年成进士，铁岩以康熙七年生，若云少有异征，正当在髫龀已见，此贪述委巷语而忘考两公之年齿也。又以壬午为铁岩三十六岁，亦与乾隆九年年七十七之说不合，当作三十五。以一家群从之亲，叙述行实，尚有此体，亦由不检而然。故知行文与治学有截然不可合一者。作考订之文，精当固密，作叙述之文，并应略用考订之道而失之，不亦异乎。因见毅生先生文，喜赵东潜复有名著发见，辄书以促其成，会偿快睹之愿，然泛滥所及，适又翘东潜之短，东潜固不以文字名世者，颇与今时学风为合，东潜绝学，具在天壤，固亦不应以是为嫌也。

全谢山作《赵铁岩神道碑》，所书颇有出于《行述》之外。言世宗深知公，一日燕见，九卿侍坐，竞进谈禅，世宗顾而问曰，汝亦能知否？对曰："臣未之学也。"世宗笑曰："曷试之。"即拈一语，公以儒言对，世宗顾谓诸臣曰："真钝根也。"当时公卿以谈禅为容悦之道，奉世宗为师为祖，成圆明居士语录，夸耀机锋，丑态可掬，铁岩能被顾问，正以其所眷重之故，欲引入拈槌柱棒之列，铁岩竟不顾，帝亦以钝根笑之，不加猜忌，在帝为自知有惭德，欲以佛法自障，铁岩非触其所忌，正觉玄虚作态之无谓耳。此等记载颇有味，而《行述》无之，东潜叙事之文，识力不逮可想。铁岩于谢山，为鸿博举主，谢山以举人留京师，铁岩亲往访，求以光其荐剡，此岂非古人之所为，谢山言之，东潜治《水经注》，与谢山尤莫逆，岂有不知其事者，而亦不入《行述》，皆失之也。铁岩宦业，东都宁古塔船厂，以汉员整饬旗下积弊，为向例所未有，而使打箭炉，安戢藏卫，理漕治河，皆有名绩。及长工部，以裁损中饱，遭忌获谴而归，国史既传之，而《清史稿》不载，故曰史稿之漏失，非晚近疆臣之偶被芟削比矣。

再读《东潜文稿》，有《大母朱太君安葬记》一篇，首言乾隆二十年冬十一月丙申，奉大母朱太君之柩，合葬于先祖东白府君先陇。末言先祖安土已三十一年，启视灵泉，黝然者漆也，盎然者气也，泽流而不竭，居正而不偏，小子缅承嫡长，世守宗祧，从十五龄以往，再得凭棺一恸云云。然则东潜当乾隆二十年，去其大父之葬期三十一年，而其时则为十五岁，是葬太君时为四十六岁也。上溯康熙四十九年庚寅，是其生年，下至二十九年甲申卒，得年五十五，东潜生卒可考者如是，并以复钱宾四先生。

1936年9月13日

*　　*　　*　　*

日昨以旧稿实《读书周刊》，承心史先生宠赐跋尾。天挺考求东潜卒年，久而未获，今先生据宾四先生所见，参之集中文字，定为卒于乾隆二十九年甲申，可谓不移之论。东潜述作泰半散佚，《直隶河渠水利书》既为豪者所劫，《褚堂闻史》亦亡其正编，钱仪吉《赠赵鹿潭序》称"戊寅（嘉庆二十三年）夏，余于湖州书船中又见东潜《评注三国志》，为同里金氏得之者"，则《三国志注补》之不散亡者盖亦幸矣。尝怪一清子载元历守大郡，获交于并世通人毕、谢之流，独不能裒辑父书，传之后世，又无碑传之文以为显扬，致一代伟著几于湮没。读先生此文知有"《大典》戴、赵《水经注》合校"之作，阐幽抉微，必多发明，海内学者必以先睹为快也。天挺谨识。

9月14日

此文曾载天津《益世报·读书周刊》第六十六期

张穆《月斋集》稿本

张石州先生《月斋文集》八卷，诗集四卷，清咸丰八年寿阳祁叔颖寯藻刻于京师，版今存北平琉璃厂开明书局。张氏名穆，字诵风（见程鸿诏《张先生小传》），一字石州，又字硕洲（《张先生小传》），初名瀛暹（《山西通志》），山西平定人。清道光间以文章名都下，与光泽何愿船秋涛并精西北地理。祁叔颖称其“为人豪放明锐，极深研几。于经通孔氏微言大义，精训诂篆籀；于史通天文，算术及地理之学；议论穿穴今昔，熔冶四库百氏”。又称其“学不专主一家，而皆能得其精诣。涉历世故，益讲求经世之学，于兵制，农政，水利，海运，钱法，尤所究心。然性刚负气，锋颖逼人”。祁寯藻《月斋文集序》旌德吕羲音贤基称其“掔经似贾长头；考史似刘子元；谭地理似郦善长，王伯厚；论治体似陆敬舆，白居易；行谊卓绝，文词瑰伟，则似萧颖士，徐仲车”（何秋涛《月斋文集序》）。何愿船称其“笃志儒先，淹贯四部”（《月斋文集序》）。其为时流所倾挹如此。道光二十九年（己酉）殁于京师，年四十五。所著有《魏延昌地形志》、《蒙古游牧记》、《顾亭林年谱》、《阎潜丘年谱》，及《月斋诗文集》。

《月斋集》为张氏门人青阳吴子肃履敬，子迪式训兄弟所裒辑。集中各有题序，记其原委甚详。子迪序曰：

师殁于已酉冬，同志诸先辈命训检点遗书，无任散佚。因取师所撰《蒙古游牧记》、《延昌地形志》、《说文属》及诗文手稿友人书札，锁置一笥中。仓猝之间，颠倒凌乱，不能无负于平生之意，愧恨如何可言。检既毕，谨呈何子愚先生，以俟子贞世丈典粤试旋清厘校订。已而贞丈甫归，即持服南下。先以《游牧》、《地形》二书付何愿船师，其余杂稿权封置京中。事会难齐，有非意料所及者。至壬子秋，贞丈起复入都，旋又使蜀，于是举杂稿并付愿船师，月斋遗集始萃一处。不数月，愿船师亦从军吾省，行期甚迫，乃许以杂稿付训兄弟编次，又言《游牧》、《地形》二书已录副本，可存都中。数日后，军事益急，忽改行期，仓皇南下，训不及追送，仅从杨缃芸世丈处取得杂稿及书札一束，于是师之遗文遗书又判然两地矣。既承愿船师及缃丈之命，即与家兄子肃一一清厘，分为十二卷，应试策论随笔杂记，留待续编，不敢杂厕也。

子肃序曰：

师既殁，所著书稿辗转归于子贞世丈，及愿船先生处，越三年诗文杂稿始归余兄弟，余悉为愿船先生携出都，又越四年丁巳（咸丰七年）季春，贞丈再入都，闻诗文稿编成已久，与缃芸世丈议，始有刊行之志，因商之寿阳相国，遂醵金鸠工。又越四月，愿船先生由闽北上，携师所撰《蒙古游牧记》、《延昌地形志》及《说文属》并残稿数种，浮舟于洪波海雾中，行李尽弃，独与书俱达。

先后八年,离合数四,而卒底于成,诸人可谓笃于风义者矣。

月前,保古斋书贾送来《月斋集》稿本十二册,凡为文八,为诗四,册各一卷,编列次第与刻本同,无序及总目。或用竹纸,或用灵石杨氏连筠簃丛书稿纸,或就刻本辑入,缮校精密。用连筠簃稿纸者,疑张氏生前定稿;用竹纸者,吴氏兄弟所手录,即祁叔颖序中所谓"诗文杂稿属其门人吴子肃子迪昆季裒辑缮写"者也。稿中勾勒之处甚多,并用朱笔识行款,盖付梓时原本也。

稿本中,勘校者三家。其一,粘签钤"思复斋"白文小章,莫详其姓字,祁,何,二吴序中均未及其人。其一,字较小,或缀签,或记眉上,题秋涛按云云,则何愿船笔也。其一,字较大,识于书眉,无名款;据卷二《楚论》何愿船识语"贞翁以为无味何耶"云云,知其为道州何子贞绍基笔也;字亦绝似。思复斋勘定数则,刻本多依之改正,以意度之,审阅最先;何愿船识语有涉何子贞处,则在三家中当为最后。

集中《二十二人解》、《成即古称字说》、《上帝甚蹈义》诸篇,何子贞以为可删;《正月瞻乌义》、《楚论》、《与陈颂南先生书》诸篇,何子贞以为可商;《俄罗斯事补辑》一篇,何愿船以为偶误;而刻本均仍稿本之旧。知稿本虽经两何勘定,付刻时亦未能尽从也。

稿本初定卷次,与付梓时颇多参差,今检其目,凡缺文稿第三第四第五第九各卷,其详莫得而窥。岂即何愿船所谓"复请子贞删定",而吴子迪所谓"应试策论随笔札记留待续编,不敢杂厕者"欤?

张氏诗文杂著存稿,强半涂乙丛残,吴子肃兄弟取残帙断纸排比逡誊,始勒成一书(见何愿船序)。然当时访求未周,颇多疏漏。如文集卷三《书蒙古源流后》以下四篇,稿本原阙,付梓时始补入。又《王会篇笺释序》一篇,亦稿本所无,刻竣后续得其稿,附入三卷之末，列为补遗，是其证也。案薛传均《说文答问疏证》道光十七年重刻本，有张氏序文（用瀛暹名），今亦不见于集，以此例之，所遗尚多。张氏负重望于当时，中年以前壮游南北，其所论述必不仅此，安得有志者再事摭辑以补二吴之阙！

近顷以来，取稿本与刻本比雠而读，乃次其同异，兼掇诸家识语，备审览焉。（以刻本为主，取稿本校之。）

《月斋文集》卷一　稿本卷一作第一。

《经说》附杂考二篇　稿本原作"《经说》二十篇"，继用朱改"经说"二字。

《爻法之谓坤解》　稿本同。

《舜典王肃注考》　稿本同。

《二十二人解》　稿本同。何子贞批曰："此有成说，不必存。"

《昆仑虚异同考》　稿本同。

《允征序义》　稿本同。

孔冲远《尧典正义》一节　稿本冲远作仲远。何子贞批曰："此可删（大字）。仲远雷作冲远（小字）。"

《淇奥正义纠谬》　稿本同。何子贞批曰："此论可不发。"

《隰则有泮解》　稿本同。

《青矜城阙解》　稿本同。何子贞批曰："难免附会。"

《正月瞻乌义》　稿本同。

《淮有三洲考》　稿本同。

《上帝甚蹈义答赵伯厚》　稿本同。何子贞批曰："无味。"

《翦商解》　稿本同。何子贞批曰："易翦为践，效康成易经字之法，吾不敢也。"思复斋签曰："惠氏栋据《尔雅释诂》'翦勤也'，意谓太王自豳迁岐，始能光复祖宗，修朝贡之职，勤劳王家也。

勤已具践义。余皆成说,似可不存。”

《释媒氏文争义》

亦既教之乃曰耻之　稿本“乃曰耻之”下,原有“民将遵其教而冒其耻乎,抑恤其耻而违其教乎?且三十不取,二十不嫁,其父母必非得已也。稍或过时,为子女者即悍然不顾相率淫奔,而媒氏置如罔闻,曰,吾正以耻之也。毳衣之大夫丧其棱威矣,此殆衰季所必无之典”数语。思复斋签曰:“民将遵其教至必无之典,数语拟删。”

《瓦屋考》　稿本同。

《簪勒解》　稿本同。

《成即古称字说》　稿本同。何子贞批曰:“此见积古斋款识,应删。”

《栈字说》　稿本同。

《沾沁疑义》　稿本同。

《阳冰说答祁叔颖尚书》　稿本“叔颖”作“淳父”,继改。何子贞批曰:“可。”

《𠂇斋文集》卷二　稿本作《𠂇斋文集》第二。

《论》附书后一篇　稿本原作“论议六篇”,继用朱改与刻本同。

《楚论》　稿本同。何子贞批曰:“无味。”何愿船批曰:“秋涛曰:此非论楚也。手挥五弦,目送归鸿。所谓言之者无罪,闻之者足以戒者,深得立言之法。贞翁以为无味何耶?”

《海疆善后事宜重守令论》　稿本同。何子贞批曰:“何待言之论。”

方今良法美意　稿本“方今”原作“今国家”三字,继用朱改。

是以当极盛之时　　稿本极作全，时作朝，继用朱改。

《弗夷贸易章程书后》　稿本同。

听弗夷习教授徒诳惑愚民何也　　稿本原作“听弗夷习教授徒，诳惑愚民，窃恐不十年间大江以南非国家有也”。何子贞改。

《俄罗斯事补辑》　稿本同。

复东南流至黑龙江入东海　　何愿船签曰：“秋涛案：石州此作，全用松文清公《绥服纪略》原文，而此段言水道者，松公原文有误，石翁亦沿之未改。所云复东南流至黑龙江入东海者，斯松公之误也。盖土喇河即图拉河，其水源与黑龙江上源东西相望，近在数百里间。然黑龙江水流入东海，而土拉河水西流入鄂尔浑河，鄂尔浑河北流入色楞格河，色楞格河北至俄罗斯界入白哈儿湖，即此所云拜噶勒淖尔，下流则北流入北海矣，以为入东海者误也，以为合黑龙江者尤误也。”

《颂》　稿本原无，朱笔增。

《资敬延祺之颂并序》　稿本同。

《赞》　稿本原无，朱笔增。

《潜丘像赞》　稿本同。

《铭》　稿本原无，朱笔增。

《宋紫端研铭》　稿本同。

《太平有象研铭》　稿本同。

《寿序》　稿本原无，朱笔增。

《方牧夫先生寿序》　稿本同。

《日照许肃斋先生寿序》　稿本同。

《外姑刘太宜人寿序》　稿本同。

《月斋文集》卷三　稿本原作《月斋文集》第七,继用朱改第三。

《书》　稿本原作《书札》十五篇,继用朱改"书"字。

《复谢阮芸台相国书》　稿本同。

《与祁叔颖枢密书》　稿本叔颖原作淳父,继改。下同。

《与陈颂南先生书》　稿本同。何子贞批曰:"酌之。"

《复徐松龛中丞书》　稿本同。

《与徐仲升制军书》　稿本同。

　　嗣于午桥礼部叔颖大农处敬闻威信　　稿本叔颖原作淳父,继改。

《与直隶某方伯书》　稿本同。

《序》　稿本原无,朱笔增。

《西域释地序》　稿本同。

　　令子叔颖侍郎　　稿本叔颖原作淳甫,继改。

《说文解字句读序》　稿本同。

《程侍郎遗集初编序》　稿本同。

　　而春海程公之考　　稿本春海上有"户部侍郎"四字,继删。

　　祁叔颖尚书日往省　　稿本叔颖原作淳父,继改。

　　道光二十五年三月既望序　　稿本原作"道光二十有五年端蒙大荒落三月既望平定张穆序",继改。

《使黔草序》　稿本同。

《汉石例序》　稿本同。

《落飘楼文稿序》　稿本同。

《癸巳存稿序》　稿本同。

　　已而知其卷在通州王菽原礼部房　　稿本礼部原作侍御,继改,下同。

仪征初竟未之见也　　稿本原作“竟未之见也”，继用朱改“竟”为“初”。刻本两字并存。

后十年　　稿本“后”上有“逮”字，继用朱勾去。

巨册数十　　稿本原作巨册十余，继改。

不足赡妻孥　　稿本“赡”下原有“其”字，继删。

因与偕谒祁叔颖学使　　稿本叔颖原作淳甫，继改。

七月学使邀赴金陵　　稿本“七月”上有“逮”字，继用朱改。

余从得存稿副本　　稿本原作“余从假得理初手校存稿副本”，继用朱删“理初手校”四字。

又越六年丙午　　稿本原无，仅一“为”字，朱笔增。

忘年折节　　稿本原无，朱笔增。

至其学行本末则程春海侍郎两序详言之兹不复缀云　稿本原作“序行遗书盖不胜车过腹痛之感云”。

《重刻元遗山先生集序》　稿本同。

而京华旅食囊橐萧然乃节啬佣书余资　　稿本原作“州中有资力足任期役者，尚不乏人，乃募商积年，卒无肯赞成之者，不得已节啬佣书余资”，继改。

《重刻吴才老韵补缘起》　稿本同。

《书蒙古源流后》

《校正元圣武亲征录序》

《蒙古游牧记自序》

《魏延昌地形志自序》　以上四篇稿本无。夹签云：“《韵补缘起》后，加入《书蒙源后》、《校正元圣武亲征录序》、《蒙古游牧记自序》、《北魏延昌地形志自序》四篇。”刻本目录注曰：“卷中续得稿补刻者共文四篇，故不复羼入他卷。”即指此。

《题词》　朱笔增。

《镜镜詅痴题词》　稿本即就灵石何氏连筠簃丛书原刻辑入。

　　海孽鸱张　　稿本“张”原作“状”，继改。

《元朝秘史译文抄本题词》　稿本同。

《亭林年谱题词》　稿本同。

《潜丘年谱题词》　稿本同。

《补遗》　詅本无。

《王会篇笺释序》　稿本无，刻本目录原注云：“序一篇，刻竣后始得此稿，故附入三卷之末。”

《月斋文集》卷四　稿本原作《月斋文集》第六，继用朱改第四。

《跋》附记一篇　稿本原作跋十四篇，继用朱改。

《沈果堂钞尚书古文疏证五卷本跋》　稿本同。

《书吴侍御奏稿后》　稿本同。

　　寿阳祁叔颖侍郎　　稿本叔颖原作淳父，继改。

《少谷山人尺牍跋》　稿本同。

《广洗心诗跋》　稿本同。

《黄忠端与乔柘田尺牍跋》　稿本同。

《跋富川令秦公徇忠遗笔》　稿本同。

　　道光二十九年谷雨日记　　稿本“记”下原有“立夏后二日书”六字，朱删。　　又篇末原稿尚有一条，文曰：“新修《一统志》于吾州人物下，载有孝行刘锐者，其人与吾家望衡而居，不孝不友，行同无赖，兄弟兴讼十年不解。以素与学书某昵，嘉庆初元诏举天下卓行之士，锐以二十缗付学书某，遂饰举孝行，部议予旌，今《一统志》居然载入，此则国史馆据州县解到文案之确证也。又道光八九年间，山西布政使叶绍本以微时掌冠山书院教，颇为州人所礼，及是思所以褒异平定者，札饬教官广举忠义孝弟之人。学正傅美成因而大纳贿赂，自四五百缗以至一二百缗，屠酤牧竖轰然以忠义孝弟闻者，至二十余人之多，皆刊木置主，崇祀勿替。万一将来更修《统志》，则此二十余人亦平定州申报所首及也，附识于此，以谂来者”一则，思复斋签云：“此条拟删”，朱笔乃勾去之。

《渔洋草稿跋》 稿本同。

《黄孝子万里寻亲图记》 稿本同。

《虢季子白盘文跋》 稿本同。

《竟宁雁足镫铭跋》 稿本同。

《鄐君开通褒余道题字跋》 稿本同。

《百石卒史孔龢碑跋》 稿本同。

皆继孔龢而掌领其事者也　稿本句下原有夹注云：“此碑地字他字也旁与秦篆廾字形略同，而笔势小变，系旁糸旁幺皆斜画左出，不作弯环之笔”一则，继删去。

《延熹封龙山碑跋》 稿本同。

《青主先生手评曹全碑跋》 稿本同。

《旧拓孔褒碑释文并跋》 稿本无“并跋”二字。

以备好古者审览云　稿本“备”字以下阙，注“下阙”二字。

敬案己酉秋日　稿本无敬字。

师得微波榭旧拓孔褒碑　稿本师作先生。

附书篇末以识感云　稿本作“附识于此，以申悲感，门人吴履敬谨记”。

《魏张黑女墓志跋尾》 稿本同。

《北齐李清报德像碑跋》 稿本同。

功上脱一字　稿本"功上"原作"造下"朱改。

《旧拓醴泉铭跋》　稿本同。

《明拓李思训碑跋》　稿本同。

《宋拓张长史尚书省郎官石记跋》　稿本同。

直俗书伪托　　稿本原作"直屠沽俗书",朱改同刻本。

《宋拓柳诚悬书左神策军纪圣德碑跋》　稿本同。

《㐆斋文集》卷五　稿本原作《㐆斋文集》第八,朱改第五。

《碑铭》　稿本原作"碑志十二篇",朱改"碑铭"二字。

《诰授振威将军太子太保四川提督齐勇毅公神道碑铭并序》　　稿本原作《齐勇毅公神道碑铭并序》,继改。

《墓志铭》　朱笔增。

《诰授光禄大夫河南山东河道总督赠太子太保浑源栗恭勤公墓志铭》　稿本原作《浑源栗恭勤公墓志铭》,继改。

《诰授光禄大夫太子少保两广总督高平祁恭恪公墓志铭》　稿本原作《高平祁恭恪公墓志铭》,继改与刻本同。

《诰赠奉政大夫左春坊左赞善候补东河县丞外舅赵君墓志铭》　稿本同。

《拣选知县李君墓志铭》　稿本原作"《清故拣选知县怡山李君墓志铭》,前正白旗官学教习候选知县门人张穆撰并书",继改同今本。

《传》　朱笔增。

《高要苏封君家传》　稿本同。

旁魄而论之　　稿本原作"申论之",继改。

任力以养　　稿本原作"服贾以养",继改。

《诰授振威将军太子太保齐勇毅公家传》　稿本同。

《行述》　朱笔增。

《例授奉政大夫翰林院编修记名御史显考晓汧府君暨显妣王宜人李宜人行述》　稿本同。

兄弟无尔我分　　稿本句下原有“兄弟五人析产后一如未析时”一句，继删去。

《先兄补庵府君行述》　稿本同。

《月斋文集》卷六　稿本原作《月斋文集》第十，朱改第六。

《祭文》　稿本原作《祭文哀词》十篇，朱改祭文二字。

《亭林先生祠落成公祭文》　稿本原作《公祭亭林先生落成文》，朱改。

《亭林先生生日公祭文》　稿本原作《公祭亭林先生生日文》，继用朱改。

《公祭栗恭勤公文》　稿本同。

《公祭祁恭恪公文》　稿本同。

《公祭苏封翁文》　稿本同。

《祭任太素先生文》　稿本文前原有“道光二十年龙集庚子，秋九月，宜祀之辰，姻愚侄张穆谨以瓣香清酒，遥哭奠于故藤令姻伯任太素先生之灵曰”云云，继删去。

《祭伯兄文》　稿本同。

《祭三兄文》　稿本同。

穆曰可奈何　　稿本原作“穆曰然则奈何”，墨笔改同今本。

赖叔颖先生力为之部署　　稿本叔颖原作淳甫，朱改。

除叔颖幼章两先生周恤外　　稿本叔颖原作淳甫，墨改。

呜呼痛哉　　稿本原作“兄乎痛哉”，墨笔改为呜呼。

《哀词》　　朱笔增。

《静涛张君哀词》　稿本同。

《㞐斋文集》卷七　稿本原作《㞐斋文集》第十一，朱改第七。

《事略》　稿本原作“事略一卷”，朱改“事略”二字。

《故内阁学士前仓场侍郎会稽莫公事略》　稿本即就原刻莫公事略辑入，篇中删易甚多，察其笔迹与朱笔勾勒行款者相同。疑遵石舟先生原稿校正者也。“故”上有“清”字。

嘉庆元年散馆一等三名二年充国史馆纂修　稿本原无，继增。

大考二等一名　稿本原无“一名”二字，继增。

得士郑兼才等八十人　稿本原无，继增。

充日讲起居注官实录纂修五月派教习庶吉士十月　稿本原无，继增。

三月大考二等五名　稿本原无“五名”二字，“二等”下有“以本官充日讲起居注官”十字，继改。

得士谭仲璐等二百四十人是月复升太常寺卿　稿本原无，继增。

五月派充教习副总裁　稿本原无，继增。

得士李炳春等九十四人　稿本原无，继增。

十五年巡抚阮公元聘主蕺山书院讲席　稿本原无，继增。

又尝因常州帮武弁旗丁与办漕各州县互讦牵控多人满侍郎润祥议交刑部审讯公议咨交两江总督就近鞫之润祥持不可公不为屈因各执奏陈辨上前仁宗命军机大臣传问卒从公议　稿本原作“又尝与满侍郎润祥议事不合，各执奏陈辨上前，仁宗为合解之”，继改。

满汉各寮　稿本“各”原作“客”，继改。

奏上上特谕军机大臣曰尔等阅此奏必谓朕勃然矣不然朕幼承皇考明训选择名师教读颇涵养工夫事愈大而心愈细情愈急而气愈和数十年来守之不失尔等均所深悉朕断不受其欺罔亦不肯从重治罪特将原折朱批交尔等阅之以示承朕涵养之功。

稿本原作"当户部覆奏之上也,右侍郎汤公金钊独具折自行检举,称仓储不宜清查,以放代盘未见其利,不敢扶同称为良法美意,前户部三次议覆仓场随画诺咎无可辞,请交部议处。上斥其毫无定见,首鼠两端,失协恭和衷之义。然侍郎于此事实亦未得要领,但信公素学,必不妄相纠弹,故引咎之诚,无愧古人。其以向来清查库贮之说比例仓储,则非也"。继签改如今刻本,而移此数语于后文"天下诵之"之后。

于是满汉两尚书　　稿本原无"于是"二字,继改。

天下诵之　　稿本此下有"当户部覆奏之上也"云云数语,见上。

公旋亦感末疾　　稿本原作"旋感末疾",继改。

子一钟珣　　稿本原作"子一京",继改。

谨撰　　稿本原作"前正白旗官学教习候选知县甥平定张穆谨撰",继删去衔名。

《月斋文集》卷八　　稿本原作《月斋文集》第十二,朱改第八。

《事辑附碑铭一篇墓志铭一篇》　稿本原作《事辑一卷附碑志一篇》,朱改。

《先大父泗州府君事辑》　稿本即就原刻事辑辑入,增益甚多,疑遵石舟先生自订本改正。

八岁希音堂剩稿陈先生寿序　　稿本陈先生下有珮翁二字,继删。

二十三岁而器重少梁独至。夹注案少梁名斗南　　稿本原无夹注,继增。

阶平先生空山堂集晋阳东归纪……送至南关停车话别诸生凝立怅望良久然后去　　稿本原无,继增。

二十四岁空山堂集示门人张佩芳等札闻汝等来蒲已有定期不胜忭慰……又诗集有秋日同衡儿门人姚廷瑞张佩芳张映衡五姓湖泛舟联句　　稿本无,继增。

慨然有千载之志夹注孙观察星衍岱南阁集……不徒以科名自见　　稿本原无夹注,继增。

三十五岁　选任歙县夹注案歙方盛送府君调任合肥诗……实未莅任也　　稿本原无夹注,继增。

三十六岁　其二建书院夹注殷煜送府君调任合肥诗……夜气清时戒牧牛　　稿本夹注原无此数语,继增。

其六禁淫祠夹注又吕邦宏诗注公禁夜戏妇人烧香婚夕闹房　稿本夹注原无此数语,继增。

三十七岁　夹注又案翠岩精舍刻郎氏奏议注……标题都数与宜宾本同　　稿本夹注原无此二则,继增。

三十八岁　歙县志府君重修先农坛记……于乾隆三十四年九月即工十一月工成　　稿本原无,继增。

二十六年辛卯四十岁　　稿本作三十六年,刻本误。歙县志府君崇贤祠记……乃仿尚贤意颜之曰崇贤　稿本无,继增。

二十七年壬辰四十一岁　　稿本作三十七年,刻本误。

夹注歙吴珏送张老父台调任合肥诗序……窃愿索傅家之传云尔　　稿本无,继增。

十一月二十八日先考生　　稿本无,继增。

三十八年癸巳四十二岁　　稿本无，继增。

府君仓社考题词……乾隆三十八年十月　　稿本无，继增。

四十七岁　大胜在署时夹注案是年先大母陈太宜人携先考侍曾大父母归里　　稿本夹注无此数语，继增。

四十九岁　与州牧江公夹注名恂字子九号蔗畦仪征人官至庐州府知府　　稿本原作“名恂，号蔗畦，仪征人”，继改同今刻本。

又逾月余至泗州夹注又案蔗畦太守之子德量……即此碑也　稿本夹注原无此数语，继增。

孙穆编并识夹注晋江陈庆镛填讳　　稿本原无夹注，用大字题“诰授朝仪大夫前工科给事中翰林院庶吉士户部员外郎晋江陈庆镛顿首拜填讳”，继删改用夹注。

《诰授奉政大夫翰林编修记名御史张君配王宜人李宜人合葬碑铭》元附　　稿本用木刻原本辑入。篇首原有“翰林院编修道州何绍基书并篆额”一行，篇末原有“道光二十九年月日立石”一行，继删。何子贞批云：“此下二篇不应入《月斋集》。”

《补庵张君墓志铭》原附　　稿本同。

《月斋诗集》卷一　　稿本卷前有总目一叶，题“以下二卷起丁酉讫壬寅作，旧稿散乱，今分体约略编次”。数语。

诗集以下，但注其歧异之处，不复详列。

《漫河道中》　　稿本此题下有重五日次汶上题壁一首，诗曰：“去年重五纵冶游，促弦合坐酒家楼。紫衫碧蘸颇黎碗，香雪绕裾色不秋。今年客游直重五，菖蒲花开村店午。瓦盆春老把盈尊，绮梦深宵墉何许？梦人璇城是耶非，霞标画舸织如飞，晴湖波沸鱼龙上，认取卢郎夺锦归。”缀签曰：“此首拟酌”，继墨笔钩去,题“不写”二字。

《己亥正月三日江阴大雪登楼晓望分得雨字》　稿本楼上有“伫月”二字,继改。缀签曰:“题中数字拟改。”

《𦶜斋诗集》卷二　稿本同。

《送赵君心园归寿阳用春圃五兄韵》　稿本春圃原作淳父,继改。

《徐州试院寄怀春圃校射韵二首》　稿本春圃原作淳圃,继改。

《宿迁道中三首》

似闻蚣蝑语秋来　稿本蚣蝑原作蚣蝮,朱识云:“二字必有误,宜阙之,当作蚣蝑”。

《𦶜斋诗集》卷三　稿本卷前有总目一叶,题云,“以下二卷,自癸卯讫己酉作,原稿依年月编次,今不复分体”,继删。

《题叔颖尚书近作诗卷》　稿本叔颖原作辜甫,继改。

《读元秘书志四首书簏赠何愿船比部》　夹注时愿船为余校是书甚核　稿本原无书簏以下云云及注,朱增。

1936年1月8日

原载《益世报·读书周刊》

清入关前满洲族的社会性质

1583年(明神宗万历十一年),满洲(当时称为建州女真)的没落的上层分子努尔哈赤以十三副甲起兵,讨伐他的仇人,经过了三十三年,到1616年(万历四十四年),建立了以自己为首的满洲政权金国——后来称为清朝。又经过了二十八年,到1644年(明崇祯十七年),满洲贵族统兵入关,逐步统治了明代原来的整个疆域。直到1911年(宣统三年)才被推翻。

满洲族建立的清朝,以一个少数族在二十八年间能入关统治高度封建化的广大的汉人地区,而且后来在和祖国广大民族共同努力下对祖国疆土的奠定和祖国经济文化的发展,起了很大的作用,这在历史上是值得我们注意的。因此,满洲入关前的社会经济究竟发展到什么阶段,也就值得我们注意了。

关于清入关前满洲族的社会性质问题,目前史学界还存在不同意见。

我们从接触到的资料中知道,满洲族的社会发展是和其它民族所经历的社会发展阶段一致的。它经过了原始氏族社会、奴隶社会和封建社会。

在1433年,也就是明宣德八年,建州女真曾掳掠朝鲜边境的人口、物资,朝鲜官吏李竞令边将切责他们说,"汝等近居我境,乞索盐酱口粮,辄便给与,恩养足矣。但尔等虏掠中国人口及我边民为奴婢使唤,往往有逃来者,审问根脚,中国人发还辽东,我国之人仍令复业。……我国何负于汝,……近者结聚群党,暗入作贼,虏去男女七十余口,杀害四十余口,牛马财物,尽数抢夺……”(《朝鲜李朝实录·世宗》十五年,日本缩印本8册,240页)。1477年(明成化十三年,朝鲜成宗八年),朝鲜官吏曾说,“野人(指建州女真)剽掠上国(指明朝)边氓,做奴使唤,乃其俗也”(《李朝实录·成宗》卷八十,缩印本16册,59页)。

努尔哈赤十岁(1568年)丧母,和继母不相得,在十九岁时(1577年)和父母分居。《清太祖武皇帝实录》记载说:“父惑于继母言,遂分居,……家私止给些须”(故宫博物院铅印本,3页)。这里的“家私”,在《满洲实录》,汉文作“家产”,满文作“阿哈·乌勒哈”(aha ulha)。“阿哈”,汉语是奴隶;“乌勒哈”,汉语是家畜。

奴隶在建州是公开买卖的。《李朝实录》记载说:“唐人刘时……七八岁时,沈应吾只以马一匹买于毛邻卫”(《成宗》卷一五二,缩印本17册,19页,时在1483年);“彼人(建州)以我国人俘为奇货,转相买卖,辄得厚利”(《燕山君日记》卷十七,缩印本19册,199页,时在1496年)。

1496年(明弘治九年,朝鲜燕山君二年)八月二十二日有建州奴隶逃到朝鲜,不解汉语,朝鲜官吏鱼世谦、尹孝孙曾说,“野人之俗,不相为奴,必虏汉人互相买卖使唤,则此为汉人明矣,……万一还给,其为首者必遭戕害”(《李朝实录》,《燕山君日记》卷十七)。可知建州奴隶都是外族,而且可以自由处死。

这些记载都说明,满洲社会确曾经历过奴隶制,不是从氏族社会飞跃到封建社会的。

那末,满洲的奴隶制什么时候瓦解的?努尔哈赤1616年建立的政权，是奴隶制还是封建制？

从世界历史一般情况看，处在先进民族邻近的落后民族，它们的发展往往是比较快的。满洲族介乎汉族和朝鲜族两个高度封建化的民族之间，它们间的经济文化联系是密切的，因此，满洲族的进入封建社会，应该比较容易。当然，我们也注意到各地区各民族的发展是不平衡的，相反的例证是存在的，这只是可能，而不是必然的。

满洲族自己的祖先女真，曾在淮河以北地区建立过封建政权的金朝（1115—1234 年），更早的粟末靺鞨也建立过渤海国（698—926 年）。虽然在辽灭渤海国之后，把渤海国人南迁辽河流域，元灭金后，入居中原的金人久留不返，金和后来的满洲族没有直接关系；但封建制生产方式对它们不会是陌生的。

1440 年（明英宗正统五年），建州女真移住赫图阿喇（今辽宁新宾县苏子河兴京老城），地在抚顺之东一百九十里（明于燕芳《剿奴议》），西北距抚顺二日程，西距清河一日程，西南距叆阳三日程（据 1596 年朝鲜申忠一书启，见《李朝实录》缩印本第 28 册，447 页。这时努尔哈赤还住在虎拦哈达南岗，即今二道河子旧老城，距赫图阿喇不远），实际已和明抚顺接壤。当时辽东初有边墙，而且不久设立抚顺关，“在抚顺所（城）东三十里”（《辽东志》卷二《建置志·关梁》，日本《尊经阁丛书》铅印本，129 页），于 1464 年（天顺八年）开关市易，所以彼此往来很少阻隔。明代辽东边墙修于正统二年（1437 年。《全边略记》，弘治六年巡按御史李善题本，“臣见辽东边墙，正统二年始立”），而后来成化八年（1472 年。见《明宪宗成化实录》八年九月庚申条），正德年间（1506—1521 年。《辽东志》卷七，龚用卿、吴希孟会陈边务疏，“正德年间，始立边墙”，日印本,486 页。《全辽志》卷五,作“使朝鲜回奏”,《辽海丛书》本,36 页),都有修立边墙的记载,甚至到嘉靖末(1565 年)巡按御史李辅条陈辽东八事,第一事仍然是修边墙(《全辽志》卷五,辽海本,43 页),可知当时边墙并未获得隔阻内外之效,也可能是由于“土脉卤碱,秋修春颓”(李善题本),不能不重修。当努尔哈赤起兵五年之后,明朝又于 1588 年(万历十六年)允许满洲在“抚顺、清河、宽甸、叆阳四处关口互市交易,照例取赏”(《清太祖武皇帝实录》卷一,8 页)。到了 1606 年(万历三十四年),明朝放弃了宽奠新疆八百里,于是满洲族更推进一步,而“辽东东界叆阳、清河、镇顺一带,与奴儿哈赤为邻”(《万历疏钞》卷四十一,宋一韩《抚镇弃地啖虏请查勘疏》)。这里我们可以看出,建州女真迁到赫图阿喇之后,和明朝的交往从来没有受到阻碍。加以明朝官吏的不时巡边,每年冬季的“烧荒”(每年冬,总兵官率部下军官各统所部兵马出境,分三路或五路,放火沿烧野草,安营延见各少数族头领,量给酒肉、盐米、针布、胭粉、靴袜之类,然后回城。当时称为“烧荒”,认为是边防上重要策略之一。见《辽东志》卷三《兵食志 · 边略》。日印本,241 页),建州的按时朝贡,努尔哈赤父祖和李成梁的关系以及他本人的三次至北京,更可知满洲族和汉族的文化、经济交流是一直不断的。那么,双方生产方式和上层建筑的有所不同,应该也是知道的。

因此,我们从民族经济文化交流关系上看,满洲族在努尔哈赤时期进入封建制度,是可能的。

满洲族在入关前,生产已相当发展。远在猛哥帖木儿时,已自言“少时蒙(朝鲜)太祖……支给农牛农器,粮料衣服……”(《李朝实录 · 世宗》卷二十,缩印本 7 册,299 页)。1423 年(永乐二十一年，朝鲜世宗五年）《李朝实录》有“今四月十四日童猛哥帖木儿管下童家吾下等二十七名来告庆源府云，我指挥蒙圣旨许令复还阿木河地面以居，先令我曹率男女二百余名，牛一百余头，送还旧居耕农”（缩印本7册，291页）的记载。1436年（明正统元年，朝鲜世宗十八年），朝鲜派人往探建州女真情况，回报说，“见水两岸大野率皆耕垦，农人与牛布散于野”（《李朝实录·世宗》卷十七，缩印本8册，563页）。可见建州女真在明初居住图们江时，已知牛耕务农。但他们是用奴隶生产。

1440年（明正统五年），建州左卫西迁，明朝安插他们在三土河及婆猪江（佟家江）迤西冬古河（栋鄂河）之间，叫他们“谨守朝廷法度，自在耕牧，安分生理”（《明英宗正统实录》卷七十一，10页，影印本93册）。

1459年（明英宗天顺三年），“建州等卫野人头目，乞于沿途买牛，带回耕种。上从其请”（《明英宗天顺实录》卷三百，7页，影印本137册）。从此，农业生产，更得到进一步的发展。

1527年（明嘉靖六年），卢琼谪戍三万卫，写了一部《东戍见闻录》，他说：“夫辽阻山带海，诸夷环徼而居。……自汤站抵开原，曰建州、毛邻、海西、野人兀者，皆有室庐，而建州为最。……建州、毛邻则渤海大氏遗孽，乐住种，善缉纺，饮食服用皆如华人，自长白山迤南可拊而治也。……诸夷皆善驰猎，女真建州多喜治生，三卫则最无赖也。”（引自《辽东志》卷七《艺文志·经略》“卢琼”，日印本，483页。其后魏焕著《九边考》，所述建州情况，即本此）可知建州的生产较他族为高，已和关内差不太多。

1595年（明万历二十三年，朝鲜宣祖二十八年）十二月，朝鲜申忠一往建州会见努尔哈赤，他记载说，“田地品膏，则落粟一斗种，可获八九石；瘠则仅收一石云”（《李朝实录·宣祖》卷七十一，缩印本28册，449页）。这个记载，有些夸大，在当时的技术水平，不可能下种一斗，而收获八九十倍。但满洲族的农业生产有高度的发展，是可以推知的。

明代建州，不但使用铁器，而且会炒铁冶炼。《清太祖武皇帝实录》卷二，“己亥年（万历二十七年，1599年）……三月，始炒铁，开金银矿”（铅印本，1页）。这不是满洲开始学会冶铁技术，而应该是大规模地生产。因为在1475年（明成化十一年，朝鲜成宗六年），已有“建州贼松古老等，……同里而居者六家，而有冶匠弓人焉”的记载（《李朝实录·成宗》卷五二，缩印本15册，480页）。在1483年（明成化十九年，朝鲜成宗十四年），更有朝鲜官吏李世佐和建州人赵伊时哈等问答的记载：“又问：汝卫甲胄以何物为之乎？答曰：以铁为之。又问曰：铁产于何地？答曰：产于火剌温地面。又问曰：有冶工乎？答曰：多有之。”（《李朝实录·成宗》卷一五九，缩印本17册，114页下）朝鲜通事河世国1595年（明万历二十三年，朝鲜宣祖二十八年）报告他在建州的见闻说，努尔哈赤部下有“冶匠十五名，皆是胡人”（《李朝实录·宣祖》六九）。显然，经过一百多年后（1483—1599），不可能才开始炒铁。

我们从满洲语中关于农业生产辞汇之多，和它所反映的复杂，也可以推想满洲族入关前生产技术的水平。类如：耕、耙、栽、种都不相同；耘草、分苗、秀穗、作粒，都有术语；生莠、生虫、黄疸、黑疸，都有区别；犁杖、犁身、犁荐、犁镜、犁铧、犁挽钩、蕩头，都有专称（参考《清文鉴》卷二十《产业部》一《农工类·农器类》）等等，均是例证。

生产力大大提高了，落后的生产关系必须改变，而建立起新的生产关系。在努尔哈赤时期，满洲社会面貌、社会制度性质的变革，是必然的。

从一个落后的社会阶段发展到新的社会阶段，不会是和平地过渡，中间必定经过社会革命，经过解除旧生产关系束缚的斗争（当时的人民解放斗争）。努尔哈赤是没落的上层分子，也就是没落的奴隶主。他的祖父觉昌安和父亲塔克世是有势力的奴隶主，1583 年（明万历十一年，癸未）由于尼堪外兰（nikan wailan，又译尼康外郎，人名）向导明军进侵古埒城（gure，又译古勒，地名，今辽宁省新宾县西北鼓楼），同被烧死在城内。明朝扶植尼堪外兰作建州的头领，尼堪外兰压迫努尔哈赤往附，努尔哈赤说，"尔乃吾父部下之人，反令我顺尔，世岂有百岁不死之人……"（《清太祖武皇帝实录》一，4 页）。这里的"部下之人"，《满洲实录》满文作诸申（jusen，奴隶）。可知尼堪外兰原是奴隶主觉昌安、塔克世家的奴隶，后背叛，投降明朝，受明朝总兵官李成梁的豢养，杀害了努尔哈赤的父祖，构成努尔哈赤起兵的理由。属下奴隶的背叛主人，说明在努尔哈赤父祖时期，旧的奴隶制度发生了危机，不能再维持下去了。当然，尼堪外兰也可能是由明朝统治阶级鼓动起来而不是自发的，但是一个奴隶能够起来站在奴隶主的反面，并使奴隶主的儿子归附自己，不能不说是奴隶制的危机了。

这种奴隶制危机，同时也出现于哈达，万汗（wan han，明朝记载称为王台）因"为人残暴，黩货无厌，……其民多叛投叶赫"（王氏《天命东华录》一，21 页）。也出现于辉发，"贝勒拜音达里族众叛投叶赫。部众亦有叛谋"（《天命东华录》一，24 页）。

这种危机，都说明当时的生产力和生产关系已不相适应，要求生产关系的改变。努尔哈赤必须建立新的经济方式，才能适应当时人民的要求，才能恢复他家族的声威，才能谋求建州女真的统一。

1583 年努尔哈赤自立起兵时，清朝记载，都称起兵。朝鲜记载则说努尔哈赤“崛起为酋长”（《李朝实录·宣祖》卷一八九，乙巳年，1605，七月戊子条）。努尔哈赤在 1596 年（明万历二十四年，朝鲜宣祖二十九年）二月和余希元说，“俺管事后十三年，不敢犯边”（《李朝实录·宣祖》卷七十三）。1596 年的十三年前，正是 1583 年。可知在起兵的同时努尔哈赤已管事（就是自立为酋长），人数很少，只有遗甲十三副，因此不能不联合他族，于是和苏克苏浒部四个城寨主诺米纳等相与盟誓。“四酋谓太祖曰，念吾等先众来归，毋视为编氓，望待之如兄弟手足”（《清太祖武皇帝实录》一，4 页）。这里用的“编氓”，《满洲实录》满文作“诸申”（jusen）。“诸申”是“肃慎”和“女真”的对音（《满洲源流考》，孟森：《明元清系通纪》前编，1—2 页），后用作女真人的泛称（王先谦《天聪东华录》十，14 页），又后为“部下”、“所属人员”（同上）的称谓，或解为“满洲之奴才”（《清文汇书》）、“满洲奴仆”（《清文鉴》），日本人译为“隶臣”（满和对译《满洲实录》，25 页）。当然，奴才、部下这种含义，不会是后人伪造的，而是早有的。其所以用作女真人的泛称，正反映它是奴隶制。在阶级分化之后，奴隶主称为“贝勒”或“按班”，于是被奴役的仍保留一般称谓的“诸申”。“诸申”和“阿哈”，意义是相同互用的。

诺米纳等四人请求不作“诸申”，说明当时普遍存在奴隶制；努尔哈赤和他们盟誓，同意他们的请求，说明满洲族的社会制度正在变化和发展。

1613 年（明万历四十一年）九月努尔哈赤征叶赫，围兀苏城劝降,“城中人曰,若养之则降”。努尔哈赤接受了,“遂收兀苏降民三百户而回”(《清太祖武皇帝实录》二,6—7 页)。这里所说的“养”,满文称为“乌吉黑”(ujihe,或作 ujifi,ujimbi,是语尾变化),在清初记载中常见,不仅是养活,而有抚聚恩养的意思。1618 年,东海瑚尔哈部长率民百户来降,努尔哈赤命未带家小的回去,这些人留而不去,并且带信给家乡的人说,“汗以抚聚人民为念,收为羽翼,不意施恩至此”(《太祖武皇帝实录》二,14 页),在《满洲实录》满文中抚聚作“乌吉黑”(ujifi,养)。1619 年,住开原的明朝官吏来降,努尔哈赤说,“彼闻吾养人,故来投耳”。(《太祖武皇帝实录》三,5 页),也是抚育的意思。“若养之则降”,意思就是不要把他们俘虏去做奴隶。这些情况,也正说明了奴隶制的危机,旧有制度已经不得人心了。

努尔哈赤在 1583—1588 年,“招徕各部,环满洲而居者皆为削平,国势日盛”(《清太祖武皇帝实录》一,8 页)。在 1589—1615 年,“削平各处”(同上),建立政府。在 1619 年灭了叶赫,辽东边外“同一音语者”全统一起来。前后三十余年,他对各部进行了多次战争,施行了不同策略。这些不同情况,都反映出当时社会发展的趋向。

1588 年四月,“苏完部主索尔果率本部军民来归,……又董鄂部主……亦率本部军民来归,……是时上招徕各路,归附益众”(王氏《天命东华录》一,12 页)。

1593 年十月“遣兵征服朱舍里路……迁之以归”(王氏《天命东华录》一,17 页)。

1598 年正月“征安褚拉库路……取屯寨二十余,所属人民尽招徕之”(同上,19 页)。

1599年九月,“率兵征哈达,……尽服哈达属城,器械财物无所取,室家子女完聚如故,悉编入户籍,迁之以归”(同上,20页)。

1607年,“东海瓦尔喀部蜚悠城长乞移家来附,命往徙之,遂至蜚悠城,尽收环城屯寨凡五百户,护之先行”(同上,23页)。

1607年九月征辉发,“歼其兵,招抚其民,乃班师。辉发灭亡”(同上,24页)。

1609年十二月“征渥集部滹野路取之,收二千户而还”(同上,26页)。

1625年八月,“征东海虎尔哈部,降其五百户,至是凯旋”(《天命东华录》四,10页)。

上述记载中所说的“户”、“户籍”和一般的“民户”、“家”一样,在满文都作“包衣共”(boigon),“民”作“伊尔根”(irgen),“本部军民”作“诸申·伊尔根”(jusen irgen)。可以看出,无论是自愿归附,或是战争降顺,都同样待遇,编为民户,显然和战败沦为奴隶有所不同。

1603年(明万历三十一年),努尔哈赤从虎拦哈达南岗,移赫图阿喇祖居,筑城居住,曾三次犒赏夫役(《清太祖武皇实录》二,2页),1605年(明万历三十三年),复于赫图阿喇城外更筑大城,宰牛羊犒赏筑城夫役五次(同上)。在1621年有一次还说,“空身行走,尚且劳倦,运木石而筑城者宁不劳欤”(同上书三,12页)?奴隶制下,筑城劳役当然由奴隶承担,这种犒赏,是不同寻常的。更可注意的是,满文《满洲实录》在前一记载作:

“hecen(城)weilere(筑)alban(赋役)i(的)niyalma(人)”(日译本,89页)。

在后一记载作:

“alban（赋役）i（的）niyalma（人）”（日译本,92 页）。

说明他们是在服徭役,不是奴隶苦工。

朝鲜申忠一《书启》说,1596 年正月他在虎拦哈达城遇见搬运大木,凡“三四日程内（距离都城三四天路程的）部落,每一户,计其男丁之数,分番（班）赴役,每名输十条”（《李朝实录》,缩印本 28 册,449 页上）。这也像封建性的徭役。

1611 年（万历三十九年）二月,努尔哈赤调查国内贫苦不能结婚的一千余人,配给妻子,得不到的发给库帑令其自娶（《太祖武皇帝实录》二,4 页）。这种举措,似乎也超越了一般奴隶主的思想意识,反映国内下层最贫苦的人不是奴隶身份。

努尔哈赤在 1615 年（万历四十三年）创立八旗制。全国分八个固山（旗）,大汗统固山,固山统甲喇（后称参领）,甲喇统牛录（后称佐领）,全国人口都隶属于牛录。这是较过去鲜明的阶梯统治制度。同时又设理政听讼大臣五人,都堂（扎尔固齐）十人。“凡事,都堂先审理,次达五臣,五臣鞫问再达诸王（贝勒）,如此循序问达。令讼者跪于太祖（努尔哈赤）前,先闻听讼者之言,犹恐有冤抑者,更详问之,将是非剖析明白”（《清太祖武皇帝实录》二,19 页）。这也是较过去鲜明的阶梯统治制度。这是封建制的特点之一。

根据上面关于上层建筑所反映的情况,我感到努尔哈赤在 1616 年所建立的政权一开始就是封建政权,就是封建王朝。

社会发展是有过程的,社会分期也不可能一刀两断,成为崭齐的分界。而满洲各部族的发展又是极不平衡的,同时社会生产关系的变更又是急遽的,所以在努尔哈赤时期,各种生产方式也同时存在。

1625 年（明天启五年,后金天命十年）正月,韩润降金,努尔哈赤给他“妻奴、房田、牛马、财帛、衣服一切应用之物”（《太祖武皇帝实录》四，6页）。这里妻奴的奴，《满洲实录》满文作阿哈（aha，奴隶。日文译本，320页）。可知努尔哈赤建国后十年，奴隶身份依然同时存在。直至1636年（明崇祯九年，清崇德元年）十月，我们还看到“赐阵获总兵官巢丕昌奴仆三十户”的记载（王氏《崇德东华录》一，15页）。

1611年（明万历三十九年）十二月，努尔哈赤命将征渥集部虎尔哈路，围扎库塔城，“遂拔其城，杀兵一千，获人畜二千，相近之卫皆招服，将……人民五百户收之而回”（《清太祖武皇帝实录》二，4页）；1613年（明万历四十一年）正月，灭乌喇，乌喇兵“有觅妻子投来者，尽还其眷属，约万家，其余人畜散与众军”（《清太祖武皇帝实录》二，6页）；1614年（明万历四十二年）十一月，遣兵征渥集部雅揽、西临二路，“收降民二百户，人畜一千而还”（《清太祖武皇帝实录》二，7页）；1615年（明万历四十三年），征额赫库伦，“攻取其城，杀人八百，俘获万余，收降五百户而回”（《太祖武皇帝实录》二，8页）。这些记载，“降民”和“人畜”分列，显然两种人一定有区别，而在用语上“收”和“获”又互异，说明两种人的身份一定也有不同。在满文，“收”一般作“达哈哈”（dahaha），就是收抚；“获”一般作“鄂勒吉·巴哈”（olji baha），就是俘获。收抚的人口编为民户（boigon），俘获的人口分给众军，这说明当时在满洲族下层有两种高下不同的身份，同时存在。

这种情况延续到皇太极时。1628年（明崇祯元年，后金天聪二年）二月，征多罗特部，“俘万一千二百人，以蒙古汉人千四百名编为民户，余俱为奴”（王氏《天聪东华录》三，2页）。

1635年（明崇祯八年，金天聪九年）六月，多铎出兵回，“以俘获人口马匹赏从征将士有差”(《天聪东华录》十,6 页)。1640 年(明崇祯十三年,清崇德五年)五月,征虎尔哈,“俘获男子三百三十六,归降男子四百十九”(《崇德东华录》五,4 页)。这都是显著的例子。

满洲族在关外既有奴隶存在,是否仍处于奴隶制阶段,而没有向前发展?也不然。我们不能只从有无来决定,而要更多地从它的其他相关方面去考察。

1618 年(明万历四十六年,金天命三年),努尔哈赤以七恨为理由,进攻明朝,临行时他对诸王大臣说“阵中所得之人,勿剥其衣,勿奸其妇,勿离其夫妻,拒敌者杀之,不与敌者勿妄杀”(《太祖武皇帝实录》二,11 页)。这和后来 1629 年(明崇祯二年,金天聪三年)十月,皇太极进攻明朝时所说,“非战者杀之,归降者虽鸡豚勿侵扰,俘获之人,其父子夫妇勿致离散,勿淫人妇女,勿掠人衣服,勿拆庐舍祠宇,勿毁器皿,勿伐果木”(王氏《天聪东华录》四,32 页),实际相同。

1638 年(明崇祯十一年,清崇德三年),皇太极对满洲、蒙古和汉人说,“尔等有家贫不能娶妻及披甲不能买马者,许陈诉于本牛录章京,……即宜将无妻者配妻,无马者给马,如力不能……应与妻奴者,朕给以妻奴,应与马匹者给以马匹……”(王氏《崇德东华录》二,26 页)。这和努尔哈赤的做法,实际也是相同的。

所以我们可以说,满洲族从努尔哈赤建立政权(1616),到进入辽沈(1621),到皇太极改国号为清(1636),并到多尔衮统兵入关(1644),他们的思想意识形态虽然先后微有不同,这只是封建制的逐步深化,而不是本质上有所差别。

朝鲜申忠一在虎拦哈达看到满洲“各部落例置屯田,使其部酋长掌治耕获”(《李朝实录》,缩印本28册,449页)。清代记载也说努尔哈赤在1615年“谕各牛录,每十人出牛四只,于旷野处屯田”(《清太祖武皇帝实录》二,8页),可知当时是集体生产。奴隶制是集体生产的,但集体生产并不全是奴隶生产。

这个清代记载,《满文老档》系在1613年,日本人藤田胜二译为“是年免除由部众贡献谷物,以减轻部众的负担。由每牛录出十男丁、四头牛在荒地垦田”。明说为了免除部众的贡赋而实行集体屯田,可知它不是用奴隶生产。如用奴隶生产,分散和集中是一样的不能减轻部众负担。

努尔哈赤1621年曾对群臣说:“为主(ejen)者宜怜仆(aha),仆宜为其主。仆所事(weilehe 收获)之农业(jeku 粮),与主共食(uhe jefu),而主所获之财(baha olji 俘获)及所畋(abalafi baha 猎得)之物(yali 肉),亦当与仆共之(uhe etu 共穿 uhe jefu 共食)。”从这段话看,不像是奴隶生产。农仆虽然还称阿哈(aha 奴隶),但生产关系已和奴隶制不同,我们不能因此而认为它是奴隶制。这种非奴隶制生产关系的集体生产,在天聪时一直保存着,《实录》中天聪七年(1633)正月庚子,八年(1634)正月癸卯,九年(1635)三月戊辰,都有记载。

1618年(明万历四十六年,金天命三年)九月,努尔哈赤因明朝派人杀了满洲的农夫,他也派兵到会安堡杀戮明朝的农民,并且致书明官说,“尔大国乃行盗窃,袭杀我农夫一百,吾杀汝农夫一千,且汝国能于城内业农乎”(《太祖武皇帝实录》二,14页)。这里所说的农夫,满文作“usin(田) weilere(耕) aha(奴隶)”,日本藤田胜二译为“田奴”。这是用当时的惯称,不能因之说明本质,明朝汉族农民显然不会是奴隶。

《清实录》在1618年九月有督农收获的记载,1619年二月有夫役运石筑城,以骑兵卫之的记载,这似乎像是奴隶制。但是不然。这种措置,是为了防止明朝的侵扰,是保护劳作者而不是监督。前此在紫河、三岔、抚安三处,明曾派兵抢夺满洲的收获,这次努尔哈赤命纳邻、音德二人率四百人去收割,并告诫他们“昼则督农收刈,夜则避于山险处,当今(天)宿南山,明(天)宿北山,今(天)宿东山,明(天)宿西山”(《太祖武皇帝实录》二,13页),以防明人袭击。纳邻、音德违背指示,果被明朝杀七十人。其后努尔哈赤曾说,“吾欲据界凡筑城,屯兵防卫,令农夫得耕于境内”(《太祖武皇帝实录》三,4页),正是此意。1619年“遣人夫一万五千赴界凡处运筑城之石,令骑兵四百卫之”(《太祖武皇帝实录》三,1页),也是为了界凡和明朝毗邻,非有重兵不能保护。其后萨尔浒战役清军的获胜,正由于这些“运石人夫据于界凡之吉邻山险(或作吉林岩),杜松兵围而攻之”,牵制了明兵二万人,正由于“山上骑兵率众人夫一战,折大明兵约百人”(同上,2页),于是“更令兵一千登山协助,往下冲杀”,遂大获全胜,决定了明清胜败全局的关键。假使运石筑城的人夫是奴隶,一定不会这样据险力战的。

努尔哈赤建立以自己家族为中心的政权,用自己兄弟子侄掌握兵权、政权、旗权。八旗制中有“世管佐领”用以统治投降的部族,用原来的族长作佐领世袭,在氏族制的废墟上改组为封建统治。《清史稿》列传十三《巴笃理传》:“天命初,与其弟蒙阿图来归,太祖命编所属为二牛录,使兄弟分领其众。”(13页)又列传十四《常书传》:“常书兄弟事太祖,分领其故部为牛录额真。”(1页)这都是所谓世管佐领。可知满洲建国之初,还有很浓厚的氏族色彩。这是努尔哈赤统治新兴的统一的满族联合封建组织的纽带。

假设说当时还是奴隶制，是讲不通的，因为不可能强使家族内的子侄亲属变成世管佐领中的奴隶。

在我的不成熟的看法：1616年努尔哈赤所建立的政权是封建制政权，满洲族已进入封建社会。但还在封建制的初期，它的封建化是以后逐步深化的，逐步上升的。惟其是在封建社会上升阶段，所以它在入关后，能够不同于明朝的腐朽统治，而在祖国各民族通力合作下，对祖国生产的发展起了很大的作用。它在初期，除了封建主义生产关系以外，还有农奴制集体生产，还有奴隶制生产的残余；同时也还有氏族制度的残余。前一历史阶段的残余的存在，为后来的历史阶段所承认，它已经不同于原来的性质。同时也说明，处在大国内的少数族，受到周围的影响不同，它的发展阶段也是不平衡的，常常会有几种生产方式同时存在。当然其中有一种是为主的，最后逐渐趋于划一的生产方式，这就是决定社会发展性质的标志。满洲族的社会发展是符合多数民族的一般发展规律的。

原载《历史研究》1962年第六期

清入关前满族的社会性质续探

1962年我在南开大学科学讨论会上曾宣读过一篇《清入关前满洲族的社会性质》，试论1616年努尔哈赤建立政权时已进入封建社会，以求正于史学界。但当时我早已接受旁的任务，对发表的很多宝贵意见未能遍读，接着“文化大革命”又十年。1976年曾分别征询有关这方面的意见，可惜不很普遍。近来重读清史，感到这一问题关系到满族历史的发展、多民族统一国家内不同民族的文化融合的经过和对清初历史的解释，还是再进一步讨论一下比较好。

首先，我们知道，一个民族本身的整个内部结构多取决于它的生产以及内部和外部的交往的发展程度；而各民族之间的相互关系取决于每一个民族的生产力、分工和内部交往的发展程度。清代是我国历史上的重要阶段，而这一阶段的统治，满族是占一定地位的。当时满族是怎样追上了先进的生产力，又怎样挤进了统治阶层共同领导先进民族的先进生产一同前进，是不容存而不论的。

其次，历史研究是科学，科学是不断前进，不断发展的。二十年前的旧说，能否继续存在，还有待于深入钻研以作实践检验。

再次，近年考古发掘的成绩和研究，异常丰富，关于东北的辽金时期墓葬反映出来的当时生活情况、已达到的生产力和一些社会形态，对清初有什么影响，是值得注意探索，应该加以比证的。

其四，近来《满文老档》已经译成汉文，日本人的新译本（东方文库本）早已出齐，入关前满族历史资料增加很多，正可以帮助我们作进一步分析。

下面分四点来谈。

一、清入关前满族的生产和社会情况资料零拾

我相信，解释历史，说明历史，总以根据具体事实加以比证，比较可信。但清建国前的历史资料较少。《满文老档》只存 1607 年（丁未，万历三十五年）以后的记载。（《满文老档》的汉文译本已完成，我尚未见。本文引用的是日本满文老档研究会译注的东方文库丛刊本。藤田胜二译本这次未用。至于金梁译本，未作参考。）1636 年成书的《清太祖武皇帝实录》和稍迟的《满洲实录》只以努尔哈赤为主，明代和朝鲜记载较多，不免零散，且前人已有钩稽，至于晚出诸书又不免传讹讳避。现在约略提出几点简单意见：

——这时，多民族统一封建国家的中央王权和地方少数族的关系，异常明朗。

例如：1613 年（明万历四十一年）努尔哈赤攻叶赫，叶赫报告明廷，明廷遣人劝止，并派兵进驻叶赫守卫，努尔哈赤也向明廷上书说明经过，亲身送到抚顺，充分表明满族是明王朝治下的一部分。由于当时满族隶属明廷，所以努尔哈赤不但知道本族的金朝历史，还知道本国各王朝的历史①。他知道刘邦的出身类似村领催，赵太祖出身于街头游民；朱元璋父母早死，各处乞食，后作郭元帅的走卒②。如果他不认为自己是中国统属的少数族，是不会这样关心

的。

少数族倾向于中心王权，是少数族的需要，也是双方的需要。因为只有这个中心才能保护少数族防御外敌和保护少数族之间的互相防御。应该特别指出，双方的斗争也不断地发生。

——这一时期满族生产的提高。

17 世纪初，满洲农业耕地面积显著增加。1606 年（万历三十四年）明廷召回宽奠一带民户归故土，“腴地遂为建州所得”[③]。1615 年（万历四十三年）四月明廷不许努尔哈赤收割柴河、三岔、抚安等地已熟田谷[④]。1618 年（万历四十六年，清天命三年）九月秋成，满洲派八百人在浑河两岸收割，遭到明兵夜袭，杀了七十人[⑤]。这些都说明满族农业生产面积的扩大。抚安等地收割争议在四月，种的应该是小麦，浑河两岸的收割在九月，种植的应该是杂粮。《老档》常见高粱（sǔsǔ）的记载，这里秋收应该也是高粱。高粱一直是东北著名作物。

——传统生产的继续发展。

1588 年（戊子，万历十六年）《武录》记载说，“本地所产有明珠、人参、黑狐、玄狐、红狐、貂鼠、猞狸狲……等皮，以备国用”[⑥]。这里提到的都是传统的著名交换商品，具有高度加工技术。这里既然“以备国用”，说明有关它们的一切技术，都经沿袭下来，并且加以发展了。

——一些新兴事物。

1599 年（己亥，万历二十七年）二月仿蒙古字，创制满语字头，作成满语拼音文字。建国后，成为和蒙文、汉文三种并行的文字。

1599 年（万历二十七年）三月开始炒铁，开金银矿。

1606 年（乙巳，万历三十三年）创制人参加工保存技术成功，可以经久不腐。

1612 年(壬子,万历四十年)征乌喇,“盔甲鲜明”;1613 年(癸丑年)努尔哈赤领四万人征叶赫,围兀苏城,满洲兵“盔甲鲜明,如三冬冰雪”[7]。这些记载,虽不免夸张,但可注意的是四万兵士人人盔甲,如果没有专业的大规模的手工业作坊是完不成这项任务的;如果农业、商业没有相应地更高发展,也出现不了这么大的手工业作坊。

1615 年(乙卯,万历四十三年)规定拾物办法。凡拾得失物的应归还原主(ejen),将原物分作三份,原主得二份,拾者(baha niyalma)得一份[8]。这里反映承认所有权。

1616 年(丙辰,天命元年)正月,布告国中,开始养蚕,播种棉花[9]。

1616 年六月有商人(hudai niyalma)到黑龙江岸三十六村[10]。

1618 年(戊午年,万历四十六年,天命三年)四月征明攻抚顺,遇雨,代善说,“天虽雨,吾军有雨衣,弓矢各有备雨之具,更虑何物沾濡”[11]。这在当时也是突出的。

1620 年(庚申年,万历四十八年,天命五年)六月开始在海边煮盐[12],十月命每牛录各派四人前往搬取[13]。

1623 年(天命八年)四月试验焊接技术成功[14]。六月试烧石灰、试炼黄色火药成功[15]。

1625 年正月,禁止汉人的小押店典当[16]。

二、努尔哈赤建国前的思想意识属于封建领主范畴

在努尔哈赤早期生活和行事中,有不少思想意识和奴隶主阶

级不同，相反，还接近封建领主思想。

——《清太祖武皇帝实录》记载说，甲申岁（1584，明万历十二年）五月一夜，有贼逼近，太祖“以刀背击其首，昏绝于地，遂缚之。有兄弟亲族俱至，言挞之无益，不如杀之。太祖曰：‘我若杀之，其主假杀人为名，必来加兵，掠我粮石，粮石被掠，部属缺食，必至叛散，部落散则孤立矣。……不如释之为便’”[17]。奴隶社会如有所谓部属只能是奴隶，但奴隶的生活，奴隶主是不关心的，严格说，也不能称为部属。这里的存储粮食赡养部属，害怕粮食被掠部属逃散的情事和思想，不是奴隶社会所常见，显然是封建领主的思想。当然，部属也可以解释为奴隶社会的自由民，但为数不会多，更不会由于自由民的缺食影响到主要生产力的奴隶的逃散。

奴隶社会的掠夺行动是常见的，自己被掠转而掠夺旁人以取偿，更是数见不鲜。害怕自己粮食被掠，联想到部属逃散，并不想掠夺旁人以取偿，这也不是奴隶主思想意识的反映。

——癸卯年（1603，明万历三十一年）努尔哈赤移赫图阿拉，“筑城居住，宰牛羊三次犒劳夫役”[18]。乙巳年（1605，明万历三十三年）三月在赫图阿拉“城外复筑大郭，宰牛羊犒赏工役五次”。后来，天命六年（1621）闰二月记载说：“筑萨尔浒城毕。帝曰：‘筑城之夫最苦，可赐牛以劳之。’群臣曰：‘与其用国中之牛，盍俟掠大明牛驴而给食之。’……帝……曰：‘今尔等之意实不欲出己之财故耳。’……正言间，副将博尔晋后至。帝问曰：‘自何来，如是喘息，想徒步来耶？’博尔晋对曰：‘自筑城处来。’帝曰：‘尔空身行走尚且劳倦，运木石而筑城者宁不劳欤？’遂赏牛散盐，犒劳夫役。”[19]这类事一再见之于记载而且有时还遇到不同意见，都说明这是新兴事物。

——1611 年(明万历三十九年,辛亥)二月《清实录》记载说:"太祖查本国寒苦旷夫(无妻男子)千余皆给配(选择女子给他作配偶)。中有未得者,发库财与之,令其自娶。于是民皆大悦。"[20]后来其他部族归附,拨供他们奴仆(aha),总是以若干对(juru)计数。若干对就是若干对夫妇。天命三年(1618)十月,东北虎尔哈部(hurha gurun)首领(amban)八人归附,拨给他们每人奴仆二十人,《满文老档》作各给奴仆十对[21],《清太祖武皇帝实录》和《太祖高皇帝实录》都作"男妇二十口"[22]。说明奴仆都有配偶。显然,这种配偶是主人为他们决定的。这种关心到奴仆家庭生活的思想情况,反映出当时奴仆的身分不同于西方奴隶社会的奴隶。奴隶社会是不把奴隶当人看待,它怎么会关心到奴隶们的生活呢?两种职任相当的低层分子,所受的关怀不同,身份不同,正反映出入关前满族社会发展形态已经超越了奴隶社会阶段了。

存在决定意识。上述思想不是努尔哈赤个人所独有,而是社会变化的共同反映。否则他的兄弟亲族和部下,也不会同意他的主张。所以清建国初的一切措施,只归功于努尔哈赤个人智慧,而不承认社会的变化,是不符合实际情况的。

三、努尔哈赤建立政权时,满汉两族人民在东北杂居已久

我们知道,不同民族间的生产技术和生产工具的交流,多数是从民族杂居获得的。满族农业的发展,得力于汉族和朝鲜,前文已谈过,现在只谈满族进入辽沈以前在宽甸的一次满汉两族的长期杂居。

明万历元年(1573),辽东镇总兵李成梁向兵部侍郎汪道昆建议,将辽东镇的孤山堡参将移驻宽奠堡(今宽甸县),所辖屯驻点也相应分别改建成地,一共六个堡[23]。这一建议得到采纳,后来由辽东巡抚张学颜次第完成[24]。同时于万历四年(1576)在宽奠设仓建学,并于永奠堡[25]北设关开市,“许宽奠等处东夷易换米布猪盐,即以市税充抚赏”[26]。这里所称东夷,指包括王杲、王兀堂的建州女真,永奠开市也同后来《清太祖武皇帝实录》戊子年(1588)记载的“抚顺、清河、宽奠、叆阳四处关口”相符,说明记载是真实的。

这一事件本来只是国内行政区划的变更,但是李成梁等人为了夸张自己,竟说成“展拓宽奠六堡”,甚至说是“展拓新疆”,明代记载也就沿用不改。实在是错的。

六堡所在,约今辽宁省新宾以南,丹东以东,鸭绿江以北,宽甸、永甸、长甸一带。据明人记载,“宽奠等六城,延袤八百里”[27],“在边墙外二百里”,“周围皆有山林,中间膏腴平坦”[28],“逼近建州卫,夷夏错居”[29],“土脉肥美”(张学颜),为“女真所必争之地”,在六堡移驻之前,“建州女真每年增殖户口,加悍民力,既据十岔口为出入之路,又占宽甸子为射猎之区”(张学颜)。据此,可知宽奠等六堡是宜于农业种植的地区,“夷夏错居”,而建州的扩张力量最大。这时建州声势强大的首脑是王杲、王兀堂。万历四年努尔哈赤只有十八岁。

宽奠移驻之后,自然“将有引起女真积愤之事”(张学颜疏),而且既然官吏移驻,设关建学,汉族的农民、商人当然也就相随而来。据后来熊廷弼调查,“居民(汉民)告垦(请求开垦)自万历十三年(1585)间已有之”[30]。当时中原土地几乎全部为地主贵族所占有,农民只好到边区觅地垦种。但是边区土地早有少数族居住,必致发生争论，甚至抢掠杀戮。于是在万历二十八年（1600）间，“复委官传调夷人（少数族）公同踏勘，以居民现住为界”（熊廷弼疏），说明当时宽奠一带的居民是满汉杂居的。发展不同的两个民族杂居，必然导致生活、生产的无条件交流。这种移住居宽奠的汉族军民，到万历三十三年（1605）已有六万多人[31]。这时努尔哈赤已经强大，宽奠的明廷官吏感到威胁。于是辽东总兵李成梁和蓟辽总督蹇达，辽东巡抚赵楫商定，招宽奠等六城人“尽归故土”[32]。其中有许多是“因避差徭繁重”[33]逃来的。“居民安土重迁，几至激变”，于是命参将韩宗功“率军数千人焚其室驱之”，“招徕六万余人尽归故土”。但是“凡壮勇之人（壮劳力）皆逃入建州，腴地遂为建州所得”[34]。从而宽奠等六堡的汉族官吏不能再至。蹇达、赵楫和李成梁反冒以为功，得到嘉奖。这一问题，后为宋一韩揭发，明代称为“弃地啖虏”，或称“弃地”，掀起一次激烈的政争。明人一般意见认为，这是由于努尔哈赤“日益富强，威制群雄，李成梁再起帅辽，亦不能制，割宽奠六堡畀之，仅饵之而已”[35]。后来李成梁也因此罢免。李成梁自隆庆四年（1570）至万历十九年（1591）任辽东镇总兵二十二年，万历二十九年（1601）重任总兵，又经过六年，到万历三十四年（1606）始罢。

东北所谓甸子，是指山林中间肥沃可耕的小块盆地。熊廷弼曾说，“佃子地只一山沟，不可堡而守”[36]。这是从军事上建置堡垒的观点来看的，不能理解为不能耕种的穷山沟，否则就不会造成“凡壮勇之人皆逃入建州，腴地遂为建州所得”的局面。壮勇之人既然逃入，生产技术一定也同时留下，腴地既为所得，生产方式也为所得，发展不同的两个民族长期杂居，必然导致上层建筑的调融，这是没有问题的。问题在于宽奠六堡是否全部归入建州——

努尔哈赤。

除了上述明代记载外，我们还得到下列旁证。（一），所谓弃地问题发生后，万历三十七年（1609）二月“时建州贡使朝见，有大哈（《国榷》作火哈）等二人出班次，冲御道，投掷印文一纸，词极谩。大略言，彼疆界九百余里，以新立碑碣为卷案（根据），辽兵六万余人因避差徭繁重，逃在彼境，久假不归”[37]。这一记载说明宽奠六堡确是由努尔哈赤统治了。（二），《山中闻见录》说，万历三十七年（1609）努尔哈赤“请遵谕减车价入贡，还张其哈剌佃子（指宽奠一带，见《读史方舆纪要》引《边防考》），即（李）成梁所弃地也”。既请退还，必然已竟归属了他。（三），明万历四十七年（天命四年，1619 年）杨镐征辽，分四路合兵攻取赫图阿拉（新宾），南路总兵刘铤领兵四万，合朝鲜兵出掠马甸趋宽奠进攻[38]，既然以宽奠作为主要进攻的一路，可证六堡是努尔哈赤占据的地方。

从六堡移驻到所谓弃地，中间凡三十三年，再到努尔哈赤建立政权，又经过十二年，这四十五年的满汉杂居，虽然人数比例悬殊，但年代很长，他们相互之间的生产交流、生活交流联系之久，影响之大，绝不下于社会大变动时期被征服的居民对胜利者——侵略者的影响。这也值得注意。

四、努尔哈赤最初建立的政权就是封建制国家的政权

1616 年（丙辰，明万历四十四年）努尔哈赤建立国家政权，改元天命，国号金。《清太祖武皇帝实录》在前一年（1615，万历四十三年）记载说（次序不是原来的）：

（一）“太祖削平各处，于是每三百人立一牛录额真（凡专名都照常用字改。下同），五牛录立一甲喇额真，五甲喇立一固山额真，固山额真左右立梅勒额真。原旗有黄、白、蓝、红四色，将此四色镶之为八色，成八固山。”

（二）“又立理国政听讼大臣五员，都堂十员。太祖五日一朝。……凡事都堂先审理，次达五臣，五臣鞫问，再达诸王，如此循序问达。”

（三）“太祖谕群臣曰：‘……今国事繁琐，须多得贤人各任之以事，倘治国统军者多，则济事几何！若有临阵英勇者赐以官赏，有干国忠良者用以佐理国政，有博通古今者用以讲古今，有才堪宴宾客者用以宴宾客，各处搜罗可也。’”

（四）“谕各牛录：每十人出牛四支，于旷野处屯田。造仓积粮。于是设仓官十六员，吏八员，执掌出入。”

这是为了说明即将成立的新国家的政权性质。第（一）条说明组织；第（二）条说明设官等级；第（三）条说明选拔人才；第（四）条说明生产和储备。前三条反映出等级制度，后一条反映出徭役地租，两者都是封建制的特征。

其实这些制度在满族的出现，远在这时以前。

1584 年（甲申，万历十二年），努尔哈赤攻翁鄂洛城，重伤昏迷几死，城破，诸将愤恨地寻找射箭的二人要杀掉。努尔哈赤认为战斗中奋勇杀伤应该奖励，而且他们既降，将来一定会为我用，不能因为射伤过我就杀掉。不但不准杀，相反，“赐以牛录之爵，属三百人厚养之”[39]。这事远在建国前三十二年，努尔哈赤起兵不久，应该是满族固有制度。但奇怪的是努尔哈赤在第二年（1583）进攻界凡寨时，还只是五十人、甲二十五副，以至大败，这时哪里会有六百人可以拨派呢？那末，这里的所谓各三百人是否指的专事生产的奴隶？也不会。因为如果对新归附的人如此，原来的几十人又怎么办？他绝不会有那么多的奴隶。记载说，"赐以牛录之爵""厚养之"，应该是按照牛录额真的待遇来赡养，是等级的一级，这时努尔哈赤还未设立牛录额真，只是象征性的待遇。直到1601年（辛丑，万历二十九年），开始设立牛录制，"将所聚之众，每三百人立一牛录额真管属"，"于是以牛录额真为官名"。后来逐渐发展成为八旗制。

《满文老档》对牛录以下的等级记载较详：每男丁（haha）三百人立一牛录（niru），每一牛录设一额真（ejen，汉语主，后称佐领）。牛录额真下设二岱子（daise，汉语副职，或代理，后取消），四章京（janggin，办事员），四村拨什库（gasan bošoku，村领催，后称领催）。三百丁分编四塔坦（tatan，汉语住处、窝铺，后取消，相当于班），由章京领导，分班轮值[40]。这一记载连同上面所引牛录以上的分级，层次井然，充分表明封建等级制的特点。其后多次显出它的作用。

1619年（己未，明万历四十七年，清天命四年）六月攻破开原城，《老档》记载中出现的有[41]：

固伦主（geren i ejen）

固山主（gūsai ejen）

梅勒主（meiren i ejen）

五牛录主（Sunja nirui ejen，后称甲喇）

牛录主（nirui ejen）

在这次庆功赏赐中又分八等[42]：

第一等，固伦主诸大臣，银二百两，金五两。

第二等，固山主诸大臣，银一百两，金二两。

第三等，大臣（ambasa）一级，银三十两。

第四等，大臣二级，银十五两。

第五等，大臣三级，银十两。

第六等，大臣四级，银五两。

第七等，牛录主，银三两。

第八等，巴牙喇的奇录主（Kirui ejete），银二两。牛录章京，银二两。

1621年（辛酉，天启元年，天命六年）攻下辽阳后的庆功赏赐如下[43]：

总兵官	银200两	布220匹	绸30匹
副　将	150	150	15
参　将	80	80	8
游　击	50	50	5
牛录主	20	20	3
备　官	20	20	3
巴牙喇奇录主	20	20	3
备官级巴克什、学士（baksi）	20	20	3
侍卫（Sanggiyan hiya）	15	15	2
巴牙喇岱子备官	15	15	2
敖尔布兵士（olboi niyalma，兵种名，绵甲）	15	15	2
诸贝勒的巴牙喇（giyajan bayara）	10	10	1
红巴牙喇头目（uju）	10	10	1
牛录领催	10	10	1
千　总	10	10	1
千总级巴克什	10	10	1
披甲（兵士）	×	7	×
持送兵甲（uksin gajihaku jihe）	×	7	×
步甲	×	7	×

马甲	×	7	×
无甲步行仆从(Kutule 跟马人)	×	3	×
执　纛	×	10	×
牛录主岱子千总	×	8	×
各路大臣千总	×	6	×
村领催	×	4	×
守堡	×	4	×

等级的差别如此鲜明,说它们还停留在奴隶主发展阶段,是不可理解的。

应该指出,上面三个统计都是建国以后出现的事实,但建国前如果没有多年实行等级制的习惯基础,也决不会在建国五六年后就执行的这样细密顺利。说明在建国前已有等级制。

还有一点,建国初期,官员时常改变,但尽管名称不同,忽满忽汉,而它的等级区分是严格的,不许混乱的。说明它是制度。

满族实行劳役地租在《满文老档》亦有记载。

《老档》万历四十一年(1613,癸丑)一条说,每一牛录出丁(haha)十人,牛四头,于空地耕种,征收米谷(jeku)[44]。这一条比上引《实录》早二年。

万历四十三年(1615,乙卯)十二月一条说,每一牛录出十丁四牛耕种空地,年产谷米全数储存仓库(Ku,汉语对音),作为课赋(alban)[45]。这一条,《武录》、《高录》都系于本年六月,《高录》称它为屯田。

两条所述是一回事,不过前条联系在征收田赋下面,后条联系在建仓储贮下面。正因为它的重复出现,更证明它是确实的。也就是说,这是建国前已经存在的。

从这两条中明显看出,当时制度是以牛录的组织为基础单位,要求出丁出牛，在空地上耕种，全部收获作为课赋（alban）——劳役地租。至于牛录的其他丁壮则在本牛录分得的土地上从事耕种，自己食用。即所谓家田（boo usin）[46]。

其后，国土日广，制度也随时发展。1621年（辛酉，天命六年）努尔哈赤命在明朝弃地上设立八贝勒拖克索（jakūn beile i takso），见《老档》闰二月二十九日条[47]，由拨什库（bosoro，领催）管理[48]。《实录》失载。1621年七月十四日还有一条说，这天宣布分田消息，将海州（今海城县）、辽东（今辽阳）明人土地三十五万垧（inenggi）分给居民。每丁（haha）种粮五垧，种棉一垧，每三丁种公田（alban usin）一垧。每二十丁以一丁充兵役，一丁负公役[49]。《实录》也不载。

拖克索就是汉语的田庄，《清文鉴》译为庄屯，早见于朝鲜记载。田庄制度清代屡经变更，而拖克索的名称直至入关后，始终不改。1625年（乙丑，天命十年）十月三日一条说：诸贝勒的庄（拖克索），一庄十三丁（haha），七牛，田一百垧（cimari），其中二十垧为公田，八十垧自己食用。总兵以下，备御以上，每备御给一庄[50]，《武录》不载，制度又有改变。但前后主要耕种人都是壮丁（haha）。haha的身份是自由民，不是奴隶。

《武录》记努尔哈赤同继母分居时说，“家私止给些须”。家私，《满洲实录》作家产，满文作aha ulha。aha是汉语奴仆，ulha是汉语牲口牛马。《武录》记壬子年（1612，万历四十年）努尔哈赤说，“无仆何以为主，无民何以为君”[51]。仆，《满文老档》作aha，民作jusen[52]。天命三年（1618，戊午，明万历四十六年），使犬部头目来降，“俱给妻奴牛马房田衣物”[53]。奴，《满文老档》亦作aha[54]。

《太祖实录》天命六年（辛酉，1621）十一月，蒙古喀尔喀部古尔布什、莽果尔来降，各给他们奴仆牛马房田，《满洲实录》汉文卷七同，满文奴仆作 aha。《武录》天命九年(1624)喀尔喀恩格德尔来，赐以“人牛”，《满洲实录》作“田卒耕牛”[55]，《老档》作“近侍(gala hanci takūrabure)”，满洲男(haha)女各五人和砍柴汲水男女各五人[56]。《老档》还有 takūrara aha（役使奴仆）和 harangga jusen（属下人）并列[57]；还有 takurara aha 和 booi aha（包衣奴仆）并列[58]。应是 takurara aha 专事耕种，和从事家庭劳役的包衣(booi)不同。

aha，《清文鉴》译作奴仆或只称奴，我过去译作奴隶。现在考虑，《清文鉴》的译法比较妥当。因为译为“奴隶”易于使人联想到希腊罗马的奴隶。实际上二者并不完全相同。(一)满族在16、17世纪之际，已不使用原始的或粗笨的生产工具。(二)当时奴仆生产的劳动果实并不是全部缴给主人，自己也分到一些。(三)满族奴仆的身份虽低于主人，但主人不能任意处死他们，把他们不当人看待。天命七年(1622)六月阿纳妻残虐使女(booi hehe)处死刑[59]，就是显著例子。(四)包衣也服兵役。(五)直到清亡时，满族人民还对清帝称奴才，这时封建制已高度发展了。

满族建国时，既有和平民身份不同的奴仆存在，是否仍然属于奴隶社会？不能。因为当时的主要生产者不仅是奴仆(aha)，还有更广泛的平民男丁(haha)。我们应该根据每一时代全面发展的生产力和生产关系决定当时社会的发展阶段，奴仆的参加生产只是旧制度的残余现象。犹之美国南北战争前的役使黑人，虽然也是奴隶生产劳动，但我们不能说美国当时不是资本主义社会而是奴隶社会。

* * *

这是我最近的学习。我觉得，满族在清入关前的社会发展已逐步进入封建社会比较接近事实。还请大家多加指正。

原载《南开大学学报》1979年第四期

注　释

① 《满文老档》,日本译本,《太祖》,232页。
② 同上,760页。
③ 《国榷》卷八十,铅印本,4962页。
④ 《太祖武皇帝实录》卷二,7页。以下简称《武录》。
⑤ 《武录》卷二,13页;《老档》,日本译本,《太祖》,108页。
⑥ 《武录》卷一,8页下。
⑦ 《武录》卷二。
⑧ 《老档》,日本译本,《太祖》,56页。
⑨ 同上,《太祖》,68页。
⑩ 同上,《太祖》,75页。
⑪ 《武录》卷二,12页上。
⑫ 《老档》,241页。
⑬ 同上,260页。
⑭ 同上,737页。
⑮ 同上,781页。
⑯ 同上,882页。
⑰ 《武录》卷一,故宫铅印本,6页。
⑱ 《武录》卷二。
⑲ 同上,卷三。
⑳ 同上,卷二,4页下。
㉑ 《老档》,日本译本,112页。
㉒ 《武录》卷二,14页。
㉓ 《明史》卷二三八《李成梁传》。
㉔ 同上,卷二二二《张学颜传》;《明经世文编》卷三六三,张学颜:《辽东善后处分疏》。
㉕ 《读史方舆纪事》卷三十七,辽东都指挥司,"长奠堡在宽甸南百

里,其东北五十里为永奠堡”。“俱万历六年置”。王河《盛京通志》及《嘉庆一统志》均不载。据卢骅同志函告,永奠堡即今宽甸县永甸公社,位于凤(凤城)上(河口)线铁路永甸站。

㉖ 《万历明会典》卷一二六及卷一二九。

㉗ 《明神宗实录》卷四五五,《熊廷弼疏》。

㉘ 《明经世文编》卷三六三,张学颜:《辽东善后处分疏》。

㉙ 《国榷》卷八十,4962 页。

㉚ 《明神宗实录》卷四五五,熊廷弼:《勘明抚镇弃地啖虏疏》。

㉛ 同上,卷四二四、卷四五五。

㉜ 同上,卷四二四。

㉝ 同上,卷四五五。

㉞ 《国榷》卷八十,万历三十四年己未,4962 页。

㉟ 《山中闻见录》卷二。

㊱ 同上。

㊲ 《明神宗实录》卷四五五;《国榷》卷八十一。

㊳ 《清太祖高皇帝实录》。

㊴ 《武录》卷一,故宫本,第 7 页上。

㊵ 《满文老档》,日本译本,《太祖》,55 页。

㊶ 同上,《太祖》,155 页。

㊷ 同上,《太祖》,159 页。

㊸ 同上,《太祖》,297 页。

㊹ 同上,《太祖》,27 页。

㊺ 同上,《太祖》,55 页。

㊻ 同上,《太祖》,404 页。

㊼ 同上,《太祖》,277 页。

㊽ 同上,《太祖》,273 页。

㊾ 同上,《太祖》,356 页。

㊿ 同上,《太祖》,993 页。

51 《武录》卷二,5 页。

52 《满文老档》,《太祖》,19 页。

53 《武录》卷二,11 页。

54 《满文老档》,《太祖》,83 页。

55 《满洲实录》汉文卷七,《辽海丛书》本,14 页。

㊻ 《满文老档》,《太祖》,885 页。
㊼ 同上,《太祖》,583 页。
㊽ 同上,《太祖》,616 页。
㊾ 同上。

明代在东北黑龙江的地方行政组织
——奴儿干都司

一、奴儿干所在

奴儿干在黑龙江下游恒衮河汇合口东岸特林地方，距离黑龙江口庙街（俄名尼古拉也夫斯克）二百五十余华里。恒衮河又作亨滚河、兴衮河，今在俄境，名阿姆贡河。特林，西方作 Tyr，有的书译为帝尔，在北纬 53 度，东经 140 度。在元代文献里，称为弩儿哥（《元文类》卷四一，《经世大典序录·政典·招捕类》，辽阳嵬骨条）。嵬骨，《元史》作骨嵬，是对的。骨嵬就是苦兀、库页。这是日本学者发现的，对音与地望都符合，是可信的。《经世大典》里有《招捕类》，不是《元文类》的《招捕类》，要注意。

清代官书《满洲源流考》又把奴儿干改译为尼噜罕或尼噜干。尼噜干（奴儿干）满语是画（《满洲源流考》，卷二十），应是说它风景如画。我们在 19 世纪 60 年代出版的《俄罗斯人在黑龙江上》（196 页）和鸟居龙藏的《东北亚洲搜访记》（汉译本，154 页）两书所描写的那里风景，都得到证明。

关于奴儿干和特林（Tyr）的分别记载，中外都早有了，但把特林和奴儿干联系在一起，是 1885 年（光绪十一年）我国曹廷杰首先发见的。那时他在考察旅行，经过特林，看到有两座明代永宁寺石碑，从碑文确定奴儿干就在特林，亲自将碑文拓下来带回中国。这一发现，当时是震动中外的。

元初至元九年(1272)，元兵征服奴儿干，不久它就成为进攻库页岛的据点。

明代方志(《辽东志》卷九，《全辽志》卷六)说它“元为东征元帅府”，日本学者根据这个记载，认为元代东征元帅府就设在其地。这个说法，我们觉得是可疑的。因为：

(1) 元代并无此文献。

(2) 相反，《元史 · 世祖纪》至元十五年(1278)记载说，“以征东元帅府治东京”(九月戊子条)，东京是辽阳，与此不合。

奴儿干是元代流放地区。元代刑制，凡流放远地的称为流远，除了女真族、高丽族流放湖广以外，大都流放到奴儿干。[①]也有流放云南和海南的，[②]但较少。后因流放奴儿干的人太多，站赤运输负担过重，于是按照罪行，“重者发付奴儿干，轻者于肇州从宜安置，屯种自赡”[③]，因而“奴儿干出军”和“肇州屯种”，成了罪行轻重的区别。流放奴儿干的人，不限于普通刑事犯，也有政治犯。如延祐七年(1320)八月，亦怜真以违制不交兵权流奴儿干；至治元年(1321)三月，太监孛罗铁木儿流放奴儿干；至治三年(1323)十二月，流诸王曲吕不花于奴儿干，[④]都是。流放奴儿干的普通刑事犯多数是汉人，元统间(1333—1334)，新城地主骆长官流放奴儿干，他的朋友杭州人孙子耕亲自送他到肇州；[⑤]广东番禺人陈浏在大德六年(1302)死在流放的肇州，[⑥]这样，汉人的习俗也广泛留在奴儿干。东北各少数族原来是萨满教传布区域，在元末奴儿干出现了佛教的观音堂，[⑦]就是汉俗遗留的证明。

二、明代奴儿干都司的设立和变化

1. 设立年代和背景

奴儿干都司建立于永乐七年(1409),但实录的原始记载比较简略,又有删汰,读者容易误解,现在稍稍加以分析说明。

1368年(洪武元年)明王朝接替了元王朝,但东北的元代残余武装纳哈出还盘踞东辽河一带,阻隔了辽东同中原的联系。朱元璋注意中原生产的恢复,先统一和开发北方和西南,直到1387年(洪武二十年)纳哈出降后才经营东北。因此,东北黑龙江等处的地方区域设置多在永乐时。永乐二年二月,忽剌温女真头目来朝,置奴儿干卫;[⑧]永乐二年(1404)四月黑龙江等处女真来朝;[⑨]永乐七年(1409)闰四月又置奴儿干都指挥使司(都司)。

2. 奴儿干都司的停止活动

还有一个问题,明代土官无俸给,[⑩]一切由部族供应。都司是流官,也有土官,[⑪]流官都有俸粮,[⑫]岁用浩大。奴儿干都司建立后,明政府正全力注意北面,对东北的开发还未着手,以招谕抚恤工作较多。宣德二年(1427)升了康旺、王肇舟、佟答喇哈、金声等人的官,《实录》记载说"旺等累使奴儿干招谕,上念其劳,故有是命";[⑬]宣德五年(1430),命康旺、王肇舟等"仍奴儿干都司抚恤军民;"[⑭]宣德六年(1431)记载说,康旺"自永乐以来,频奉使奴儿干之地,累升至都指挥使,至是复命往设都司,旺辞疾,乞以(其子)福代"。[⑮]这里的"累使"、"频奉使"、"仍"或"仍往"、"复命往设都司",都说明这些奴儿干都司的官员不是常年驻守在那里,而奴儿干都司的机构并没有明令取消。机构未取消,官吏由于供应困难,又不能在职，他们到什么地方去了？从史料看，一般到各地方卫所寄俸带支，如佟答剌哈在“三万卫带支百户俸”[16]即其一例。这是经济原因造成的。应该特别指出，明初奴儿干都司官吏不常驻本管地区的措施，并不妨碍国家的领导和主权：(1)明代东北少数族是由明政府直接领导的——属夷，一切政令不必通过都司。(2)当时奴儿干都司的职责主要是招谕、抚恤和“比朝贡，往还护送，率以为常”，[17]都是可以另行临时派人办理的。(3)奴儿干都司职官在各卫寄俸，仍然可以随时征调。(4)不在土官地区要求供应，可以减少矛盾。当然，这全不是最初设立奴儿干都司的原意。宣德时(1425年6月—1435年正月)对奴儿干都司存废的意见争议很激烈，最后在宣宗临死宣谕给辽东总兵官、辽东都司和镇守太监等人说，“凡采捕、造船、运粮等事，悉皆停止，……其差去内外官员人等俱令回京，官军人等各回卫所着役。尔等宜用心抚恤军士，严加操练，备御边疆”。[18]谕旨并无废除奴儿干都司明文，但造船运粮停止，人员军士撤还，奴儿干都司实际上就不可能存在了。这就是为什么：(1)有的书上说奴儿干都司明令罢设，(2)明代官书又一直标出都司名称和它的卫所，而于事后实录还有关于奴儿干都司赏赐争议[19]记载的相互矛盾原因。谕旨最后几句，特别指出边防还要加紧，更说明疆土没有放弃。英宗以后的实录，奴儿干都司名称虽然不见，而代之以“黑龙江等处”、“黑龙江诸部”，都是显著证明。[20]

三、奴儿干都司的区域和领属的卫所

明初奴儿干都司继承了元代的领域，包括黑龙江、乌苏里江左右两岸以外的广大地区。明《寰宇通志》卷一一六记载说,“其人地东濒海,西接兀良哈,南邻朝鲜,北至奴儿干北海(鄂霍次克海)”。区划为一百八十四卫,二十所[21]。后来由于人口和生产的发展,氏族部族的扩大分合,发展到三百八十四卫、二十四所。[22]这不是领域扩大而是区划增多。这些卫所和西南地区的少数族不同,称为属夷[23],就是直接统属于中央的少数族。所以它们的朝贡封赏,从不经过都司转达,而是直接到中央来的。《实录》记载直称某卫,也不加都司名称。明中央政权衰落后,这些卫所一直仍在明王朝的统治下,不过为了自己不受侵扰,常常倚靠一个比较强大的部落结成联盟。努尔哈赤出生的建州卫,也是奴儿干都司所属卫所之一。努尔哈赤在明政府支持下逐渐强大后,他利用他的军事力量和政治力量向外发展,成为一方霸主。奴儿干都司在永乐初建立时有一百一十五卫,到永乐末有一百七十九卫[24],经过不断的分合发展,天顺时加到一百八十四卫[25],到万历时加到三百八十四卫[26]。这些不同氏族、不同部族甚至不同民族的几百个单位,都经过明王朝的任命,成为明王朝的一部分。明王朝按照它们各族的血缘团体和联合体的族属大小、人丁多少、力量强弱分为都司、卫和千户所,给以都督、都督佥事、指挥、指挥佥事、千户、百户、镇抚等不同等级的名位。

法定的卫所头目,明王朝发给他们“诰印冠带袭衣及钞币”不等[27]。诰也叫诰命,一品至五品给诰命,六品以下给敕命[28],又叫贡敕,又称敕书,是任命的证书,凭着它才能到北京朝贡,并领“年例赏物”;印是管理权的象征,有它才能对部下发号施令;冠带袭衣是规定的制服,朝贡时要穿戴,只能穿赏赐的,不能自制[29]。

四、几点说明

1. 上面谈到永乐帝设置奴儿干都司有其政治和经济的目的。

永乐初明代首都还在南京，北京称行在。1408 年（永乐六年）八月永乐帝下令明年北巡，目的是要征讨蒙古。随即征调陕西等六个都司的兵士扈巡，并下令停止各种工程，命人专司运输。1409 年二月他从南京出发，三月到北京，闰四月设置奴儿干都司。七月命丘福北征，八月大败于胪朐河，九月下令亲征，次年五月班师回京。

为了北征，先立东北面的都司，说明是为了作好接应，为进军的右翼，在北征途中他和群臣谈到女真的长白山[30]不是偶然的，看出他思想上注意女真。他经营女真，造船通漕，未尝不是想从黑龙江北部进入蒙古，从东北开发推进到北面的开发。清初皇太极的进入察哈尔，在张家口设立互市，正是效法永乐。所以从全国发展来看，设置奴儿干都司是有进步意义的。

2. 永乐帝朱棣在少数族地区设立流官的奴儿干都司，不设土官，看出他想加速文化经济交流，推进民族的调融，用后来的名词说，就是提前改土归流。

自辽宋金元以来，这一带各族包括汉族的往来是多的，文献上记载也很多，都以简单汉语作共同语。而永宁寺碑反映的由观音堂扩大为永宁寺，而且一再重修，都说明了这一点。

西方文献反映的当时少数族的农业发展，对中国丝绸的爱好，汉族风俗的移入，如纸糊窗户，鱼皮的染色釉彩等等，也都说明了这一点。如果奴儿干都司维持下去，文化继续发展下去，而满族不入关，专心经营，我国东北经济发展，一定可以提前一二百年。

3. 1409年明代在黑龙江口左近设立流官的奴儿干都司和土官的卫所，都是明朝在黑龙江、乌苏里江左右两岸的地方组织。土官土司是少数族的自治组织，也即地方行政组织。他们都是中国封建王朝任用的统治官吏，有必要并且派兵进驻。

4. 奴儿干都司从1409—1435年继续地活跃了二十六年。

二十六年中，明廷对于它的应存应废，争论不绝，主要是从资金出发，一句话怕花钱。怕花钱是由于没有钱，没有大量的钱，没有原始积累，这反映当时还是封建经济，资本主义因素还没有萌芽。明朝统治者是从封建主义的经济观点，是从封建等级制利益出发，认为对他们无利可图，所以不能持久经营。

5. 奴儿干都司所辖的领土区域，是从元朝政府继承下来的。

奴儿干都司所属的卫所，在明王朝的法令上称为“属夷”，就是直属朝廷的少数族。奴儿干都司停止活动以后，所属卫所的属夷对明王朝隶属的朝贡关系并未间断。卫所数目的增多，并不是原来领土的扩大，而是向明廷直接朝贡领取敕书的族部数目的增加和次数的频繁。即使在明王朝中叶衰弱之后，原奴儿干都司所辖卫所各属夷仍然是在明王朝的统治之下，并假借中央朝廷的名义兼并其他弱小部族，夺取其敕书，进行互市朝贡，领取年例封赏。明王朝对奴儿干都司各属夷的统治权，从明初一直维持到明末为建州卫属夷努尔哈赤兴起建立后金政权后改为清政权代替为止。

原载《史学集刊》1982年第三期

注 释

① 《元史》卷一〇三《刑法志·职制下》。

② 《元史》卷二十九《泰定帝本纪》至治三年。

③ 《元典章新集·刑部·刑制》"发付流囚轻重地面条"。这个文件在延祐七年(1320),但肇州屯种早已有了。

④ 以上分见《元史》卷二十七《英宗本纪》,卷二十九《泰定帝本纪》。

⑤ (元)杨瑀:《山居新语》,《知不足斋丛书》本。

⑥ 《元史》卷一九七《孝友传·陈韶孙传》。

⑦ 明永乐十一年永宁寺碑。见钟民岩:《历史的见证——明代奴儿干永宁寺碑文考释》,《历史研究》1974 年第一期。

⑧ 《明太宗实录》卷二十六,永乐二年二月癸酉条。《明会典》及《明一统志》说,卫设于永乐三年。

⑨ 《明太宗实录》卷二十八,永乐二年四月戊子条。

⑩ 万历《明会典》卷三十九《俸给》不列土官。又廪给,进贡人员俱支廪给。又卷一一八《兵部铨选》,"土官中头目原无专职品级",无品级当然不支俸。

⑪ 《明史》卷七十六《职官志》,"都司并流官,或得世官"。

⑫ 《明太宗实录》卷一〇七,永乐十五年十月丁未条。

⑬ 《明宣宗实录》卷三十一,宣德二年九月丁亥条。

⑭ 《明宣宗实录》卷六十九,宣德五年八月庚午条。仍字下别本有"往"字。

⑮ 《明宣宗实录》卷八十四,宣德六年十月乙未条。

⑯ 《明宣宗实录》卷八十,宣德六年六月癸丑条。

⑰ 《全辽志》卷六。

⑱ 《明宣宗实录》卷一一五,宣德十年正月甲戌条。

⑲ 《明英宗实录》卷一一,宣德十年十一月己巳条。

⑳ 《明英宗实录》卷七十一,正统五年九月戊午条;又卷一六〇,十二年十一月癸丑条;卷一七三,十三年十二月乙丑条。

㉑ 《明一统志》卷八十九,女直。

㉒ 万历《明会典》卷一二五。

㉓ 万历《明会典》卷一二五。

㉔ 《寰宇通志》卷一一六,女直。

㉕ 《寰宇通志》成书于景泰七年(1456),《明一统志》修于大顺二年

(1458),都说一百八十四卫。

㉖ 万历《明会典》修于万历十五年(1587),卷一二五说有卫三百八十四,所二十四,站七,地面七,寨一,共四百二十三。《吉林通志》卷十二《沿革志》说"凡四百五十八",无细目,不取。

㉗ 《明太宗实录》卷二十六,永乐二年二月癸酉条。

㉘ 《明会典》卷一二二《兵部》,诰敕。

㉙ 《明会典》卷一一一《礼部》,给赐。

㉚ 《国榷》卷十五,1039页。

清初满族的统一[①]

我国东北三省在历史上和内地一样，都成立了郡县制的地方行政机构，直到1377年(明洪武十年)才改置卫所，“府县俱罢”。[②]满族兴起，1618年(明万历四十六年、清天命三年)努尔哈赤率领满族军队进占抚顺，1621年(天启元年、天命六年)进占沈阳、辽阳以后，除了明朝管辖区域，不再见到卫所名称[③]。1644年(崇祯十七年、顺治元年)清政权迁进北京，建立全国政权，1653年设立辽阳府暨辽阳、海城二县，才又逐渐恢复府县制，但在18世纪一十年代还依然是“自奉天(沈阳)过开原，出威远堡关而郡县尽”[④]，就是说开原以北还未设州县。

满族进入北京以前，在东北的地方行政机构，因为时间较短，又非全国政权，因而史学工作者多不加注意，今特有所说明。

我国东北包括黑龙江、乌苏里江江外广大地区，从女真族全国政权金王朝以后，一直在元、明、清三个王朝政权统属之下，也就是中国的领土。王朝虽然更迭，领土人民始终是中国的，这是绝对不能改变的。一个新王朝的成立和巩固是有过程的，各地的土地人民隶属于新政权也是有先后的。在历史悠久、土地广大的国家里，某一地方在某一时期还未隶属于新王朝仍然打着旧王朝旗帜的事是常见的，例如明洪武初年的云南，清顺治初年的厦门。这只能说它那时还不属于新王朝，而不能说它不是属于中国的。

清王朝缔造者努尔哈赤出身于女真族建州卫贵族。建州卫在明代是“给与印信，俾仍旧俗，各统其属，以时朝贡”⑤的东北少数族卫所之一。同它一样的东北少数族，在永乐时有一百七十九卫。⑥经过不断地分合发展，天顺时加到一百八十四卫，⑦到万历时加到三百八十四卫。⑧这些不同氏族、不同部族甚至不同民族的几百个单位，都经过明朝的任命，成为明王朝的也就是中国的一部分。

明东北少数族，法令上称为“属夷”⑨，就是直属朝廷的少数族，和西南少数族“土官”的隶属于地方政府有所不同，经常举行“大阅”⑩，派人“巡边”，⑪“烧荒”⑫，稽察统治比较严格，压迫剥削也比较残酷。明中叶以后，政治越来越腐朽，控制的效能虽然降低，本质上还是一样。努尔哈赤在1623年（天命八年）曾历数明万历帝对少数族的压迫、干涉等罪恶，认为满族的战争不息都是万历罪恶造成的。⑬。

东北属夷由朝廷按照它们各族的血缘团体和联合体的族属大小、人丁多少、力量强弱分为都司、卫和千户所，给以都督、都督佥事、指挥、指挥佥事、千户、百户、镇抚等不同等级的名位。

法定的卫所头目，明王朝发给他们“诰印冠带袭衣及钞币”不等⑭。诰也叫诰敕、贡敕，又称敕书，是任命的证书，凭着它才能到北京朝贡，并领“年例赏物”；印是管理权的象征，有它才能对部下发号施令；冠带袭衣是规定的制服，朝贡是要穿戴。

所谓朝贡，就是臣属关系的表现，就是统治与被统治、保护与被保护关系的确定。1613年（万历四十一年）努尔哈赤进攻叶赫，叶赫报告明廷，明廷一面派人制止，一面虚张声势派兵往叶赫驻防，努尔哈赤也就亲到抚顺解释，并投递一份书面报告。双方都在做戏。可以看出,在明中叶衰弱之后,保护与被保护的实际作用虽然已不存在,而走过场的空架子还在保留着。因此,诰敕印记的象征观念依然根深蒂固,互相兼并首先要把诰敕印记抢过来。嘉靖时,哈达夺叶赫贡敕七百道,1537年(嘉靖十六年)哈达和叶赫平分了海西诸部敕书九百九十九道[15],1588年(万历十六年)努尔哈赤派人持五百道敕书向明廷领年例[16],我们还在《满文老档》看到努尔哈赤集团保存无数的努尔哈赤家族以外的敕书,都是这个原因[17]。

有人说朝贡只是一种"互市"关系,这没有根据。如果确如他们所说,那么为什么努尔哈赤在三十四年之间只有四次朝明[18]? 又为什么各少数族首领总是不断的要求互市,要求开马市、木市呢?

在明王朝封建政权下,关于属夷朝贡,贡期的规定,贡品的数额,贡道的指定,人员的限制,边关和沿途官役的勒索干扰,宫廷太监的规例,兵部、礼部、会同馆的挑剔,以及口译通事的刁难渔利,经纪商人的盘剥垄断,都给朝贡属夷造成极大的损失和污辱,这在记载里是常见的。所以很少按年朝贡[19]。

明代东北少数族既然不寄希望于朝贡,那么为什么还去北京朝贡? 原因各有不同,共同的一条是为了"领年例赏物",回来好食"赏物"骄傲旁族,表示臣属关系良好,藉以不受欺压;"本地所产"也可以拿到各"关口互市交易,照例取赏"[20]。所以争霸的部族都利用它并且控制它。努尔哈赤当时互市在"抚顺、清河、宽奠、叆阳四处关口",这才是它们真正的贸易所在。

明中叶后,朝廷越来越腐朽,部分属夷越来越强大,称国称汗。扈伦四部都自称为国;建州的王杲、王兀堂,哈达的万以及乌喇的布占泰都称汗[21]。但他们仍用原来受封的卫所名义到北京称臣朝贡。形成"其通于明皆以所领卫,令于所部则曰国"[22]的半独立局面。所以张居正执政时说："今东患在属夷。"[23]甚至认为"(夷)患不除,我终无安枕之日",指的就是这种局面。这说明东北少数族的生产正在发展,明代社会正在变化。少数族要求统一,要求不受双重剥削和压迫,而明廷又振作不起来,不能阻止少数族逐步实现这些要求。努尔哈赤本人正是发展变化中的一分子,在这个浪潮中,他跟上了时代,跟上了发展,促成了满族的统一。特别是他承担了这个使命。

清代记载说,努尔哈赤的父亲和祖父于1583年(万历十一年)在明攻占古勒城时被误杀,因此起兵替父祖报仇。此事经过,明代史书未见。但古勒城破和城主阿太被杀的时间在1583年二月[24],与清代记载相合。努尔哈赤以受害家属向明廷控诉,受到抚恤,是可能的,但起兵的话不免夸大。这时他只有战甲十三副,几十个人,力量是微弱的,只是开始单独活动。

从1583年开始,努尔哈赤"招徕"和"攻取"了很多其他部族,并和明廷保持一定关系,经过六年,1589年提升为都督佥事[25]。1590年、1592年、1598年、1601年四次亲到北京朝贡[26]。经过三十四年,1616年统一了东北,统一了满族,建立了自己的政权王朝,就是清王朝的前身。有的书称为"后金"。历史家为了区别于1115年阿骨打建立的金王朝称为后金是可以的,说建立后金是不妥当的。《满文老档》虽然也有后金字样,也是为了区别,而且不如称金的多。我们今天参观沈阳故宫博物馆,一进门就看见陈列的牛庄城云版,上面清楚铸着"大金天命癸亥年(八年,1623)铸"字样,不是后金而是"大金"。

努尔哈赤开始活动,年纪已二十五岁,比起当时其他少数族贵族显得晚些,反映出他这一家在建州卫里是弱小的,他的父亲祖父也不是什么上层贵族，说明他后来的成功不是凭籍家庭关系而依靠的是生产和群众。

清初编年史总结他们胜利的年代和原因，有两条记载。一条在 1588 年（万历十六年）说：“太祖遂招徕各部，环满洲而居者皆为削平，国势日盛。与大明通好，遣人朝贡。”[27]时在所谓起兵的第六年，说明他们开始起兵。一条在 1619 年（万历四十七年、天命四年）说：“满洲国自东海至辽边，北自蒙古、嫩江，南至朝鲜鸭绿江，同一音语者皆征服，是年诸部始合为一。”[28]时正灭叶赫之后，说明他们统一了各少数族。两个年代都是关键的年代。另外明代编年史在 1601 年（万历二十九年）说：“奴酋（努尔哈赤）自此益强，遂不可制。”[29]这时努尔哈赤灭了哈达，在上一年本来已占据了哈达，由于明廷干涉而退出，又被叶赫侵略，明廷不管，努尔哈赤再度占领了它，所以明廷说“遂不可制”。这是明廷的总结，承认从此自己不能指挥努尔哈赤了。这也是一个关键的年代。三个年代是努尔哈赤军事政治力量发展的三个阶段的界标。我们今天总结满族的发展和统一，用这三个年代作界标也相宜。明末东北的统一与满族的统一是一致的。至于 1616 年的建立统一政权，1618 年第一次进攻明管城堡，虽然也是关键事件，但只是统一过程里面的一些成果。满族统一过程可概括如下：

1583—1588 年，是满族发生阶段；

1588—1601 年，是满族发展阶段；

1601—1619 年，是满族统一阶段。

第一阶段，努尔哈赤开始活动，力量微弱，没有被其他部族所重视，甚至自己家族的人也不满意他，愿意合作的只是一些附近居住的几家被压迫的人。在得到明廷安抚后，依靠明廷威势，先后收服或征服了附近的董鄂部、哲陈部、苏完部、苏克苏浒河部等的某些城;1586 年杀了仇人尼堪外兰;1587 年在平岗建立根据地;1588 年开始与别的部族缔婚。这是努尔哈赤兴起阶段,也就是满族发生阶段。

第二阶段,努尔哈赤加紧靠拢明王朝,四次亲到北京朝贡,和几个强大部族通婚联盟,但很不坚固,这时开始向较远部族进攻。1591 年攻长白山鸭绿江路,1598 年远征安褚拉库路。1599 年虎尔哈路降附,是远道来降中较早的。从 1593 年抗拒九部联军胜利后,和扈伦四部发生矛盾,参予了它们之间的斗争。1595 年攻辉发,1596 年送布占泰回国为乌喇国主,1599 年占领哈达,由于明廷干涉退出,1601 年再度占领哈达灭了它[30]。这是努尔哈赤逐步强大阶段,也是满族发展阶段。

第三阶段,努尔哈赤建立了强大根据地赫图阿喇(1603)和一些自己施行的政治经济制度,最后建立了独立的满洲政权——金(1616)。分别先后攻取了强大霸权的辉发(1607)、乌喇(1613)和叶赫(1619)。更广泛地向较远地区发展,1607 年到了瓦尔喀蜚悠城,1609 年到了瑚叶路,1610 年到了绥芬,1616 年到了黑龙江。同时加强了和蒙古族的和好。这是努尔哈赤完成东北少数族统一阶段,也就是满族统一完成阶段。

这三个阶段里,东北少数族各部族间的相互关系和对明王朝朝廷的关系是错综曲折的。

1601(万历二十九年)努尔哈赤不顾明廷干涉,第二次灭了哈达,似乎和明廷已经决裂,但事隔半年,当年十二月又亲到北京朝贡[31],明廷也不敢说什么,依然赐宴如例。朝贡回来,应该对明廷留有好感,但过了五年,1606 年他又接受了蒙古上的尊号昆都仑汗尊号（汉文作神武皇帝）[32]，妄自尊大。1614年（万历四十二年）明廷一个中级武官巡边，自己跑去跪接[33]，过了二十个月，1616年他又"黄衣称朕"了。这种反复，固然有他的现实考虑，也蕴藏着强烈的反压迫反剥削的斗争。

在这个阶段出现了"满洲"这一名称。在清初以前的历史上没有见过，是努尔哈赤创造的。他在何时创造、创造出来代替哪个他要避讳的名词，全无明确记载。《清太祖武皇帝实录》说，他的始祖建国，"其国定号满洲"，应该是国名；又说"满洲后世子孙俱以鹊为祖，故不加害"，又像部族名或者是氏族名；又说，努尔哈赤生时，"是时有识见之长者言，满洲必有大贤人出"，又像是努尔哈赤的家族名。同一本书里，记载不同，互相矛盾。许多处称"满洲国"，仔细分析，指的还是满洲族。在努尔哈赤称帝以前，无论是努尔哈赤一家，建州卫一部，建州女真这一氏族，从未建立过国家，所以"满洲国"只是努尔哈赤的假想，最初可能他想要建立这样一个国家，后来随形势的发展，就把它扩大为表示全民族的名称了。

那时，明王朝称这个民族为女真（女直），本民族自己称为珠申，努尔哈赤有意把它改为满洲。《满文老档》在1613年（万历四十一年）九月有一段记梦的文字，同时出现了女直、珠申国、满洲国三个不同的名字[34]。说明还未统一。值得注意的是努尔哈赤自称用的是珠申国而不是满洲国。另外，凡是满、汉并举时，满文都写作"珠申"和"尼堪"。说明满洲名称出现后，珠申的名称仍在普遍应用，以致到1635年（天聪九年）皇太极还要下令禁止再用珠申字样[35]。

当第二阶段，努尔哈赤强盛扩张的时候，1591年（万历十九年）叶赫压迫努尔哈赤割让一个城给它，派人对努尔哈赤说，乌喇、哈达、叶赫、辉发、满洲“言语相通,势同一国”[36],岂有分为五国的道理,现在你的土地比我多,应该划出一个城给我。努尔哈赤回答说,我是满洲,你是扈伦,你国土地虽大,我不能夺,我国土地你怎么能来强要。这说明这时在努尔哈赤思想里,满洲概念是以国家主权为标准而规定的,和后来不同,没有包括扈伦四国在内。语言相通应该合成一国的问题是叶赫提出来的,应该是各族人的多数愿望,努尔哈赤没有理解,严词拒绝了叶赫的要求。但是不久他就接过这个口号,提出“同一音语”(同一语言)问题[37],认为同一语言的国家应该统一。同时于1599创制满语字母[38],成为语言固定下来的符号,为统一语言提供了便利条件。终于在第三阶段实现了这种按语言的统一。于是满洲概念也从满洲国变满洲族,成为后来的满族。所以满洲这一新名称的提出,促进了满族的统一,也促成了努尔哈赤对东北地区的统一。

在我国历史上,满族祖先靺鞨族建立过渤海国,经过二百十四年(713—926)灭亡;女真族建立过全国性政权的金王朝,经过一百二十年(1115—1235)灭亡;但直到努尔哈赤时期才算第一次全民族统一。

在努尔哈赤进行统一活动招附各部的汉文记载里,经常见到部主(如董鄂部部主)、路长(如朱舍里路长)、城长(如兆佳城长)、城主(如洞城城主)、寨主(如马尔墩寨寨主)[39]等名称,这些部、路、城、寨都是明王朝的卫所和所属地方。路就是卫,《清太祖武皇帝实录》“征东海兀吉部所属呼夜卫”,《东华录》作“征渥集部所属瑚叶落”,又“兀吉部内瑞粉卫酋长吐朗”,《东华录》作“渥集部绥芬路长图楞”[40],都是明证。城就是所。他们不满足于明王朝卫所都指挥、千百户、镇抚等官名,而用自己统领的地名称长称主,但仍属于明王朝领土和统治之内。

在努尔哈赤活动初期，由于人口少，土地宽阔，又有强大部族包围，为了便于管理，避免争夺、叛变，凡归附的人全部迁到努尔哈赤住地附近，加以编制安排。1588年（万历十六年）对苏完部、董鄂部一部分，1598年（万历二十六年）对安褚拉库部，1607年（万历三十五年）对瓦尔喀部蜚悠城，1611年（万历三十九年）对虎尔哈路扎库塔城都是如此。后来归附的多起来，中间间隔的部族也统一了，才不再全部集中，如渥集部东额黑库伦（1615）、东海萨哈连部（1616）都是。这种集中居住，加以编制安排，是满族融合扩大的基础之一。迁移一地集中居住才能完成统一组织，促进统一生活和生产，也就促进了融合。清初满族统一当然有共同的物质条件，从历史上看，集中居住是它促成条件之一。集中居住对促成满族的统一，从而又为全国统一提供了必要的条件，这不是努尔哈赤当初所能想得到的。

各少数族归附努尔哈赤的时间有先后，迁移集中的情况也不同，甚至同一家族也参差不齐。1588年栋鄂部长何和礼率所部归附努尔哈赤，他老婆领着一部分部众仍留原地，后来听说努尔哈赤把女儿又嫁给何和礼，于是一怒率领武装来向何和礼挑战，经过说服，她才罢兵归附[41]。库尔喀部长郎柱是最先归附的部族领袖之一，他只派儿子杨古利跟随努尔哈赤。不久朗柱被部众杀掉，他的老婆背负着小儿子骑着马左右射击才逃出来，后来部众也降附了努尔哈赤[42]。1618年十月虎尔哈的纳哈达率部众一百来降，努尔哈赤把他们分列两行，愿留下的一行，愿回去的一行，还是有人愿意回去[43]。当然都是他们首领的意见。从这些故事反映出，就在同一部族里，他们上层之间的思想意识、社会生活也是有所差别的，说明当时社会思想是动荡的，在变。

努尔哈赤正是在变化中的一个。在他开始活动的第二年（1584），一夜捉到一个贼，家人都主张杀掉，努尔哈赤说："我若杀之，其主假杀人之名，必来加兵掠我粮食。"他这时想到的不是你来抢我，我就去抢你，而是想到"粮食被掠，部属缺粮，必至叛散，部落散则孤立矣。彼必乘虚来攻，我等弓箭器械不足，何以御敌"[44]。从重视生产、重视粮食、重视战略这一观点衡量，他比当时一切奴隶主是进步的。这种思想一直支配着他到建国以后。攻下城镇，首先清查粮食，1622年（天启二年、天命七年）在右屯卫一次就运走米四十二万一千一百多斛，粟米一万五千二十多斛[45]。在他那个时代，交换是困难的。他注意交换所以重视商人，和他们广泛往来。我们在《满文老档》和其他文献中看到，在他建国时至少有三个大商人成了他的高级将领：开原商人刘兴祚[46]，后做副将；抚顺商人佟养性[47]，后做总兵；清河商人李继学，做都司，他儿子李国翰进入北京做定西将军[48]。另外还有一个马元龙[49]。1616年十一月努尔哈赤派了商人渡黑龙江进入伯克力三十六寨[50]。这不仅是贸易，也是政治活动。1618年攻下抚顺，"有山东、山西、涿州、杭州、益州、河东、河西等处商人十六人，皆给路费，书七恨之言付之令归"[51]，这更是政治了。

《满文老档》天聪五年（崇祯四年，1631年）二月一日有下面记录：

南面刘五哥派五人由陆路送来：

毛蓝布一百十八匹	合银七十一两
水银十四斤半	四十三两五钱

白蜡药二斤半	七两五钱
头簪	三两
针四万八千个	十两
缎一匹纱一匹	五两
朱一斤	二两
烟叶一百八十把	四两
共	一百四十六两[52]

此事不见于《东华录》。所谓南面，指鸭绿江口外皮岛周围小岛。皮岛自1629年明袁崇焕杀毛文龙后，这时在刘兴治控制下，第二年就失败了[53]。刘五哥不知是谁，大约是明军小军官，可能就是刘兴治兄弟辈。刘兴祚、刘兴治等兄弟五六人虽然先后被清廷杀掉，他们和努尔哈赤、皇太极的关系原来是密切的。

这是一次数额较小的交易，皇太极招待殷勤，来时设宴，回去还派人相送。反映出清人对商业贸易的重视关心。也反映出明朝正在实行经济封锁，迫使清人不得不如此到处走私。这次送货，已经不是实物交换，全用货币交换，也是值得注意的。

从上面许多事实，可以看出，关于经济工作，努尔哈赤集团最为突出，提高经济活动水平，这在整个东北少数族里是最需要但也是最缺乏的。努尔哈赤利用这一条件，进行东北少数族的政治统一工作，因而无往不利。

注 释

① 本文原题作《清初东北的地方行政机构》，含下面五个部分：一、满族的统一；二、传统的牛录额真；三、牛录的基层——乡长姓长；四、各旗散居地区的城守官；五、旗汉分治后的府县。只成稿第一部分《满族的统

一》，故今以此为题。——编者注

② 《明史》卷十七《地理志》，1974 年标点本，952 页。

③ 雍正《盛京通志》(就是王河纂修的《盛京通志》，印行于乾隆元年，为了区别于乾隆四十三年《盛京通志》，改称雍正《盛京通志》，后同)卷十《建置沿革》、嘉庆《大清一统志》卷五七《盛京统部》、《清史稿·地理志二》都说“顺治元年悉裁诸卫”。但清代关外记载中早已不见卫所。乾隆中，《清朝通志》卷二八《地理略》“辽阳州条”有“天命十年于此设辽海卫，顺治十年改辽阳府”，“铁岭条”略同。既说设卫，又不说顺治元年罢卫，而且同书同页又有天命十年设海州、盖州、金州的记载，都无“卫”字，疑上面两个“卫”字是衍文。

④ 方式济：《龙沙纪略》；书中引 1716 年公文档案，应该作于此时。

⑤ 《明一统志》卷八九《女直》。

⑥ 《寰宇通志》卷一一六《女直》。

⑦ 《寰宇通志》成于景泰七年(1456)，《明一统志》修于天顺二年(1458)，都说一百八十四卫。

⑧ 万历《明会典》修于万历十五年(1587)，卷一二五说有卫三百八十四，所二十四，站七，地面七，寨一，共四百二十三。

⑨ 万历《明会典》。

⑩ 《山中闻见录》卷一，万历四十二年三月条。

⑪ 王先谦：《东华录》天命一，乙卯年四月条。

⑫ 《辽东志》卷三《兵食志·边略》。

⑬ 《满文老档》，日本译本，太祖部分，696—697 页。

⑭ 《明太宗实录》卷二六，永乐二年二月癸酉条。

⑮ 《清史稿》列传十《杨吉砮传》。

⑯ 《清太祖武皇帝实录》卷一，戊子年条。

⑰ 《满文老档》，万历三十八年(1610)条，日本译本，1958 年东京版，第三册 1173 页以下。

⑱ 努尔哈赤自起兵到称帝，凡三十四年。其间仅在 1590 年、1592 年、1598 年、1610 年四次朝明。见《明神宗实录》卷二二二、二五一、三二七、三六六各卷。有的书不算 1592 年一次，只说三次。

⑲ 万历《明会典》卷一〇七《礼部》，“建州海西岁一遣人朝贡”。

⑳ 《清太祖武皇帝实录》卷一，戊子年四月条。

㉑ 《满文老档》，日本译本，太祖部分，20 页，万历四十年九月条称

“布占泰汗”。

㉒ 《清史稿》列传十，传论。

㉓ 《张文忠公全集》，书牍二，与辽蓟总督。

㉔ 《明神宗实录》卷一三三。

㉕ 《明神宗实录》卷二一五，万历十七年九月乙卯条。

㉖ 《明神宗实录》卷二二二庚子条，卷二五一戊子条，卷三二七癸酉条，卷三六六乙丑条，《国榷》漏载1598年一条，孟森《清史讲义》不算1592年一次，认为只有三次。

㉗ 《清太祖武皇帝实录》卷一，戊子年条。

㉘ 《清太祖武皇帝实录》卷三，天命四年八月条。

㉙ 《明神宗实录》卷三六六，万历二十九年十二月甲戌条。

㉚ 据《清太祖武皇帝实录》卷二己亥年条，辛丑年正月条。王先谦：《东华录》灭哈达列在己亥年，蒋良骐《东华录》同。

㉛ 再灭哈达，据《清太祖武皇帝实录》卷二辛丑正月条；朝贡事见《明神宗实录》卷三三六，万历二十九年十二月丙寅条。

㉜ 《清太祖武皇帝实录》卷二，丙午年十二月条。

㉝ 王先谦：《东华录》天命一，甲寅年四月条。

㉞ 《满文老档》，日本译本，太祖部分，37页。

㉟ 王先谦：《东华录》天聪十，天聪九年十月庚寅条。

㊱ 《王氏东华录》天命一，辛卯年正月条。《清太祖武皇帝实录》卷一无这里的八个字，作“总一国也”。

㊲ 《清太祖武皇帝实录》，天命四年八月条，天命六年正月十二日条。

㊳ 王氏《东华录》，己亥年二月辛亥条。

㊴ 以上均见王先谦《东华录》天命一。

㊵ 《清太祖武皇帝实录》卷二，己酉年十二月条。王先谦《东华录》天命一，己酉年十二年条。

㊶ 《清史稿》列传十二《何和礼传》。

㊷ 《清史稿》列传十三《杨古利传》。

㊸ 王先谦：《东华录》天命二，天命三年十月丁卯条。

㊹ 《清太祖武皇帝实录》卷一，甲申年五月条。

㊺ 《满文老档》，日本译本，太祖部分，498页，天命七年正月二十六日条。

㊻ 王先谦：《东华录》天聪，天聪二年九月庚申条。

㊼ 《清史稿》列传十八《佟养性传》;《满文老档》,日本译本,太宗部分,195 页。

㊽ 《清史稿》列传二十三《李国翰传》;《满文老档》,日本译本,太宗部分,200 页。

㊾ 《满文老档》,日本译本,太宗部分,203 页。马元龙是译音,本名和事迹待考。

㊿ 《满文老档》,日本译本,太祖部分,75 页。

51 《清太祖武皇帝实录》卷二,天命三年四月条。

52 《满文老档》,日本译本,太宗部分,473 页。单内"朱"未详。

53 王先谦:《东华录》天聪六,天聪五年三月甲午条。

清初统一黑龙江

一、黑龙江

黑龙江满语称为萨哈连乌喇[①]，达斡尔语称为喀喇穆尔[②]，蒙古语称为喀喇穆伦[③]。萨哈连、喀喇汉语都是黑，乌喇是江，穆尔、穆伦也是江。黑龙江水深，泥沙少，远望像黑色，所以称为黑江、黑河。鄂伦春语称为满珲[④]，意义不明。达斡尔语又称喀喇穆尔为马穆尔[⑤]，沙俄从西伯利亚阿尔丹河土著口中听到马穆尔河这一名称，误为阿穆尔河，沿用下来，于是成为今天西方通用的名称。汉语在南北朝隋唐称为黑水，是萨哈连乌喇的意译[⑥]，金朝以后称为黑龙江，应该是汉人看到它的曲折蜿蜒好像传说的龙一样而改定的。这证明早就有不少的汉族人亲身看到黑龙江，所以给它定了一个更形象的名称。

上面的萨哈连乌喇、喀喇穆伦、喀喇穆尔、黑水、黑龙江这些名称，都是指这个江从发源到入海的全部流程而言。后因黑龙江上下游水色不同，汉语一度出现了混同江的名称，一条江遂有两个不同的称呼。《金史》说"混同江一名黑龙江"[⑦]，是最早的记载。《明一统志》说黑龙江"南流入松花江"[⑧]，松花江"合混同江东流入海"，就是说，黑龙江以松花江汇合口划界，上游为黑龙江，下游为混同江。这个说法比较普遍，清代《盛京通志》和嘉庆《一统志》等书都采用，区分也清楚。如说精其里江“南入黑龙江”，乌苏里江“北流会混同入海”[9]，但是，明《一统志》有混同江“俗呼宋瓦江”，《盛京通志》改为混同江“即松河里江”，嘉庆《一统志》又改为混同江“今名松花江”，从而把混同江名称伸延到松花江的整个流程，凡流入松花江的，如虎尔哈河、辉发河等[10]，都说成是流入混同江。清末修的《吉林通志》又认为，松花江在嫩江汇合口以下，直到与黑龙江合流入海，统名混同江，在嫩江汇合口上游名松花江，因此它说虎尔哈河（今名牡丹江）流入混同江，辉发河流入松花江[11]。各书说法不一，可知并非通用名称，都是各时代上层分子有意制造的混乱，老百姓没有承认，所以在各少数语言中始终未改。我们为了辨明历代地名的概念，可以知道它，但不要用它。

黑龙江后来成为行政区域名称。1683 年（康熙二十二年）设黑龙江将军[12]，与奉天将军、宁古塔将军同隶属于盛京；1907 年（光绪三十三年）改行省，与奉天、吉林同隶于东三省总督，都在本文涉及的时期以后，故不详谈。这里只提一句，就是清代黑龙江将军辖区以及黑龙江省区，与今天的黑龙江省区域不同，是以松花江与吉林分界的。今天黑龙江省许多市县，包括哈尔滨市、牡丹江市，在过去都属吉林将军辖区或吉林省区。

黑龙江又是清代的一个城名，黑龙江城即今爱辉，又称黑河，老爱辉城在黑龙江左岸海兰泡[13]。

本文阐述的黑龙江，指黑龙江流域全程——从发源到入海和它左右两岸以外的广大地区。这一地区，自古以来就是中国的领土，“从很早的古代起，我们中华民族的祖先就劳动、生息、繁殖在这块广大的土地之上”。在历史发展悠久的民族里，所谓古不是指二三百年前，也不是四五百年前，而是若干个世纪。关于这方面的事实，不多重复，只谈几件小事。

唐代，黑龙江是黑水靺鞨住牧区。开元十四年（726），在它境内最大部落设立黑水府，以它的首领作都督，由唐政府派汉官作长史，"就其部落监领之"⑭。所谓长史，相当于总办公室主任。这时它的邻境渤海靺鞨境内也设立了忽汗州，也由首领兼都督，但没有派长史。渤海靺鞨怀疑这种待遇不同，可能是消灭它的先兆，更可能是黑水靺鞨和唐政府的合谋，于是渤海靺鞨首领就派他弟弟发兵进攻黑水靺鞨，他的弟弟反对，认为这样就是"背唐"，"一朝结怨，但自取灭亡"。⑮从唐政府的设置汉官长史，和少数族的不肯背唐这两方面，都可以看出，唐代对东北少数族地区，不是名义上统属，而是有力的直接统治。

辽代，黑龙江少数族称为生女真，当时政令，辽帝所到地方，周围一千里内的少数族酋长都要去朝见。天庆二年（1112），辽天祚帝耶律延禧到混同江（黑龙江）钓鱼，附近的酋长都来朝见，在头鱼宴（庆祝宴）上，延禧命各酋长人人歌舞，酋长中惟独阿骨打再三不干，延禧认为他跋扈，想借边事除掉他，枢密使肖奉先替他解释才无事⑯。这时阿骨打已很强大，第二年自称都勃极烈（最高总治官），第四年（1115）就自己称帝了。可是在这时还不能不按照规定朝见，反映出黑龙江是辽政府强固统治下的领土。

元初，东北是宗王乃颜的封地，至元二十四年（1287）乃颜叛元，乃颜死，余党叛变；至元二十五年（1288），玉昔帖木儿"倍道兼行，过黑龙江，捣其巢穴"⑰，又兀爱"讨塔不歹朵欢大王于蒙可山那江（嫩江）"，"与八喇哈赤脱欢相拒，绝流战黑龙江"，"敌大败"⑱。蒙古宗王在封境作战，他们的补给和兵源不能不扰及封地的其他氏族，这也反映他们之间的统治关系是广泛的。而且，既要“过黑龙江，捣其巢穴”，又要“绝流（断流）战黑龙江”，可知蒙古宗王们的统治所及远在黑龙江左岸以外广大地区。宗王乃颜叛乱平定以后，元在乃颜故地置肇州[19]，成为屯种基地[20]，行中书省制度施行以后，黑龙江沿岸归辽阳行省水达达路管辖。《元史》有很多记载，至顺元年（1330）九月一条说：“辽阳行省水达达路自去夏（1329）霖雨，黑龙、宋瓦（松花）二江水溢，民无鱼为食，至是末鲁孙一十五狗驿狗多饿死，赈粮两月，狗死者给钞补市之。”[21]从这里可以清楚证实，黑龙江是元朝领土，包括以鱼为食的少数族在内的各族人民都是元朝人民，他们和全国其他地方人民一样，分别隶属于府、路，由行省管辖，遇有灾荒也和其他行省一样，由中书省赈济。

元代在黑龙江下游奴儿干流放罪人，是值得注意的。

奴儿干在黑龙江、恒滚河（又作亨滚河，今俄境阿姆贡河）汇合口东岸特林地方，距黑龙江口庙街（俄名尼古拉也夫斯克）二百五十余华里[22]。元初文献作弩儿哥[23]，清代官书改译尼噜罕（又作尼噜干）[24]。位处北纬53度，东经140度。元代刑制，凡流放远地的称为流远，除了女真族、高丽族流放湖广以外，大都流放到奴儿干[25]，也有流放云南和海南海岛的[26]，但较少。后因流放奴儿干的人太多，站赤运输负担过重，于是按照罪行，“重者发付奴儿干，轻者于肇州从宜安置，屯种自赡”[27]，因而“奴儿干出军”和“肇州屯种”以区别罪行的轻重。放奴儿干的人，不限于普通刑事犯，也有政治犯，如延祐七年（1320）八月亦怜真以违制不发兵，杖流奴儿干；至治元年（1321）三月，太监索罗铁木儿的流放奴儿干；至治三年（1323）十二月流诸王曲吕不花于奴儿干都是[28]。流放奴儿干的普通刑事犯多数是汉人，元统间（1333—1334）新城地主骆长官流放奴儿干，他的朋友杭州人孙子耕亲自送他到肇州[29]。广东番禺人陈浏在大德六年（1302）死在流放的肇州[30]，这样，汉人的习俗也广泛地流传于奴儿干。东北少数族原来是萨满教传播的区域，在元末，奴儿干出现了佛教的观音堂[31]，就是汉俗遗留的证明。因此，那些认为奴儿干不是中国领土，中国人从来没有到过那里，以及是什么荒远不毛之地，都是没有根据的。

二、明代的黑龙江

明初，东北的元代残余武装纳哈出盘踞东辽河一带，阻隔了中原和黑龙江地方的往来，洪武二十年（1387）纳哈出降明后[32]，才加强联系，因此黑龙江的地方建置多在永乐时。永乐二年（1404）四月黑龙江等处女真来朝[33]。永乐二年二月忽刺温女真头目来朝，置奴儿干卫[34]。永乐七年（1409）闰四月又置奴儿干都指挥使司（都司）。《实录》记载说：

> 初头目忽刺冬奴等来朝已立卫，至是复奏其地冲要宜立元帅府，故置都司。以东宁卫指挥康旺为都指挥同知，千户王肇舟等为都指挥佥事，统属其众。岁贡海东青等物，仍设狗站递送。[35]

这一记载至少告诉我们三点：1. 奴儿干地方冲要。这和它的地理形势、历史记载相符合，可知朱棣在这里设置都司有其政治和经济目的。2. 奴儿干都司是卫所的上级机构，统属各卫，不是奴儿干卫的升格。奴儿干都司设立后奴儿干卫依然存在[36]。3. 用东宁卫长官为都指挥同知，东宁卫隶属辽东都司，其后永乐十二年（1414）又派辽东都司兵三百人往奴儿干都司护印[37]。所谓护印就是驻防，就是派辽东都司兵士到奴儿干都司地区驻防。都说明奴儿干都司初建时是流官，不是土官[38]。

奴儿干建立都司后，在元代的发展基础上更加扩大。永乐十一年（1413）将原有的观音堂庙宇扩建为永宁寺，先后立了两座石碑，说明汉族人到这个地方的人更多了，财富和力量更大了。但是地方究竟太远，给养运输困难，几次在松花江造船运粮（1429，1430年），都无实效[39]，朝廷政策因之时有反复。到宣德十年（1435）正月宣宗死，奴儿干都司实际上停止了活动，其后没有明令恢复。

关于明初奴儿干都司的建立，有两个问题必须搞清楚。第一，上面提到1409年设置都司，我们照录了实录记载全文，但隔了十九年，《宣宗实录》宣德三年（1428）正月庚寅又有下列记载："命都指挥康旺、王肇舟、佟答剌哈往奴儿干之地，建立奴儿干都指挥使司，赐都司银印一、经历司铜印一。"[40]地方、职务、人名相同，只是有详略。这是什么原因？是错误重复了吗？是1409年虽建立了都司，"而未实抵奴儿干之地"[41]吗，还是有其他原因呢？首先我们知道《实录》是按年月日纂辑的，偶尔颠倒是有的，将几年前已见记载的旧事重复记上去是困难的。康旺原是都指挥同知，1427年升都指挥使[42]，这里用的是新官称，又加了一名前次未见的佟答剌哈（也是和康旺同时升职的），显然是新的记载。康旺在1407年就任奴儿干都指挥同知职务后，曾两次请派护印的兵士，而且1413年的永宁寺碑实物具在，说当时未实抵奴儿干，是说不通的。一定别有原因。第二，在景泰纂修的《寰宇通志》，天顺纂修的《一统志》，毕恭纂修的《辽东志》,万历纂修的《大明会典》都记载了奴儿干都司和它管辖下的卫所,但是我们在英宗以后的《实录》里没有看到奴儿干都司主官的任命,只看到卫所主官的任命。这又是什么原因?我们认为这两个问题同样反映一个事实,就是奴儿干都司的建立和废止常有反复。

明代土官无俸给,一切由部族供应,都司是流官,也有土官[43],都司的职官都有俸粮[44],岁用浩大。奴儿干都司建立后,明政府正全力注意北面,对东北的开发还未着手,所以招谕抚恤工作较多。宣德二年(1427)升了康旺、王肇舟、佟答剌哈、金声等人的官,《实录》记载说"旺等累使奴儿干招谕,上念其劳,故有是命"[45];宣德五年(1430)命康旺、王肇舟等"仍奴儿干都司抚恤军民"[46];宣德六年(1431)记载说,康旺"自永乐以来,频奉使奴儿干之地,累升至都指挥使,至是复命往设都司,旺辞疾乞以(其子)福代"[47]。这里的"累使"、"频奉使","仍"或"仍往"、"复命往设都司",都说明这些奴儿干都司的领导人员不是常年地驻守在那里,而奴儿干都司的机构并没有明令取消。机构未取消,由于供应困难,官吏又不能在职,他们一般就到各地方卫所寄俸带支,如佟答剌哈在"三万卫带支百户俸"[48]即其一例。这是经济原因造成的。应该特别指出,明初奴儿干都司官吏不常驻本管地区的措施,并不妨碍国家的领导和主权:1. 明代东北少数族是由明政府直接领导的属夷,一切政令不必通过都司。2. 当时奴儿干都司的职务主要是招谕、抚恤和"比朝贡,往还护送"[49],都是可有可无或者可以另派人办理。3. 奴儿干都司职官在各卫寄俸,仍然可以随时征调。4. 不在土官地区要求供应,可减少矛盾。当然这全不是最初设立奴儿干都司的原意。宣德时对奴儿干都司存废的争议很激烈,最后在宣宗临死宣谕给辽东总兵官、辽东都司和镇守太监等人说:“凡采捕造船运粮等事,悉皆停止……其差去内外官员人等俱令回京,官军人等各回卫所着役。尔等宜用心抚恤军士,严加操练,备御边疆。”[50]谕旨并无废除奴儿干都司明文,但造船运粮停止,人员军士暂时撤还,奴儿干都司实际上就不再活动了。这就是为什么:1.有的书上说奴儿干都司明令罢设,2.明代官书又一直标出都司名称和它的卫所,3.事后《实录》还有关于奴儿干都司赏赐争议记载的互相矛盾原因[51]。谕旨最后几句,特别指出边防还要加紧,更说明疆土没有放弃。英宗以后的《实录》,奴儿干都司名称虽然不见,而代之以“黑龙江等处”、“黑龙江诸部”[52],都是显著证明。

明初奴儿干都司继承了元代的领土,包括黑龙江两岸在内,区划为一百八十四卫,二十所[53],后来由于人口和生产的发展,改划成三百八十四卫,二十四所[54]。这些卫所和西南地区的少数族不同。称为属夷[55],就是直接统属于中央的少数族。所以他们的朝贡封赏,从不经过都司转达,《实录》记载直称某卫,也不加都司名称。明中央政权衰落后,这些卫所一直仍在明统治下,不过为了自己不受侵扰,常常倚靠一个比较强大的部落结成联盟。努尔哈赤出生的建州卫,也是奴儿干都司所属卫所之一。努尔哈赤在明政府支持下逐渐强大后,他利用他的军事力量和政治力量向外发展,成为霸主。但从记载上看出,还是用政治招服的多,战斗并不都是激烈的,谈不上是远征。

三、努尔哈赤集团力量到达黑龙江

努尔哈赤集团力量到达黑龙江[56],始见于明万历四十四年

(1616,清天命元年)的实录。在前虽然收服过的虎尔哈路、宁古塔路都在今天黑龙江省境内,但当时记载未标明黑龙江字样。这次实录记载既明白标出萨哈连乌喇名称,又把它的结冰期和松花江作了比较,在回程又招服了乌苏里江附近的阴达珲塔库拉拉等三处地方,说明他们所到的不只是某一个地方,而是黑龙江中下游相当长的一段流程的两岸。

上面的阴达珲塔库拉拉,阴达珲满语是犬,塔库拉拉满语是使用,合起来是一个地名。所以《清太祖武皇帝实录》注解说:“即役犬处也。”后来改修《实录》称为“使犬部”,在《满文老档》称为使犬国[57]。有的书中把它割裂为阴达珲路和塔库拉拉路是错的[58]。清代记载说:“赫真(赫哲)飞雅喀使犬,鄂罗春(鄂伦春)其棱使鹿以供负载,皆驯熟听人驱策。”[59]所以有使犬使鹿的名称。使犬部又称鱼皮部[60],西籍称高尔第[61],属赫哲喀喇[62],住居松花江、乌苏里江、黑龙江两岸,是今天赫哲族的先民。

1616年,努尔哈赤命扈尔汉、安费扬古率兵二千征东海萨哈连部,他们于七月十九日从赫图阿拉(新宾)出发,到达乌尔简河造船二百只,水陆并进,取沿河南北的柏吉力等三十六个屯寨,随后在黑龙江南岸佛多落坤寨安营。这年黑龙江结冰较往年稍早,十月一日已结冰[63],他们踏冰达到江北,收取萨哈连部十一个寨,十一月回程又招服阴达珲塔库拉拉路、诺罗路、石拉忻尼路、路长四十人。扈尔汉、安费扬古率兵于十一月七日回到赫图阿喇,归附的四十个路长和家属部众一百多户于1618年2月到达[64]。努尔哈赤在扈尔汉、安费扬古回来之后,立即派人携带商品前往黑龙江北岸柏吉力地方办理货物交换[65]。当时还没有国营商业,这实际上是变相的征收赋税,说明努尔哈赤政权势力已经达到黑龙江。

努尔哈赤收服黑龙江的记载，见于1636年修成的《清太祖武皇帝实录》[66]，和更早的原始记录《满文老档》，是最可信的资料。由于记载简略，加以后代地名改换，有人说什么“招服使犬部首领一事，发生在1617年[67]，这点颇令人怀疑”[68]。他们的理由是：1.资料没有提到这次远征的俘虏人数和把他们编入满洲牛录的事；2.这时叶赫部很强大，隔在努尔哈赤和萨哈连部中间，它同努尔哈赤又是敌对，“令人无法想象，满洲军队究竟走的是哪条路线”；3.与此次进军有关的一些地点，根本无法考证；4.此次进军以后，在满洲编年史—实录里，隔了十六年到1633—1635年才又见到使犬部，而且记载混乱不可信，又隔二十五年之后，到1660年这个部落的名称才重又出现。因此，这帮人认为“不免令人产生一定怀疑：此次远征是否确有其事”，从而进一步造出“十七世纪满洲文献资料中根本没有提到过在这一时期阿穆尔河（黑龙江）上曾住有任何满洲人”的说法。同时提出，1616年征服黑龙江的事“是从准备侵略阿尔巴金（雅克萨）时期才开始首次提及的”，就是说它是1682年中国为了收复雅克萨城特意编造的这一故事，真是荒唐！

首先，历史上记载不是千篇一律的，《清实录》虽然于1610年征雅览路记载俘万余人，于1611年征乌尔古辰路木伦路二路记载了俘千余人，征虎尔哈路扎库塔城记载了俘二千人，但于1599年灭哈达，于1609年征渥集部滹野路，于1613年征叶赫，都不记载俘获人数。可见征萨哈连部不记载俘虏人数并没有什么可疑。至于降附氏族的分旗编牛录，《实录》从不记载，更是无可议的。

那些认为在努尔哈赤与使犬部中间，隔了一个强大的敌人叶赫，因之无法通过，这种说法在地理上是错误的，在当时形势上也是错误的。我们知道，叶赫部居住在叶赫河，据方志叶赫河在今吉林省吉林市西四百八十多里，叶赫河流入占尼河，占尼河西南流入威远堡叫扣河，扣河流入清河[69]，清河流入辽河，今称大清河。这几条河都很短，大清河在地图上还找得到，可以辨明它的方位是在吉林省西部。叶赫部当时筑有叶赫城、叶赫山城、叶赫商坚府城[70]，相距不远，方志说都在今吉林市西四百八九十里，相当于今天吉林省伊通县一带。更概括地说，叶赫部在松花江以西。松花江以东，还有广大地区存在着通往黑龙江省的许多道路，怎样能说“令人无法想象满洲军队究竟走的是哪条路线”呢？在这次战役以前，努尔哈赤部队早于1607年到过瓦尔喀部蜚悠城、渥集部赫席黑路，1608年到过渥集部虎尔哈路（牡丹江流域）、宁古塔路（宁安），1609年到过渥集部滹野路，1610年到过渥集部绥分路（双城子、绥芬河流域），1614年到过渥集部雅揽路，1615年到过渥集部顾纳喀库伦，又是怎样去的呢？1614年蒙古扎鲁特部来送亲，1615年蒙古科尔沁部来送亲又是怎样来的呢？

叶赫部曾经强大过，但在努尔哈赤强大之后，力量已渐衰。1604年努尔哈赤攻取了它的七个寨，1613年又征叶赫烧毁了它十九个寨，收服一个寨，叶赫不能抵抗，求救于明朝，明派了火器步兵一千人替他守城，才免于灭亡。从此它对努尔哈赤部下的任何行动都无力干涉了。哪有力量阻拦努尔哈赤集团攻取使犬部呢？

1616年努尔哈赤部下攻取萨哈连部行军经过的地方，虽然记载简略，也不是无法考证的。

兀儿姜河又作兀尔简河、乌勒简河，满语称乌勒简毕拉，毕拉是小河，明代曾设立乌尔简河卫，最后受职乌尔简河卫都指挥佥事的人，名乌尔噶，事在万历二十七年（1599）二月[71]，说明确有此事，但《明一统志》和《盛京通志》都未见其名。乌尔简满语是猪，东北河名用猪字标称的,《明实录》有建州卫在婆猪江住坐的记载[72],《朝鲜实录》有努尔哈赤在婆猪江上游多造船只的记载[73],史家认为婆猪江就是流入浑江的佟家江。《嘉庆一统志》说吉林城(今吉林市)西南有苇占河“相近有乌勒间河合焉”,“俱北流佟家江”[74],两说相近。

《清太祖武皇帝实录》既说“在乌尔简河造船二百只”水陆并进,那么乌尔简河必然可以直航黑龙江。从今天地理看,新宾东北有几条小河通辉发河,是松花江上游。这些小河在历史上是否叫过乌尔简河,虽尚待考定,但方位和流向是毫无可疑的。从历史上看,松花江是明代东北造船工业的中心,见《明宣宗实录》[75]和《明史·巫凯传》。所以乌尔简河应该是松花江上游的一个支流。今吉林市又称船厂城[76],是明代造船厂所,努尔哈赤集团初次贯穿一定利用原来造船设备进行制造,乌尔简河可能在今天吉林市附近。《盛京通志》有乌尔噶河[77],声音相近,但乌尔噶河在今爱珲县北一千六百多里,流入阿尔几河,阿尔几河流入精其里江(俄名结雅河),在黑龙江北,努尔哈赤集团北征,先到乌尔简河,后到黑龙江南岸,乌尔简河不能仅在黑龙江北,显然方位不合。

在吉林乌喇(今吉林市)城西南五百多里有小山名乌尔坚峰[78],靠近哈达城,对音相近,但记载未说有无“乌尔坚河”,地望也偏南,与《实录》所说乌尔简河不合。

在吉林乌喇(今吉林市)南边的松花江上游,辉发河从西流入,河边有辉发城,原是辉发部的旧居,辉发建国称汗就在其地,1607年,被努尔哈赤所灭,成了他的领土,距离兴京不过三四百华里,从辉发城到吉林乌喇也不过三百多华里,进军是便利的,所以扈尔汉、安费扬古北征萨哈连部采取这条线路是很有可能的。当然我们也注意到，在今天黑龙江省南部向北流入松花江的大河，还有一条牡丹江，当时称虎尔哈河，它经流的地方如虎尔哈路、宁古塔路（今宁安）等，也早于1608年降附努尔哈赤，扈尔汉等从这里进军也是可能的。两种可能，在资料上尚难确定。但从后来情况看，吉林乌喇西、南、北的扈伦四部降附后颇为安定。而虎尔哈河流域直到皇太极时还有战争，仍在动乱，反映出努尔哈赤政权势力在吉林乌喇附近比在虎尔哈河流域较为强固，他们不从虎尔哈河流域进军的可能性似乎更多一些。从地理上看，一远一近，也是如此。采取较近的进军道路的可能性总要多一些。再从造船便利看，吉林乌喇也有一定可能条件。

扈尔汉等招服使犬部的同时，还招服诺落路和石拉忻尼路。据方志记载，宁古塔东有挪落河，又作诺垒河，"东流入乌苏里江"[79]，诺落路应在它流域内。挪落河支流有石拉忻河[80]，石拉忻尼路（又作石拉忻路）应在它流域内。就是黑龙江以南乌苏里江以西地区。《清太祖武皇帝实录》指出，这三个路都在扈尔汉等从黑龙江回程时招服，所以在黑龙江南岸正相符合。

安费扬古等在黑龙江南岸安营的佛多落坤寨，《满洲实录》作佛多罗兖寨，应该是今天的爱辉，或它对岸海兰泡（俄名布拉戈维申斯克）的附近。爱辉旧称托尔根[81]，托尔根是地名不是人名，佛，满语是老，佛多落坤寨就是老托尔根寨，音义相合。爱辉是从对岸海兰泡迁来的，所以佛多落坤应是海兰泡或其附近。《柳边纪略》叙述爱浑（爱辉）城，谈到天命元年（1616年）八月命安费扬古往征的事[82]，必然有根据，但他未说明是征伐老城海兰泡，还是新城爱辉。《清太祖武皇帝实录》说在黑龙江南，南岸是右岸，则以爱辉为是。这一问题还要等爱辉迁城时间考定后才能确定。但佛多落坤寨在爱辉新旧两城附近是无疑的。

某些人说，清初关于使犬部的记载第一次出现后，隔了十六年才于1633—1635年再次出现。我们查对，使犬部记载再度出现于1618年阴历二月，是第一次记载后的十六个月，而不是十六年。1633年以后见到的记载是对黑龙江虎尔哈部等处的用兵而不是使犬部。如果认为同在今天黑龙江地方可以互相印证，那么我们愿意提示，早在1599年已经有虎尔哈路长归附努尔哈赤集团了[83]，比使犬部出现的记载还早十六年。

某些人说，皇太极命霸奇兰和萨木什喀的远征，“必须指出对被征部落的记载中的极为奇怪的混乱现象。文献资料记载，此次准备远征的是虎尔哈部，汗的谕旨中却说，令霸奇兰和萨木什喀往征‘黑龙江地方’，没有指明究竟征伐哪个部落；接着，文献又记载说，这些将领‘出征瓦尔喀’。往下，在只隔几行的地方，又说‘往征虎尔哈部落将士凯旋’。这真是混乱已极”[84]。我们查对，这本来是两回事，霸奇兰（巴奇兰）和萨木什喀1634年十二月奉命征讨的是“黑龙江未服之地”，包括虎尔哈在内[85]；征讨瓦尔喀的是吴巴海和荆古尔代（景固尔岱），也在1634年十二月。某些人所说只隔几行记载的凯旋将士是指霸奇兰和萨木什喀率领的部队（1635年四月）；至于吴巴海和荆古尔代征瓦尔喀步队的凯旋在1635年六月。这个问题，不是《实录》记载混乱，而是某些人们阅读的混乱。

在努尔哈赤集团军队力量进入黑龙江沿岸之后，政治经济力量也就跟着进入，派人前往收购，是其一例。不久，努尔哈赤向明管区进军，主力部队都在西线，但对虎尔哈等处也还不断进行招抚，有时也不免用兵。大致有如下记载：

1618 年十月	东海虎尔哈部长来归。
1619 年正月	派穆哈连率兵往收虎尔哈遗民。六月收丁壮二千人回。
1625 年三月	征东海瓦尔喀部，喀尔达等率降众三百三十人归。
四月	征瓦尔喀部，达珠瑚、车尔格率俘获归。
八月	征虎尔哈部，博尔晋等俘五百户归。征东海卦尔察部，雅护、喀穆达尼等率俘获千人归。
十月	征虎尔哈部，阿拜、塔拜、巴布泰等俘千五百人归。

以上这几次出兵都有俘获，努尔哈赤很重视，回来时都亲自出城迎接，设宴慰劳。这说明他对俘获人口极感兴趣，而且让将领们统率以归，反映出建国初期兵源和劳动力的缺乏和需要。后来皇太极曾说："向者我国深以得众为难，今人民辐辏。"[86]所谓得众为难就是说劳动力缺乏，补充为难。

四、皇太极对黑龙江的经营

皇太极于 1626 年即位后，对黑龙江仍继续经营，大致如下：

1626 年十月	征卦尔察部，达珠瑚率俘获百余人回。
十二月	黑龙江二十六人来朝贡。

1628 年正月	东方格克里部四部长率属来。
五月	长白山迤东滨海虎尔哈部头目来。
十二月	东方巴牙喇部部长来。
1629 年七月	征瓦尔喀。1630 年四月回。库尔喀来。
1631 年七月	黑龙江虎尔哈部四头目来。闹雷虎尔哈部四头目来。
1632 年十二月	吴巴海征兀扎喇部,俘获七百人,1633 年正月回。
1633 年十一月	季思哈、吴巴海征朝鲜接壤虎尔哈部。
1634 年正月	黑龙江羌图里嘛尔干率六姓来。
五月	黑龙江巴尔达齐来。
九月	阿鲁部毛明安举国来。
十二月	巴奇兰、萨木什喀征黑龙江未服之地。收编户壮丁二千四百八十三、口七千三百零二。1635 年四月回。
	吴巴海、荆古尔代征东海瓦尔喀。收服壮丁五百六十,妇幼五百九十,1635 年六月回。
1635 年十月	复征瓦尔喀,命吴巴海等分四路进军。1636 年先后回。

这一时期,皇太极军队主力先后在对朝鲜、蒙古和明王朝进行激烈战争,上面记载的都是些人数不多的小规模军事行动,正说明这些都是内部的战争。最多出现的是虎尔哈和瓦尔喀两部,这是由于它们住居区域较广,而且有时叛变反抗。我们还注意到,在努

尔哈赤时代称为“东海虎尔哈部”的，在皇太极时代已称为“黑龙江虎尔哈部”。有些部落名称冠上黑龙江字样，也是前所没有的。

皇太极1636年称清帝以后，还有几次重要记载：

1637年五月	前此七个月，席特库、噶尔纠率二十二人追踪盗马逃人叶雷一伙从多博科地方出发，走到兀喇遇到驻防边城守将吴巴海率四十五人来会，一同追到博木博果尔地方，又追到温多地方，杀九十四人，生擒八十三人，得马五十七匹，叶雷逃走被杀。
1637年五月	席特库吴巴海噶尔纠等回沈阳，论功升职。[87]

这一次不是清军远征。这里说的是使鹿部指达斡尔族和鄂伦春族清代统作索伦部，居住在黑龙江中上游两岸。蒙古科尔沁旗在齐齐哈尔西南。黑龙江省北部的背叛逃人一伙盗窃科尔沁的马群，而由清朝官员追踪逮捕，驻防边将也一同追捕，最后并以立功受赏。对于宣称“十七世纪满洲文献资料中根本没有提到过在这一时期阿穆尔河上曾住有任何满洲人”[88]是没有根据的。他们还说，清初在东北没有设置行政官吏，我们在这里明显看到在乌喇设有驻防边城守将。皇太极时期还有下列的远征和朝贡：

1637年七月	喀凯等分道征瓦尔喀。
十月	黑龙江巴尔达齐、精格里河（精奇里江）

	扈育布禄来。
十二月	叶克书、星纳分两道征黑龙江卦尔察。1638年四月回。
1638年四月	卦尔察来。
	尼噶里征虎尔哈回。
	席北部来。
	兀札喇部来。
1639年八月	萨尔纠征库尔喀部。
1640年二月	多济里、喀珠以宁古塔三百人征兀札喇部。

1640年三月记载说，在前萨木什喀、曹海、叶克书、吴巴海等人征索伦部博穆博果尔。在忽麻里河分头进兵，攻破铎陈、阿撒津、雅克萨、多金四木城。博穆博果尔率索伦俄尔吞奇勒里、精奇里兀赖布丁屯以东，兀木内克巴哈纳以西，黑龙江额尔图屯以东，阿里阐以西，两乌喇兵共六千来袭，又把他们攻破，陆续俘获人丁六千九百五十多人。四月凯旋回。五月有三百三十九户来降，分编为八个牛录，博穆博果尔逃走。七月派席特库、济尔哈率蒙古兵三百五十人从蒙古北边往征，十二月把博穆博果尔擒获。博穆博果尔是索伦大头目。这是一次大叛变。清代索伦部包括达斡尔族的鄂伦春族，居住地方分布在黑龙江省北部和黑龙江外。忽麻里河今称呼玛尔河，或称忽玛河，当北纬52度，东经124度，就是黑龙江省最北部的呼玛县附近。呼玛距今苏联阿尔巴津（北纬53度，东经124度半）不远，约三百华里。精奇里兀喇（原误赖）就是精奇里江，兀喇满语是江，今俄名结雅河。

博穆博古尔事件也是清初一次重大事件，但同叶雷事件不同，是一次反抗斗争。博穆博果尔是索伦部的头目，较叶雷为大，早经归附清政权。1637 年吴巴海、席特库等人追捕叶雷曾经过他的住地，他不但没参加叶雷的反清，相反他还参加了对叶雷的追捕[89]。这年十二月，他到沈阳朝见皇太极，1638 年（崇德三年）十月他又到沈阳，十二月又朝见一次[90]，并赐衣、马、弓箭，1639 年（崇德四年）他打出反清的旗帜，说明他对清政权统治不满[91]。所以他的反清和叶雷的盗马潜逃性质是不同的。清政权得到博穆博果尔反清报告后，于 1639 年 11 月命索海[92]、萨穆什喀、穆成格、伊逊、叶克舒等八将领统兵往征，看出清政权对此的重视。

作于 70 年代

注　释

① 萨哈连《清太祖武皇帝实录》作查哈量。

② 史禄国：《北方通古斯之社会组织》，1933 年上海英文版，22 页。

③ 《英国百科全书》Amur 条。原作“蒙古—通古斯语”。喀喇清代或作哈喇。

④ 日本间宫林藏《东韃纪行》称黑龙江为满珲河，据岛田好解说是鄂伦春语。

⑤ H.3.戈卢勃佐夫：《阿尔巴津古城史》，在马穆尔河下括号注阿穆尔河，见黑龙江省哲学社会科学研究所资料编译室译本。

⑥ 古汉语水就是江、河，汉江古称汉水，淮河古称淮水。

⑦ 《金史》卷一《世纪》。

⑧ 《明一统志》卷八九《女直・山川》。

⑨ 王河：《盛京通志》卷一四《山川志》宁古塔、黑龙江条，乌苏里江条，黑龙江、精其里江条。王河《盛京通志》修于雍正时，乾隆元年印行，现为区别于乾隆四十三年《盛京通志》，称王河《盛京通志》。

⑩ 嘉庆《一统志》卷六七《吉林·山川》混同江条，瑚尔哈河条。

⑪ 《吉林通志》卷二二《舆地志十·山川五》水道上。

⑫ 据《清史稿·圣祖本纪》二；王河《盛京通志》卷十《建置沿革》作康熙二十三年。

⑬ 今在苏联境，俄名布拉戈维申斯克。

⑭ 《旧唐书》卷一九九下《北狄·靺鞨传》。

⑮ 《旧唐书》卷一九九下《北狄·渤海靺鞨传》。

⑯ 《辽史》卷一二〇《肖奉先传》。

⑰ 《元史》卷一一九《博尔术传》附其孙玉昔帖木儿传。

⑱ 《元史》卷一六六《王綧传》。

⑲ 《元史》卷一六九《刘哈剌八都鲁传》。

⑳ 《元典章新集·刑部》，《刑制》、《刑法》屡见"肇州屯种"。

㉑ 《元史》卷三四《文宗纪》，至顺元年九月丁未。

㉒ 曹廷杰：《西伯利东偏纪要》译作特林，见《辽海丛书》本，22页。日本鸟居龙藏《东北亚洲搜访记》写作Tyr，汉译本译为帝尔。

㉓ 《元文类》卷四一《经世大典·序录》，政典、招捕类，辽阳嵬骨条。此日本学者所发现，对音与地望均合，可信。

㉔ 《满洲源流考》卷一三《疆域》附明卫所城站考作尼噜罕；卷二〇《国俗》，杂缀引《辍耕录》作尼噜干。

㉕ 《元史》卷一〇三《刑法志·船制下》。

㉖ 《元史》卷二九《泰定帝纪》至治三年。

㉗ 《元典章新集》，刑部、刑制、刑法，发付流囚轻重地面条。这个文件在延祐七年（1320），但肇州屯种早已有过。

㉘ 以上分见《元史》卷二七《英宗本纪》；及卷二九《泰定帝本纪》。

㉙ （元）杨瑀：《山居新语》，《知不足斋丛书》本。

㉚ 《元史》卷一九七《孝友传》、《陈韶孙传》。

㉛ 明永乐十一年《永宁寺记》。见《历史研究》1974年第一期。

㉜ 《明史》卷三《太祖纪》。

㉝ 《明太宗实录》卷二八，永乐二年四月戊子条。

㉞ 《明太宗实录》卷二六，永乐二年二月癸酉条。《明会典》、《明一统志》说，卫设于永乐三年。

㉟ 《明太宗实录》卷六二，永乐七年闰四月己酉条。

㊱ 《满洲源流考》卷一三《疆域》附明卫所城站考称，"尼噜罕卫七年

改为尼噜罕都司”,误。

㊲ 《明太宗实录》卷九三,永乐十二年闰九月壬子条。

㊳ 孟森:《明元清系通纪》前编,第三女真源流考略,一,野人女真。

㊴ 《明宣宗实录》卷六〇,宣德四年十二月壬辰条。又卷六九,五年八月庚午条;卷七二,五年十一月庚戌条。

㊵ 《明宣宗实录》卷三五。

㊶ 《明元清系通纪》前编,第三,女真源流考略,一,野人女真。

㊷ 《明宣宗实录》卷三一,宣德二年九月丙戌条。

㊸ 《明史》卷七六《职官志五》,“都司并流官,或得世官”。

㊹ 《明太宗实录》卷一〇七,永乐十五年十月丁未条。

㊺ 《明宣宗实录》卷三一,宣德二年九月丙戌条。

㊻ 《明宣宗实录》卷六九,宣德五年八月庚午条。“仍”字下别本有“往”字。

㊼ 《明宣宗实录》卷八四,宣德六年十月乙未条。

㊽ 《明宣宗实录》卷八〇,宣德六年六月癸丑条。

㊾ 《全辽志》卷六。

㊿ 《明宣宗实录》卷一一五,宣德十年正月甲戌条。

51 《明英宗实录》卷一一,宣德十年十一月己巳条。

52 《明英宗实录》卷七一,正统五年九月戊午条;又卷一六〇,十二年十一月癸丑条;卷一七三,十三年十二月乙丑条。

53 《明一统志》卷八九《女直》。

54 万历《明会典》卷一二五。

55 万历《明会典》卷一二五。

56 《清太祖武皇帝实录》卷二丙辰七月条原作东海查哈量部,《满洲实录》卷四天助冰桥条、《清开国方略》卷五天命元年九月条作东海萨哈连部。

57 分见《清太祖武皇帝实录》卷二天命元年十一月条、《太祖高皇帝实录》卷五天命元年八月条。《满文老档》,日本译本,太祖部分,71 页。国,满语叫作“固伦”。

58 麦列霍夫:《满洲人在东北》附录,考证。

59 《康熙几暇格物编》上之上写印本,4 页,使鹿使犬。

60 《清文献通考》卷二七一《舆地三》。

61 Goldi,或译果尔特,俄称那乃人。见《俄罗斯人在黑龙江上》,1861

年英文本,96 页。

⑥② 《满洲源流考》卷八。

⑥③ 《武录》系于十月,《高录》系于八月,十月较合理。

⑥④ 《清太祖武皇帝实录》卷二,10 页。《满文老档》,日本译本,太祖部分,71—75 页。《满洲实录》卷四,《辽海丛书》本,8 页。《清太祖高皇帝实录》说在九月甲午日。

⑥⑤ 《满文老档》,日本译本,太祖部分,75 页。

⑥⑥ 《清太宗实录》卷三二,崇德元年十一月乙卯条:"太祖武皇帝实录告成。"

⑥⑦ 据《清太祖武皇帝实录》,此次出兵于阴历十一月七日回来,阳历在 1616 年十二月十五日,说在 1617 年是错的。

⑥⑧ 《满洲人在东北》,44 页。以下引文见同书 43 页。

⑥⑨ 《嘉庆一统志》卷六七,吉林、山川;卷六八,吉林古迹。王河:《盛京通志》卷一三《山川》,开原县,永吉州。

⑦⓪ 王河:《盛京通志》卷一五,永吉州城池。

⑦① 《满文老档》,日本译本,太祖部分,1175 页。

⑦② 《明英宗实录》,正统元年闰六月壬午条。

⑦③ 《朝鲜李朝实录·光海君日记》卷一二八,十年五月己酉条;卷一二九,十年六月壬午条。

⑦④ 卷六七,吉林山川。

⑦⑤ 《明宣宗实录》,宣德五年八月庚午条,又宣德四年十二月壬申条。

⑦⑥ 王河:《盛京通志》卷十《建置沿革》,永吉州条。

⑦⑦ 王河:《盛京通志》卷一四《山川》,黑龙江条。

⑦⑧ 王河:《盛京通志》卷一三《山川》,永吉州条。

⑦⑨ 王河:《盛京通志》卷一四《山川志》,《嘉庆一统志》卷六七作"诺垒河"。

⑧⓪ 《盛京、吉林、黑龙江标注战迹舆图》,1935 年大连版,第四排,第 2 上。

⑧① [俄]P. 马克:《黑龙江旅行记》,1859 年圣彼得堡版本,106 页。

⑧② 《柳边纪略》卷一,黑龙江爱浑城条。

⑧③ 《清太祖武皇帝实录》卷二,已亥年正月条。

⑧④ 麦利霍夫:《满洲人在东北》,1974 年莫斯科版,63 页。

⑧⑤ 《清史稿》列传二〇《巴奇兰传》:"天聪八年十二月命偕萨穆什喀

(萨木什喀)分将左右翼兵伐虎尔哈诸部。”

㊇ 《东华录》崇德一,元年十月丙子召谕群臣。

㊈ 《东华录》崇德二,二年五月癸未条。

㊉ 《满洲人在东北》,莫斯科版,52页。

㊊ 《清太宗实录》卷三六,崇德二年六月辛丑条。

㊋ 《清太宗实录》卷四四,崇德三年十月丙午条,又十月癸巳条。

㊌ 《清太宗实录》卷四九,崇德四年十一月辛酉。

㊍ 索海又译曹海。

关于柳条边[①]

一、柳条边的名称和形状

柳条边又名条子边[②],又名边栅[③],又名盛京边墙[④],简称边[⑤],或柳边,满语称为毕埒根[⑥](biregen)。

柳条边是清代划定的,在今天辽宁、吉林两省境内。柳条边,从山海关长城起,东北行到今天辽宁省威远堡,又从威远堡东行转南到辽宁省凤城县,共长一千九百五十余清里。因修建在前,称为老边[⑦];复从威远堡北行转到吉林省舒兰县西的法特,长六百九十余清里,修建在后,称为新边[⑧];统称盛京边墙[⑨]。为了下文叙述方便,我们把山海关到威远堡一段称为西线,把威远堡到凤城县一段称为东线,把威远堡到法特一段称为北线。这只是为了方便而不是历史上有此名称。明代以来原称长城为边墙[⑩],自柳条边称为边墙后,改称长城为边城[⑪]。《清一统志》卷三十九说"盛京边墙西至山海关接边城"是其明证。

柳条边沿线设方土堆,高、宽各约三尺,上面插柳,因此称"柳条边"。在指定的地方作为人马往来的道口,因此称"边门"。土堆上的柳树称为"边柳"。土堆以外挖壕沟一道,宽、深各约八尺,称为"边壕"。今天柳条边已经没有完整的遗迹了。日本为了侵略中国，对柳条边进行了调查。1907 年，发现了清代修理彰武台边门时，写给奉天将军的《西三台边栅例式程途甲数清单》。有如下的记载："边壕：深八尺，底宽五尺，口宽八尺。边柳：一步三棵，粗应四寸，高应六尺，塗（除）土埋二尺，降（余）剩四尺。边外大路：二丈六尺宽。区内马道：一丈一尺宽。"[12]至于威远堡到法特一段的情况，"边栅，高四尺五寸。边壕，宽、深各一丈"。[13]可以说，新边的情况与老边的大体一致。

关于柳条边的柳，是成活的柳树，还是砍伐下来的柳木，过去的记载颇有出入。

（一）康熙二十年辛酉（1681 年）八月，吴兆骞、吴振臣父子入关通过威远堡时的记载说："四十里至乌远堡（威远堡），即柳条边。柳条边垂柳数百里，系前朝所种，以隔中外。"[14]清楚指出是生长着的柳树林。

（二）康熙二十一年壬戌（1682 年）三月初四日，高士奇随康熙帝两次通过柳条边，一次在咸厂，[15]一次也是威远堡，他记载说："道经柳条边。插柳结绳，以界蒙古。南至朝鲜，西至山海关，故曰柳条边。……出此为宁古塔将军所辖。""驻跸威远堡，即柳条边汛守之地，奉天将军所辖也。疆分内外，地势渐高。"[16]这里的插柳可以理解为是活着的柳树，也可以理解为柳木椿，但同"结绳"联在一起，就不可能是柳树了。

（三）康熙二十八年己巳（1689 年）十月和康熙二十九年（1690）二月，杨宾两次通过柳条边，他记载说："今辽东皆插柳条为边，高者三四尺，低者一二尺，若中土之竹篱，而掘壕于其外，人呼为柳条边。"[17]这样"插柳条"显然不是生长中的柳树，也不是柳木椿，而是柳条。康熙十七年（1678 年）修的《开原县志》说："今（黄龙)冈上插篱为边,以限内外,为新边。"[18]这里不说插柳而说插篱,显然不是柳树。

他们三人是相识的。高士奇和杨宾都在书中记载了与吴兆骞的谈话和著作,并引用其书。杨宾还引用了高士奇的《扈从东巡日录》,但是何以他们自己作书时全无辩释,这应该是他们的所见不同。

到了乾隆初年,一般把柳条边解释为木栅,所谓"向来各边,俱编木为栅,以限内外,栅外浚壕,以禁越渡"[19],既不是柳树,也不是柳条。"木栅"之称正与《例式》中的"边栅"相合。《例式》中的边柳"粗应四寸",可以解释为柳树,但是四寸粗的柳树,至少已成活三年,加上柳叶枝条,树冠会更大。它们的间距"一步三棵"是不可能的。清制一步等于五尺,五尺之间植柳三棵,间距不过二尺五寸,[20]再包括树冠,这一间距是容纳不下的。而且这样宽阔的间隔,也无法"以隔中外",防止"私越"。如果理解为柳木桩,间隔太大,更与事理不合。

柳条边是客观实物,诸家的分析解释如此迥然不同,显然不关实物本身,而是观察者的观察角度不同,他们只看到某一方面。合理的解释应该是:柳条边有时是插种柳树建成的;有时利用原有的柳林,如《宁古塔纪略》所说;有时则是插种柳杆,为《例式》所载,由于两树间距太大,用绳系柳木条为栅,所以称为"插柳结绳"(《扈从东巡日录》)。柳条有高有低,可以三四尺,可以一二尺(《柳边纪略》)。工程不是很大,因此便于扩展移徙。

从其他文献上,我们还可以得到某些旁证。由于柳条边是种柳树而形成的,所以金德瑛《和乾隆柳条边无韵诗》"古来辛苦筑长城,何如植此柔柳条"[21]。由于柳条边有时利用原有的柳树,所以康熙帝《柳条边望月》诗“春风寂寂吹杨柳，摇曳寒光度远空”[22]，这里显然是种柳树了。杨宾《出威远堡边门》“柳条三尺认边门”[23]，由于在两树之间捆系木条编列成栅，所以刘纶《柳条边》诗“经为设桓围设蕞”，[24]乾隆帝《入伊通边门》诗“边墙尽柳条”[25]。由于柳条边不高而且间距空隙较大，所以乾隆帝《柳条边》诗“我来策马循边东，高高逾越疏可通”，[26]汪由敦和诗“边门萦绕柳条多，疏为列栅眉才过”[27]，金德瑛和诗“行依柳色束复束，麂眼疏篱面面通。外边策逐里边见，欢笑和答将毋同？”[28]柳条边的修造是简易的，所以刘纶诗说“一线缘边析柳条，版锸不烦人力惫”[29]。

1977 年 2 月，在抚顺讨论清代柳条边的小组会上，知道柳条边的柳条不是杨柳树的枝条，而是另一种叫做柳条的植物。汉语又叫条子。这种柳条是长条，丛生，长不很高，现在东北仍把它作为房地界址，以防止牲畜的闯入。满语叫做“卜儿干”，又叫“毕勒特”，同柳树的“佛多火”（佛多和）分别得很严格。[30]这一说法，从前没有接触过，我想是正确的。至少柳条边有一部分是这种柳条建成的。汉语柳条边又叫条子边，大约都由于此。所谓“插柳结绳”（《扈从东巡日录》），所谓“高者三四尺，低者一二尺，若中土之竹篱，而掘壕于其外”（《柳边纪略》卷一），所谓“柳条三尺认边门”（杨宾《出威远堡边门》诗，见《柳边纪略》卷五），等等记载，也是符合的。

为什么叫柳条边呢？

边在清初的概念是指边疆边境的广大土地，而不是国家的疆界线，更不是指自然的疆界。康熙帝在 1682 年视察，到了今天辽宁省的沈阳、新宾和吉林省的吉林市，距离国家的疆界还很远，但是康熙帝回京后的诏书却说“朕巡行沿边地方”，已称沿边地方。[31]

1661 年奉天府尹张尚贤汇报奉天形势时，把“边”与“海”相对，他说“自山海关以东，至中前所”，“北面皆边，南面皆海，所谓一条边耳”。[32]这所谓北方的边竟在清代旧都沈阳之南。1690 年编写的《柳边纪略》，不只一次地说“边外”、“边内外”，明白指出“东北柳条边内外设将军三：曰盛京将军，曰宁古塔将军，曰爱珲将军，即黑龙江将军”。[33]显然清政府不可能把行政机构设在疆界以外，所以柳条边是在国境以内用柳树作标识设立的界限，是国内的限制线，不是疆界线。

今天，清代柳条边已无完整的遗迹可寻，只有部分地方尚能看到。据调查，尚能大体看到当年概况的，只有威远堡公社东南八里地的毛家屯一带，还保存约三百多米长的一段遗迹，顺山脚南北走向，边壕最深处约有一米半，壕的上口宽约一米，壕楞上面还长着几个直径约二尺粗的柳树墩子和几株碗口粗的柳树。[34]

二、柳条边建立的年代

柳条边从康熙时期的《盛京通志》[35]和其他公私著作到清末宣统年间的杨守敬《历代地志图》底本都有记录，但都没有提到它的建立年代。

1681 年，吴振臣经过开原威远堡柳条边，在他的《宁古塔纪略》中说：“柳条边垂杨数百里，系前朝所种”。[36]所谓前朝，当时的习惯指明朝。[37]开原在 1619 年（明万历四十七年，清天命四年）归属努尔哈赤，在那以前二百多年都属明朝辖土。吴振臣所说的“前朝所种”，不过因为作者看柳条边枝干高大推想而言，不是真的有明朝种的确据，自然不能因此认为柳条边是明朝设立的。

自凤凰城到威远堡，再由威远堡到山海关的柳条边，俗称老边，[38]有人以为既称老边应该就是明代辽东镇边墙。这是没有根据的。1583 年，努尔哈赤追击尼堪外兰，尼堪外兰逃向抚顺，欲进边，明军出边把他赶走。[39]说明明代沈阳附近的边墙是以抚顺所（今辽宁抚顺市北抚顺城）为界。努尔哈赤祖居的赫图阿拉（今辽宁新宾），明清大战的萨尔浒，都在明边墙之外，但是到清代却在柳条边之内。可知柳条边与明边墙并不一致。

清代沈阳西六十里（华里，下同）有土墙基，号称老边，是由沈阳到北京驿道的第一站，清初就有人认为是明代辽东镇边墙。辽东镇边墙既在沈阳以东八十里的抚顺，就不可能在沈阳以西六十里有墙基，两处不是一条线。有人解释说是"即明朝失辽阳后边墙"。[40]我们知道努尔哈赤在 1621 年 3 月攻下沈阳，之后才进攻辽阳，辽沈失后，明起用熊廷弼固守广宁，没有时间在沈阳以西重建边墙。

辽东镇边墙，不是明代边疆的国防线，只是境内区域性的警备线。因为明代的东北边疆在黑龙江和外兴安岭，已有奴尔干都司的设置。而且辽东地区地旷人稀，少数民族聚居，不相统属，时常发生攘夺，于是在必要时于适当的地方设立边墙。因为它是辽东都司所辖，所以名为辽东边墙，或辽镇边墙。辽东镇边墙在宣德年间（1426—1435）还未建立，[41]其后王翱、毕恭建辽河边墙于正统末，是为了防止朵颜三卫，[42]李秉建抚顺边墙于成化初，是为了防制建州女真。[43]边墙路线也有伸改，万历元年（1573）东线伸展到宽甸等六堡，到万历三十三年（1605）又复退回来。[44]辽东镇边墙的建立已在明代全盛以后，工程质量很差，许多地方不久便已残破，而且建造方式不同，所以清代柳条边尽管有在明边墙上重建的地方，也不是原来的旧墙了。因此，认为老边就是明边的意见是不能成立的。

明代著作《寰宇通志》、《明一统志》、《辽东志》、《全辽志》都无柳条边的记载，《满文老档》、《清太祖实录》、《清太宗实录》也未见，可知柳条边的出现一定在清入关之后。同时我们还注意到在1659年到宁古塔的方拱乾[45]写的《绝域纪略》也未提到柳条边。

1661年5月（顺治十八年，时康熙已即位，由四辅臣执政），奉天府尹张尚贤论奉天形势说"广宁城南至闾阳驿、拾山站、右屯卫海口，相去百余里；北至我朝新插之边，相去数十里。"[46]这里所说"我朝新插之边"就是柳条边，不说柳条边而称新插之边，可知柳条边必建立于顺治时，但当时尚无"柳条边"之名。惜史籍未载确实年月。

据康熙《盛京通志》，顺治十一年（1654）在柳条边西段各边门设置笔帖式各一人，[47]可知这时西段已全部完成，至于开始修治时间则不详。[48]东段完成时间，史无明文。凤凰城（今辽宁凤城）是明代以来的重镇，是通朝鲜的孔道。1621年（天命六年，明天启元年）3月，清攻下沈阳、辽阳后，凤凰城一带地方才为清所得，但是明军毛文龙屯住鸭绿江边，是一个威胁。所以1634年（天聪八年，明崇祯七年）清只在通远堡设官驻兵，到1638年（崇德三年，明崇祯十一年）才向南在凤凰城建立行政机构，设官。[49]柳条边东线以凤凰城为起点（或终点），必定要在行政体制完成后才能修建，所以在1638年以前是不会有柳条边东线的。是不是东线就在本年开始？也不然。

1636年（崇德元年，明崇祯九年）十二月，清军南侵朝鲜，从盛京(今辽宁沈阳)出发,到沙河堡(沈阳南)分两路进军,中路向南从镇江(今辽宁丹东)渡江攻朝鲜义州,进军郭山、定州。[50]左翼向东南从宽甸入长山口,攻朝鲜。次年(1637)二月,仍由义州渡江旋师。从后来的地图看,中路除镇江部分外都在柳条边内,左翼一路在柳条边外。《实录》记载并无通过柳条边明文,可知当时还未修建。[51]

当时从朝鲜到辽东,由义州渡鸭绿江到凤凰城是往来大道,从昌城渡江到宽甸一带是荒僻小道,除了走私的以外很少有人走。[52]皇太极第二次侵朝后,强迫朝鲜王储昭显世子作人质,从1637年起留沈阳前后八年。他的随从人员记载了八年的情况,存留下《沈馆录》一书。八年中从朝鲜义州到沈阳往来人多,过鸭绿江后,第一个集中地点,有不同的记载。在1637年是通远堡[53];在1638年8月以后是凤凰城[54],偶尔也在通远堡[55],在1642年10月以后,出现“栅门”的名称,是前所未见的。凡到凤凰城城内的,先在栅门等待,离去也在栅门休止[56]。据记载“栅门”在汤站(今辽宁汤山城)以北,并不是凤凰城的栅门,曾经有人傍晚来到栅门,次日才被送进城[57],说明栅门距凤凰城还有一段路。在这本书里,别处提到栅门,指的是明代边墙门[58],或是庄屯堡寨的门[59]。凤凰城外的这里,不是庄堡,也不是明边,而且是新有的,很可能就是柳条边的边门。在昭显世子留沈阳后,往来朝鲜的人加多,最初以通远堡为集合点,通远堡不方便,又迁到凤凰城,凤凰城不方便,又设立栅门,就是后来的边门,凤凰城边门在城东南三十里,方位也正相当。[60]圈立边栅,后来称为柳条边,这是合乎规律的。所以柳条边东段的修建年代不会早于1642年,由于边门是往来孔道形成的,修治边栅必预留边门,不可能先修边墙后定边门。

日本稻叶岩吉认为，1638 年清太宗皇太极经过凤凰城和咸厂边门，将旧界展出五十里[61]，可惜没有指出资料的来源，我们不能进一步加以分析论证。但从当时形势看，这时清军除了进攻时朝以外，还在进一步进行内部统一，1638 年对虎尔哈[62]、库尔喀[63]正在用兵，它是否有把自己东面地区加以封锁的必要，是值得怀疑的。

1681 年（康熙二十年）在柳条边北线四边门添设防御和笔帖式等官员，见《会典事例》。[64]所以一些书籍都同意柳条边北线是 1681 年完成的。又一说是 1676 年（康熙十五年）盛京将军安珠瑚奉命修建的。安珠瑚于 1678 年（康熙十七年）任奉天将军，当时柳条边北线四边门统属于宁古塔将军，与奉天将军无隶属关系；1676 年安珠瑚任吉林乌喇副都统，[65]也与奉天将军无关。

柳条边设立的年代反映了当时形势和设立的原因。

三、柳条边建立的原因

1. 柳条边不是中国的疆界线

认为柳条边是清代疆界线的，是不正确的。只举几件简单事实。

1630 年（天聪四年，明崇祯三年）朝鲜使臣到沈阳，从昌城渡江，因为他们不从义州过江，受到农民盘诘，被怀疑是来窥探。[66]说明过鸭绿江就是清朝（当时称金）的疆域；1631 年（天聪五年，明崇祯四年）有朝鲜人到卜儿哈兔（东间岛）地方狩猎，又到灰扒（辉发）和宽典（宽甸）地方挖参，清人均提出抗议[67]，说明这些地方都属清朝所有;1642 年英俄尔岱(朝鲜称“龙将”,又称“英将”)驻凤凰城,不时到九连城、中江城狩猎[68],说明这些地方都属清朝所有。1642 年皇太极在叶赫狩猎十几天后在开原城南门止宿[69]。以上记载都不是清朝自己的,而是外国的,关于领土问题应该比较客观。它们都承认记载的地方是清朝领土,而在后来地图上却都在柳条边之外,明确地指出柳条边不是清朝的疆界线。特别还应指出的:这些记载的时间都在帝俄人到达黑龙江(1643)之前,有的还在帝俄人听说黑龙江(1636)之前。[70]其中没有一个资料记载到这时帝俄人到过黑龙江,更不用说为它所有了。

2. 柳条边不是清代的边防设置

柳条边既然不是我国边界,不是疆界线,当然不是边防防御工事,上面关于柳条边的建造形式已经充分说明。现在再举两件柳条边绝对不是防御工事的证明以作比较。

清初的广宁县城是明代修建的卫城,砖墙高三丈五尺,厚一丈五尺,濠宽二丈,深一丈五尺。1666 年(康熙五年)修造的宁古塔城(今黑龙江宁安),在牡丹江边,竖立松木作墙,中实以土,墙高二丈余。1686 年修造的墨尔根城(今黑龙江嫩江县),墙用松木夹栅,中间筑土,高一丈八尺。[71]这些城并不是边防重镇,但是它们修建的规格,无论高度、深度以及土木工事,较之柳条边都要超出一倍。

柳条边的边门,是往来孔道,但它不像近代国家的要塞,没有作为阵地核心的多面堡,没有任何相应的人工防御手段的筑城工事,也不像中国古代的一大五小前后分列的墩台。[72]它只是平房三间而已,[73]中间一间通车马、行人,稽查人员就在其旁两间屋里。

从柳条边边门的武装看,更显然不是边防设置。清代柳条边边门各设兵十人或二十人。[74]北线全长622清里,凡四个边门共80人,平均八清里一个兵;东线和西线全长1950清里,凡十六个门,共160人,平均约十二清里一个兵。从古到今哪有这样的边防!清初在东北并不是没有驻防部队,但不在边门。有的在柳条边内,如熊岳城(辽宁盖平县南)、岫岩;有的在柳条边外,如宁古塔(1653),三姓(黑龙江依兰);有的虽在柳条边沿线镇,却不是在边门,如兴京(辽宁新宾),距汪清边门三十里,如开原,距威远堡边门三里都是。[75]至于随时调遣的部队还不在驻防部队之内。显然柳条边边门的满洲兵和汉军兵只是守门的稽查而已。清代边境上的巡逻站是喀路或译卡伦,与柳条边无关。

3. 柳条边不是关内汉族的限制线

日本稻叶岩吉认为柳条边是清代封禁政策的产物,它的建立原因有三:一是禁止汉人进入东北;二是防止满族汉化;三是防护围场[76]。都说的是柳条边建立后的情况,不能说明所以要建立的原因。

辽河迤东,从来就是汉族与少数民族住居地区,《汉书·地理志》有明确记载。1618年努尔哈赤的军队进入明边,满族随之移入,当时对汉族没有排斥[77],然而汉族上层逃入关内的很多。[78]1644年清军入关,满族和汉军随同入关,“挈家驻防”的汉人多至几万家,[79]因之关外人口稀少。1649年(顺治六年)正月劝谕各省居住的关外辽人还乡,愿入满洲旗内即入旗内,愿还乡的可以还乡,愿入行伍的满洲一例给予粮饷,这是专为辽东汉人而发的。通晓文理的送礼部考选,素善骑射的由兵部试用。[80]1649年4月又下令招民,认为"自兵兴以来,地多荒芜,民多逃亡",令各省府厅州县"不论原籍、别籍,必广加招徕",察本地方无主荒田,给以开垦耕种,永准为业,六年后再议征收。[81]并制定了招民劝耕官吏的奖励。这是对全国而言的。1653年(顺治十年)辽东定了招民受官例[82]:招民开垦到一百人的,文官任用为知县(县长),武官任用为守备(相当于营长),不是一百人按人数递减。奖励是高的。这种办法实行了有十五年,到1668年才停止。招民授官停止了,但移民并未停止。这种招徕的农户,法令上称为"招民",招民令停止后迁来的农户称为"徙民"。在1661年奉天府尹张尚贤奏报盛京形势,还说辽河东西"沃野千里,有土无人,全无可恃,此内忧之甚者"。[83]可知招民、徙民的结果,还远不能满足当时的政治需要。

清代制度,旗籍户口由八旗都统所属佐领管理,在辽东则由盛京将军所属佐领或各城城守管辖,汉族户口才归地方州县上报各省布政使。[84]清初辽东户口,有的入旗,有的随清军入关,或驻防两广,更多的则是逃亡。所以《盛京通志》说,康熙初年(1662—1666)"于时州县新设,户无旧籍,丁鲜原额,俱系拓民,三年起科"。[85]在这种情况下,招民还感不足,那能禁止汉人进入辽东?

据当时的人口记录,也是逐年增加的。略举几年,以资证明。

时　　间	辽东全部男丁(人)	辽东全部起科地亩(亩)
1661年(顺治十八年)	5557	60933
1668年(康熙七年)	16641	
1681年(康熙二十年)	28724	
1683年(康熙二十二年)		312859
1724年(雍正二年)	41210	580638

以上资料摘自《盛京通志·田赋志》卷二十四。

从上面记录看出，在柳条边修建前后年代里，东北三省的人口和农田都有显著的增加，增加的户口是招民、徙民，都是汉人，开垦的田亩不是官庄，不是旗地，而是新起科的民田，也是汉人耕种的。这充分说明：认为柳条边是为了禁止汉人进入东北而修建的说法，没有事实根据。尤其难于解释的是，柳条边从山海关向东修造的部分，隔断了南北，当时汉人都住在山海关内，那么北面的柳条边也是为了隔断汉人进来的吗？美国人费正清看出这个漏洞，于是解释说这是为了阻止汉人从南满向北移殖，并且保留北满为狩猎区。[86]这一解释，就承认了东北原有汉人，只是为了阻止汉人从南满向北移殖，而不是限制关内汉人向东北移殖。这样，也就否定了他自己根据稻叶意见所说“满洲人想保持他们种族社会的本来面目，封闭了自己家乡本土，禁止汉人移殖”的主张。努尔哈赤自己的“家乡本土”是兴京（辽宁新宾）周围，与汉人同样圈在柳条边之内，又怎样“保持他们种族社会本来面目”呢。

清代帝室的陵墓、围场等都是所谓封禁区域，不让往来、樵采、狩猎，它们有自己的围墙，规格上和柳条边不一样。《嘉庆一统志》英峨边门条说：“边外为围场”，[87]这是说英峨边门外并无居民，只是围猎地区，也未举明某一围场，更没有说柳条边就是保护围场的围墙，我们在盛京边墙条下清楚看到“兴京、凤凰城边外为围场”，而在凤凰城边墙条下并无记载，可以知道这只是泛泛说明而不是指实。同样，盛京边墙条说，“吉林开原以西的边外为蒙古科尔沁等诸部驻牧地”，发库边门条说“边外为科尔沁界”，这些记载，也是一般地指出由此属于驻牧民族，而不是标明某一民族的确实驻地，因为科尔沁还分为六旗，接连边墙的只是左翼旗、左翼前旗和左翼后旗[88]，郭尔罗斯分二旗，而前旗近边，就是《嘉庆一统志》所谓的

“等诸部”。

还应该指出，柳条边也不是行政区划的分界线。高士奇《扈从东巡日录》在记耿家庄柳条边时说，“出此（耿家庄口）为宁古塔将军所辖”，[89]在记威远堡时说，“即柳条边汛守之地，奉天将军所辖”。[90]据康熙《开原县志》，耿家庄在开原县东七十里，威远堡门在开原县东北三十里，自耿家庄绕北到西一带都是柳条边。[91]这里说的是：这段柳条边的边内、边外分属两个镇守将军辖区管辖，而不是说在行政区划分属两个区域。直到1727年（雍正五年）在宁古塔境内设置永吉州（今吉林省吉林市）泰宁县（已废），还是隶属于奉天府[92]，这是清代制度。后来将军辖区发展到行省，今辽宁省开原县和西丰县清初隶属奉天府，后隶奉天省，但西丰县在柳条边外，开原县在柳条边内；今吉林省长春市和吉林市清初隶属吉林将军，后隶属吉林省，但长春市在柳条边外，吉林市在柳条边内。显著地证明柳条边不是行政区划分界线。

附带说一下清初东北领域里的边。1608年（明万历三十六年），努尔哈赤势力强大之后与明朝官吏宣誓立碑，约定“两国各守边境”，凡看到对方有越边的都杀掉[93]。这里所说各守边境，实际以明朝的边墙为线，满洲并没有自己的边墙，所以其后1627年（天聪元年，明天启七年）皇太极给袁崇焕的信里，责备明朝“移置界石于沿边三十里外”[94]，就是证明。

1626年（明天启六年，天命十一年），皇太极即位第七天下令说，“工筑之兴，有妨农务。前因城郭边墙事关守御，有劳民力，良非得已”，“今修葺已竣”，后“不复兴筑”。[95]这里边墙指的是什么？当时柳条边尚未修建，明代边墙东线抚顺一带已成清朝疆域中心，西线义州一带还在明朝管辖之下。此外别无所谓边墙。但是我们知道，在文献中城圈也叫边墙，在《盛京通志·城池志》有明白记载。[96]这里城郭边墙是指城郭周围的城圈。在此次下令的前一年，1625年（天命十年，明天启五年）八月努尔哈赤命兵士屯驻耀州（今辽宁海城县西南），修葺其城尚未完工时，发生明军来袭。[97]皇太极所说“今修葺已竣”就指这类工程。如果认为1626年停止修葺的城郭边墙就是柳条边，从而认为柳条边为努尔哈赤修建，那是不符合事实的。

1628年（天聪二年，明崇祯元年）满洲将领刘兴祚伪装自杀逃往明地，留遗书给库尔缠说，把他的尸体埋葬于边外扎木谷中。[98]这里说的边外是指刘兴祚居住沈阳城外的边远地方，而不是国境以外。1626年皇太极初即位时对旗民禁令说“田猎、采捕须先告知本旗贝勒，凡边内狼、狐、貉、獾、雉、鱼等物，各听其采捕”，“并禁止边外行猎”。[99]这里的边内、边外是指八旗贝勒的屯庄份地的境内、境外而言，不是在国境内任何地方都可以任意采捕。所以下文还有“若往外国亦当告知诸贝勒，私往者罪之”一句。

满洲自1621年（天命六年，明天启元年）夺取明朝辽沈之后，隔辽河与明对峙，当时明清边界在辽河，但满洲对辽河边界为何设、有无边墙之类，没有记载。从当时明代防守沈阳的设备来看，大约也是几道深壕、木栅，并加筑拦马土墙。[100]

从上面可以看出：柳条边不是清代的国境线，不是国防线，不是要塞线，也不是行政区划分界线。那么它是什么？

首先从原始资料看。关于柳条边的记载以1682年高士奇《扈从东巡日录》，1684年《开原县志》[101]，1693年杨宾《柳边纪略》[102]和吴振臣《宁古塔纪略》较早。《宁古塔纪略》写于1721年，但经过柳条边的时间为1681年，比较在前；高士奇是康熙帝的随从人员，记载是半官方的，比较有根据。[103]

高士奇《扈从东巡日录》说，“道经柳条边，插柳结绳以界蒙古”，“有私越者必置重典”。[104]《宁古塔纪略》说，“以隔中外，今仍有章京守此，盘诘往来”[105]。《开原县志》说，“以限内外”[106]。都明确指出：柳条边是禁止自由通过的封锁线，是盘诘往来的稽查线。这些记载和当时情况是一致的，说明它的确实。1681 年（康熙二十年）吴兆骞从宁古塔进关，他是特赦的人，将军派人护送，“两次换发勘合”。“更换勘合”，[107]说明限制稽查的严格。

朝鲜记载，1638 年自朝鲜义州过江到清国的人，在凤凰城要被进行“搜检”，“为守堡将所侵，不胜其苦”，[108]可知清人关堡搜查之严由来已久。那时明尚未亡，朝鲜和它友好已久，所以清人惟恐他们联合起来对清不利。

其次，探究清政权为什么在东北设置国内稽查线，要从当时形势看。柳条边老边东西线修建于 1654 年，是顺治帝亲政的第四年。这时满洲贵族统兵入关已经十年，关内的广大区域已经统一，反清势力局促于湖广、两广、云贵和福建、台湾等边远省份，都离东北很远，威胁不到东北。可以构成威胁的只有郑成功和张煌言的海军从海上进扰，但辽东湾和辽东半岛各海口都在柳条边的边内，显然反清势力不是柳条边的稽查对象。

1654 年正值清王朝申严隐匿逃人禁令的时候[109]，柳条边是否同逮捕逃人有关？逃人都是汉人受不了满族奴隶主的压迫而逃亡的，逃匿处所大都在黄河流域，和东北地区不相干，柳条边决不是为了防逃人而建的。

就在 1654 年十二月，清廷命明安达理统兵征罗刹（即俄罗斯）于黑龙江，这正是沙俄军队侵入我国尼布楚的同一年。[110]是沙俄无理侵略引起的。

方拱乾在1666年写的《绝域纪略》中说:“(宁古塔)本朝控制诸夷,受人参貂狐皮贡,爰留卒以戍之。有逻车国者鹏诸夷使不得贡,敌之不胜,又动大众勒舟师,遂择八旗八十人长戍焉。复立牛鹿章京、梅勒昂邦以重其任。逻车亦不知其国在于何所。云舟行万二千里,不知其疆所遇。皆擅鸟枪,又讹鸟为老,讹枪为羌云。”[111]这是我国与沙俄关系的较早记载。宁古塔设昂邦章京、梅勒昂邦(副都统)始于1653年。这里至少有三点可以得到证明:(1)黑龙江各少数民族在沙俄东来以前归附中国。(2)沙俄挑拨中国少数民族不向中国入贡,并用武力干扰使不得入贡,说明当时是沙俄侵略中国。(3)在1660年宁古塔对于沙俄还一无所知,只知道他们善于打枪,是一批掠夺者。

从“鹏(音鸟,侵夺,干扰)诸夷使不得贡”的记载,可知当时为什么会同沙俄发生战争,也可以知道为什么建立柳条边了。

1681年清朝在吉林境内又修了一道柳条边,成了东西复线,目的也在于限制沙俄蛊惑蒙古族进行分裂活动。

沙俄进犯我国东北少数民族地区,大约始于1647年。康熙帝在1687年对鄂尔图等人说,“俄罗斯渐次入犯,占据我达呼里(达斡尔)、索伦等处,扰害边疆四十一年”,[112]说得非常具体,从1687年上溯四十一年,正好是1647年。我们注意到1647年正是沙俄进入奥廖克马河(Olekma),南下靠近中国边境的时候。[113]清代学者何秋涛认为沙俄吞并尼布楚当在崇德年间(1636—1643),因为康熙帝在康熙三十九年(1700)说俄罗斯并吞尼布楚已五六十年,而崇德六年(1641)距康熙三十九年恰六十年。[114]这个推算机械而不精确。康熙帝说的是“五六十年”[115],是约计的,不是具体的数字,更不是明确的六十年。

帝俄东进，由于哥萨克军士少，他们是点、线前进的，没有顾面。1604年占托木斯克（Tomsk），1619年占叶尼塞斯克（Yeniseisk），1632年占雅库次克（Yakntsk），然后沿勒拿河西行，1635年占奥廖克敏斯克（Olekminsk），1638年占鄂塞次克（Okhotsk），1636年从托木斯克（Tomsk）到阿尔丹河（Aldan river）的航行中才第一次听到黑龙江的名称，1639年从叶尼塞斯克到维梯姆河（Vitim river）途中才知道了石勒喀河（Shilka river），[116]也就是黑龙江上游额尔古纳河的支流，但是都没有去访查。直到1643年七月沙俄才从雅库次克出发，沿阿尔丹河南进，经乌楚尔河（Uchur river）越斯塔诺夫山脉（即外兴安岭），到达结雅，结雅河就是《盛京通志》的精奇里江，等到他们逐步回雅库次克已经是1646年了。1647年又从奥廖克马河南下，占据石勒喀河流域。所以何秋涛认为沙俄在1641年占据尼布楚时间太早了，是推断不精确的。沙俄占尼布楚在1657年（顺治十四年）。[117]

1654年到1681年只二十七年，为什么又建立第六道限制线。这是因为沙俄的侵略加重。1658年沙俄寇边，沙尔虎达击走之；[118]1660年复寇边，巴海击走之；[119]1665年入索伦部抢貂皮；[120]1668年沙俄到黑龙江各处抢貂皮，[121]诸如此类的军事扰乱侵略一直未停过。特别是沙俄不择手段地挑拨我国少数民族与清朝统治者的关系。除了上面说的《绝域纪略》以外，厄鲁特罗卜藏与喀尔喀扎萨克图汗的斗争，是与沙俄合谋的，这在当时已经被彻底揭穿。[122]

1681年，时叛变八年、盘踞十省的以吴三桂为首的三藩之乱才告平定，生产还未恢复，福建沿海的反清势力依然存在，但已衰落；蒙古族内部还未统一，又没有完全归附清朝统治者。因此就全国及东北地区利益而言，先做一道简易的柳条篱笆，以限制各族人民任意往来，只准在专设的边门通过，以便稽查。它不像历史上的万里长城，也不像明代东北的边墙，也不像近代史上的法国马奇诺防线，更不像现代的柏林墙。

就在1654年七月，我们知道清朝在河北密云县东北的墙子岭"复设了关口"，派了章京、笔帖式各二员稽查，[123]这是与柳条边相合的。

高士奇说柳条边"以界蒙古"，一定有法律依据。事实上北线、西线边外都属蒙古族的活动区域，但东线边外全属围场，与蒙古无关。所以稻叶岩吉为了保护围场的说法，是没有根据的。因为（1）围场在边外，怎样保护。（2）热河也有围场，但没有柳条边的设置。（3）在文献上没有记载。

续记

稻叶岩吉《满洲发达史》认为柳条边是清代封禁政策的产物，余向不同意。稻叶谓柳条边之设，是不许汉人进入，防止汉化。从历史的角度看，其说大误：（1）东三省原有汉人。（2）雍正以前，东三省的田地、人口年年增加，必无禁止汉人进入之事。（3）顺、康时，尚有招民之令。（4）柳条边尚有北线一段，防止为谁？

美人费正清《美国与中国》沿用了稻叶之说，加了防止汉人从南满向北移殖一条，还是不好解释北线。

我认为柳条边是为了防止沙俄进扰和煽动蒙古私入骚扰而设的：（1）顺治、康熙初，蒙古未统一。（2）"有逻车国者艭诸夷使不得贡"(《绝域纪略》)。(3)沙俄煽动根帖木尔叛国。(4)沙俄与罗卜藏合谋攻扎萨克图汗(《王氏东华录》康熙三十,3页上)。

1976年10月22日
1976年11月3日续作

注　释

① 此文属稿于1976年8月至11月,次年春天略作增饰。

② 杨宾:《柳边纪略》卷一。

③ 《吉林通志》卷十五《地理志》。

④ 《嘉庆重修一统志》卷六十《奉天府二·关隘》。盛京这一概念,在清初包括今辽宁、吉林、黑龙江三省。

⑤ 《盛京通志》卷十二《疆域志》所记各城四至的"边"都是柳条边。《盛京通志》初修于康熙二十三年,续修于雍正十二年,成书于乾隆元年,重修于乾隆四十三年,这里指续修本。下文不注明版本的都是续修本。

⑥ 《清文鉴》卷十九,33页上,《嘉庆重修一统志》卷六七《附翻译语解》。《柳边纪略》亦作毕勒亨(5页上)。

⑦ 《嘉庆重修一统志》卷六十《奉天府·关隘》,盛京边墙条。

⑧ 《清一统志》(乾隆本)卷四十六《吉林·关隘》,布尔德库苏巴尔罕边门条,《嘉庆一统志》卷六十八同。《吉林通志》卷十五说"长六百二十二里"。

⑨ 《清一统志》(乾隆本)卷三十九《奉天府·关隘》,盛京边墙条;《嘉庆重修一统志》卷六十,亦同。

⑩ 《读史方舆纪要》卷三十七,广宁前屯卫北至边墙二十五里,边墙指长城。

⑪ 《清一统志》卷四十四,明水堂边门西至山海关边城界四十里,边城都指长城。

⑫ 稻叶岩吉:《增订满洲发达史》,323—324页引。可惜它未举年代。

⑬ 《吉林通志》卷十五《舆地志三·疆域上·边隘》。

⑭ 吴振臣:《宁古塔纪略》,《小方壶斋舆地丛钞》一帙,349页。

⑮ 据高士奇《扈从东巡日录》,三月十二日庚申,康熙帝自兴京(新宾)东行入山,驻跸嘉祜禅,嘉祜禅就是加木禅,也就是咸厂门。稻叶岩吉

说康熙经过英额门(339 页)。英额门在兴京北,咸厂门在南。

⑯ 高士奇:《扈从东巡日录》卷下,《辽海丛书》第一集,3—4 页,12 页。

⑰ 杨宾《柳边纪略》,《辽海丛书》第一集,第一页。《小方壶斋舆地丛钞》一帙,351 页,作"插柳为边",无"条"字。也缺"若中土之竹篱"六字。案康熙时,林结校订的《柳边纪略》改名《金辽备考》,所载与《辽海丛书》本同,知杨氏原本为此。

⑱ 《开原县志》卷上,第 5 页下。《辽海丛书》本。此书于康熙十七年(1678 年)开始纂修,康熙二十三年(1684 年)成书。

⑲ 《和其衷上根本四计疏》,见《清名臣奏议》,《清经世文编》卷三五。

⑳ 有人解释为间距一尺七寸,与习惯不合。那是一步四棵的间距。

㉑ 《吉林通志》卷十五《舆地志三·疆域上·边隘》。

㉒ 王河:《盛京通志》卷四。

㉓ 《柳边纪略》卷五。

㉔ 《吉林通志》卷十五,枑是梐枑,就是用木条交叉而做成的障碍物。蕞是草制的小围屏。

㉕ 《吉林外纪》卷一。

㉖ 《盛京通志》卷十三。

㉗ 《吉林通志》卷十五。

㉘ 《吉林通志》卷十五。意思是说像篱笆一样,空隙太大,在外面的行动里面都看得见,里外可以对话。

㉙ 《吉林通志》卷十五。

㉚ 吉林师范大学夏景才同志谈。

㉛ 《王氏东华录》,即王先谦《东华录》,康熙三〇,康熙二十一年八月乙酉条。

㉜ 《王氏东华录》即王先谦《东华录》,康熙一,顺治十八年五月丁巳条。

㉝ 《柳边纪略》卷一,《辽海丛书》本,第 2 页下。

㉞ 抚顺钢厂、吉林师范大学《清代柳条边》讨论稿,120 页。

㉟ 《盛京通志》,初印于康熙二十三年(1684),凡三十二卷,重印于康熙五十年(1711),在艺文部分加了一些康熙帝的诗文,通称康熙本;续修于雍正,凡四十八卷,书成于乾隆元年(1736),通称乾隆元年本,或称王河本,

因为王河是总裁;重修于乾隆四十三年(1778),通称乾隆本。

㊱ 《宁古塔纪略》。

㊲ 高士奇《扈从东巡日录》说:“前代自万历以来”,又说:“宁远寺庙多是前朝镇帅所建”,又《松亭纪略》说:三河县马房“乃前朝豢牧之所”。所谓前朝、前代都指明朝。这是当时惯称。

㊳ 《嘉庆一统志》卷六十《奉天府·关隘》。

㊴ 《王氏东华录》天命一,万历十一年八月。

㊵ 《柳边纪略》卷一,《辽海丛书》本,2页下。

㊶ 《明孝宗实录》,弘治六年二月条。

㊷ 《柳边纪略》卷一,10页上。

㊸ 《明宪宗实录》,成化三年十二月李秉奏疏。

㊹ 《明神宗实录》。

㊺ 方拱乾的儿子方章钺同吴兆骞都是丁酉江南科场案中人。

㊻ 《小方壶斋舆地丛钞》一帙,第339页,又《王氏东华录》康熙一,9页下。这里的“相去数十里”,《王氏东华录》作“相去数千里”,“十”误为“千”。

㊼ 康熙二十三年《盛京通志》卷十四。

㊽ 《雍正盛京通志》卷十六《关隘》,白石嘴条有“顺治八年初此口”一句,但下文又有十四年、二十五年展边的话,显的错简,不取。

㊾ 《雍正盛京通志》卷十《建置沿革》,凤凰城条。

㊿ 《王氏东华录》崇德一,崇德元年十二月,19页。

(51) 有一说,1638年(崇德三年)起,皇太极利用自凤凰城咸厂边门一段明边加以修缮,并向东北扩展。案本年五月修治沈阳到辽河大道,高三尺,广三丈,路旁浚濠;八月分二路伐明,深入河北、山东,至次年(1639)三月回师,均见《实录》,何时修治柳条边,待考。此说来自稻叶岩吉,不采。

(52) 1630年朝鲜宣若海使金,从昌城渡江,“第五日始见人迹,”见《沈阳日记》,《辽海丛书》本。

(53) 《沈馆录》卷一,2页上、5页上,《辽海丛书》本。

(54) 《沈馆录》卷一,13页下、14页上、17页下。

(55) 《沈馆录》卷四,12页下。

(56) 《沈馆录》卷四,7页下、10页下、11页下、12页下。

(57) 《沈馆录》卷五,5页上。

(58) 《沈馆录》卷三,24页下;卷七,10页下。

⑲ 《沈馆录》卷七,18 页下。

⑳ 博明:《凤城琐录》,1 页,《辽海丛书》本。

㉑ 稻叶岩吉:《增订"满洲"发达史》,319 页,1939 年东京版。

㉒ 《王氏东华录》崇德三,3 页下。虎尔哈在黑龙江、松花江都有,见《王氏东华录》崇德八。

㉓ 《王氏东华录》崇德四,15 页上。

㉔ 《会典事例》卷四百二十九,《吉林外纪》三、《吉林通志》卷六十同。

㉕ 王河:《盛京通志》卷二十《职官志》,奉天将军条,1 页下;《盛京通志》卷十九《职官志》,边门条,32 页下;《盛京通志》卷二十《职官志》,吉林乌喇副都统条,92 页上。

㉖ [朝鲜]宣若海:《沈阳日记》,2 页,《辽海丛书》本。

㉗ 《增订满洲发达史》,320 页引文书。

㉘ 《沈馆录》卷四,14 页上。

㉙ 《沈馆录》卷三,24 页下。

㉚ 拉文斯坦:《俄罗斯人在黑龙江上》,9 页,1861 年英文版。

㉛ 均见《盛京通志》卷十五《城池志》。

㉜ 古代墩台有大墩一,前列小墩五,甘肃酒泉至嘉峪关路上还有遗迹,见《西北揽胜》,84 页。

㉝ 博明《凤城琐录》:"边门……植木栅为缭垣(就是柳条边),屋三椽(间),中为门,施管钥焉(加锁),边门章京司之。"书作于 1777 年(乾隆四十二年)。

㉞ 《柳边纪略》卷二:山海关至威远堡等八门,每门设兵十人;北线兵八十人;康熙《广宁县志》卷五《武备志》:清河门披甲兵丁十名;康熙《锦县志》卷五《武备志》:松岭门、九官台门披甲兵十名。《康熙宁远州志》卷五,新台门、黑山口门、高台堡门同。

㉟ 均见于《盛京通志》卷十九《职官志》。

㊱ 稻叶岩吉:《增订"满洲"发达史》,326—334 页,1939 年东京版。

㊲ 1625 年努尔哈赤杀了些明朝的官僚地主,认为"种种可恶皆在此辈",见《王氏东华录》天聪三年九月壬午,与一般汉人无关。《实录》卷九说,1640 年广宁之役辽民逃入关内的有二百八十万,案 1578 年调查户口,全国人口共有六千零六十多万(《明史》七七),山东布政司凡五百六十六万人(《明史》四一),广宁只十个卫,人口不会有这样多人口,显系臆测。

⑱ “辽东汉人时时逃走”,见《王氏东华录》,天聪九年正月戊寅。

⑲ 1649年随孔有德、耿仲明、尚可喜等部挈家驻防的凡四万人,见《实录》,顺治六年五月丁丑。

⑳ 《王氏东华录》顺治十二,3页上。

㉑ 《王氏东华录》顺治十二,10页,四月壬子条。

㉒ 《盛京通志》卷二十三《户口志》,1—2页。

㉓ 《王氏东华录》顺治一,五月丁巳条。

㉔ 《乾隆朝大清会典》卷九《户部户口》。《盛京通志》卷十二《疆域志》,奉天府所辖疆域条。

㉕ 王河:《盛京通志》卷二十三《户口志》,2页上。

㉖ 费正清:《美国与中国》,80页,哈佛出版社1958年版。费正清采用柳条边是为了禁止汉人移殖说法,但未提稻叶的姓名。

㉗ 《嘉庆一统志》卷六十《奉天府·关隘》,21页下、22页上。

㉘ 《嘉庆一统志》卷五三七,五三八。

㉙ 《扈从东巡日录》,三月癸亥(十五日)条。

㉚ 《扈从东巡日录》,四月辛卯(十四日)条。

㉛ 康熙十七年(1678年)修《开原县志》卷上,5页、9页、12页,《辽海丛书》本。

㉜ 《盛京通志》卷十《建制沿革志》。

㉝ 《王氏东华录》天命一,戊申年正月条;同书天命二,天命元年六月条。

㉞ 《王氏东华录》天聪二,天聪元年正月丙子条。

㉟ 《王氏东华录》天聪一,天命十一年九月丙子条。

㊱ 《城池志》,宁古塔城池条,永吉州城池条。

㊲ 《王氏东华录》天命四,天命十年八月条。

㊳ 《王氏东华录》天聪三,天聪二年九月庚申条。

㊴ 《王氏东华录》天聪一,天命十一年九月丙子条。

(100) 《王氏东华录》天命三。

(101) 《开原县志》由刘起凡考订,周志焕校辑,前有刘起凡1678年序,称“今天初冬告成”,但志内记载有1684年事,当是周志焕所补。刘起凡1678年任开原知县,周志焕1681年任知县。

(102) 杨宾之父杨越以沟通张煌言嫌疑,1662年被清廷遣戍。杨宾1689年到宁古塔省父,1690年回,1691年杨越死,又二年归葬浙东。杨宾《柳边纪略·自序》说“先子即世，归葬中原，回念耳目所闻见有宜书者”，又说“先子至其地在三十年前”，书中称杨越为“余父”，自序称“先子”，所以这本书应该写在1691年—1693年之间。

⑩③ 吴兆骞《天东小记》未见。

⑩④ 《扈从东巡日录》，三月癸亥条。

⑩⑤ 《宁古塔纪略》，349页，《小方壶斋舆地丛钞》本第一帙。

⑩⑥ 《开原县志》卷上，5页下，《疆域志附景物》，龙北枕条。

⑩⑦ 《宁古塔纪略》。勘合当时称“官票”，见《柳边纪略》卷四，就是路条。

⑩⑧ 《沈馆录》卷一，《辽海丛书》本，17页。

⑩⑨ 《王氏东华录》顺治二三，顺治十一年八、九月。

⑪⓪ 《俄罗斯人在黑龙江上》，35页，1861年英文版。

⑪① 《绝域纪略》，《小方壶斋舆地丛钞》第一帙，342页。

⑪② 《盛京通志》卷二《典谟志》，康熙二十六年十月二十四日谕。

⑪③ 《俄罗斯人在黑龙江上》，14页，1861年英文版。

⑪④ 何秋涛：《朔方备乘·尼布楚考》。

⑪⑤ 《王氏东华录》康熙六十六，康熙三十九年七月乙卯条。

⑪⑥ 以上均见《俄罗斯人在黑龙江上》，9页，1961年英文本。

⑪⑦ 《俄罗斯人在黑龙江上》，36页。

⑪⑧ 《清史稿·列传》三〇《沙尔虎达传》。

⑪⑨ 《清史稿·列传》三〇《沙尔虎达传附巴海传》。

⑫⓪ 《柳边纪略》卷一，《辽海丛书》本，12页上。

⑫① 《宁古塔纪略》，《小方壶斋舆地丛钞》第一帙，344页。

⑫② 《王氏东华录》康熙三十，康熙二十一年八月。

⑫③ 《王氏东华录》顺治二三，顺治十一年七月甲午条。

从《清太祖武皇帝实录》看满族族源

关于满族的起源，我没有深入研究。曾经想，如果将过去的原始记载，一部书一部书地分析，找出各书结论，然后合起来比较研究，汰疑存同；这样做，是不是比凭主观考虑，分别向各书略取需要的材料，所得结论，更能和事实真相接近？今天就先尝试一下[①]。

为什么先从《清太祖武皇帝实录》（以下称《武录》）着手？一是由于它在1636年成书[②]，是清初用汉文写的第一部官书，时代较早；二是由于它的取材都是满洲初期的资料，如《满文老档》和《满洲实录》等，没有经过企图符合后来发展的润色；三是保存了一些原始历史资料，如《满洲源流》、《诸部世系》之类；四是由于它有自己的实践，不是抄录旧书，如它说，长白山之上“有一潭，名‘他们’”（卷一，1页）。“他们”为满语Tamun对音，后来写作闼门湖。这是当时的《大明一统志》、《寰宇通志》、《皇舆考》等书所没有的。不经过实践不可能知道。

《武录》没有说满洲名称的由来，只说满洲这个民族名称，在努尔哈赤以前，汉文和其他文字的记载，无论直接间接，都未见过，可知它是满族人的自称，而不是族外的他称。在努尔哈赤以后，满汉文的名称记载也从未说明它的来源，《武录》也一样，可知这个名称不是固有的，而是努尔哈赤新创的。但它是怎样构成的，却众说纷纭。

最近,我从王文郁的文章里得到启发。他认为,女真或许是满语复合词 niru(披箭)jan(哨箭)的汉字对音,汉语意译就是"箭",因此女真族就是箭族。我想,满洲(manju)这个努尔哈赤创立的名称,可能也是从这个线索考虑出来的。

过去孟森曾经设想,"满洲"语源可能是由"马法"来的,满族自称他们的首长为"马法"(汉语长老、首长、祖父),其意汉人不懂,见他们常说"马法",以为是他们的国名,辗转传述,变成了满洲。孟森这种想法,是由同声字头——M 启示的。满语 majan(长披箭),滋乳为 Mangga(硬,善射,才勇出群人),为 Manggasa(好汉,Mangga 的复数)。可能满洲一词语源就是从这里设想出来。当然,这是猜想。请懂满文的同志加以指正。我总想,从各族语音考求他们的历史文化,这是可用的方法之一。可惜我不懂满文。

《武录》说:"满洲原起于长白山东北之布库里山下一泊名布尔湖里"(卷一,1 页)。布库里山的所在,也是清史上争论问题之一。最近张璇如认为,布尔湖里(布勒瑚里)满语作 Bulhuri(见《满洲实录》)和蒙语 Bolgori(包勒果里)一样,都是"水清澈"之意,演变为名词 Buleku(镜子),所以布尔湖里就是今日的镜泊湖。这就给满族沿牡丹江南迁的说法,提供了一个深入钻研的新证据。

《武录》在布库里英雄(布库里雍顺)建国时记述说:"其国定号满洲,乃其始祖"(卷一,1 页),并加注说:"南朝误名建州",又记载说:"时各部环满洲国扰乱者"(卷一,3 页上)。说明《武录》认为满洲是地名,是国名,而且就是明代的建州。我们看到,《武录》记载中,称蒙古胡笼(扈伦,卷一,3 页下)均为国。《武录》称之为国的有大明国(卷二,4 页上)、蒙古国(卷三,8 页下)、胡笼(扈伦)国(卷一,1 页),这些国都代表不同的民族。另外称国的还有兀喇

(乌喇)、哈达、夜黑(叶赫)、辉发等,同时也称它们为部,并指出它们是自称为汗(卷一,3页上)、为国(卷一,4页上),说明它们虽自称为国,但不是一独立民族。我们还看到《武录》于辛卯年(万历十九年,1591)朱舍里、内阴(讷殷)二部联结夜黑(叶赫)抢劫叶臣洞寨时,记载努尔哈赤的话说,"朱舍里、内阴(讷殷)是我同国,乃敢远附异国之夜黑(叶赫),劫掠我寨,盖水必下流,朱舍里、内阴(讷殷)二部终为我有矣"(卷一,10页上)。这时朱舍里、内阴(讷殷)二部并不在努尔哈赤统治之下,而称之为"同国",可知《武录》里所谓"国"(自称的除外)实际意味着是"族"。就是后来的民族。在《武录》记载里,更多的体例是种族之下不加国字,如蒙古胯儿胯(喀尔喀)部(卷二,2页下),东海兀吉(渥集,又称窝稽)部(卷二,3页下),等等。当然,关于族的概念,在满洲是先后不同的。

《武录》自注说,明朝误满洲为建州。建州是明代东北少数族最著名、最兴盛、最持久的居住地,知名人物很多。从满汉语言考察,"建"同"满"没有可以通转的迹象,可见不是误名,而是有意创立的新名。努尔哈赤为什么要把各族周知的"建州"改为新创的"满洲",很可能是为了掩盖自己这一支系在建州女真的地位。努尔哈赤自叙他的世系,自都督孟特木(孟特穆)至他本人凡七代,只第一代和第四代有都督之称,而这两个都督,在《高皇帝实录》说是"讳"而不是官(据王氏《东华录》)。第五、第六代,就是他的祖和父,虽然替李成梁工作并没有什么官职。《老档》存录的明代敕书,也未见他们家的。这都说明他家在建州女真不是显赫的一家,甚至是无名的。这是当时少数族所重视的。努尔哈赤在攻破尼堪外兰之后,常以所得明廷赏赐宣耀于众,可以想见(《武录》卷一,9页下)。他这一家族在建州既无名望,另立新名,可以自称首长,这本是部族分裂的惯例。

努尔哈赤对于满洲的概念，经过几个不同阶段。最初是以满洲代替建州三卫，所以《武录》在努尔哈赤初生时记载说："时各部环满洲国扰乱者，有苏苏河部、浑河部"（卷一，3 页上）。苏苏河部、浑河部在明代本属建州女真，而《武录》认为是在满洲国以外。其后 1591 年的记载，已用以代替建州女真，上面引的朱舍里条是其一例。还有《武录》辛卯年（万历十九年，1591）记载说，夜黑（叶赫）派人告努尔哈赤："兀喇、哈达、夜黑、辉发、满洲，总一国也，岂有五王之理？"努尔哈赤答说："我乃满洲，尔乃虎伦（前称胡笼，即扈伦）。"（卷一，9 页上）扈伦四部明称海西女真，和建州女真有别。关于这段记载，在《太祖高皇帝实录》卷二是这样写的：叶赫说，"乌喇、哈达、叶赫、辉发、满洲，言语相通，势同一国，岂有五主分建之理"，加了"言语相通"一条理由，不知是否叶赫确有此语，还是《高录》追加的，还是《武录》漏掉的。但这个同一民族言语相通的概念，一直为努尔哈赤和皇太极经常乐道（《武录》卷三，页 8 下），成为他们要求统一满族的依据。

《武录》没有关于满洲族以前的历史记载，但几次透露出和金朝的关系。天命三年（1618）征明，取抚顺所，"是晚，帝将先朝金史讲与恩格得里（恩格德尔）厄夫（额驸）"（卷二，11 页下）；天命四年破明杨镐进兵后，给朝鲜将领信提到"先朝大金帝"（卷三，4 页下）；又说到"昔先金大定帝时"一段故事；在天命六年攻下辽阳，生擒张铨，皇太极劝他投降时说："昔宋徽、钦二帝为先金天会皇帝所擒，尚尔曲膝叩见"（卷三，14 页上，此条劝降语，《太祖实录》卷七同，而《东华录》不载），都说明当时自认为满洲就是女真，但未举其名。其后，皇太极于 1629 年军围北京，并命阿巴泰、萨哈连往祭金陵（其后明曾派人发掘金墓）。清初宣传之盛可知。但努尔哈赤两《实录》都不载他建国号曰金的事，似乎又有所避讳，值得探讨。

《武录》记载还有可注意的两事：

一、诸部世系“夜黑国始祖蒙古人，姓土墨忒（土默特），所居地名曰张，灭胡笼国（扈伦）内纳喇姓部，遂居其地，因姓纳喇，后移居夜黑河（叶赫河），故名夜黑”（卷一，3 页下）。说明叶赫是从蒙古土默特移来，灭纳喇氏袭用其姓（《高录》所记大体相同）。

二、“辉发国本姓益革得里（伊克得里），原系沙哈梁兀喇江（黑龙江）尼马谄部（尼马察部）人。始祖胜古力（《高录》作昂）移居渣鲁（渣鲁扎）后投纳喇姓哈羊干（噶扬噶）秃墨兔（图墨土）二人，杀七牛祭天，遂改姓纳喇”（卷一，3 页下），说明辉发是从黑龙江尼马察部移来，投纳喇氏以七牛祭天，改姓纳喇。

这两条都说明满族的氏族常有外族移入，只从氏族判断部落是不够的。

原载《社会科学战线》1983 年第三期

注　释

①　本文原为（1980 年）长春开会作，临时有事未参加。

②　《清太祖武皇帝实录》乾隆重修本，改大王、二王为大贝勒、二贝勒，见 1936 年《故宫文献论丛》李德启文。现行本仍作大王、二王，是出于崇德原本之证。

牛录·城守官·姓长

——清初东北的地方行政机构

我国东北三省在历史上和内地一样，都设立了地方行政机构，直到1377年（明洪武十年）改置卫所，“府县俱罢”（《明史·地理志》）。满族兴起，1618年（天命三年）努尔哈赤率领满族军队进占抚顺，1621年（天命六年）进占沈阳、辽阳以后，除了明朝管辖区域，就不再见到卫所名称[①]。1644年清政权迁进北京，建立全国政权，1653年设立辽阳府辽阳、海城二县，才又逐渐恢复府县制。但在18世纪一十年代还依然“自奉天（沈阳）过开原，出威远堡关而郡县尽”[②]，就是说开原以北还未设州县。

满族进入北京以前，在东北的地方行政机构因为时较短，又非全国政权，因而历史工作者多不注意。今分别叙述如下：

一、牛录

牛录，满语是大箭。满族习惯凡行军出猎不论人数多少，都按各自的“族寨”（氏族、村寨）行进，猎时每人各出一箭，十个人立一总领，指挥进行，不许错乱，这个总领称为牛录额真。努尔哈赤在1601年，把自己原来的人和归附的人，每三百人编为一个牛录[③]，用各族寨原来的氏族首长或军事首领为牛录额真，或者用立功将领为牛录额真④，不但管理权永久隶属于他，而且称为“管属”。额真满语是主，后改章京（职员），汉语称为佐领。从此牛录成为满洲军队、民户以及生产的基本组织单位。但是它的编制也不那么严格。1610年额亦都将兵到东海渥集部，有十九个屯长率丁壮千余人来降，努尔哈赤把他们编为六个牛录，用原来的屯长六人为牛录额真⑤，这显然每个牛录不到三百人，而原来屯长有的也不是牛录额真。入关前满洲佐领共309个，又半分佐领（不足三百人）18个。到乾隆四十一年加到佐领676个，又半分佐领5个⑥。所以机械地按照八旗编制名额推算满洲当时的人数，并不是确切的。

牛录制是清代八旗制的基本组织。过去认为它只是户籍编制或军队编制⑦，都不正确。它的组织性质和职责比较广泛，简单地说：

——牛录是国家政权强制编成的，和各族自愿组合的部族联盟不同。

——牛录的组织照顾到部族差别，但它的领导人牛录额真是国家政权任命的，不是旗内选举的。

——牛录额真的任务是广泛而重要的，所以努尔哈赤在1618年遍谕各牛录说：“凡所委托之事，若能胜任则受委托，若不能胜则勿受，不能胜任而强为之者其关系非止一身，若率百人则误百人之事，率千人则误千人之事，不知此事乃国之大事也。”⑧可知牛录额真不止是户口管理。

——牛录编制以壮丁三百人为标准，壮丁以年满十八岁或身高五尺为成丁。因此关于户口出生、死亡的登记，稽查婚姻承继、勘验分居同住、逃亡、缺少、乡居城居以及简选官员、拔补领催、马甲

（骑兵）的调征，都由牛录管理，三年编审一次。[9]

——牛录是生产单位，1615 年努尔哈赤命“各牛录下出十人，牛四头于旷土屯田，积贮仓廪”[10]，这一事实我们在《满文老档》的 1613 年记载已经见过，我们注意到，它说在这一年开始征收谷赋（jekui alban），每一牛录出十丁，是男丁（haha）而不是奴隶（aha），在空地耕作，征收谷物[11]。1620 年，努尔哈赤命每牛录各派四人前往东海搬运汉人所煮的盐[12]，可见当时的劳动和生产都是牛录中的负担。入关后也还一样。

——牛录是满洲军队选拔的基层单位，满洲部队有不同的分工和训练，而士兵都从牛录的壮丁中选拔，称为挑补，挑补的标准是精壮而能骑射[13]，数额大约为牛录的三分之一，挑补后给以额定饷银，称为钱粮，俗称当差，又称吃钱粮，除了其他任用外，是终身的。

一般说，入关后每牛录要提供亲军二人，隶领侍卫或王公；前锋二人，隶前锋统领；护军十七人，隶护军统领；步军十八人，隶步军统领，骁骑二十人，隶都统（《会典》九六）。然后混合编制，共同训练共同作战。在入关前没有这样严格细致，而选拔是一致的。

——牛录的名称，在清代记载最早见于 1584 年[14]，就是努尔哈赤起兵为父祖复仇的第二年，当时满洲牛录制度没有建立，显然是少数族固有的传统，努尔哈赤只是沿用并加以改变而已。制度上规定每三百丁编一牛录（汉语佐领），五牛录成立一甲喇（参领），五甲喇成立一固山（旗），一固山凡 25 牛录。八旗就是八固山，应共 200 牛录。1644 年入关时，满洲已有牛录 309 个，又半分牛录 18 个，到 1776 年（乾隆四十一年）已增到 676 个佐领（牛录）又 5 个半分佐领[15]。这当然是由于人口繁殖，最高一级的八旗数额既不能变更，只好打破中下层限额规定。但是甲喇（参领）固山（旗）仍然作为行政等级保留下来，成为牛录的上级。

《满文老档》记载中，牛录下还有"他坦"（tatan）一级，一牛录下分四"他坦"，由章京领导，"分班轮值"[16]。又有"奇录"（kiru）[17]，头目称奇录额真，汉语译为小旗。地位较牛录低一级，后来都不见了。我们从牛录的设立沿革来看，一些人丁少的氏族既然同编一个牛录，那么在牛录内应该有他们的代表，由过去的姓长、村长担任牛录额真下面的拨什库（汉名领催）是相宜的。皇太极在编审壮丁时对于隐匿壮丁责成牛录额真、拨什库共同负责[18]，正由于此。后来只留拨什库名义，不另成为一级，或者由于人口繁殖，牛录内不同氏族都已分别建立各自的牛录了。

——牛录额真（佐领）在入关前和固山额真（都统）一样，都是全面领导的地方行政机构，1623年努尔哈赤勉励官吏"殚心竭力，各勤职业，复严察所属，使人不敢为恶"[19]。1630年皇太极命各牛录额真，注意壮丁的增减，马匹的羸耗，让他们"各尽心乃事"[20]。1633年皇太极又专对各牛录额真提了几点要求：1.要亲到所管屯地察看；2.注意牛录居民的房屋田地住宅；3.注意种植的作物区别土地高下肥瘠；4.注意粪力耕牛；5.注意孤贫代种；6.差徭；7.注意习射；并说"如此方称牛录额真之职"。[21]这种对牛录额真的期望和要求，显然是地方行政机构的准备。1636年皇太极规定，小事的赏罚由牛录额真审理，大案才送部[22]。清代对地方官州县的要求是"各治其土田、户口、赋税、词讼"[23]，这四项统统包括在牛录额真之内。1661年奉天府府尹张尚贤报告奉天情况时说："宁远（今辽宁兴城）、锦州、广宁（今辽宁北镇）人民凑集，仅有佐领（牛录额真）一员，不知于地方如何料理"[24]，更清楚说明牛录额真是地方行政的管理人员。从行政系统看，牛录相当于县一级，甲喇相当于专区，固山相当于省级。其涉及两旗之间的问题和相关事务则由中央机关处理，在努尔哈赤时代为五大臣札尔固齐，在皇太极时代为六部。

二、城守官

满洲军进入沈阳、辽阳以后（1621），辽河以东广大地区都归满洲，当地汉人有些逃往辽河以西，有的降附，努尔哈赤把他们编入八旗并大规模地加以迁徙，努尔哈赤也迁都辽阳。1622 年下广宁（北镇），便形成了汉人多于满人的满汉杂居的局面，这样又把河西各城堡的官民迁移河东。1625 年又迁都沈阳。努尔哈赤不止一次夸耀地说："昔我国满洲原与蒙古、汉人国别殊俗，今共处一城，如同室然，惟和给乃各得其所。"[25]话虽如此，但在不同旗别下的不同民族杂居一地，事实上不可避免地出现一些习俗差异，人事纠纷，而主管的牛录额真又分隶于八旗，不能越旗干预的。这就需要有超越旗别的共同官吏出来解决，于是地方上的城守官就出现了。

城守官来源于留守和镇守。1622 年努尔哈赤征明，命铎弼等人留守辽阳，1625 年扬古里以总兵守耀州城（故城在今辽宁海城县西南），这是过去没有的，一定有它的需要。1628 年（天聪二年）满洲官员阿达海想投明，他假托捕鱼跑到黑赫阿喇，为萨尔浒城守将克徹尼阻回[26]，这说明城守不是一个驻戍的军区，而是管理地方的军政联合机构。

《清太宗实录》在天聪六年（明崇祯五年，1632）二月戊子有这样一条记载：

> 命海州(海城)、耀州(海城西南)、鞍山、牛庄、东京(辽阳市)、撒尔湖(萨尔浒)、铁岭、甜心站(凤城县西北)、析木城(海城县东南,今同名)、咸宁营(沈阳本溪之间今名同)、张义站(沈阳西南)等处城守官员,三年任满者,赴沈阳考察功过。

这里十一处地方有同样名称的城守官,说明它是官名,它任满要到首都沈阳汇报工作,考察功过,说明它是地方行政官吏,而且它有一定任期三年,说明它是经常设立的地方行政官吏。这一切都反映出这十一个地方具有行政区划的标准。城守官这一名称,过去汉人政权中很少见,但在《清实录》中时常见到,最初用它称呼敌人守城的主要人员,如1593年称鼐护为扎喀城城守[27];1595年称克充格为辉发多壁城守;1621年取辽阳时称明守将为辽阳城守官[28]。继而就用它称呼自己方面的地方驻守人员,如1621年称佟养真为城守游击,称汤站的守将为守堡官[29]。当满洲贵族向明进军时,总要留几个重要人员作留守,如1631年7月清征明,命杜度、萨哈连、豪格等留守[30];1632年4月征察哈尔,命阿巴泰、杜度、扬古里等留守[31]。这留守在《满文老档》都作 hecen tuwakiyame... de tebuhe,汉字也就称城守[32]。当然他们不是些官而是贵族。至于城守官成为官名约在1631年左右,这一年七月"伊勒慎奉命统兵镇海州",1633年汉军游击佟图赖统兵守旅顺口[33],而1632年又有上面所引城守官三年赴沈阳考察功过的谕旨,可以证明。

这种城守官,随着领土的扩大和住户部族的复杂而逐渐增加。1644年(崇祯十七年,顺治元年),清贵族取得中央政权,迁都北京,八月任命何洛会为盛京总管,阿哈尼堪统左翼,硕詹统右翼,镇守盛京。在盛京总管的统辖下,任命了九个城守官[34]。当时盛京的概念包括今天东北三省。后来继续调整,雍正时有十七个[35],乾隆时有九个[36],是随各时期的情况而演变的。城守官在自己的管辖区域,对上有隶属,对下有领导,不但管兵也管民,不但管军事也还管生产。

三、姓长与乡长

在牛录额真领导下有喀喇达和噶珊达。喀喇在满语是姓,达是头目,我们可以译为姓长或族长;噶珊满语是村,我们可以译为村长、或屯长、或乡长。努尔哈赤在进行统一过程中,招附东北其他少数族时,在汉文记载里常常见到"路长"、"部长"、"部主"、"城主"、"寨主"等名称,都是明代卫所所属少数族的血缘团体或几个血缘团体的联合组织,他们原来都是本组织公同选举的,归附满洲之后,改为任命。

沙俄文献记载说,1651 年(顺治八年)6 月 5 日哥萨克的哈巴罗夫第一次侵入距雅克萨(俄名阿尔巴津)三日航程的黑龙江沿岸的一个村寨,遇到当地达斡尔族的一个头目和五十个中国人,遭到他们的共同抵抗,后来哈巴罗夫问,这里何以有中国人?得到回答说:"这些中国人是中国皇帝派来征收实物税的,经常有五十人轮班驻在那里。"[37]这个文献明确表示出这一带地方早在中国清王朝统治之下,经常有五十人轮驻其他。所有当地居民都是中国的少数族,他们的头目都是由清朝根据实际情况加以委用的。清代在东北少数族地区的基层组织是姓长(喀喇达)和乡长(噶珊达或译村长)。那里三个堡寨相连,有三个头目,这就是三个姓长;三个堡相连,一定还有个乡长经理共同事务,至少有一个乡长兼任。这是清代对少数族管理的基层组织,上级由副都统领导,再上级由将军领导,直到乾隆中还是如此。日本间宫林藏写的《东韃纪行》中附录乾隆四十年(1775)三月二十日管理三姓地方兵丁副都统衙门给库页岛鄂罗标乡乡长、姓长的满文札记的模制品,就是很好的证明。

1677年(康熙十六年)派人探登长白山,带路人、猎户喀喇达额赫就是猎户姓长。1885年(光绪十一年)中国官员到伯力(俄名哈巴罗夫斯克)一带旅行,他看见当地人"间有藏先代所遗甲胄,及昔年充邻长、姓长官给顶戴文凭者,喜饮酒,醉则出其所有,夸耀于家人乡里之前"[38]。这说明过去村长、姓长是广泛设立的。吉林市西南有东峨城,清初记载说:"旧为东峨大长鲁克素所居"[39];吉林市北乌拉街,"顺治十四年(1657)以前系屯长买图管理,十四年设佐领"[40]。所谓大长、屯长就是噶珊达。可知村长、姓长和牛录一样,也是行政单位。从行政系统看,姓长和乡长是平行的,而不是统属的。这从上述乾隆四十年三姓副都统衙门给鄂罗乡的札记上面乡长、姓长并列,可以知道。各族都是聚族分居的,一地只有一姓就有姓长管理,一地有两姓或几姓杂居就设立乡长由乡长管理。在达斡尔族居住地区,还有由"宗长"管理的,满语称为穆昆达,穆昆满语为族,是更近的血缘团体,见《满文老档》[41],可知是满洲旧俗。满洲"多以地为氏,往往氏同而所自出异"[42],就是说,居住一地的人常常同姓一姓,因此同姓不一定同出于一个祖先。这和汉人的所谓"同姓不宗"相仿佛。努尔哈赤平定的辉发头目拜音达里,他的祖宗本姓伊克得里，迁移到纳喇氏住居的地方，举行了杀七牛祭天仪式改姓纳喇氏，就是一例[43]。达斡尔族实行族外婚制，同一穆昆是不能结婚的，而同一喀喇的限制就不那么严，因此重视穆昆。每一穆昆都选一个穆昆达，管理全穆昆事务，凡有违法和争讼都由穆昆达裁决，不能解决时才送上级机关处理。据调查说，本世纪初仍然如此。由此可知它是一个行政单位，而不是氏族编制组织。一个地区，只是一姓聚居就设有姓长，只是一族聚居就设宗长，有几姓聚居就设村长。凡有村长的地区，村长是行政单位，姓长、宗长只属氏族血缘组织。不设村长的由姓长、宗长直接接受上级领导。

满族时常出现民族迁徙，最初可能由于生产需要，其后大都出于上层分子的管理需要。努尔哈赤在统一满洲过程中，总把新归附的部落迁到自己驻地附近耕牧，中途逃亡和抗拒被杀是常见的。1588年（万历十六年）栋鄂部何和礼归附迁来，而他的老婆领一部分部众仍留故地[44]；1585年（万历十三年）库尔哈郎柱归附努尔哈赤，但没有迁徙，只派他的儿子扬古里到努尔哈赤处入侍，后来他的部落叛变，郎柱被杀[45]；这些都说明各族本身是不愿意迁徙的。

原载《社会科学战线》1982年第三期

注　释

① 方式济：《龙沙纪略》。书中引1716年公文档案，应该作于此时。

② 雍正《盛京通志》即王河纂修的《盛京通志》，印行于乾隆末年：为了区别乾隆四十三年者，故名。卷十《建置沿革》说："顺治元年悉裁诸卫。"但清代关外记载中早已不见卫所。乾隆中，《清朝通志》卷二八《地理略》辽阳州条，有"天命十年于此设辽海卫，顺治十年改辽阳府"，铁岭条略同。既

说设卫,又不说顺治元年罢卫,而且同书又有天命十年设海州、设盖州、设金州的记载,都无“卫”字,疑上面两个“卫”字是衍文。

③ 《清太祖武皇帝实录》卷二,故宫博物院本,1—2页。

④ 努尔哈赤分额亦都所部为三个牛录,由他的子孙世管。

⑤ 《清史稿》列传十四《康果礼传》,又《清太祖实录》庚戌年十一月。

⑥ 《光绪会典事例》卷一一一一。

⑦ 《清史稿》列八旗于《兵志》,而八旗人丁编审列于《食货志·户口》。

⑧ 《清太祖武皇帝实录》卷二,北京故宫博物院本,11页。

⑨ 《光绪会典事例》卷一一一三《八旗都统》户口。

⑩ 《王氏东华录》天命一,乙卯年六月条。

⑪ 《满文老档》,日本译本,1955年东洋文库版,27页。又1615年一条,55页。

⑫ 《满文老档》,日本译本,1955年东洋文库版,260页。

⑬ 《光绪会典事例》卷一一二一。

⑭ 《太祖武皇帝实录》卷一,甲申年,《王氏东华录》天命一,甲申年攻克瓮郭落城条。

⑮ 《光绪会典事例》卷一一一一。

⑯ 《满文老档》,日译本,太祖部分,55页,tatan汉语可译为部,喀尔喀王部,满语称喀尔喀五他坦。见《老档》,日译本,太祖部分,499页。

⑰ 《满文老档》,日译本,太祖部分,494,495,503,696页。奇录又作崎噜,译为小旗,见《嘉庆一统志》卷六七,附编译语解。

⑱ 《王氏东华录》天聪五,天聪四年十月辛酉条。拨什库,汉语称领催,领头,催促,俗称催班。管理勤杂事务。

⑲ 《王氏东华录》天命四,天命八年六月丁亥条。

⑳ 《王氏东华录》天聪五,天聪四年九月戊戌条。

㉑ 《王氏东华录》天聪八,天聪七年正月庚子条,原文夸张太过,只录其几个方面。

㉒ 《王氏东华录》天聪六,天聪五年七月癸巳条。

㉓ 《清(乾隆)会典》卷四。

㉔ 《王氏东华录》康熙一,顺治十八年五月丁巳条。

㉕ 《王氏东华录》天命四,天命十年四月庚子条。

㉖ 《王氏东华录》天聪三,天聪二年六月庚寅条;《清史稿》列传十四《阿山传》。

㉗ 《王氏东华录》天命一,癸巳年九月。

㉘ 《王氏东华录》天命三,天命六年三月条。

㉙ 《王氏东华录》天命三,天命六年七月己未条。

㉚ 《王氏东华录》天聪六,天聪五年七月己亥条。

㉛ 《王氏东华录》天聪七,天聪六年四月戊辰条。

㉜ 《满文老档》太宗二,525 页、729 页。

㉝ 《清史列传》卷四《伊勒慎传》、《图赉传》。

㉞ 《王氏东华录》顺治三,顺治元年八月丁巳条。

㉟ 王河:《盛京通志》卷十二。

㊱ 《清(乾隆)会典》卷五九。

㊲ 瓦·帕尔申:《外贝加尔边区纪行》,1844 年莫斯科本,中译本,82 页。

㊳ 曹廷杰:《西伯利东偏纪要》,《辽海丛书》本,32 页下。

㊴ 王河:《盛京通志》卷十五《城池考》。

㊵ 王河:《盛京通志》卷十九《职官》,佐领原作翼领。据《清朝文献通考》改。

㊶ 《满文老档》,日译本,太宗部分,142 页,罗马字对音 mukūn。

㊷ 《清史稿》列传二九、传论。

㊸ 《王氏东华录》天命一,丁未年九月条;《太祖武皇帝实录》卷一,故宫博物院刊本,3 页下。

㊹ 《清史稿》列传十二《何和礼传》。

㊺ 《清史稿》列传十三《扬古里传》。

关于徐一夔《织工对》

二十年前，吴晗先生首先介绍了徐一夔《始丰稿》中的《织工对》[①]，近来我们也时常提到它。但是对于这一资料所叙述的情况，是在元末还是在明初，是丝织业还是绵织业，并没有取得一致的解释。有的认为叙述的是元末丝织业[②]，有的认为是明初丝织业[③]，有的认为是明初棉织业[④]。这些不同说法，只有对于棉纺织问题的意见谈到自己的论据[⑤]。

《织工对》记载的是杭州相安里故事。徐一夔从洪武五年(1372)作杭州府学教授[⑥]，在职很久，那末，《织工对》作于明初而记载的是明初事，是有可能的。但是清光绪十九年(1893)丁丙作的《始丰稿跋》说："前稿三卷，……共五十四首，皆作于元至正间。"[⑦]《织工对》收在《始丰稿》卷一里面，也就是前稿第一卷里面，照丁丙说法，应该是在元末至正年间所作。

丁丙的说法对不对呢？

我们翻检一下徐一夔的《始丰稿》，可以看出他的编排全有一定的体例。他将文稿十四卷分成四组，即前稿三卷，后稿上三卷，后稿中三卷，后稿(应该作后稿下)五卷。每组都按文章体裁分类，分类次序在四组中大体是一致的。假使不是为了有所区别，绝没有这样分组的必要。我们再看四组文章的写作年代，除了没标明年月的以外，第一组前稿，即卷一至卷三，都在至正二十七年

(1367)他投降明太祖以前[8];第二组后稿上,即卷四至卷六,都在他降明以后到洪武十年(1377)之间;第三组后稿中,即卷七至卷九,都在洪武十年到十五年(1382)之间;第四组后稿,即卷十至卷十四,都在洪武十六年(1383)以后。他的文稿既然分组,各组文章的年代又有一定断限,可见他是按年分组编排的。前稿三卷所收的文章既然都在至正二十七年以前,丁丙的说法不是没有理由的。《织工对》虽然没标明年月,但收在前稿第一卷内,说它是元末至正间的作品,也不是没有理由的。

徐一夔在元末是否曾到过杭州呢?

徐一夔是浙江天台人[9],徙居嘉兴[10]。他在至正时,自己曾说:"余游杭久",但是中间曾"流落他郡"[11]。又说:"余记甲午、乙未岁,与博陵崔元初会于西湖之上。"[12]甲午是至正十四年(1354),乙未是至正十五年(1355)。他写过一篇《清隐轩记》,记中说明癸巳年他在杭州[13];癸巳是至正十三年(1353)。他的朋友梁寅有一篇《赠徐大章(一夔)序》,其中也说,"迨庚寅岁之夏……留钱唐(杭州)逾一月,于贤士大夫因多见之矣,而天台徐君大章家于是邦,为侯泮助教"[14];庚寅是至正十年(1350)。据这些记载,可知徐一夔在元末曾经住居杭州很久,虽然中间也常到别处,但是至少在至正十年、十三年、十四年、十五年,也就是他三十二岁、三十五岁、三十六岁、三十七岁的时候[15]确在杭州。当然,徐一夔决不仅这几年在杭州,他在《谢危大参书》中有"今年三月访俊禅师于钱唐"[16]的话,而他写的《晏居记》[17]、《序灌园生》[18]、《西岭草堂续记》[19]都是他在杭州的事,那末,他住在相安里和织工谈话是有很多可能机会的。

《织工对》关于工资有"日佣为钱二百缗"一句,"缗"字是可注意的一个字。缗就是贯,一缗是一贯,就是一千钱。就是元代通俗惯用语[20]，到明初，由于钱法改变，钞值不同，就不沿用了[21]。徐一夔在洪武十一年(1378)给具庵法师写的《夕佳楼记》，说洪武十年(1377)明太祖召具庵法师到南京，后来“有旨命还山，寻敕有司给舟，且出内库钞十五贯为道里费，送至山中”[22]；洪武二十年(1387)写的《俞子中墓碣》说潭王朱梓“赐钞若干贯，俾其家为石刻费”[23]；全用的是贯字而不是缗字。可见徐一夔用贯字和用缗字是有时间上区别的。《织工对》用缗而没用贯，正说明是在元末所写而不是在明初。

元朝除了武宗至大三年(1310)曾经一度短期使用铜钱而外[24]，其余都是用钞。元初时至元宝钞与中统交钞并行，后来专用至元宝钞[25]。钞币又称楮币，就是纸币，以钱为单位，每张有以文(个)计的，有以十计的，有以百计的，有以贯计的，贯是最高单位。贯以上还有锭，但是没有标明为锭的钞币。纸币在资本主义社会本来是用国家力量强制通用的一种货币记号，它只是象征地表现它所代表的货币(铜钱)量。纸币本身没有价值，也不能兑换和它同名称的货币[26]。在封建的元朝更是如此。当时钞币没有确实的物资储备[27]，“行之既久，物重钞轻”[28]，于是最高单位的贯(缗)，成为经常使用的单位。几次改变钞法，换发新钞，也没能树立住信用。到了至正时，更是“钞法偏虚，物价腾踊，奸伪日萌，民用匮乏”[29]，于是实行了最后一次的变更钞法，依然没有挽回。各地农民起义爆发以后，元朝统治者“多印钞以贾兵”[30]，“军储供给，赏赐犒劳，每日印造不可数计，舟车装运，轴轳相接”[31]，于是物价更高，钞值更低。

明朝建国，先只用钱，以四百文为一贯。到洪武八年(1375)三月，印造大明宝钞，“与铜钱通行使用”[32]。大明宝钞分一百文、二百文、三百文、四百文、五百文、一贯六等，以贯为最高。“每钞一贯，准钱千文，银一两”[33]。明代钞币依然没有储备，它的贬值是很自然的，但是由于初期的钱钞兼用，同时明太祖政令严峻，对钞法用政治力量控制很紧，因之钱钞比例的规定直到洪武二十六年(1393)始终不改[34]。当然，事实上市价不是没有变更。洪武二十七年(1394)在两浙已经是“以钱一百六十文折钞一贯”[35]，只等于官价的16%。福建、两广、江西各地也差不多。

必须指出，明初钞币的贬值绝不如元末的严重。我们从明初四十年钞和米的官定比价(钞和米的交换比例)看：

年　代	情　况	钞米比价	钞值涨落百分比	米价涨落百分比
洪武　九年(1376)	初行钞币时的规定	钞一贯折米一石[36]	100%	100%
十八年(1385)	天下有司官禄米以钞代给	钞二贯五百文折米一石[37]	40%	250%
十八年(1385)	两浙京畿官田折收税粮	钞五贯折米一石[38]	20%	500%
二十年(1387)	明太祖虑有司折收过重损民特改	钞一贯折米一石[39]	100%	100%
二十二年(1389)	庄浪等八卫官吏月俸折钞，时米价日减	钞二贯五百文折米一石[40]	40%	250%
二十四年(1391)	支食官盐折纳钞贯	钞二贯五百文折米一石[41]	40%	250%
明初(年代不明)	淮浙盐工本米折钞	钞二贯五百文折米一石[42]	40%	250%

续表

年　代	情　况	钞米比价	钞值涨落百分比	米价涨落百分比
明初(年代不明)	河间广东海北山东福建四川盐工本米折钞	钞二贯折米一石[43]	50%	200%
洪武二十九年以前	桂林中盐,时米贱盐贵	钞一贯五百文折米一石[44]	66%	150%
洪武二十九年(1396)	桂林中盐,时米贵盐贱	钞五贯折米一石[45]	20%	500%
三十年(1397)	折收税粮	钞三贯五百文折米一石[46]	28.57%	350%
三十年(1397)	户部定折收逋赋数	钞五贯折米一石[47]	20%	500%
三十年(1397)	太祖自定折收逋赋数	钞二贯五百文折米一石[48]	40%	250%
建文　四年(1402)成祖即位后	文武官俸折钞	钞十贯折米一石[49]	10%	1000%
永乐　元年(1403)	在京文武官俸折新钞	钞十贯折米一石[50]	10%	1000%
二年(1404)	乡民户口食盐折钞	钞一百贯折米一石[51]	1%	10000%
五年(1407)	各处税粮赃罚折钞	钞三十贯折米一石[52]	3.33%	3000%

根据上面所列,可以看出,在明太祖洪武年间,官定米价折钞每石始终没超过五贯,也就是说钞币的价值始终维持在初定标准的20%以上。

当然,这里还有一个问题,就是这些折收的官价是否与当时市价相当?明太祖在初行钞法规定折纳税粮官价的时候,就提出“折纳税粮,正欲便民,务减其价,勿泥时直可也"[53]的指示,可见在政策上原来就不要求根据市价制定官价。后来在洪武十九年(1386)陕西折收夏税时,户部拟议麦一石收钞二贯二百文,明太祖以为太重,命止收一贯五百文[54];洪武二十年(1387),明太祖"又虑有司折收〔税粮〕过重损民,特命米一石止折钞一贯"[55];洪武三十年(1397)户部议收各处逋租,每钞五贯折米一石,明太祖以为"折收逋赋盖欲苏民困也,今如此其重,将愈困民"[56],改为二贯五百文折米一石;这些事例都说明事实上明代折钞代米的官价与钞米的市价是有距离的。但是,这几个事例都是朱元璋为了表示自己的关心人民生活并且在一定限制的范围内折收,而有意特别压低的,所以官价和市价相差很远。在其他情况下,一般同时有征收又有支付的时候,户部官吏是不会定的离市价太远的。即从上面所举洪武三十年(1397)的例子看,户部原拟的钞五贯折米一石,约当钞币最初比价的20%,这与洪武二十七年(1394)钞币贬值到16%(见前)的情况是相近的。可见洪武时金银粮布的折钞官价虽然和市价不一样(市价也随时涨落),但也不甚相远。

元末至正十五年(1355),钞二两五钱当实银六分五厘[57],说明钞值已贬到2.6%,照元初中统钞"两贯同白银一两"[58]的规定,也贬值到5.2%。这还是至正十年(1350)变更钞法后初期的情况[59],后来更低。所以就钞币贬值情况来看,元末是远比明初严重的。因此,织工食宿而外每日还给二百缗工资的这种情况,在元末出现的可能性远比明初出现的可能性高很多。

从上面谈的:《始丰稿》的体例,《织工对》所用辞汇,元明钞值的比较各方面来看,我们认为《织工对》是徐一夔在元末所写,记的是元末情况。

但是,《织工对》尽管是元末的记载,而“日佣为钱二百缗”这句话,仍然是可疑的。因为元末钞币虽贱,我们还找不到一个工人一天可以得二百贯工资的其他证明。从一般工资看:

延祐七年(1320)十一月真定路言,……近来米价翔贵,民匮于食,有丁者正身应役,单丁者必须募人,人日佣不下三、五贯。[60]

元统元年(1333)前修成都都江堰,“不役者日出三缗为庸钱[61]。”

至正九年(1349)五月庚子,“诏:修黄河金堤民夫日给钞三贯[62]。”

至正十五年(1355)闰月壬寅,“以各卫军屯田京畿,……日支钞二两五钱[63]。”

根据上面几个例子,可知元末一般工资每天不过钞币三贯至五贯。假使它们指的是至元钞,折合中统钞也只有十五贯至二十五贯[64]。虽说元末钞币越来越贬值,但从二十五贯到二百贯还是有一大段距离的。

再从元末社会情况看,每天二百贯工资也是可疑的。

陶宗仪《南村辍耕录》说,至正十九年(1359)平江(苏州)城内有一家的猫掉在枯井内,“适邻家浚井,遂与井夫钱一缗,俾其取猫”[65]。

《辍耕录》又说,至正二十四年(1364),松江盗发古墓,出土一个水滴,非常珍异,有人“捐钱五十缗买之归”[66]。

杨维桢《新建都水庸田使司记》说，至正八年(1348)在苏州建造都水司衙门，只用了四万缗[67]。

叶子奇《草木子》说，“自秦王伯颜专政(元统元年至元六年，1333—1340)，台宪官皆谐价而得，往往至数十缗，及其分巡，竟以事势相渔猎而偿其直，如唐债帅之比”[68]。

这几个例子，虽然时间上略有先后，情况也有不同，但无论如何，四万贯可以建造衙门，几十贯可以买官，五十贯可以买古民董，一贯钱可以托人下井取猫，总和每天工资二百贯的说法，联不到一起。

《辍耕录》还有一条谈到至正二十年(1360)杭州米价，说：“至正己亥(十九年)冬十二月，金陵游军斩关而入，突至〔杭州〕城下。城门闭三月余，各路粮道不通，城内米价涌贵，一斗直二十五缗[69]。”陶宗仪和徐一夔是同时的人，也住过杭州，这个记载应该是可靠的，而且和其他物价也是相应的。在围城米价涌贵时候，一斗米才卖二十五缗，绝不可能一个织工一天反得二百缗的工资。所以《织工对》里所说的工资是可疑的。

那末是不是可以说《织工对》还是记载明初的情况呢？也不然。

洪武时，在京城应役的夫役，“若差使数多，做工日久，照例每日给工钱五百文，坊长减半”[70]；洪武二十四年(1391)规定对工匠“日给钞贯”，但《会典》失载数目[71]；洪武二十六年(1393)定海运官军“每人日支口粮二升”[72]；洪武元年(1368)定凡公差经过驿站的“正官一员支分例米三升，从人一名支米二升”[73]；洪武十三年(1380)八月，“制天下学校师生廪膳米人日一升”[74]。通过这些不同身份的工钱，口粮，分例，廪膳的每日规定看，每天二百贯工资在明初是更不可能的。

《明太祖实录》有这样一段记载："洪武三十年(1397)十一月丙辰，上御奉天门，见散骑舍人衣极鲜丽，问制用几何？曰：'五百贯。'责之曰：'……汝席父兄之庇，生长膏粱纨袴之下，农桑勤苦，邈无闻知，一衣制及五百贯，此农民数口之家一岁之资也，而尔费于一衣，骄奢若此，岂不暴殄？'"[75]这时候正是明朝统治者禁用铜钱，而白银在市面广泛流通遭到禁止的时候[76]，所以这个五百贯是钞币而不是铜钱。当时户部拟议的官价，五百贯折米一百石，合白银五十两，合黄金十两[77]，这确是"农民数口之家一岁之资"，可知在钞币贬值的洪武末年，二百贯也还不是一个小数目，更不必说洪武初年与中叶了。

明代王叔英写的《二孝子传》，也有一个故事。他说，洪武十八年(1385)，有一个官吏朱季用做了五个月的福州知府，后来"论罪作城须(逮到南京出钱雇工修城)，役严偿重，日用钱数十缗。季用……谓〔其子〕煦曰，吾资力岂足堪此，吾旦夕死矣，汝勿深忧"[78]。于是朱煦冒死代父上书，得到赦免并复原官。"日用钱数十缗"已使一个中上级官吏感到"吾资力岂足堪此"而以死为快，可见就当时社会情况来看还是个相当的数字。那末，在洪武时，"日佣为钱二百缗"更不可想象了。

由于上面所说的原因，我总怀疑《织工对》中关于工资的"日佣为钱二百缗"这个记载，里面一定有错字。最初我怀疑"缗"字错了。有同志向我指出，"缗"字笔画多，不容易错，可能是"日"字为"月"字之误。这话在校勘学上是有理由的。[79]此外"二百缗"也有可能是"二十缗"的错误。[80]但我都还没找出其他根据。

另外我还想附带谈一个问题。明末清初孙承泽写的《春明梦余录》中说："至至正中，中统〔钞〕以废，改造至正印造中统交钞，名曰新钞，二贯准旧钞十贯，以至料钞十锭（五百贯）易斗粟不得。洪武循元制宝钞，立法甚严，令官民通用，欲其流行，甚于刀泉，后竟壅格不行，但以供颁赐虚名耳，不但不可易斗粟也。"[81]他认为明代钞币的贬值更甚于元代。

元末，在京师料钞十锭易斗粟不可得，见于《元史·食货志》，[82]是我们熟悉的。但是他所说洪武宝钞"后竟壅格不行，但以供颁赐虚名耳，不但不可易斗粟也"，是指的洪武年间还是洪武以后呢？文字是笼统的。我个人看法他是指的洪武以后。

首先孙承泽在同一书中曾说过："国初禁金银不得交易，百文以上用钞，百文以下用钱，法至善也。自污吏不更于行钞，故钞法日废，而民间有换易之苦，水火之苦，故亦不甚便。"[83]又说："明初有银禁，恐其或阂钱钞也，而钱之用不出闽广。宣德（1426—1435），正统（1436—1449）以后，钱始用于西北，自天顺（1457—1464）、成化（1465—1487）以来，钞之用益微。"[84]他并没有说洪武时钞币已不值一文，而认为钞法彻底破坏是在天顺以后。那末，他前面所说"但以供颁赐虚名"的一段话是根据什么呢？这是由于崇祯十六年（1643）曾一度议行钞法。当时有桐城生员蒋臣言钞法可行，而专管钱钞的户部侍郎王鳌永也以为钞必可行，于是特设了一个内宝钞局，"昼夜督造，募商发卖"。但是商民反对，"无肯应者"，以致"京商骚然，绸缎各铺皆卷箧而去"。因之，发生了争论："内阁言：'民虽愚，谁肯以一金买一张纸？'上（明思宗）曰：'高皇帝时如何偏行得？'内阁对：'高皇帝似亦以神道设教，当时只赏赐及折俸用钞，其余兵饷亦不曾用也。'"[85]这只是当时内阁大学士对思宗的追问支吾之词，没有事实根据的。

从下面几个例子，可以看出洪武时的宝钞除了赏赐、折俸以外，还是通用的：

洪武十五年(1382)，重修苏州府学，据王鸣吉写的《苏州府学庙貌记》说："辄以禄米易钞得若干缗，市丹垩，给工费，不逾月而告成。"[86]这是用钞购买货物和发给工资的例子。

"洪武十九年(1386)，四月，已亥，陕西西安府言，本府仓储已多，今年夏税请折收钞。"[87]这是一府赋税全部折收钞币的例子。

"洪武二十年(1387)，八月，丙寅，遣右军都督佥事孙茂以钞二万二千锭往四川市耕牛万头。"[88]这是用钞大量购买的例子。

洪武二十年左右，潭王朱梓因为俞子中死后没有墓碑，所以"赐钞若干贯，俾其家为石刻费"[89]。这虽然是赏赐，但为私人馈赠而且指定用途。这又是一个例子。

不但洪武时钞币一直在市面通用，就在永乐钞币更加贬值的时候，也还是通用的。杨士奇记永乐十九年(1421)苏州虎丘云岩寺修妙庄严阁的情况说："又三年阁成，……其材之费为钞三十余万贯，金石彩绘之费六十余万费。"[90]可见工料都还是用钞支付。说明所谓洪武时"只赏赐及折俸用钞"的话，是不可信的。至于所谓"其余兵饷亦不曾用〔钞〕"的话，是由于洪武时实行卫所屯田制度，根本没有"兵饷"，不是不用钞。

最后，关于《织工对》叙述的是丝织业还是棉纺织业问题，在这篇文章和《始丰稿》中其他文章都没有直接的说明。当时住过杭州的像杨维桢、陶宗仪、叶子奇、刘基诸人的著作中，也没有可以证明的直接史料。

元朝在杭州设有织染局[91]，而织染局掌织造段(缎)匹[92]，说明杭州是元代的丝织业中心，当然这不能证明它的棉纺织业不发达。

陶宗仪和徐一夔同乡同时，也到过杭州，他对木棉纺织最感兴趣。他写的《南村辍耕录》里，详细叙述了松江乌泥泾农民种植木棉，以及元代黄道婆从厓州回松江，教给农民“做造捍弹纺织之具，至于错纱、配色、综线、挈花，各有其法”，“人既受教，竞相作为，转货它郡，家计就殷”[93]的情况。他的书中也偶尔涉及旁处的纺织，但没谈到杭州。当然这也不能证明它就不能有个四五架机的小作坊。

杭州在元末如果有很兴盛的棉纺织业，可能会在上面许多人的记载中说到，可是没有。因此，我们没有解决这个问题的正面证明。

从旁证看，我同意黎澍同志通过织机与织工数目比例来求证明的方法。[94]

明末，宋应星《天工开物》卷上《乃服》第二卷“机式”条：

> 凡花机通身度长一丈六尺，隆起花楼，中托衢盘，下垂衢脚。对花楼下掘坑二尺许，以藏衢脚。提花小厮坐立花楼架木上。……其素罗不起花纹与软纱绢踏成浪梅小花者，视素罗只加桄二扇，一人踏织自成，不用提花之人，闲住花楼，亦不设衢盘与衢脚也。[95]

据此，织起花纹的丝绸需用两人，一人踏织，一人提花；不起花纹的只用一人踏织，不用提花的人。在《天工开物》所附花机图和《农政全书》所附织机图[96]都是一人在上，一人在下，二人分工表示的很清楚。

至于棉布的纺织情形，《天工开物》和《农政全书》都说的不多而且无图，因为“织机十室必有，不必具图”[97]。《农政全书》谈到织麻布的布机，附有图样，只用一人踏织[98]。我们从《天工开物》所说“织苎机具，与织棉者同”[99]这句话，可以知道织棉布机也是用一个人。再从《天工开物》所说腰机的用法：“凡织杭西罗地等绢，轻素等绸，银条巾帽等纱，不必用花机，只用小机。织匠以熟皮一方置坐下，其力全在腰尻之上，故名腰机。普天织葛苎（麻）棉布者用此机法，布帛更整齐坚泽，惜今传之犹未广也。”[100]又可知道织麻织棉一样可以用腰机，更证明织棉布每一架机只需要一个人工作，和织丝绸每架机需要两个人工作的，有所不同。

明代陈汝錡的《短书》，有这样一段记载：“曾见陕西抚院贾待问疏称，该省应造万历二十五年（1597）龙凤袍共五千四百五十匹，额设机五百三十四张，该织匠五百三十四名，挽花匠一千六百二名；新设机三百五十张，该织匠三百五十名，挽花匠七百五十名；挑花络丝打线匠四千二百余名。”[101]可见丝织所用工匠，每机一张，除了织工一人以外，还要有挽花匠二三人不等，挑花、络丝、打线工匠更多。他这里说的是官手工业，可能额设的工人多一些，但每机不只用一个工人是可以确定的。

《织工对》的前段说，“杼机四五具”，“工十数人”，后段更明确地说“工凡十人”。织工数多于机具数一倍，正好两个人用一架机。这正是丝织的情况而不是棉织的情况。因此，说《织工对》叙述的是丝织业织工而不是棉织业织工，不是没有理由的。

总起来说，我是同意这个意见的：徐一夔《织工对》叙述的是元末杭州丝织业织工。

1957年6月12日

原载《历史研究》1958 年第一期

注　释

① 见 1936 年《清华周刊》四十五卷，第五期，《十四世纪时之纺织工厂》。

② 《历史研究》，1955 年第三期，88 页；《历史研究所第三所集刊》，第二集，七六页。

③ 《历史研究》，1956 年第四期，13 页。

④ 《历史研究》，1955 年第三期，67 页。

⑤ 《历史研究》，1956 年第四期，13 页。

⑥ 徐一夔：《始丰稿》卷六，光绪甲午（1894）钱塘丁氏嘉惠堂刻《武林往哲遗著》本，9 页。

⑦ 《武林往哲遗著》本《始丰稿》，卷末，1 页。

⑧ 《始丰稿》卷五《送刘崇明还江西展墓序》："上平两浙之岁，余亦以遣至京师。"（14 页）案朱元璋得杭州、湖州在至正二十六年（1366）十一月，得温州、庆元在至正二十七年十月十一日。

⑨ 《明史》二八五《文苑传 · 徐一夔传》，影殿本，14 页。

⑩ 朱彝尊：《明诗综》卷七，1 页，《徐一夔小传》。《四库全书总目提要》卷一三四《子部 · 杂家类存目》十一《艺蒐搜奇》，商务铅印本，2765 页。

⑪ 《送勤上人卒业天竺序》，《始丰稿》卷二，23 页。

⑫ 《题崔元亨所著亡弟崔永复行实后》，《始丰稿》卷三，4 页。

⑬ 《始丰稿》卷一，17 页。

⑭ 《始丰稿附录》，2 页。

⑮ 《始丰稿》卷三《通危大参书》说："一夔今年四十有五"（7 页），这封信据同卷《谢危大参书》是和他得建宁路儒学教授敕牒同在一年（8 页），至正二十三年（1363）他写《嘉兴路新建儒学记》（卷二，13—15 页），自署建宁路儒学教授，文中又说当时他"侨居嘉兴之野"，"又俾助教诸生"，假使他早已得敕牒作教授，嘉兴就不会叫他屈作助教了。元朝教授是路学的主持人，只有一个。因此，至正二十三年可能就是得敕牒的时候。如至正二十三年他四十五岁，十五年正好三十七岁。丁丙《始丰稿跋》说，徐一夔洪武五年作杭州府学教授时"年五十有四"，与此相合。危素为参知政事，在至正二十年（1360）正月到二十四年（1364）五月，见《元史》卷四十五和卷一百十三。

⑯ 《始丰稿》卷三,8 页。此信写于至正二十三年。

⑰ 《始丰稿》卷二,1 页。

⑱ 《始丰稿》卷三,1 页。

⑲ 《始丰稿》卷二,8 页。

⑳ 例如:元末,陶宗仪:《南村辍耕录》卷四,“纵君自得之,亦不过二千五百缗耳”(《四部丛刊》三集本,15 页);元末,叶子奇:《草木子》卷三,“非得数千缗不与行遣”(苏刻本,12 页);元,赵孟頫:《蔚州杨氏先茔碑铭》,“省民钱五万余缗”(《松雪斋文集》卷八,《四部丛刊》本,1 页);元,揭傒斯:《临江路玉笥山万寿承天宫碑》,“各以私钱五千缗倡之”(《揭文安公文集》卷十二,《四部丛刊》本,15 页);这些都是,我们只各举一条。

㉑ 明高岱:《鸿猷录》卷六“封赏功臣”条,“上赐〔王〕弼缗钱五万治第,钞二千锭葺先茔”(《纪录汇编》卷七十二,25 页);“〔洪武〕二十四年辛未,八月,耿炳文辞归,赐缗钱五万治第,钞二千锭葺先茔”(同上)。这里所说缗钱,是区别于钞券的铜钱。清朝,汪琬、朱彝尊写的《徐一夔传》,都说徐一夔奉命编纂《大明日历》之后,明太祖给他三个绮缯(绣花荷包),“装钱六缗”(《始丰稿附录》3 页),这是从宋濂:《送徐教授纂修日历还任序》中的“乃诏赐文绮纤缯各三,装钱六千文”(同上,1 页)改的,因为缗字是更文雅一点的古字,并不是用明朝当时习用语。

当然不是说明朝就没有再用缗字的。王鸣吉在洪武十五年作的《苏州府学重修庙貌记》,有“辄以禄米易钞得若干缗”(《吴都文粹》续集卷四,四库珍本,29 页);方孝孺在洪武三十一年建文即位后写的《信国公(汤和)神道碑铭》,有“钞以缗计者一万五千”(《逊志斋集》卷二十二,《四部丛刊》本,13 页);杨士奇在宣德十年写的《忠定蹇〔义〕公墓志铭》,有“赐钞万缗”的话(《皇明文衡》卷八十六,6 页);可知明朝仍有用缗字的。但是,汤和事在《明太祖实录》作“钞三千锭”(卷二四〇,5 页);杨士奇在永乐二十一年写的《虎丘云岩寺重修记》就不用缗,而称“为钞三十余万贯”(《皇明文衡》卷三四,5 页)。说明缗字还不是像元末那样通用。

㉒ 《始丰稿》卷七,12 页。

㉓ 《始丰稿》卷十三,12 页。

㉔ 《元史》卷九三《食货志》一“钞法”,百衲本,23 页。

㉕ 《草木子》谓“行之四五十年,中统〔钞〕以费工本多,寻不印行,独至元钞法通行”(卷三,30 页);《元史·食货志》谓“中统、至元二钞终元之世盖常行焉”(卷九三,22 页)。两说不同。此据《草木子》。又《草木子》谓至元钞凡十等,《元史·食货志》及陶宗仪《南村辍耕录》卷二六均谓至元钞

凡十一等，多五文一种。

㉖ 马克思：《资本论》第一卷，人民出版社1953年中文版，122—125页，“钱币：价值记号”。

㉗ 元末，叶子奇：《草木子》卷三《杂制篇》“元世祖中统至元间立钞法”条：“当其盛时，皆用钞以权钱；及当衰叔，财货不足，止广造楮币以为费，楮币不足以权变百货，遂涩而不行，职此之由也。必也，欲立钞法，须使钱货为之本，如盐之有引，茶之有引，引至则茶盐立得，使钞法如此，乌有不行之患哉。”（苏刻本，30页）

㉘ 《元史》卷九三，22页。

㉙ 《元史》卷九七，5页。

㉚ 《始丰稿》卷二，8页。

㉛ 同㉑。

㉜ 《明史》卷八一《食货志》五《钱钞》，2页。《明太祖实录》卷九八，1页。

㉝ 《明史》卷八一，2页。

㉞ 万历《大明会典》第二册，卷三一，15页，《钞法》，洪武二十六年壬申“每钞一贯准铜钱一千文”。

㉟ 《明太祖实录》卷二三四，2页。

㊱ 《明太祖实录》卷一〇五，洪武九年，三月，己丑，5页。案：《明史稿·志》六〇《食货志》二，2页，和《明史》卷七八《食货志》二《赋役》，2页，全作“银一两，钱千文，钞十贯皆折输米一石”，与此不合。另据《太祖实录》卷一〇四，5页，洪武九年二月庚子有“文武官吏俸，自九月为始，以米麦钞兼给支，每钱一千，钞一贯，各抵米一石”一条，可证《明史》和《明史稿》十贯的“十”字，是“一”字的错误。

㊲ 见《明史》卷八一《食货志》五《钱钞》，2页。万历《大明会典》第三册，卷二九《户部》十六《征收》，1页，有“〔洪武〕十八年令两浙及京畿官田，凡折收税粮，钞每五贯准米一石”一条，与《食货志》所载相差一半。案《明太祖实录》卷一七六，4页，“洪武十八年十二月己丑命户部，凡天下有司官禄米以钞代给之，每钞二贯五百文代米一石”，可证《食货志》并没有错误。很可能是收税粮的折合价与发禄米有所不同。

㊳ 见万历《大明会典》，明版第三册，卷二九《户部·征收》，1页。参看㊱。

㊴ 《明太祖实录》卷一八二，洪武二十年，五月，甲子，影印本，1页。

㊵ 《明太祖实录》卷一九五，洪武二十二年，正月，丁亥，2—3页。

㊶ 万历《大明会典》第三册,卷四一《官民户口盐钞》,109 页。《春明梦余录》卷三八,25 页,所载洪武二十四年泰州灶户支食官盐折米相同。

㊷ 《明史》八〇《食货志》四,7 页。

㊸ 《明史》八〇《食货志》四,7 页。

㊹ 《明太祖实录》卷二四六,洪武二十九年,六月,戊申,4 页。

㊺ 《明太祖实录》卷二四六,洪武二十九年,六月,戊申,4 页。

㊻ 万历《大明会典》第三册,卷二九《户部·征收》,1 页。

㊼ 《明太祖实录》卷二五五,洪武三十年,十月,癸未,4 页。

㊽ 《明太祖实录》卷二五五,洪武三十年,十月,癸未,4 页。

㊾ 《明太宗实录》卷十五,洪武三十五年,十二月,甲寅,2 页。

㊿ 万历《大明会典》第三册,卷三九《户部·俸给》,83 页。

51 万历《大明会典》第三册,卷四一《户部·官民户口盐钞》,109 页。

52 万历《大明会典》第三册,卷三一《户部·钞法》,15 页。

53 《明太祖实录》卷一〇五,洪武九年,四月,己丑,5 页。

54 《明太祖实录》卷一七七,洪武十九年,四月,己亥,8 页。

55 《明太祖实录》卷一八二,洪武二十年,五月,甲子,2 页。

56 《明太祖实录》卷二五五,洪武三十年,十月,癸未,4 页。

57 屠寄:《蒙兀儿史记》卷十七《妥欢帖睦尔可汗本纪》下,3 页,至正十五年闰月壬寅注。当时改行中统交钞新钞,并没有用"两""钱"标额的,所说的"两",就指的"贯"。

58 《元史》九三,21 页。

59 《元史》卷九七《食货志》五《钞法》,4 页,"至正十年右丞相脱脱欲更钞法,乃会中书省,枢密院,御史台及集贤翰林两院官共议之。……遂定更钞之议。……"据《元史》卷四二《顺帝纪》,定议实行变更钞法在至正十年(1350)十一月己巳,时方国珍已起义两年;立宝泉提举司在至正十一年十月癸未,时刘福通、徐寿辉已于同年五月、八月先后起义;印造新钞在至正十二年正月丙午朔。

60 《元史》卷六四《河渠志》一《滹沱河》,百衲本,20 页。

61 《元史》卷六六《河渠志》二《蜀堰》,11 页。《元史》这段话是根据揭傒斯的《大元敕赐修堰碑》。《四部丛刊》本《揭文安公全集》卷十二《大元敕赐修堰碑》作"不役者三日□缗",最要紧的一个字缺了;《粤雅堂丛书》本《揭文安公文粹》卷二,作"不役者二日□缗",也缺了最要紧的一个字。现在用《元史·河渠志》的说法。又据碑文这是元顺帝即位时的事。

62 《元史》卷四二《顺帝纪》五,百衲本,1 页。

㊸ 《元史》卷四四《顺帝纪》七，百衲本，2 页。此云二两五钱就是新中统钞二贯五百，合至元钞五贯，合老中统钞二十五贯。参见㊲。

⑭ 元代至元钞与中统钞原来一律通用，至元钞一贯折中统钞五贯，见《元史》卷九三《食货志 · 钞法》。后来始专用至元钞。至正十年又一度改用新中统钞。

⑮ 《南村辍耕录》卷十一"枯井有毒"条，《四部丛刊》三集本，11 页。

⑯ 同上书卷十九，"神人狮子"条，13 页。

⑰ 《东维子文集》卷十二，《四部丛刊》本，1 页。

⑱ 《南村辍耕录》卷四《杂俎》篇，苏刻本，17 页。

⑲ 同上书卷十一，14 页，"杭人遭难"条。

⑳ 明洪武《诸司职掌》，工部，屯部，夫役，《玄览堂丛书》四九册，44 页。此书《刑部职掌》曾引洪武二十三年事，应作于洪武二十三年以后。

㉑ 万历《大明会典》十一册《工部 · 工匠月粮直米》，54 页。洪武二十四年条失载数字。永乐十九年条下称，"南京带来人匠，每月支粮三斗，无工住支"。

㉒ 万历《大明会典》二册《户部》，234 页。

㉓ 万历《大明会典》三册《户部》，90 页。

㉔ 《明太祖实录》卷一三三，2 页。

㉕ 《明太祖实录》卷二五五，7 页。

㉖ 洪武二十七年八月，钞一贯只折钱一百六十文，下诏禁用铜钱，三十年十月户部折收逋赋，钞五贯折米一石，均见前。这时白银的使用见于《实录》的亦较前增多，洪武三十年三月甲子，遂有"禁民间无以金银交易"之命，见《实录》卷二五一，3 页。

㉗ 《明太祖实录》卷二五五，4 页。

㉘ 《皇明文衡》卷六十，《四部丛刊》本，13 页。朱煦在《明史》卷二九六《孝义传》有传。

㉙ "月"误为"日"，属于形近而讹，在古书是常见的。如果是每月工资二百缗，那末每天只有六、七缗，以元末杭州最贵的米价每斗二十五缗计算，每天约合米二升五左右，每日二升五合米的工资还比较合乎当日工资一般情况。当然这还需要其他史料证明。

㉚ 如果每日工资有二十缗，也合到八升米价，还是比一般的高。

㉛ 《春明梦余录》卷三八《户部四 · 宝钞局》，古香斋刻本，24 页。他在这条所说"二贯准旧钞十贯"，"二"字应作"一"。因为新钞一贯准至元钞二贯，至元钞一贯准旧钞五贯。

⑫ 《元史》卷九七《食货志》五下,5 页。
⑬ 《春明梦余录》卷三八《户部四·钱法》,18 页。
⑭ 《春明梦余录》卷三八,24 页。
⑮ 此段引文,均见《春明梦余录》卷三八,25—26 页。
⑯ 《吴都文粹》续集卷四,四库珍本,29 页。
⑰ 《明太祖实录》卷一七七,8 页。
⑱ 《明太祖实录》卷一八四,4 页。
⑲ 《始丰稿》卷一三,13 页,《俞子中墓碣》。
⑳ 杨士奇:《虎丘云岩寺重修记》,见《皇明文衡》卷三四,《四部丛刊》本,5 页。
㉑ 《元史》卷八九《百官志》,20 页。
㉒ 《元史》卷八九,17 页。
㉓ 《南村辍耕录》卷二四"黄道婆"条,《四部丛刊》本,11 页。
㉔ 《历史研究》,1956 年第四期,13 页。
㉕ 《天工开物》,《国学基本丛书》本,36 页。
㉖ 徐光启:《农政全书》卷三四,附《织纴图谱》,铅印本,48 页。
㉗ 《天工开物》卷上《乃服·布衣》,39 页。
㉘ 《农政全书》卷三六,73 页。
㉙ 《天工开物》卷上《乃服·夏服》,39 页。
⑩⓪ 《天工开物》卷上《乃服·腰机式》,36 页。
⑩① 陈汝錡:《甘露园短书》卷五,康熙刻本,8 页。

关于中国社会资本主义萌芽问题史料处理的初步意见

（1956年初稿节录）

中国社会发展中的资本主义萌芽问题，是中国史上重要课题之一，近来已有很多专家发表了极精辟的意见，在这些文章学习的启发下，初步想到有关史料处理的几点意见，作为我个人进行研究的方向现在提出来，请各位同志指教。

一

关于商品生产问题，一方面可以从某一时期的各个行业或某一时期的某一行业深入钻研，说明它的特点；另一方面也可以从某一行业不同时期的先后发展广泛探讨，比较它们的异同。两者不可偏废。后者似乎关系不大，但也可以作前者的补充说明。

姑且以制墨行业的生产情况作个例子。

唐太宗贞观初年，[1]有一个贵族王方翼，因为家庭变故，母子被祖母逐出去单独生活，异常贫困，后来“燎松丸墨，为富家”。[2]这似乎是直接生产者的自业经济已转化为商品经济，但张说给他作的神道碑上说：

……徙居鄜壄，储无斗粟，庇无尺椽。公躬率庸保，肆勤给养，垦山出田，燎松鬻墨，一年而良畴千亩，二年而厦屋百间，三年则日举寿觞，厌珍膳矣。[3]

据此可知王方翼的致富，还是结合着垦田，而不是专靠制墨。在生产中，王方翼本人是参加劳动的，[4]和他一同工作的还有所谓庸保，就是和他家有深密关系的僮仆。[5]

墨是文人写字必需的东西，但是一种晚出的手工制造品，在魏晋以前多数是利用自然界的化石当墨，[6]六朝以后才有烧松取烟加胶作墨的方法，[7]在唐初，制造的还不多，王方翼的制墨，也还没有脱离家庭副业的关系。

南唐李超、李廷珪父子都善制墨，他们的生产情况虽然不很知道，但他们已经是专门以制墨为职业的了。

北宋张滋制墨也有名，和他同时的蔡絛说他"善和墨，色光黳，胶法精绝，举胜江南李廷珪。""大观（1107—1110）初，……荐之于朝廷，造墨入官库，……滋所造，实超今古，其墨积大观库无虑数万斤。"[8]从这个记载可以看出北宋造墨技术较之唐代已有提高，而且能大量生产。同时可以看出张滋也是脱离其他生产而专门制墨的，和他共同工作的都是专门技工。这和唐代王方翼的制墨情况是有所不同的。

张滋造墨入官库，当然不是商品生产。北宋以制墨为业的还有很多人，他们在技术方面、原料方面还创造了许多新方法。南北朝以来制墨方法，都是烧松枝取烟，和以鹿胶，称为松烟。[9]到了宋徽宗（1101—1125）时，沈珪创用松枝与脂漆滓合烧，名为漆烟；[10]叶谷用油墨，[11]胡景纯用桐油烧烟，又名桐花烟；[12]宋徽宗本人用苏合油烟作墨,[13]南宋高宗绍兴初(1131),蒲大韶用一半油烟加一半松烟,[14]认为这样可以经久。

北宋英(1064—1067)、神(1068)之间,沈括看见西北的石油,燃起来烟很浓,于是用石油的烟作墨,称为石烟,[15]认为“松墨不及也”。并且说:“石油至多,生于地中无穷,不若松木有时而竭。今齐鲁间松林尽矣,渐至太行、京西、江南,松山太半皆童矣。造煤(墨)人盖未知石烟之利也。”[16]他认为“此物后必大行于世”。但事实上后来很少有人用石油烟作墨,这是由于发明了桐油取烟之故。

在制墨技术提高和原料推广以后,生产自然相应扩大。但是在五代和宋朝许多制墨的人,普遍存着“祖传”、“世业”的想法。李廷珪父子祖孙“皆世其业”[17],而秘不传人。[18]陈赡传造法于女婿,[19]而“流传不多”。在制造方面还有一定时间,在不造墨的时候,宁可退钱不收,而不肯特别为人制造。说明当时墨的生产存在着浓厚的封建色彩。

明代制墨,明朝人自己认为是超越前代的。[20]初期以方正、邵格之、罗小华为最有名。方正四代作墨,一直传到嘉靖时;[21]邵氏作墨,自宣德年直到嘉靖年(1426—1566),[22]是世守其业;罗小华是严世蕃的幕府,[23]不是专门制墨的。

万历时(1573—1619),以程君房、方于鲁为最有名。于鲁“受造墨之法于君房”,[24]后来两人“治墨互相角胜”,所以生产数量很多,方于鲁所造更多于程君房,“凡三百八十五式”[25]。这些情况,都是过去很少见的。程君房将自己的秘法传给外姓人方于鲁,说明当时社会上“祖传”“世业”的传统束缚已逐渐松弛,方于鲁从程君房得到治墨方法,反过来和程君房作商业上的竞争,说明当时社会思想上的封建意识已出了裂缝,而人们生活上的物质要求逼得他不能不这样做。但当时一般的人也并不是完全承认和接受这样思想意识的，程君房就是一个，所以他画了“中山狼”二字形容方于鲁，认为是忘恩负义。[26]

方于鲁将他制作的成品式样花纹摩绘成书，编为《墨谱》六卷，程君房也编成《墨苑》十二卷，全部“倩名手为图，刻画妍精，细入毫发”[27]，“穷极工巧”[28]，实在就是他们的产品广告，这种不惜重资的宣传，也是以前所没有的。

清初康熙时（1662—1722）曹素功制墨最有名，直到清末，处处有曹素功墨。这些曹素功墨，是一个作坊出品。有的是曹氏子孙所造，有的和曹家无关；有的是用曹家的制造方法和原料，有的大不相同，目的只在牟利，所以冒名假充。乾嘉之交有汪近圣，其后又有胡开文，最初出墨很多很精，后来就不行了，冒名假造的也和曹素功墨一样。到清末咸（1851—1861）同（1862—1874）之间，外国煤烟进口，墨工用它制墨，号称“洋烟”，做法也与从前不同了。

上面所谈是制墨行业生产发展的简单过程，是很简略的，不够全面的，而且墨也不是主要的生活资料和生产资料，是不够典型的，当然更不能用制墨一个行业概括其他行业，这仅仅是举个习见的例子，说明一种行业的生产，如不从它的发展纵向来看，而只割取它的一部分来观察，其结果可能与实际情况有距离。

关于官僚资本的运用方面，我们可以看出下列各时代的不同情况。

唐代官吏，喜立田园，不立田园的人，群以为怪。例如玄宗时候的张嘉贞[29]、宪宗时的崔群[30]，都因不立田园为家人所怪。

柳宗元在永州时有一篇文章谈他从弟的故事，说：“去为广州从事，复佐邕州，连得荐举，至御史，后以智免。归家江陵，有宅一区，环之以桑，僮指三百，有田五百亩，树之谷，艺之麻，养有牲，出有车，无求于人。”[31]这里可以看出，唐代官吏下台后的田园，是以自给自足的自然经济状态存在的。

南宋朱熹和唐仲友的一桩公案，许多论文已经谈到，唐仲友借官吏的权势扩展自己商业，而朱熹加以评弹，正说明当时这类情况是少见的，是违法的。[32]

明朝官吏一入仕便借势剥削商民，弘治时礼部尚书耿裕自己承认：“吾自入仕未尝买油”，[33]解职家居则“掊克里閈，邀结守令”[34]，“求田问舍”，“营产谋利”，[35]说明宪、孝以前官吏营商者少。

正德五年（1510）籍没刘瑾财产，共有金一千二百五万七千八百两，银二万五千九百五十八万三千六百两，玉带四千一百六十二束。[36]没有谈到田产，也没有谈到经商，当然这不能认为根本没有。

正德十六年（1521）籍没钱宁的财产，共有金十万五千两，银四百九十八万两，此外有首饰、段匹、衣物很多，又有苏木七十五杠，胡椒三千五十石。也没有谈到他的田产。[37]

嘉靖三十二年（1553）籍没严嵩的财产，共有金一万三千一百七十一两六钱五分，金器重一万三千二百三十九两九钱五分，银二百〇一万三千四百七十八两九钱，银器重一万三千三百五十七两三钱五分，金银首饰还不在内。其他缎绸衣服器具珠玉名琴古画不计其数。此外有第宅房屋六千六百四十七间，估银八万六千三百五十两八钱；田地二万七千三百四十二点八七亩，估银四万四千四百九十三点四六七二两。田地房产所占比例甚小。[38]

万历十年（1582）籍没张居正财产，共有金二千四百二十六两，银十万七千七百九十两，又送冯保金三万两，银十万两，在京住宅估银一万〇六百七十两。[39]

清嘉庆四年(1799)籍没和珅财产,共有金五百九十万两,估银一千八百五十万两,银九百四十万两。地亩八千余顷,估银八百万两。其他金宝绸缎无数。此外有当铺七十五座,资本三千万两,银号四十二座,资本四千万两,古玩铺十三座,资本二十万两。[40]

上面这些纪录,可能不全面,一定有隐避,有遗漏,有旁人侵夺,也有记录时有意的删除。从纪录看,这几个人贪污所得绝大部分用在奢侈生活享受。他们拥有很多金银,而没投入生产,田地房屋占财产比例也很小,除了和珅而外没有兼营商业的。我想诸如此类的一些历史事实,如果从横的方面钻研以后,更从纵的方面比较其前后异同,可能将当时的经济发展情况以及所起的作用,作一个更明确的说明。这里我只是随便举一个例。

二

历史专家发现一条史料,和发明一个创见,功绩是一样的,我们对这方面劳动的尊重是不够的,几乎没有人在引用史料时提到某人首先发现。这是不公道的。

资本主义萌芽史料中,徐一夔《织工对》是一个极重要的资料,假使不是吴晗同志指出,我是不会去找的。

史料工作是很重要的,必须广泛的比较分析加以解释。广泛的程度应该纵横兼顾,纵的方面应该贯到近代现代,因为近代现代史是从中世纪史发展来的。

我想也随便举几个例子。

在今天我们向社会主义过渡时期,全国拥有五亿以上的农业人口，占全国人口六分之五以上，也就是83.33%以上。在1955年全国人口调查登记的结果，乡村人口占86.74%。这是事实。解放前的农业人口一定还要多，鸦片战争前一定更多，是可以推想而知的——因为工商业没有后来发达，因此，我们过分强调由于土地集中而造成的人口流入城市现象，是值得仔细分析的。农民的分化是资本主义的标帜，土地集中现象是历史事实，都无可怀疑，而是否都流入城市，就必须有更多的资料说明。如果农业人口比例确比后来少，那末，就应该推求人口后来所以又转入乡村的原因。

中国疆域大，各地交通情况不同，因之经济发展不平衡。明万历时记江西安福县情况说："东接庐陵，西连楚攸、分宜，北络永兴，南因错吴楚而控荆陲，引郴虔而走交广，隐然要胜之区也。……俗且重农务商。"[41]而记它毗邻的永新县的情况说："山势险隘，商贾罕达。"两个相距一百五十里的邻县县城[42]，这种悬殊的差别，究竟持续了多久，先进的县分如何协助如何带动后进的县分向资本主义发展，是值得留意的。

明代小说《醒世恒言》有徐老仆义愤成家一卷，[43]谈到徐老仆作生意情况，以本银十二两一年间获利二千余两。明代笔记《奇闻类纪》有程宰遇辽海神一条，[44]谈到程宰作生意情况，以银十余两"四五年间展转数万金"。又笔记《说听》有洞庭叶某一条，谈到他"买布入陕换褐，利倍；又贩药至扬州，数倍；贸易三载，货盈数千"。[45]他们都是"趁机会"、"赶行情"，别无他法。这当然是反映的当时一般情况。这样的商业经营能否刺激生产，值得多加比较的。

明清商人，在获利之后往往以其所得购买田产，而不去扩大再生产。例如："汪拱乾，婺源人，幼服贾，精会计，……往往获利数倍，广置田产。"[46]"金陵陶翁，往来南北，贩杂货为业。……西贾某,有货资五万金寄交陶,……别后十年,……代为营运,子母共得廿六万,……以其地于吴门代购腴产。"[47]

小说《醒世恒言》的徐老仆义愤成家,说徐老仆在获利之后算计道"不如回去商议置买些田产,做了根本,将余下的再出来运算"。这种"做了根本"的思想,士大夫中也是同样存在。明天启六年(1626),朱祖文在周顺昌被害以后,为周氏子孙打算,就曾有"必得置一恒产乃为永远计"的想法。[48]

这种根本之计的思想,实在是阻挠资本主义发展的因素之一,也是封建主义和资本主义的斗争范例之一。今天研究资本主义萌芽问题,固然应当注意它的如何发展,更重要的还是注意究竟是什么力量阻碍了它的发展。

《织工对》这一重要资料,专家们都一致重视,但有一些小的地方,大家的分析还不一致。有的认为这是元末情况,有的认为这是明初情况;有的认为这是丝织工,有的认为是棉织工。

《织工对》中关于工资的一段记载说:

> 日佣为钱二百缗,吾衣食于主人,而以日之所入,养吾父母妻子。[49]

这一段,二百缗的"缗"字最不易解。缗字是宋朝习用名词,一缗就是一贯钱,二百缗就是二百贯,这是一个大数目。假使是元末情况,那末就是元末的昏烂的钞,是很不值钱的。假使是明初的情况,明朝人不太用"缗"字,可能是一个错字。从文义上看也可能是"文"字,就是可能是"日佣为钱二百文"。但是,每日二百文的工资,也是可疑的。明初的比值,钱一千文,合钞一贯,合银一两,合米一担。[50]每日二百文等于银二钱,一月等于银六两;等于每月米六石。明初工资没有这样高的。在清朝一般零工每天只卅文,[51]苏州织造诰帛工每月只银六钱,[52]转作长工一年通计工银吃米只十三两,[53]月合一两零八分多。而且织工每天只能织布一匹,有的还要通宵不寐,[54]一匹布"约值银一钱五六分,最精不过一钱七八分,至二钱止",[55]假使职工工资每月需银二钱,主人就无利可图了。因此这个工价的记载必须深入地、广泛地加以比较研究,然后才能得到雇佣性质明确的解释。

三

最后想涉及一下对于"萌芽"概念理解的体会。所谓"萌芽"是不是就是某一种现象的开始出现?所谓"资本主义萌芽"是不是就是资本主义生产现象开始出现?

从来没有人将高渐离的"变姓名,为人庸保,匿作于宋子",和他后来的"念久隐约无穷时,乃退出其装匣中筑与其善衣,更容貌而前,举坐客皆惊,下与抗礼,以为上客,……宋子传客之"[56]认作是秦始皇统一(公元前221)前已有资本主义萌芽。也从来没有人将原涉的给朋友家办丧事,"具记衣被棺木下至饭含之物分付诸客,诸客奔走市买,至日昳皆会"[57],而说王莽时(公元9—22)中国已有资本主义萌芽。就是因为这两个例子距离资本主义发展太远了,没有直接关系。

因此,所谓萌芽似乎是指在社会发展的道路上,突破了当时旧的水平向前迈进一步的情况,这些情况是相互关联的,而不是与当时水平或后来发展无关的孤立现象。

那末,中国在外国资本主义侵入以前,始终没有进入资本主义社会，我们是否可以认为在1840年以前根本没有发生过资本主义萌芽？似乎也不然。我们相信，中国没有外国资本主义侵入，自己一定会走进资本主义，资本主义因素是在封建社会萌芽的。

理论是我们的指导方法，我们必须忠实于理论，不应该借来作我们引用资料的装饰。经典的精蕴，都是根据具体事实分析出来的，都是和发展的时期、阶级力量的对比以及具体环境分不开的。关于不明晰的史料，不作深入的分析，只依靠主观地引用经典作"注脚"，而又忽略经典所阐述的时代和范畴，是不容易解决问题的。

注　释

① 《新唐书》卷一一一《王方翼传》说，程务挺被杀，方翼流崖州，卒于道，年六十三。程务挺被杀在光宅元年(684)十二月，王方翼死应在垂拱元年(685)，应生于623年，如以十岁被逐计算，当在太宗贞观六年(632)。

② 《新唐书》卷一一一《王方翼传》，百衲本。

③ 《张说集》十六《王方翼神道碑》。

④ 《旧唐书》卷一八五上《王方翼传》曰："时方翼尚幼，乃与庸保齐力勤作。"百衲本。

⑤ 庸保，见《史记》卷八六《刺客列传·荆轲传》。据《索隐》，庸是"庸作"，是卖庸，保是"可保信"(百衲本，19页)。又见《史记》卷一〇〇《栾布传》(百衲本，4页)。《汉书》卷五七《司马相如传》颜师古注："庸，即谓债作者，保谓庸之可信任者。"(百衲本，2页)，庸虽然可以解释作雇佣工人，但庸保就有与主人有深密关系的涵义而不是一般雇佣关系。

⑥ 晋陆云给他哥哥陆机的信中说："三上台藏曹公(曹操)石墨数十万觔，可用然烟。"见《全晋文》。

⑦ 也有人以为到唐朝才有松烟，见明末姜绍书：《韵石斋笔谈》卷下《墨考》，《知不足斋丛书》，21页。

⑧ (宋)蔡絛：《铁围山丛谈》卷五，《知不足斋丛书》本，17页。

⑨ 《韵石斋笔谈·墨考》绪言"古法烟必松焰，胶以麋角"，22页。

⑩ (宋)何薳：《春渚纪闻》卷八，漆烟对胶条。《津逮祕书》本，9页。

⑪ 同上,14页。

⑫ 同上,桐华烟如点漆条,15页。

⑬ 明末姜绍书:《韵石斋笔谈》卷下,21页:明末万寿祺《墨表》四,见《隰西草堂集》卷四,徐州董氏刻本,16页。

⑭ 同上,油松烟相半则经久条,15页。

⑮ (宋)沈括:《梦溪笔谈》卷二四,鄜延境内有石油条,《津逮祕书》本,1页。

⑯ 同上。

⑰ 《韵石斋笔谈》,21页。

⑱ 《春渚纪闻》8页,"李氏渡江始用对胶而秘不传。"

⑲ 《春渚纪闻》7页,"赡死,婿董仲渊因其法,……恨其即死,流传不多。"

⑳ 《韵石斋笔谈·墨考》绪论:"昭代……惟墨之道,超潘(宋潘谷、潘衡)驾李(南唐李超、李廷珪)差足为艺林吐气。"《知不足斋》本,23页。

㉑ 万寿祺《墨表》列至方正曾孙方凤岐,未列的可能还多。见董氏刻本,8页。

㉒ 同上。

㉓ 《韵石斋笔谈》,21—22页。

㉔ 同上,22页,下引同。

㉕ (清)朱彝尊:《明诗综》卷六四引诗话,木刻本,页二四;又见朱彝尊:《静志居诗话》卷一八,文瑞楼石印本,7页。

㉖ 见《韵石斋笔谈》,22页。《涉园墨萃》收有《中山狼图集》。

㉗ 《韵石斋笔谈》,22页。

㉘ (明)沈德符:《万历野获编》卷二六,新安制墨条。木刻本,12页。

㉙ 《新唐书》卷一一七《张嘉贞传》。

㉚ 《太平广记》一八一,崔群条,出《独异志》。

㉛ 《柳宗元集》卷二四《送从弟某江陵序》。

㉜ 《朱文公大全集》一八、一九。

㉝ 《治世余闻》下篇卷一,见《纪录汇编》卷八七,1页。

㉞ 陆楫:《葭堂杂著摘抄》,见《纪录汇编》卷二〇四,15页。

㉟ 何良俊:《四友斋丛说摘抄》,见《纪录汇编》卷一七八,5页。

㊱ 田艺衡:《留青日扎摘抄四》,见《纪录汇编》卷一二五,2—3页。

㊲ 王鏊:《震泽长语》,见《纪录汇编》卷一二五,21页。

㊳ 上列数字详见《天水冰山录》,《知不足斋丛书》第一四集。

㊴ 同上书附录。

㊵ 《中国秘史》。

㊶ 赵秉忠:《江西舆地图说》,《纪录汇编》卷二〇八,18 页。

㊷ 乾隆《一统志》卷二九四,安福县“南至永新县界九十里”,永新县“北至安福县界六十里”。

㊸ 《醒世恒言》卷三五,作家出版社,748 页。

㊹ 《纪录汇编》卷二一三,12—13 页。

㊺ 陆粲:《说听》卷上,《说库》本,9 页。

㊻ 吴德旋:《初月楼闻见录》卷九。

㊼ 张培仁:《妙香室从话》卷一,《笔记小说大观》本,13 页。

㊽ 朱祖文:《北行日谱》,《知不足斋丛书》本,37 页。

㊾ 引自诸家论文。

㊿ 《明史》卷八一《食货志·钱钞》,百衲本,1 页。

51 黄暐:《蓬窗类记》卷五,《涵芬楼秘籍》本,47 页。

52 张履祥:《杨园先生全集》补农书卷上。

53 苏州织道李煦奏折,故宫博物院本,24 页,“诰帛二项人匠约计三百七十名,岁需银二千七百两,即可赡活群工”。

54 《古今图书集成·职方典》,696 页:松江府,“织者率日成一匹,有通宵不寐者”。

55 叶梦珠:《阅世编》七。

56 《史记》卷八六《刺客列传荆轲传》,百衲本,19—20 页。

57 《汉书》卷九二《游侠传原涉传》,百衲本,14 页。

清代的幕府

一、清代幕府

清代地方主管官吏，自州县到督抚，总要聘请几位能干的或有学识的人才，帮助自己处理行政事务，称为师爷。法令文献上称为幕宾、幕客（均见雍正元年正月朔谕巡抚及三月乙酉谕吏部）、幕友（《管理内务府现行则例》卷三引乾隆三十年十一月上谕），还有西宾、宾师（均见民国刘禺生:《世载堂杂忆》）、幕僚、馆宾等称，一般统称幕府。

幕府制由来已久。宋代《册府元龟》有幕府部，上溯到周礼六官六军的吏属、春秋诸国的军司马尉侯（卷七一六），其说尚有待进一步考订。清雍正帝说："今之幕客，即古之参谋记室"（元年三月乙酉谕），似乎也迟了一些。我们感到，《史记》上所说，张耳"少时及魏公子毋忌为客"（卷八九，《张耳陈余列传》）的客；"李斯乃求为秦相文信侯吕不韦舍人"（卷八七，《李斯列传》）的舍人；近年考古发掘汉墓壁画上的门下史（《望都汉墓发掘报告》）的史，都应该是和幕府制有关的原始职称。

幕府人员由府主自己选聘，与正规官吏由考试铨选登进的不同。明王守仁曾说:“凡荐贤于朝,与自己用人又自不同。自己用人,权度在我,故虽小人而有才者亦可以器使。若以贤才荐之于朝,则评品一定,便如黑白,其间舍短录长之意,若非明言,谁复知之。”(《王文成公全集》卷十五,《答方叔贤》)这里说的自己用人,就指的是幕府人才。既属自己用人,自然不限资格,不分亲友,不问相识与否。这种情形,一直延及到清代。从顺治十七年(1660)河道总督朱之锡偕僚属捐银赈济灾民受奖(《清史列传》卷八《朱之锡传》),康熙二十六年(1687)云南提督万正色以纵容幕客家人借造册勒索被议(《清史列传》卷九《万正色传》),可知顺、康时已有幕府人员。雍正元年三月乙酉谕吏部,“各省督抚衙门事繁,非一手一足所能办,势必延请幕宾相助,其来久矣”。并令“嗣后督抚所延幕客,须择历练老成、深信不疑之人,将姓名具题”(《清世宗实录》卷五)。从此幕宾取得法律上正式地位。这里的“历练老成”本无客观标准,故“深信不疑”便成为有清一代延请宾客的唯一条件。

二、清代幕府的情况

清代参加过各级地方机构幕府的人员很多,现在选择一部分,列表于下:

幕主姓名	幕宾姓名	入幕年代	在幕经管事务	幕宾后来的情况	根　据
靳　辅	陈　潢	康熙十六年	治河	治河联带被劾死	《清史列传》七一《陈潢传》
班　第	阿　桂	乾隆十三年	金川军营办事	官至大学士,军机大臣	《清史列传》二六《阿桂传》

续表

幕主姓名	幕宾姓名	入幕年代	在幕经管事务	幕宾后来的情况	根　据
阿里衮	赵文哲	乾隆三三年	参军幕	1773 年，木果木战败死	《清史列传》七二《赵文哲传》
阿　桂	王　昶	乾隆三三年	云南军营效力	刑部侍郎	《清史列传》二六《王昶传》
阿　桂	赵文哲	乾隆三三年	参军幕		《清史列传》七二《赵文哲传》
阿　桂	长　龄	乾隆四九年	随　营	大学士，军机大臣	《清史列传》三六《长龄传》
傅　恒	孙士毅	乾隆三四年	主章奏	四川总督	《清史列传》二六《孙士毅传》
傅　恒	刘秉恬	乾隆三四年	随　营	四川总督	《清史列传》二七《刘秉恬传》
傅　恒	赵　翼	乾隆三四年	参军事		《清史列传》七二《赵翼传》
温　福	赵文哲	乾隆三七年	参军幕		《清史列传》七二《赵文哲传》
温　福	王　昶	乾隆三六年	四川军营办事		《清史列传》二六《王昶传》
于敏中	陆费墀	约乾隆三八年	书　牍	礼部左侍郎	《清史列传》二六《陆费墀传》
李侍尧	赵　翼	乾隆五二年	参军事		《清史列传》七二《赵翼传》
福康安	长　龄	乾隆五二年	随　营		《清史列传》三六《长龄传》
福康安	方维甸	乾隆五二年	营　务	闽浙总督	《清史列传》三三《方维甸传》
福康安	杨　揆	乾隆五六年	谋画军务	四川布政使	《清史列传》七二《杨揆传》
毕　沅	高　杞	乾隆六十年	粮饷军火	陕甘总督	《清史列传》三三《高杞传》

续表

幕主姓名	幕宾姓名	入幕年代	在幕经管事务	幕宾后来的情况	根　据
董　诰	王芑孙	乾隆	文奏	文士	《清史列传》七二《王芑孙传》
董　诰	张士元	乾隆	文牍	文士	《清史列传》七二《张士元传》
梁师正	王芑孙	乾隆	文奏		《清史列传》七二《王芑孙传》
王　杰	王芑孙	乾隆	文奏		《清史列传》七二《王芑孙传》
刘　墉	王芑孙	乾隆	文奏		《清史列传》七二《王芑孙传》
彭元瑞	王芑孙	乾隆	文奏		《清史列传》七二《王芑孙传》
勒　保	舒　位	乾隆	军事，文奏	文士	《清史列传》七二《舒位传》
勒　保	石韫玉	嘉庆五年	军事谋画	山东按察使	《清史列传》七六《石韫玉传》
王朝梧	舒　位	乾隆	军事，文奏		《清史列传》七二《舒位传》
惠　龄	阿　霖	嘉庆元年	随营	江西巡抚	《清史列传》三五《阿霖传》
倭什布	阿　霖	嘉庆四年	军营差遣	江西巡抚	《清史列传》三五《阿霖传》
那彦成	杨懋恬	嘉庆四年	随营	湖广总督	《清史列传》三五《杨懋恬传》
那彦成	文　孚	嘉庆四年	军需	大学士，军机大臣	《清史列传》三六《文孚传》
朱　勋	陆耀遹	嘉庆	军事，尺牍	文士	《清史列传》七二《恽敬传》附《陆耀遹传》

续表

幕主姓名	幕宾姓名	入幕年代	在幕经管事务	幕宾后来的情况	根　　据
德愣泰	阿　霖	嘉庆七年	粮糈		《清史列传》三五《阿霖传》
初彭龄	茅　豫	嘉庆十九年			《清史列传》三四《初彭龄传》
习振翎	费　钧	嘉庆二二年	帮办幕务		《清史列传》三六《王鼎传》
方受畴	陈　建	嘉庆二三年	帮办幕务		《清史列传》三三《方受畴传》
胡克家	彭兆荪	嘉庆二三年（胡为江苏布政时）			《清史列传》七三《彭兆荪传》
张敦仁	彭兆荪	嘉庆二三年（张为扬州知府）			《清史列传》七三《彭兆荪传》
曾　燠	彭兆荪	嘉庆二三年（曾为淮运使时）			《清史列传》七三《彭兆荪传》
曾　燠	彭泰来	嘉庆十六年			《清史列传》七三《张维屏传》附《彭泰来传》
阮　元	谢兰生	嘉庆十六年	修《广东通志》		《清史列传》七三《谢兰生传》
阮　元	陈文述	嘉庆十六年	随赴滦阳		《清史列传》七三《陈文述传》
阮　元	王衍梅	嘉庆十六年	依阮元于广东		《清史列传》七三《黄安涛传》附《王衍梅传》

续表

幕主姓名	幕宾姓名	入幕年代	在幕经管事务	幕宾后来的情况	根　据
阮　元	张　鉴	嘉庆十六年	赞画平海寇及赈灾		《清史列传》七三《张鉴传》
阮　元	杨凤苞		分纂《经籍纂诂》		《清史列传》七三《杨凤苞传》
阮　元	赵　魏		手定阮元《积古斋钟鼎彝器款识》		《清史列传》七三《瞿中溶传》附《赵魏传》
王　昶	赵　魏		手定王昶《金石萃编》		《清史列传》七三
朱　珪	包世臣	嘉庆十六年	练兵		《清史列传》七三《包世臣传》
明　亮	包世臣	嘉庆十六年	川楚军事,不见用		《清史列传》七三《包世臣传》
百　龄	张　澍	嘉庆十六年	治河		《清史列传》七三《张澍传》
程祖洛	陈　时	道光			《清史列传》三七《程祖洛传》
琦　善	唐文睿	道光七年			《清史列传》四十《琦善传》
赛尚阿	姚　莹	咸丰元年	参军事建议不用	湖南按察使	《清史列传》七三《姚莹传》
赛尚阿	严正基	咸丰元年	参军事		《清史稿》列传《赛尚阿传》
卢荫溥	郭尚先	道光	主其家		《清史列传》七三《郭尚先传》
梁章钜	朱　绶	道光	章奏	文士	《清史列传》七三《顾莼传》附《朱绶传》

续表

幕主姓名	幕宾姓名	入幕年代	在幕经管事务	幕宾后来的情况	根　据
陶　澍	赵绍祖	道光	纂《安徽省志》	文士	《清史列传》七三《赵绍祖传》
祁　埙	梁廷枏	道光	襄办团练	内阁中书，侍读	《清史列传》七三《梁廷枏传》
林则徐	梁廷枏	道光	筹防守战		《清史列传》七三
林则徐	王柏心	道光			《清史列传》七三《王柏心传》
徐广缙	梁廷枏	道光	襄办团练		《清史列传》七三《梁廷枏传》
李嘉端	何秋涛	道光末	李巡抚安徽奏辟自随		《清史列传》七三《何秋涛传》
张亮基	左宗棠	咸丰二年	襄理战守	大学士，军机大臣	《清史列传》七三《郭崑焘传》
张亮基	郭崑焘	咸丰二年	襄理战守	内阁中书	《清史列传》七三《郭崑焘传》
张亮基	王柏心	咸丰	参佐戎幕		《清史列传》七三《王柏心传》
桂　良	朱　琦	咸丰			《清史列传》七三《朱琦传》
王有龄	朱　琦	咸丰			《清史列传》七三《朱琦传》
王有龄	赵景贤	咸丰三年	团练		《清史列传》四九《赵景贤传》
黄宗汉	赵景贤	咸丰三年	团练捐输		《清史列传》四九《赵景贤传》
袁甲三	戴钧衡	咸丰			《清史列传》七三《戴均衡传》
袁甲三	袁保恒	咸丰五年	上允甲三留保恒于军	刑部左侍郎	《清史列传》五三《袁保恒传》

续表

幕主姓名	幕宾姓名	入幕年代	在幕经管事务	幕宾后来的情况	根　据
袁甲三	马新贻	咸丰十一年	督办营务	两江总督	《清史列传》四九《马新贻传》
王　鑫	刘松山	咸丰四年	攻战	总兵	《清史列传》五一《刘松山传》
丁日昌	林达泉	咸丰末		台北知府	《清史列传》七七《林达泉传》
陆建瀛	冯桂芬	咸丰初年	修《盐法志》		《清史列传》七三《冯桂芬传》
僧格林沁	王　拯	咸丰中随赴天津	防剿		《清史列传》七三《王拯传》
僧格林沁	尹耕云	咸丰三年			《清史列传》七六《尹耕云传》
吕贤基	李鸿章	咸丰三年	练乡勇	大学士,直隶总督兼北洋大臣	《清史列传》五七《李鸿章传》
骆秉章	左宗棠	咸丰二年			《清史列传》五一《左宗棠传》
骆秉章	刘长佑	咸丰五年			《清史列传》五四《刘长佑传》
骆秉章	刘　典	咸丰六年	团练	陕西巡抚,新疆帮办军务	《清史列传》五五《刘典传》
骆秉章	刘　蓉	咸丰十年	军务	陕西巡抚	《清史列传》四九《刘蓉传》
骆秉章	左宗棠	咸丰十年	襄理营务		《清史列传》五八《潘祖荫传》
骆秉章	黄彭年	同治元年	赞军机	江苏布政使	《清史列传》七六《黄辅辰传》附
骆秉章	郭崑焘	咸丰			《清史列传》七三《郭崑焘传》

续表

幕主姓名	幕宾姓名	入幕年代	在幕经管事务	幕宾后来的情况	根　据
刘长佑	刘坤一	咸丰七年		两江总督	《清史列传》五四《刘长佑传》
刘长佑	刘秉琳	同治元年	襄治军事	天津河间道	《清史列传》七六《刘秉琳传》
郑敦谨	马丕瑶	同治元年		广东巡抚	《清史列传》五九《马丕瑶传》
胜　保	铁　珊	咸丰十年	营务	河道河陕汝道	《清史列传》七七《铁珊传》
张　芾	刘秉璋	咸丰初年		四川总督	《清史列传》六一《刘秉璋传》
严树森	陈建侯	咸丰十年	襄办营务	湖北荆宜	《清史列传》七七《陈建侯传》
严树森	倪文蔚	咸丰十一年	营务	河南巡抚	《清史列传》五九《倪文蔚传》
严树森	李宗羲	同治元年		两江总督	《清史列传》五四《李宗羲传》
罗泽南	蒋益澧	咸丰三年		广东巡抚	《清史列传》五十《蒋益澧传》
罗泽南	金国琛	咸丰五年	营务	广东布政使	《清史列传》七七《金国琛传》
李续宾	金国琛	咸丰七年	总理营务		《清史列传》七七《金国琛传》
李续宜	金国琛	咸丰八年	总理营务		《清史列传》七七《金国琛传》
李续宜	游智开	同治初		广西布政使	《清史稿》列传《游智开传》
曾国藩	杨岳斌	咸丰三年	水师	陕甘总督	《清史列传》五四《杨岳斌传》
曾国藩	许振祎		治文书，襄军事		《清史列传》五九《许振祎传》

续表

幕主姓名	幕宾姓名	入幕年代	在幕经管事务	幕宾后来的情况	根　据
曾国藩	李瀚章	咸丰三年	总理粮饷	两广总督	《清史列传》五九《李瀚章传》
曾国藩	刘　蓉	咸丰四年			《清史列传》四九《刘蓉传》
曾国藩	李元度	咸丰三年	理营务	贵州布政使	《清史列传》七六《李元度传》
曾国藩	李宗羲	咸丰八年 同治三年	协理粮饷		《清史列传》五四《李宗羲传》
曾国藩	李鸿章	咸丰八年	襄营务		《清史列传》五七《李鸿章传》
曾国藩	刘　典	咸丰十年	总司营务		《清史列传》五五《刘典传》
曾国藩	穆其琛	咸丰十一年	佐军事		《清史列传》七六《穆其琛传》
曾国藩	沈葆桢	咸丰十一年		两江总督	《清史列传》五三《沈葆桢传》
曾国藩	钱应溥	咸丰十一年	襄办营务	军机大臣，工部尚书	《清史列传》六一《钱应溥传》
曾国藩	张树声	同治元年		两广总督	《清史列传》五四《张树声传》
曾国藩	丁日昌	同治元年	随征	福建巡抚	《清史列传》五五《丁日昌传》
曾国藩	何　璟	同治元年	营务处	闽浙总督	《清史列传》五四《何璟传》
曾国藩	吴敏树		曾督两江时从之阅武		《清史列传》七三《吴敏树传》
曾国藩	薛福成	同治六年		湖南按察使，出使英法意比四国大臣	《清史列传》五八《薛福成传》

续表

幕主姓名	幕宾姓名	入幕年代	在幕经管事务	幕宾后来的情况	根据
曾国藩	史梦兰	同治七—九年			《清史列传》七三《史梦兰传》
曾国藩	方宗诚	同治九年		知县	《清史列传》六七《方宗诚传》
曾国藩	吴汝纶	同治	奏疏		《清史稿列传·吴汝纶传》
曾国藩	游智开	同治			《清史列传》六三《游智开传》
曾国藩	李善兰	同治初			《清史列传》七三《张文虎传》
曾国藩	张文虎	同治初		文士	《清史列传》七三《张文虎传》
曾国藩	左宗棠				《庸庵文编》卷四,叙曾文正公幕府宾僚
曾国藩	彭玉麟				《庸庵文编》卷四,叙曾文正公幕府宾僚
曾国藩	李云麟				《庸庵文编》卷四,叙曾文正公幕府宾僚
曾国藩	周开锡				《庸庵文编》卷四,叙曾文正公幕府宾僚
曾国藩	罗萱				《庸庵文编》卷四,叙曾文正公幕府宾僚

续表

幕主姓名	幕宾姓名	入幕年代	在幕经管事务	幕宾后来的情况	根　　据
曾国藩	吴坤修				《庸庵文编》卷四,叙曾文正公幕府宾僚
曾国藩	李鹤章				《庸庵文编》卷四,叙曾文正公幕府宾僚
曾国藩	梅启照				《庸庵文编》卷四,叙曾文正公幕府宾僚
曾国藩	唐训方				《庸庵文编》卷四,叙曾文正公幕府宾僚
曾国藩	陈兰彬				《庸庵文编》卷四,叙曾文正公幕府宾僚
曾国藩	陈士杰				《庸庵文编》卷四,叙曾文正公幕府宾僚
曾国藩	王家璧				《庸庵文编》卷四,叙曾文正公幕府宾僚
曾国藩	周孚濬				《庸庵文编》卷四,叙曾文正公幕府宾僚
曾国藩	何　栻				《庸庵文编》卷四,叙曾文正公幕府宾僚

续表

幕主姓名	幕宾姓名	入幕年代	在幕经管事务	幕宾后来的情况	根　据
曾国藩	高心夔				《庸庵文编》卷四,叙曾文正公幕府宾僚
曾国藩	周腾虎				《庸庵文编》卷四,叙曾文正公幕府宾僚
曾国藩	李　榕				《庸庵文编》卷四,叙曾文正公幕府宾僚
曾国藩	倪文蔚				《庸庵文编》卷四,叙曾文正公幕府宾僚
曾国藩	李鸿章				《庸庵文编》卷四,叙曾文正公幕府宾僚
曾国藩	郭嵩焘				《庸庵文编》卷四,叙曾文正公幕府宾僚
曾国藩	郭崑焘				《庸庵文编》卷四,叙曾文正公幕府宾僚
曾国藩	何应祺				《庸庵文编》卷四,叙曾文正公幕府宾僚
曾国藩	邓辅纶				《庸庵文编》卷四,叙曾文正公幕府宾僚

续表

幕主姓名	幕宾姓名	入幕年代	在幕经管事务	幕宾后来的情况	根　据
曾国藩	程恒生				《庸庵文编》卷四,叙曾文正公幕府宾僚
曾国藩	甘　晋				《庸庵文编》卷四,叙曾文正公幕府宾僚
曾国藩	陈　鼒				《庸庵文编》卷四,叙曾文正公幕府宾僚
曾国藩	许振祎				《庸庵文编》卷四,叙曾文正公幕府宾僚
曾国藩	蒋嘉棫				《庸庵文编》卷四,叙曾文正公幕府宾僚
曾国藩	凌　焕				《庸庵文编》卷四,叙曾文正公幕府宾僚
曾国藩	方翊元				《庸庵文编》卷四,叙曾文正公幕府宾僚
曾国藩	李鸿裔				《庸庵文编》卷四,叙曾文正公幕府宾僚
曾国藩	柯　钺				《庸庵文编》卷四,叙曾文正公幕府宾僚

续表

幕主姓名	幕宾姓名	入幕年代	在幕经管事务	幕宾后来的情况	根　据
曾国藩	程鸿诏				《庸庵文编》卷四,叙曾文正公幕府宾僚
曾国藩	方骏谟				《庸庵文编》卷四,叙曾文正公幕府宾僚
曾国藩	向师棣				《庸庵文编》卷四,叙曾文正公幕府宾僚
曾国藩	黎庶昌				《庸庵文编》卷四,叙曾文正公幕府宾僚
曾国藩	王定安				《庸庵文编》卷四,叙曾文正公幕府宾僚
曾国藩	吴嘉宾				《庸庵文编》卷四,叙曾文正公幕府宾僚
曾国藩	张裕钊				《庸庵文编》卷四,叙曾文正公幕府宾僚
曾国藩	俞　樾				《庸庵文编》卷四,叙曾文正公幕府宾僚
曾国藩	罗汝怀				《庸庵文编》卷四,叙曾文正公幕府宾僚

续表

幕主姓名	幕宾姓名	入幕年代	在幕经管事务	幕宾后来的情况	根　据
曾国藩	陈学受				《庸庵文编》卷四,叙曾文正公幕府宾僚
曾国藩	夏　燮				《庸庵文编》卷四,叙曾文正公幕府宾僚
曾国藩	莫友芝				《庸庵文编》卷四,叙曾文正公幕府宾僚
曾国藩	王闿运				《庸庵文编》卷四,叙曾文正公幕府宾僚
曾国藩	杨象济				《庸庵文编》卷四,叙曾文正公幕府宾僚
曾国藩	曹耀相				《庸庵文编》卷四,叙曾文正公幕府宾僚
曾国藩	刘翰清				《庸庵文编》卷四,叙曾文正公幕府宾僚
曾国藩	赵烈文				《庸庵文编》卷四,叙曾文正公幕府宾僚
曾国藩	钱泰吉				《庸庵文编》卷四,叙曾文正公幕府宾僚

续表

幕主姓名	幕宾姓名	入幕年代	在幕经管事务	幕宾后来的情况	根　据
曾国藩	汪士铎				《庸庵文编》卷四,叙曾文正公幕府宾僚
曾国藩	陈　艾				《庸庵文编》卷四,叙曾文正公幕府宾僚
曾国藩	戴　望				《庸庵文编》卷四,叙曾文正公幕府宾僚
曾国藩	刘毓崧				《庸庵文编》卷四,叙曾文正公幕府宾僚
曾国藩	刘寿曾				《庸庵文编》卷四,叙曾文正公幕府宾僚
曾国藩	唐仁寿				《庸庵文编》卷四,叙曾文正公幕府宾僚
曾国藩	成蓉镜				《庸庵文编》卷四,叙曾文正公幕府宾僚
曾国藩	华蘅芳				《庸庵文编》卷四,叙曾文正公幕府宾僚
曾国藩	徐　寿				《庸庵文编》卷四,叙曾文正公幕府宾僚

续表

幕主姓名	幕宾姓名	入幕年代	在幕经管事务	幕宾后来的情况	根据
曾国藩	冯焌光				《庸庵文编》卷四,叙曾文正公幕府宾僚
曾国藩	程国熙				《庸庵文编》卷四,叙曾文正公幕府宾僚
曾国藩	陈方坦				《庸庵文编》卷四,叙曾文正公幕府宾僚
曾国藩	任　伊				《庸庵文编》卷四,叙曾文正公幕府宾僚
曾国藩	孙文川				《庸庵文编》卷四,叙曾文正公幕府宾僚
曾国藩	洪汝奎				《庸庵文编》卷四,叙曾文正公幕府宾僚
曾国藩	刘世墀				《庸庵文编》卷四,叙曾文正公幕府宾僚
曾国藩	李兴锐				《庸庵文编》卷四,叙曾文正公幕府宾僚
曾国藩	王香倬				《庸庵文编》卷四,叙曾文正公幕府宾僚

续表

幕主姓名	幕宾姓名	入幕年代	在幕经管事务	幕宾后来的情况	根　据
曾国藩	何　源				《庸庵文编》卷四,叙曾文正公幕府宾僚
曾国藩	李士芬				《庸庵文编》卷四,叙曾文正公幕府宾僚
曾国藩	屠　楷				《庸庵文编》卷四,叙曾文正公幕府宾僚
曾国藩	萧世本				《庸庵文编》卷四,叙曾文正公幕府宾僚
胡林翼	汪士铎				《张文襄公年谱》
胡林翼	王柏心	咸丰	赞议军务		《清史列传》七三《王柏心传》
胡林翼	胡大任	咸丰	赞议军务		《清史列传》七三《王柏心传》
胡林翼	龚绍仁	咸丰	赞议军务		《清史列传》七三《王柏心传》
胡林翼	刘　蓉	咸丰五年	营务		《清史列传》四九《刘蓉传》
胡林翼	严树森	咸丰五年	粮台	湖北巡抚	《清史列传》五四《严树森传》
胡林翼	阎敬铭	咸丰九年	粮台	军机大臣,大学士	《清史列传》五七《阎敬铭传》
胡林翼	穆其琛	咸丰十年		时州知州	《清史列传》七六《穆其琛传》

续表

幕主姓名	幕宾姓名	入幕年代	在幕经管事务	幕宾后来的情况	根　据
张国誁	陈克家	咸丰十年		《明纪》的续成者。1860年与张同死	《清史列传》七二《陈鹤传》附《陈克家传》
毛鸿宾	徐　灏				《清史稿》列传《郭嵩焘传》
毛鸿宾	郭崑焘	咸丰十一年			《清史列传》七三《周昌寿传》附《郭崑焘传》
恽世临	郭崑焘				《清史列传》七三《周昌寿传》附《郭崑焘传》
刘　琨	郭崑焘	同治			《清史列传》七三《周昌焘传》附《郭崑焘传》
蒋霨远	丁宝桢	咸丰六年	留防贵州省城		《清史列传》五四《丁宝桢传》
蒯架荪	张　曜	咸丰初	守御县城	山东巡抚	《清史列传》五五《张曜传》
刘松山	刘锦棠			兵部右侍郎	《清史稿》列传《刘锦棠传》
左宗棠	刘　典	咸丰十年	营务帮办军务		《清史列传》五五《刘典传》
左宗棠	王文韶	同治六年	办后路粮台	军机大臣，大学士	《清史列传》六四《王文韶传》
左宗棠	吴观礼				《清史列传》七三《吴观礼传》
左宗棠	袁保恒	同治七年			《清史列传》五三《袁保恒传》

续表

幕主姓名	幕宾姓名	入幕年代	在幕经管事务	幕宾后来的情况	根　据
左宗棠	刘锦棠	同治			《清史稿》列传《刘锦棠传》
左宗棠	饶应祺	同治元年	参军幕	新疆巡抚	《清史稿》列传《饶应祺传》
左宗棠	陶　模	同治	议定赋则	陕甘总督	《清史稿》列传《陶模传》
左宗棠	施补华				《左文襄公在西北》
左宗棠	严　咸				《左文襄公在西北》
左宗棠	李云麟				《左文襄公在西北》
左宗棠	王开化		参戎幕		《清史列传》五五《刘典传》
左宗棠	杨昌濬		参戎幕		《清史列传》五五《刘典传》
文　煜	张之洞	咸丰十年		大学士,军机大臣	《张文襄公年谱》
马新贻	朱根仁	同治元年	参戎幕	知县	《清史列传》七七《朱根仁传》
曹璧光	林肇元	同治七年	总理军需	贵州巡抚	《清史列传》五五《林肇元传》
李秉衡	锡　良			东三省总督	《清史稿》列传《锡良传》
李鸿章	吴长庆	同治元年		广东水师提督	《清史列传》五六《吴长庆传》
李鸿章	刘秉璋	同治元年			《清史列传》六一《刘秉璋传》
李鸿章	张树声	同治二年			《清史列传》五四《张树声传》

续表

幕主姓名	幕宾姓名	入幕年代	在幕经管事务	幕宾后来的情况	根　据
李鸿章	袁保恒	同治七年		刑部左侍郎	《清史列传》五三《袁保恒传》
李鸿章	周　馥		文牍	直隶、两广总督	《清史稿》列传《周馥传》
李鸿章	杨士骧		治河	直隶总督	《清史稿》列传《杨士骧传》
李鸿章	娄春蕃		刑律		《清史稿》列传《娄春蕃传》
毛昶熙	张之洞	同治元年		大学士,军机大臣	《张文襄公年谱》
张之万	张之洞	同治元年		大学士,军机大臣	《张文襄公年谱》
张之洞	杨　锐	光绪十五年	作《粤海图说》		《张文襄公年谱》
张之洞	辜汤生	光绪十七年	洋务委员(在湖广)		《张文襄公年谱》
张之洞	赵凤昌	光绪十九年			《张文襄公年谱》
张之洞	杨　楷	光绪十八年	编《夷务类要》(未刊)		《张文襄公年谱》
张之洞	华世芳	光绪十八年	编《夷务类要》(未刊)		《张文襄公年谱》
张之洞	王锦荣	光绪十八年	编《夷务类要》(未刊)		《张文襄公年谱》
张之洞	凌兆熊	光绪十七年	文案委员(在湖广)		《张文襄公年谱》
张之洞	屠　寄	光绪十七年	分教两湖书院		《张文襄公年谱》
张之洞	易顺鼎	光绪十七年			《张文襄公年谱》

续表

幕主姓名	幕宾姓名	入幕年代	在幕经管事务	幕宾后来的情况	根　据
张之洞	许同莘		著有《旧馆缀遗》		《张文襄公年谱》
张之洞	沈瑜庆	光绪二一年			《张文襄公年谱》
张之洞	汪凤瀛	光绪二二年			《张文襄公年谱》
张之洞	陈　衍	光绪二三年	编书		《张文襄公年谱》
张之洞	汤寿潜	光绪二三年	编书		《张文襄公年谱》
张之洞	梁鼎芬	光绪二四年			《张文襄公年谱》
张之洞	刘洪烈	光绪二七年	赴日本考察		《张文襄公年谱》
张之洞	罗振玉	光绪二七年	赴日本考察		《张文襄公年谱》
张之洞	陈　毅	光绪二七年	赴日本考察		《张文襄公年谱》
张之洞	胡　钧	光绪二七年	赴日本考察		《张文襄公年谱》
张之洞	左全孝	光绪二七年	赴日本考察		《张文襄公年谱》
张之洞	田吴炤	光绪二七年	赴日本考察		《张文襄公年谱》
张之洞	张曾畴		在幕二十年掌机宜文字		《张文襄公年谱》
张之洞	朱承均	光绪二七年	善书		《张文襄公年谱》
张之洞	杨　鉎				《张文襄公年谱》

续表

幕主姓名	幕宾姓名	入幕年代	在幕经管事务	幕宾后来的情况	根　据
张之洞	王家槐				《张文襄公年谱》
张之洞	程　鳌				《张文襄公年谱》
张之洞	许宝芬				《张文襄公年谱》
张之洞	吴大蕴				《张文襄公年谱》
张之洞	朱士宜				《张文襄公年谱》
张之洞	蒋　楷				《张文襄公年谱》
张之洞	李钟珏				《张文襄公年谱》
张之洞	沈曾植	光绪二四年	主两湖书院		《沈寐叟年谱》
张之洞	华蘅芳				《世载堂杂忆》
张之洞	杨　模				《世载堂杂忆》
张之洞	高友唐				《世载堂杂忆》
张之洞	蒯光典				《世载堂杂忆》

从上表所列情况可以看出,各时期的幕府工作并不完全相同,具体到各个幕主的要求和幕宾的贡献也不一致。此外还有几点和一般想象不同:1. 武官衙门同样有公文往来,因此也有幕宾。如万正色纵容幕友勒索被议,同治时蒋曰豫曾参某总戎幕(《清史列传》卷七三《蒋曰豫传》)均是证明。2. 京官本无幕宾,但用教读老师代作诗文的不少。乾隆十五年(1750)赵翼在大学士汪由敦家教他的儿子读书,前后七八年,赵翼说汪的"诗文多余属草"(赵翼:《檐曝

杂记》卷二,“汪文端公”条),实在就是变相的幕宾。3. 幕府人员有名位极低的,左宗棠幕有魏景韩,光绪十三年(1887,时左已死)还是从九品,就是官吏的最低级(《郑孝胥日记》,见《历史与文物资料》1979 年第四期)。

三、清代幕宾的来源

清代选聘幕客,来源大致有下列几种——当然不仅这十四种:

——朝廷指派。乾隆三十三年(1768),赵翼由广西镇安府知府奉命参阿里衮云南军幕,继阿桂、傅恒到滇,仍在幕府凡二年(赵翼:《檐曝杂记》卷三;《清史列传》卷七二《赵翼传》),事后仍回镇安府本任。赵翼在军颇有建议,他写的《皇朝武功纪盛》,其中缅甸一役,魏源说他“亲在行间,闻见最确,叙述勃勃有生气”(《圣武记》卷十二《武事余记》,古微堂本,26 页)。

——随长官出差。如乾隆十三年(1748),阿桂以吏部员外郎随兵部尚书班第赴金川兵营办事(《清史列传》卷二六《阿桂传》);乾隆三十四年(1769),孙士毅以内阁侍读随大学士傅恒督师云南,主章奏(《清史列传》卷二六《孙士毅传》),刘秉恬以吏科给事中随赴军营(《清史列传》卷二七《刘秉恬传》),都是明显的例子。这种随长官出征,易见才略,所以最为同侪羡慕。阿桂、孙士毅也以此役而露头角。傅恒督师金川时,幕府参佐多军机章京,练达军事,故奏报情形极为详畅。额勒登保经略川楚,奏调郎中胡思显代具奏稿,每有小衄,直陈不讳,得到好评(魏源:《圣武记》卷十二《武事余记》)。这都是奏调属员的明显事例。

应该指出,这种调取平日熟悉的人员随营入幕以备委用的情况,必须经皇帝批准。在雍正六年(1728)以前,各省督抚赴任,均如当时"上谕"所言,凡"有奏请将平日所知人员带往以备委用者,朕因督抚事务甚繁,欲得素所熟悉之人以收臂指之效,事属可行,是以允从所请,令其带往,酌量题补。近闻督抚等带往人员,在地方不甚相宜,或群相趋奉而指为上司之腹心,或妄生议论而以为上官之偏袒,其中弊端日生,以至流言不少"。并举广东巡抚杨文乾请带王士俊、殷邦翰往广东,阖省人心不服;江苏巡抚陈时夏请带蔡益仁往江苏,而江南人指为陈时夏之耳目;甘肃巡抚莽鹄立请带朱亨衍、李敏德、傅树崇往陕西,原为备办军需,而不令效力办理一事,反一人委署二缺,使试用之员不行委署为例。认为这样,"所带之二三人其得力有限,而沮众人效力之心,则为益少而无益多。"因命从前各省督抚大吏所请带往之人,"俱著回京"(《清世宗实录》卷七一,12—14 页)。

——特殊机会物色得来的。浙江学者陈潢,精水利,有才久不遇。一次过邯郸吕祖祠题诗壁上,非常豪迈,为靳辅所见,遂各处打听,设法将他请来。康熙十年靳辅任安徽巡抚,十六年任河道总督,陈潢都在幕府。靳辅治河有功,二十三年(1684)康熙巡河,问靳辅:幕府里帮助你的是谁? 靳辅回答说是陈潢。张霭生《河防述言》一卷,记述的就是陈潢的治河意见,《四库》附在靳辅《治河奏绩书》之后,陈潢原著名《河防摘要》。(《清史列传》卷八《靳辅传》;卷七一《陈仪传·附陈潢传》。又《四库全书总目》卷六九,史部地理类二。)又如毕沅在陕西见黄景仁都门秋思诗,十分欣赏,请他到西安,也是一例。

——国内著名学者。乾隆时,章学诚“尝与休宁戴震、江都汪中,同客宁绍台道冯廷丞署,廷丞甚敬礼之”(《清史列传》卷七二《文苑传》三《章学诚传》)。戴震、汪中和章学诚都是当时著名学者。章学诚和严长明等人又都曾在毕沅幕府(《清史列传》七二《文苑传》)。毕沅和朱筠、阮元幕府广聘当代学者,最为有名。后来还有许多学者在幕府修志书、主讲书院。如陶澍请赵绍祖(安徽人)修安徽省志;陆建瀛请冯桂芬(江苏人)修两淮盐法志;阮元请谢兰生(广东人)修广东通志;李鸿章请黄彭年(贵州人)修畿辅通志;劳重光请郑献甫(广西人)主讲广州书院(《清史列传》七三),刘蓉请黄彭年主讲关中书院(《清史列传》七六),都不是由于本省的人而由于是全国著名学者。国内著名学者包括科学家,如梅文鼎在李光地幕,李锐、罗士琳均入阮元幕,李善兰在曾国藩幕(《清史列传》六八、六九)。

——国内名流。卢见曾乾隆十六年任长芦盐运使,十八年调两淮盐运使,“四方名流咸集,极一时文酒之盛。金农、陈撰、厉鹗、惠栋、沈大成、陈章等数十人为上客”(《清史列传》卷七一《卢见曾传》)。邓廷桢“绩学好士,幕府多名流,论学不辍”(《清史稿·邓廷桢传》)。

——地方人士。清代文官不能官本省,教官不能官本府,地方绅(退休官吏)衿(秀才)又不许干预公务。康熙时屡诫退休人员子孙“务为安静”(《清史列传》卷七《冯溥传》),康熙十八年黄机以“居乡谨饬安静”特旨召用(《清史列传》卷五《黄机传》)。所谓安静就是不参与地方事务。因此地方官只能依靠幕府了解一些地方情况。光绪十五年(1889),张之洞调湖广总督,一到职就派人找他得意门生罗田人周锡恩(刘禺生:《世载堂杂忆》,51 页,又 81 页),

即其例。咸丰间，张亮基、骆秉章任湖南巡抚，先后请左宗棠、刘蓉、郭崑焘入幕，都是湖南人。骆秉章以后，毛鸿宾、恽世临、刘琨接着做湖南巡抚，都邀郭崑焘继续任幕府。光绪时，刘坤一任两江总督，东南政事多谘商于张謇（南通人）、赵凤昌（常州人）等人，张之洞两次暂调两江总督，也都是找他们，由于他们是江苏地方人士。

——丁忧人员。清制汉官父母死，均须离职守制，称为丁忧，但可以作幕。姚元之《竹叶亭杂记》卷五说，"松相国（松筠）督两广时，余堂叔（姚）兰宸运同时丁内艰（母死），在其幕府"可证。王先谦年二十父死，他自己说"偷生奉母，糊口无资，不得已于六月赴湖北武昌见父执……荐入……原总兵王吉幕"（《王祭酒年谱》卷上，咸丰十一年条）。光绪二十三年（1897），沈曾植（浙江嘉兴人）丁母忧，袁世凯在小站练兵，请他去帮忙，并提出"墨绖不辟兵戎"作理由，他没有去，第二年，他应张之洞两湖书院之聘（《沈寐叟年谱》，33页）。丁忧人员，有的是一时名流，专门学者，或者是政治上有阅历的人，暂时延入幕府，所起作用往往比经常在幕的人还要大，而且接触面也宽。

——退休或失意官吏。延聘这些人和延聘丁忧人员意义相近。特别是他们的政治阅历和失败经验都可吸取。这种人又可分为两类。一类是本人借入幕立功以便复起，如乾隆三十三年（1768）王昶以刑部郎中因案革职，云贵总督阿桂请带往云南军营效力，自备资斧（不支薪俸和差旅费），后经三年复官主事（《清史列传》二六《王昶传》）。一类是本人受有挫折，想借旁人的地位，发挥自己的政治主张，这在清末最多。如张佩纶、文延式、梁鼎芬、蒯光典、汪康年、赵凤昌，他们不但无所顾忌，而且还广通声气。他们也不只在一个人的幕府中。

——京官。清制,未补缺的京官,允许请假,一般暂到各地入幕,过几年再回京。李鸿章先后在福济(安徽巡抚)、曾国藩幕,已是京官(翰林)。光绪时,张之洞在湖北,京官往投的很多,他也尽量招纳到各书院、学堂或局所,其实就是幕府。当时人将这些京官分为三类:一是有罣误失意的朝士,如上面提到的蒯光典、梁鼎芬;二是告假出京的朝士,如周树模、屠寄、黄绍箕;三是广通声气的朝士,如文廷式、张謇。(刘禺生:《世载堂杂忆·梁节庵愿为入幕宾》条。)

——新贵。所谓新贵,清代多指新中举人、进士或点翰林的人。林则徐年二十举乡试,福建巡抚张师诚辟佐幕(《清史稿·林则徐传》)。后来郑孝胥以光绪八年的福建解元,第二年会试前进入李鸿章幕府(《郑孝胥日记》),不久离开。于式枚光绪六年进士翰林,九年已在李鸿章幕(同上),都属于这一类。此外,清代还有一种腐朽风气,中进士后往往请假回籍,顺道或绕道拜访相识的地方疆吏,疆吏也就送这班新贵一些"贶敬"(银钱),或是书院的"关书"(聘书),就是通俗所谓打秋风。在新贵是乘机勒索,在疆吏是一种拉拢,虽贤者不免。清代许多年谱,谈到他在中进士后往某某地方,而不说去的原因,大抵属于这一类。

——秀才。《清史稿·陈銮传》:"銮自为诸生时,两江总督百龄辟佐幕,历官江苏最久,周知利病。"陈銮是湖北江夏人,是外地的秀才。本省的秀才作幕的更多。乾隆十四年(1749),浙江学政于敏中上言,浙江省生员(秀才)在外欠三考者(三次岁考)七十余人,请定限咨催回籍补考(《清史列传》二一《于敏中传》),也可能由于浙江学幕的人多。

——门生故旧。李鸿章的父亲李文安(进士题名碑作李文玗)和曾国藩是道光十八年进士同年,在京时,李鸿章尝向曾问业,是年家子又是门生,后到江西投曾幕。薛福成的父亲薛晓帆是曾国藩的门生,早死,同治四年(1865)曾北上镇压捻军,张榜招贤,薛福成在宝应以"门下晚学生"名义上书,条陈八事,曾招他入幕(《庸庵文外编》卷三)。张之洞到湖广,首先找周锡恩入幕府,就是他的门生。门生前代称为门弟子,就是学生。清代所谓门生,范围较广。凡是教读老师,统称受业师,凡是科举考试取录自己的,统称受知师。无论受业受知,自己统称门生,终身尽礼。乾隆时,一度认为,受知师才是自己仕进的引导者,受业师与仕进无关,应该加以区别,但是行不通。此外还有拜老师,又称拜门,既非受业,又非受知,结为师生关系,清末最盛。

——亲属。这是很自然的情况,但清醒的人多数认为"至亲不可用事",和"用亲不如用友"。乾隆二十九年(1764),诸暨县知县黄汝亮的重征,乾隆五十一年(1786),平阳县知县黄梅的苛敛,以至获罪,都是由于子累(汪辉祖:《学治臆说》)。

——专业幕宾。就是学幕的人,又称刑名或刑钱师爷,也就是通俗所称的"绍兴师爷"。这是幕客的主流。

四、绍兴师爷

绍兴,清代是府名,府辖八县:山阴、会稽、萧山、诸暨、余姚、上虞、嵊县、新昌。今天的绍兴县在清代是山阴、会稽两县。不是说八县人人都学幕,像绍兴著名学者章学诚、李慈铭就未尝学过;也不只限于绍兴附郭的山阴、会稽两县，像著名的"绍兴师爷"汪辉祖就是萧山人；也不是除了绍兴以外无人学幕，像《幕学举要》的作者、直隶名幕万维翰，就是江苏人；《入幕须知》五种主编、同光时名幕的张廷骧也是苏州人(《入幕须知》五种，光绪十八年浙江书局刻本)。汪辉祖曾引雍正初"刑名幕友胡某歙(安徽)人"的事(《续佐治药言·删改自首之报》)。

过去学幕，有专门的学识和训练，称为幕道或幕学(汪辉祖：《学治臆说》，"得贤友不易"条)，虽然没有固定的学校、学程和年限，可是要拜师，要分别行辈。所以嘉庆时梁章钜虽讽刺"绍兴三通行(即绍兴师爷，绍兴话，绍兴酒)，皆名过其实"，"刑名钱谷之学，本非人人皆擅绝技，而竟以此横行各直省，恰似真有秘传"，但也不能不承认"亦究竟尚有师传"(梁章钜：《浪迹续谈》卷四，"绍兴酒"条)。清代地方官署，除了武职和盐粮以外，都是行政和司法不分，财政和建设不分。一个知县，既要管理全县的行政事务，还要审理裁决民刑案件(刑名)，征收钱粮赋税，开支各种费用(钱谷)，还有往来文件(挂号)，缮写公私函件(书启)，考核征收田赋(征比)。因此，作幕也学习这五方面的知识。特别是关于审判的量刑轻重，裁决的是否合理，以及收支的报销(清代四柱清册以银两为单位，两以下小数达十三四位)，不但是民人是否服从、上级是否批准的关键，更是一个官吏的成败升黜的根据。所以"刑名、钱谷，实总其要"，更是学幕的主要项目。学习的基本材料，"全在明习律例"，"律文一定不移，例则因时更改"。例案太多，虽有"通行"(通知各省府州县的文件)，但不随时汇集公布，全靠各人的抄录札记，学幕师徒之间的传授大都在此。这可以说是业务学习。

此外还有品德修养的学习，就是“俨然以宾师自处”。什么是以宾师自处呢？就是要做幕主的朋友和老师，知无不言；而不要做他的属员，听命唯谨。因此要求做到三点：尽心，尽言，不合则去。所谓尽心尽言，就是“心尽于事，必竭所知所能”，“尽心之欲言”，“官幕如同船合命”（《佐治药言》及《续佐治药言》）。所谓不合则去，就是“礼貌衰（降低），论议忤（意见不合），辄辞去”（《学治臆说》“得贤友不易”）。这种情况，据汪辉祖说是他“年二十二、三初习幕学”时的情况。又说，“至余年三十七八时犹然，已而稍稍委蛇，又数年以守正为迂阔矣”。案汪氏乾隆十七年（1752）年二十三，所谓年三十七八，应是乾隆三十一二年，所谓又数年，如以五年计，则在乾隆三十六七年。粗略地说：乾隆三十年以前大都如此，乾隆三十年有点放松，到乾隆三十五年就不太坚持了。但是不合则去的精神还存在。我听章廷谦先生（绍兴人）说，鲁迅先生说过，“我们绍兴师爷箱子里总放着回家的盘缠（路费）”，这是多么坚强的不合则去的保障。

绍兴刘大白先生曾和我说，绍兴师爷还常出去游学，就是在作幕几年之后到各地上级衙署访问，寻求更多的例案，以为深造。

大白先生还谈过，绍兴师爷还创造了“江山一统”的分类法。将汉字按江山一统四字的第一笔，点、直、横、撇分四部，较部首分类简便的多，容易检查。他们的笔记标题、案牍索引、各种簿册（汪辉祖《学治说赘》列有稽狱囚、查管押、宪批、理讼四簿，又有客言、堂签二簿，和正入、正出、杂入、杂出四簿。又《学治臆说》说“事须谨慎者，或密书手折志之”。所以他们的簿册是很多的），都按这样分类。（大白先生三十年代初逝世，他著作很多，不知此二事已否发表？）

清代地方官署，不论大小，都有幕学师爷。看事务的多少，定人数的多少。最简僻、最小的官署，也要有一人兼管刑名和钱谷，一人兼管书启、挂号和征比。清代末季，一般都以亲属管理出纳财务，等到离职才请钱谷师爷办交代，而刑名老夫子是不可缺的。所以所谓绍兴师爷是和清代相终始的。

附带说明一下，幕宾和胥吏，身份不同，来源不同，性质不同，不能相混。

五、清代幕宾的地位

清代幕府人员统称幕宾，由幕主自己延聘，不属于国家行政系统。因此，他们的聘辞、工作安排、人数以及束修多少，都独立于官府之外。他们的工作称为馆地，或简称馆，入幕称为到馆，离去称为辞馆。他们和幕主的关系是宾主关系，是平等的，没有上下级隶属关系。他们称幕主为主人，为东主、东翁，或称东家；幕主称他们为西宾、西席，为老夫子；旁人都称他们为师爷。幕宾与幕宾之间，也是平等的，不因各人的年龄、行辈、学识、地位而有高下。至于他们各个人之间的私人关系，自当别论。

幕宾在馆，礼遇隆重。清代是历史上封建等级比较严格的时期，中叶以后，由于保举、捐纳打破了限制，加快了升迁，而等级差别仍然存在。各省上级对上级要行跪拜或者请安礼（梁章钜：《南省公余录》卷三，“拜礼”条）。请安是屈一膝，俗称打千（或作打跧）。但是幕府主宾相见，均止相对长揖（深躬作揖）。设宴总是幕宾上座。如家内有教读的老师，老师在上；或设两席，教读老师坐东一席，幕宾坐西一席（刘禺生：《世载堂杂忆》，48 页）。教读老师是不参加政治性宴会的。曾国藩每天要陪幕宾吃饭，幕宾不到齐他不先吃（薛福成：《庸庵笔记》卷一，“李傅相入曾文正幕府”条）；郑孝胥光绪九年入李鸿章幕，李鸿章亲自督察童仆给他安搭床铺（《郑孝胥日记》）。从这些小事都可以看到幕宾的地位。乾隆时，陈道（字绍洙，江西新城人，著有《凝斋遗集》）的儿子陈守诚任浙江金衢严道，他写信给他儿子说，“幕中诸友，须情谊亲洽，礼貌周到，不可似向年疏忽。饮食酌定数品，只一二席稍丰，时常陪饭，便令厨子不敢省减。”又说，“诸友馆谷（工作的报酬），逐季送清”；又说，“论事当和婉相商，无执己见，轻行改窜。即或意见不合，亦宜礼貌相别，无出恶声”（陆燿：《切问斋文钞》卷十一，服官类，陈绍洙《官戒·示长儿》）。对幕宾是这样的恭敬周到，但是在幕宾方面，还是有“吾辈游幕之士，家果素封，必不忍去父母离妻子寄人篱下”之感。

幕宾的工作报酬，称为束修、岁修或馆谷，每年或每季由延聘的幕主自行致送，不在公家支出之列。但事实上还是由幕主的岁俸和养廉中支付。在乾隆时“游幕之士，月修或至数十金”《佐治药言》“俭用”条，书作于 1785 年），如果十五六人每月五十金，一年就需银万两，而州县处处需钱应用，因此竟出现了“所入廉俸即尽支领，亦不敷延请幕友”（《清史列传》卷三四《姚文田传》，嘉庆十八年奏疏）的情况。也就必然导致“钱粮不能不额外加增，差徭不能不民间摊派”了。

由于幕宾的岁修不由公家开支，因此他们不算官员，不能由官吏调用。嘉庆二十三年（1818）直隶总督方受畴延请现任通判陈建帮办幕务，受到弹劾。嘉庆帝指出督抚大吏不准以属员帮办幕务，屡经降旨饬禁，方受畴身任总督，养廉优厚，非不能延请幕友者，乃令现任通判陈建入幕办事，既旷职守，又招物议，实属违制（《清史列传》卷三三《方受畴传》），受到严厉批评。

幕府既不能由职官兼充，因此遇有劳绩也不能奖叙。雍正三年(1725)议年羹尧罪状时，有“将幕友张泰基等冒入军功共十八案”一款。道光十四年(1834)，闽浙总督程祖洛将幕友陈时等五人保列议叙，道光帝以督抚幕友例不准邀议叙，下部议处(《清史列传》卷三七《程祖洛传》)。这种措置显与雍正元年三月乙酉谕，嗣后督抚所延幕客，将姓名具题，果称厥职，咨部议叙的规定不符，是后来改的。雍正知道田文镜的幕客有邬思道，李卫幕客有鲁锦，必由于造册报部所以知道。因此认为雍正元年三月乙酉谕旨并未实行，也是说不通的。

从记载看，游幕的人大都为了解决家庭生活。汪辉祖在他的著作中屡次谈到这一点。乾隆时诗人黄景仁，家很穷，将出游幕，明白说过：“母老家贫，后无所赖，将游四方觅升斗为养”(《清史列传》卷七二《黄景仁传》)。同时学者程晋芳，就是当时盛传的“鱼门先生死，士无走处”的鱼门先生。他家本来富有，到了晚年，“家赀尽，官京师至无以举火”。乾隆四十九年(1784)，他请假到西安，目的是“将谋诸毕沅为归老计”，到西安只一个月就死了(《清史列传》卷七二《程晋芳传》)，都说明了这个问题。同时我们还看到，家庭生活优裕的人，如王念孙、王引之父子(王安国之子和孙)，梁玉绳、梁履绳兄弟(梁师正之孙，梁同书之子)，他们家没有作幕的人。

游幕既是为了疗贫，而幕宾又不算是正当出身，所以多数人在游幕之后再应科举考试。汪辉祖作了十七年幕宾，去考举人，录取后又作了七年幕宾，经过四试考取进士（三十四年、三十六年、三十七年、四十年），说明科举在幕宾心目中，同样是向往的。《三家诗拾遗》的作者范家相，会稽（今绍兴）人，“弱冠薄游为人主幕务，稍废学，年至四十，母责其泯泯无闻，乃复杜门研涌”，考取进士（《清史列传》卷六八《范家相传》）。所谓“泯泯无闻”，正反映封建社会对做官的倾慕心情。这种作幕后参加科举考试的例子相当多。戴震先在秦蕙田幕后举乡试（《清史列传》六八本传），林则徐、陈銮先在百龄幕后中进士（梁章钜：《浪迹续谈》），都是。

清代幕宾，有些先做官后入幕，有些先入幕后做官，有些由幕入官然后再入幕，有些由官入幕然后再做官，情况不尽相同。

幕府的工作，以刑名、钱谷为主，因为每个机关都需要，但又不是任何读书人都擅长。于是出现了由幕府人员编书、著书、印书的工作。著名大幕如阮元幕府编的《皇清经解》和《国史儒林文苑传稿》，王先谦幕府编的《皇清经解续编》，毕沅幕府编的《续资治通鉴》，张之洞幕府编的《广雅丛书》，和其他幕府所编的地方志，都有一定贡献。在幕府以个人名义发表的著作更多。

评阅试卷也是幕府人员的工作之一。这里说的试卷，指学政科考、岁考和各书院的考课。道光十七年（1837）祁寯藻为江苏学政，“幕客俞正燮、张穆、苗夔诸人并朴学通儒”（《清史稿·祁寯藻传附子祁世长传》），可见对评阅试卷的重视。至于乡试阅卷另有同考官，是不能由幕府代阅的。道光二十年（1840），江南乡试正考官文庆私带湖南举人熊少牧入闱帮同阅卷，革职。这又是对科举考试不许由幕宾代阅的明显事例。

地方官的经常行政工作除了刑名、钱谷以外，还有批牍，就是批答文件,也要请人协助。涉及方面更广,需人更多,也就不限于一定范围。许多重大问题的解决,往往出自幕府。官文作湖广总督,“钜细事不甚究心,多假手于幕友家丁”(薛福成:《庸庵文编》卷四,《书益阳胡文忠公与辽阳官文恭公交欢事》),不认真做事的官吏大都如此;陶澍“在江南,治河、治漕、治盐并赖王凤生、俞德源、姚莹、黄冕诸人之劳”(《清史稿·陶澍传》),勇于做事的官吏更靠幕府协助。当然也有不用幕友的。赵申乔“在官不延幕客,案牍皆手理,属吏服其公清”(《嘉庆重修一统志》卷二八二《浙江·名宦·赵申乔传》;《清史列传》卷十二,本传系于康熙四十一年升任浙江巡抚时),就是一个。

曾国藩在咸、同之间,“致力延揽,广包兼容,持之有恒”,“幕府宾僚尤极一时之盛”(薛福成:《庸庵文编》卷四《叙曾文正公幕府宾僚》)。他“以兵事、饷事、吏事、文事四端,训勉僚属”,这显然比幕学的五个方面更加宏阔。当时实际政治的要求已不同于前,时代变了,幕府人才的要求也变了,不再是从前所谓绍兴师爷了。

六、清代幕府发展的三阶段

从上面我们看出,清代幕府本身的发展可以分为三个阶段。清初到道光末为第一阶段,咸丰初(1851)到光绪中为第二阶段,光绪中(1889)到辛亥革命为第三阶段。也就是以曾国藩的幕府班子和张之洞移督湖广后的幕府班子作主要划分界标。

1.1851 年以前的二百年

清自入关到道光末，虽然年代很长，社会经济的发展很快，政治事变很多，但地方政府的幕府组织变化不很显著。

大致来看：咸丰以前各地方政府的幕府班子至少有这样的特点：1. 国家法令对幕府的限制较严；2. 幕主对幕宾的礼貌尊崇；3. 幕宾守正，自我要求严；4. 幕宾管理的事务，除了特别指定以外，以刑名、钱谷、文书为主。

2. 咸丰初到光绪中

咸丰以后，由于时事的发展，各地幕府情况也与前时不同。

首先表现在幕宾的人数加多，这是行政事务加多的反映。新事物需要新知识新研究，就需要新人才。薛福成记曾国藩的先后幕宾凡八十三人，他本人和他不知道的还不在内（《庸庵文编》卷四）。这种情况的促成是由于：1. 鸦片战争后，中外通商以及海防事务的加强，如黎庶昌（后出使日本）、薛福成（后出使英法意比）、陈兰彬（后出使美国）诸人的入幕；2. 太平天国起义，曾国藩、罗泽南之流“各举平素知名之士召练乡勇”（杨昌濬奏陈左宗棠勋绩折，见《清史列传》卷五一《左宗棠传》），用以镇压太平军，因之左宗棠、彭玉麟、李鸿章这班人都入曾幕；3. 军兴以后，捐输、厘金等等一时蜂起，不由地方州县经手，这方面的人员莫不入幕，李瀚章就是曾国藩幕府总理粮台、经收厘税最早的一个人（《清史列传》卷五九《李瀚章传》）；4. 由于当时需要更多更强的人才工作，许多官员得到“破格录用”(《清史列传》卷四九《刘蓉传》),造成“军兴以起,奏调人员往往不次骤迁”(咸丰十一年给事中何璟上疏,见《清史列传》卷五四《何璟传》)的局面,奏调人员大都是参加幕府的人,这就成了官吏升迁的捷径,于是希望作幕宾的更多了。这是和过去完全不同的。

其次,道、咸以前幕府中宾主是个人与个人的平等关系,没有职务上的上下级区别。咸丰以后,幕府人员有的参加了治军、作战、筹款、征收的实际工作,就出现了职称,也就产生了等级差别和一系列奖惩制度,幕府制有了变化。但不参加实际行政工作的幕府,仍然保持原来礼数。李元度咸丰三年入曾国藩幕办理营务,十年(1860)九月在徽州战败,曾国藩把他弹劾,革职拿问(《清史列传》卷七六《李元度传》),处理是严厉的。但曾国藩对其他无职责的幕友,还是每天早晨同他们下围棋(薛福成:《庸庵笔记》卷四,“曾国藩始生”)。这是和过去有同有不同的地方。

至于在合则留不合则去的幕宾品德方面,和道、咸以前还是一样的。当徽州战役后曾国藩追究李元度的战败责任时,李鸿章正在曾国藩幕府(咸丰八年李入曾幕,见《清史列传》卷五七《李鸿章传》),很不以为然。他同另一幕友向曾国藩力争不得,竟辞去。薛福成这样记载了他们的对话:

李:果必奏劾,门生不敢拟稿。

曾:我自属稿。

李:若此,则门生亦将告辞,不能留侍矣!

曾:听君之便。(《庸庵笔记》卷一,“李傅相入曾文正公幕府”)

李离开曾幕到江西闲居，至咸丰十一年（1861）七月曾国藩到安庆以后，才又约李到幕府中来。应该指出，曾、李争论时，薛福成还未入曾幕，可能得之传闻，而且写在曾死以后，也许有些夸大，但是结果李鸿章离开曾幕确是事实。幕宾不合则去的自我要求还是存在的。左宗棠在西北时，幕府中吴观礼、施补华的“见机而仆”，李云麟的“不欢而散”（见秦翰才：《左文襄公在西北》，14页），都由意见不合中途离去。

在咸丰以前，幕宾只对幕主负责，并随幕主的任职为去留，幕主离职幕宾也连带离去。除了个人的行为须负法律责任外，是不负行政责任不受行政处分的，可以说是“置身事外”（雍正语。雍正元年三月乙酉）。咸丰以后，地方事务加多，幕宾经管的文件也多起来，这就出现了幕宾与外间的联系。左宗棠在湖南巡抚骆秉章幕，凡见骆的人，骆总让他们去见左师爷（刘禺生：《世载堂杂忆·左宗棠与樊云门》），幕府的地位与作用显然更加提高了。

咸丰以后，各处幕府人员加多，幕宾岁修已非官员私人名义所宜担负，逐步移在书院、书局、修志局或其他局所支应。这样就出现了新的职名（总办、帮办等）。

咸丰军兴，许多著名人物由幕府变成高级官吏，如胡林翼、左宗棠、刘蓉等，在平等地位、同样名称的幕府中，自然出现变更称谓的要求。胡林翼幕均称罗泽南为罗山先生（《庸庵文编》卷四），是一证明。

有许多新起业务，涉及全国或两省以上，虽由一地主持，但用一省的幕宾名义终嫌不便，如芦汉铁路、内河轮船、湘鄂电话等等，都改新称。

还有政治原因，如御史朱一新光绪十二年八月论巡阅海军太监李莲英随往，将蹈唐代覆辙，降职，一时名震全国，张之洞遂请他到广州文雅书院作山长，主持讲学。书院是省级官吏设立的，但又在官厅系统之外，山长（院长）名义清高，对省级官吏没有上下关系，对清廷来说调解了一次争议，这样安排朱一新是适宜的。而张之洞也自认是“意在激励风节，利害非所计”（许同莘：《张文襄公年谱》，57 页）。

3. 清末二十年

清代疆吏的幕府，光绪中叶以后又和咸丰时不同，这是外患日岌时代发展的必然结果。有人认为是由于光绪十五年（1889）湖广总督张之洞“废山长制度而为分教制度”，“废聘请馆宾而札委文案”，因而“幕府制度永除”，给他加以“破坏中国宾师之罪”（刘禺生《世载堂杂记》“张之洞罢除宾师”条引陈颂万语。陈颂万，字子大，湖南宁乡人，曾在张之洞幕府），其实并不尽然。

张之洞出生在他父亲的知府衙署里，从小就熟知幕宾情况，他对幕宾是否另有看法，不得而知。他自已聪敏多才，光绪八年第一次做地方官就未用文案。他给张佩纶的信中说：“文案无人，一切笔墨皆须已出，不惟章疏，即公牍亦须费心改定，甚至自创。”光绪十年到两广总督任，初到“就命司道首府各举候补官才胜文案者入署办事”（许同莘：《张文襄公年谱》）。这种情况，过去也有。道光元年（1821）戴敦元任江西按察使，“至江西，无幕客，延属吏谙刑名者以助，数月清积牍四千余事”（《清史稿·戴敦元传》标点本，11551 页），是由于自带人少还是反对幕府制度，尚难证实。

清代各省书院，由督抚聘请名家掌教，称为山长。原以八股、试帖为主，后来加课经史。讲学外，每月考试两次，上半月由省级官吏考试评阅，称为官课；下半月由山长考试评阅，称为师课。成绩优秀的给以奖金，称为膏火。这就是所谓官师二课。张之洞在广东设广雅书院，书院设山长（校长），分经学、史学、理学、文学四门，各有分教（院长），后到湖广又设两湖书院，先分经学、史学、理学、文学、算学、经济六门，后改经学、史学、地舆、算学四门，有分教，无山长。后来学校制度建立，书院制度废，聘请改为任命。

同治八年（1869）张之洞任湖北学政建文昌书院（后改经心书院），聘黄彭年为主讲，光绪八年（1882）张之洞在山西聘王轩为令德堂主讲，实即山长，其时还没有分校、分教之名。光绪十七年屠寄、易顺鼎分教两湖书院，而没有山长，所以说山长的废除是从张之洞在湖广开始，是可信的。

但这只是职名改换，关系并不大。陈颂万又说："张之洞莅鄂，废去聘请之幕宾刑名师爷，刑名、钱谷皆领以札委之文案，文案决事于本官"（《世载堂杂忆》），这就涉及到制度本身的根本改变了。陈颂万曾作张之洞机要文案（赵凤昌亦是机要文案），所说应该是有根据的。

文案在张之洞幕府原称文案委员。委员用作官职名称，见于乾隆时《幕学举要》，原指临时委派的监督或调查人员。如庄头当差地亩被灾，"令其呈明内务府，俟内务府委员到境同州县会勘，造具册结，给委员带回"（浙江书局本，29 页）。委员本人还有他自己的本职。其后成为正式职称，变成了委派人员的专名。各省习用已久。咸丰七年王庆云作四川总督，到川抽收厘金，命司道慎选委员，并议定委员明给薪水，另外还有辕门收呈委员等（《王文勤公年谱·到川抽厘》,家刻本,49、54页)。张之洞到湖广后使用更广泛,如洋务委员、文案委员、矿政局委员、无烟药厂委员等,比比皆是。文案委员实即原来幕宾里的文书、书启。幕宾,原来是朋友地位,现在成了上下级关系;幕宾之间原来彼此平等,现在上面加了领导,有了等级;幕宾原来是礼聘的,现在换了札委(命令委派);幕宾原来是私人助手,现在成了正式官吏;幕宾原来只是一种名义,现在要负实际责任。性质变了,地位也变了。咸丰以来培养政治人才的幕府制度不复存在,而变成和其他行政机构一样,各人在主管事务中锻炼成长。

这时,外事交往多,光绪十七年(1891)俄国太子(即后来的沙皇尼古拉二世)旅游武昌(今武汉),张之洞命辜汤生以洋务委员名义招待(许同莘:《张文襄公年谱》,73页),这样比起私人幕宾的名义较为礼貌,而且看不出地位高下。

附带指出,光绪时的督抚,由于政务发展,他们的职责已不尽同于前。咸丰末出现外重内轻局面(咸丰十一年何璟奏,见《清史列传》卷五四本传),光绪十年中法战起,何璟任闽浙总督,屡请南北洋拨师船赴援,“旨下皆不能应”。在前,“外省官吏于劝捐抽厘等事,往往侵蚀分肥,饱其私囊,遇有他省人员前往试办,必多方掣肘,不使其废然思返不止”(同治元年三月谕,见《清史列传》卷五五《晏端书传》),说明各省早已有排挤外来人员情事。光绪三十年(1904)美国来议粤汉铁路事,清廷命商部(中央)与湖广总督张之洞(地方)妥筹办理。张之洞认为“参以商部,必多枝节,如无掣肘,庶几有成”(致军机大臣瞿鸿禨书,见许同莘:《张文襄公年谱》,188页),于是商部不问粤汉事。可见清末地方疆吏权势之大。地方疆吏所依靠的是地方财赋、地方企业和地方人士,这些经手的人，大都是新旧幕府。直到辛亥革命，像周馥和李鸿章，杨士骧、徐世昌和袁世凯，张鸣岐和岑春煊，尽管名义不同，都有幕府渊源。这些便造成了后来的军阀割据。

原载《中国社会科学》1980 年第六期

清史研究和档案

一、清代的历史档案及解放以前的整理状况

(一)历史档案在历史研究中的地位

研究明代、清代的历史比研究历代的历史有其优越的条件,这是由于明代、清代的《实录》都保存下来了。明清以前的《实录》已大都亡佚,只有唐《顺宗实录》保存了下来,宋《太宗实录》只残存八卷,惟独明清的《实录》全部都有。研究清史比研究明史条件更好,不仅有《实录》,而且还有很多历史档案资料。

对历史档案的应用方面,过去研究历史的人虽也承认历史档案的价值,但是利用《实录》的比较多,而直接利用档案原件的较少。原因在于过去对档案的保存很不注意,档案不能很好地保存下来,尤其是地方性档案很少保存下来。据了解,地方档案多为私人所有,谁做官离职时就由谁带走,要不带走,以后稽考查询起来就回答不出来了。在西方国家利用历史档案也只是近几百年的事。他们的若干部有关历史的著作,都充分地利用了历史档案。

我们中国,利用历史档案就早得多了。司马迁在《史记》中就引用了档案,有时还引用了全文,如在《秦本纪》内就引用了官文书:秦孝公元年,下令国中曰云云。古代修《实录》也是靠的档案资料。清《宣统政纪》,在每条记载下都注明出处,有的注明“折包”,这就是当时的档案。从这一例可见修《实录》是要根据档案的,当然此外还根据“宫门钞”等等。又如《光绪东华录》是在《德宗实录》未修之前编出来的,《德宗实录》是宣统元年开始修,到民国时才修好,而《光绪东华录》是在宣统元年出版的,所根据的也是档案资料。

现在看起来,历史档案在史料中不容忽视,应该把它放在研究历史的最高地位,就是说,离开了历史档案无法研究历史。靠传说、靠记录流传下来,如无旁证都不尽可信。历史档案是原始资料的原始资料,应该占最高地位。这就是为什么学历史的人总愿意上档案馆参观、查找、抄录历史档案的原因。所以,历史档案保存下来,不仅可供当代的历史学者研究,也可以供后代的历史学者研究利用。

(二)整理清代历史档案的成果

自从内阁大库档案散出以后,大约有五十多年了。所谓“散出”,是指这批档案1922年给罗振玉买去以后算起的。这段时间内,经过许多整理工作,出版了专书,写出了专门的文章,如徐中舒、方甦生等。根据档案资料进行科学研究的也不少。成果很多,贡献很大。

一般说,解放以前出版的历史档案资料大略有三种体例:

第一是摘要选辑,抄录全文。就是把重要文件选出,全文辑录。最早是罗振玉及前中央研究院历史语言研究所。从这些档案中选出一些他们认为是难得的价值大的文件印出,只看内容重要,不作分类,也不按年代排。罗振玉把编《史料丛刊》本身就作为研究,为研究而出版,其实对历史档案内容并没有进行什么研究,只是初步认为有价值就拿出来编印。历史语言研究所编的《明清史料》又不同,也是全文选辑,但是他们的作风是凡重要的史料都先写了文章以后才公布,故此有许多重要文件,都是先发表了文章,引用了档案,过些时才公布档案本文。《明清史料》也不分类不分年代,只有标题摘由,各个文件自为起讫,另占一页。一百页一本,十本一编,互不联系。他们这样做,是为了读者可以自己分类改装。

第二是按年编列,抄录全文,甚至保存原来格式。如沈阳出版的《明清内阁大库史料》,全按年代排列,不分类。

第三是专题编辑,抄录全文。同一专题的档案按年代先后编在一起。故宫文献馆及北大文科研究所编印的属此类。如:故宫文献馆出的《苏州织造李煦奏折》、《康熙与罗马使节关系文书》及北大出的《洪承畴章奏文册汇辑》和李自成史料等皆是。

以上三种体制,共同点是抄录全文,不删不改,不同者是有的分类,有的编年,有的不论。这三种体例,在今天看来,就很不够了。近年来中国第一历史档案馆出的就与过去不同了。过去出版的在方法上是不够科学、不够正确的,形式、编列上也是不够科学的,例如保留原来抬写行款,分类不细等等。

(三)整理历史档案中遇到的困难

第一个困难是档案数量多,非常之多。在历史研究中,材料越多越困难。过去研究古代史,年代越古,文章越多,特别是研究甲骨文的最多,因为甲骨文反正就那么多片,可以翻来覆去地在其中深入研究,后代史料多,就需要时间了。研究清史的文章更少,材料太多,看不完全,就不敢轻下结论。历史档案就是多,一麻袋装了许许多多,在故宫端门楼上就堆了一千几百麻袋,不经过清理,就无法使用。问题在于太多,太多就要求整理,越多就越要求赶快整理。

第二个困难是乱。档案原来是整齐的,一装麻袋自然就乱了。既然装在麻袋里,就没有了系统,要找出系统,很难很难。从今天去看我们当时的整理,一定感到很可笑,用的方法是极笨的。最早是在北河沿原来北大三院那个地方,第一步先分朝代,一张桌子摆一朝,重复的多,一件事有好几个文件,尤其是三法司的档案更复杂,因此要求非分类不可,非摘由不可,不然无法利用。

第三个困难是档案不全。历史档案没有全的,一件事没有从头到尾完整齐全无缺的。比如关于文化的不多,经济的也不多,政治的较多,军事的有一些。每一历史事件也不全,有散失残缺的,有雨淋虫咬、霉烂掉的。内阁大库过去没有开北窗,容易发霉,下雨开窗就淋湿,坏的很多。按清朝的规定,凡霉烂的就可以毁掉。大规模烧毁是在庚子以后,那是有意识地烧毁。正因不全,才要求非深入研究不可,有头无尾,有尾无头,到底联系如何,不深入研究,无法弄清。

了解了过去整理历史档案的困难,就要求今天应进一步改进,不整理不分类就不能利用,要利用不能不进行研究。

过去整理时有一个很大的错误,至今想起还很痛心,就是把档案的满汉文两部分硬给拆开了。清入关后定制,满文和汉文都是国家法定文字(在前,蒙文也是一种,共三种),一切宫殿、城门、坛庙、陵墓的牌匾,太庙的神牌,以及印玺、关防等,都是满汉文并列。满文是右行的(由左向右写),汉文是左行的,两种文字并列,分不出那个尊,那个卑,那个是主,那个是从,称为满汉合璧,也称清汉合璧。题本也是满汉合璧的。左一半满文,右一半汉文,合成一件公文。满汉文的内容是一样的。当时衙署都设有笔帖式,就是"翻译清汉章奏文籍"的(《清会典》卷三)。只有内务府、满洲八旗少数几个衙署,由于主官不识汉文,或事极机密,可以单独用满文题奏,但为数甚少。现存的满文档案中并非全部都是单独文件,很多是我们当时整理有意把它拆分为二的。到清代后期不用满文了。咸丰以后很少用,同治帝、光绪帝、慈禧太后都不懂满文,也就不用了。我们过去整理时,为什么将满汉合璧的题本拆分为二,使满文汉文成为两个独立文件?主要动机是为了减少庋藏占用的空间。因为满汉文的内容既是一样,研究时用一种就够了,我们都不懂满文,而且怀疑翻译得不尽精确(康熙时有此指摘,见王氏《东华录》),所以重视汉文档案。现在看来这是很错的。不但破坏了文物的完整,违背了清代制度,而且造成误解,以为满汉文文件都是独立单行的。

过去我们在北大整理的历史档案,也有分类,但是不十分科学,有些是主观的。为什么那样分?因为当时心目中有几个对清史大概了解的问题和自己所关心的历史事件,如文字狱等,因此就照这样来分类,不是客观地根据历史档案内容去分,而是凭一点历史知识和主观的爱好去分。也编了号,分了类。分类有的太宽,有的太细,许多分类很难划清,分错的也有,可能一个问题分入两类了。这都不是从历史档案本身来分的,主要是没有按档案科学办事。过去已整理的,今天重新再搞,是太费事了,将来有必要和可能时再重新搞一下。沿用旧的分类法,到处皆如此,是个通病。有许多中国历史档案流落到英法博物馆去,仍用旧时汉学家的分类法。许多图书馆也是这样。只好暂用旧的方法分类,作些补救方法,利用旧的编号,重做目录,细分专题,多加索引等查找工具。

从来整理、研究工作,都是从兴趣出发,有人搞《红楼梦》研究,就特别注意曹寅、李煦,有人对洪承畴有兴趣,就专搞洪承畴的档案,所以过去虽也有成绩,但成绩不大。

另外还有一个缺点,从事整理是从文物观点出发多,从历史观点出发少。所谓"从文物观点出发",就是说只要一件档案文件很完整,很少见,不管内容如何,便把它专门装裱保存起来,如《明末农民起义史料》所附照片,就是从文物观点出发,认为价值很高。一件入关前"七大恨"的布告,觉得很珍贵,装裱起来了,给参观者的印象也以为是价值高了,因此当作珍品,结果许多损失了,抗战以后找不到了。如孟森引用过的"七大恨"布告,我引用过的"皇叔父摄政王"宝玺图样,都不见了。

过去遇到的许多困难,因为没有正确方法作指导,所以整理起来问题很多。

二、以整理历史档案带动清史研究

清史研究是历史研究中最薄弱的一环,专著最少,研究最少。过去研究时许多观点是跟着外国走的,这部分必须重新来搞,必须加强。这与整理历史档案分不开,要用整理历史档案来带动清史研究。“以任务带动科学研究”这个提法可能有问题,但还有其积极的一面。如果不以任务带动,可能研究更难,应该利用其积极一面。把历史档案与历史研究结合,一起推动,就可以用整理历史档案带动清史研究。历史档案很多,整理不易。在科学家看来,进行一件事,在理论上都研究透了,但具体做起来,工作量还是不能减少,比如需要一千个工作日,须有一千人一天才可完成。中国第一历史档案馆现有的人不多,人少所需时间就长,就赶不上利用,要想快就得人多。想在这方面找窍门,科学上尚无根据,是易出毛病的。

两者怎样结合?这要从两方面做起:一是结合历史整理档案;二是根据档案改造历史。

从结合历史整理档案方面来说:第一,研究历史要根据档案来研究,这在过去已有一定的经验。过去配合清初历史研究,整理并利用了一部分档案,许多历史问题初步得到解决了。如多尔衮称“皇父摄政王”,过去尚成问题,只有蒋良骐《东华录》提到,《实录》没有记载,成为疑点,后来从档案中看到有不少文件称“皇父”,这问题就解决了。再如中国与罗马教廷斗争问题,过去不大知道,发表了康熙帝和罗马教皇来往文书后就清楚了,当时对天主教有过争论,中国并没有屈服。又如江南织造管的什么事,从印出的曹寅、李煦奏折中看得很清楚,他们报告米价、雨量以及重要案件,等于情报机构。不过,过去是从兴趣出发来进行的,这样很不符合今天的要求。

第二,要整理好清代的档案,也必须对清代的历史有所了解。如清代的历史有哪些特点,怎样分期,有哪些值得研究的问题等等。

我个人认为，中国封建社会发展到清代这个阶段（1644 至 1911 年），或者说到鸦片战争为止（1644 至 1840 年），大约具有如下特点：

1. 清代处于封建社会的晚期。中国从未进入过资本主义社会，外力侵入后，变为半封建半殖民地社会，所以中国没有什么封建社会末期，只有晚期。

2. 是孕育中国资本主义萌芽的封建经济继续发展的时期。资本主义已萌芽，但社会本身仍是封建经济，二者均在发展，有时前者抬头，有时后者抬头。农业技术、农具、农产品品种均有发展进步，但仍停留在个体生产上。毛主席所说的封建经济四个特点，还处在自然经济阶段，手工业技术、工具、分工都有进步，但只停留在手工操作上，没有发展到机器生产。商业广泛发展到内地、海外都有，但没有从事扩大再生产，而是买地，从事农业生产。

3. 是满族社会上升时期。由于满族进入封建社会不久，仍在上升阶段，这与已经腐朽的封建社会不大相同，政治上经济上不像明代那样因循衰败。

4. 是多民族统一国家巩固与发展的一个时期。不是说历史上中国的统一是从清代开始的，而是指的如下三方面：我们今天的疆域是当时确定下来的；各民族的联系加强了；中央和地方的统一巩固了。这三者的发展和巩固是从清代开始的。

5. 是抗拒殖民主义侵略的时期。过去总是说清代对外国是屈辱投降的，其实在鸦片战争前都是抗拒外国的。中国从明代起，就有抵抗外侮的传统，从来如此。

6. 是中国历史上最大一次农民战争（李自成、张献忠起义）以后的推动社会发展时期。

关于清史的分期问题,整个有清一代二百多年,现在有三种分期法,即:按断代分,1616 至 1911 年(天命元年至宣统三年),从关外建国开始,共二百九十六年;按通史分,1644 年入关前应入明史不算,从 1644 至 1911 年(顺治元年至宣统三年),共二百六十八年;按社会发展阶段分,从 1644 至 1840 年(顺治元年至道光二十年),共一百九十七年。

究竟按什么分为好?我个人看法是:1616 至 1643 年(天命元年至崇德八年),一般称为关外期,共二十八年,1644 年(顺治元年)入关后分为三期:前期、中期、后期。

前期:从入关到摊丁入亩,共八十年,即 1644 至 1723 年(顺治元年至雍正元年)。其中又分两段:前段从入关到统一,共三十八年,即 1644 至 1681 年(顺治元年至康熙二十年);后段从统一到摊丁入亩,共四十三年,即 1681 至 1723 年(康熙二十年至雍正元年)。为了便于深入研究,前段还可用 1661 年(顺治十八年)南明抗清力量瓦解为界,再分两小段;后段可用 1712 年(康熙五十一年)"滋生人丁永不加赋"为界,再分两小段。这都是重要事件。

中期:1723 至 1840 年(雍正元年至道光二十年),共一百一十八年,包括雍正、乾隆、嘉庆和道光的前二十年。分两段:前段从摊丁入亩到白莲教起义共七十四年,即 1723 至 1796 年(雍正元年至嘉庆元年),还可以 1760 年(乾隆二十五年)回疆奠定为界,再分两小段;后段 1796 至 1840 年(嘉庆元年至道光二十年),共四十五年,还可以 1813 年(嘉庆十八年)天理教北京起义为界,再分两小段。从 1723 至 1760 年,清代国力和生产发展还是上升的,以后到 1796 年逐步下降,到 1840 年出现鸦片战争。

后期:从鸦片战争到辛亥革命,即 1840 至 1911 年(道光二十年至宣统三年)，共七十二年，归入近代史，另有分段方法，这里不谈。

关于清史上值得研究的问题，我认为有以下几个：

1. 摊丁入亩。一般都说摊丁入亩促进了生产，因为封建剥削减低，人身依附减轻，劳动情绪提高，形成所谓“康乾盛世”，特别是乾隆一朝，现在谈的较多。认为这一时期在对外贸易、疆土、外交、农业、手工业、商业方面都有了发展等等。对这些究竟怎么估计，值得研究。生产是否提高，这与摊丁入亩有无关系？有关系。西欧封建国家都有人口税，资产阶级革命后才取消。中国不同，封建国家时期就取消了人口税。比我国更早是有的，但是作为封建国家时期取消人口税则是没有的。把人口税并入土地税，人身依附土地的关系减轻了，自由多了。可以考察一下，摊丁入亩以后，农民是否减轻了负担。

2. 资本主义萌芽。一般说，16 世纪中叶已有资本主义萌芽，我同意此说，现在史学界多数从此说。到清代中叶乾隆一朝，还在萌芽，时间很长。问题在于：从 16 世纪到 18 世纪二百多年，萌芽一直在缓慢发展，没成长起来，是什么原因？封建社会缓慢发展，是受到阻力，究竟什么阻力使萌芽缓慢发展？在西方，阻力是宗教，在中国，阻力是什么？这么长时间，乾隆时期生产都有发展，为什么没能进入资本主义？为什么在鸦片战争后却进入了半封建半殖民地？必须解决这个问题。究竟什么东西阻碍它的发展？

3. 西方资产阶级资本发展靠原始积累，拿东方国家殖民地做它的积累源泉，使东方国家生产力的正当发展途径受到破坏，作为帝国主义本国生产发展的手段。在中国没有这一套。中国在海外发展比西方早得多。西方所谓地理大发现比郑和下西洋都晚。郑和比他们早了八十多年，关系也深，为什么没有拿南洋做我们的积累源泉？这确是我国民族的光荣。爱好和平在我国是有悠久历史的。

4. 中国历史上封建王朝最富庶的时期常常即是进入衰弱的时期。唐玄宗、宋徽宗、明神宗（万历）时代是如此，清高宗（乾隆）也是如此。对此究竟怎样认识、怎样分析、怎样解释？究竟是怎样衰弱下来的？怎样会在1840年给外国资本侵入的？历史上由盛而衰是常有的事，一般是农村剥削加深，高利贷加重，矛盾激烈化，人民反抗，天灾增加。清代中叶是否也是如此？深度如何？这些都是值得研究的问题。

5. 乾隆帝自鸣得意地夸耀“十全武功”，写了《十全记》，用满汉蒙藏四种文字刻碑，自称“十全老人”、“五福五代堂”。这十次“武功”是征准噶尔二次，平大小金川二次，镇压台湾林爽文起义一次，进军邻近国家四次（缅甸、安南，廓尔喀二次），奠定回疆一次。他如何夸耀且不管，单说他这些战争的军费从何而来？历史记载说的每年国库收入四千多万两，支出三千多万两，尚有节余，可是这里面并未算入“武功”的用费。两次准噶尔战争用去二千三百万两，大金川战争用七百七十五万两，小金川战争用六千三百七十万两，台湾战争用八百万两，缅甸战争用九百十一万两，安南战争用一百万两，廓尔喀还不计在内，回疆战争可能用七八千万两。哪来的许多钱？每年收入才四千万两，当然不够开支。历史上没有记载，只说库存若干。于是问题来了：库收未增加，打仗要用钱，还免钱粮七次，结果尚有库存。这钱从哪来？当然是从人民身上来。这只有到历史档案中去找线索，找痕迹。

最大一次军费是嘉庆初年镇压白莲教起义，用了一亿两。此事历史上也有一点记载，1801 年（嘉庆六年）捐官收了七百万两，九年（1804）又捐官收了一千一百万两，以后十一年（1806）、十三年（1808）、十五年（1810）各有若干万两，后来又有一次三千万两，合共收捐官费七千万两，可是这笔钱还不够一次镇压起义的军费开支。

康熙帝和乾隆帝先后六次南巡江、浙，七次东巡山东泰山，五次西巡大同、五台，沿途支出都是人民所出。《南巡盛典》都不提钱从哪里来。这到哪里找材料？只有从历史档案中一星半点透露出来，别的书很少。

所以说，应该根据历史发展的重大问题、重要线索来整理历史档案。结合历史整理档案，过去曾有过许多好的经验，可以吸取。

从根据档案改造历史方面来说，应如何根据历史档案来改造历史呢？

第一，阶级矛盾逐渐激烈化的问题，在历史上反映的不够多，许多事实尚不明瞭。如欠租问题，过去认为许多问题的发生，是由于农民应交租而不交，但从资料看并非如此。乾隆时秦蕙田谈到土地情况前后不同，说从前租佃关系问题在“畏地主欺压佃户，现今则忧抗欠不交”。说明乾隆以前欠租之事不多，到晚期才有。这说明什么？首先是地主压迫厉害，农民不能欠租；其次是除非有灾害，农民也绝不会欠租。佃农欠租，根据浙江志书里记载，康熙年间即已有了，前此还很少见。当时地主剥削很重，佃户交不起租，这是一方面；另一方面，是佃户有了组织，不过这并非什么正式组织，而是一种临时联合，可见已经不是一家一户欠租，而是合伙欠租。这从历史档案中也多少看到一些反映。如黄中坚（苏州人）《叙农册》（《蓄斋集》）说，苏州一带水旱频仍，租户结盟抗田主。

这说明佃户结盟团结起来集体欠租,不这样就会受压迫。乾隆时江苏巡抚陈大受提出,吴中佃户抗租久成痼习。档案中又有这样的反映,江苏巡抚陈宏谋"业佃公平收租"告示中说出因农民有组织才欠租,说农民中倡不还租之说,刁恶成风,把持粮店,于是地主也联合起来,勾结地方官,拿究农民。从欠租看来,是逐步尖锐化、激烈化了,爆发了小规模的起义。从《实录》看,乾隆年间有多次抗租记载:六年九月间,江苏靖江县农民因为地主租税太重,联合赴县要求减租。同年在崇明,农民结盟不许还租。十一年浙江永嘉佃户胡廷三结众抗租不交,典史干涉令之解散,被农民所打。二十三年崇明以姚八为首的农民聚在庙里焚香结盟抗租,把官兵打退,这已具有小规模起义性质。可是这些事在《实录》只写一句话,《实录》是根据档案修的,可能在档案中能发现材料,根据这些档案材料把历史充实,以补充历史。

第二,资本主义萌芽问题。发展的阻碍是什么人、什么制度、什么事?有人已注意及此,但尚无成果。何时开始的,还不是主要的问题,而为什么延长二百年,才是值得研究的问题。从历史档案中,如文献馆印的李煦奏折中就有反映,康熙三十四年九月一折,提出预为采办青蓝布匹,说是每年户部采办青蓝布三十万匹,每次给十六万两银子,考查结果,此项布产自上海民间,说明这是家庭手工业。一面交国税,一面养家,与农业结合,到秋后才织布。建议如在头年预先付银,价钱可少些,因在春天农忙时收买,农民积极性不高,可先给钱使用,以后就在农闲时随织随收。并提出不用牙行佣钱,从容付料,每次可省二万两。这样一个简单的奏折告诉我们:康熙三十四年间已有先付钱后取货的资本主义经营方式,这是国家包买商。到鸦片战争以后,上海茶商到杭州买茶,就是预先付钱，次年收货。可见早已有了，但为什么不发展，不扩大呢？都值得研究。要是有人怀疑有没有资本主义萌芽，举这例子即可证明。现有的材料，一个是在笔记里，一个是在历史档案里，特别是在三法司档案里，应该把它整理出来，以充实历史，解决历史问题，改造历史。类似的问题还很多，比方过去知道手工作坊工人多是计时工资的，在江苏碑志中看到，康熙时已有计件工资，已不是封建传统。按月工资外，规定交多少货，超过的给计件工资，价钱比计时高，以刺激生产。这显然是资本主义萌芽。为什么后来也没有推广？但凡新的东西出来，在旧封建体系内是不容许存在的，一出现就有矛盾，有斗争。如果新的东西力量大，就起来了，而旧的东西又不肯让路，就让新的东西自已死亡，订个办法，把它订死。这办法很厉害，过个十年八年，新的东西就不起作用。从这里可以看出新旧两方面斗争很激烈。苏州丝织业很发达，因织机常坏不灵，忽然出来了一种新行业，专门擦洗布机。新的分工出现了，本来可以促进新的工业，可是它给订了个合同，只限用你三个人，不许用别人，到死为止，于是限制住了这种行业的发展。清初出现过许多新东西，但过了不久就自生自灭。这中间，斗争一定很激烈。这些材料如果收集起来，就大有可研究之处。如上述李煦提出不经过牙行经纪封建剥削，这也是个新东西。这种牙行不是西方那种行会，而是保存一已利益的把头性的封建性的组织，如果取消了，发展下去，可能走上资本主义。

第三，封建社会的四条绳索（政权、族权、神权、夫权），在三法司档案中有非常丰富的材料。为什么封建社会这么长？正是因为有这四权。族长祠堂管的事情很多，神权起绝大的作用。剥削都通过此四权，整个社会就操在四权手上。比方表现族权的族谱家规,就在从前抗日战争时期,这些书也都不大出现,不大知道,其实日寇每到一地,总是找族内年长的人来掌政。封建社会许多事情不经过族长就没法办,除国法外,由族长掌握,族产也由他掌握。哪家有人结婚,除父母之命,媒妁之言外,不通过族长不行。江苏有一个故事:有一家女儿订婚订的外村人,族人不答应,认为虽有父母之命,媒妁之言,可是并非门当户对,就不能嫁出去,最后只好取消婚约。比如同姓人诉讼,一个是地主,一个是农民,就必须先经过族里排解,否则不许打官司,这在族谱上都作了规定的。一般说,开祠堂大门是件了不起的事,一定出了什么大事,可以打死人,可以"沉潭"。这四条绳索真正在控制着封建社会,过去没有研究过。大量材料都在历史档案中,如果能整理出来,对历史就换了面貌。

第四,统治阶级内部斗争,在政治史上是很重要的一部分,研究历史离不开这个斗争。历史写出来以后,都是冠冕堂皇的,好像统治阶级内部没有什么斗争,其实多得很。许多斗争都与统治阶级内部斗争有关。清太祖努尔哈赤同他的弟弟斗争,他的弟弟主张恢复奴隶制,单住一处,努尔哈赤主张封建制。又同他的儿子褚英斗争,历史上没有说,连褚英怎么死的也不说,现从档案证明,褚英是被努尔哈赤杀死的。清初康熙时内部斗争事件都记在懋勤殿的密档里(现存台湾省),以前傅增湘做故宫图书馆长,曾看过这个密档的说明,内部斗争很激烈,因此没有发出,留中了。又如徐乾学与噶盖不和,劾徐的奏折全部留中,《实录》没有记载,许多问题不能解决,历史上只说他劾徐,很简略,从历史档案可以知道其矛盾何在。这方面东西较少,除《实录》外,知道的很少,只有靠历史档案来解决。

所以，根据档案改造历史，是搞档案的和搞历史的都应该注意的。我说的以整理档案带动历史研究，只是从研究历史的角度来谈的。档案学是科学，有它的科学方法。

三、对历史档案资料的认识

历史档案有一定的局限性，以题奏本章为例，一定要封进才起作用。普通小问题在各部就解决了，而各部的档案早已散失。不封进就无法知道。顺治三年民族矛盾很尖锐，强制汉人穿戴满族衣冠，剃发，圈地，投充，逃人，这五件事都定了法律，不准说，不许奏，奏来也不许封进，故此没有档案，档案中可能看不见这五类事情的报告，但是并非说没有这些事实，应加注意。密折留中没发下，历史上根本不记录，也不等于当时没有矛盾，这是溥仪出宫后才发现的。所以不能以历史档案之有无定事实之有无。故此档案研究不能离开历史研究，历史档案有其局限性。而且官文书只反映当时的政局、政策，这也是局限性。例如：顺治元年至七年多尔衮摄政，一切大政都是多尔衮定的，与顺治帝无关。多尔衮地位很高，权势很大，瞧不起满人贵族，对他们很不客气，免官的免官，处刑的处刑，就是他的胞弟也免不了受到降级处分。如果因此误会为满人贵族无势力，没有优越地位，与汉人一样，那就错了，这只是多尔衮个人对某一满人贵族个人的不满而已。多尔衮死后，顺治帝就有反复，推翻了多尔衮的做法。所以这要分别清楚，不能认为历史档案所反映的，都是当时的共同情况，不能以历史档案的特殊情况概括当时一般情况，作为通行的制度。

官文书中的诉讼文书，只反映一时一地情况，全国不平衡。这种例子很多，如禁佃为奴一事，明末清初普遍地以佃户为奴，清入关后，顺治十七年禁止了，佃户成为自由民。但档案中却有这种记载：康熙二十年安徽尚有为奴之事，据皖抚徐国相揭发，某家买了三厘地，佃户是个全劳力，他买地的目的是为了买这个佃户为奴。因为压迫重，佃户不干，遭毒打后，以银二十五两赎身，后来援禁奴例处理了。又如物价问题，李煦常奏报物价、米价，有时有意涨落，从中作弊。这都是特殊现象，如果误作一般现象就错了。反之，也有可能某一特殊现象扩大为普遍现象的。用历史档案材料还要广泛地反复地与其他资料进行对比。

诉讼文书有的是有不实不尽之处的。《能改斋漫录》甚至还说，凡诉讼文件多不可靠。许多口供官方往往加以改动，经过当堂笔录、画押，就不能翻供。我就见过改过的笔录。为了要划一格式，由官删改，有时出入很大，轻重差得很远，如“故杀”与“误杀”就大不同了。要通过广泛联系，从各方面去考查，否则就是孤证，不能作为事实根据。

如果没有理论指导，档案资料就不能发挥应起的作用。例如杨光先（清初人）反对用大西洋历法推算，经过斗争，一度胜利，第二次实验失败了，免去钦天监监正职务，当时康熙帝有上谕，刑部议斩，康熙帝赦免了。罗马教廷印了这些档案文件，只说处斩，却不印免死的上谕，造成印象好像杨失败被杀了。如果从康熙帝对天主教的态度，从人民反对用大西洋历法看来，是不可能杀的。仔细研究之后，知罗马教廷发布的档案不完全。又如文字狱档案中，一般结论认为全是反满民族斗争，并不正确，仔细看看，还有阶级矛盾。清人认为你是臣子，不能犯上，犯了就要杀头，并不是民族问题。当然要找也有,还不能够说明问题。处死者中也有满人鄂昌,是诗人,写有反对统治者的话。所以应该去重新分析文字狱性质,沿袭清末说法是不够的。党争也是如此,总说是满汉两党,不对,和珅与阿桂是对头,都是满人。不要仅从民族矛盾看问题,清初有民族矛盾,到后来还是属于阶级斗争性质的多。道光五年,御史汪世绂奏折说到粮船纤工帮会,很有价值。船户分为新安、老安、潘安三帮(教),过去不注意这个材料。安清帮是后来同治、光绪年间粮船帮会,被解释为反动性的,说是“保安清朝”,其实不对,实际是粮船组织,因河道浅窄,船户要抢水抢闸,一帮和一帮之间就有冲突。这与小说《施公案》里讲的粮船过渡、打架,赢的先走对照,是反映了实际情况的。帮会是人民自卫组织,是封建时代一种带迷信的家长制的组织形式,现在看来自然是反动的落后的,但当时却是人民组织。如果不用正确的理论观点来分析研究历史档案,就不能使历史档案发挥应起的作用。

原载《历史档案》1981年第一期

鸦片战争前清代社会的自然经济

鸦片战争前的清代,依然是自然经济的社会,商品经济虽有所发展,但在广大农村,家庭手工业与农业紧密结合,不依赖交换,排斥交换,处于自给自足的状态。个别地区和行业出现的资本主义萌芽,冲不破自然经济的束缚和阻挠,很难得到发展,自然经济成为社会停滞不前的一大障碍。要发展经济,社会要进步,必须打破自然经济状态。

一、清代自然经济的一个特征是农村家庭手工业与农业的顽固结合

农民的家庭手工业,主要是家庭纺织业,农民利用农业所生产的棉花,自家纺纱织布,即所谓男耕女织。成品用于自家消费,纵或有少量多余的出卖,以补助生活,维持简单的农业再生产,维护封建的农业经济。所以农民的家庭手工业是封建农业的附属部门,是封建自然经济的组成部分。在封建经济占统治地位的时代,它不是商品经济的成分,也不是促进商品经济发展的因素。清代农民家庭纺织业的地区很广,多数是农民自纺自用,但在商品经济比较发达的地区,农民已经将相当多的纺织品投入市场了。上海

县就是这种情况。上海在清代属于松江府，松江及其邻郡苏州府，是明清时代商品经济最发达的地区。上海农民种植棉花多于种植水稻，产棉很多。上海棉纺织很发展，人们使用脚踏纺车，可以一手纺三纱，所谓“人劳而工敏”（同治《上海县志》卷一《风俗》）。一个人一天可以织布一端，有的能织两端，生产量很大。由谁来纺织呢？并不是专业的纺织工人，而是农民。杨光辅在《淞南乐府》中写道：

淞南好，妇苦最农家。午汗花田锄蔓草，宵饥蚊窟纺棉纱，商女弄琵琶。

原注：木棉须芟草六七次而后开花，若梅雨连绵，草甦棉困，工必倍之。……故农妇于盛夏必曝赤日中，无歇午者；夜归又纺纱以换米。

淞南好，耕织不辞劳。刷布经车沿架走，收花灯竹插檐高，辛苦利如毛。

原注：以木棉纱上经车，于官道理其绪，曰经布；浸以面浆，置竹架上匀刷使干，曰刷布，然后上机。

这两首古诗很生动地反映了上海农村家庭纺织业和农业紧密结合的情况。“午汗花田锄蔓草”，农民于盛夏在棉田中挥汗锄草，勤于棉花生产，收成之后，有的径直将棉花拿到集市上去卖（所谓“收花灯竹插檐高”，是早市，专收棉花）。但大多数自行纺纱织布——“刷布经车沿架走”，织布是家家户户的事业，而且纺织不是在棉花收成后的冬季农闲时节，“宵饥蚊窟纺棉纱”，在酷热的夏天蚊咬虫扰的艰苦情况下，从事纺织，农妇一年四季都在进行织布生产,劳动是异常艰辛的,但收入却很少——“辛苦利如毛”,这微薄的收入是农民生活支出的重要部分。当时当地的县志就说:农民“田所获,输赋偿租外,未卒岁,室已罄,其衣食全恃此”(同治《上海县志》卷一《风俗》)。又:“淞南好,市价日高低,海舸贩来红木段,洋行收去白花衣,民瘦客商肥。”说明当时洋行来收棉布,市价每天有涨落。这样我们可以看到,在上海,农民将耕和织有机地联系在一起,耕,部分地解决粮食问题和提供纺织业的原料;织,补助生活之不足,维持农业生产经济。在这里,家庭纺织业虽然很发展,产量也很可观,也作为商品投入市场,但它并没有同农业分离,没有成为独立的手工业部门,没有突破家庭手工业这一关,所以这种耕织结合的农民经济,依然是自然经济。上海的家庭手工业的这种状况,异常典型地反映了清代自然经济的两方面情况:一是发达的农村家庭手工业与农业的这种结合,不是一般的结合,而是顽固的结合,这种家庭手工业不但不是瓦解自然经济的因素,而成为维护它的因素。一是商品经济发展的上海地区的农村家庭手工业尚且与农业密切结合,全国其他地区的状态也就可想而知了,在那里家庭手工业还不甚发展,经济不发达,就更不能冲破自然经济了。

二、清代自然经济的牢固还表现在族权、神权同乡镇经济的结合上

乡镇经济是掌握在地主绅士、祠堂族长手中的地主集体经济。

中国封建社会中宗族制度盛行，宗族聚居，自相往来，形成小天地，而与社会上的其他宗族则少联系，这本身就是自然经济状态的一种表现。宗族有它的组织形式——祠堂，许多宗族有集体的经济，拥有祠田、义庄田和义塾田，这些田地的收入归宗祠所有，用于祭祠祖先，修理祠堂、坟墓，开设义塾，奖励读书科举，救济鳏寡孤独和贫苦族众。这些土地及其经营管理，掌握在祠堂族长或捐建人的地主手中，它名义上为宗族共有，实际上是地主经济的一种形式，所以宗族经济是与族权相结合的地方地主经济。

地主绅士还掌握地方上的“仓”、“会”经济，仓是义仓、社仓、常平仓等，有民资官办或民办的不同形式，大抵是由官僚地主分子捐田捐粮，储于义仓，青黄不接或荒年时出粜或贷于贫民，会是各种祈神赛会、财神会，它也有经济，也是借贷性组织，不过这种经济同神权联系罢了。仓、会经济是办理地方“公共”事业的，比宗族经济作用范围要广一些，它也是一种地方性的地主经济。

地主阶级搞乡镇经济，是“敦本”的措施。宗族、仓、会经济的赈济和借贷，为贫穷农民在艰难困苦中坚持农业生产，提供谋生条件，维持一家一户的小农经济和封建的本业，而不让农民彻底破产，改从商业或成为手工业劳动力后备军。“敦本”就是抑末，就是限止商业和手工业的发展，所以大搞乡镇经济是地主阶级保护封建经济、自然经济的一种手段。

地主阶级的乡镇经济增强了地主绅士、宗族族长在地方上的政治权力。他们称霸一方，农民若不服从，将首先在经济上受到制裁。村镇的茶馆成为绅士解决纠纷的场所，“施政”的“公堂”了。

三、资本主义萌芽受到摧折

资本主义萌芽产生后，受到封建主义的严重摧残。资本主义萌芽是新事物，但同封建主义旧制度掺和在一起，它的发展受到极大的阻碍和限制。

苏州的丝棉纺织业中，是出现了资本主义萌芽的，在它的染踹业中，至迟在1670年(康熙九年)就出现了记件工价制度。踹匠每踹布一匹，工价银一分一厘，布商按踹匠踹布数量发给工钱，实行的是记件工制，当时米每石银一两一钱左右，一石米是一百四十斤，以价银一两计算，踹匠踹布一匹工价可买米一斤半。1691年(康熙三十年)前后，一匹布价银五钱左右，踹匠工价相当于布价的百分之二点二，布工价制定之后，就基本固定了，详细情况请见下表：

时间	工价(银/匹)	增加率(%)
1670年(康熙九年)	一分一厘	
1715年(康熙五十四年)	一分一厘三毫	3
1720年(康熙五十九年)	一分一厘五毫九丝	5
1772年(乾隆三十七年)	一分三厘	18
1872年(同治十一年)	一分四厘	27

从1670年至1872年为时二百年，踹匠工价银从每匹一分一厘增为一分四厘，纯增三厘，增长率为百分之二十七。二百年间仅仅提高了这一点，可是布价在直线上升，增长了十几倍，米价也增长了几倍，工价、布价、米价三项的增长率以工价为最小，比不上布价增长的零头，它的价格基本上是冻结的。记件工价制度，在当时是

新事物，工匠多生产，可以多得工价，比起固定工价讲，它可以调动工匠劳动兴趣，增加劳动强度，提高产量。因而这种工价制度具有优越性，它的出现还是好事。但是工价冻结，在整个社会物价上涨的情况下，等于降低劳动力价值，降低工匠生活水平，不仅不能调动工匠生产热情，相反破坏了工匠生产积极性。工匠反对布商的残酷剥削，进行了要求提高工价的斗争，还多次"叫歇"停工，但是布商同封建政府相勾结，残暴地镇压工匠的运动，在略微增加工价的条件下，迫使工匠复工生产，所以封建制度在压制新事物，阻挠资本主义萌芽的发展。

在踹匠和机匠招工中，渗透着封建因素。1741 年（乾隆六年）以前，苏州机匠揽工不是自由应雇。苏州织造所辖机匠，若有年老告退，因病死亡，出了缺额，由管事人在机匠的子侄中挑补，与原匠没有血缘亲属关系的人不能顶补。管事人为了获得分外收入，往往向机匠子侄敲诈勒索，或者以他人顶替。1741 年苏州织造特立碑禁止管事人的需索陋规，重申机匠子侄补缺的规则（《江苏省明清以来碑刻资料选集》，7 页，《苏州织造府严禁织造局管事向年老告退及病故机匠子侄堪行顶补者需索陋规并隐瞒不报碑记》）。这种顶缺制度是封建性的，使人们之间构成封建关系，机匠不能自由应雇，但是机房可以自由遣散机匠，机匠又不能自由辞工。机匠经过斗争，1822 年（道光二年）取得自由揽工的权利，但承揽时，须到机房（机户公所）出立字据，保证"安分工作"，不敢白吞丝经。这种合同，是封建性的束缚，踹匠也非自由雇佣，苏州的踹匠不是本地人，而系江南其他府县或江北、安徽人，他们多靠乡亲关系，联带而来。踹匠入坊，要请人作保，入坊后还要实行连环保，一人出事，同保者也受牵连，这就是踹匠与坊主关系中的封建成分。就是这些浓厚的封建因素,限制了资本主义萌芽的发展。

原载《中国社会经济史研究》1982年第一期

清代的八旗兵和绿营兵

满清入关以后，正规军队有八旗兵和绿营兵两种，两者全有一定的数额而且是经常设置的，所以称为额设制兵。此外还有“土兵”，是少数民族部队，虽然也是经常设置的，但为数不多，只在四川、甘肃、湖南、广东、广西、云南、贵州、西藏、青海有之（《清史稿·兵志》五）。又有“乡兵”、“团练”、“练勇”、“防军”等等，都是临时招募专备一事之用的，事定即行裁撤或者改编，所谓“旋募旋散，初非经制之师”（《清史稿·兵志》四），所以不算作正规军队。同治以后，陆续采用新式枪械，训练新式军队，于是“练军”、“防军”、“防练军”、“新军”、“自强军”、“得胜军”种种名称随之而起，后来划一改为陆军，逐渐淘汰了绿营，成为正规军队，但是新军制计划没有完成，清朝已经灭亡。

八旗兵是满清在关外原有的军队，它和八旗户口是分不开的。满洲户口编制，每三百人编一牛录（汉语译为佐领），作为基本单位，五个“牛录”组成一个“甲喇”（汉语译为参领），五个“甲喇”组成一个“固山”。“固山”是满洲户口编制的最大单位。每个“固山”各有一个专用的颜色作旗帜，因此汉语就译“固山”为“旗”。当1601年时，满洲人少，只分四个“固山”，用黄、白、红、蓝四种颜色作旗帜。1615年，人口增多，又加了四个“固山”，于是将原来旗帜周围镶上一道边子，黄、白、蓝三色旗帜镶红边，红色旗帜镶白边，成了八种不同的旗帜。不镶红边的黄色旗帜称为整黄旗，就是整幅的黄旗，简称正黄旗；镶红色的黄色旗帜称为镶边黄旗，简称镶黄旗，俗写厢黄旗。其他三色也一样。合起来称为八旗（《清太祖武皇帝实录》卷一。案《八旗通志》及《清会典事例》卷一一一一全认为 1614 年已改八旗，但《实录》记载在前，所以采用它的说法，作 1615 年）。最初每旗全由一个满洲大贵族管理，永久不变，称为“固山额真”，译汉语就是旗主，这是氏族制的残余，后来逐渐改变，入关后已没有固定的管理贵族，“固山额真”的名称也在 1723 年取消，改为“固山昂邦”，汉语的译名在 1660 年定为“都统”，其后没有变动（《光绪会典事例》卷一一一一）。由于人口的增加，牛录的数目也加多，但清统治者不愿多加固山，于是打破五个甲喇编一固山这一户口编制的限制（军队中还存在），所以清朝只有八旗。

在最初成立旗的时候，所有的户口都要编进去，不分部族，所以一个旗内，有满洲人，有蒙古人，也有汉人。1635 年，因为蒙古人渐多，于是另外成立蒙古八旗，旗色与原来八旗相同，将原来的八旗称为满洲八旗。但是原在满洲八旗中的蒙古人并没有拨出来，所以满洲八旗内还有蒙古人（《清史稿》列传十六传论）。1631 年，将各旗的汉人拨出，另编一旗（王氏《东华录》），后来定名为汉军，以黑色为旗帜，1639 年分为纯皂（黑）、皂镶黄、皂镶白、皂镶红四旗（《清文献通考》卷一七九，局版，7 页）。1642 年也扩充为八旗，旗色改为与满洲、蒙古相同，取消了黑色。清入关时，满洲、蒙古、汉军各有八旗，实际是二十四旗（《清文献通考》卷一七九，局版，4 页），但习惯上仍统称之为八旗。

编入八旗的人户，称为“旗人”，又称“旗下人”，编入某旗即为某旗人，他们的子孙也算某旗人。八旗户口三年一调查，不许旗外的人假冒入册，也不许旗下人远离本人所属的牛录（佐领）居住（《光绪会典事例》卷一一一三，商务小字本，1 页）。

八旗人户在居住上，屯驻上，行军、狩猎上，以及祭祀班列上，全有固定的方位：黄旗在北，白旗在东，红旗在西，蓝旗在南。同时分为左右翼，左翼是镶黄、正白、镶白、正蓝四旗，又称东四旗，右翼是正黄、正红、镶红、镶蓝四旗，又称西四旗。任何场所它的方位次序都不能变（《光绪会典》卷八四，1 页）。顺治以后的八旗，又有上三旗与下五旗之分，上三旗是镶黄、正黄、正白三旗，其余五旗称为下五旗。这是入关前旗主制的残余，由于皇帝原是这三旗的旗主，所以这三旗后来号称“天子自将”（《会典事例》卷一一〇六，1 页），皇帝的宿卫就由这三旗的子弟担任，上三旗的包衣（管理家内事务的奴仆）也就成立了一个内务府。其他五旗原来的旗主是贵族，五旗的人与后来的皇帝没有直接关系，所以不担任皇帝侍卫，而管贵族王公的事，五旗的包衣也就由各旗自己管理。此外，八旗的权利义务是一致的（皇帝的儿子成年以后拨入下五旗）。

清代制度，“八旗子弟，人尽为兵”（《清史稿·兵志序》），凡男丁年在十六岁以上就可以“披甲当差”（《会典》卷八六，1 页），但不是同时人人入伍，而是按照兵丁类别，定出名额，在各佐领下“挑补”，分别立营训练，称为额兵。额兵以外有“随甲”，是武官的随从。此外均称“余丁”。“余丁”和不满十六岁的“幼丁”，可以挑补“养育兵”，就是预备兵（《会典》卷八六，1 页）。

清代八旗兵分亲军、骁骑、前锋、护军、步军五种。又从上列各营内选拔神机营，从前锋营内选拔健锐营，从骁骑营汉军内选拔枪营、炮营、藤牌营，从满洲蒙古习火器的兵中选火器营，是为特种兵。现在把它表列于下（《光绪会典》卷五二、卷八六、卷八七）：

兵　别	营　别	部族别	性　质	每佐领下挑补人　数
亲军	上三旗亲军营	满洲蒙古	皇帝的侍卫亲兵练习骑射步射	二人（下五旗亦可挑取，仍拨入上三旗营）
前锋	前锋营	满洲蒙古	练习骑射步射，又有一半演放鸟枪	二人
前锋	健锐营	满洲蒙古	练习云梯、抬枪	在前锋营中选拔
护军	护军营	满洲蒙古	练习骑射步射	十七人
鸟枪护军	内外火器营	满洲蒙古	演放鸟枪	六人（内外营各三人）
马甲	骁骑营	满洲蒙古	练习骑射	二十人
马甲	骁骑营	汉军	练习骑射	四十二人
马甲	藤牌军	汉军	练习藤牌	在骁骑营马甲内选拔，每旗一百人
马甲	枪营	汉军	练习长枪	在骁骑营马甲内选拔
炮甲	内火器营	满洲蒙古	练放子母炮	一人
炮甲	炮营	汉军	练放子母炮	每旗四十人
鄂尔布	骁骑营	汉军	练习扎营鹿角	八人
步军	步军营	满洲蒙古	练习步射	十八人
步军	步军营	汉军	练习步射	十二人
神机营兵	神机营	满洲蒙古汉军	练习各种兵器火器和阵法	在上列各营内选拔精锐充当

清代八旗兵大部分集中在北京城内外，名额时有增减，清末凡十二万三百零九人（《清史稿·兵志》一，19 页）。在北京以外分驻的称为“驻防”。北京附近的驻防称为畿辅驻防，有二十六处，一万

四千二百三十八人;在东三省各城的驻防有四十四处,三万五千三百六十一人;在各省的驻防有二十四处,五万五千五百二十一人(《会典》卷八六,页2):合计驻防兵凡十万五千一百二十人。在清代,八旗兵一共是二十二万五千四百二十九人(曾国藩说八旗兵“其额数常不过三十五万”,似误)。

满族人数少,它在向外用兵时候,每得一地,总要留一小部军队驻守,监视当地人民,例如1629年留英俄尔岱驻守遵化,1630年留阿敏驻守永平,后被明朝人民驱逐出关,这是驻防之始。清人入关(1644),留何洛会驻防盛京,1645年3月遣八旗兵驻防济宁,6月遣八旗兵驻防西安,11月遣八旗兵驻防江宁、杭州,以后遍及全国的各冲要大城。从这里可以看出清代的军队主要用在防范人民方面。驻防兵又都是八旗兵,对于人民的压迫和扰害比一般军队更甚。1687年,王鸿绪曾说:“驻防将领恃威放肆,或占夺民业,或重息放债,或强娶民妇,或慌诈逃人,株连良善,或收罗奸棍,巧生扎诈;种种为害,所在时有。如西安、荆州驻防官兵,纪律太宽,牧放马匹,驱赴村庄,累民刍秣,百十成群,践食田禾,所至驿骚。其他苦累,又可类推。”(《清史稿》列传五八《王鸿绪传》)这虽说只是一个例子,但是在整个满清统治时期并没有例外。

绿营兵又称绿旗兵,是满清入关后改编和新招的汉人部队。它和八旗兵不同之处,除部族关系外,“八旗驻防兵由于世籍,绿旗各营兵由于招募”(《清朝文献通考》卷一八二,局版,1页);就是说,旗人(包括满洲、蒙古、汉军八旗)人人有挑补兵丁的义务,而汉人(不包括汉军)对于绿营是自由应募。

清代的绿营兵,北京和各省全有。在北京的称巡捕营,隶属于步军统领(《会典》卷八七,5页);在各省的按照地方的大小、远近、险要，人民的多少（《会典》卷四七，4 页），列汛分营。由各省总督统辖的称“督标”，巡抚统辖的称“抚标”，提督统辖的称“提标”，总兵统辖的称“镇标”，将军统辖的称“军标”（只四川、新疆有之），河道总督统辖的称“河标”，漕运总督统辖的称“漕标”（《会典》卷四三，2 页）。标以下设“协”，副将统之；“协”下设“营”，参将、游击、都司、守备分别统之；“营”下设“汛”，千总、把总、外委分别统之（《会典》卷四三，2 页）。兵分三种：有马兵，有战兵，有守兵；战兵、守兵全是步兵（《会典》卷五二，1 页）。濒海、濒江的地方又有水师（《会典》卷四五，1 页）。绿营兵丁练习弓箭、鸟枪、藤牌、长矛、云梯；水师则练习水战（《会典》卷四九，1 页）。全国绿营兵在 1812 年凡六十六万一千六百七十一人（《清史稿·兵志》二）。

清代八旗兵和绿营兵全是薪给制，每月有一定的“饷银”，每年有一定的岁米。数目多寡不等。高的如八旗亲军、前锋、护军，每人月给饷银四两，年支米四十八斛；低的如八旗步军月给一两五钱，年支米二十四斛，绿营步兵月给一两五钱，每月支米三斗（以上见《光绪会典事例》，商务小字版，卷二五四，1 页及卷二五五，1 页。所载与刘献庭《广阳杂记》略有不同。又刘氏以一斛为五斗，四十八斛即二十四石，疑太高，似是一斛为一斗）。因此清代的兵饷占每年岁出的一半，是最大的一笔开支。清初的岁出，凡银二七，三八八，五八八两，而兵饷占银一三，四九二，七五五两（《广阳杂记》卷二，石印本，14 页），为百分之四九点二。其后兵饷续有增加，1766 年增到一千七百多万（《清史稿·食货》六），而岁出总数约三千三百七十万，占百分之五〇点四。这只是经常的饷米，至于内外战争的需索供应，动辄好几千万，并不在内。

1644 年满清入关，军队作战以八旗满洲蒙古兵为主，汉军和投降的汉兵只在次要地位，1646 年以后汉军与满洲兵并重，1650

年以后就以新旧汉军为主了，八旗满洲蒙古兵已成次要，这说明八旗满洲蒙古兵的质量已逐渐较汉军降低。1675 年满清皇帝公开承认："今八旗人民怠于武事，遂至军旅儴敝，不及曩时。"（《清史稿·本纪》五，顺治十四年正月）到了 1673 年，三藩事起，八旗兵（包括汉军）差不多已不能作战，满清统治者只好利用汉人的绿旗兵，前后动员了四十万人（《清史稿·兵志》二）。每次作战，全是绿营步兵在前，八旗兵尾随于后。但是没有很久，绿营兵也和八旗兵一样了，1687 年，王鸿绪已经指出，"绿旗提镇，纵兵害民。以及虚冒兵粮者，不一而足"（《清史稿》列传五八《王鸿绪传》）。1730 年以后，满清统治者随时随事招募乡军和防军，绿营渐同虚设；最后在两次鸦片战争中，绿营除了个别部分坚强抵抗以外，几乎每战失利，因而后来也就不能不提议裁汰了，但是直到辛亥革命没有裁尽，绿营的空名目依然存在着。

上面提到清代的军队主要用在防范人民方面，这一点从满清统治者所规定的军队任务上，也可以得到说明。如侍卫亲军的"宿卫扈从"（《会典》卷八二，1 页），八旗步军的"守卫巡警"（《会典》卷八七，5 页），绿营的"慎巡守，备征调"（《会典》卷四二，2 页），京营的"稽查巡缉"（《会典事例》卷五四六，1 页），全是其例；而步军统领的"统辖京营，总司缉捕"（同上），更为明显。军队用途既然不放在捍御外侮保卫人民上，训练自然成了虚文，因之兵丁也就成为不生产、不训练，迫害人民的暴力工具，清代军队窳败的根源就在于此。这一点也正说明阶级社会的武装部队的本质。

1954 年 12 月 12 日

原载《历史教学》1955 年第一期

马礼逊父子

19 世纪初，英国鉴于 1793 年（乾隆五十八年）派遣使节马戛尔尼（Earl George Macartney，1737—1806）到中国的失败，又看到法国利用天主教神甫在东方活动的成功，因此也想利用宗教的面貌作掩护，派基督教新教教士深入中国作先遣部队。1805 年（嘉庆十年）就由伦敦布道会（London Missionary Society）出面，派了一个 23 岁的青年教士到中国来，这个人的名姓是 Robert Morrison，后来他自己译成中国汉字叫马礼逊。马礼逊于 1782 年（乾隆四十七年）生在英国诺森伯兰（Northumberland），1798 年加入长老会（Presbyterian Church），1804 年入传教士传习所（Missionary Academy）训练，1805 年决定来中国传教后，在伦敦学习医学和天文学，并向中国旅英侨胞杨三达（译音，原作 Yong Samtak）学习中国汉文。1807 年（嘉庆十二年）他渡大西洋到纽约，又坐帆船渡太平洋来中国（容闳：《西学东渐记》，1915 年中文版，8 页），于 9 月 7 日到达广州（麦湛恩 Geo. H. McNeur：《中华最早的布道者梁发》，简称《梁发》，广学会 1939 年中文版，8 页），后来移住澳门。马礼逊到中国后，就努力进修中国语文，从事翻译基督教圣经。他的中国文程度相当好，1815—1823 年曾编《华英字典》（*Dictionary of the Chinese Language*）三大本，据说是依照《康熙字典》注释的（夏燮：《中西纪事》卷八，光绪七年活字版，10 页；又十六卷，5 页），因此，1824 年他被选为英国皇家学会会员(F. R. S.)。他还写了一部中国文法,和几部有关“汉语”的小册子。他译《圣经》,1813 年以后是由米怜(Dr. William Milne)协助的,1819 年 11 月新旧约全部译竣,1823 年在马六甲出版,共二十一卷。在中国只是零星雕版印行,最早的一本是在 1810 年 9 月印行的(《梁发》,9 页),因此认识了刻字工人梁发,又叫梁阿发(1789—1855)。梁发在 1816 年(嘉庆二十一年)入基督教,1832 年(道光十二年)编印了一部《劝世良言》,其中全是梁发自己阐发基督教教义的文字(《太平军广西首义史》,商务版,69 页),后来洪秀全在广州考试得到这本书,受到启发,于 1843 年(道光二十三年)创立拜上帝会,1851 年发动了轰轰烈烈的太平天国革命。

马礼逊是基督教新教在中国传教的开山祖,又是在中国的伦敦会教会创始人,也是基督教《圣经》的最早翻译者。他在澳门翻译《圣经》时,同时兼任英国东印度公司的中文通译员(Translator)。1816 年(嘉庆二十一年)7 月英国第二次派使臣阿美士德[他原来的姓名是 William Pitt Amherst (1773—1857),封爵是 Earl Amherst of Arrocan,简称 Lord Amherst,当时中国公文也称之为“罗耳阿美士德”(六个字全加口字旁),就是简称的译音,罗耳就是 Lord,见《嘉庆朝外交史料》,故宫版,五册,35 页,《清史稿 · 邦交志》二译作罗尔美都,《中西纪事》卷三译作罗尔美,可能是截用了几个字]来中国,马礼逊随之作译生(Interpreter 公文中称为译生,实在就是当时所谓“通事”),一同到北京。马礼逊当时是以“在澳贸易夷商”的资格(清《嘉庆朝外交史料》,五册,8 页)充任“译生”(同上书,12 页),《清史稿 · 邦交志》二称马礼逊为“副贡使”(2 页),是沿袭《中西纪事》(三卷,6 页)的错误。这一次的副贡使有两个,一是斯当东(George Thomas Staunton,1781—1859),一是依礼士(Henry Ellis,1777—1855),而中国私人记载全认为副使是马礼逊,可见他在当时非常活跃。这次通使,因为京津没有通译人,“广东省派来通事(口语翻译人)尚未到来”(广惠奏折,《嘉庆朝外交史料》,五册,13 页),中国官厅认为“该国译生(指马礼逊)言语尚为明白,而天津别无通晓夷语之人,只可暂令该国译生传语”(同上),于是马礼逊成了两国的共同译员,中国的文书也交他翻译(《中西纪事》十六卷,5 页)。他在 1824 年回英国一次,携带大批汉文书籍,这些书籍后来全由其家人捐赠伦敦大学之大学学院(University College)。他回国时曾协助成立伦敦“语言学校”(Language Institution)。1826 年再来广州。1834 年(道光十四年)马礼逊死在中国(《梁发》,76 页)。他在中国时期,中国还没有新式学校,所以没有办学的事迹可考,但他和米怜在马六甲(Malacca)曾办了一个英华书院(Anglo-Chinese College),以训练远东传教士,这个书院在 1842 年以后,迁到香港(《梁发》,23 页)。我们从马礼逊到中国以后的简历里面,可以明白看出当外国资本主义进行侵略的时候,所有的外交官、商人、传教士以及所谓教育家,他们的目的和任务是一致的,马礼逊正是这种四位一体的代表者。

这是最先到中国的马礼逊,他的名姓,在中国官书中,或写马礼逊,或三字全加写口字偏旁,或写玛礼逊,我们现在为了容易区别姑且称他为老马礼逊。

老马礼逊的长子叫做 John Robert Morrison,我们姑且称他为小马礼逊,他在 1814 年(嘉庆十九年)生于中国澳门,因此他精通中国语言文字,16 岁(1830)就在广州作英国商人的通译,1833 年出版了一本《中国商务指南》(*Chinese Commercial Guide*)。小马礼逊对中国社会情形非常熟悉,清朝官僚集团的腐败和贿赂方法他全明白,1834 年梁发为了散放传教的《圣经日课》,被广州官吏通缉,梁发的伙伴也被逮捕,小马礼逊曾经用了八百元的贿赂,赎出被捕的人(《梁发》,82 页),这不是一个普通外国人所能做到的,加以后来他的所作所为,因此当时中国有人传说他不是英国人,而是"汉奸之仕于英者"(《中西纪事》八卷,6 页)。老马礼逊死了之后,小马礼逊继任东印度公司的中文秘书及通译员。1839 年以后,中英交涉日繁,英方文件全由他经手翻译。第一次鸦片战争,小马礼逊直接参加了对中国的军事侵略。1840 年(道光二十年)他随英国将领懿律(Admiral Ceorge Elliot,1784—1863,又译义律,当时有两个义律,这是后到中国的一个)和义律(Captain Charles Elliot,1801—1875,这是先到中国的一个,林则徐在广州销毁鸦片烟,代表英国交涉的是这个人)同乘兵船到天津,与琦善会晤(道光朝《筹办夷务始末》十五卷,14 页,托浑布奏折又十六卷,2 页,伊里布奏折,《中西纪事》五卷,4 页)。1842 年(道光二十二年)他又和英国使臣(envoy and plenipotentiary in China)璞鼎查(Henry Pottinger,1789—1856)同船进犯南京,在吴淞遭到陈化成的痛击,由于他知道牛鉴的庸懦和沿江一带中国没有设防,所以鼓轮直入;到了京口,他又勾结扬州汉奸江寿民挟兵索贿银六十万两(《中西纪事》八卷,4 页);到了南京,他又声言要入城就食,索办饷糈三百万两(同上书,5 页);在南京,一切谈判全由他"来往传说"(同上书,7 页),时常谩语恫吓,中国将士全"愤愤请决战",而牛鉴"无意战守","惴惴恐误抚局"(同上书,5 页),于是终成城下之盟。《江宁条约》缔定以后,他又和璞鼎查同船到浙江定海(道光朝《筹办夷务始末》六二卷,37 页,伊里布奏折),到福建厦门(同上书,六三卷,38 页,怡良奏折),总是横生枝节,"逞刁挟制"(同上书,六四卷,36 页,伊里布奏折)。当时小马礼逊的狠毒是与璞鼎查一样的,所以中国记载中璞、马并称(《中西纪事》三卷,11 页)。怡良在报告璞鼎查到厦门情况的奏折中说,“查夷酋璞鼎查之狡狯万端,大率(小)马礼逊、罗伯聃二人为之导引”(道光朝《筹办夷务始末》六四卷,33 页);梁宝常在道光二十六年(1846)报告罗伯聃病死的奏折中说,“英夷领事之人,惟(小)马礼逊、罗伯聃二名盘踞最久,情形俱极狡谲,今俱天夺其魄,接踵而亡”(同上书,七六卷,31 页);全可以反映出当时人对他的憎恶。因为小马礼逊帮同英国侵略有功,在香港割让后,英国任命他作香港的立法行政委员会委员(Legislative and Executive Council)兼代香港殖民地政府秘书。1843 年,小马礼逊患疟疾死在香港(道光朝《筹办夷务始末》六八卷,19 页,耆英等奏,“今马礼逊于闰七月初五日因热病暴毙”),璞鼎查说,这是他们“国家的一大灾难”(a positive national calamity),也就说明在他活着的时候对于中国是多么大的灾害!

小马礼逊的名姓,在中国公文中,和他父亲一样,全加写口字旁,这是当时译音字的通例;其他书中,如《中西纪事》、《清史稿》等,写作马利逊,以与他父亲马礼逊有所区别,或者写作马履逊(见祁𡎴奏折,道光朝《筹办夷务始末》五八卷,40 页),也是译音。在梁发的书信中将小马礼逊中文名字写作马儒翰(《梁发》,82 页),儒翰是他名字 John 的译音,这种译音比通常用的约翰要更合当时中国知识分子的口味,可能是他自己定的。1842 年(道光二十二年)达洪阿、姚莹根据台湾俘获的英国人的供词,说英人“在广东香港者,文官为马厘士列,华言马礼逊,其人名赞臣”(道光朝《筹办夷务始末》六二卷,24 页),也是指的小马礼逊,赞臣的名字不知其来源,可能也是 John 的译音。

马礼逊父子在英国资本主义侵入中国的初期,地位是十分重要的,洪秀全得《劝世良言》于梁发(一般记载在1836年,也有人说在1833年),梁发受基督教义于马礼逊,是众所周知的,而《江宁条约》由小马礼逊作通译,也是众所周知的,两者中间只隔六年,因之,读史者往往以为前后两马礼逊是一个人。老马礼逊死于1834年,中西记载相同,无可怀疑。洪秀全得《劝世良言》,已在老马礼逊死后。南京定约,老马礼逊死已八年,往返交涉都是小马礼逊,当时人都很清楚,所以译名有意差异一个字以示区别(马礼逊与马利逊)。1842年(道光二十二年)奕山、祁𡎴、梁宝常报告香港情形的奏折中说的最明白:"马礼逊(三字加口旁)即马履逊,非伦(二字加口旁)即匪伦,俱系该逆夷头目,能通晓汉字汉语,并非幕客。马礼逊父子同名(其实是姓),其父死之后,现在之马礼逊名字之上,添一秧字,缘夷人谓小为秧,故名秧马礼逊。"(道光朝《筹办夷务始末》五六卷,40页)可知当时就有小马礼逊之称。夏燮《中西纪事》也说,嘉庆二十一年(1816)随阿美士德到北京的马礼逊和道光二十二年(1842)随璞鼎查到南京的马礼逊,"非前后一人也"(八卷,9页),但他以为"马礼逊"是"英人专司文案之官名,如汉人参军长史之类",不是人名,那是错误的。《中西纪事》又说,"马利逊之见于档案者凡三,嘉庆二十一年副罗尔美行,道光二十年副义律行,是年副濮(璞)鼎查行,皆书其官名"(八卷,9页);也是错误的。随义律北上和随璞鼎查北上的实在同是小马礼逊。"马礼逊"是英美常见的姓,夏氏《中西纪事》说,"近日英人刊行之书,有马利逊所著外国史略,纪五口通商以后事甚详"(八卷,10页),这是另一马利逊,并不是马礼逊父子所著。北京"王府井大街",过去英美人称之为"马礼逊大街"(Morrison Street),也与马礼逊父子无关,这个马礼逊或译莫利逊，名叫 George Ernest，1862—1920（《庚子使馆被围记》译为莫理逊，《八国联军志》译为毛黎森），是澳大利亚人，英国的新闻记者，1897 年来到北京，作伦敦《泰晤士报》的通讯记者，义和团及日俄战争时尝作通讯报道，1907 年及 1910 年曾在中国作窥探旅行，1912 年作袁世凯的政治顾问，是一个最熟悉中国情况的人（Concise Universal Biography）。

老马礼逊的夫人给她丈夫写了一本传记（*Memoirs of Life and Labours of Robert Morrison*, D. D. By Mrs. R. Morrison），1839 年在伦敦出版。夏燮说："西人有撰马礼逊传者，是为嘉庆二十年来中国之副使（误，见前），其名曰罗伯得，……道光十四年卒。"（《中西纪事》八卷，10 页）不知是否马礼逊夫人的书已译成中文，或是另外一种？1844 年英国《绅士杂志》（*Gentlemen's Magazine*）第一卷有小马礼逊的传记，我都没见过，上面所写除了中文书和注明出处的以外，是根据《英国名人辞典》（*Dictionary of National Biography*）转引的材料。

现在把几个有关的年代简单写在下面：

1782	乾隆四七年	老马礼逊生于英国。
1807	嘉庆十二年	老马礼逊来中国。
1814	嘉庆十九年	小马礼逊生于澳门。
1817	嘉庆二二年	老马礼逊随阿美士德到北京，作通事。
1834	道光十四年	老马礼逊死在广州。
1836	道光十六年	洪秀全得《劝世良言》。
1840	道光二〇年	小马礼逊随懿律和义律到天津。
1842	道光二二年	小马礼逊随璞鼎查到南京，中英订《江宁条约》。

1843　　道光二三年　小马礼逊死在香港。

原载《历史教学》1954 年第二期

宋景诗起义文献初探[①]

一

宋景诗[②]是山东省东昌府堂邑县刘官庄人[③],刘官庄就是现在堂邑县西北的小刘贯庄(《武训历史调查记》)。他出身农民,很穷,卖过豆腐(《武训历史调查记》)。身材高大[④],会武术。《清平县志》说他“以武技名”,《曲周县志》说他“幼习角羝戏,以膂力雄一乡”,胜保说他“略知阵法”[⑤],他的武艺应该是精练的。

宋景诗生于1824年,即清道光四年[⑥]。他在1854年(咸丰四年)曾经参加军队,隶山东巡抚张亮基部下[⑦],不久离去。在镖局住过几年。他在乡村威望很高,又精通武艺,许多人家请他作教师。在堂邑武家庄武赞化家内教练很久[⑧],又在清平白家住过[⑨],1861年(咸丰十一年)又到冠县韩姓家内作教师[⑩]。

清代记载中,有的认为宋景诗是“捻党”,如《清史稿·胜保传》称“捻首宋景诗”[⑪],《恒龄传》称“时降捻张锡珠、宋景诗复叛”[⑫],《剿平捻匪方略》里面更多。有的认为宋景诗是白莲教徒,也有的认为他是八卦教徒。但胜保说他“虽曾助教,其始并非习教之人”[⑬]。本来这种反对统治阶级的所谓“教”,只不过是团结群众的一种方式,参加者未必全是习教的人。当时"教军"和"捻军"虽经联合作战,但在系统上和领导上宋景诗和"捻党"没有直接关系。

二

1861 年(咸丰十一年)在山东省新黄河(大清河)以北,运河以西的堂邑、馆陶、丘县、冠县、莘县一带广大地区,爆发了与捻军有联系以宗教名义出现的农民起义,宋景诗就是这次农民起义军的领袖之一。这次起义虽是以宗教名义出现,但其本质是由于社会阶级矛盾日益深刻而爆发起来向反动统治阶级宣战的农民革命。

因为这次起义是以宗教名义出现,所以清朝统治者的书籍里称之为"丘莘教匪"[14],或称"教匪"。胜保认为他们全是"白莲教"[15],而据当时成志(参将)在馆陶张官寨俘获的李大箫的谈话(三月初五日),他们所习的是"天龙八卦教",其组织和旗别如下:

乾卦兑卦	白　旗	从世钦、程顺书、安兴儿、安喜儿、石天雨等。
坤卦艮卦	黄　旗	张善继、张玉怀、张殿甲、孙全仁等。
震卦巽卦	大绿旗	杨泰、杨福龄等。
	小绿旗	雷凤鸣、王振南等。
离　　卦	红　旗	郜老文、苏落坤、穆显荣、穆显贵、张桐、张宗孔等。

坎	卦	蓝旗	左临明。后与黑旗合。
		黑旗	姚泰来、宋景诗、朱登峰、杜慎修等。
未	详	花旗	杨朋岭、杨朋山、杨朋海等(杨泰之子,《清史稿·本纪》二十一作杨朋岭)[16]。

“八卦教”本来是“白莲教”的分支[17],两者没有差别。这里可以注意的,是在四十年以后,1899年在山东平原、恩县起义的朱红灯,也称“天龙”,也称“离卦教”,也是以红色为标志[18],正与上面所说相同。可见这个反封建统治的八卦教一直深潜民间,传布没有停歇。

1861年在山东东昌府属起义的农民军,发动是很快的:

二月十一日(阴历,下同)	黄旗军攻入丘县城,后转冠县。
十九日	蓝旗军大绿旗军攻入冠县城,随出屯城外。
十九日	黄旗军围攻莘县。
二十二日	黑旗军攻聊城。
二十五日	黄旗军攻入莘县城,随出屯北门外诸村。
二十九日	花旗军攻入馆陶城。三月三日离去。
三月初一日	黄、蓝、红、黑旗军分屯冠县馆陶交界诸村。
初三日	蓝旗军、黄旗军再入丘县县城,随出屯城外。
初四日	农民军攻入观城县城,随转入清丰县境。
	红旗军攻入阳谷县城,随即离城入朝城寿张境。
初八日	小绿旗军围攻馆陶县城。初十日引去。
初十日	红旗军攻入堂邑县城,随渡河东进。

十一日	农民军再入阳谷城。
十七日	农民军攻入濮州城。
十七日	农民军攻入朝城县城。
十九日	农民军围寿张县城。
二十二日	农民军攻入范县城。
二十二日	黑旗军由侯堌集至梁家浅渡运河，进攻博平城。随又退回河西。
二十五日	花旗军进攻堂邑，白旗军红旗军继进。这时在莘县和聊城之间的沙镇地方左右数十里有农民军万人以上。
四月初八日	农民军进攻东昌府城（聊城）。
二十五日	黄旗军围攻威县。
	这时黄旗军张玉怀驻莘县，黑旗军宋景诗驻朝城，小绿旗军雷凤鸣驻堂邑[19]。

这些农民起义军里，黄旗张善继是“教首”，但不是总的指挥。杨泰、雷凤鸣、张殿甲、石天雨、左临明、宋景诗分领各旗军队[20]，不相统属。其中黄旗张玉怀、张殿甲，黑旗宋景诗，小绿旗雷凤鸣最有名[21]，而尤以黑旗军声威最壮，《清平县志》说他“部伍整齐，骑卒精健”，胜保说“群匪引以为重”[22]。起义军多数是冠县、莘县、堂邑三县的农民，参加秘密结社——当时称为“习教”的有十分之六[23]。他们分头进兵，而以临清县与丘县之间的邵家庄、侯家寨、王家庄、下堡寺、张三寨五处地方为后方根据地，“壁高堑深”，保卫的非常坚固，随时与前方相呼应[24]。

革命的爆发，符合了广大人民的愿望，因此参加的人数异常之多，而军容也异常之盛。统治者的记载中也不能不承认说，“从乱者如归”[25]；“遍地皆贼，四五百里间，钲鼓烽烟，声色不绝”[26]；“贼帜连遂，五色闪动，戈矛如林”[27]。当时农民军的军械，不但有刀矛，而且有大炮、小炮、铜炮、铁炮、云梯，最使清朝统治阶级畏惧的还有一种用牛马曳运的“三层炮楼”[28]，可以架炮十二尊。这全是人民自己的储藏、创造，或从敌人处夺来的。当时农民军的费用，全是人民捐输的，胜保的奏折中说，“朝、莘、冠、馆一带，富户良民竟有不惜重资捐为白莲教名目者”[29]，这是掩饰的话，实在就是农民支援农民军的一切。

农民起义军所到，一定要攻城。城池攻下以后，一定“发狱，火库，毁武营官廨”[30]，一面救出自己的伙伴，一面彻底消灭敌人可能利用的一切物资房舍。因此，农民军在入城任务完成以后，就分屯城外，或移军旁处，绝不坚守。

三

宋景诗这部分农民起义军，是二月二十二日在聊城县的沙镇迤南刘家河张八庄附近发动的[31]，起义后首先进攻聊城，聊城是当时东昌府的府城，清军防守最严。这一支农民军在初起义时只有几百人，后来发展的人数异常之多，最后竟过万人[32]。他们用纯黑色为旗帜，号黑旗军，公推宋景诗为大元帅，杜慎修、曹三墩子鼓、许船五作先锋[33]。参加的人，知名的有张二麻、桑振河、赵六虎子、周义[34]、朱登峰、吴松峰、薛法起、刘厚德、郭景辉、杨殿甲、杨殿乙（杨二马鞴）、张洛钧、刘希武、霍进山、岳金声诸人，还有宋景诗的兄弟宋景书、宋景礼、宋景春,侄子宋忠昭、义子宋喜。后来旁旗的农民军有许多也参加了黑旗军[35]。

宋景诗的黑旗军里面,骑兵比步兵多,约为五与一之比[36]。这是他作战实践的结论,他认为“步勇不耐驰逐”[37],所以他喜用骑兵。因此,他行军异常迅捷,敌人总追他不到。

黑旗军的纪律好,当时统治集团也承认他们经过的地方是“沿途尚不滋扰”[38],到今天广大人民还在赞颂着(《武训历史调查记》),不是没有理由的。

黑旗军同其他各旗军一样,全是当地农民,有聊城、莘县、堂邑、冠县、馆陶各县人。他们受尽了地主阶级的剥削和压迫,加以起义后他们的革命事业时常为地主阶级武装的“民团”所破坏或阻挠,所以他们对地主“民团”的阶级仇恨是明确而深刻的,一直作着坚强不懈的斗争。《山东军兴纪略》说他们“庐(房屋)贿(财产)荡尽,势必寻仇报复”[39],这只是当时统治阶级的看法。而“庐贿荡尽”一句话,正说明了当时“民团”的与人民对立。

四

由于农民军发展的迅速,在四十天之间,攻下了丘县、冠县、莘县、馆陶、观城、阳谷、堂邑、濮州、朝城、范县等许多州县。当时的公文中,有“六州县官吏,不知存亡”,“七州县无官无兵”[40],“八州县均被贼扰,官多迁避”[41]这样的记载。清廷之狼狈情况,可以想见。这一带地方和直隶省的大名府、冀州毗连,清兵更怕“窜至直境”[42],直攻北京。这时,清朝的大将僧格林沁,在山东菏泽被捻军打得“全队溃散，军械遗失”[43]，河南也正吃紧，清政府觉得威胁最大的还是山东西北这一块地区。因此，命僧格林沁的军队向北开，由长沟移到邹县（运河之东），又从邹县移到曹州（运河之西，黄河之南），以防教军和捻军连成一片。又命胜保率军队向南开到景州、德州[44]，同时谭廷襄（西）、文煜（北）、清盛（东）、西凌阿（南）等派兵四面进攻。清反动统治者想用绝对压倒的兵力并勾结反动地主武装的“民团”，把起义军镇压下去，但是没有成功。他们所得到的只是“公私廨舍无半椽，城堞全圮，居民无一户”的农民军所不守的几个空城[45]，而且“周遭数十里无人烟，亦无刍豆薪米（人民拒绝支应）”[46]。

当时战争情况，约略如下：

1861 年（咸丰十一年）

五月初七日（阴历，下同）　清军分三路攻馆陶，农民军退。

十四日　清军陷冠县城。

十八日　绿旗、黄旗、黑旗军渡运河而东，与清平县博平团战。随回河西。

二十日　黑旗宋景诗与清军骑兵大战。

廿六日　清军陷堂邑县城。

这时堂邑附近数十村全有农民军，而以莘县东北三十里的沙镇地方为中心。

廿八日　清军攻陷桑阿，桑阿也是农民军主要根据地。

六月初一日　清军攻沙镇，农民军引退。

初二日　清军攻莘县大败。

初五日　清军攻陷大李王庄。

清军攻陷莘县。

初九日　胜保与宋景诗进行暂时妥协。

十一日　清军攻陷张秋。

廿二日　宋景诗部反对清军点验。

红、白、黑三旗军在莘、冠、陶馆一带活动。

七月初一日　黄旗张善继、黑旗左临明在威县遇害。

初九日　农民军红、蓝、黑、白四旗攻莘县。

十八日　清军命宋景诗打莘县农民军，宋军到，农民军退，没有战争。

本月农民军重整旗色，活动于莘、堂、冠、朝四县。

清军谭廷襄在聊城，乌尔贡札布、保德在堂邑，成志在莘县，郝上庠在阳谷。胜保驻兵在朝城西北五十里外。

八月　农民军张玉怀、程学书受伤，张殿甲、程五姑（女）阵亡。

九月　农民军大绿旗、大红旗等部仍在活动。

十月初四日　农民军击败清军郝上庠，杀之。

十一月　时农民军只原来的黄旗张玉怀、郜老文，小绿旗雷三（即雷焕）、穆显贵、张宗孔，小黄旗王玉符，大绿旗杨福龄（即杨奇峰）、杨朋岭、丁泰和几部尚有活动，人数不如前此之多。

十一月廿五日　张玉怀、雷凤鸣、程顺书等部与清军议和，郜老文部没有参加[47]。

五

在1861年阴历正月,清朝统治者想用分化手段破坏农民阵营,于是下令“招抚”[48]。胜保统兵南下之后,更利用“招抚”来扩充自己部队。到了阴历六月初九日,胜保和宋景诗成立了暂时妥协[49],改宋军为靖东营[50]。阴历十一月二十五日,张玉怀、杨朋岭、雷凤鸣、程顺书、从世钦等,也通过清军周士镗[51]、王观澄与胜保议和,改编为诚顺、禧顺、庆凯等营,和胜保的亲军大小红旗队,与靖东营合计有七营。

宋景诗与胜保的议和,清政府是不放心的,但是还想笼络他。八月初七日给他“五品顶戴蓝翎”[52],九月初二日给他“都司衔,花翎”[53],十一月二十二日给他“参将”[54]。一月一升迁,正是统治者的收买毒计,宋景诗并没有落在他们的圈套里。

由于1861年年末山东东昌府属的军事渐趋和缓,而太平军与捻军进攻安徽颍州(阜阳),清朝就命胜保统兵到颍州,并命宋景诗等部七营随行。这是统治集团的调虎离山计,宋军等是不愿意的,几次想离开,没有成功。1862年阴历五月,太平军攻下陕西山阳县(靠近湖北),六月陕西西安、同州(大荔)回族起义,七月清政府又调胜保到陕西,宋景诗部队也到了陕西,驻扎同州和潼关,后来调往三原。终于在十一月初三日,宋景诗自动引所部从陕西韩城县和山西荣河县之间的茶峪、白马渡口过了黄河,到了山西省境。渡河后,经稷山、绛州(新绛)、平阳(临汾)、赵城、灵石、介休、平遥、寿阳、平定,出固关入直隶(河北省)境,又经南宫、清河、枣强入山东境,于二十六日到达临清。沿途自称是“遣撤回籍之勇”,走的很快。到赵城,副都统常海劝他不要回山东;到南宫,直隶总督文煜又派人劝他;当然许了他们很多条件,但他们坚决地回到原籍。

宋景诗部回山东的前后情况,是这样的:

1861 年(咸丰十一年)	
十二月(阴历)	清政府命胜保率军往颍州。
1862 年(同治元年)	
正月(阴历,下同)	胜保南行,命靖东等七营由馆陶、大名开往河南。张玉怀、杨朋岭不愿同去,引部队向东北走,二十日至元城境(今并入大名),二十四日回山东莘县、朝城,张玉怀要求回家耕种,不许。
	胜保令宋景诗靖东营驻颍州府西北太和县前线。
二月十七日	宋景诗自动引军队到河南陈州(淮阳),联合雷凤鸣、诚顺营至开封索饷,景诗并要求回家耕种。
廿八日	宋景诗部队自动到兰仪(兰封),又到中牟,想渡黄河未成,胜保派人把他们劝回去。
五月	太平军攻破陕西山阳县。
六月	西安回族起义。
七月十九日	清派胜保统兵到陕西,宋景诗部一同入关。
十一月	清胜保褫职,以多隆阿代之。宋景诗率

	所部经山西、直隶回山东，十一月二十六日到临清。计有马队一千五百余人，步队三百数十人。
1863年(同治二年)	
三月廿四日(阴历，下同)	宋军战胜柳林团，杀其团首杨鸣谦。
三月	清直隶总督刘长佑命参将王永胜引宋军入直隶(河北省)，景诗不从。 这时在东昌府的农民军以绿旗杨朋山(原来是花旗)，红旗戴韭(即戴兴隆)，白旗李单锏(即李文光)，黑旗李络力量较强，又有张锡珠更著名。
五月	清军僧格林沁、刘长佑准备联合进攻宋军(北大藏《钟秀函稿》)。
五月	这时候农民起义军张锡珠阵亡，杨朋山、张玉怀、张金堂、程顺书、戴韭、李文光先后遇害(程、戴、李死于六月初七日)，杨朋岭、张广德与清军妥协，李茳、张洛钧、常三老虎、武敏合、张奉春势微不成队，多数农民军全加入宋景诗部。宋景诗驻堂邑西北辛集之东(《钟秀函稿》说驻冈屯)，部队分布附近各村。
六月初八日	清军刘长佑、僧格林沁进攻宋军(《钟秀函稿》)。
七月	刘长佑移军临清。

八月	清军僧格林沁移军东昌(聊城)。
八月十六日	宋军退往直隶开州(濮阳),入河南浚县,临漳,转直隶成安、邯郸、永年、曲周、平乡、巨鹿、隆平、新河、武邑、阜城、东光,山东陵县、平原、高唐至清平,渡河而西,九月初一日回到堂邑,莘县(《剿平捻匪方略》)。在长期的游击迁徙中,宋景诗始终跟着他的部队。
九月初三日	宋军复到开州(濮阳)。
初六日	宋景诗因军事不利乘船入大清河,顺流而北,至东阿,登陆,翻山而去,清军尾追,不知所往。实在他是回到捻军的根据地去了。农民军先后失败。清丁宝桢滥杀起义军士及其家属[55]

六

宋景诗和胜保的妥协,是甘心背叛投降呢?还是受了诱惑(后来悔悟)呢?还是因为环境不利,实行退却,以求蓄积力量,再向敌人进攻呢?现在还没有足够的史料帮助我们具体分析。

我们初步——只是初步——看到:

当时清兵四面围攻,兵力很厚,而且封锁亦严。

宋景诗是通过“从政”(人名)向“成禄”(人名)接洽,得到胜保同意而成立妥协的。成禄是直隶副将,随大名道王榕吉初到山东[56]。从政是老白莲教徒，道光时因为“习教”被清朝充军到新疆[57]。“从政”和“成禄”、“胜保”两个人之间，过去并没有特殊关系。宋景诗通过“从政”而妥协，一定同“从政”有过商洽，得其同意。

宋景诗和胜保妥协以后，清军命他会攻冠县，但他没有去，官书说，“景诗部众携贰，不能出队”[58]。教军攻莘县，清军命他去打，未交锋而教军撤退[59]，所以清朝统治者说他，“不惟不肯剿贼，而且潜与贼通”[60]。可知宋景诗在当时没有倒戈反攻自己的战友，而教军也知道宋氏的真意所在，所以一遇到，就“彼此吹唇唱吼而退”[61]。

宋景诗与胜保妥协后，他们的旗帜曾经一次自己调整。《山东军兴纪略》说：“景诗部曲未降者二三千，阳与景诗为难，各旗群匪亦扬言恨景诗，以示景诗之无贰也。于是〔张〕玉怀、〔杨〕朋岭、〔程〕顺书、〔张〕殿甲、〔张〕殿乙、高思继等均张黑旗，留边月自别。”[62]调整后的旗色如下：

黑旗白月	宋景诗部
黑旗黄边	张玉怀部
黑旗白边	程顺书部
黑旗绿边	杨朋岭部
黑旗红月	高思继部
黑旗红边	靳三部[63]

值得注意的是所列的人本来不属于黑旗，而现在将各部旗色完全划一，定为黑色，以自己原来的旗色改为镶边。黄旗的张玉怀

部改为黑旗黄边,白旗的程顺书部改为黑旗白边。显然是有计划地重新组织起来,布置起来,表示以宋景诗为首脑,而这次暂时妥协是大家一致的。

清朝统治者始终不以宋景诗的“招抚”为然,后来在宣布胜保罪状时还曾特别提出来,认为是“养痈贻患”[64],而宋景诗也始终在警惕着,防范敌人的阴谋。这个矛盾,从妥协开始就存在着。

1951年10月7日写于北京,10月27日修正

附　记

1954年,德意志民主共和国贝喜发教授(Prof. Siegfried Behrsing)来中国访问,对宋景诗领导的农民起义十分注意。他看见我这篇短文,曾两次来信讨论,提出了不少意见,并将五十年代出版社的印行本作了详细的校对,非常可感。我在本书已照他的意见一一改正了。贝喜发教授回国之后,写了一篇“中国方面关于宋景诗农民起义的著述”,登载在柏林德意志科学院东方研究所《通报》1956年四卷一期。他将中国有关宋景诗起义的史料和论文,都作了介绍,这篇短文全部译成德文,并加了一一一个脚注,画了一张地图,作了四种详细的索引。对两国文化交流起了非常良好的作用。我谨在此向贝喜发教授致以诚挚的感谢。

1956年冬,看到第一历史档案馆(前故宫博物院档案馆)所藏清军机处档案中的胜保1861年(咸丰十一年)六月二十一日奏折,附有《宋景诗自叙》,对研究宋景诗早年历史很有关系,为宋景诗起

义史料所未收,抄录于下:

宋景诗自叙

(原称《照录宋景诗呈递投诚禀词》)

具禀罪人宋景诗,山东东昌府堂邑县人,年三十八岁。谨禀督办直隶山东军务胜大元帅麾下。窃身自幼学习枪棒,业在前任山东巡抚张大人帐下教练乡勇,平贼得功,授赏六品顶戴。兹因家贫难度,在冠县韩千总家教传枪棒。适值教匪作乱,冠县衙蠹张梦兰、张东泗、沙思德、郭太和、沙德与身素有仇衅,串通冠县县主朱瑞果借端栽害,指身与教匪相通。冠县县主误信其言,差票锁拿,被身殴打不堪。自知殴差犯罪,王法难容,因聚众谋反。意在扫除贪官衙蠹,非敢窥伺神器。且身素日曾在标局住过数年,南北二京学习枪棒者不止数千人皆与身为生死交,一闻身被株连,持械相助者数日中即得一万余人。遂自冠、莘、馆陶而丘县,而堂邑,而曲周,而东昌。自知罪该万死,梦寐之中思欲邀我朝天恩,行文招安,以开三面之网,真意投诚,自持不贰之心,乃信息难通,关说无人。今幸蒙胜大元帅推诚招安,情愿将军器枪炮呈献麾下,以表真心。为此,伏乞恩施格外,带罪平贼,凡黄河以北,大名以东,济南以西,如有贼匪即效力剿除,以赎罪过。惶恐谨禀。

这里最后几句,可能是宋景诗当时提出的条件。就是说要求清朝划黄河以北，大名以东，济南以西，这一地区作为他的防区，区内治安由他负责，也就意味着清军不能进入区内。

1957年1月1日

注　释

① 本文曾载天津《进步日报·史学周刊》第四〇期，上海《大公报·史学周刊》第四一期，原名《宋景诗起义史实初探》，作于《宋景诗史料》及《宋景诗历史调查报告提要》发表以前，尚未及参考改作。

② “宋景诗”在《剿平捻匪言略》里写作“宋憬诗”，这是清朝统治者故意改写的。《清平县志》写作“宋景师”，有的书上写作“宋景时”，全是笔误，因为宋景诗的弟弟名叫“宋景书”、“宋景礼”，是按五经名称排的，应该写作景诗才对。《清实录》、《山东军兴纪略》、《清史稿》等多数史书全作“宋景诗”。

③ 见《山东军兴纪略》卷一三，4页注。《临清县志》作“小李官庄人”，《曲周县志》作“冈家屯人”，《清平县志》作“宋家小屯人”。

④ 北大文科研究所收藏《钟秀函稿》，附山东坐探明桂手折说，“宋景诗……高身量，额盖上有高粱粒大一个黑猴子”。“黑猴子”是突起的黑痣。

⑤ 《山东军兴纪略》卷一三，4页，引胜保奏折。

⑥ 我在初稿中说，“宋景诗的生年，没有记载。据1863年（同治二年）十月二十六日山东坐探明桂给钟秀的牒报（原称《禀内手折》，北京大学文科研究所藏）说：‘宋景诗年约四十上下’，那么，他应该生在1823年（道光三年）前后”，是不对的。现据清军机处档案《宋景诗自叙》，1861年（咸丰十一年）年三十八岁的记载改正。——1956年12月补注。

⑦ 《山东军兴纪略》卷一三，4页。

⑧ 见《山东军兴纪略》卷一六，2页。武家庄不知是否即武训所住之武庄，武赞化的侄子武敏合也是起义农民领袖之一。

⑨ 《清平县志》说他“佣于邑白姓”，不知是佣工还是教习武术。

⑩ 《山东军兴纪略》卷一三，4页注。

⑪ 《清史稿》列传卷一九〇，3页。

⑫ 《清史稿》列传卷一九一，9页，《僧格林沁传》附传。

⑬ 《山东军兴纪略》卷一三，4页。

⑭ 《山东军兴纪略》卷一二、一三。
⑮ 《山东军兴纪略》卷一二,11 页。
⑯ 《山东军兴纪略》卷一二,2 页、3 页。
⑰ 陶成章:《教会源流考》。
⑱ 蒋楷:《平原拳匪纪事》。
⑲ 《山东军兴纪略》卷一二。
⑳ 胜保奏疏,见《山东军兴纪略》卷一二,11 页。
㉑ 《山东军兴纪略》卷一二,1 页、2 页。
㉒ 《山东军兴纪略》卷一三,4 页。
㉓ 《山东军兴纪略》卷一二,3 页。
㉔ 《山东军兴纪略》卷一二,9 页。
㉕ 《山东军兴纪略》卷一二,2 页。
㉖ 《山东军兴纪略》卷一一,1 页。
㉗ 《山东军兴纪略》卷一二,4 页。
㉘ 《山东军兴纪略》卷一二,4 页。
㉙ 《清穆宗实录》卷一一,13 页。
㉚ 《山东军兴纪略》卷一二,2 页。
㉛ 《山东军兴纪略》卷一二,1 页。
㉜ 《山东军兴纪略》卷一三,5 页;又卷一五,5 页,《钟秀函稿》。
㉝ 《山东军兴纪略》卷一三,4 页。
㉞ 《山东军兴纪略》卷一二,1 页,胜保奏折。
㉟ 《山东军兴纪略》卷一四,24 页。
㊱ 《山东军兴纪略》卷一五,3 页,“宋众马勇一千五百,步勇三百数十”。
㊲ 《山东军兴纪略》卷一五,4 页。
㊳ 《山东军兴纪略》卷一五,2 页,多隆阿奏。
㊴ 《山东军兴纪略》卷一五,3 页。
㊵ 《山东军兴纪略》卷一二,4 页。
㊶ 《清文宗实录》卷三四八,12 页。
㊷ 《清文宗实录》卷三四八,24 页。
㊸ 《清文宗实录》卷三四一,5 页。事在咸丰十一年正月。
㊹ 《清文宗实录》卷三四八,24 页。
㊺ 《山东军兴纪略》卷一二,17 页。
㊻ 《山东军兴纪略》卷一二,15 页。

㊼ 《山东军兴纪略》卷一二——一三。

㊽ 《清文宗实录》卷三四一，9页。

㊾ 宋氏"妥协"日期，《清文宗实录》卷三五五，16页，咸丰十一年六月甲申条，据胜保奏折说在六月初九日：《山东军兴纪略》卷一三，4页，说在六月十三日；《临清县志》第一册，15页，说在十一月；以《实录》为确。

㊿ 《山东军兴纪略》卷一三，4页。

51 周士镗是胜保的幕府，见《清穆宗实录》卷四，8页。

52 《清穆宗实录》卷二，16页。

53 《清穆宗实录》卷七，7页。

54 《清穆宗实录》卷一〇，16页。

55 《山东军兴纪略》卷一四——一六。

56 《山东军兴纪略》卷一二，9页。

57 《山东军兴纪略》卷一三，4页。

58 《山东军兴纪略》卷一三，10页。

59 《山东军兴纪略》卷一三，8页。

60 《剿平捻匪方略》，同治二年三月十八日王兰谷奏折。

61 《山东军兴纪略》卷一五，5页。

62 "边"指旗帜上镶的边子。"月"，有人说是旗帜穿在竿上的那一部分，有人说是旗帜上面的圆光标志，也有人说是在旗帜上面画个月牙标帜，以最后一说为可信。——1954年补注。

63 《山东军兴纪略》卷一三，7页。

64 《清史稿》列传一九〇《胜保传》。

《辛丑条约》与所谓使馆界

鸦片战争以后，中国虽然和欧美资本主义国家发生了经常的外交关系，但是还没有外国公使驻在北京。1858 年(咸丰八年)中国先后同英、法、美、俄四国订立《天津条约》，才商定各国可以在北京设置公使馆，派遣公使来华。1859 年六月英国以远东舰队护送英国公使卜鲁斯、法国公使布尔布隆到任，他们想沿白河驶入北京，要求中国撤除白河的防守军备。中国反对他们的武装护送，请他们由北塘陆路进京。由于他们不听制止，武力进驶，中国击沉了英国战舰三艘，射击伤亡四百六十四人。于是发生了第二次鸦片战争——英法联军之役。战后，法国公使布尔布隆(三月二十五日)、英国公使卜鲁斯(三月二十六日)、帝俄公使把留捷克(七月八日)于 1861 年，美国公使蒲安臣(七月二十日)于 1862 年，先后来京[①]。这是外国派驻北京的第一批使节。

这一批外国公使到达北京后，就在东交民巷附近设立了公使馆。东交民巷原名东江米巷，附近一带是当时北京城内的行政区。在那里有十五六个主要行政机构，许多的庙宇、会馆以及市民往宅，满洲举行祭祀的"堂子"也在那里。这些新成立的公使馆之所以集中在东交民巷，一来由于俄国陆路通商时代的招待所"俄罗斯馆"原在那里，二来也由于当时有关招待外宾的许多机构，如礼部、理藩院、会同四译馆、鸿胪寺、四译馆公馆(招待所)等全在附近[②]。

1900年，中国人民为了反抗列国的侵略，展开民族自卫自救的义和团运动，六月二十日围攻东交民巷的各国使馆。中国人民和机关先期迁离，使馆人员和教徒都集中在英国使馆[③]同肃王府[④]。这是后来列强在“使馆界”占用中国人民房产的张本，也就是他们在“使馆界”要“自行防守”的借口。

1900年八月十四日，帝国主义干涉中国民族自卫的“八国联军”进入北京。焚杀淫掠好几个月之后，于十二月二十二日[⑤]由十一国向中国提出议和大纲十二款——就是和约的草约，在“赔款”、“惩凶”、“道歉”、“驻兵”、“削毁大沽炮台”种种强横无耻的要求以外，第七款又提出：“诸国分应自主常留兵队分保使馆境界，自行防守，界内不宜扎华人。”[⑥]这个大纲是英国使馆译成中文送交奕劻和李鸿章阅看，由奕劻等于十二月二十五日寄到西安军机处，十二月二十六日军机大臣荣禄先回一电，说“第七款各国使馆屯扎卫队当议定兵数，不得过多，亦须有约束章程，免致越界滋事”。当时清朝反动政府统治者很怕“有碍回銮”（西太后等回北京），所以注意“越界滋事”，还教奕劻等“竭力磋磨”（磋商），但是第二天十二月二十七日清朝政府就全部正式核准，在给奕劻等的电报里说：“览所奏各条，曷胜感慨，敬念宗庙社稷关系至重，不得不委曲求全。所有十二条大纲应即照允。”[⑦]清朝政府所以这样迅速地核准草约，固然由于帝国主义者的军队环伺于外，实在也由于统治阶级根本对于条文未加考虑，像张之洞之流在当时还算比较明白的人，也认为“其势不能不允”[⑧]。这一班人不但没有为人民着想，甚至于也没有为自己办事便利着想，只是恭顺地听自己背后的帝国主义国家驱使。奕劻和李鸿章在1901年一月十三日“遵旨画押”，这个草约因为不必另请批准，也不互换，所以也就没有人再去研究[⑨]。

1901年九月七日中国和十一国签订的和约（所谓《辛丑和约》），是完全根据草约议定的，其中第七款："大清国国家允定各使馆境界，以为专与住用之处，并独由使馆管理，中国民人概不准在界内居住，亦可自行防守，使馆界线于附件之图上标明如后……按照西历一千九百〇一年正月十六日，即中历上年十一月二十六日文内后附之条款，中国国家应允诸国分应自主，常留兵队分保使馆"[10]，就是草约第七款的加强加密。从此在帝国主义国家侵略史上添了一个新花样、新名词——"使馆界"。

在"使馆界"交涉过程中，有几件事值得我们回忆。一件是：1901年三月，领衔公使葛络干（西班牙）提出使馆扩充界图，东至崇文门大街以东，南至大城根，西至前门迤东，北至长安街迤北。照他的说法，不但使馆界尽量扩充，而且把周围的马路包括在界内。马路包括在"使馆界"内，中国人就不能通行，那末，北京东城的交通大道就全被隔阻了。后来再三交涉，才改为东至崇文门大街西十丈，西至距前门六十丈，北至长安街，但街南应拆去房屋十五丈，这才让出了通行的街道。他们的理由是"第七款奉旨批准，有自主防守之权，其扩界拆房皆为防守地步"[11]。一件是：使馆界的西界原定距前门六十丈，因此东交民巷"敷文"牌坊以西地区不在使馆界内。刚巧敷文坊以西有一块较大空场，靠近美国兵房，1901年和约签订后，美国要求中国把它辟为花园，准许中外人民游览，那时候中外人民共同游览是做不到的，因此中国没有答复。不久美国人用木栅把它圈起，又不久平为操场，又不久改筑砖墙，其后又在墙内盖楼，最后成了美国兵营的一部分[12]。一件是：东交民巷之北，原有"兵部街"、"工部街"两处道路（在今东长安街之南，早废），也不在使馆界内，1902年英国公使要求中国修筑马路，中国没有答复，于是英国越界代修，修好之后不准中国车马行走，而使馆界也就随之展宽[13]。一件是："使馆界"划定以后，界内的中国公私房地无条件地拨归各国使馆使用或拆毁，中国人民迁出界外。长安街路北拆去的民房有一千四百多所，共一万六千多间，议定房地价三十五万两，这一笔款按理应由使馆付给，但是他们始终不肯，甚至于无赖地说，如果中国不为代付，他们要在"赔款"内自行从丰定价扣拨。结果还是由中国筹付了[14]。这些故事，清楚地说明帝国主义的蛮横、欺诈的真面目。

在"使馆界"划定以后，帝国主义者在四周筑起高厚的围墙，墙上满布炮位、枪眼，墙内有美、法、德、英、意、日、俄七国设立兵营驻兵，墙外各留空地，作为操场，标着"保卫界内，禁止穿行"的木牌。"使馆界"内自设警察和管理人员。中国的部队和警察不能穿过"使馆界"，中国不能管理界内的行政，不能在界内征收捐税，不能在界内执行任何职权，中国人民不能住居界内，不能在界内有土地所有权。俨然在中国国都之内成立了一个独立的国家。这是对中国领土主权严重的侵犯，也是对中国人民巨大的侮辱。

自从解放以后，情况就大不同了。1949 年一月三十一日北京解放。1950 年一月六日北京市军事管制委员会颁发布告，过去某些国家利用不平等条约中所谓驻兵权，在北京市内占据地面建筑的兵营，要一律收回，所有兵营及其他建筑全要征用。一月七日把这个办法通知在东交民巷有兵营的美、法、荷（借用德国兵营）三国，限他们定期腾交。一月十四日、十六日先后收回东交民巷内法国兵营地产三十三亩六分四厘，荷兰使用的前德国兵营二十六亩，美国兵营三十三亩八分，并征用地面上所有建筑。从此东交民巷才算完全属于我们自己祖国的领土，丧权辱国的《辛丑条约》第七款“使馆界”成了历史上的名词！在东交民巷内有了中国的机关，住了中国的人民，挂了中国的五星红旗，站了中国的人民警察与公安部队。所有过去不平等条约所规定的特权和帝国主义侵略的锁链完全粉碎了！几千年来的强大民族强大国家，经过一百一十年的暂时衰弱，又重新站起来了！我们今天回想过去五十年的历史，所以要提出《辛丑条约》和“使馆界”，其重要意义就在于此。

原载 1951 年 9 月 7 日《进步日报》

注　释

① 《清史稿·交聘表》。

② 参阅光绪《顺天府志》卷七；陈宗蕃：《燕都丛考》二编，4—20 页。

③ 康格夫人：《中国来信》（Mrs. E. H. Conger, *Letters from China*），109 页。

④ 《庚子北京事变纪略》，载《义和团》资料第二册，402 页。

⑤ 这个日期系根据《辛丑条约》弁言。康格夫人《中国来信》192 页，《瓦德西拳乱笔记》（《义和团》资料第三册，69 页），全说在十二月二十四日提出。

⑥ 奕劻、李鸿章致西安军机处电，载《西巡大事记》卷四，6 页。

⑦ 《西巡大事记》卷四，7—8 页。

⑧ 张之洞筹议回銮电奏，载《西巡大事记》卷四，11 页。

⑨ 盛宣怀敬电，载《西巡大事记》卷四，20 页。

⑩ 《义和团》资料第四册，497—498 页。

⑪ 奕劻、李鸿章敬电，载《西巡大事记》卷七，15 页。

⑫ 黄濬：《花随人圣盦摭忆》，13 页。

⑬ 同上。

⑭ 奕劻、李鸿章各国使馆所占民房议定给价请饬拨的款折，载《西巡大事记》卷九，30—32 页。

“黄马褂”是什么？

“黄马褂”是清朝官吏的一种制服，是统治阶级为了巩固自己政权，拿来收买、愚弄、麻醉他的仆从们的一种工具，本来值不得再谈。近来各地方讨论电影《武训传》，许多人提出这个问题，因此我们简单加以说明。

清朝官吏的制服有礼服（当时称为朝服、补服）、常服、行服、雨服四种（《清会典图》有详细的说明和图样）。行服是行军和旅行的服装，主要的是骑马时候所穿。有“行袍”和“行褂”。行袍同长袍一样，但是大襟右下角比左面和后面剪短一尺，所以又叫“缺襟袍”。行褂穿在袍的外面，长只到股，袖只到肘（《清会典图》卷七十五，长与坐齐，袖长及肘）。衣短是为了骑马方便，短袖是为了射箭方便，所以又叫“马褂”，满洲话叫“额伦代”（额伦代是短袖马褂，另有长袖马褂叫做“倭拉波”）。有一个时期汉话又称为得胜褂。

在清代，皇帝出门有许多“内大臣”和“侍卫”随从着他，保卫着他，这些人全要穿行褂，帽后戴孔雀翎，还要佩刀（最挨近皇帝的不佩刀）。他们所穿的行褂是用明黄色的绸缎或纱做成，没有花纹和彩绣，所以叫“黄马褂”。（《清会典》卷八十二注，《会典事例》卷一一〇七，《会典图》卷七十五，及同治三年五月庚戌《东华录》。又康熙时，高士奇《扈从东巡日录》壬戌条，称“黄马褂”为“黄褶”。）

明黄就是淡黄，是当时帝王专用的颜色（一般贵族只能用金黄色，就是深黄色，平民只能用杏黄色，就是发红的黄色）。所以在专制帝王时代是名贵的，黄马褂是天子近侍的服装，一般甘心为统治阶级服务的人也是羡慕的。封建统治者就利用了这种心情，拿黄马褂作为赏赐仆从们的奖品，表示承认他们做了亲近侍卫，拿它作工具，收买他们，麻醉他们，愚弄他们，利用他们，使他们长期为统治阶级服务，以便封建统治更加巩固。于是产生所谓“赏穿黄马褂”。

上面所说侍卫等人穿的黄马褂，是由于职任关系而穿的，如果职任解除，不做侍卫或内大臣等，就不能再穿（《会典》八十二）。所以这种的黄马褂叫做“职任褂子”，满洲话称为“秃山”褂子。至于“赏穿黄马褂”就不同了。

“赏穿黄马褂”又有两种。一种是打猎校射时候所给。清代在咸丰以前（1861 年以前），每年秋天要到木兰（河北省承德市北四百里，今名围场县）大猎二十天（《清通考》一三九）。称为“行围”。在打猎时候射得鹿的（西清：《黑龙江外纪》），打猎完毕蒙古人在路上献禽的（吴振棫：《养吉斋丛录》卷十六），“全赏给黄马褂”，或其他奖品。这种行围时所得的黄马褂，只有在行围时能穿，平时不能穿（《养吉斋丛录》卷十六）。打猎期间往往要比赛射箭（校射），汉满文武官吏全参加，射中五箭的分别奖赏（汉官只要中三箭），在官阶较高，得赏次数已多的人，可能得到黄马褂，（《清史稿》列传一六九《瑚松额传》，道光九年，1829）这都属于行围褂子。

还有一种是真正的“赏穿黄马褂”，用以奖赏有功的高级武将，或统兵的文官。凡是得到的，任何时间全可以穿。这是清代统治者进一步的麻醉办法。这种武功褂子，道光以前较少看到（《东华录》，嘉庆十年二月丙辰，引乾隆四十一年四月谕，所列赏功的办法全没有提到黄马褂)。应该是咸丰以后才盛行的。清朝统治者收买武人的封建工具,有:加“巴图鲁”勇号,“赏戴花翎”,“赏穿黄马褂”,以及封爵、世职等等,而黄马褂则是比较高的一种。我们看《清史稿》的列传,所有镇压太平军起义的反革命刽子手,几乎很少没得过黄马褂。其中也很少是由较低官阶而得到的(列传卷一八八至二〇六)。因为“黄马褂”要与“侍卫”的其他条件(品级花翎等)结合,不是孤立的奖品,不可能没有具备其他条件而先得到。这正是封建统治者的恶毒手段,一步进一步,一样换一样地延长对臣仆们的愚弄和统治。文官赏穿自乾隆十一年始(《养吉斋丛录》二十二)。

这三种黄马褂后来的功用不同,所以统治者就在形式上稍稍加以区别,职任和行围的褂子是用黑色纽绊,武功的褂子用黄色纽绊(和马褂同样颜色),这一点点区别也是统治者的深意所在。

黄马褂就是这样一件东西。

至于武训有没有得到“黄马褂”呢?我可以确定地说没有。第一,“黄马褂”是给和军事有关人员的;第二,“黄马褂”是给高级官吏的;第三,“黄马褂”是与“花翎”、“品级”配合的;第四,“黄马褂”是最高的奖赏,要记载在史书上的。这几个条件,武训全没具备。就是说,在统治者看来,那时候武训还不够“赏穿黄马褂”的资格。如果当时武训果真得到黄马褂,袁树勋的公文里一定要大书特书,也不会认为是“仅予寻常旌表”了。

那么,为什么有的说武训得过“黄马褂”呢?我想这是后来捧武训的人拿近代勋章的眼光看“黄马褂”,以为像武训这样人总应该戴一个勋章,于是找出了“黄马褂”,而忘了在清代统治者对于“黄马褂”还另有它一套办法。

清代记载武训的文字，从来没说他得过“黄马褂”，在抗日战争以前关于武训的记载，只说有得过“黄马褂”的传说，还在疑似之间；抗战后许多记载才坐实了武训得过“黄马褂”；到了电影《武训传》，竟加重的描写，说武训得了，穿了，而又扔开了。这是这一个小故事的发展经过。

原载《进步日报·史学周刊》第二五期，署名及时

清代考试的文字

——八股文和试帖诗

清代考试的文字，主要包括两方面：一、八股文；二、试帖诗。

一、八股文

明清两代的科举考试大体沿用唐宋以来的制度，而变更了一些做法，专取四书五经命题。据《明史·选举志》上讲，这种办法是明太祖和刘基两人规定的，这个说法是否确实，已经不好考订了。这种办法，在明代就是要求考生答卷必须“代圣人立言”，只能用孔子的口吻写文章，不许发挥自己的意见。清代又加了一层限制，要求“代圣贤立言”，这个圣贤又包括了宋儒，就是除了圣人孔子，还要用贤人朱熹的口气说话。对于篇幅，明代要求四书的题目须做二百字以上，五经的题目须做三百字以上。清朝顺治二年规定，四书文每篇不超过五百五十字，康熙二十年又宽至六百五十字。可是人们越写越多，渐成喜为长篇的风气，动辄千言，又多是肤词滥调。五十四年乙未科会试，有个叫尚居易的，一篇文章写了一千二百多字，初拟第一名，后来决定取消他的资格。乾隆四十三年，明确规定每篇俱以七百字为率，超过此限的概不录取。

就格式讲,这种文章不能写成一般的散文,必须要用排偶,要讲对仗。这样就形成了明清时期所特有的内容僵死、形式固定的八股文。

八股文究竟是怎样的一种文章?现在已经非常不易找到了。许多书中都有所解释,如说:八股文是十五世纪到十九世纪中国封建皇朝考试制度所规定的一种特殊文体。八股文每篇由破题、承题、起讲、入手、起股、中股、后股、束股等部分组成。"破题"共二句,说破题目的要义。"承题"用三句或四句,承接破题的意义而说明之。"起讲"概说全体,为议论的开始。"入手"为起讲后入手之处。起股、中股、后股和束股这四个段落才是正式的议论,中股为全篇文字的重心。在这四个段落中,每一段落都有两股两相比偶的文字,合共有八股,所以叫做八股文,亦称为八比。

在我的藏书中,有几本清代刊印的当时考试人的试卷。这里我们举几个实例。

首先看一下破题和承题的写法。

光绪庚寅(光绪十六年)恩科(因光绪十五年皇帝亲政,次年特别开恩,例外增加的一科),会试的题目为:

子贡曰:夫子之文章可得而闻也,夫子之言性与天道不可得而闻也。子路有闻,未之能行,唯恐有闻。

这是用《论语》中的两章合在一起作为一个题目,这种题目叫做大题(当时的题目一般有三种:一种是大题,就是用经书中的几句话或者一章、两章作为一个题目,如:"子曰:学而时习之,不亦说乎!有朋自远方来,不亦乐乎!人不知而不愠,不亦君子乎!"一种是小题，只用经书的一句，如“子曰：学而时习之，不亦说乎！”还有一种叫做接搭题，就是把两句话截头去尾，如“不亦乐乎人不知”。俞曲园在河南做学政时就喜欢出接搭题，出的奇奇怪怪，后来为此受到御史的参劾，从那以后就很少有人出接搭题了。但也有人认为接搭题好，它把极不相干的话连在一起，就不只是考文字，而且可以测验出一个人的智慧)。

这个题目的意思是：孔子的文章我们是可以知道的，而关于性和天道他却从来不讲，我们也就不得而知。子路凡是听到老师的话都要照着去做，如果做不到，他就非常害怕听见。这里讲了“闻”、“行”两个方面，考生就应该把这两方面的意思都概括起来。这次会试的第五房同门姓氏试卷中有一篇张叙宾的文章，他是这样开头的：

> 闻有难以言传者，无不可以行励也。（破题）盖由文章而推之性与天道，秘于言，宜体诸行也。子路之恐，亦同一励行于闻之意耳。（承题）

开头两句既点明了“闻”，又点明了“行”，将题目的要义一语道破，这就是所谓“破题”。接下来三句进一步说明了“闻”与“行”二者之间的关系。这就是所谓“承题”。

下面接着写道：

> 且圣教本无隐，而时欲无言，亦以道不远人，第求诸言不若实课诸行耳。行所得闻，而未闻者可默会焉；并行所已闻，而可闻者且递引焉。此其诸智者知之，勇者励之，而圣教难宣

之隐与学人务实之修，类举之，无难显白于天下。（见《第五房同门姓氏》）

这一段即是“起讲”，文章就从这里入手了。此后再分成几股，然后结束。

张叙宾为河北磁县人，时年四十一，生于1850年。会试中式第四名，殿试三甲第四十六名，朝考二等。即用知县。

下面再看夏寅官文：

两贤造道之深，愚柔宜勉矣。（破题）夫由易闻而知难闻，子贡之明也；由已闻而励未闻，子路之强也。愚柔其勉之哉。（承题）（见《第七房同门姓氏》）

夏为江苏东台人，时年二十五，生于1866年。会试中式第六十四名，殿试二甲第六十四名，朝考一等第六名。翰林院庶吉士。

另郑叔忱文：

尊所闻而行所知，两贤之学进矣。（破题）夫子贡之述所闻，子路之策所行也，均有得于既闻既行后耳。故并志之。（承题）（见《第七房同门姓氏》）

郑系生父，时年二十八，生于1863年。会试中式第七十二名，殿试二甲一百十七名，朝考一等第七名。翰林院庶吉士。

下面再看分股的写法。

光绪甲午（光绪二十年）顺天乡试，试题为“诗曰：衣锦尚䌹。”

锦，是丝织品中最华丽的一种；䌹，是一种麻布制作的罩褂，比较粗糙。意思是，穿着最精美的丝织品的时候，外面再加上一层粗糙的罩褂。一篇文章中有一段这样写道：

诗人知草衣卉服，特为上古之遗风，则入朝庙而黼黻休明，正有取朱绿苍黄之用。

诗人知正笏垂绅，悉遵一王之定制，则考绩事而设施采色，谁能掩山龙藻火之辉。（见肖开甲文）

这是两股。两股的字词之间完全对仗，结构完全相同。

清朝在乾隆以后，曾一度规定把中股和后股合成一股，名之为“大股”。这样，八股就成了六股了。对于一篇文章来说，大股写得如何，非常之重要，评判文章的优劣，主要看大股。当然文章的开头如果不能惊人，别人也就不看下文了，因而破题、承题也有决定意义。有的文章在起股、中股、后股、束股之后，也有再写一至三句结束全篇的，一般这几句结束语都是颂扬之辞。

八股文有没有范文读本？有的。乾隆认为，人心士习、风会所趋，关系着国家的气运，所以他下诏要编一本可供士子楷模的八股文范本，“明示以准的，使士子晓然知所别择”。于是，桐城派的鼻祖方苞就根据这一精神，选录了明清两朝名家的时文，编成四十一卷，题名《钦定四书文》，颁行全国。这是最早的八股文示范。嘉庆时，又有路德编选的《小题正鹄》，专选小题文章。这本书在当时和以后影响相当大，因为考进士一般出大题，考秀才一般出小题，路德的《小题正鹄》正是为适应大家考秀才的需要而编的一本模范文选，所以很受欢迎。可是那些有了出身的人，认为这类东西是不屑一看的,是不登大雅之堂的。《清史稿·艺文志》也不把八股文算作著作,《小题正鹄》之类都没有列入,尽管它当时最流行。只有方苞编选的《四书文》列入了《艺文志》,因为这是奉皇帝的命令编选的,前面标有“钦定”字样,他不敢不登。

八股文来源于宋朝的四六。四六和骈文不同。六朝和唐尚骈文,骈文专尚词藻和对仗,不用虚字,而四六不尚词藻,常用虚字。另外明朝时焦丽堂还有一种说法。说八股文源于元曲。这种说法可能也有它的根据,因为元曲都有曲牌,若干曲牌组成一篇,和八股很相像。

辛亥革命前后,许多人都曾猛烈地反对八股文。鲁迅特别指出八股文的坏处,说这是蠢笨的产物,文章之所以要一股一股地定出格式,是为了考官看起来省力,应试人也不费事(《伪自由书·透底》)。

八股文从根本上讲就不是一种好的文体。明清以来人们对于它的批评很多。首先,在思想内容方面,它不仅规定以四书五经为主,而且对于书、经的解释只能以朱熹的注解和《高头讲章》为准,这就局限了人们知识的范围,限制了人们思想的自由。写文章本来都是为了发表自己的意见的,但八股文不允许谈自己的意见。对儒学经典,绝不许可议论它的是非。就是说它对,也只能按照朱熹的讲法,说它怎样对、什么地方对,不能另外有什么讲法。而且要代圣贤立言,就是他们所讲的这一套是要所有的人们服从的,这就变成了一种法令。在体裁形式方面,它规定固定的模式、死板的层次,字句还要讲对仗,使人们的思想陷于僵化,陷于保守和顽固。所以到了后来,八股文越来越衰微平淡,越来越只为应考人设想,越来越趋于简易,仅仅成为一种考试的工具,成了一种陈词滥调,连所谓代圣人立言、概括经义都没有了。清代虽然不断有人说它不好，虽然不断进行所谓改革，但始终没有改掉。直到戊戌变法之后，形式上去掉了八股文改为策论，但实际上还是一样，因为出的题目还是那样一种题目，写的文章还是那么一类文章，并没有超越许多，情况并没有什么好转。后来又改新式学校了，八股文都不讲了，而大家所学的仍和八股差不多，尽管文体有所改变，不像原来那样死板，由八股改为策论，由按部就班的体例改为可以自由发挥，这是解放了一些。但就拿策论来说，字数仍有一定限制；可以自由发挥，但不能违背当时的政治倾向。考试的文字是这样；考试以外，像当时的《清议报》、《时务报》、《国际报》的文章，虽然跟过去大不相同了，但还是说空话的多，讲实际的少。它们当然很有不少了不起的文章，像梁启超的文章，有的真是如同长江大河，滔滔不绝，撒开思想的缰绳，纵横驰骋，可是最后落实了，还是很空洞。所以整个看起来，八股的害处很大，不仅害了明清两朝，在清末取消八股之后，仍然长时间文风不正。后来又有党八股，也正是老八股罪状在今天的表现。所以，我们还是同意鲁迅的意见，无论新八股、老八股，必须一律扫荡。

当然，八股文自身也有个变迁过程。就清朝统治者来说，也曾不断讨论，希望有所改革。雍正就曾一再强调八股文必须做到“清真雅正”，也就是真实、明白；乾隆也曾要求做到“词达理醇”，也就是词语通达、道理纯正。乾隆说过：“古人论文，以浑金璞玉不雕不琢为比，未有穿凿支离可以传世行远者。至于诗赋不免组织渲染，亦必有真气贯乎其中乃为佳作。”乾隆十年乙丑科会试，他就因为第一卷文太繁缛，不如第七卷清真，亲将第七改为第一。可见他们本来的要求还是好的，只是人们没有做到，完全照一个格式去写，越写越坏。我们如果把清朝和明朝的八股文作一比较,就不难看出,清朝的八股文确实十分清楚。尽管它严重束缚着思想,必须照孔子的话来写,但写得明白。我们从史书里也可以看到,清代的官方文字——上谕,没有一篇是难懂的,都是把话清楚地说出来,没有词藻、废话,从它入关直至灭亡,基本都是如此。而明朝不同,尤其是明末,那些皇帝的上谕和群臣的奏折,实在很不好懂,有一种离开事实的调子。明末的许多批红出自太监之手,成为一种"太监体",非常晦涩。所以,就明清相比,清朝又比明朝差强一点。当然,我们说清朝比明朝好一点,并不是要提倡它,只是说明清同样以科举取士,这中间有一个发展的过程。

二、试帖诗

前面谈了八股文。八股文不能离开经义,不能离开孔子的言论,不能违背朱熹的注解,所以也叫做"帖括"。试帖诗的"帖",和"帖经"、"帖括"的"帖",是同样的意思,即不能离开诗题任意发挥。最初,试帖诗也是根据孔孟之道来阐述的,后来发展成为用帖试这种体裁来描绘古人诗句的含义。

试帖诗有它一定的格式。

试帖诗的题目前面一律有"赋得"二字,下面接着是一句古人的五言诗,后注"得×字",限定必须用这个字的韵,又注"五言六韵"或"五言八韵",要求写的诗要用六个韵或八个韵,即写成十二句或十六句的五言排律一首。

什么叫"赋得"?前人有过不少解释,但都不很准确。实际上,这是由元朝以来至明初的一种白话演变出来的一个词。“赋”，就是诗，“得”，就是“合乎”的意思，就是说，要作一首诗，来描写出“五色诏初成”的意境。过去写布告，往往开头写“照得”如何如何，如“照得民为邦本、本因邦宁……”，这是从元朝来的一种白话，以后逐渐成为一种例行的官样文章。试帖诗用“赋得”之成为一种习惯用语，是从朱元璋开始的。我们现在发现朱元璋的许多文告、信件，如他给徐达的信，很多都是用白话写的，不是当时文言文的写法。那么，为什么不说是从元朝开始的呢？因为明初的白话和元朝的白话不同，元史和元代碑铭中引录的元朝白话，多带着明显的蒙古民族的特点，而明初的白话大都是汉人的日常口语。“赋得”，这是汉人的说法。因为试帖诗题前都有“赋得”二字，所以又称这种诗为“赋得体”。诗题后面注明“得×字”，除了必须按照这个字用韵以外，还要在诗的第二句或第四句的末尾把这个字用上，如“得成字”，末尾必须出现“成”字，出现晚了不行。作诗之前先规定用韵，所谓赋诗先赋韵，这是旧日中国文人的一个习惯。相传梁武帝有一次让人作诗，那人说，你得先给我一个韵。可见，这种习惯那时就已经有了。

试帖诗也有破题，但和八股文不同。八股文要求开头用两句话点明题意，试帖诗则要求前四句诗中一定要包含题目的全部文字，至少，如果题目是一句五言诗，也得用上四个字，如果是一句七言诗，也得用上六个字。否则就不合格。

例如，光绪甲午（光绪二十年）顺天乡试“赋得五色诏初成　得成字　五言八韵”题下，其中杨恩元的一首试帖诗的前四句是这样的：

丹诏崇朝下，
鸿文妙手成。
十行词绚烂，
五色字晶莹。

这里，第二句末尾用上了“成”字；“成”、“莹”，都是成字韵；诗题中的五个字，前四句里用上了四个字，这是允许的。

杨恩元，贵州普定人，光绪四年生，时年十六，得是年顺天乡试第七十五名。

又如，光绪戊戌（光绪二十四年）会试试帖诗题为赋得“云补苍山缺处齐　得山字韵　五言八韵”，其中杜德舆诗的前四句是：

四处云齐合，
苍苍识旧颜；
补非拈画笔，
缺不露春山。

黄惠安诗的前四句：

一角苍崖缺，
云刚出岫间；
补来非炼石，
齐处竟成山。

杜文第四句末尾用了“山”字；“颜”、“山”，皆山字韵；前四句包括了题目当中的全部七个字。黄文包括了六个字,“间”、“山”亦山字韵。

试帖诗除头两句外,以下直到末尾都要对仗,这是从唐人的排律出来的。诗的结尾部分,所谓“合”,照例也都是颂扬。以上所举两例,都是如此。

作试帖诗,关键在于掌握对仗。这是怎么学的呢?原来,当时孩子从启蒙的时候就有一种“对课”,专门学习做对子。开始比较简单,如老师说个“走”,学生就对个“跑”,老师说个“天”,学生就对个“地”。先是一个字一个字地对,接着一个词一个词地对,然后一句话一句话地对,逐渐复杂起来。作诗先从练对子开始。蔡元培先生在他的自编年谱中就曾谈到过这种情况。

八股文有模范选本,试帖诗也有模范选本。编选《小题正鹄》的路德和别人共同编选的《七家诗》就是一种,流传很广。当时准备参加秀才考试的,除了念《四书集注》、《高头讲章》,主要就是念《小题正鹄》和《七家诗》,就是他们答卷时可供模仿的直接参考书。

原载《故宫博物院院刊》1982 年第二期

中国近百年来之禁烟历程*

谁都知道，在一百年以前中国历史上有一度重大的变动，层出不穷的外侮从那时开始，闭关自雄的迷梦也从那时警觉，那就是因禁鸦片烟而起的鸦片战争。前几年中央为纪念这伟大事件的原动力，加强禁烟的决心，定六月三日为禁烟节，并以纪念当日恭亲其役的林则徐先生——六月三日是他的生日。当日首先提议严烟禁的是黄爵滋，而单独纪念林则徐者因为他是当日真正知道鸦片之害敢于认真查禁的一个人。

鸦片烟传入中国，确实日期不可考；至于正式列入关税征榷税款，是从明万历十七年，西历1589开始。距今已三百五十七年。在清雍正七年，西历1729，中国上下已渐知其害，曾布禁令，不准贩售，不过当时吸食者尚少，一般人还不能辨识什么是鸦片烟，以雍正之英明还受过欺骗，以为鸦片是药材，与害人的鸦片烟并非同物，所以雍正时所定的罚则甚轻，而且吸食者无罪。道光以后吸食鸦片者日多，并有效法种植的地方，道光本人对于鸦片最为痛恨，屡次将烟禁加严，刑罚加重，贩售、买食、种植、煎熬、制造器具、修理器具全有罪。官吏徇隐不究，家长约束不严亦有罪，但是未生大效，因为来源未绝，道光十八年，西历1838，鸿胪寺卿黄爵滋更请严

---

* 题目为编者所加。

加禁绝,以为如要实力查禁必先加重罪名,他主张所有吸食鸦片烟有限一年内断绝烟瘾,一年后仍然吸食者一律处死,并举行邻右五家连保,一人吸食五家连坐。道光命各省督抚妥议章程,一律查禁。林则徐当时是湖广总督,他以为鸦片之祸不除,十年后不惟无可筹之饷,且无可用之兵,所以主张用重典。他在湖北,数月之间,收缴了烟土一万二千余两,烟枪一千二百余杆,在湖南收缴了烟枪三千五百余杆,全都分别劈毁。道光因他办理最为认真,就命他到广东查办海口事件,所谓海口事件,就是趸船上的洋药——鸦片烟,他于道光十九年正月底到广州,抱了鸦片一日不绝他一日不回的决心,誓与此事相终始。他到广州以后,限令外商们在三日内缴出所蓄烟土,他们不理,二月初就停止了他们的交易,囚禁了他们的买办,他们于是缴出了鸦片二万二百八十三箱,每箱一百二十斤,共合二百四十三万三千九百六十斤。他在虎门验收就海口全数烧毁,四十多日方始毁尽。他的决心,他的勇气,他的冒万难排众议坚定不扰的精神,确实值得我们纪念,值得我们矜式!

从道光十八年查禁鸦片烟到现在,已有一百零八年,不但吸食没有禁绝,就是栽种贩售也没有根株净尽。道光十九年查禁鸦片烟章程限一年六个月清绝,光绪三年郭嵩焘建议限三年革净,光绪三十二年又定限十年递年减少以期绝迹,但全没有成功。这不是政府没有决心,不是方法不够严密,实在是目的不免偏歧,以致本末倒置。

近百年来我国禁烟可分三个阶段。

第一期禁烟偏重在杜绝漏卮,从道光到光绪初年全是如此。黄爵滋创议禁烟是因为当时纹银的大量出口,中国金融发生绝大的危扰;而纹银外漏之多是由于贩烟之盛,贩烟之盛是由于食烟之众。所以他主张釜底抽薪先行禁烟，以便“严塞漏卮，以培国本”。宣宗派林则徐到广东查办海口事件时，也说是近年鸦片烟传染日深，纹银出洋消耗弥甚。他们的目的实在是双重的，一方面要湔除锢习，一方面要杜绝漏卮，而后者更重于前者。后来一般关心时务的人如包世臣，冯桂芬，王韬，以及作盛世危言的杞忧生，他们全是同样立论。因为偏重于杜塞漏卮，则政令不免随国势而有张弛。在军威奋扬之会自然雷厉风行，而国势蹙折之后又不免烟消云散。所以鸦片战争失败以后，大家也就不再谈烟禁，而咸同之际吸食鸦片之风更炽。另外还有一个结果，就是因为不能杜塞，于是改为抵制，因为不能禁洋土入口，于是弛内地种烟之禁。以为既不能禁，不如任民自种可塞漏卮，甚至于说中国土淡于洋土，吸之瘾轻而病浅，戒之亦易。本末倒置，不惟不能根绝而且反致蔓延。这是第一期禁烟不能成功的原因。

第二期禁烟偏重在寓禁于征，自光绪初年至民国初年全是如此。自从咸丰七年，西历1857，闽浙总督王懿德以军需不给请暂时将洋药量予抽捐以后，于是药税一项成了收入大宗。后来军事平定，不惟不停止反于洋药以外更税土药，其后甚至于熬膏专卖，贩吸领凭。藉口于国帑空虚，更美其名曰寓禁于征。政府既以此为利薮，自然不愿严其法禁，致碍税源。一时名臣如左宗棠、李鸿章为中外所仰望，依然不能挽此积习，张之洞在山西禁种鸦片最有声誉，而晚年在湖北竟不能阻止，八省土膏统捐的实行，全是这个缘故。

近十几年的禁烟，可以说是入于第三阶级，因为既无所谓漏卮，也无所谓寓禁于征。只是单纯的坚决的，要禁绝烟毒。但是目的虽然正确，可是态度又陷入另一错误，就是讳扬家丑。现在社会上人人知道鸦片烟没有绝迹，可是大家讳而不说，以为中国禁烟已历百年还没有铲除净尽，是一种耻辱，于是迁避不言，希望他自然的逐渐禁革，但是上下交相讳的结果，不免于姑息敷衍，万一奸宄乘之，可以前功尽弃。这是一个最要紧的阶段，因此首先要改换掉消极缄默的态度。

我们希望中国禁烟不再有第四阶段，在最近的将来把它完全禁绝。我们应该同道光本人一样的抱着“为天下除此祸患”的决心，同林则徐一样的鼓着“誓与此事相终始”的勇气，虔诚的企求全国“同心协力，思所以湔锢习而挽颓风”！

原载《中央日报》（昆明版）中华民国三十四年
六月三日第二版“星期论文”
1945 年 6 月 3 日

发羌之地望与对音

《新唐书》二百十六《吐蕃传》谓：

> 吐蕃本西羌属，盖百有五十种，散处河湟江岷间，有发羌唐旄等，然未始与中国通，居析支水西，祖曰鹘提勃悉野，健武多智，稍并诸羌据其地。蕃发声近，故其子孙曰吐蕃，而姓勃窣野。

此说《通典》一百九十“西戎吐蕃”条，《旧唐书》一百九十六《吐蕃传》，《唐会要》九十七“吐蕃”条，《通考》三百三十四“四裔吐蕃”条，《太平寰宇记》卷一百八十五《四夷》，《宋史》四百九十二《外国吐蕃传》均未见，不审《新书》何所据？

案发羌之称始见于《后汉书》一百十七《西羌滇良传》，传曰：

> 自烧当至滇良世居河北大允谷，种小人贫。……滇良父子……会附落及诸杂种乃从大榆入掩击先零卑湳大破之，……夺居其地大榆中，由是始强。滇良子滇吾……。滇吾子东吾……，乃入居塞内，谨愿自守，而诸弟迷吾等数为寇盗。……迷吾子迷唐……。和帝永元四年（公元92）……蜀郡太守聂尚代为校尉，……欲以文德服之，乃遣驿使招呼迷唐，使还

居大小榆谷。……十二年(公元100)遂复背叛,……明年……秋,迷唐复将兵向塞,周鲔与金城太守侯霸及诸郡兵,属国湟中月氏诸胡,陇西牢姐羌,合三万人出塞至允川与迷唐战,周鲔还营自守,唯侯霸兵陷阵,斩首四百余级,羌众折伤,种人瓦解,降者六千余口,分徙汉阳安定陇西。迷唐遂弱。其种众不满千人,远逾赐支河首依发羌居。……西海及大小榆谷左右无复羌寇。

大小榆谷不见于《汉书·地理志》及《续汉书·郡国志》。杜佑《通典》一百八十九《边防》“西戎羌无弋”条作大小榆中[①],注曰:“榆中在今金城西平等郡之间。”案榆中后汉县名,属凉州金城郡[②],此云,“大小榆中”,又云“在今金城西平等郡之间”[③],金城西平两郡相去四百九十里[④],明其非在一地亦非指榆中县治也。《通典》一百七十四《州郡》“金城郡五泉县”条注曰:“汉金城县地。汉榆中县故城在今县东。后汉时羌乱,隃麋相曹凤上言[⑤],西羌为寇,自建武以来,以居大小榆谷,土地肥美,又近塞内,北阻大洞,因以为固,缘山滨水以广田畜,故能强大,常雄诸种。”《通典》于《边防》称大小榆中,于《州郡》称大小榆谷,明其同地而异名;其系于榆中县故城下者,以地距县较近。《太平寰宇记》以为县即大小榆谷,斯未尽然。清嘉庆《重修一统志》谓谷在河州西[⑥],今甘肃省临夏县西[⑦]。

允谷允川亦不见于两《汉志》。案《水经注·河水篇》[⑧],“河水自河曲又东径西海郡南。汉平帝时王莽秉政,欲耀威德以服远方,讽羌献西海之地,置西海郡而筑五县焉,周海亭燧相望,莽篡政纷乱,郡亦弃废。河水又东径允川而历大榆小榆谷北,羌迷唐钟存所居也”；据此可知允川盖在榆谷之西。《水经·河水篇》[9]“又东过金城允吾县北”注曰：“金城郡治也，汉昭帝始元六年置，王莽之西海也。莽又更允吾为修远县，河水径其南，不在其北，南有湟水出塞外。”《汉书》九十九《王莽传》：“莽既致太平，……唯西方未有加，乃遣中郎将平宪等多持金币诱塞外羌，使献地愿内属，宪等奏言羌豪良愿等种人口可万二千人愿为内臣，献鲜水海允谷盐池，平地美草皆予汉民，自居险阻处为藩蔽……，莽……请受良愿等所献地，为西海郡。”据此则允谷盖在允吾县也。《后汉书》称：“河北大允谷”，《水经注》亦辨“河水径其南，不在其北”，尤可证也。《续汉志》允吾属金城郡，其故城在今甘肃皋兰县西北[10]。

赐支者，《禹贡》所谓析支者也[11]。司马彪曰：“西羌者自析支以西滨于河首左右居也。”[12]《后汉书》以为南接蜀汉徼外蛮夷，西北鄯善车师诸国[13]。《水经注》曰：“河水屈而东北流，径析支之地，是为河曲矣。应劭曰：《禹贡》析支属雍州，在河关[14]之西，东去河关千余里。”[15]嘉庆《重修一统志》谓：“河州边外河曲之地。”[16]其地盖当今青海省东南境。

迷唐世居河北大允谷，后徙大小榆谷，于允川战败远逾赐支河首以依发羌；以今地准之，盖自甘肃中部黄河之北徙居河南，更由其西越青海东南部而始得达。其迁徙之迹，皆自北而南。就后汉时地理观之，析支河首在金城郡之南，其西北为西域鄯善车师诸国，其东为河关，其东南为蜀汉，皆非发羌也；可知迷唐所逾而远依者，必在其南或西南，而析支河首之南及西南皆今日西康西藏之地也。《通典》一百九十《边防》“西戎党项”条曰：“党项羌在古析支之地。……大唐贞观三年……后，诸部相次内附，列其地为崌奉岩远四州”；又一百七十六《州郡》“云山郡奉州条”曰：

“奉州蛮夷之地，南接吐蕃”；是古析支以南为吐蕃所居，尤无疑义。据此可证发羌之地望实与吐蕃旧居[17]相当，而《新书》所述亦信而有征矣。

今日西藏自称曰 Bod-Yul[18]，Bod 谓其民族，而 Yul 则指国家。欧西学者以西藏入中国版图久，其往还早始于李唐，不应无称其民族土名之对音，于是自 Abel Rémusat 以迄 Bretschneider，Bushell，Rockhill，Chavannes，Kynner，Laufer 诸家均以为吐蕃之“蕃”应读为“波”，以期与 Bod 之音相对[19]。Pelliot 氏虽议其非，亦未能有所论定[20]。窃疑中国史传之所谓发羌，实即西藏土名 Bod 之对音。《广韵·月韵》发，方伐切，为合口三等非母字，Karlgren 氏拟读为 Pi̯^{w}pt[21]。案《说文》“發从弓癹声”；“癹从癶从殳”，段玉裁注：“癶亦声，普活切”滂母；“癶读若拨，北末切”帮母：均属重唇。而从發得声之字，撥北末切帮母，鏺普活切滂母，亦并属重唇。钱大昕云：“古读發如撥。《诗》‘鱣鮪發發’，《释文》补末反，此古音也。‘一之日觱發’，《说文》作滭冹，此双声，亦当为补末切，《释文》云如字，误矣！《说文》冹分勿切。”[22]（原注，古读分如邠，本重唇。）此古音上发可读撥之证。

伊兰语之 Bāmiyān 据 Marquart 氏《伊兰考》以为即中国《北史》九十七《吐呼罗传》之范阳国[23]。范阳国见《隋书》六十七《裴矩传》，八十三《西域漕国传》作“帆延”；《新唐书》二百二十一《西域谢飑传》作“帆延”、“梵衍那”、“望衍”；《大唐西域记》作“梵衍那”；慧超《五天竺传》作“犯引”。范防錽切，帆符咸切，梵扶泛切，犯防錽切，均属奉母字；望武方切，又巫放切，均属微母字；而俱用之以对 b 声。鱼豢《魏略西戎传》有“汜复国”，Pelliot 氏以为即 Bambykē[24]，汜孚梵切，亦属奉母字。此在译文对音上轻唇音可用以对重唇音之证。《大集经·月藏菩萨分》以“弗利赊”对 Puriçd,“弗色迦罗”对 Puṣkara,“富楼沙富罗”对 Puruṣapura;弗分勿切,富方副切,均属非母。此轻唇清音可用以对重唇清音之证。Chavannes氏谓《宋云行纪》之钵芦勒,《志猛传》之波伦,《玄奘传》之钵露罗,均为 Bolor 之对音[25];钵北末切,波博禾切,均属帮母。《元史》称北庭为别失八里,盖 Bešbalig 之对音,耶律楚材《西游录》作别史把,清改为巴什伯里[26];八博拔切,巴伯加切,伯博陌切,亦均属帮母。俱用之以对 b 声,此重唇轻音可用以对重唇浊音之证。《大集经·月藏菩萨分》以“多罗比尼”对 Talapini,以“毕姜阇”对 Vikamja,以“鞞提诃”对 Videha;毕卑吉切,鞞并弭切,均属帮母,而以之对 V;比房脂切,属奉母,而以之对 p。此重唇清音可与轻唇浊音互对之证。

轻唇音与重唇音,清音与浊音,重唇轻音与轻唇浊音,既可互对,则用轻唇清音之发以对重唇浊音之 b,亦非不可能之事。《北史》九十七谓“大月氏国都剩监氏城在弗敌沙西”,弗敌沙 Chavannes 氏以为即 Badakhshân 之对音[27];弗分勿切,属非母,此其证也。

伦敦博物院印度部所藏敦煌写本藏文注音《阿弥陀经》尝以发对 Pad [28],与 Bod 尤近。p、b 仅清浊之别。入声收 t 之字译写中往往以对 d;如“佛陀”为 buddha 之对音,以佛[b‘ji̯ʷət]对 bud;白达为 Bagdad 之对音,以达[d‘at]对 dad,皆其证。合口三等之 i̯ʷp 亦或变为 a,或变为 o。若从补末切[puət]之音,则 uə 中和为 o,于势尤顺[29]。综上列诸证观之,以发字对 Bod 音在古音及译写上,或尚无异议。

发羌之地望既与康藏相应,而读音又与 Bod 相合,则发羌之称盖源于西藏土名 Bod 之对音,似亦可无疑。

Pelliot 氏于敦煌得十世纪末汉语吐蕃语合璧字书[30],其中西藏语 Bod 对称为"特番",读若 Dakpw'ad。窃疑此乃释 Bod 之义,或当时吐蕃亦作特番,或吐蕃某一部族之人别有特番之名,绝非 Bod 之对音。我国翻译国外文字,为习诵之便虽于对音时有省略,如"阿修罗"之作"修罗"[31],"迦毗罗婆"之作"迦毗"[32],"腊伐尼"之作"临猊"[33]诸类,似尚无增益对音之事。若"失范延"[34]之与"帆延"乃外国地名繁简之殊,非对音时有所增饰。故在未得藏语其他读音以前,固不能以特番为 Bod 之对音也。

1938 年 6 月 13 日蒙自

原载《史语所集刊》八本一分

注　释

① 《通典·羌无弋》条"自烧当至滇良世居河北大允谷,后徙大小榆中"。

② 《续汉书·郡国志》。

③ 唐金城郡治五泉,故城在今甘肃皋兰县。西平郡治湟水,故城在今青海乐都县。

④ 《通典》一百七十四,金城郡西至西平郡四百九十里。

⑤ 曹凤上言亦见《后汉书》一百十七《西羌·滇良传》。

⑥ 见《一统志》兰州府山川,11 页。又案《通鉴》卷二百十胡三省注:"九曲者去积石军三百里,水甘草良宜牧畜,盖即汉大小榆谷之地。"九曲军今青海化隆县,在甘肃临夏之西北。

⑦ 临夏县在甘肃中部之西,清曰河州,民国初改导河县,十七年又改今名,西与青海省接壤。

⑧ 武英殿聚珍本卷二,14 页。

⑨ 武英殿聚珍本卷二,25 页。

⑩ 《嘉庆一统志》兰州府古迹,1 页。

⑪ 《后汉书·西羌传》语。

⑫ 《水经注·河水篇》二引,聚珍本,13 页。

⑬ 《后汉书·西羌传》。

⑭ 河关县故城在今甘肃临夏县西。

⑮ 聚珍本卷二,13 页。

⑯ 《一统志》青海厄鲁特,34 页。

⑰ 唐以后吐蕃始大盛,其地乃东与松茂嶲接,南极婆罗门,西取四镇,北抵突厥;旧时所无也。

⑱ René Grousset, *Histoire de L' Extrême-Orient*, 360 页;藏人自称其国为 Bod-Yul,自称其人为 Bod-Pa。

⑲ 见《通报》1915 年刊,18—20 页,伯希和《汉译吐蕃名称》。冯承钧译本见《西域南海史地考证译丛续编》,61—63 页。

⑳ 伯氏曰或者秃发,吐蕃,Tüpüt,Tibet 几个名称皆是同一名称之几个写法,然若将其牵到西藏土名之 Bod,似乎为时过早。见《汉译吐蕃名称》。

㉑ 《分析字典》,228 页,又《中国音韵学研究》871 页作 $Pj\underline{\underline{i}}^{w}dt$。

㉒ 《十驾斋养新录》卷五,25 页。

㉓ 见 Godard, Hackin Pelliot 附考之《中国载籍中之"梵衍那"》,冯承钧译本见《西域南海史地考证译丛》,9—14 页。

㉔ 见《亚洲报》1921 年刊上册,139—145 页,《魏略西戎传中之贤督同汜复》,冯承钧译本见《西域南海史地考证译丛》,15—22 页。

㉕ 《通报》1905 年刊,《魏略西戎传笺注》。冯承钧译本见《史地丛考》,89 页。

㉖ 见《元史》六三《地理志·西北地附录》,洪钧"元史译文补正别失八里"条,邵远平《元史类编》卷四十二。

㉗ 《通报》1907 年刊,《大月氏都城考》。冯承钧译本见《史地丛考》,83 页。

㉘ 见罗常培《唐五代西北方音》,60 页。其注音出于唐人。

㉙ 罗常培说。

㉚ 见《亚洲报》1912 年刊下册 522 页及《通报》1915 年刊,18—20 页《汉译吐蕃名称》。冯承钧译本见《西域南海史地考证译丛续编》,61 页。

㉛ 《法苑珠林》九。

㉜ 《大集经·月藏菩萨分》第十七品。

㉝ 佛诞生之腊伐尼园 Lumbini,《法琳辨正论》引《魏略·西域传》作临猊。

㉞ 《隋书·炀帝纪》有失范延,即《裴矩传》之帆延为 šir-i-Bāmiyān 之对音,译言范延城,此其具足称也。

《隋书·西域传》附国之地望与对音

《隋书》八十三《西域传》,《北史》九十六《附国传》[1],《通典》一百八十七《南蛮》均有附国,其名前史所未见,《通典》以为"隋代通焉",理或然也,惟《通典》又注曰:"案其地接汶山故为附焉。"斯不能无惑。徼外异族,我国大都因其自号对音以为之称,其以特异风土得名者,若赤土,女国[2],山国[3]之属,屈指可数。附之为义初非显豁,且与风土无关,天下名山大川莫不可附,汶山何得专之?按汶山即岷山[4]。《隋书》二十九《地理志》汶山郡左封县注曰:"有汶山。"临洮郡临洮县注曰:"有岷山崆峒山。"《新唐书》四十《地理志》陇右道岷州和政郡溢乐县注曰:"有岷山。"《旧唐书》四十同,谓在县南一里。《通典》一百七十六《州郡》濛阳导江县注曰:"有汶山有玉垒山。"《新唐书》四十二《地理志》剑南道彭州导江县注曰:"西有岷山玉垒山。"《新唐书》四十二《地理志》剑南道茂州汶山县注曰:"有龙泉山岷山。"考隋左封县后周所置,本汉蜀郡蚕陵县地[5];隋临洮县西魏所置,本汉西南部都尉临洮县地[6];唐导江县本汉蜀郡郫县地[7],唐汶山县本冉駹地,汉为蜀郡汶江县[8];其地虽连杂氐羌[9],早入疆理,附国地果近接,何以旧籍无闻?《汉志》谓岷山在西徼外[10],《后汉书》谓西南夷在蜀郡徼外[11],是汶山之间皆西南夷所居。汶山连绵千里[12],西南夷君长数十[13],其间大种若莋都冉駹白狼之属,诸史屡书,附国果与邻比，何以史不复见[14]？

窃疑所谓附国之附，即后汉发羌发字一音之转，亦即西藏人自称 Bod 之对音[15]。按《说文》附从阜付声，《广韵》去声遇韵附，符遇切，为奉母合口三等字，今读为 fu[16]。附字今音与 Bod 虽不尽合，然古音其发声为 b 属唇音浊声字，《后汉》译 Kabud 为高附，《左传》襄公二十四年陆德明《音义》附蒲口反[17]，可证也，关于外族语言之对音，本难纤毫毕肖，而于声韵之术未娴以前尤甚。Karlgren 氏尝谓中国于域外借字多曲改读音，以自适其习惯，甚者至使外人不能得其相近音值[18]，Pelliot 氏亦谓，自汉以来龟兹，丘兹，丘慈，屈茨诸名，仅可以作 Kuci 之土名写法，而不能作 Kuci 之对音[19]。《四库总目》亦云"译语对音本无定字"[20]。是则以"附"译 Bod 非不可能。梵文称西藏为 Bhota，为 Bhot；近英人或称藏为 Pö[21]，均以对藏文之 Bod 此不严格对音之成例。

《隋书·西域传》曰：

> 附国者蜀郡西北二千余里，即汉之西南夷也。[22]

又曰：

> 其国南北八百里，东西千五百里。[23]

案《元和郡县图志》三十二，悉州，东南至成都府六百五十里，左封县东南至州二十里，左封今四川松潘，此云蜀郡西北二千余里，则远在松潘徼外，以地望度之，实当今西康西藏之境。《嘉庆一统志》雅州府在四川省治西南三百四十里，打箭炉厅在府西五百九十里，喇萨在四川打箭炉西北三千四百八十里[24],唐尺略小于明清营造尺[25],则以里程计之,去今拉萨东二千里许即入附国境。《明史》三百三十一《乌斯藏传》,“在云南西徼外,去……马湖府千五百余里”,又四十三《地理志》,“马湖府……东北距布政司千一百里”[26],与此合。丁谦《隋书四夷传地理考证》曰:“附国部境盖在四川打箭炉边外,明正宣慰司所属各土司地。”案《清史稿》五百十三《四川土司传》,“明正宣慰使司其先系木坪分支……住牧打箭炉城……原管有咱里土千户,木噶……四十八土百户”[27]。其地明为长河西鱼通宁远宣慰司,《明史》谓其在四川徼外,地通乌斯藏,唐为吐蕃,元时隶吐蕃宣慰司[28]。以方位言丁氏之说似可信,然打箭炉全境东西距仅六百四十里,南北距八百三十里[29],似不足以容附国,且地距成都不足二千余里,窃谓附国部境更逾而西,《明史》所谓乌斯藏在长河西之西,是其地也。即今康藏境[30]。

传又谓:

西有女国,其东北连山绵亘数千里,接于党项。

《隋书》八十三《西域女国传》,“女国在葱岭之南。”[31]案隋唐史籍所称女国有二,西女国在海与拂菻接[32],距中国辽远,此盖东女国也。《旧唐书》一百九十七《西南蛮东女国传》,“西羌之别种,以西海中复有女国故称东女焉。……东与茂州党项接”。《新唐书》二百二十一上《西域东女国传》,“东女亦曰:苏伐刺拏瞿咀罗(Suvarnagotra),东与吐蕃党项茂州接,西属三波诃,北距于阗,东南属雅州”。《通典》一百九十三西戎朱俱波“在于阗西千余里,其西至渴槃国,南至女国三千里”。古于阗国在新疆塔里木河南和阗河流域，即今和阗一带，是东女盖位于今新疆西南境外，《隋书》谓附国西有女国，《新书》谓东女东与吐蕃接，则附国在今康藏境似无疑议。党项羌《隋书》谓其东接临洮，西平，西拒叶护[33]，《旧唐书》谓其"东至松州，西接叶护，南杂春桑迷桑等羌[34]，北接土谷浑"，又谓其"在古析支之地"，"贞观三年……举部内属，……列其地为轨州"[35]。《嘉庆一统志》五百四十六"析支在河州边外河曲之地"，河州今甘肃临夏县，所谓河曲即玛楚阿，青海东南境也。轨州旧治在四川松潘西北[36]，西北与河曲接。地当西倾，岷山，印崃积石，巴颜喀喇群山之间，故曰："连山绵亘数千里。"其西南即今西康西藏境。是故以地望度之，所谓"西有女国，其东北连山绵亘数千里接于党项"者，非康藏不足以当之。

传又谓：

有嘉良夷即其东部所居种姓[37]，自相率领，土俗与附国同，言语少殊，不相统一。[38]

又谓：

嘉良，有水阔六七十丈，附国有水阔百余丈，并南流。

嘉良夷未详。案《旧唐书》四十一《地理志》雅州都督府武德元年领十六县，中有嘉良，六年省。《新书》四十二《地理志》雅州严道县注曰："唐初以州境析置濛阳、长松、灵关、阳启、嘉良、火利六县，武德六年皆省。"是则省入严道县也。严道即今雅安，地接康定，方位差进。然传谓嘉良有水阔六七十丈，今雅安周近惟青衣大渡两水为大，两水早见于《汉书·地理志》，《水经注》，果属其地不应无说，疑其名偶同耳。《新唐书》四十三下《地理志》诸羌羁縻州天宝前隶雅州都督府者二十一，中有东西嘉梁州[39]。《宋史》八十九《地理志》成都府路雅州领羁縻州四十四，亦有东西嘉梁州，《元丰九域志》卷十羁縻州同。《新唐书》谓其距雅州西五百余里之外，为通吐蕃所经[40]。案唐宋雅州入元隶四川行省西蜀四川道成都路；至元二十年割属陕西行省土蕃宣慰司[41]，其边外诸地统于碉门鱼通黎雅长河西宁远等处宣抚司，明为长河西鱼通宁远宣慰司[42]，即今西康东境，其地望相当，字音亦近，岂其地欤？

丁谦《隋书四夷传地理考证》谓"嘉良水当即鸦砻江，附国水当即布垒楚河"，虽无的证，然今成都西北大水惟雅砻，金沙，澜沧，怒江，雅鲁藏布最大且南流，与《传》合，说亦近似。雅砻江，《嘉庆一统志》作雅龙江[43]，在打箭炉西南二百八十里，与里塘分界，南入冕宁县西界折东流，经西昌县西南转南，至会理西合金沙江亦名泸水，俗称打冲河，源出巴颜喀喇山，番名齐齐尔哈纳河[44]。布垒楚《嘉庆志》作布赖楚即金沙江上游。源出拉萨西北，入喀木[45]境名布拉楚河，南流少西八百余里至巴塘西名巴楚河，又东南流入云南境为金沙江[46]，一曰犛牛河[47]。

更以附国风土证之，亦与康藏为近。《传》谓其"无城栅，……垒石为碟而居，……其碟高至十余丈，下至五六丈，每级以木隔之，……状似浮图"[48]，此今日所谓"碉楼"、"碉房"，而唐人所谓"雕"与"彫"也。《后汉书·西南夷冉駹夷传》，"众皆依山居止，累石为室，高者至十余丈为邛笼"，唐李贤注曰："按今彼土夷人呼为雕也。"《通典》一百八十七《南蛮》冉駹条同，注曰："今彼土夷人呼为彫。"《旧唐书》一百九十六上《吐蕃传》亦谓，"屋皆平头，高者至数十尺”；形制皆与碟似，盖同一物。丁谦谓碟即碉之转音[49]，其说近之。《西藏记》谓“自炉至前后藏各处，房皆平顶砌石为之，上覆以土石，名曰碉房，有二三层至六七层者”；黄沛翘《西藏图考》六谓“西藏多碉楼”，又谓“藏王所居曰诏，……四围无城郭，就居人所住碉楼环绕相联以为藩篱”，其遗制也。《传》又谓其“土高气候凉多风少雨，宜小麦青稞”，青稞《通典》作青斜[50]，《北史》作青稞。其说举《旧唐书·吐蕃传》“其地气候大寒不生秔稻，有青粿麦，䜴豆，小麦，乔麦”，合。青粿即青稞，今曰青稞麦，又曰稞麦，似麦而瘠长，《明一统志》谓为卫产[51]，松筠《西招图略》曰“藏地无米，惟产稞麦，番兵糌粑是食”，即其物。《传》又谓其“用皮为舟而济”，此亦藏俗。《元和郡县图志》三十二嶲州西泸县，“泸水在县西一百十二里，……水峻急[52]而多石，土人以牛皮作船而渡，一船胜七八人”。《太平御览》六十五“泸水条”引《十道志》曰“泸水出蕃中”，又曰：“水浚急而多巉石，土人以牛皮为船，方涉津涘。”唐西泸旧县在今西昌县西南[53]，泸水上游即雅龙江，故曰“出蕃中”。犛皮为船，迄今沿用，藏人航行江河悉赖之。《西藏图考》卷三谓“察木多人往西海者”，由此（达颜崇古尔渡）用皮船渡，又卷六谓“由隆竹松过彭阿有铁索桥，设有皮船，济渡”。《卫藏通志》卷三谓雅龙江“用牛皮船为渡”，均其证。《传》又谓“水有嘉鱼，长四尺而鳞细”。案任豫《益州记》，“嘉鱼细鳞似鳟鱼，……大者五六尺”[54]。《太平御览》九百三十七引《唐书》曰，“吐番国有藏河，去逻些三百里，东南流，众水凑焉，南入昆仑国，其中有鱼，似鳟而无鳞”[55]。鱼莫不有鳞，必其鳞细不易辨耳。一谓似鳟而无鳞，一谓细鳞似鳟鱼，二者必为一物。是附国之嘉鱼即吐蕃藏河之鱼，此亦可为附国即西藏之一证。《西藏记》，盛绳祖《卫藏图识》所谓细鳞鱼，王我师《藏炉游异记》

所谓“土人呼为龙种,小口细鳞,金色赤尾,皮厚如牛革”者,当亦即此。

《传》又谓:

> 附国南有薄缘夷。[56]

薄缘之名他处未见,疑即今之不丹。不丹在西藏之南,薄缘在附国之南,地望相当,且对音亦近,余别有说[57]。

综上数事可证附国之确属藏地,其名盖取于Bod之对音。然有不能自解者,《隋书》谓“大业四年(公元608)其王遣使素福等八人入朝,明年又遣其弟子宜林率嘉良夷六十人朝贡”,其时下距贞观八年(公元634)吐蕃之始贡仅二十六年,果属旧藩重至,何以更立新名[58]?《通典》纂于大历元年(公元766)[59],其时与吐蕃交往频仍,果属一地,何以并为之立传?谓非一地,则附国吐蕃同属西羌大种,何以群书之记附国于大业后事别无增益?其记吐蕃始于贞观,前亦无闻?两族之通中国有若相续,抑何巧合?窃疑大业离乱,册籍遗阙,易代而后,老吏不存,新朝饰来远之名,遂肇新称以夸胜前代,后世史官[60]莫稽旧典,传疑互见,相循不改,非必确知其为两地也。

今为此说于古籍虽无可征据,而近人所修《清史稿》实先吾言之,录之以证吾说:

> 西藏《禹贡》雍州之域,汉为益州沈黎郡徼外白狼乐土诸羌地,魏隋为附国,女国及左封[61],昔卫,葛延,春桑,迷桑,北利,模徒,那鄂诸羌地,唐为吐蕃。[62]

其左封以下诸羌名同见于《隋书·附国传》,所谓"并在深山穷谷,无大君长,其风俗略同于党项,或役属吐谷浑",或附附国者也。

1938年6月初稿草于蒙自,

1940年2月14日改成于昆明北郊冈头村,时阴历庚辰人日。

原载《国学季刊》第六卷第四号

注 释

① 《北史·附国传》全袭《隋书》之文,略无增减,疑《北史》阙此传,后人以《隋书》补之。

② 《隋书》八二《赤土传》:"所都土色多赤,因以为号。"又八三《女国传》:"其国代以女为王。"

③ 《通典》一九一楼兰注:"此国山居,故名山国。"

④ 《禹贡》:"岷嶓既艺。"《史记·夏本纪》作汶嶓,《索隐》曰:"汶一作岷。"《水经·江水注》"岷山又谓之汶"。《元和郡县图志》三二:"汶山即岷山也。"汶岷两字互用,《清一统志》亦然。

⑤ 《元和郡县图志》三二剑南道中"悉州左封县:周天和元年于此置广平县,隋开皇十八年改为左封。"又曰:"悉州显庆元年分当州置。"又曰:"当州本汉蚕陵县地。"蚕陵属蜀郡见《汉书》二八《地理志》上。唐广德初陷于吐蕃。元隶土蕃等处宣慰司,见《元史》六十;明为松潘卫,见《明史》四三;清为松潘厅,见《清史稿·地理志》一六,《嘉庆重修一统志》四一九,即今四川松潘县。

⑥ 《隋书·地理志》:"临洮西魏置曰溢乐,并置岷州,……大业初州废,更名县曰临洮。"《新唐书》四十《地理志》溢乐县注:"本临洮。"《旧唐书》四十曰:"秦临洮县,……后魏……改……为……溢乐。"《元和郡县图志》三九陇右道:"岷州……在秦为陇西郡临洮县地,自秦至晋不改,……上元二年因羌叛陷于西蕃。"清《嘉庆一统志》二五五谓:"宋熙宁六年收复,仍曰岷州和政郡属秦凤路;绍兴元年入金改为祐州;十二年收复,徙废。元复置岷州。……明洪武十一年置岷州卫。……雍正八年改为岷州属巩昌府。"即今甘肃岷县。

⑦ 《元和郡县图志》三一剑南道上:"导江县本汉郫县地,武德元年于

灌口置盘龙县，……二年又改为导江县。”汉郫县属蜀郡见《汉书》二八上；其地入宋隶成都府路，永康军，见《宋史》八九；元改灌州属四川行中书省成都路，见《元史》六十；明曰灌县，属四川成都府，见《明史》四三；清仍之，见《嘉庆一统志》三八四。故城在今四川灌县东。

⑧ 《元和郡县图志》三二剑南道中：“茂州……本冉駹国，……元鼎元年以冉駹为汶山郡，今州即汉蜀郡汶江县也。”又：“汶山县本汉汶江县地，晋改为广阳县，……隋开皇十八年改为汶山县。”其地五代属蜀，宋曰茂州通化郡属成都府路，元属土蕃宣慰司，明曰茂州属四川成都府，清直隶四川省，今曰茂县。

⑨ 《隋书·地理志》语。

⑩ 见《汉书·地理志》蜀郡湔氏道注，岷本作崏，古字通。

⑪ 见《后汉书》卷一一六《西南夷传序》。

⑫ 清《嘉庆一统志》四一九松潘厅山川岷山下引《括地志》曰：“岷山在溢乐县南，连绵至蜀几二千里。”又三八三四川统部形势下引杜光庭曰：“岷山连峰接岫千里不绝。”

⑬ 见《汉书》九五《西南夷传》；《后汉书》一一六《西南夷传》。

⑭ 附国尚见于阎立本《西域图》，《新唐书》二二二下《南蛮南平獠传》，《太平御览》七八八卷，《通志·都邑略西南夷》，《文献通考》三二九卷，但文字相若，事无所增，盖皆用《隋书》为本者也。《西域图》唐阎立本绘，褚遂良书，见元鲜于枢（伯机）《困学斋杂录》，录称，“杭士王子庆收《西域图》，阎中令画，褚河南书。丹青翰墨，信为精绝。意当时所图甚多，今止存四图，前史逸而不书今录于此。附国者……”云云，其文略同《隋书》。鲜于枢精鉴别，审定当不差，惟谓“前史逸而不书”则非也。《困学斋杂录》收入《畿辅丛书》，其所称《西域图》，张政烺先生以为当是《职贡图》之残本，其说甚是。两图均不见于《新书·艺文志》，惟《宣和画谱》卷一载御府所藏阎立德画四十有二，其中有《西域图》二《职贡图》二。案唐张彦远《历代名画记》卷九“阎立本”条称：“时天下初定，异国来朝，诏立本画《外国图》。”《宣和画谱》卷一“阎立德”条称：“唐贞观中，东蛮谢元深入朝，颜师古奏言，昔周武时远国归款，乃集其事为《王会图》，今卉服鸟章，俱集蛮邸，实可图写，因命立德等图之。……故李嗣真云：‘大安博陵，难兄难弟，’谓立德立本也。”谢元深即东谢蛮，《旧唐书》一九七、《新唐书》二二二下有传。《旧书》传称：“贞观三年元深入朝，……中书侍郎颜师古奏言昔周武时，天下太平，远国归款，周史乃书其事为《王会篇》，今万国来朝，至于此辈章服实可图写，今请撰为《王会图》，从之。”是则图写之始，初无定称，职贡，西

域,外国,王会,其实一也。伯机所见之四图,当即宣和时内府所藏之两《西域》两《职贡》也。图作于贞观三年,其时吐蕃未始贡,故仍沿附国旧称。宋李廌(方叔)《德隅斋画品》谓"《番客入朝图》梁元帝为荆州刺史日作,粉本,鲁国而上三十有五国,阎立本所作《职贡图》亦相若,得非立本摹元帝旧本乎"(《顾氏文房小说》本,1 页)。其说与诸家不同。窃疑李氏所称摹元帝旧本,盖举其大体,或指其章法气韵而言,非必卉服鸟章之异一一从旧本而来。惜其目不传,无从断定。

⑮ 参看中央研究院历史语言研究所《集刊》八本一分,拙著《发羌之地望与对音》。

⑯ Karlgren 氏拟古音读为 b'ǐu,见《分析字典》47 页;据罗常培氏《唐五代西北方音》推得条例第八世纪音应读为 b'vy,见《唐五代西北方音》164,165 页。中外学者又或拟古音为 *b'ǐug。

⑰ 蒲口反应读为 *b'ug。《玉篇》作布口切。徐铉《说文》"附……符又切",段玉裁注曰:"按此音非也,当云蒲口切。"

⑱ Karlgren, *Etudes Sur La Phonologie Chinoise* p. 23.

⑲ Pelliot, Note Sur Les anciens noms de Kuca. d'Aqsu et d'Uc-Turfan. *T'oung Pao*, 1923, p. 127.

⑳ 《四库总目》七一《史部》二七《地理类》四《诸蕃志》,"所列诸国,宾瞳龙史作宾同陇,登流眉史作丹流眉,阿婆罗拔史作阿蒲罗拔,麻逸史作摩逸,盖译语对音本无定字,龙陇三声之通;登丹蒲婆麻摩双声之转,呼有轻重,故文有异同"。

㉑ C. Bell, *The People of Tibet*, p. 1.

㉒ 《通典》作西夷,无南字。阎立本《西域图》蜀郡作蜀都。

㉓ 《西域图》同《通典》作"东西四千五百里",《新唐书》作"横四千五百里"。

㉔ 分见卷四百二,五四七。

㉕ 唐尺据王国维氏所测约当清营造尺九寸七分,明尺较清营造尺微弱,清营造尺合公尺 0.32。

㉖ 案马湖府今四川屏山县,见《嘉庆一统志》三九五。

㉗ 《嘉庆一统志》四〇二《雅州府·建置沿革》:"明正长河西鱼通安远宣慰司在打箭炉,明置,……辖咱哩土千户及木噶等四十八土百户。"

㉘ 《明史》三三一《西域传》三。

㉙ 见《卫藏通志》卷一五。

㉚ 《明史》三三一"成化十七年礼官言乌斯藏在长河西之西,长河西

在松潘越嶲之南,壤地相接”。案长河西今西康康定县。

㉛ 《通典》一九三《西戎五》“女国”:“隋时通焉,在葱岭之南。”

㉜ 《新唐书》一四六下《西域康国传》附载诸国名,“波刺斯……西北距拂菻,西南际海岛,有西女种,皆女子……附拂菻”。案拂菻大秦也,或以为即罗马。《旧唐书》一九八《大食传》“又有女国在其西北相去三月行”。

㉝ 卷八三《西域传》。

㉞ 《通典》一九〇作“南杂春桑迷弃等羌”,迷弃当即《隋书》、《北史》之迷渠。

㉟ 其后诸姓酋长皆来内属,太宗列其地为崌、奉、岩、远四州。

㊱ 《嘉庆志》四一九松潘厅“废轨州在厅西北,汉党项羌地”。

㊲ 《通典》同《北史》无东字。

㊳ 《北史》无相字,《通典》作“不能统一”。

㊴ 《旧唐书》未见,案《旧书·地理志》雅州生羌生獠羁縻十九州有寿梁州,疑为嘉梁之讹。

㊵ 《新唐书》二二二下《两爨蛮传》,“雅州西有通吐蕃道三:曰夏阳曰夔松曰始阳皆诸蛮错居,凡部落四十六,距州……五百余里之外有……东嘉梁西嘉梁十三部,……皆羁縻州也”。

㊶ 《元史》六十又作土蕃招讨司。

㊷ 《明史》三三一有传。

㊸ 见卷四〇〇、四〇二、五四七“山川”条。

㊹ 《嘉庆志》卷三〇五谓即古之若水。若水见《水经注》卷三十六。

㊺ 喀木即康(Kham),治今昌都县。旧称东自鸦龙江西岸西至努卜公拉岭为康,见《清一统志》四一三。清黄沛翘《西藏图考》二“喀木亦曰康即今打箭炉,里塘,巴塘,察木多之地”。

㊻ 《嘉庆志》五四七。此小金沙江也,大金沙江谓雅鲁藏布江。

㊼ 见《卫藏通志》卷三。案藏语谓牝犛为 dri,故西籍今译为 Di Chu 或 Dre Chu,Chu 藏语河也。《清统志》谓即古之绳水。绳水见《水经》三六《若水注》。

㊽ 《通典》注磲与巢同。阎立本《西域图》作巢。

㊾ 丁氏又谓磲即《新唐书·骠国传》之舸舍,舸即磵之本字,并见《隋书四夷传地理考证》。舸舍见《骠国传》,附《三王蛮传》。

㊿ 《通典考证》曰:“刊本穄讹斜,据《隋书》改。”案今本均未改。

51 《嘉庆一统志》四一九松潘厅土产“清稞春种秋收,似麦而瘠长,日用所食。《明统志》卫产”。卫产者卫藏所产也。

52 《清统志》引作浚急。

53 见《清统志》三〇五卷。西昌县清属四川宁远府,今划入西康省。

54 《太平御览》九三七引。

55 此数语今本《旧唐书》未见,盖逸文也,疑《吐蕃传》刘元鼎自吐蕃使回奏中语,即《新书》所谓"直逻些川之南百里藏河所流也"云云之本文:《御览》成于太平兴国八年,其时《新书》未修,卷首之《经史图书纲目》《唐书》与《旧唐书》并列者,盖后人所增。

56 《北史》无南字。

57 见《〈隋书·西域传〉薄缘夷之地望与对音》。

58 《隋书》于贞观十年成,正当吐蕃始贡之会。

59 李翰《通典》序"大历之始,实纂斯典"。

60 《通典》之成去贞观初百三十余年。

61 左封各书均同,惟丁谦《考证》谓即今瞻对,盖以封为对。

62 《清史稿》卷五二五,列传三一二,《藩部》八《西藏传》。

《隋书·西域传》薄缘夷之地望与对音

《隋书》八十三《西域附国传》谓“附国南有薄缘夷”,薄缘之名旧籍未见,窃疑即今西藏南界山国之不丹。不丹或译布坦[①],盖Bhutan、Bhotan之对音。其名源于梵文之Bhotânta,华言西藏底,梵文又有称之曰Bhotânga,意谓西藏之一部[②],其人自称其地则曰Duk,华言雷龙原[③],藏人称之为Brug-Pa,我国旧籍或译布鲁克巴,或译布噜克巴[④],与西藏同属Bhutias Tephu族,为红教喇嘛地[⑤]。地在西藏之南,《卫藏图识略》上番界,谓“西南接布鲁克巴”,《西藏记》谓“离藏西南约行月余”,《卫藏通志》谓“正北至西藏所属之帕克城”。余尝疑附国为Bod之对音,传中所述与不丹之方位适相合[⑥]。

按《广韵》入声铎韵,薄傍各切,并母开口一等[⑦];平声仙韵,缘与专切,喻母合口三等。《说文》缘从系彖声;彖,《广韵》通贯切,去声换韵,透母合口一等。缘既从彖得声,古音应读为di̯wan。就韵母言之,合口呼之ti̯wan与开口呼之tan固不相蒙,然吾国旧借于域外人名地名对音则不乏以合口对开口之例,若《佛国记》以拘萨罗对kosala,《洛阳伽蓝记》以朱驹波对Karghalik,《大唐西域记》以笯赤建对Nejkend,《继业行记》以布路对Bolor,《诸蕃志》以宾瞳龙对Panduranga,《西游录》以五端对Khotan,《元史》以妥欢对Togan,均其例证[⑧]。至若对音之遗尾音不译,若Parthuva之译番兜[⑨],

Kapica之译罽宾[⑩],Ambulima之译庵跋离[⑪],Bokhara之译捕渴[⑫],更属数见不鲜,是则以薄缘对Bhotônta或Bhotânta,固非旧例之所不许也。其人既有本称,藏人名之亦有专呼,而独以梵文播之中土以为名者,盖天竺声教远被,借之以自重,且冀其或已传入也。

不丹史迹荒邈莫详,西人述其事者或著始于1670年(康熙九年)之藏兵入境[⑬],或著始于1772年(乾隆三十七年)东印度公司之经营[⑭],立意不同。《清史稿》于《藩部西藏传》,《属国廓尔喀传》皆著布鲁克巴之名,而未尝为之立传。不丹古史Lho-i Chöjung[⑮]既不可得,我国载籍所谓布鲁克巴于唐时归附,尝赐印册曰唐师国宝之印[⑯],亦待考证。惟其国于雍正十年(公元1732)内附,十二年入都贡献[⑰],十三年正月我国派千总李仁自藏经十七站,千四十里而至布鲁克巴之札什曲宗[⑱],则事非伪托,学者固可遵而求之也。

1942年8月26日,在昆明写

原载《国学季刊》第六卷第四号

注　释

① 见袁昶《卫藏通志后序》。

② Bhota者梵文言西藏,见M. Monier-Williams, *Sanskrit-English Dictionary*, p. 768。anta者梵文言底,同上书,42页,L. Austine Waddell于所著*Lhasa and its Mysteries*63页谓Bhotan义为"The End of(Bhot) or Tibet,"其说是也,梵文anga华言部分,见Monier-Williams字典,7页。

③ L. Austine Waddell, *Lhasa and its Mysteries*, p. 63, "In the land of Thunder-Dragon".

④ 《西藏考》、《西藏记》、《卫藏图识》、《清史稿》作布鲁克巴,《卫藏通志》作布噜克巴,《西招图略》两字并用。

⑤ 《西藏考》、《卫藏通志》卷十五《卫藏图识·图考》下。

⑥ 按《西藏记》、《卫藏通志》均谓布鲁克巴在西藏西南,惟《西藏考》

作西北,北字误,应作西南。

⑦ Karlgren 拟古音读为 b‘ak,见《分析字典》,231 页;罗常培《唐五代西北方音》拟读为 b‘ag,见 28—29 页。

⑧ 此举所见之书,非谓始于其时,可参考冯承钧《西域地名》及所译诸书。蒙古通用之畏吾儿文字无代表 g-h 之字母,故欢(h-)可对 g。

⑨ 《汉书》九六《安息国传》。

⑩ 《汉书·西域传》。

⑪《孔雀王经二译》。

⑫《大唐西域记》。

⑬十三版《大英百科全书》。

⑭ Ronaldshhy, *Land of the Thunderbolt*, p. 197.

⑮ C. Bell. *The People of Tibet*, p. 55,其字亦作 Lhohi Chö. jung。

⑯《西藏考》、《西藏记》、《卫藏通志》均著其事。三书以《西藏考》成书最先,《通志》最后。

⑰《西藏考》,《西藏记》下卷《外番》,《卫藏通志》十五,《卫藏图识·图考》下谓其“本西梵国属,雍正十年始归诚”。

⑱见《西藏考·附录》。

历史上的入滇通道

古代入滇的东、南、西三道：

历史上关于入滇道路的记载，最早的是《史记·西南夷列传》所记："楚威王（《后汉书》、《华阳国志》说在楚顷襄王时）命将军庄蹻将兵循江上略巴蜀黔中以西，……蹻至滇池，地方三百里，旁平地肥饶千里，以兵威定属楚。"庄蹻所循而上的江，据《通典》卷一八七夜郎国注说就是沅水；《华阳国志》又说他"军至且兰椓船于岸而步战"，且兰即今贵州平越，可知庄蹻是由湘西经贵州而入滇的。这可以说是古代入滇的东道。汉武帝建元六年（公元前135）唐蒙在南越吃到蜀枸酱，问知是从西北牂牁江而来，牂牁江自夜郎出番禺城下，江广可以行船，于是蒙上书请"浮船牂牁出其不意"以攻南越。所谓自西北出番禺城下的江，就是现在西江。西江上通浔江，浔江通郁江，郁江通盘江，盘江东西二源全在云南境；又从郁江上通右江，右江上源名西洋江。西洋江由广西边境百色上达云南剥隘。这可以说是古代入滇的南道。元封二年（公元前109）汉武帝发巴蜀兵以临滇，其后命王然于喻滇王，以及蜀汉诸葛武侯之渡泸，他们的详细路程虽不得知，但全是由四川南行至云南。这可以说是古代入滇的西道。大概古代入滇大道不出这三线。《史记·西南夷列传》还有"秦时常頞略通五尺道"一个记载，前人解释五尺道多半说是形容地之险狭，如淳说："道广五尺。"司马贞说："谓栈道广五尺。”颜师古说：“其处险厄故才广五尺。”全没有举其所在。李泰《括地志》说：“五尺道在郎州。”唐初郎州后改播州（《新唐书》四十一《地理志》），就是现在贵州遵义。但《通典》卷一七六又说：五尺道在戎州棘道县，就是现在四川宜宾县。两说不同，相距甚远，又无其他证据，不知是否直达云南。

唐代的南北两路：

唐代通云南多经过四川，大道有南北二路。当时南诏蒙氏先都蒙舍川（今蒙化西北）后都羊苴咩（今大理）。交通的中心在现今迤西。《蛮书》上说：“从石门外出鲁望、昆川至云南谓之北路；黎州清溪关出邛部过会通至云南谓之南路。”石门在今四川庆符县南，隋史万岁南征所开。《新唐书》卷一五八《韦皋传》所说：“遣幕府崔佐时由石门趋云南”即此道。鲁望就是现今曲靖。《蛮书》说过石门外第九程是鲁望即蛮汉两界，曲州、靖州废城皆在；旧《云南通志》说靖州故城在南宁县南十五里（阮氏《云南通志》三十五），南宁民国改称曲靖。昆川就是现今昆明，《蛮书》说拓东城凤伽异所置，其地汉旧昆川。可知唐代入滇的北路是从今四川南部庆符县之石门南下，经过曲靖、昆明。《新唐书》四十二《地理志》戎州开边县注所引贞元十年（公元794）袁滋、刘贞谅使南诏的路，也是这条线（余别有《唐使南诏路考》）。

《新唐书》四十二《地理志》巂州越巂郡注说：“有清溪关”；《蛮书》说：“黎州南一百三十里有清溪峡，乾元二年（公元759）置关，关外三十里即为巂州界。”因为关在黎巂两州交界处，所以《新唐书》与《蛮书》所记不同。就现在来说，就是西康汉源县南。唐邛部属巂州故城在今西康越巂县北。会通河今名老口河，源出西康会理，东南入金沙江（阮氏《云南通志》二十五，《清一统志》三百五四川宁远府)。但会通河之名不见于《通典》、两《唐志》、《蛮书》、《南诏野史》等书,怀疑是会同之讹,会同城在今西康会理县北,总之经过会理是无疑的。可知唐代入滇的南路,是从四川西部今划入西康省之汉源县以南的清溪关南下,经越嶲、会理渡金沙江而入云南,《新唐书》四十二《地理志》嶲州越嶲郡注所引贞元十四年(公元798)刘希昂使南诏的路,同《蛮书》内自四川成都府至云南蛮王府州县馆驿江岭开塞里数所列路程,《一切经音义》八十一《求法高僧传》内从蜀川南出,经越嶲、永昌西行入天竺的道,全是这条路。关于《蛮书》记载可参阅向达先生《蛮书校注》,见国立北京大学《文史》专刊。

五代及元的通道:

五代通云南的大道,据《五代会要》所载,后唐天成二年(公元927),云南使赵和是从大渡河黎州入中国,这还是唐代的南路。至于宋代,因为书阙有间就不大清楚了。元宪宗二年(壬子,宋淳祐十二年,公元1252),忽必烈以皇弟奉命帅师入云南,次年自临洮次塔拉,分三道进兵大理。忽必烈由中道,经满陀城过大渡河,渡金沙江至大理北四百余里之摩娑部界。详细的路程现在学者还在研究,但他所走的路全是崎岖的小道。《元史》说,"经行山谷二千余里",又说"山径盘屈,舍骑徒步,(郑鼎)尝背负世祖以行",可以想见其困难(见卷四《世祖本纪》,又卷一二一《兀良合台传》,卷一五四《郑鼎传》,鼎传误世祖为宪宗,宪宗未尝至云南)。忽必烈即位以后,所开的云南站赤道路,就《元史·本纪》所载,还是从叙州、乌蒙走水路,或是从庆符经盐井到中庆走陆路(见卷十六至元二十八年本纪,同《永乐大典》一九四一六至一九四二六站字)。叙州就是宜宾,乌蒙就是昭通,盐井就是盐津,中庆就是昆明。这条路就是唐代北路。

明清驿路：

明太祖洪武十四年（公元1381）命傅友德、兰玉、沐英分两路入滇，一路由永宁（四川叙永）趋乌撒（贵州威宁）；一路由辰、沅（湘西）趋贵州经普定（安顺）、普安攻曲靖（《明史》一二九《傅友德传》）。前者虽然由川入滇，可是与唐代的南北路又并不尽同，后者大体相当于古代入滇的东道。在当时，由辰、沅经贵州入滇并不是通衢大道，而且群山盘郁，所以明太祖谕傅友德说：关索岭本非正道，正道乃在西北（章潢：《图书编》，康熙《云南通志》引杨士云《议开金沙江书》）。关索岭在今贵州镇宁县西，关岭县东（滇黔以关索岭称者五，黔之镇宁，滇之寻甸、新兴、澂江、江川是也，见阮修《云南通志》二十引程封《关索岭辨》）。是崖岭重叠之处。太祖所谓正道在西北，是指唐代由四川入云南的南路。洪武十五年（1382）云南既定，太祖命置邮传通云南，开筑道路，各广十丈，准古法以六十里为一驿（《明史》三一一《四川土司传》，其事不限于乌蒙诸部也）。驿站既通，于是自湘西至贵州，由贵州入云南，成了明清两代的大道。虽然迂回于万山之中，可是入滇正道惟此一线。

到了明朝嘉靖以后，许多官吏以及本省士绅全主张多开通道，大概有三种主张。万历时在京滇籍官员王元翰同云南会试举人杨提等主张另辟新道，由广西府（今云南泸西县），入广南府（今云南广南县），再入粤西田州（今广西百色），可以水道下留都，陆道达湖广常德，以为“不惟宽夷足容九轨，且较之走贵州者捷近数千里”（王元翰：《凝翠集》）。嘉靖时滇宦杨士云以及云南巡抚黄衷、汪文盛、巡按毛凤韶等则先后主张利用金沙江，以通四川马湖府（阮氏《云南通志》四十二引康熙《通志》）。天启时云南巡抚闵洪学又主张滇路粤蜀并开（阮《志》四十一），一路从金沙江趋会川（今西康会理）建昌（今西康雅安）入川；一路从田州归顺（今广西靖西）、泗城（今广西陵云）、安隆（今广西西隆）分道入粤。一路是唐代的南道，一路相当于古代的南道。事实上，这几种新道，因种种障碍全没实行。当时闵洪学赴云南巡抚任，因为安氏事起，黔道梗阻，是从湖南湘潭走衡（今衡阳）、永（今零陵）到广西又经桂平（今县下不复注）苍梧溯浔江而至南宁，再从养利经龙英土界（今广西龙茗）入云南，从广南至临安（今建水）再入昆明。这条路是他所说的归顺一线。他从南宁到临安走了五十多天，而且艰苦备尝，其交通不便可知，无怪新道难成了（阮《志》四十一）。

据《清会典事例》从湖南常德到云南昆明的驿道所经如下：湖南武陵（今常德）—桃源—沅陵—辰溪—芷江—晃州（晃县）—贵州玉屏—青溪—镇远—施秉—黄平—青平（炉山）—贵定—贵筑—清镇—安平（平坝）—普定（今安顺，今之普定为旧定南所）—镇宁—永宁（关岭）—安南—普安—普安厅亦资孔驿（今属盘县）—云南平彝—南宁白水驿（今属曲靖）—沾益—马龙—寻甸易隆驿—嵩明杨林驿—昆明。

这同现在的公路所经实在一样。清代除了入黔驿道而外，又有入川一道，就是：沾益—宣威—贵州威宁—毕节—四川永宁（叙永）—也同现在的公路所经一样。

此外清代还有运铜的四道，同运粤盐的一道。清制云南省广南、开化两府办销粤盐，粤盐全是从百色方面进来，这就是所谓运盐一道。清代各省鼓铸制钱的白铜，全仰给予云南的汤丹厂，汤丹山在会泽西南一百六十里，今属巧家县境内（王昶《云南铜政全书》）。当日所产的铜全要设法运至四川泸州，沿江而下，集中于汉口,因为出产的多,同各省需要的切,所以从出厂到泸州分了四条运道,以求敏捷:一道由汤丹厂用车运至寻甸,再经贵州威宁而到永宁(叙永)转泸州;一道由汤丹厂用马驮至东川(会驿),经鲁甸、奎乡、昭通、镇雄而到永宁转泸州;一道由厂车运至寻甸,然后由罗星渡水运到泸州;一道由厂马驮至东川,然后由盐井渡水运到泸州(阮《志》七十六)。当日白铜是云南出境物品大宗,因为输运的多,所以随之而往来者也多,虽是运铜的道,也成了交通要道了。

1942 年 10 月 20 日昆明

原载 1943 年 3 月,《旅行杂志》第十七卷第三期

古地理学要略

第一章　绪说

一

古者，丽于天者谓之天文，积于地者谓之地理（《周易》，《吕氏春秋》，《论衡》，《汉书·郊祀志》），理本治玉之称（《说文解字》），谓之地理者，以地有山川原隰各有条理故称理也（《周易·义疏》）。川泽陵衍各有形兆，故地理亦称地形。《易》曰："在天成象，在地成形"；虞翻、王廙均注形为山泽（《周易集解》、《太平御览》），其明征也。亦或称曰舆地，则申车底之义，以为负载之义耳（《史记索隐》）。自班孟坚志天下郡县本末，及山川风俗之由来，以地理名篇，遂成地志之专称。后儒继作，宪章为多，虽有纷更，终莫之能易也。

二

古代地书仅载方域山川土宜地俗，或综其宏纲，或条其纤目，若《禹贡》，《职方》，及《管子·水地》，《淮南·地形》之属，其大较也。自《山海经》旁述胜迹，太史公兼言水利，《汉书·地理志》以星野户口益篇，《太平寰宇记》以人物艺文入录，而方域志书条目遂广。清初修《一统志》，其府县所载，凡分分野，建置沿革、形势、风俗、城池、学校、户口、田赋、山川、古迹、关隘、津梁、堤堰、陵墓、寺观、名宦、人物、流寓、列女、仙释、土产二十一门;缕析丝分,务衒赅博。风气所趋,州县志书尤多踵华。于古人所谓“饰州邦而叙人物,因丘墓而征鬼神,流于异端,莫切根要”(李吉甫《元和郡县图志》序),“列传侔乎家牒,艺文溢于总集,而舆图反若附录”(《四库总目》)者,盖莫能免焉。杜君卿曰“凡言地理者,在辨区域,征因革,知要害,察风土”(《通典》),过此以往,非所尚也。

三

吾国地志既分载方域山川人口风俗物产,故其书之分类亦不相远。清代四库收书,列地理类为:宫殿疏、总志、都会郡县、河渠、边防、山川、古迹、杂记、游记、外纪十目;是为地书部居厘定之始。其后毕沅、章学诚、张之洞续有分合,终不逾其范。此虽书录之部居,然潜研地理学者固可循而求之也。

四

昔汉高入咸阳,萧何尽收秦丞相府图籍文书,具知天下阨塞户口多少强弱之处;汉武封三王,御史奏舆地图请所立国名;是知古昔地理记载属诸政典,藏之秘府,守在官司,非民间归儒所得肄习。太史公䌷石室金匮之书,其所记,但述河渠而已,盖武帝时,计书既上太史,郡国地志固亦在焉(《隋书·经籍志》),不容其更述也。逮成帝时,刘向略言郡国域分,丞相张禹使属颍川朱赣条列风俗,班孟坚辑而论之以入《汉书》,于是“地理”一志遂为后世官史不可或缺之目,而兰台之秘亦随之传在民间矣。

魏晋而后,地学益昌,长篇巨制,往往而有。若晋裴秀《禹贡·地域图》,挚虞《畿服经》,阚骃《十三州志》;齐陆澄《地理书》;梁任昉《地记》;陈顾野王《舆地志》;后魏郦道元《水经注》:其尤著者也。唐魏王李泰《括地志》，李吉甫《元和郡县图志》，梁载言《十道志》，亦一代巨著。赵宋《地书》之称者，则有乐史之《太平寰宇记》，王存之《元丰九域志》，欧阳忞之《舆地广记》；而乐书最称赡博，然体例之变亦自兹始。元有岳璘《大元一统志》；明有魏俊《大明志》，李贤《大明一统志》，皆官书也。卷帙虽繁，疏缪时见。明代徐宏祖有《游记》十二卷，均步履所经，非同耳食，则又卓然高视于前代者也。

往昔交通未繁，故地理载籍多以华夏为限，其述外夷者，则有宋法显《佛国记》，智猛《游行外国传》，唐玄奘、辩机《大唐西域记》，宋徐兢《宣和奉使高丽图经》，元《长春真人西游记》，明费信《星槎胜览》诸作，虽属叙述异域之书，然其耳目所经，仍不越东亚一洲也。

有清一代，地学最盛。语乎总志，则《大清一统志》最为大观。余若赵一清、戴震、全祖望、张匡学、杨守敬、王先谦之于《水经注》；顾祖禹、胡渭、钱大昕、钱坫、洪亮吉、李兆洛、陈芳绩、魏源之于古地理；黄宗羲、齐召南、洪颐煊、陈澧、吴承志之于水道；徐松、张穆、李文田、何秋涛之于西北地理；均一代之宗匠，精博可信。

大柢地理之学，愈后而愈精。若夫考求一代因革，辨究经文史事，则前代地书有足取焉。

五

自班孟坚首志地理，而西汉郡国之开置、疆理、垦田、户口，厘然昭晰；嬴秦以前，惜罕专书。然文献所存，非无足征。今考古地理，即以班志为断，凡先汉文献有关地理者，先辨其信讹，次寻其本真，更进而求古代之方域及所知边裔之界限。若夫郡县建置之沿革，历代幅员之展蹙，则沿革地理之事也。

第二章　中国古代对于地理学之贡献

第一节　禹贡

第一　《禹贡》简释

《禹贡》

《广雅·释言》曰,"贡,功也"。《说文解字》曰,"贡,献功也"。《曲礼》曰,"五官致贡曰享",郑玄注曰,"贡,功也,享献也,致其岁终之功于王,谓之献也"。王筠《禹贡正字》曰,"《禹贡》者谓禹献其治水之功于尧也"。

禹敷土

顾炎武《日知录》曰,"尧舜禹皆名也"。马融曰,"敷分也"。颜师古《汉书注》曰,"敷谓分别治之"。天挺案:敷,《大戴礼》《史记》作傅,《荀子·成相篇》作溥马训敷为分者,谓洪水泛溢,莫辨水陆,禹以分别水土为始工也。

随山刊木

天挺案:《史记·夏本纪》作"行山表木";《汉书·地理志》作"栞木",颜师古注"栞古刊字也"。《说文解字》引作"栞木"。栞,槎识也,槎,衺斫也。司马贞《史记索隐》曰,"谓刊木立为表记"。高诱《淮南子·修务训》注,"随循也"。

奠高山大川

《书传》曰"奠,定也"。天挺案:《史记·夏本纪》作"定,高山大川”。“定,高山大川”者,《周髀算经》赵爽注,“禹治洪水,决流江河,望山川之形,定高下之势”;是其义也。

冀州既载

天挺案:冀州以下十字,古人异读凡三;或以冀州二字一读,“既载壶口”及“治梁及岐”分为二读;其说始自宋苏轼《书传》,而毛晃《禹贡指南》,蔡沈《书集传》等从之。或以“冀州既载壶口”为句;若清武亿《经读考异》,成蓉镜《禹贡班义述》是也。或以“冀州既载”一读,“壶口治梁及岐”一读;唐孔颖达《尚书正义》,张守节《史记正义》,颜师古《汉书注》皆是也。考郑康成《周礼·地官》载《师注》引“《禹贡》曰冀州既载”;《三辅黄图》梁山宫引“《禹贡》云壶口治梁及岐”;《水经·汾水注》引“《尚书》所谓壶口治梁及岐也”;则以此说为最古,今从之。

郑玄曰,“两河间曰冀州”。《尔雅·释地》冀州郭璞注曰,“自东河至西河”。王鸣盛《蛾术篇》曰,“河自积石龙门南流,为西河;至华阴,东经底柱孟津,过洛汭,为南河;至大伾,北过降水大陆,又北播为九河,同为逆河入海,为东河。东河之西,西河之东,为冀州。不言南河南河之北,从可知也。”清胡渭《禹贡锥指》曰,“以今舆地言之,山西太原(今山西阳曲、太原、榆次、太谷、祁县、徐沟、交城、文水、寿阳、盂县、静乐、河曲、平定、忻县、定襄、代县、五台、繁峙、崞县、宁武、偏关、神池、五寨、岢岚、岚县、兴县、保德二十七县地)、平阳(今临汾、襄陵、洪洞、浮山、赵城、汾城、安泽、曲沃、翼城、汾西、蒲县、灵石、永济、临晋、虞乡、荥河、猗氏、万泉、河津、解县、安邑、夏县、闻喜、平陆、芮城、新绛、稷山、绛县、垣曲、霍县、吉县、乡宁、隰县、大宁,永和三十五县地)、汾州(今汾阳、孝义、平遥、介休、石楼、临县、离石、中阳八县地)、潞安(今长治、长子、屯留、襄垣、潞城、壶关、黎城七县地）、大同（今大同、怀仁、浑源、应县、山阴、朔县、广灵、灵丘八县地）五府，泽（今晋城、高平、阳城、陵川、沁水五县地）、辽（今辽县、榆社、和顺三县地）、沁（今沁县、沁源、武乡三县地）三州；（清初沿明代区域之旧与雍乾以后之区分不同。）河南则怀庆（今河南省沁阳、济源、修武、武陟、孟县、温县六县地）、卫辉（今汲县、新乡、获嘉、淇县、辉县五县地）、彰德（今安阳、临漳、汤阴、林县、武安、涉县六县地）三府；直隶则顺天（今河北省大兴、宛平、良乡、固安、永清、安次、香河、通县、三河、武清、宝坻、宁河、霸县、文安、大城、新镇、涿县、房山、昌平、顺义、怀柔、密云、蓟县、玉田、丰润、遵化、平谷二十七县地）、永平（今卢龙、迁安、抚宁、昌黎、滦县、乐亭、临渝七县地）、保定（今清苑、满城、徐水、定兴、新城、雄县、容城、唐县、望都、博野、蠡县、完县、安国、深泽、束鹿、安新、高阳、易县、涞水、涞源二十县地）、广平（今永年、曲周、肥乡、鸡泽、广平、磁县、成安、威县、邯郸、清河十县地）、顺德（今邢台、沙河、南和、任县、内邱、唐山、平乡、巨鹿、广宗九县地）五府，及真定、河间二府之西北境（漳水故道以西，今河北省正定、井陉、获鹿、元氏、灵寿、藁城、栾城、无极、平山、阜平、行唐、定县、新乐、曲阳、冀县、南宫、新河、枣强、武邑、晋县、安平、饶阳、武强、赵县、柏乡、隆平、高邑、临城、赞皇、宁晋、深县、衡水、河间、献县、阜城、肃宁、任丘、交河、青县、天津、静海、沧县四十二县地），大名府濬县之西境（今属河南省），又新置宣化府（今河北省宣化、赤城、万全、龙门、怀来、蔚县、西宁、怀安、延庆、保安十县地）及故辽东都司之西境（原注："以大辽水为界，西属冀，东属青。"案大辽水今名辽河）。其北则逾塞直抵阴山下，西起东受降城（今绥远省托克托县），东讫于大辽水，皆古冀州域也。"

郑玄曰,“载之言事也,事谓作徒役也”。《经典释文》曰,“载如字;载,载于书也”。王肃曰,“言已赋功属役载于书籍”。

壶口治梁及岐

《汉书·地理志》河东郡北屈,“《禹贡》壶口山在东南”。成蓉镜《禹贡班义述》曰,“北屈故县在今山西平阳府吉州(今山西省吉县)北,壶口当在吉州东南”。又引曾旼说曰,《汉书·地理志》左冯翊夏阳“《禹贡》梁山在西北”。成蓉镜曰,“夏阳故县在今韩城县(今陕西省韩城县)西南。梁山今自郃阳县西北迤山,抵韩城西北之麻线岭皆是”。

蔡沈《书集传》曰,“梁岐皆冀州山。岐山在今汾州介休狐岐之山(今山西省孝义县西),胜水所出,东北流注于汾”。(案蔡氏说本之晁以道,见王应麟《困学纪闻》。)

既修太原

《书传》曰,“高平曰太原今以为郡名”。孔颖达《正义》曰,“今以为郡名即晋阳县是也”。孙星衍《尚书今古文注疏》曰,“地理志及郡国志云,太原郡在晋阳,属并州。案今山西太原府太原县也”。

《广雅·释诂》曰,“修,治也”。

至于岳阳

《释文》曰,“岳字又作嶽”,天挺案,《史记·夏本纪》、《汉书·地理志》皆作嶽。

《书传》曰,“岳,太岳,在太原西南。山南曰阳”。郑玄曰,“太岳在河东故县彘东,名霍太山”。《汉书·地理志》河东郡彘,“霍太山在东,冀州山”。孙星衍《尚书今古文注疏》曰,“彘县在今山西霍州(今名霍县)西,山在州东南三十里”。

覃怀底绩

《尔雅·释言》,“厎,致也”。又《释诂》,“绩,功也”。案《史记》作覃怀致功。

《书传》曰,“覃怀近河地名”。司马贞《史记索隐》曰,“河内有怀县(今河南省武陟县),今验地无名覃者;盖覃怀二字或当时共为一地之名”。孙星衍《尚书今古文注疏》曰,“怀县故城在今河南武陟县(今同)西,即覃怀也”。

至于衡漳

天挺案:漳,《汉书·地理志》作章。

马融曰,“衡水名”。王肃曰,“衡漳二水名”。

郦道元《水经·浊漳水注》,“衡水自县(案此指堂阳县,故城在今河北省新河县西北)分为二水;其一水北出迳县(今河北省新河县)故城西;其右水东北注出石门,谓之长芦水”。又曰,“扶柳县故城(今河北省冀县西南)在信都(今河北省冀县)城西,衡水迳其西。”又曰,“衡水又北迳昌城县故城(今河北省冀县西北)西,又迳西梁县故城(今河北省束鹿县)东。”又曰,“衡水又北迳鄡县故城(今河北省束鹿县北东),又右迳下博县故城(今河北省深县南)西”。

《汉书·地理志》上党郡长子县(故城在今山西省长子县西)注曰,“鹿谷山,浊漳水所出,东至邺,入青漳”。又沾县(故城在今山西昔阳县南三十里),注曰,“大要谷(案《汉志》本作黾,此据王念孙《读书杂志》改),清漳水所出,东北至阜城(案《汉志》本作邑城,此据《史记索隐》改,今河北省阜城县),入大河,过郡五,行千六百八十里,冀州川”。

天挺案:郦道元《水经·浊漳水注》叙漳水经流,漳水、衡水、衡漳三名杂用。自鹿谷山发源至斥漳县(故城在今河北省曲周县东南），惟称漳水；自斥漳北行至衡津（在今河北省南宫县），多称衡漳；自衡津以北多称衡水。是衡水在北，漳水在南，二水合流，故后人或兼称衡漳。至《禹贡》之所谓衡漳，仍分指二水也。

厥土惟白壤

《书传》曰，“无块曰壤”。马融曰，“壤，天性和美也”。《说文》曰，“壤，柔也”。颜师古《汉书注》曰，“柔土曰壤”。

厥赋惟上上错

《广雅·释诂》曰，“赋，税也”。《诗传》曰，“错，杂也”。《书传》曰，“上上第一”。马融曰，“地有上下相错，通率为第一”。

厥田惟中中

《说文》曰，“田，陈也。树穀曰田，象四口，十阡陌之制也”。《尔雅·释文》引李注曰，“田，陈也。谓陈列种穀之处”。《公羊哀十二年传疏》曰，“凡言田者，指垦土之处”。

《书传》曰，“田之高下肥瘠，九州之中为第五”。

恒卫既从

天挺案：《史记·夏本纪》作常卫，避汉文帝讳也。

《礼记·乐记》注曰，“从，顺也”。

蔡沈《书集传》曰，“恒卫二水名”。

《汉书·地理志》常山郡上曲阳县注曰，“恒山北谷在西北，有祠，并州山，《禹贡》恒水所出，东入滱”。孙星衍《尚书今古文疏证》曰，“上曲阳今直隶曲阳县（今河北省曲阳县），恒山在西北。恒水合滱水在县东北”。胡渭《禹贡锥指》曰，“恒即滱水”。又曰，“曲阳以下之滱本名恒。”郦道元《水经·滱水注》曰，“滱水又东（指上曲阳县北），恒水从西来注之。自下滱水兼纳恒川之通称焉，即《禹贡》所谓恒卫既从也”。胡渭《禹贡锥指》又曰，“以今舆地言之，浑源、灵丘（以上山西省地），广昌（今名涞源）、曲阳、唐县、定州（今名定县）、庆都（今名望都）、祁州（今名安国县）、博野、蠡县、高阳、安州（今名安新县）、新安（今并入安新县）、任丘、文安（以上河北省地）诸州县界"，皆古滱水之所行也，宋初犹未改。《汉书·地理志》常山郡灵寿县注曰，"《禹贡》卫水出东北，东入虖池"。陆陇其《卫水寻源记》曰，"灵寿县（今河北省灵寿县）东北十五里有良同村，卫水发源于其北，即《禹贡》恒卫既从之卫水也。由良同村东南流四十里入滹池"。胡渭《禹贡锥指》曰，"卫水即滹沱也，古今异名耳"。又曰，"灵寿以下滹沱本名卫"。又曰，"以今舆地言之，繁畤、代州（今名代县）、崞县、忻州（今名忻县）、定襄、五台、盂县（以上山西省地），灵寿、真定（今名正定）、藁城、深泽、无极、束鹿、博野、安平、饶阳、高阳、任丘、大城、文安（以上河北省地）诸州县界中，皆古滹沱水之所行也，宋初犹未改。"

大陆既作

天挺案：《史记》作大陆既为。《尔雅·释言》曰，"作，为也"。《周礼·稻人注》曰，"作，治也"。大陆既作者，谓大陆既治也。

《汉书·地理志》巨鹿郡巨鹿县注曰，"《禹贡》大陆泽在北"。成蓉镜《禹贡班义述》曰，"巨鹿故县即今直隶顺德府平乡县治（今河北省平乡县）"。洪亮吉《乾隆府厅州县图志》任县注曰，"大陆泽在县东北，与巨鹿县及赵州隆平县接界"。

岛夷皮服

天挺案：岛，《史记·夏本纪》，《汉书·地理志》，及郑玄、王肃注，皆作鸟。孔颖达《正义》曰，"孔读鸟为岛"，则唐初犹然。今本作岛，自开元石经始。

郑玄曰，"鸟夷，东方之民，抟食鸟兽者"。

蔡沈《书集传》曰："以皮服来贡。"天挺案：岛夷皮服者，盖水害既除，道路复通，东夷之人献其皮服以为贡也。蔡沈《书集传》曰，"以皮服来贡"，是其义也。《书传》谓"居岛之夷还其皮服，明水害除"，不如蔡传为近。

夹右碣石入于河

天挺案：河，《史记·夏本纪》作海。徐广注曰，"海一作河"。

《释文》曰，"夹，带也"。《广雅·释诂》三曰，"夹，近也"。

颜师古《汉书注》曰，"碣石，海边山名也"。《汉书·武帝纪》，"诏曰，'东巡海上至碣石'：文颖注曰，'在辽西垒县，垒县今罢，属临渝，此石著海旁'"。《汉书》辽西郡垒县注曰，"下官水南入海，又有揭石水，宾水，皆南入官"。又右北平郡骊成县注曰，"大揭石山在县西南"。天挺按：揭石即碣石，揭石水以山得名。垒县故城在今河北省昌黎县南，骊成县故城在今河北省乐亭县西南，二县相邻；杨守敬《禹贡本义》以为此山跨两县之间是也。

济河惟兖州

天挺案：《史记》兖作沇，沇即兖本字，兖隶之变也。济古文作泲。

郑玄曰，"言沇州之界，在此两水之间"。

《水经》曰，"济水出河东垣县（故城在今山西省垣曲县西二十里）东王屋山，为沇水"。《山海经》曰，"济水绝巨野注渤海"。

胡渭《禹贡锥指》曰，"今历城以东有小清河，即济水入海之故道，其北为兖，南为青"。又曰，"以今舆地言之，河南卫辉府之胙城县［原注，"胙城本在河南（黄河之南），自金明昌五年，河徙出县南，而县始为河北地。"］，直隶大名府（原注，"唯濬县之西境当属冀，长垣东明二县当属豫。"案即今河北省元城、大名、南乐、清丰四县，及河南省内黄、滑县二县地）及真定、河间二府之东南境（原注，“当以汉时漳水故道为界，东南属兖，西北属冀”。案即今河北省宁津、景县、吴桥、东光、故城、南皮、盐山、庆云八县地）；山东则东昌府（今山东聊城、堂邑、博平、茌平、莘县、清平、冠县、临清、丘县、馆陶、高唐、恩县、夏津、武城、濮县、鄄城、范县、观城、朝城十九县地）；其兖州府则曹州（今菏泽、曹县、定陶三县地），阳穀（今阳谷县地），寿张（今寿张县地），郓城（今郓城县地）；济南，青州二府则西北境（原注，“当以汉时济水故道为界，西北属兖，东南属豫徐青”。案即今山东齐河、齐东、济阳、禹城、临邑、青城、陵县、新泰、德县、德平、平原、惠民、阳信、无棣、乐陵、商河、滨县、利津、沾化、蒲台二十县地；及诸城、高苑、博兴、广饶四县之北境），皆古兖州域也。”

九河既道

《书传》曰，“河水分为九道”。蔡沈《书集传》曰，“既道者，既顺其道也”。

郑玄曰，“九河之名；徒骇，太史，马颊，覆釜，胡苏，简，洁，钩盘，鬲津。周时齐桓公塞之，同为一河，今河间弓高（故城在今河北省阜城县西南）以东，至平原鬲津（即鬲县，故城在今山东省德县北），往注有其遗处焉”。《汉书·沟洫志》曰，“许商以为古说九河之名，有徒骇、胡苏、鬲津；今见在成平（故城在今河北省交河县东），东光（故城在今河北省东光县东），鬲（故城在今山东省德县北）界中。自鬲以北至徒骇，间相去二百余里。今河虽数移徙，不离此域”。孔颖达《尚书正义》曰，“许商上言三河，下言三县，则徒骇在成平，胡苏在东光，鬲津在鬲县，其余不复知也。《尔雅》九河之次（《尔雅》九河之次与郑注同），从此而南，既知三河之处，则其余六者，太史马颊覆釜在东光之北，成平之南；简洁钩盘在东光之南，鬲县之北也”。

《汉书·地理志》勃海郡成平县（今河北省交河县）注曰，“虖池河，民曰徒骇河”（王念孙曰，民曰当为或曰）。乐史《太平寰宇记》河北道沧州清地县（今河北省沧县），“徒骇河，九河之一，与清池相接”。王存《元丰九域志》河北路沧州清池县及瀛州乐寿县（今河北省献县）皆注曰，“有徒骇河”。洪亮吉《乾隆府厅州县图志》直隶河间府献县，“滹沱河古今迁徙不一，……在今献县交河阜城之地，故渎久堙，盖难悉考”。

《元史·地理志》曰，“太史河，在南皮县治北”。明《一统志》曰，“太史河在南皮县北”（今河北省南皮县）。

李吉甫《元和郡县图志》河北道德州安德县（今山东省陵县），“马颊河县南五十里”；又平昌县（今山东省德平县），“马颊河在县南十里”。乐史《太平寰宇记》河北道冀州蓨县（今河北省景县），“马颊河经邑界”；又德州安德县，“马颊河在县南五十里”；又棣州滴河县（今山东省商河县），“马颊枯河在县北二十里”；又沧州乐陵县（今山东省乐陵县），“马颊河在县东六十里”。

杜佑《通典》曰，“覆釜在平原郡界”。明《一统志》曰，“旧志所载，有覆釜枯河，自庆云（河北省庆云县）经海丰县（今山东省无棣县）南，入海”。

《汉书·地理志》勃海郡东光县（今河北省东光县）注曰，“有胡苏亭”。杜佑《通典》沧州东光县（今河北省东光县），“汉旧县，古胡苏河在此”。洪亮吉《乾隆府厅州县图志》直隶河间府东光县，“胡苏河在县东南，《尔雅》九河之一”。

张守节《史记正义》曰，“简河在贝州历亭县（今山东省恩县）

界”。洪亮吉《乾隆府厅州县图志》直隶天津府庆云县，“陷河在县南，今名献河，东入海。案《齐乘》以此为即钩盘河，《图经》又以为即笃马河之别名，又谓即《禹贡》之简，皆无所据”。

《金史·地理志》河北东路沧州南皮县（今河北省南皮县），“有洁河”。

李吉甫《元和郡县图志》棣州阳信县（今山东省阳信县），“钩盘河即九河之一，经县北四十里”。乐史《太平寰宇记》棣州阳信县，“钩盘河在县北四十里即九河之一也”；又乐陵县（今山东省乐陵县）“钩盘河在县东南五十里，从德州平昌县来”。洪亮吉《乾隆府厅州县图志》山东济南府陵县（今陵县），“钩盘河在县东四十五里，曰盘河店”。

《汉书·地理志》平原郡鬲县注曰，“平当以为鬲津”（今山东省德县）。李吉甫《元和郡县图志》德州安德县（今山东省陵县），“鬲津枯河在县南七十里”。乐史《太平寰宇记》沧州乐陵县，“鬲津枯河，《尔雅》云，九河之一，在县西三里，东北流入饶安界入海”。王存《元丰九域志》河北路沧州无棣县（今山东省无棣县），及乐县县、德州安德县（今山东省陵县）皆云“有鬲津河”。洪亮吉《乾隆府厅州县图志》直隶河间府宁津县，“土人云鬲津河在县西，图经黄河迳乐陵临津盐山入海，即此”。

天挺案：九河所在，西汉时已聚讼莫定，汉晋宋隋诸志亦略而不详；唐宋而后，杜佑、李吉甫、乐史、王存之流，始渐指实。或新河冠以旧名，或一地互为两说（蔡沈《书集传》语），凿空悬拟，附会为多，非真其故渎也。兹略录前说，以备探究之助。要而言之，旧说以许商为简而近实，郑说小有歧异，尚不相远（阜城与交河接壤），惟信齐桓堙塞之说，尊守纬书（说出《尚书》中候春秋纬宝乾图），有足议耳。洪亮吉曰:“九河故道,断在今直隶沧景(今河北沧县景县)以南,山东武德今山东惠民德县以北,堙塞已久,不当按名以索”;其言是也。

雷夏既泽

《周礼注》曰,“泽,水所钟也”。《广雅·释地》曰,“泽,池也”。

《书传》曰,“雷夏,泽名”。《汉书·地理志》济阴郡成阳县注曰,“《禹贡》雷泽在西北”。郦道元《水经·瓠字河注》曰,“瓠河又左迳雷泽北,其泽薮在大成阳县故城(即汉成阳故县,在今山东省鄄城县东南)西北十余里……;其陂,东西二十余里,南北十五里,即舜所渔也。”

灉沮会同

天挺案:灉,《史记·夏本纪》,《汉书·地理志》,郑玄《周礼·职方注》引,《史记集解》引郑玄《尚书注》,并作雍;《水经注·瓠子河》引作雝。雍即雝之隶变。

郑玄曰,“雍水沮水相触而合入此泽中”。颜师古《汉书注》曰,“雷夏泽:还复其故,而雍沮二水同会其中也”。

李泰《括地志》曰,“雍沮二水在雷泽西北平地”。李吉甫《元和郡县图志》河南道濮州雷泽县,“灉水沮水二源,俱出县西北平地,去县十四里”;又曰,“雷夏泽在县北郭外,灉沮二水会同此泽”。乐史《太平寰宇记》河南道濮州雷泽县所载与《元和志》同。孙星衍《尚书今古文疏证》曰,“其水故道在今山东濮州,河漫变为平陆矣”。

桑土既蚕

蔡沈《书集传》曰,“桑土,宜桑之土;既蚕者,可水蚕桑也。蚕性恶湿,故水退而后可蚕。然九州皆赖其利,而独于兖言之者,兖地宜桑”。

是降丘宅土

《尔雅·释诂》曰，“降下也”。《尔雅·释言》曰，“宅，居也”。《说文》曰，“丘，土之高也”。天挺案：《史记·夏本纪》作下丘居土，下丘居土者，应劭《风俗通义》“尧遭洪水，万民皆山棲巢居，以避其害，禹决江疏河，民乃下丘营度爽塏之场，而邑落之”，是其义也。

厥土黑坟

马融曰，“坟，有膏肥也”。《书传》曰，“色黑而坟起”。《方言》第一曰，“坟，地大也；青幽之间，凡土而高且大者，谓之坟”。郭璞注曰，“即大陵也。”

厥草惟繇

天挺案：《史记》作草繇，《汉书·地理志》作屮繇，皆无“厥”“惟”二字。屮，《说文》草木初生也，古文或以为草字。繇字，《说文》引作蘨。《书传》曰，“繇，茂……也”。

厥木惟条

《史记·汉志》均作“木条”。

颜师古《汉书注》曰，“条，修畅也”。

厥田惟中下

《书传》曰，“田第六”。

厥赋贞作十有三载乃同

天挺案：载，《史记》《汉书》及马融郑玄注并作年。乃，《汉书》作迺：古字通。

郑玄曰，“贞，正也；治此州正作不休，十三年乃有赋与八州同，言功难也。其赋下下”。

厥贡漆丝

《书传》曰,“地宜漆林,又宜桑蚕”。案漆当作桼。

林之奇曰,“八州之贡,扬荆最多,兖雍最寡,各因其地之所有,而不强之以所无也”。胡渭《禹贡锥指》曰,“卫文公迁于楚丘,其诗曰:‘树之榛栗,椅桐梓漆’,是亦兖土宜漆之一证也”。天挺案:《史记·货殖列传》曰,“山东多鱼盐漆丝”。

厥篚织文

天挺案:篚,《汉书·地理志》作棐。《说文解字》曰,“棐,辅也”;“篚,东笭也”。《周书·武成》“篚厥玄黄,昭我周王”,《孟子·滕文》公引作“匪厥玄黄”;又《滕文公》引《周书》“实玄黄于匪”,与《说文》所引《逸周书》同:则此厥篚之篚,本字亦应作匪。《说文》:“匪,器似竹筐”。作棐作篚,皆假借字。

郑玄《仪礼注》曰,《书传》曰,“盛之筐篚而贡焉”。“篚,竹器如笭者”。《三礼图》曰,“篚,以竹为之,长三尺,广一尺,深三寸,足高三寸,上有盖”。

郑玄曰,“贡者,百功之府受而藏之,其实于篚者,入于女功,故以贡篚别之”。

《书传》曰,“织文,锦绮之属”。郑玄《礼记·玉藻注》曰,“织,染丝织之也”。

浮于济漯

天挺案:济,《汉书·地理志》作泲;漯,据《说文解字》及董逌《广川书跋》应作湿,漯盖隶之变也。《广雅·释训》曰,“浮,浮行也”。颜师古《汉书注》曰,“浮,以舟渡也”。

《书传》曰,“济漯两水名”。

《汉书·地理志》东郡东武阳(故城在今山东省朝城县西四十

里)注曰,“禹治漯水,东北至千乘(千乘县故城在今山东省高苑县北二十五里)入海,过郡三(三当为四,即东郡、平原、济南、千乘),行千二十里”。又平原郡高唐县(故城在今山东省禹城县西四十里)注曰,“桑钦言漯水所出”。

胡渭《禹贡锥指》曰,“禹引河自大伾山(在今河南省汜水县境)西,折而北,循大陆东畔入海,而漯首受河自黎阳宿胥口(今河南省浚县境)始,不起东武阳也。《水经注》所叙,河水自宿胥口又右东迳滑台城(今河南省滑县西南),又东北迳黎阳(故城在今河南省浚县东北)县南,又东北迳凉城县(在今滑县东北),又东北迳伍子胥庙(庙在晋顿丘郡界今河北省清丰县之西境)南,又东北为长寿津(在凉城废县东北六十里),河之故渎出焉。河水又东迳铁丘(今河北省濮阳县西南)南,又东北迳濮阳县(故城在今濮阳县西南二十里)北,又东北迳卫国县(故城在今河北省清丰县南)南,又东迳鄄城县(今山东省鄄城县)北,又东北迳范县(故城在今山东省范县东南二十里)之秦亭西,又东北迳委粟津(《太平寰宇记》观城县东南六十七里有委粟城,盖与津相近),皆古漯水也。自周定王五年(西前602),河徙从宿胥口东行……始与漯别。其津以西之故道,悉为河所占。……迨汉成帝建始末(《汉书·成帝纪》建始四年西前29),河决馆陶(故城在今山东省丘县西南四十里),由东武阳绝漯水,而东北至高唐又绝漯水,东北至千乘入海。……漯水一出于武阳,再出于高唐,(此谓《汉志》)据成帝后言之耳。……以今舆地言之,浚县、滑县(以上今河南省),开州(今名濮阳)、清丰(以上今河北省),观城、濮州(今濮及鄄城二县),范县、朝城、莘县、堂邑、聊城、清平、博平、禹城、临邑、济阳、章丘、邹平、齐东、青城、高苑(以上今山东省)诸州县界中,皆古漯水之所经。自宋世河决商胡（案仁宗庆历八年河决澶州之商朝埽，今河北省濮阳县东北。西1048）朝城流绝，而旧迹之存者鲜矣"。

成蓉镜《禹贡班义述》曰，"今自博平东北，至禹城之徒骇河；自济阳以东，至入海之大清河：犹是漯水故渎。"

达于河

天挺案：达，《史记·夏本纪》《汉书·地理志》并作通。

《广雅·释诂》曰，"达，通也"。颜师古《汉书注》曰，"因水入水曰通"。

海岱惟青州

《书传》曰，"东北据海，西南距岱"。郑玄曰，"东自海，西至岱"。

郑玄曰，"东岳曰岱山"。颜师古《汉书注》曰，"岱即太山（太同泰）也"。《汉书·地理志》泰山郡博县（故城在今山东省泰安县东南）注曰，"岱山在西北求山上"（钱大昕曰，求山上三字，兖州山之讹）。胡渭《禹贡锥指》曰，"岱南与徐分界处，尝考齐长城故址而约略得之。《管子》曰：'长城之阳，鲁也；长城之阴，齐也'；是春秋时已有长城矣。《竹书纪年》曰：'梁惠成王二十年，齐筑防以为长城，城缘河，径泰山，千余里东至琅邪台入海'。……《水经注》云：'……朱虚县（故城在今山东省临朐县南）泰山上有长城，西接岱山，东连琅邪（今山东省诸城县）巨海，千有余里，盖由氏之所造'（见东汶水）。……今案，齐长城横绝泰山，绵地千余里，自平阴而东，以讫于诸城，皆有故址。此虽后人所筑，然皆因冈阜自然之势为之，禹时青徐分界亦必以此也"。

孔颖达《尚书正义》曰，"汉末有公孙度者，窃据辽东，自号青州刺史，越海收东莱诸郡（今山东省东部诸地）：尧时青州，当越海而有辽东也”。张守节《史记正义》曰，“按舜分青州为营州，辽东及辽西”。

胡渭《禹贡锥指》曰，“以今舆地言之，山东登州（今山东省蓬莱、黄县、福山、栖霞、招远、莱阳、牟平、文登、海阳、荣城十县地）、莱州（今山东省掖县、平度、潍县、昌邑、胶县、高密、即墨七县地）二府；其青州府则益都、临淄、昌乐、安丘、寿光、临朐及诸城、高苑、博兴、乐安（今名广饶）之南境；济南府则肥城、长清、历城、章丘、邹平、长山、新城（今名桓台）、淄川及泰安莱芜之北境；兖州府则唯东阿及平阴之北境（原注：三府之地，南以齐长城故址，与徐分界；西及北以汉时济水故道，与兖分界）；其东北跨海，为故辽东都同之东境（案明辽东都同兼辖汉辽东西二郡之地）；西至广宁卫（卫治在今辽宁省北镇县），东至鸭绿江与高丽分界，北至三万卫（卫治在今辽宁省开原县），南至旅顺海口，及朝鲜国，皆古青州域也”。

嵎夷既略

天挺案：嵎，《史记·夏本纪》及《汉书·地理志》同；《史记·五帝本纪》作郁夷；《说文解字·土部》堣字下引《尧典》“宅嵎夷”作堣夷；司马贞《史记索隐》曰，“按《今文尚书》及《帝命验》并作禺《銕》，……銕古夷字”：又《说文解字·山部》崵下注曰，“一曰嵎銕崵谷也”；又作嵎銕。

马融曰，“嵎夷地名”。胡渭《禹贡锥指》曰，“《后汉书》，东夷有九种，曰畎夷，于夷，方夷，黄夷，白夷，赤夷，玄夷，风夷，阳夷；昔尧命义仲宅嵎夷，曰旸谷，盖日之所出也。赞曰：‘宅是嵎夷，曰乃旸谷，巢山潜海，厥区九族’。是以九夷为嵎夷也”。

《说文解字》曰，“略，经略土地也”。《广雅·释诂》曰，“略，治也”。

潍淄其道

天挺案：潍，《汉书·地理志》引本句作惟；琅邪郡朱虚下及箕下引作维；灵门下，横下，折泉下又作淮。《经典释文》曰，“潍音惟，本亦作惟，又作维”。顾炎武《日知录》曰，“潍字或省水作维，或省系作淮，又或从心作惟，总是一字。古人之文，或省，或借，其旁并从鸟隹之隹则一。后人误读为‘淮沂其乂’之淮，而呼此水为槐河，失之矣”。

又案：淄，《汉书·地理志》作甾；《周礼·职方》作菑。其道，《史记·夏本纪》作既道。

郑玄曰，“潍淄两水名”。

《书传》曰，“潍淄二水，复其故道”。颜师古《汉书注》曰，“一曰‘道读曰导’；导，治也”。

《汉书·地理志》琅邪郡箕侯国（故城在今山东省莒县东北百余里）下注曰，“《禹贡》维水，北至都昌（今山东昌邑县）入海，过郡三（王先谦曰三当为四。琅邪、高密、胶东、北海）行五百二十里”。《说文解字》曰，“潍水出琅邪箕屋山，东入海”，《水经》二十六《潍水篇》曰，“潍水出琅邪箕县潍山，东北过东武县（今山东省诸城县治）西，又北过平丘县（故城在今安丘县南）东，又北过高密县（故城在今县西南）西，又北过淳于县（故城在今安丘县东北）东，又东北过都昌县（今昌邑县治）东，又东北入于海”。胡渭《禹贡锥指》曰，“以今舆地言之，潍水出莒州（今名莒县）东北潍山，历诸城、高密、安丘、潍县至昌邑东北五十里入海也”。

《汉书·地理志》泰山郡莱芜县（故城在今山东省淄川县东南六十里）注曰，“原山（在博山县东二十五里一名马耳山），甾水所出，东至傅昌（王鸣盛曰，“傅，南监本作博，是”。王先谦曰，“博昌，千乘县”。案故城在今博兴县南二十里。)，入泲”。《水经》二十六《淄水篇》曰，“淄水，出泰山莱芜县原山，东北过临淄县(故城在今县北八里)东，又东过利县(故城在今博兴县东)东，又东北入于海”。朱鹤龄《禹贡长笺》曰，“淄水，地志入泲，水经入海者，马车渎以下，乃泲水入海处，淄水入海之道与泲水正同，非经志互有龃龉也”。胡渭《禹贡锥指》曰，“济由马车渎入海，自金皇统中始，前此不尔也。《河渠书》云，‘于齐通淄济之间’，故淄得由博昌入济”。蒋廷锡《尚书地理今释》曰，“禹时淄水入海不入济”。成蓉镜《禹贡班义》述曰，“蒋氏谓禹时淄入海，是也；但班志泲字，自是今本之为”。胡渭《禹贡锥指》又曰，“以今舆地言之，淄水出益都县东南岳阳山，历临淄、博兴、乐安(今名广饶)，至寿光县北，由清水泊入海”。

厥土白坟

天挺案：《史记·夏本纪》作其土白坟。

海滨广斥

天挺案：滨，《汉书·地理志》作濒；滨即濒之俗字。斥，《史记·夏本纪》、《汉书·地理志》并作潟；《史记集解》引徐广注曰“一作泽，又作斥”。斥即㡿之隶变，写为㡿之假借，或加水作潟。

又案：《史记·夏本纪》于此句下多“厥田斥卤”四字；史公迻录《禹贡》，皆以“其”代“厥”(惟青州贡用厥字，亦后人误改。)，似不应独异于此；又其下尚有“田上下”之文，则亦不应复出于上；疑此四字系旧注误栏入者。

《说文解字》曰，“濒，水涯也”。

郑玄曰，“斥，谓地咸卤”。《说文解字》曰，“卤咸地，东方谓之斥，西方谓之卤”。

厥田惟上下

《书传》曰，“田第三”。

厥赋中上

《书传》曰，“赋第四”。

厥贡盐絺

《说文解字》曰，“絺，细葛也”。《诗传》曰，“精曰絺，粗曰绤”。

《管子·地员篇》曰，“齐有渠展（地名，今不详所在。胡渭以为今山东掖县以西，昌邑、潍县、寿光、广饶北境滨海之地，即古之渠展）之盐”。又曰，“煮济水为盐”。

《史记·货殖列传》曰，“太公望封于齐，其地潟卤通鱼盐，则人物归之”。

海物惟错

郑玄曰，“海物，海鱼也；鱼种类尤杂”。

《尔雅·释地》曰，“中有岱岳……鱼盐生焉”。《周礼·职方》曰，“兖州，其山镇曰岱山，……其利蒲鱼”。

岱畎丝枲铅松怪石

天挺案：畎，本作〈，古文作甽，篆文作畎，亦作畖。鈆，铅字之隶变。

《广雅·释山》曰，“畎，谷也”。《释名·释山》曰，“山下根之受雷处曰甽”。

《书传》曰，“岱山之谷，出此五物，皆贡之”。

《尔雅·释草》曰，“枲，麻也”。

《说文解字》曰，“铅，青金也”。

颜师古《汉书注》曰，“怪石，石之次玉美好者也”。

莱夷作牧

天挺案:《史记·夏本纪》作为牧。

颜师古《汉书注》曰,“莱山之夷”。胡渭《禹贡锥指》曰,“今莱州、登州二府,皆《禹贡》莱夷之地”。《汉书·地理志》东莱郡黄县(故城在今黄县东南)注曰,“有莱山”。《元和郡县图志》河南道登州黄县,“故黄城在县东南二十五里”。又曰“莱山在县东南二十里”。

元吴澄《书纂言》曰,“作,谓耕作;牧,谓放牧。夷人以耕牧为业也”。

厥篚檿丝

天挺案:檿,《史记·夏本纪》作酓。

《尔雅·释木》曰,“檿桑,山桑”;郭璞注曰,“似桑,材中,作弓及车辕”。颜师古《汉书注》曰,“食檿之蚕,丝可以弦琴瑟”。苏轼《东坡书传》曰,“檿丝出东莱,以织缯,坚韧异常”。

浮于汶

《汉书·地理志》泰山郡莱芜县注曰,“原山……《禹贡》汶水出,西南入泲”。《水经》二十四《汶水篇》曰,“汶水出泰山莱芜县原山,西南过其县南,又西南过奉高县(故城在今山东省泰安县东北十七里)北,屈从县西南流,过博县(故城在今泰安县东南)西北,又西南过蛇丘县(故城在今泰安县东)南,又西南过刚县(故城在今宁阳县东北)北,又西南过东平章县(故城在今东平县东六十里)南,又西南过无盐县(故城在今东平县东二十里)南,又西南过寿张县(故城在今东平县西南)北,又西南至安民亭(在今东平县西南十里)入于济”。胡渭《禹贡锥指》曰,“以今舆地言之,汶水自莱芜历泰安、肥城、宁阳至东平入济,合流以注于海,此禹迹也。迨元人引汶绝济为会通河(事在元宪宗七年,西1657),明永乐中又筑戴村坝,遏汶水尽出南旺以资运(事在明成祖永乐九年,西1411),而安山入济之故道填淤久矣”。

达于济

天挺案:达,《史记》作通。

《水经》八《济水篇》曰,“又东北过寿张县西界,安民亭南,汶水从东北来注之”。郦道元注曰,“济水又北,汶水注之,戴延之所谓清口也”。

海岱及淮惟徐州

郑玄曰,“徐州界又南至淮水”。《书传》曰,“东至海,北至岱,南及淮”。胡渭《禹贡锥指》曰,“以今舆地言之,江南徐州(今江苏省铜山、萧县、砀山、丰县、沛县五县地),及凤阳府之怀远(今属安徽省,下同),五河、虹县(今并入五河县)、泗州(今名泗县)、宿州(今名宿县)、灵璧;淮安府之桃源(今名泗阳,属江苏省,下同)、清河(今名淮阴)、安东(今名涟水)、邳州(今名邳县)、宿迁、睢宁、海州(今名东海县)、赣榆;山东兖州府则滋阳、曲阜、宁阳、邹县、泗水、滕县、峄县、金乡、鱼台、济宁、嘉祥及巨野、东平、汶上、沂州(今临沂县)、郯城、费县及平阴之南境;济南府则新泰及泰安、莱芜之南境;青州府则蒙阴、沂水、莒州(今名莒县)、日照,及诸城之南境,皆古徐州域也”。

淮沂其乂

天挺案:乂,《史记·夏本纪》作治。段玉裁《古文尚书撰异》曰,“乂,今文尚书作艾,于汉石经鸿范残字知之”。

《尔雅·释诂》曰,“乂,治也”。

郑玄曰,“淮沂二水名”。

《汉书·地理志》南阳郡平氏县(故城在今河南省桐柏县西北

四十里）注曰，“《禹贡》桐柏大复山在东南，淮水所出，东南至淮陵（阎若璩曰当作淮浦。案淮浦故城在今江苏涟水县）入海。过郡四（王先谦曰，“过南阳、汝南、六安、九江、沛、泗水、临淮；四当为七。”），行三千二百四十里（王鸣盛曰当作二千），青州川”。《水经》三十《淮水篇》曰，“淮水出南阳平氏县胎簪山，东北过桐柏山（天挺案：沈彤《寻淮源记》云，“桐柏山绵亘百里，……其道南最西一峰则曰胎簪。……《汉志》桐柏大复山，盖统胎簪以东诸峰言之”；是胎簪即古桐柏之一支，与《汉志》合），东过江夏平春县（故城在今河南省信阳县西北）北，又东过新息县（今河南省息县）南，又东过期思县（故城在今河南固始县西北）北，又东过原鹿县（故城在今安徽省阜阳县南）南，汝水从西北来注之。又东过庐江安丰县（故城在今固始县东）东北，又东北至九江寿春县（今安徽省寿县）西，又东过寿春县北，又东过当涂县（故城在今安徽省怀远县东南）东，又东过钟离县（故城在今安徽省凤阳县东北二十里）北，又东北至下邳淮阴县（故城在今江苏省淮阴县东南五里）西，又东过淮阴县北，又东至广陵淮浦县入于海”。

《汉书·地理志》泰山郡盖县（故城在今山东省沂水县西北八十里）注曰，“沂水南至下邳入泗，过郡五（王先谦曰，“过泰山、琅邪、城阳、东海；五当为四），行六百里，青州寖”。《水经》二十五《沂水篇》曰，“沂水出泰山盖县艾山，南过琅邪临沂县（故城在今山东省临沂县北五十里）东，又南过开阳县（故城在今临沂县北十五里）东，又东过襄贲县（故城在今临沂县西南百二十里）东，屈从县南西流，又屈南过郯县（故城在今山东省郯城县西南三十里）西，又南过良城县（故城在今江苏省邳县北六十里）西，又南过下邳县（故城在今邳县东三里）西南，入于泗”。

蒙羽其艺

天挺案:艺,《汉书·地理志》作蓺;本字应作埶。

《广雅·释诂》曰,“艺,治也”。《说文解字》曰,“埶,种也”。

郑玄曰,“蒙,羽,二山名”。

《汉书·地理志》泰山郡蒙阴县(故城在今山东蒙阴县西南十五里)注曰,“蒙山在西南”。清《一统志》曰,“蒙山在县南四十里,接费县界”。

《汉书·地理志》东海郡祝其县(故城在今江苏省赣榆县西五十里)注曰,“羽山在南”。成蓉镜《禹贡班义述》曰,“羽山在海州(今名东海县)西北,赣榆西南,山东之兰山(今名临沂)东南,郯城东北,盖一山跨四州县之地”。

大野既猪

天挺案:野,《汉书·地理志》作壄,古今字;猪,《史记·夏本纪》作都,假借。

《水经·文水注》曰,“水泽所聚谓之都,亦曰潴”。

《汉书·地理志》山阳郡巨野县(故城在今山东省巨野县南)注曰,“大野泽在北,兖州薮”。

胡渭《禹贡锥指》曰,“秦汉之际,称‘巨野泽’,《史记》‘彭越渔于巨野泽中’;后又称‘巨泽’,《水经注》‘济水东北出巨泽’;是皆大野矣。……此地屡遭河患,……自汉以来,冲决填淤凡四五度,高下易形,久已非禹迹之旧。逮元至正四年(西1344)河又决入此地,巨野、嘉祥、汶上、任城(今济宁)等县皆罹水患,及河南徙,泽遂涸为平陆,而畔岸不可复识矣”。

东原底平

《尔雅·释地》曰,“广平曰原”。

郑玄曰,“东原地名,今东平郡即东原”。胡渭《禹贡锥指》曰,“今东平州(今名东平县)及泰安之西南境是也”。又自注曰,“其地在岱之西南,济之东,汶之北”。

厥土赤埴坟

天挺案:埴,郑玄本作戠,读若炽。《太平御览》三十七亦引作戠。

《说文解字》曰,“埴,黏土也”。郑玄曰,“埴,黏土者也”。(见《考工记疏》)

草本渐包

天挺案:渐包,《说文解字》引作蔪苞。

马融曰,“渐包,相包裹也”。《尔雅·释诂》曰,“苞,丰也”。

厥田惟上中

《书传》曰,“田第二”。

厥赋中中

《书传》曰,“赋第五”。

厥贡惟土五色

郑玄曰,“土五色者,所以为太社之封”。张守节《史记正义》曰,“《韩诗外传》云,‘天子社广五丈,东方青,南方赤,西方白,北方黑,上冒以黄土。将封诸侯,各取方土,苴以白茅,以为社也’。《太康地记》云,‘城阳姑幕,有五色土,封诸侯,锡之茅土,用为社。此土即《禹贡》徐州土也’。今属密州莒县(今山东莒县)”。

羽畎夏翟

天挺案:翟,《汉书·地理志》,郑玄《周礼·染人注》,并引作狄。

《说文解字》曰,“翟,山雉尾长者”。

郑玄曰,“羽山之谷,贡夏翟之羽”。

《周礼·天官》,“染人掌染丝帛,凡染……秋染夏,……”。

郑玄注曰,“夏,大也;秋乃大染。……染夏者,染五色。谓之夏者,其色以夏狄为饰。《禹贡》曰,‘羽畎夏狄’,是其总名。其类有六:曰翚,曰摇,曰鸐,曰甾,曰希,曰蹲。其毛羽五色皆备成章,染者拟以为深浅之度,是以放而取名焉。”

峄阳孤桐

《汉书·地理志》东海郡下邳县(故城在今江苏省邳县东三里)注曰,“葛峄山在西,古文以为峄阳”。清《一统志》曰,“葛峄山在邳州(今名邳县)西北六里,峄县东十五里,峄县以此名,亦名峄阳山,亦名柱子山”。成蓉镜《禹贡班义述》曰,“俗名距山”。

孙星衍《尚书今古文注疏》曰,“孤桐,桐特生者。《周礼·大司乐》云,‘孤竹之管’,注云,‘孤竹,竹特生者’,是也”。

泗滨浮磬

天挺案:滨,《汉书·地理志》作濒。

颜师古《汉书注》曰,“泗水之涯,浮出好石,可为磬也”。唐章怀太子李贤《后汉书·马融传》注曰,“浮磬,在泗水中石,可以为磬也”。

《汉书·地理志》鲁国卞县(故城在今山东省泗水县东五十里)注曰,“泗水西南至方与(故城在今山东鱼台县北)入沛(王念孙曰,入沛当作入泲渠),过郡三(鲁、济阴、山阳),行五百里,青州川。《说文解字》曰,“受泲水,东入淮”。《水经》二十五《泗水篇》曰,“泗水出鲁卞县北山,西南过鲁县(今山东曲阜县治)北,又西过瑕丘县(故城在今滋阳县西二十五里)东,屈从县东南流,又南过平阳县(故城在今邹县南)西,又南过高平县(故城在今邹县西南)西,又南过方与县东，菏水从西来注之，又屈东南过湖陆县（故城在今鱼台县东南六十里）南，又东过沛县（今江苏省沛县东）东，又东南过彭城县（故城在今江苏铜山县治）东北，又东南过吕县（在今铜山县东北）南，又东南过下邳县（今邳县东）西，又东南入于淮”。成蓉镜《禹贡班义述》曰，“《水经》、《说文》以为泲入泗，《汉志》以为泗入泲，其实则一耳。故郦氏云，‘泗济合流，地记或言济入泗，泗亦言入济，互受通称’。今南阳湖当即古泗泲合流处”。胡渭《禹贡锥指》曰，“以今舆地言之，泗水出泗水县，历曲阜、滋阳、济宁、邹县、鱼台、滕县（以上属山东省），沛县、徐州（今称铜山县）、邳州（今名邳县）、宿迁、桃源，至清河县（以上属江苏省）入淮，此禹迹也。今其故道，自徐城以南，悉为黄河所占，而淮不得擅会泗之名矣”。

淮夷蠙珠暨鱼

天挺案：《说文解字》，蠙为玭字重文，解曰，“夏书玭从虫宾”；《史记索隐》亦曰，“蠙一作玭”。暨，《史记·夏本纪》，《汉书·地理志》并作臮；《诗疏》引作洎。

郑玄曰，“蠙珠，珠名。淮夷，淮水之上夷民，献此蠙珠与美鱼也”。

《说文解字》曰，“玭，珠也。宋宏云，‘淮水中出玭珠’”。又曰，“臮，与也”。

厥篚玄纤缟

颜师古《汉书注》曰，“玄，黑也”。

郑玄曰，“纤，细也；祭服之材尚细”。

《广雅·释器》曰，“缟，练也”。《说文解字》曰，“练，湅缯也”。

浮于淮泗达于河

天挺案：《说文》水部菏字，《水经》八《济水篇注》，并引作菏。

达,《史记·夏本纪》作通。

胡渭《禹贡锥指》曰,“菏,从水苛声,……隶从草作菏,俗遂讹为荷,又讹为河也。……《史记》、《汉书》并作河,盖后人传写之误”。阎若璩《古文尚书疏证》曰,“菏,今本作河,余考之,菏是也”。

《水经》八《济水篇》曰,“又东至乘氏县(故城在今山东巨野县西南)西,分为二”。郦道元注曰,“南为菏水,北为济渎”。《水经》又曰,“其一水东南流者,过乘氏县南,又东过昌邑县(故城在今山东金乡县西北)北,又东过金乡县(即今县治)南,又东过东缗县(故城在今金乡县东北)北,又东过方与县北,为菏水。菏水又东过湖陆县南,东入于泗水”。胡渭《禹贡锥指》曰,“以今舆地言之,定陶、巨野、金乡、鱼台界中,皆菏水之所经也。然此水乃菏泽之枝流,泗水与泽相通之道”。

成蓉镜《禹贡班义述》曰,“菏水与豫州之菏泽别。《汉志》,菏泽在定陶(故城在今山东定陶县西北)东,菏水在湖陵(湖陵《前汉》曰湖陵)南。《禹贡》山水泽地所在,菏泽在定陶县东,菏水在山阳湖陆县南。盖菏泽者,泽名;菏水则菏泽之东出而流注于泗者也”。

淮海惟扬州

天挺案:扬应作杨。王念孙《读书杂志》曰,“《地理志》扬州薮,扬州川,扬州山,宋景祐本作杨;《艺文类聚》、《初学记》、《太平御览》引《尚书》皆从木”。

郑玄曰,“扬州界,自淮而至海以东也”。

杜佑《通典》曰,“自晋以后,历代史皆云五岭之南至于海,并是扬州之地。案《禹贡》物产、贡赋、职方、山薮、川浸:皆不及五岭之外;且荆州南境至衡山之阳;若五岭之南在九州封域,则以邻接宜属荆州，岂有舍荆而属扬？此近史之误也”。胡渭《禹贡锥指》曰，“以今舆地言之，浙江、江西、福建，皆是；江南则江宁（今江苏省江宁、句容、溧阳、溧水、高淳、江浦、六合七县地），扬州（今江苏省江都、仪征、泰兴、高邮、宝应、兴化、泰县、东台、如皋、南通、海门、扬中十二县地），庐州（今安徽省合肥、舒城、庐江、巢县、无为五县地），安庆（今安徽省怀宁、桐城、潜山、太湖、宿松、望江六县地），池州（今安徽省贵池、青阳、铜陵、石埭、秋浦、东流六县地），太平（今安徽省当涂、芜湖、繁昌三县地），宁国（今安徽省宣城、南陵、泾县、宁国、旌德、太平六县地），徽州（今安徽省歙县、休宁、婺源、祁门、黟县、绩溪六县地），镇江（今江苏省丹徒、丹阳、金坛三县地），常州（今江苏省武进、无锡、宜兴、江阴、靖江五县地），苏州（今江苏省吴县、吴江、昆山、常熟、嘉定、太仓、崇明、启东八县地），松江（今江苏省上海、青浦、松江、南汇、奉贤、金山、川沙七县地）十二府；滁（今安徽省滁县、全椒、来安三县地）、和（今安徽省和县、含山二县地）、广德（今安徽省广德；郎溪二县地）三州、其凤阳府（安徽省）则凤阳、临淮、定远、寿州（今名寿县）、霍丘、盱眙、天长；淮安府（江苏省）则山阳（今名淮安）、盐城；河南则汝宁府之光州（今名潢川）、光山、固始；湖广则黄州府（湖北省）之罗田、蕲水、蕲州（今名蕲春）、广济、黄梅；广东则潮州府（今潮安、丰顺、潮阳、揭阳、程乡、饶平、惠来、蕉岭、大埔、平远、普宁、澄海、南澳十三县地），皆古扬州域也”。

彭蠡既猪

天挺案：猪，《史记·夏本纪》作都；《论衡·书虚篇》引作潴。

《书传》曰，“彭蠡，泽名”。

《汉书·地理志》豫章郡彭泽县（故城在今江西省湖口县东三

十里彭泽乡)注曰,"《禹贡》彭蠡泽在西"。成蓉镜《禹贡班义述》曰,"彭蠡,今之鄱阳湖也;隋世以接鄱阳山故名。跨南昌、饶州、南康、九江四府境,长三百里,阔四十里,周四百五十里"。

阳鸟攸居

天挺案:攸,《汉书·地理志》作逌;《史记·夏本纪》作所。

郑玄曰,"阳鸟,鸿雁之属,随阳气南北"。

三江既入

郑玄曰,"三江:左合汉为北江,会彭蠡为南江,岷江居其中,则为中江"(徐坚《初学记·地部》引)。又曰,"三江分于彭蠡为三孔,东入海"(《书疏》引)。郭璞曰,"三江,岷江,松江,浙江也"(《水经·沔水注》引)。

《汉书·地理志》会稽郡毗陵县(故城在今江苏武进县)注曰,"北江在北,东入海。扬州川"。阮元《浙江图考》曰,"北江者,岷江由江宁、镇江、丹徒至常州之北入海;即今扬州南之大江也"。

《汉书·地理志》丹扬郡芜湖县(故城在今安徽芜湖县东)注曰,"中江出西南,东至阳羡(故城在今江苏宜兴县南)入海。扬州川"。魏源《书古微》曰,"此言中江为松江也"。宋傅寅《禹贡集解》曰,"班氏所指中江,今芜湖断港也"。王先谦《汉书补注》曰,"傅氏所谓芜湖断港,即今芜湖县河也"。(今芜湖县南有支江,俗称为县河。)胡渭《禹贡锥指》曰,"《汉志》中江……即今芜湖之县河,高淯(江苏)之胥溪(在县东南三十里,俗称胥河),溧阳之永阳江(在县北,上承溧水,即濑水),宜兴之荆溪也"。魏源《书古微》又曰,"自芜湖至阳羡之中江,自南唐筑五堰,蓄水济运,而流始狭;自明始筑东坝于高淯之胥溪,逼宣、歙、广德州诸水尽西出芜湖大江,而东流遂绝;惟溧水一支尚迳荆溪以达于太湖(即永阳江)。自是三吴水患少息，而中江上游之故道渐不可寻”。

《汉书·地理志》会稽郡吴县（故城在今江苏吴县）注曰，“南江在南，东入海，扬州川”。魏源《书古微》曰，“此言南江为浙江也”。又曰，“中江以大江为源，而南江又以中江震泽为源”。《水经》曰，“浙江水出三天子鄣（今安徽绩溪县东）北过余杭东，入于海”。郦道元注曰，“《山海经》谓之浙江也”。阮元《浙江图考》曰，“南江……过吴江、石门（浙江崇德县北）；出仁和县（今浙江杭县）临平半山之西南折而东，而北由余姚北入海者也。……南江自北魏时石门仁和流塞，唐初筑海塘以捍潮，其流始绝。今吴江、石门、仁和数百里内，皆为沃土，惟一线清流自北新关（今浙江杭县北）通漕达于吴江，犹是浙江故道也”。《钱塘述古录》曰，“《禹贡》之三江，《职方》之三江也；《地理志》南江、北江、中江皆扬州川，此释《职方》也，即释《禹贡》矣”。（三江说最纷岐，详见下《禹贡》异义节）

震泽底定

天挺案：底，《史记·夏本纪》作致。震，《史记索隐》曰，“一作振”。

《汉书·地理志》会稽郡吴县注曰，“具区泽在西（成蓉镜以为应作南），《古文》以为震泽”。胡渭《禹贡锥指》曰，“自莫厘武山（山在太湖中，亦名东洞庭山）以东，至平望（平望镇在吴江县南四十五里）八赤（八赤市在吴江县南二十里）之间，松江左右笠泽之地，皆古具区，《禹贡》谓之震泽者也”。天挺案：今太湖中所谓南湖者是也。

篠簜既敷

天挺案：《史记·夏本纪》作“竹箭既布”。篠，据《说文》应作筱。簜,《释文》曰或作笏。

《尔雅·释草》曰,“篠,箭”。又曰,“簜,竹”。孙炎曰,“竹阔节者曰簜”。《说文解字》曰,“簜可为干,筱可为矢”。

厥草惟夭

天挺案:《汉书·地理志》作“山夭”,无“厥”“惟”二字,下同。

马融曰,“夭,长也”。颜师古《汉书注》曰,“夭,盛貌”。

厥木惟乔

《汉书·地理志》作“木乔”。

《尔雅·释诂》曰,“乔,高也”。《说文解字》曰,“乔,高而曲也”。《诗传》曰,“乔,上竦也。”

厥土惟涂泥

《广雅·释诂》三曰,“涂,泥也”。马融曰,“涂泥,渐洳也”(《御览》三十七)。《汉书·东方朔传》曰,“涂者,渐洳径也”。颜师古《汉书·地理志》注曰,“瀸洳径也”。《一切经音义》引《通俗文》曰,“淹渍谓之瀸洳”。

厥田惟下下

《书传》曰,“田第九”。

厥赋下上,上错

天挺案:《汉书》及诸本皆作“厥赋下上错”,兹据《史记》及闽本增上字。

《书传》曰,“赋第七,杂出第六”。

江声《尚书集注音疏》曰,“上错谓杂出上等,盖时或出中下之赋也”。

厥贡惟金三品

郑玄曰,“金三品,铜三色也”。孙星衍《尚书今古文注疏》曰,

“三色者,盖青白赤也”。天挺案,《史记·货殖列传》称吴有章山之铜。

瑶琨篠簜

天挺案:琨,《汉书·地理志》作瑻;《说文》曰,“琨或从贯”。篠簜《说文解字》引作筱簜;《史记·夏本纪》作竹箭。

《说文解字》曰,“瑶,玉之美者”。“琨,石之美者”。

《周礼·职方》扬州曰,“其利金锡竹箭”。《尔雅·释地》曰,“东南之美者,有会稽之竹箭焉”。

齿革羽毛惟木

天挺案:《史记》、《汉书》均无“惟木”二字;江声《尚书集注音疏》以为衍文是也。

《书传》曰,“齿,象牙”。《周礼·地官》曰,“角人,掌以时徵齿角,凡骨物于山泽之农,以当邦赋之政令”。郑玄《周礼注》曰,“山泽出齿角骨物,大者犀象,其小者麋鹿”。

《说文解字》曰,革,“兽皮治去其毛”。《书传》曰,“革,犀皮”。《周礼·天官》曰,“掌皮,掌秋敛皮,冬敛革,春献之”。

《书传》曰,“羽,鸟羽”。《周礼·地官》曰,“羽人,掌以时徵羽翮之政于山泽之农,以当邦赋之政令”。

《书传》曰,“毛,旄牛尾”。孔颖达《尚书正义》曰,“牦牛之尾,可为旌旗之饰。《经传》通谓之旄”。

岛夷卉服

天挺案:岛,《汉书·地理志》,李贤《后汉书·度尚传注》均作鸟。

《尔雅·释草》曰,“卉,草”。颜师古《汉书注》曰,“卉服,絺葛之属”。

厥篚织贝

郑玄曰,“贝,锦名也。《诗》云,‘成是贝锦’。凡织者,先染其丝,织之即成矣”。《诗·巷伯传》曰,“贝锦,锦文也”。《笺》曰,“锦文者,文如余泉余蚳之贝文也”。

厥包橘柚,锡贡

天挺案:包,《诗·笺》引作苞。

《广雅·释诂》四曰,“包,裹也”。《诗·木瓜笺》曰,“以果实相遗者,必苞苴之”。

《说文解字》曰,“橘,果出江南”。又曰,“柚,条也。似橙而酢”。颜师古《汉书注》曰,“柚似橘而大,其味尤酸”。

王肃曰,“橘与柚,锡其命而后贡之,不常入”。

沿于江海

天挺案:沿,《史记》、《汉书》及马融注本,皆作均,孙星衍曰,“均盖沟字,……循古文作沟”;释文曰,“郑本作松,松当为沿”。

郑玄曰,“沿,顺水行也”。

《汉书·地理志》蜀郡湔氐道(故城在今四川省松潘县西北)注曰,“《禹贡》岷山在西徼外,江水所出,东南至江都(今江苏江都)入海,过郡七,行二千六百六十里”。赵一清《水经注释》曰,“今本《汉书》误也。宋本是过郡九,行七千六百六十里”。胡渭《禹贡锥指》曰,“今江水所过,于汉为蜀郡,犍为,巴郡,南郡,长沙,江夏,豫章,庐江,丹阳,会稽,广陵,凡十郡一国。……江自松潘至泰州(今江苏泰县)行七千九百六十里,自泰州至海门(今江苏县)入海,又四百里,通计得八千三百余里。二当作八,或是七”。

达于淮泗

天挺案:达,《史记》、《汉书》均作通。

《水经》三十《淮水篇》曰，“淮水……又东北至下邳（孙星衍曰淮阴汉属临淮不属下邳）淮阴县（今江苏淮阴县）西，泗水从西北来流注之”。郦道元注曰，“淮泗之会，即角城（故城在今江苏淮阴县西南）也。左右两川，翼夹二水，决入之所，所谓泗口也”。

荆及衡阳惟荆州

郑玄曰，“荆州界，自荆山南，至衡山之南”。

《汉书·地理志》南郡临沮县（故城在今湖北当阳县西北）注曰，“《禹贡》南条荆山在东北，漳水所出”。洪亮吉《乾隆府厅州县图志》湖北省南漳县曰，“荆山在县西八十里”。

《汉书·地理志》长沙国湘南县（故城在今湖南湘潭县西六十里）注曰，“《禹贡》衡山在东南，荆州山”。洪亮吉《乾隆府厅州县图志》湖南省衡山县曰，“衡山在县西”（清《一统志》曰在县西三十里）。

胡渭《禹贡锥指》曰，“以今舆地言之：湖广武昌（今湖北武昌、鄂城、嘉鱼、蒲圻、咸宁、崇阳、通城、阳新、大冶、通山十县地），汉阳（今湖北汉阳、汉川、夏口三县地），安陆（今湖北钟祥、京山、潜江、荆门、当阳、沔阳、天门七县地），荆州（今湖北江陵、公安、石首、监利、松滋、枝江、宜昌、长阳、宜都、远安、秭归、兴山、巴东十三县地），岳州（今湖南岳阳、平江、临湘、华容、澧县、安乡、石门、慈利、临澧、大庸十县地），长沙（今湖南长沙、善化、湘阴、湘潭、浏阳、醴陵、宁乡、益阳、湘乡、攸县、安化、茶陵十二县地），衡州（今湖南衡阳、衡山、耒阳、常宁、安仁、酃县、汝城、临武、蓝山、嘉禾十县地），常德（今湖南常德、桃源、汉寿、沅江四县地），辰州（今湖南沅陵、卢溪、辰溪、溆浦、芷江、黔阳、麻阳七县地），宝庆（今湖南邵阳、新化、城步、武冈、新宁五县地），永州（今湖南零陵、祁阳、东安、道县、阳明、宁远、江华、永明、新田九县地）十一府；郴（今湖南郴县、永兴、资兴、宜章、汝城、桂东六县地）、靖（今湖南靖县、绥宁、会同、通道四县及贵州天柱县地）二州；施州卫（今湖北恩施、宜恩、利川、来凤、咸丰、鹤峰、五峰七县地）；其襄阳府（湖北）则唯南漳县；德安府（湖北）则安陆、云梦、孝感、应城、应山及随州（今名随县）之南境废光化县地；黄州府则黄冈、麻城、黄陂、黄安。四川则夔州府之建始（今属湖北省）。广西则桂林府之全州（今名全县），及兴安县岭北之地（越城岭在县北三里）：皆古荆州域也”。

江汉朝宗于海

郑玄曰，“江水，汉水，其流遄疾，又合为一共赴海也；犹诸侯之同心尊天子而朝事之”。

《汉书·地理志》武都郡武都县（故城在今甘肃成县西）注曰，“东汉水（王念孙曰东字后人所加）受氐道水，一名沔，过江夏谓之夏水，入江”。

阎若璩曰，“江所历之州，曰梁，曰荆，曰扬；汉所历之州，曰梁，曰豫，曰荆”。胡渭《禹贡锥指》曰，“江水自四川夔州府云安县（今名云阳）东流，经奉节，巫山，又东出巫峡，至巴东县（湖北）入荆域；又东经归州（今名秭归）、夷陵（今名宜昌）、宜都、枝江、松滋、江陵、公安、澧州（今名澧县属湖南省）、华容，至安乡会洞庭之水；又东经巴陵（今名岳阳）、沔阳（湖北）、临湘（湖南）、嘉鱼（湖北）；又东北至江夏（今名武昌）西，与汉阳分界，汉水从西北来注之。汉水自襄阳府宜城县（湖北）南流入荆域，又南经钟祥、荆门；又东南经潜江、景陵（今名天门）、沔阳；又东经汉川，又南至汉阳与江水会；又东历武昌大冶，至兴国（今名阳新），其北岸为黄州府之麻城，与扬接界”。

九江孔殷

天挺案:《史记·夏本纪》作“九江甚中”;殷训中,盖本之《尔雅·释言》。

郑玄曰,“殷犹多也”。

《汉书·地理志》庐江郡寻阳县(故城在今湖北黄梅县界)注曰,“《禹贡》九江在南,皆东合为大江”。孔颖达《尚书正义》引应劭《地理志注》曰,“江自浔阳分为九道”。

沱潜既道

天挺案:潜,《史记·夏本纪》作涔,司马贞《索隐》云亦作潜:《汉书·地理志》作灊,颜师古注云音潜。

颜师古《汉书注》曰,“沱灊二水名”。郑玄曰,“水自江出为沱,汉为潜”(《三国志·吴志·吴主传》裴松之注引)。

《说文解字》曰,“江别流也。出崏(岷同)山东,别为沱”。《汉书·地理志》南郡枝江县(城在今湖北枝江县东)注曰。“江沱出西,东入江”。胡渭《禹贡锥指》曰,“北江自枝江县北,又东迳松滋县北,又东迳江陵县南,又东迳公安县北,又东迳石首县北,又东迳监利县南,夏水出焉,北江又东至巴陵县西北,会洞庭之水,此即江北之沱,《寰宇记》所谓内江者也,其后北江之流渐盛,而南江曰微,世反以南为沱,北为江”。

《汉书·地理志》汉中郡安阳县(故城在今陕西成固县东)注曰,“鬻谷水(王念孙曰谷字衍)出西南,北入汉”。司马贞《史记索隐》曰,“潜出汉中安阳县西,北入汉”。孙星衍《尚书今古文注疏》曰,“即今陕西西乡县洋河”。

云土梦作乂

天挺案:《史记·夏本纪》,颜注《汉书·地理志》,《蜀石经》均作云梦土;《史记索隐》单行本,《唐石经》,韦昭《汉书音义》作云土梦。司马贞《史记索隐》曰,"梦,一作瞢"。作乂,《史记》作为治。

颜师古《汉书注》曰,"云梦,泽名"。

《汉书·地理志》南郡华容县(故城在今湖北监利县西北)注曰,"云梦泽在南"。

皮锡瑞曰,"王逸《楚词注》,'梦,泽中也',楚人名泽中谓梦中,《左传》江南之梦,即江南之泽,云土梦亦即云土泽耳"。

《诗传》曰,"作,始也"。

厥土惟涂泥

厥田惟下中

《书传》曰,"田第八"。

厥赋上下

《书传》曰,"赋第三"。

厥贡羽毛齿革

天挺案:毛,《史记·夏本纪》,《汉书·地理志》均作旄。

惟金三品

杶榦栝柏

天挺案:杶,郑玄《周礼·考工记注》引作櫄;《经典释文》云又作櫄。榦,《释文》云本又作幹。栝,《说文》篆作桰。

郑玄曰,"四木名"。

《说文解字》曰,"杶,木也"。郭璞《山海经·中山经注》曰,"櫄木似樗树,材中车辕"。

《书传》曰,"榦,拓也"。

《说文解字》曰,"拓,桑也"。《考工记》曰,"荆之榦,材之美者"。

马融曰,“栝,白栝也”。

郑玄曰,“柏叶松身曰栝”。《广韵》曰,“与桧同,柏叶松身”。

砺砥砮丹

天挺案:砺,《汉书·地理志》作厉。

郑玄曰,“砺,磨刀石也,精者曰砥”。

《说文解字》曰,“砮石可以为矢镞”。

《说文解字》曰,“丹,巴越之赤石也”。颜师古《汉书注》曰,“所谓丹砂者也”。

惟箘簬楛

天挺案:簵,古文簬字,《说文解字》竹部引此文作簬(簬下),木部引作辂(枯下)。楛,《说文》木部引作枯。

《吕氏春秋·本味篇》注曰,“箘,竹箭也”。《广雅·释草》曰,“簬,箭也”。马融曰,“楛,木名,可以为箭”。

三邦底贡厥名

天挺案:《史记·夏本纪》作“三国致贡其名”。

马融曰,“言箘簬楛三国所致贡,其名善也”。

包匦菁茅

天挺案:郑康成以上句厥名二字下属此四字为句。包,《春秋》僖四年《左传》注,《穀梁疏》,《文选·吴都赋》刘逵注,《说文系传》并引作苞。

郑玄曰,“匦,缠结也。菁茅,茅有毛刺者,给宗庙缩酒。重之,故包裹又缠结也”。(《周礼·甸师》郑注曰“束茅立之祭前,沃酒其上,酒渗下去,若神饮之,故谓之缩”。)

厥篚玄纁玑组

《说文解字》曰,“纁,浅绛也”。郑玄《周礼·染人注》曰,“玄纁者,天地之色,以为祭服”。

《说文解字》曰,“玑,殊不圜也”。又曰,“组,绶属”。孙星衍《尚书今古文注疏》曰,“疑组文似玑,故曰玑组”。

九江纳锡大龟

天挺案:纳锡,《史记》作内赐。

《书传》曰,“尺二寸曰大龟”。

皮锡瑞曰,“锡大龟三字当连读,盖天子锡诸侯之大龟。《礼·乐记》‘青黑缘者,天子之宝龟也,从之以牛羊之群,则所以赠诸侯也’。《公羊传》言宝玉大弓有龟青纯,公羊以宝即宝龟,与《乐记》合。是古天子有锡诸侯宝龟之礼。纳锡大龟,谓纳此锡诸侯之大龟;《史记》作入赐,亦谓入此赐诸侯之大龟也”。

浮于江沱潜汉

天挺案:《史记·夏本纪》潜作涔,其下有“于”字。

逾于洛

天挺案:逾,《史记·夏本纪》作踰。洛,《史记》作雒;段玉裁《古文尚书撰异》曰,“凡《禹贡》雒字,今本皆改为洛,此卫包所为也”。

《汉书·地理志》弘农郡上雒县(故城即今陕西省商县治)注曰,“《禹贡》雒水出冢领山(山在今陕西雒南县西,即秦岭也),东南至巩(今河南巩县)入河。过郡二(弘农河南),行千七十里,豫州川”。(段玉裁《古文尚书撰异》曰,“《汉志》弘农上雒下云,《禹贡》雒水出冢领山,……此谓《禹贡》及《职方》豫州之雒也。左冯翊怀德下云,洛水东南入渭,雍州浸;北地归德下云,洛水出北蛮夷中入河,……此谓《职方》雍州之洛也”。)

《诗传》曰,“逾,越也”。

至于南河

颜师古《汉书注》曰,“南河在冀州南”。又曰,“言渡四水而越洛,乃至南河也”。

荆河惟豫州

郑玄曰,“豫州界,自荆山而北,至于河”。

胡渭《禹贡锥指》曰,“以今舆地言之:河南则河南(今河南省洛阳、偃师、巩县、孟津、宜阳、洛宁、新安、渑池、登封、嵩县、陕县、灵宝、阌乡、自由、平等十五县地),开封(今河南省开封、陈留、杞县、通许、太康、尉氏、洧川、鄢陵、扶沟、中牟、阳武、原武、封丘、延津、兰封、新郑、淮阳、商水、西华、项城、沈丘、许昌、临颍、襄城、郾城、长葛、禹县、密县、郑县、荥阳、荥泽、河阴、汜水、民权、民治三十六县地),归德(今河南省商丘、宁陵、鹿邑、夏邑、永城、虞城、睢县、考城、柘城九县地),南阳(今河南省南阳、镇平、泌源、泌阳、桐柏、南召、邓县、内乡、新野、淅川、方城、舞阳、叶县十三县地),汝宁(今河南省汝南、正阳、上蔡、新蔡、西平、确山、遂平、信阳、罗山、潢川、光山、固始、息县、商城十四县地)五府,及汝州(今河南省临汝、鲁山、郏县、宝丰、伊阳五县地);直隶则大名府(今属河北省)之东明、长垣;山东兖州府之定陶、曹县、城武、单县;江南则凤阳府(今属安徽省)之颍州(今名阜阳)、颍上、太和,亳州(今名亳县)、蒙城;湖广则襄阳府(今属湖北省)之襄阳、光化、宜城、枣阳、榖城、均州(今名均县);郧阳府(今属湖北省)之郧县、保康及郧西之东境;德安府(今属湖北省)随州(今名随县)之北境:皆古豫州域也”。

又曰,“豫居中央,为辐辏之地,接界者七州,淮青为兖所隔,与豫不相接”。

伊洛瀍涧既入于河

《书传》曰,“四水合流而入河”。

《汉书·地理志》弘农郡卢氏县(故城即今河南省卢氏县治)注曰,“熊耳山在东,伊水出(王念孙云出上当有所字),东北入雒,过郡一(王先谦云一是二之缺讹,弘农、河南),行四百五十里”。洪亮吉《乾隆府厅州县图志》河南卢氏县曰,“伊水在县东南,东流入河南府嵩县界”。

《汉书·地理志》河南郡穀成县(故城在今河南洛阳西北)注曰,“《禹贡》瀍水出瞀亭北,东南入雒”。洪亮吉《乾隆府厅州县图志》“河南省河南府洛阳县”曰,“涧水出渑池东,瀍水出孟津县东南,并流至县东南注洛”。

《汉书·地理志》弘农郡新安县(故城在今河南渑池县东)注曰,“禹贡涧水在东,南入雒”。洪亮吉《乾隆府厅州县图志》“河南省河南府洛阳县”曰,“洛水自陕州卢氏县流入府境,东北迳永宁(今名洛宁)宜阳入县南,与涧瀍二水合,又东迳偃师县南合伊水,又东北迳巩县西北,又东至开封府汜水县西北入河。”

荥波既猪

天挺案:波,《史记·夏本纪》,郑玄《周礼·职方注》及马郑王本均作播。猪,《史记》及郑玄《周礼·职方注》均作都,荥,段玉裁《古文尚书撰异》云,荥泽字从火不从水。

马融曰,“荥播,泽名”。郑玄曰,“沇水溢出河为泽也,今塞为平地,荥阳民犹谓其地为荥播,在其县东。《春秋》鲁闵公二年卫侯及狄人战于荥泽,此其地也”。洪亮吉《乾隆府厅州县图志》河南省开封府荥泽县曰,“荥泽在县治南”。

导菏泽

天挺案：満，《史记·夏本纪》、《汉书·地理志》并作荷。导，《史记》作道；《经典释文》云导音道。

《汉书·地理志》济阴郡注曰，"《禹贡》菏泽在定陶（故县在今山东定陶县西北四里）东"。《史记正义》引李泰《括地志》曰，"菏泽在曹州济阴县（唐济阴在今曹县西北）东北九十重定陶城东，今名龙池，亦名九卿陂"。洪亮吉《乾隆府厅州县图志》山东府曹州府定陶县曰，"菏泽在县北，……即济水分流"。

被孟猪

天挺案：孟猪，《史记·夏本纪》，《水经·禹贡山川泽地所在》并作"明都"；《汉书·地理志》引本句作"盟猪"，《梁国下》引作"盟诸"；《尔雅·释地》，"《左传》僖二十八年并作""孟诸"；《周礼·职方》作"望诸"；《左传正义》，《诗曹讲商讲正义》，《水经·济水注》并引作"孟猪"；诗陈讲作"明猪"。段玉裁云，明、盟、孟、望古音皆读如芒；诸、猪，都同部；皆同音通用。

《汉书·地理志》梁国睢阳县（故城在今河南商丘县南）注曰，"《禹贡》盟诸泽在东北"（王念孙云此下当有青州薮三字）。洪亮吉《乾隆府厅州县图志》河南省归德省商丘县，"孟诸泽在县东北，接虞城县界"。胡渭《禹贡锥指》曰，"《汉书》梁孝王筑东苑，方三百里，孟诸泽在其中，自元至元二十三年（西1286）以后，归德府南北屡被黄河冲决，禹迹不可复问矣"。郦道元《水经·济水注》引阚骃《十三州记》曰，"不言入而言被者，明不常入也，水盛方乃覆被矣"。

厥土惟壤

下土坟垆

《说文解字》曰，"垆，黑刚土也"。《释名》曰，"土黑曰垆，垆然解散也”。郑玄曰，“垆，疏也”（疏，粗也）。马融曰，“豫州地有三等，下者坟（垆）也”。

厥田惟中上

《书传》曰，“田第四”。

厥赋错上中

《书传》曰，“赋第二，又杂出第一”。

厥贡漆枲絺纻

天挺案：枲，《史记·夏本纪》作丝。

《说文》曰，“纻，荣属，细者为絟，粗而为纻。”

厥篚纤纩

天挺案：纩，《史记·夏本纪》作絮；故训字。

《说文》曰，“纩，絮也”。《一切经音义》一引《说文》曰，“纩，绵也，絮之细者曰纩”。

《说文》曰，“纤，细也”。

锡贡磬错

《说文》曰，“磬，乐石也”。

《诗传》曰，“错，石也，可以琢玉”。天挺案：错本字作厝，《说文》厝厉石也。

颜师古《地理志注》曰，“磬错，言可以治错也，亦待锡命而贡”。

浮于洛

达于河

天挺案：达，《汉书》作入。《唐石经》作，浮于洛河，无“达于”二字。

华阳黑水惟梁州

郑玄曰，“梁州界，自华山之南，至于黑水也”。

《汉书·地理志》京兆尹华阴县（故城在今陕西华阴县东南）注曰，“太华山在南”（段玉裁云大华作太者非，上当有禹贡二字）。洪亮吉《乾隆府厅州县图志》陕西省同州府华阴县，“太华山在县南，即西岳也”。

薛士龙曰，“黑水今泸水也”。胡渭《禹贡锥指》曰，“古之若水即《禹贡》梁州之黑水，汉时名泸水，唐以后名金沙江，而黑水之名遂隐”。

胡渭《禹贡锥指》曰，“以今舆地言之：陕西汉中府（今陕西省南郑、褒城、城固、洋县、西乡、沔县、宁羌、略阳八县地），兴安州（今陕西省安康、平利、镇坪、石泉、洵阳、汉阴、白河、紫阳九县地），及西安府之商州（今名商县）、洛南、山阳、镇安、商南；巩昌府之凤县（陕西）、两当（今属甘肃省）、徽州（今名徽县属甘肃）、成县（今属甘肃）、阶州（今名武都县属甘肃）、文县（今属甘肃）；湖广郧阳府之房县（湖北）、竹山、竹溪，及郧西县之西境；四川则成都（今四川成都、华阳、双流、郫县、温江、新繁、新都、彭县、崇宁、灌县、金堂、仁寿、井研、资中、内江、安县、简阳、资阳、崇庆、新津、广汉、什邡、绵竹、德阳、绵阳、罗江、彰明、茂县、汶川二十九县地）、保宁（今四川省阆中、苍溪、南部、广元、昭化、剑阁、梓潼、巴中、通江、南江十县地）、顺庆（今四川南充、西充、蓬安、营山、仪陇、广安、岳池、渠县、邻水、大竹十县地）、龙安（今四川平武、江油、北川三县地）、马湖（今四川屏山县）五府；潼川（今四川三台、射洪、中江、盐亭、遂宁、蓬溪、安岳、乐至、潼南、宝星十县地）、嘉定（今四川乐山、峨眉、夹江、洪雅、犍为、荣县、威远、峨边八县地）、邛（今四川邛崃、大邑、蒲江三县地）、眉（今四川眉山、彭山、丹稜、青神四县地）、雅（今四川雅安、名山、荥经、芦山四县地）五州；及叙州，泸州，重庆，夔州之江北诸州县(今四川宜宾、南溪、富顺、隆昌、泸县、巴县、壁山、永川、荣昌、大足、长寿、黔江、合川、铜梁、武胜、忠县、丰都、垫江、武隆、涪水、奉节、巫山、大昌、巫溪、云阳、万县、开县、梁山、开江、达县、宣汉、万源诸县及湖北建始县);松潘卫(今四川松潘县),叠溪营(今四川松潘南)天全六番招讨司(今四川天全县),黎大所(今四川汉源县),建昌卫(今四川西昌县);皆古梁州域也"。

岷嶓既艺

天挺案:岷,《史记·夏本纪》作汶,《索隐》云"汶一作岷,又作岐"(《河渠书》作岷);《汉书·地理志》引本句作岷,于道江及蜀郡湔氏道下引作嶓,《武帝纪·西南夷传》又作文;本字《说文》作䃉(《说文·水部·江下》云嶓山,《俄下》云汶江,山部作䃉,盖亦互用)。艺,《史记》、《汉书》并作蓺。

颜师古《汉书注》曰,"岷,岷山也;嶓,嶓冢山也"。

《汉书·地理志》蜀郡湔氏道(故城在今四川松潘县西北)注曰,"《禹贡》嶓山在西徼外,江水所出"。

《汉书·地理志》陇西郡西县(故城在今甘肃天水县西南百二十里)注曰,"《禹贡》嶓冢山西汉所出"。

沱潜既道

天挺案:潜,《史记》作涔,《汉书》作灊。

郑玄曰,"二水亦谓自江出者。《地理志》在今蜀郡郫县汶江及汉中安阳皆有沱水潜水,其尾入江汉耳,首不于此出。江原(今四川崇庆)有鄌江,首出江,南至犍为武阳(今四川彭山县)又入江,岂沱之类与?潜盖汉西出嶓冢,东南至巴都江州入江,行二千七百六十里(以上见《书疏》)。汉别为潜,其穴本小,水积成泽,流与汉合,大禹自导汉疏通即为西汉水也,故书曰'沱潜既道'"(以上见

《水经·潜水注》)。

《汉书·地理志》蜀郡郫县(故城在今四川郫县北)注曰,“《禹贡》江沱在西,东入大江。”陈澧《汉书地理志水道图说》曰,“今江水自四川灌县分二派:县南一派,过温江县,双流县,新津县者大江正流也。此江沱则西南一派,过崇庆州(今改县)至新津县复合”。

《汉书·地理志》蜀郡汶江县(故城在今四川茂县北)注曰,“江沱在西南,东入江”。陈澧《汉书地理志水道图说》曰,“盖今四川理番厅(今改县)孟董沟,东南流入江。今此水自江水分出之处已湮矣”。

《汉书·地理志》汉中郡安阳县(故城在今陕西成固县东)注曰,“鬵谷水(王念孙曰谷字衍)出西南,北入汉”。司马贞《史记索隐》曰,“潜出汉中安阳县西,北入汉”。孙星衍《尚书今古文注疏》曰,“即今陕西西乡县洋河”。

《汉书·地理志》巴郡宕渠县(故城在今四川渠县东北)注曰,“潜水西南入江”。《说文》曰,“灊水出巴郡宕渠,西南入江”。陈澧《汉书地理志水道图说》曰,“今四川太平县渠河,西南流入嘉陵江。志文入江当作入汉”。

蔡蒙旅平

郑玄曰,“《地理志》蔡蒙在汉嘉县”。

《汉书·地理志》蜀郡青衣县(故城在今四川雅安县北)注曰,“《禹贡》蒙山谿(王先谦云依志文例当云《禹贡》蒙山在西,有蒙溪,疑夺文)”。应劭注曰,“顺帝更名汉嘉也”。

天挺案:蔡蒙自伪孔传以来皆以为二山,然蔡山无可考。欧阳忞《舆地广记》谓在雅州严道县(今四川雅安),胡渭《禹贡锥指》谓即峨眉,盖均出之县揣。

和夷底绩

郑玄曰，“和夷，和上夷所居之地也。和读曰桓。《地志》曰，桓水出蜀郡蜀山，西南行羌中者也”。

厥土青黎

天挺案：黎，《史记·夏本纪》作骊。

《释名》曰，“土青曰黎，似黎草色也”。《诗传》曰，“纯黑曰骊”。

厥田惟下上

《书传》曰，“田第七”。

厥赋下中三错

郑玄曰，“三错者，此州之地有当出下下之赋者少耳，又有当出下上中下者，差复益少”。

厥贡璆铁银镂砮磬

天挺案：璆，郑玄本作璆；《史记集解》引郑注曰，“黄金美者，谓之镠磬，《说文》引作丹。”

《说文解字》曰，“球，玉磬也”。又曰，“球或从翏”。颜师古《汉书注》曰，“璆，美玉也”。

《说文解字》曰，“铁，黑金也”。

《尔雅·释器》曰，“白金谓之银”。

《说文解字》曰，“镂，刚铁可以刻镂”。

《说文解字》曰，“砮，石可以为矢镞”。

熊罴狐狸

天挺案：熊罴以下十五字，异读有四：郑康成以“熊罴狐狸”绝句，“织皮”属“西倾因桓是来”为句，“浮于潜”别为句；《史记集解》、《汉书》颜氏注则以“熊罴狐狸织皮”绝句，“西倾因桓是来”及

"浮于潜"各为句;孔传孔疏以织皮属上,而以"西倾因桓是来"属下"浮于潜";叶梦得则以为"熊罴狐狸织皮"当与"西倾因桓是来"相属为句;读各不同,训解亦殊。兹从郑氏读。

《说文》曰,"熊,似豕,山居,冬蛰"。

《尔雅·释兽》曰,"罴,如熊,黄白文"。

《说文》曰,"狐,妖兽也"。

《说文》曰,"狸,伏兽,似貙"。

案:《周礼·司裘》曰,"王大射,则共熊"。《诗·小雅·大东》曰,"舟人之子,熊罴是裘"。《诗·豳风·七月》曰,"取彼狐狸,为公子裘"。

织皮西倾因桓是来

天挺案:倾,《汉书·地理志》作顷,来作徕。

郑玄曰,"织皮,谓西戎之国也。西倾,雍州之山也。雍戎二野之间人有事于京师者,道常由此州而来。桓是,陇阪名;其道盘桓旋曲而上,故名曰桓是。今其下民谓是阪曲为盘也"。(以上《水经·桓水注》引)又曰,"《地理志》,西倾山在陇西临洮"。(《史记集解》引)天挺案《说文》云,巴蜀名山岸胁之旁箸欲落堕者曰氏,郑盖读是为氏。

《汉书·地理志》陇西郡临洮县(故城即今甘肃岷县治)注曰,"《禹贡》西倾山在县西"。李泰《括地志》曰,"西倾山今名强台山,在洮州临潭县(故城在今甘肃临潭县西南七十里)西南三百六十里"。成蓉镜《禹贡班义述》曰,"今此山在青海东南,黄河自东折西北之东岸,延袤千里,外跨诸羌,番名罗插普喇山也"。

浮于潜

天挺案:潜,《汉志》作灊;《史记·夏本纪》亦作潜,不作涔,盖后人误改。

逾于沔

天挺案：逾，《史记》作踰。

《汉书·地理志》武都郡武都县（故城在今甘肃成县西）注曰，"东汉水（王念孙云，东字后人所加，下文陇西氐道下云，养水东至武都为汉，不言东汉也。志言西汉水者，别于汉水而言之，若汉水则本无东汉之称）受氐道水，一名沔，过江夏谓之夏水，入江"。《水经·沔水篇》曰，"沔水出武都沮县（故城在今陕西略阳县东）东狼谷口"。陈澧《汉书地理志水道图说》曰，"志云养水至武都为汉，又云东汉水受氐道水，皆存《禹贡》故道耳。汉时东汉水已不受氐道水，故更以沮水为其源也（此金辅之说）。凡东汉水所纳之水志云入汉，或云入沔，惟不云入沮，则以沮水本非东汉水正源故也"。王先谦《汉书补注》曰，"《水经注》所称汉水，皆西汉也；于《禹贡》之汉，则但谓之沔水，沮水"。

入于渭

《汉书·地理志》陇西郡首阳县（故城在今甘肃渭源县东北）注曰，"《禹贡》鸟鼠同穴山在西南，渭水所出，东至船司空（故城在今陕西华阴县东北）入河，过郡四（陇西天水扶风京兆），行千八百七十里，雍州浸"。

乱于河

《尔雅·释水》曰，"正绝流曰乱"。郭璞注曰，"直横渡也"。郝懿行《义疏》曰，"正直，绝犹截也，截流横渡不顺曰乱"。

黑水西河惟雍州

天挺案：雍，《说文》作雝（玗下薮下）。

郑玄曰，"雍州界，自黑水而东，至于西河"。

孔颖达《尚书正义》引《水经注》曰,"黑水出张掖鸡山(张掖郡治觻得县,故城在今甘肃省张掖县西北),南流至燉煌(故城即今甘肃敦煌县治),过之危山,南流入于南海"(今本《水经》已失此文)。《太平御览》引《张掖记》曰,"黑水出县界鸡山"。《史记正义》引《括地志》曰,"黑水源出伊吴县(故城在今甘肃安西县北)北百二十里,又南流二十里而绝三危山,在沙州燉煌县东南四十里"。天挺案以今舆图按之安西县去张掖县约八百里,二说不同。杜佑《通典》曰,"孔郑通儒,莫知其所,或是年代久远,遂至湮涸,无以详焉"。

胡渭《禹贡锥指》曰,"以今舆地言之:陕西临洮(今甘肃皋兰、临洮、渭源、红水、榆中、洮沙、临夏、和政、宁定九县地),平凉(今甘肃平凉、崇信、华亭、镇源、隆德、泾川、灵台、静宁、庄浪、固原十县地),庆阳(今甘肃庆阳、合水、环县、真宁、宁县五县地),延安(今陕西肤施、安塞、甘泉、安定、保安、宜川、延川、延长、青涧、鄜县、洛川、中部、宜君、绥德、米脂、葭县、吴堡、神木、府谷、靖边、定边二十一县地),凤翔(今陕西凤翔、岐山、宝鸡、扶风、郿县、麟游、汧阳、陇县八县地)五府。其西安府则唯商州、洛南、山阳、镇安、商南;巩昌府则唯凤县,两当、徽州、成县、阶州、文县为梁域,余皆属雍(今陕西长安、咸阳、泾阳、兴平、临潼、渭南、蓝田、鄠县、盩厔、高陵、富平、三原、醴泉、华县、华阴、蒲城、朝邑、平民、郃阳、韩城、澄城、白水、耀县、同官二十四县;及甘肃陇西、定西、会宁、通渭、漳县、武山、甘谷、西和、天水、秦安、清水、礼县十二县地)。又榆林卫(今陕西榆林、横山二县地),宁夏卫(今宁夏者宁夏、宁朔、平罗、灵武、永靖、盐池、金积、豫旺八县地),宁夏中卫(今宁夏省中卫县地),及靖远(今甘肃靖远县)、岷州(今甘肃岷县)、洮州(今甘肃临潭县)三卫;行都司所领甘州(今甘肃张掖、东乐、临泽三县地),庄浪(今甘肃古浪、永登二县地）等诸卫所（今甘肃民勤、永昌、武威、山丹、西宁、碾伯、酒泉、金塔、高台、鼎新十县，清初亦属陕西行都指挥司；民勤称镇番卫，永昌称永昌卫，武威称凉州卫，山丹称山丹卫，西宁碾伯称西宁卫，酒泉金塔称肃州卫，高台鼎新称高台所）。其在化外者，南至西倾，积石；西逾三危；北抵沙漠；皆古雍州域也”。

弱水既西

天挺案：弱，《释文》云“本或作溺”，《说文》亦作溺。

郑玄曰，“弱水出张掖”。

又曰，“众水皆东，此独西流，故记其西下也”。

洪亮吉《乾隆府厅州县图志》甘肃省甘州府山丹县，“弱水源出县西南，北流迳县西，又西北迳张掖县北，又西北入肃州高台县界”。

泾属渭汭

天挺案：汭，《释文》云，本又作内。

马融曰，“属，入也”。郑玄曰，“属，注也”（《士冠礼》注）。

《说文》曰，“汭，水相入也”。郑玄曰，“汭，隈曲中也”（《召诏》注）。

郑玄曰，“泾水、渭水发源皆几二千里，然而泾小渭大，属于渭而入于河”。

颜师古《汉书注》曰，“言治泾水入于渭也”。

《汉书·地理志》安定郡泾阳县（故城在今甘肃平凉县西四十里）注曰，“幵头山在西，《禹贡》泾水所出，东南至阳陵（故城在今陕西咸阳东四十里）入渭。过郡三（安定扶风冯翊），行千六十里，雍州川。”（幵头山一名鸡头，又名笄头，又名牵屯，又名汧屯，又名薄落，又名崆峒，又名泾谷，又名大陇，又名高山，又名都卢）。洪亮吉《乾隆府厅州县图志》甘肃省平凉府平凉县，“泾水源出县西，东流迳县北，又东入泾州界”。

郦道元《渭水泾水注》曰，“渭水又迳平阿侯王谭墓（墓在今陕西西安）北，左则泾水注之”。洪亮吉《乾隆府厅州县图志》陕西省西安府泾阳县，“泾水自邠州淳化县西，乾州永寿县东，流入县西，又东南至高陵县西南入渭”。

胡渭《禹贡锥指》曰，“泾水出平凉府平凉县西笄头山，东南流，迳其县南，又东南迳华亭县东北，又东迳泾州（今名泾川）南，又东迳长武县（陕西）北，汭水入焉，又东南迳邠州（今名邠县）北，又东南迳淳化县西，又南迳永寿县东，又南迳醴泉县东，又东南迳泾阳县南，又东南迳高陵县西南入于渭水”（天挺案：《水经·泾水篇》久佚，胡氏据《通典》、《太平寰宇记》、《长安志》及《州郡志书》，补之如此。然以舆图考之，泾水不迳华亭县界；汭水迳泾川县入泾水，亦不入长武界也）。

漆沮既从

颜师古《汉书注》曰，“漆沮即冯翊之洛水也”。

《汉书·地理志》左冯翊怀德县（故城在今陕西朝邑县西南四十三里）注曰，“洛水东南入渭”。

《水经》十九《渭水篇》曰，“渭水……又东过华阴县（故城在今陕西华阴县东南）北”；郦道元注曰，“洛水入焉，阚骃以为漆沮之水也”。《太平寰宇记》同州白水县（今陕西白水县）引郦道元《水经·洛水注》（案《水经·洛水篇》久佚）曰，“洛水东南，沮水入焉，故洛水亦名漆沮水”。

沣水攸同

天挺案：沣，《汉书·地理志》作酆，《水经》及《后汉·郡国志》并作丰。攸《汉志》作逌。

《书传》曰,“沣水所同,同之于渭”。

《汉书·地理志》右扶风鄠县(故城在今陕西鄠县北)注曰,“酆水出东南。……北过上林苑入渭。”《水经》十九《渭水篇》曰,“渭水……又东,丰水从南来注之”;郦道元注曰,“丰水出丰溪,西北流分为二水:一水东北流为枝津;一水西北流,……又北迳灵台(今陕西长安县西北)西,又北至石墩(即短阴原,在今陕西咸阳县西南),注于渭”。洪亮吉《乾隆府厅州县图志》陕西省西安府鄠县,“丰水源出县东南终南山,北流迳县东,又北迳长安县西,又北至咸阳县东南入渭”。

荆岐既旅

天挺案:既,《史记·夏本纪》作已。

颜师古《汉书注》曰,“荆,岐二山名;荆在岐东。言二山治毕,已旅祭也”。

《汉书·地理志》左冯翊怀德县注曰,“《禹贡》北条荆山在南。下有强梁原”。

《汉书·地理志》石扶风美阳县(故城在今陕西武功县西南)注曰,“《禹贡》岐山在西北”。

终南惇物

天挺案:惇,《史记·夏本纪》作敦;《汉书·地理志》引本句作惇,于武功县下作敦。

《汉书·地理志》右扶风武功县(故城在今陕西郿县东)注曰,“太壹山,《古文》以为终南;垂山(钱坫云,垂当为岳,形近而误),《古文》以为敦物;皆在县东”(成蓉镜云东当为南字之误)。

成蓉镜《禹贡班义述》曰,“终南即《诗·秦风》所云‘终南何有’者也。《左氏昭四年传》谓之中南,故毛《传》云,‘终南周之名山中南也’。杜预《春秋释例》云,‘中南始平,武功县西南有太壹山,《白帖》五引《五经通义》云,‘中南一名太一’;《长安志》十一,《玉海》二十,《通鉴·地理通释》五引《五经要义》云,‘太一一名终南山,在扶风武功县’(《初学记》五引《要义》云终南山一名太一);《初学记》五,《白帖》五,《长安志》十一,《太平御览》三十八引潘岳《关中记》云,‘终南一名中南’;淮南俶真谓之终隆;《水经·渭水注》‘终南亦曰太白山’,俗云‘功武太白,去天三百(案此本《辛氏三秦记》见《太平御览》三十八、四十)’”

胡渭《禹贡锥指》曰,“终南之名,唯见于《秦风》,而《小雅》则称南山不一而足,又有北山。盖南山谓都南诸山,终南太一在焉;北山谓都北诸山,九嵕甘泉巀嶭等是也。古终南止于盩厔自秦襄公取周地为诸侯,徙都于汧,国人作诗以美之,以终南起兴。终南远接岍岐,盖自此始。说者遂以终南蔽南山,谓西起秦陇,东彻蓝田,横亘八百里皆终南矣”(天挺案此程大昌《雍录》之说)。

钱坫《新斠注地理志》曰,岳山“今名武功山,在郿县东南,俗呼之为鳌山”。

至于鸟鼠

《汉书·地理志》陇西郡首阳(故城在今甘肃渭源县东北)注曰,“《禹贡》鸟鼠同穴山在西南”。洪亮吉《乾隆府厅州县图志》甘肃省兰州府渭源县,“鸟鼠山在县西”。

原隰底绩

《尔雅·释地》曰,“下泾曰隰……广平曰原”。

郑玄曰,“《诗》云,‘度其隰原’即此原隰是也。原隰豳地,从此致功,西至猪野之泽”。胡渭《禹贡锥指》曰,“原隰……非一定之地名也。以公刘之隰原,为《禹贡》之原隰,义实未安”。

至于猪野

天挺案：猪，《史记·夏本纪》作都；野，《汉书·地理志》作壄。

《汉书·地理志》武威郡武威县（故城甘肃民勤县北）注曰，“休屠泽在东北，《古文》以为猪壄泽”。陈澧《汉书地理志水道图说》曰，“今甘肃镇番县（今名民勤县）东北边外大池”。

三危既宅

天挺案：宅，《史记·夏本纪》作度。

颜师古《汉书注》曰，“三危，山名；已可居也”。

《太平御览》引《河图括地象》曰，“三危山在鸟鼠之西南，与汶山相接”。《水经·禹贡山川泽地所在篇》曰，“三危在燉煌县（故城即今甘肃敦煌县治）南”。郦道元注曰，“杜林曰，‘燉煌古瓜州也’。……汉武帝元鼎六年分酒泉置，南七里有鸣沙山，故亦曰沙州也”。李泰《括地志》曰，“三危山有峰，故曰三危；俗亦名卑羽山；在沙州燉煌县东南三十里”。

三苗丕叙

天挺案：丕，《史记·夏本纪》作大，故训字；叙作序，古字通。

《广雅·释诂》三曰，“序，次也”。《说文》曰，“序，次第也”。

案《尧典》，“窜三苗于三危”。

厥上惟黄壤

天挺案：厥，《史记》作其。《史》、《汉》均无惟字。

厥田惟上上

天挺案：《史》、《汉》均无其惟二字。

《书传》曰，“田第一”。

厥赋中下

天挺案：《史》、《汉》均作赋中下。

《书传》曰,“赋第六”。

厥贡惟球琳琅玕

天挺案:球,《史记·夏本纪》、《论衡·率性篇》,均作璆。琳,《释文》云字亦作玲。玕,《说文解字》古文作琿。《史》、《汉》均无厥惟二字。

《说文》曰,“球,玉磬也”。“琳,美玉也”。“琅玕,似珠者”。

《尔雅·释地》曰,“西北之美者,有昆仑虚之璆琳琅玕焉”。郭璞注曰,“璆琳,美玉名;琅玕,状似珠者”。孔颖达《尚书正义》曰,“说者皆云,球琳美玉名;琅玕石而似珠者”。

浮于积石

《汉书·地理志》金城郡河关县(故城在今甘肃临夏县西)注曰,“积石山在西南羌中”。李泰《括地志》曰,“积石山今名小积山,在河州枹罕县(故城在今甘肃临夏)西七里”。洪亮吉《乾隆府厅州县图志》甘肃省兰州府河州(今改名临夏县),“积石山在州西北,接西宁界,亦曰小积石山,本古唐述山也”。

至于龙门西河

《汉书·地理志》左冯翊夏阳县(故城在今陕西韩城县西南)注曰,“龙门山在北”。李泰《括地志》曰,“龙门山在同州韩城县北五十里”。洪亮吉《乾隆府厅州县图志》陕西省同州府韩城县,“龙门山在县东北,黄河西岸”(清《一统志》云跨山西河津县界)。

会于渭汭

《尔雅·释诂》曰,“会,合也”。

织皮崑崙析支渠搜

天挺案:崑崙,《史记·夏本纪》作昆仑,《汉书·地理志》引本句作昆崙;敦煌郡金城郡及《沟洫志》并作昆仑。析支,《大戴礼记·五帝德篇》作鲜支,《后汉书·西南夷传》作赐支。渠搜,《汉书·地理志》引本句作渠叟武古纪作渠搜;《史记·五帝本纪·舜纪》及《大戴礼记·五帝德篇》并作渠廋。

郑玄曰,“织皮谓西戎之国也”(《水经·桓水注》引)。

马融曰,“崑仑在临羌西”。《汉书·地理志》金城郡临羌县(故城即今青海省西宁县治)注曰,“西北至塞外有西王母石室,仙海,盐池,北则湟水所出,东至允吾入河,西有须抵池,有弱水昆仑山祠”。李泰《括地志》曰,“崑崙山在肃州酒泉县(今甘肃酒泉县)南八十里”。马融曰,“析支在河关(今甘肃临夏)西”。《水经·河水注》二引司马彪曰,“西羌者,自析支以西,滨于河首左右居也。河水屈而东北流,迳析支之地,是为河曲矣”。《水经·河水注》二引应劭曰,“《禹贡》析支属雍州,在河关之西,东去河关千余里,羌人所居谓之河曲羌也”。《汉书·武帝纪》臣瓒注曰,“《禹贡》渠搜在雍州西北”。

又应劭注曰,“《禹贡》析支渠搜属雍州,在金城河关之西,西戎也”。

西戎即叙

天挺案:叙,《史记·夏本纪》作序,《汉书·西域传》引同;《汉书·地理志》引本句作叙,盖后人读改。《汉书·西域传》赞曰,“书曰,‘西戎即序’,言禹就而序之”。

导岍及岐

天挺案:《史记·夏本纪》作“道九山,汧及岐”。岍,《汉志》作汧,《释文》云字又作汧;马融本作开。导,《汉志》亦作道。

陆德明《经典释文》曰,“导音道,从首起也”。

《汉书·地理志》右扶风汧县(故城在今陕西陇县南)注曰,

“吴山在西,古文以为汧山,雍州山”。李泰《括地志》曰,“汧山在陇州汧源县(今陕西陇县)西六十里,其山东邻汶岫,西接陇冈,汧水出焉”。王念孙《广雅疏证·释山》曰,“在今凤翔府陇州西南,俗以在州西四十里者为汧山,在州南八十里者为岳山,其实一山也”。成蓉镜《禹贡班义述》曰,“吴山,虞山,吴岳,岳山,开山,并汧山之异名”。

岐山见雍州。

至于荆山

荆山见雍州。

逾于河

天挺案:逾,《史记·夏本纪》作踰。

壶口雷首

壶口见冀州。

《汉书·地理志》河东郡蒲反县(故城在今山西永济县东南)注曰,“雷首山在南”(汪远、孙云《夏纪索隐》“南”上有“东”字)。郑璞《穆天子传》注曰,“雷首山名,今在河东蒲反县南”(南还至雷首句注)。李泰《括地志》曰,“蒲州河东县雷首山,一名中条山,亦名历山,亦名首阳山,亦名蒲山,亦名襄山,亦名甘枣山,亦名猪山,亦名独头山,亦名薄山,亦名吴山。此山西起雷首,东至吴坂,凡十一名,随州县分之”。郦道元《水经》四《河水注》曰,“河水南迳雷首山西,山临大河,北去蒲坂三十里,《尚书》所谓‘壶口雷首’者也”。洪亮吉《乾隆府厅州县图志》山西省蒲州府永济县,“雷首山在县南四十五里”。

至于太岳

天挺案:岳,《史》、《汉》均作嶽。

胡渭《禹贡锥指》曰，“太岳即霍山，乂名霍太山，在平阳府霍州（今名霍县）东三十里，及岳阳县（今名安泽）西北九十里，赵城县东北四十五里”。

郦道元《水经·汾水注》曰，“汾水又南（近刻作东此依戴校）与彘水合，水出东北太岳山，禹贡所谓岳阳也即霍太山矣”。

太岳又互见冀州岳阳。

底柱析城

天挺案：底，《史记·夏本纪》及《水经注》并作砥。

《水经·禹贡山水泽地所在篇》曰，“砥柱山在河东太阳县东河中也”。郦道元《水经》四《河水注》曰，“砥柱山名也。昔禹治洪水，山陵当水者凿之，故破山以通河。河水分流，包山而过，山见水中若柱然，故曰砥柱也。三穿既决，水流疏分，指状表目，亦谓之三门矣。山在虢城东北大阳（故城在今山西省平陆县东北十五里）城东也”。李泰《括地志》曰，“底山俗名三门山，硖石县（故城在今河南省陕县东南）东北五十里黄河之中”。洪亮吉《乾隆府厅州县图志》河南省陕州，“砥柱山在州东北四十里，黄河中”。

《汉书·地理志》河东郡获泽县（故城在今山西阳城县西三十里）注曰，“《禹贡》析城山在西南”。郦道元《水经》九《沁水注》曰，“析城山……在获泽南，《禹贡》所谓砥柱析城至于王屋也。山甚高峻，上平坦”。李泰《括地志》曰，“析城山（通行本《史记》山字或作县，此依孙星衍辑本《括地志》）在泽州西南七十里”。洪亮吉《乾隆府厅州县图志》山西省泽州府阳城县，“析城山在县西南”。

至于王屋

《汉书·地理志》河东郡垣县（故城在今山西垣曲县西二十里）

注曰,“《禹贡》王屋山在东北”。《水经·禹贡山水泽地所在》曰,“王屋山在河东垣县东北”。李泰《括地志》曰,“王屋山在怀州王屋县(故城在今河南济源县西八十里)北十里;《古今地名》云山方七百里,山高万仞,本冀州之河阳山也”。洪亮吉《乾隆府厅州县图志》河南省怀庆府济源县,“王屋山在县西八十里,与山西垣曲县接境。山有三重,其状如屋,故名”。

太行恒山

天挺案:恒,《史记·夏本纪》作常 ,避汉文帝讳。行,《列子》作形。

《汉书·地理志》河内郡壄王县(故城即今河南沁阳县治)注曰,“太行山在西北”。郦道元《水经》九《沁水注》曰,“沁水又东,邘水注之。水出太行之阜山,即五行之异名也。《淮南子》曰,‘武王欲筑宫于五行之山……’。高诱注云,‘今太行山也’。在河内野王县西北上党关,《诗》所谓‘徒殆野王道,倾盖上党关’,即此山也”。李泰《括地志》曰,“太行山在怀州河内县(今河南沁阳)北二十五里,有羊肠坡”。洪亮吉《乾隆府厅州县图志》河南省怀庆府河内县(今名沁阳),“太行山,县及济源、修武三县皆在其麓,东接卫辉府卫县界,北接山西泽州府界,一名五行山”。

《水经·禹贡山水泽地所在》曰,“恒山为北岳,在中山上曲阳县(故城在今河北曲阳县西)西北”。李泰《括地志》曰,“恒山在定州恒阳县(今 河北曲阳)西北百四十里”。《太平寰宇记》六十三河北道定州曲阳县,“北岳恒山在县西北一百四十里”。洪亮吉《乾隆府厅州县图志》直隶省定州曲阳县,“恒山在县西北,亦曰常山,亘保定府西境,及山西大同府东境”。

恒山又互见冀州。

至于碣石

碣石见冀州。

入于海

西倾朱圉鸟鼠

天挺案：圉，《汉书·地理志》引本句作圄，天水郡冀县下引作圄；古字通。

《汉书·地理志》天水郡冀县（故城在今甘肃甘谷县南）注曰，"《禹贡》朱圄山在县南梧中聚"。《水经·禹贡山水泽地所在》曰，"朱圉山在天水北冀城南"；郦道元注曰，"即冀县，山有石鼓，开山图谓之天鼓山"。李吉甫《元和郡县图志》陇右道秦州伏羌县，"朱圉山在县西南六十里"。洪亮吉《乾隆府厅州县图志》甘肃省巩昌府伏羌县（今名甘谷），"朱圉山在县西南"（县志云在县西南三十里）。

西倾见梁州，鸟鼠见雍州。

至于太华

郑玄曰，"太华山在宏农华阴南"。《水经·禹贡山水泽地所在》曰，"华山为西岳，在弘农华阴县西南"。天挺案：华阴西汉属京兆尹，光武建武十五年改属弘农。

太华又互见梁州。

熊耳外方桐柏

《汉书·地理志》弘农郡卢氏县（故城即今河南卢氏县治）注曰，"熊耳山在东"。李泰《括地志》曰，"熊耳山在虢州卢氏县南五十里"。胡渭《禹贡锥指曰》，"熊耳山在今卢氏县西南五十里，东连永宁（今名洛宁），南接内乡，有东西两峰，相竞如熊耳然，故名"。

《汉书·地理志》颍川郡崈高县（故城即今河南省登封县治，崈古崇字）注曰，“武帝置，以奉太室山，是为中岳。有太室少室山庙。古文以崇高为外方山也”。《水经·禹贡山水泽地所在》曰，“外方山崧高是也”。又曰，“嵩高为中岳，在颍川阳城县西北”。李泰《括地志》曰，“嵩高亦名太室山，亦名外方山，在洛州阳城县北二十三里也”。洪亮吉《乾隆府厅州县图志》河南省河南府登封县，“嵩山在县北，古曰外方，又曰嵩高，亦曰太室，其西曰少室”。胡渭《禹贡锥指》曰，“其山东跨密县，西跨洛阳，北跨巩县，绵亘百五十里。太室，中为峻极峰，左右列峰各十二，凡二十四；少室峰三十六”。

《汉书·地理志》南阳郡平氏县（故城在今河南省桐柏县西北四十里）注曰，“《禹贡》桐柏大复山在东南”。李泰《括地志》曰，“桐柏山在唐州（今河南沘源县南）东南五十里，淮水出焉”。洪亮吉《乾隆府厅州县图志》河南省南阳府桐柏县，“桐柏山在县西南三十里，东南接湖北随州（今名随县）界，西接襄阳府枣阳界。……大复胎簪皆其支峰”。

至于陪尾

天挺案：陪，《史记·夏本纪》作负，《汉书·地理志》作倍。

《汉书·地理志》江夏郡安陆县（故城在今湖北安陆县北）注曰，“横尾山在东北，古文以为倍尾山”。郦道元《水经》三十一《涢水注》曰，“随水出随郡永阳县（今湖北应山县北）东石龙山，西北流，南回迳永阳县西，历横尾山，即《禹贡》之陪尾山也”。李泰《括地志》曰，“横尾山古陪尾山，在安州安陆县（即今安陆县治）北六十里”。洪亮吉《乾隆府厅州县图志》湖北省德安府安陆县，“横尾山在县北六十里”。

嶓导冢

《水经·禹贡山川泽地所在》曰，“嶓冢山在陇西氐道县（故城在今甘肃清水县西南）之南”。洪亮吉《乾隆府厅州县图志》甘肃省泰州（今名天水县），“嶓冢山在州西南”。

嶓冢互见梁州及导漾。

至于荆山

《水经·禹贡山川泽地所在》曰，“荆山在南郡临沮县东北”。

荆山互见荆州。

内方至于大别

《汉书·地理志》江夏郡竟陵县（故城在今湖北省天门县西北）注曰，“章山在东北，《古文》以为内方山”。郦道元《水经》二十八《沔水注》曰，“沔水自荆城（今湖北宜城县西南）东，南流迳章山东，……《禹贡》所谓‘内方至于大别’者也”。李泰《括地志》曰，“章山在长林县（今荆门县北）东北六十里”。洪亮吉《乾隆府厅州县图志》湖北省安陆府钟祥县，“章山在县西，南接荆门州界，即内方山”。

《汉书·地理志》六安国安丰县（故城在今河南固始县东）注曰，“《禹贡》大别山在西南”。《水经·禹贡山水泽地所在》，“大别山在卢江安丰县西南”。郑玄曰，“大别在卢江安丰县”。郦道元《水经》二十八《沔水注》引京相璠《春秋土地名》曰，“大别汉东山名也，在安丰县南”。洪亮吉《乾隆府厅州县图志》安徽省颍州府霍丘县，“大别山在县西南九十里，一名安阳山”。（天挺案，洪氏《卷施阁文甲集》卷七有“释大别山一篇寄邵编修晋涵”一文，凡列十四证，申明班郑，以破李吉甫《元和郡县图志》。见下《禹贡》异义节。）

岷山之阳

天挺案：岷，《史记》作汶，《汉志》作嶓。

《水经·禹贡山水泽地所在》,“汶山在蜀郡湔氐道西”。《说文解字》曰,“㟭山,在蜀湔氐西徼外”。李泰《括地志》曰,“岷山在溢乐县(故城即今甘肃岷县治)南一里,连绵至蜀,几二千里,皆名曰岷山”。洪亮吉《乾隆府厅州县图志》四川省松潘厅,“岷山在厅西北”。岷山互见梁州及道江。

至于衡山

《水经·禹贡山水泽地所在》,“衡山在长沙湘南县(故城在今湖南湘潭县西六十里)南。”郦道元《水经》三十八《湘水注》曰,“湘水又北迳衡山县东,山在西南,有三峰,一名紫盖,一名石囷,一名芙容,芙容峰最为竦杰。……衡山东南二面,临映湘川,自长沙至此,江湘七百里中有九向九背”。李泰《括地志》曰,“衡山在衡州湘潭县西四十一里”。

衡山互见荆州、衡阳。

过九江

九江见荆州。(成蓉镜《禹贡班义述》立十六证以明九江之在豫章,见下《禹贡》异义节。)

至于敷浅原

天挺案:敷,《汉书·地理志》引本句作敷,豫章郡历陵下引作傅。浅,《史记索隐》引徐广云,一作灭。

《汉书·地理志》豫章郡历陵县(故城在今江西省德安县东)注曰,傅阳山,“傅阳川在南,古文以为傅浅原”(傅阳《尚书正义》引作博阳)。洪亮吉《乾隆府厅州县图志》江西省九江府德安县,“博阳山在县南十二里”。

导弱水至于合黎

天挺案:《史记·夏本纪》作“道九川,弱水至于合黎”。弱水,

《说文》作溺水。黎,《汉书·地理志》引本句作藜,张掖删丹下作黎。

胡渭《禹贡锥指》曰,“导循行也”。

《汉书·地理志》张掖郡删丹县(故城即今甘肃山丹县治)注曰,“桑钦以为道弱水自此,西至酒泉合黎”。《说文》曰,“溺水自张掖删丹西至酒泉合黎,余波入于流沙”。

郑玄曰,“合黎山名。《地说》云,合黎山在酒泉会水县东北”。李泰《括地志》曰,“兰门山,一名合黎,一名穷石,山在甘州删丹县西南七里。《淮南子》云,弱水源出穷石山”。张守节《史记正义》曰,“合黎山,张掖县西北二百里”。洪亮吉《乾隆府厅州县图志》甘肃省甘州府张掖县,“合黎山在县西北”。

胡渭《禹贡锥指》曰,“弱水经不言所出,桑钦以为出张掖删丹县,郑康成曰,‘众水东流,此独西流’,而《水经注》无之。其所经与所入不可得详。今按《近志》:弱水出山丹卫(今甘肃山丹县)西南穷石山,《离骚》‘夕次于穷石’即此,《淮南子》云,‘弱水出穷石山’也。北流迳其卫西,又西北迳甘州卫(今甘肃张掖县)北,又西迳合黎山,与张掖河合。张掖河,古羌谷水也,一名合黎水,出卫西吐谷浑界,北流迳张掖县北,合弱水为张掖河。自下通兼弱水之目。弱水又西北迳高台所(今甘肃高台县)北,又西迳镇夷所(今甘肃高台县西北)南,又西北出合黎山峡口,又东北迳居延故城,又东北入居延泽”。

天挺案:《汉书·地理志》酒泉郡禄福县(故城即今甘肃酒泉县治)注曰,“呼蚕水(即今讨来河)出南羌中,东北至会水(故县在今甘肃高台县西北)入羌谷”。又张掖郡觻得县(故城在今甘肃张掖县西北)注曰,“羌谷水出羌中,东北至居延(今宁夏省居延设治局清称额济纳旗)入海(居延海),过郡二(张掖、酒泉),行二千一百里"。即今张掖河也。洪亮吉《乾隆府厅州县图志》甘肃省甘州府张掖县,"羌谷水今名张掖河,在县西,……按今张掖河上源东北流二百里许至府西北,合弱水,其源比弱水差短,而流特盛,自汉以来皆主此水,故详纪源流,而略于弱水,就《禹贡》言,则此亦弱水之源也"。又山丹县,"弱水源出县西南,北流迳县西,又西北迳张掖县北,又西北入肃州高台县界"。

徐松《西域水道记》曰,"弱水今谓之黑河,又曰张掖河,后儒不知本为一河,分张掖河当《禹贡》之弱水,黑河当《禹贡》之黑水,误矣"。

余波入于流沙

郑玄曰,"《地理志》,流沙居延西北(王鸣盛云当作东北),名居延泽。《地记》曰,'弱水西流,入合黎山腹,余波入于流沙,通于南海'"。

《汉书·地理志》张掖郡居延县(故城在今宁夏省居延设治局即清蒙古额济纳旧土尔扈特旗)注曰,"居延泽在东北,古文以为流沙"。李泰《括地志》曰,"汉居延故城,在今张掖(即今甘肃张掖县治)县东北千五百三十里"。何秋涛《蒙古游牧记补注》曰,"汉居延城即张掖郡属之居延县"。成蓉镜《禹贡班义述》曰,"弱水由合黎山石峡口东北流,曰坤都伦河,又东北迳额济纳旗东,亦曰额济纳河,又东北分为二支,流入居延海,海即汉居延泽也。在旗东北,故亦曰额济纳海。蒙古称西北者为索郭克鄂模,东北者为索博鄂模"。

导黑水至于三危

魏源《书古微》曰,"考经文,先弱黑,次河,次江,次汉,皆自北而南,则知弱黑必在河源以北。且皆叙于雍域之内,则其导川之黑水即雍域北条之水，三危即北条之山，而南海亦雍域之海也”（天挺案，先儒多以导黑水为雍州川，惟杨守敬《禹贡本义》以为梁州川，下节见《禹贡》异义）。

黑水三危见雍州。

入于南海

魏源《书古微》曰，“青海即黑海，又即南海。……以其色黑言之，谓之青海；自三危合黎言之，谓之南海”。

导河积石

积石见雍州。

《汉书·地理志》金城郡河关河县（故城在今甘肃临夏县西）注曰，“积石山在西南羌中，河水行塞外，东北入塞内，至章武（故城在今河北省沧县东北）入海。过郡十六（王鸣盛云，河所过郡，据郑康成《尚书注》，当为：金城、天水、武威、安定、北地、朔方、五原、云中、定襄、雁门、西河、上郡、河东西冯翊、河南、河内、魏郡、巨鹿、东郡、清河、平原、信都、勃海：凡二十三郡，此言十六疑有阙漏），行九千四百里”。《汉书·沟洫志》曰，“河出昆仑，经中国，注勃海”。

至于龙门

《水经·河水篇》曰，“河水……又东入塞，过敦煌、酒泉、张掖郡南，又东过陇西河关县北，洮水从东南来，流注之。又东过金城允吾县（故城在今甘肃皋兰县西）北，又东过榆中县（故城在今甘肃榆中西北）北，又东过天水（故城在今甘肃渭源县北）北界，又东北过武威媪围县（故城在今皋兰县东北）南，又东北过天水勇士县（故城在今榆中县东北）北，又东北过安定北界麦田山（山在今甘肃靖远县东北）。又北过北地富平县（故城今宁夏省灵武西南）西，又北过朔方临戎县（故城今绥远鄂尔多斯右翼后旗）西，屈从县北，东流至河目县(故城今绥远吴喇忒西北)西,屈南过五原西安阳县(今吴喇忒西阴山南)南,屈东过九原县(故城今吴喇忒西)南,又东过临沃县(今吴喇忒东北)南,又东过云中桢陵县(故城在今绥远省托克托县)南,又东过沙南县(今鄂尔多斯左翼前旗东北)北,从县东屈,南过沙陵县(故城在今绥远清水河县西南)西,又南过赤城东,又南过定襄桐过县(今山西省偏关县北)西,又南过西河圁阳县(故城在今陕西神木县东)东,又南过离石县(故城即今山西离石县治)西,又南过中阳县(故城在今山西中阳县西)西,又南过土军县(故城今山西省石楼县治)西,又南过上郡高奴县(故城在今陕西肤施县东)东,又南过河东北屈县(故城在今山西吉县北)西,又南过皮氏县(故城今山西河津县西)西,又南出龙门口,汾水从东来注之"。

龙门见雍州。

南至于华阴

《水经·河水篇》曰,"……又南过汾阴县(故城今山西荣河县北)西,又南过蒲坂县(故城今山西永济县东南)西,又南至华阴潼关(今陕西潼关县),渭水从西来注之"。

华阴见梁州。

东至于底柱

天挺案:底,《史记》作砥

《水经·河水篇》曰,"……又东过河北县(故城今山西芮城县东北)南,又东过陕县(故城即今河南陕县治)北,又东过大阳县(故城今山西平陆县东北)南,又东过砥柱间"。

底柱见遵山。

又东至于孟津

天挺案:孟津,《史记·夏本纪》,《汉书·地理志》、《沟洫志》,

《文选·东都赋注》，并引作盟津；《水经·河水注》作孟津。

颜师古《汉书注》曰，“都道所凑，故号孟津；孟，长大也。”

杜预《左传注》曰，“盟，河内河阳县（故城在今河南孟县西三十五里）南孟津也。在洛阳城北，都道所凑，古今常以为津。武王渡之，近世以来呼为武济”。李泰《括地志》曰，“盟津……亦曰孟津，又曰富平津，《水经》云小平津，今云河阳津是也”。

洪亮吉《乾隆府厅州县图志》河南省怀庆府孟县，“孟津在县南十八里”。

《水经·河水篇》曰，“……又东过平阴县（故城今河南孟津县东）北，清水从西北来注之。又东至邓（故城今孟津县东北），又东过平县（故城今孟津县东）北，湛水从北来注之”。郦道元注曰，“河水又东迳平县故城北，……河南有钩陈垒，世传武王伐纣，八百诸侯所会处，《尚书》所谓不期同时也。……河水于斯有盟津之目。……燔以告天，与八百诸侯咸同此盟，《尚书》所谓不谋同辞也。故曰孟津；亦曰盟津，《尚书》所谓东至于孟津者也。又曰富平津……”。

东至洛汭

天挺案：《史记·夏本纪》作雒汭，《汉书·沟洫志》作雒内，《地理志》作洛汭。

《书传》曰，“洛汭，洛入河处”。

《水经·河水篇》曰，“……又东过巩县（故城今河南巩县西南）北，洛水从县西北流注之”。

郦道元注曰，“洛水于巩县东迳洛汭，北对琅邪渚，入于河，谓之洛口矣。自县西来而北流注河，清浊异流，皦焉殊别”。

洛水见荆州豫州。

至于大伾

天挺案：伾，《尔雅·释山》郭璞注引作坯，《史记·夏本纪》作邳，《释文》云或作岯，或作胚；据《说文》本字应作坯。

《尔雅·释山》曰，“山：三袭，陟；再成，丘；一成，坯”（成，重也）。

孔颖达《尚书正义》曰，“郑玄云，‘大岯在修武（故城今河南获嘉县西北）武德（故城今河南武陟县东）之界’。张揖（天挺案《汉书·沟洫志》引作张安）云，‘成皋县（故城今河南汜水县西北）山也’。《汉书音义》有臣瓒者，以为‘修武武德无此山也，成皋县山又不一成；今黎阳县（故城今河南濬县东北）山临河，岂不是大岯乎’？瓒言当然”（天挺案，瓒注见《汉书·沟洫志》）。

李泰《括地志》曰，“大伾山今名黎阳东山，又名青坛山，在卫州黎阳县南七里”。

《水经·河水篇》曰，“……又东过成皋县北，济水从北来注之。又东过荥阳县（故城今河南荥泽县西南）北，蒗荡渠出焉。又东北过武德县东，沁水从西北来注之”。郦道元注曰：“水自武德县，……东至酸枣县（故城今河南延津县北）西，……又迳东燕故城（今延津县东北）北，……又东迳遮害亭（亭在今河南浚县西南）南，……有宿胥口，旧河水北入处也”。

北过降水

天挺案：《汉书·地理志》引本句作洚；上党郡屯留下，信都国信都下，并作绛。

《汉书·地理志》上党郡屯留县（故城今山西屯留县南）注曰，“桑钦言绛水出西南，东入海”（《水经注》引作入漳，王念孙云入海本作入漳，后人改）。又信都国信都县（故城今河北冀县治）注曰，

"《禹贡》绛水亦入海"。郦道元《水经》十《浊漳水注》曰,"漳水东迳屯留县南,又屈迳其城东,又东北流,有绛水注之。水西出穀远县东(今山西长子县西南)发鸠之谷,谓之为滥水也。东迳屯留县故城南,……东北流入于漳"。又曰,"按《地理志》云,'绛水发源屯留下乱漳津',是乃与漳俱得通称"。胡渭《禹贡锥指》曰,"《汉志》杂采古记,故漳绛二水并存,实一川也。漳绛本入河,及河徙之后,漳绛循河故道而下,……东入于海"。又曰,"以今舆地言之:屯留、壶关、襄垣、潞城、黎城(以上山西县)、林县、涉县、邺县(邺县今入临漳,以上河南县)、成安、肥乡、曲周(以上河北县)界中,皆《禹贡》降水所经也"。(案清《一统志》所列浲水故道,与此不同,见后节。)

《汉书·沟洫志》曰,"禹堙洪水,……道河自积石,……至于大伾。于是禹以为河所从来者高水湍悍,难以行平地,数为败,迺釃二渠以引其河北载之高地"。孟康曰,"二渠,其一出贝丘(王先谦云贝丘乃顿丘之误)西南,南折者也;其一则漯川也"。胡渭《禹贡锥指》曰,"二渠,其一为漯川,自黎阳大伾山南,东北流至千乘(今山东高苑县北)入海;其一则河之经流,自大伾山西南,折而北为宿胥口,又东北迳邺县(故城今河南临漳县西)东,至列人(故城今河北肥乡县东北)斥漳(今河北曲周县东)县界,合漳水。是为北过降水。……《水经》所叙漳,自平恩(故城今山东省丘县西)以下,皆禹河之故道"。

至于大陆

《水经》十《浊漳水篇》曰,"浊漳水……又东北过斥漳县南(郦注平恩列斥漳下),又东北过曲周县(故城今河北曲周东北)东,又东北过巨鹿县(故城今河北省平乡县治)东"。胡渭《禹贡锥指》

曰，“以今舆地言之，河自濬县西南折而北，历内黄、汤阴、安阳、临漳（以上河南）、魏县、成安、肥乡、曲周、平乡、广宗至巨鹿县（以上河北省县），大陆泽在焉。此即禹河北过降水，至于大陆之故道也”。

大陆见冀州。

又北播为九河

郑玄曰，“播，散也”。颜师古《汉书注》曰，“播，布也”。

《水经》十《浊漳水注》曰，“……又北过堂阳县（故城今河北南宫县西北）西，又东过扶柳县（故城今河北冀县西南）北，又东北过信都县（故城今河北冀县治）西，又东北过下博县（故城今河北深县南）之西，又东北过阜城县（故城今河北阜城县东）北，又东北至昌亭与滹沱河会，又东北至乐成陵县（故城河北献县东南）北别出，又北过成平县（故城今河北交河县东）南，又东北过章武县（故城今河北沧县北）西，又东北过平舒县（故城今河北大城县治）南，东入海”。胡渭《禹贡锥指》曰，“以今舆地言，漳水自巨鹿，又北历南宫、新河、冀州（今名冀县）、束鹿、深州（今名深县）、衡水、武邑、武强、阜城、献县、交河、青县、静海、大城、宝坻、至天津镇（以上皆河北省地），注于勃海，即古徒骇河之故道也”。

九河见兖州。

同为逆河

天挺案：逆，《汉书・沟洫志》作迎；《地理志》宋祁改作逆，钱大昕云当作迎。

郑玄曰，“下尾合，名曰逆河，言相逆受也”。

入于海

孔颖达《尚书正义》曰，“入于勃海也”。

嶓冢导漾

天挺案：漾，《史记·夏本纪》作瀁，《说文》漾之古文作瀁；《汉书·地理志》引本句作漾，陇西氐道下作养假借；《淮南子·地形训》作洋，高诱注云或作养。

《汉书·地理志》陇西郡氐道县（故城今甘肃省清水县西南）注曰，“《禹贡》养水所出，至武都（故城今甘肃成县西）为汉”（王念孙云至上脱东字）。《水经》二十《漾水篇》曰，“漾水出陇西氐道县嶓冢山，东至武都沮县（故城今陕西略阳县东）为汉水”。

东流为汉

郦道元《水经》二十七《沔水注》曰，“沔水一名沮水……沔水又东南径沮水戍，而东南流注汉，曰沮口，所谓沔汉者也。《尚书》曰，‘嶓冢导漾，东流为汉’；《山海经》所谓‘汉出鲋嵎山’也。东北流得献水口，庾仲雍云，‘是水南至关城合西汉水’，汉水又东北合沮口，同为汉水之源也。故如淳曰，‘此方人谓汉水为沔水’，孔安国曰，‘漾水东流为沔’，盖与沔合也。至汉中为汉水，是互相通称矣”。

汉水见荆州，沔水互见梁州。

又东为沧浪之水

天挺案：沧，《史记·夏本纪》作苍。

《水经》二十七、二十八《沔水篇》曰，“沔水出武都沮县东狼谷中，东过南郑县（故城今陕西南郑县东）南，又东过成固县（故城今陕西省城固县西北）南，又东过魏兴安阳县（故城今陕西洋县东）南，涔水出自旱山北注之。又东过西城县（故城今陕西安康县西北）南，又东过堵阳县（故城今湖北郧县西南），堵水出自上粉县（故城疑在今湖北房县境）北流注之，又东北流，又屈东南过武当县

（故城今湖北省均县北）东北”。郦道元注曰，“县西北（此谓武当县）四十里汉水中有洲，名沧浪洲。……《地说》曰，‘水出荆山，东南流，为沧浪之水’。……余按《尚书·禹贡》言导漾水东流为汉，又东为沧浪之水，不言过，而言为者，明非他水决入也。盖汉沔水自下有沧浪通称耳”。胡渭《禹贡锥指》曰，“以今舆地言之，汉水自南郑县南，又东迳城固县南，又东迳洋县南，又东迳西乡东北，又东北迳石泉县南，又东迳汉阴县南，又东迳紫阳县南，又东北迳兴安州（今名安康县）北，又东迳洵阳县南，又东迳白河县北，（以上各县属陕西省）又东迳郧西县南，又南迳郧县南，又东迳均州（今名均县）北（以上各县属湖北省东），经所谓又东为沧浪之水者也”。

过三澨

马融曰，“三澨水名”。郑玄曰，“在江夏竟陵（故城今湖北天门县西北）之界”。《水经·禹贡山水泽地所在》，“三澨地在南郡邔县（故城今湖北宜城县东北）北沱”。郦道元注曰，“《尚书》曰，导汉水过三澨；《地说》曰，‘沔水东行，过三澨合流，触大别山阪’；故马融郑玄王肃孔安国等，咸以为三澨水名也。许慎言‘澨者，埤增水边土人所止也’。……京相璠杜预亦云水际及边地名也。……经云邔县北沱，然沱流多矣，论者疑焉，而不能辨其所在”。

至于大别

大别见导山。

南入于江

《水经》二十八《沔水篇》曰，“……又东南过涉都城（城在今湖北谷城县界）东北，又东南过县（故城今湖北光化县北）之西南，又南过谷城（今谷城县北）东，又南过阴县（故城今光化县东北）之西，又南过筑阳县（故城在今谷城县治）东；筑水出自房陵县（故城今湖北房县治）东，过其县南流注之。又东过山都县（故城今湖北襄阳西北）东北，又东过襄阳县（故城今湖北襄阳县治）北，又从县东屈西南，淯水从北来注之。又东过中卢县（故城今湖北南漳县东）东，维水自房陵县维山东流注之。又南过邔县东北，又南过宜城县（故城今湖北宜城县南）东，夷水出自房陵东流注之。又东过荆城东，又东南过江夏云杜县（故城今湖北沔阳西北）东，夏水从西来注之。又南至江夏沙羡（故城今湖北江夏县西南）北，南入于江。”胡渭《禹贡锥指》曰，“以今舆地言之，汉水自均州北，又东南迳光化县西南，又东南迳谷城县东北，又东南迳襄阳县北，又东南迳宜城县东，又南迳钟祥县西，又南迳荆门州东，又东南迳京山县西南，又东迳潜江县北，又东迳景陵县南，又东迳沔阳州北，又东至大别山，折而南，是为汉口。经所谓过澨三，至大别，南至于江者也”。

东汇泽为彭蠡

郑玄曰，“汇，回也，汉与江斗转东成其泽矣”。

《一切经音义》三引《苍颉》曰，“汇，水回也”。

彭蠡见扬州。

东为北江入于海

北江见扬州。

岷山导江

天挺案：岷，《史记》作汶，《汉志》作嶓。

《汉书·地理志》蜀郡湔氐道（故城今四川松潘县西北）注曰，“《禹贡》嶓山在西徼外，江水所出，东南至江都（故城今江苏江都县西南）入海，过郡七，行二千六百六十里”（赵一清云宋本是过郡九，行七千六百六十里，《说文》系传引《汉志》同）。《水经》三十三

《江水篇》曰,“岷山在蜀郡氐道县,大江所出,东南过其县北”。吴承志《汉书地理志水道图说补正》曰,“江水盖出今四川松潘厅西境九里古垃达巴罕岭,东南流曰黑水河,又东南合羊膊岭水曰江,至江苏通州(今名南通)入海”。

岷山见梁州。

东别为沱

《水经》三十三《江水篇》曰“……又东南过犍为武阳县(故城今四川彭山县东),青衣水沫水从西南来合而注之。又东南过棘道县(故城今四川宜宾县治)北,若水淹水合从西来注之;又东,渚水北流注之。又东过江阳县(故城今四川泸县治)南,洛水从三危山,东过广魏洛县(故城今四川广汉县北)南,东南注之。又东过符县(故城今四川合江县)西,北邪东南,鳛部水从符关东北注之。又东北至巴郡江州县(故城今四川巴县西)东,强水涪水汉水白水宕渠水五水合南流注之。又东至枳县(故城今四川涪陵县西)西,延江水从牂牁郡北流西屈注之。又东过鱼复县(故城今四川奉节县东北)南,夷水出焉。又东出江关入南郡界,又东过巫县(故城今四川巫山县东北)南,盐水从县东南流注之。又东过秭归县(故城今四川秭归县治)之南。又东过夷陵县(故城今湖北省宜昌县治)南,又东南过夷道县(故城今湖北宜城县西)北,夷水从佷山县(故城今湖北长杨县西)南,东北注之”。

沱见荆州梁州。

又东至于澧

天挺案:洋,《史记·夏本纪》,《汉书·地理志》及马融郑玄本均作醴。

马融曰,“澧水名”。

《汉书 · 地理志》武隆郡充县(故城今湖南大庸县西)注曰,“历山,澧水所出,东至下雋入沅,过郡二(武陵长沙)行一千二百里”。

《水经 · 江水篇》曰,“……又东过枝江县(故城今湖北枝江县东)南,沮水从北来注之。又南过江陵县(故城今湖北江陵县治)南,又东至华容县(故城今湖北监利县西北)西,夏水出焉。又东南当华阴县南,涌水入焉。又东南,油水从东南来注之。又东至长沙下雋县(故城今湖北通城县西)北,澧水沅水资水合东流注之。(郦注曰,此诸水是乃湘水,非江川)湘水从南来注之”。

过九江

九江见荆州。

至于东陵

《汉书 · 地理志》卢江郡注曰,“金兰西北有东陵乡”(案志无金兰县,盖脱漏,周寿昌云,综郡国领县核之,校百官表及本志后序之数,尚少九县,此盖其一也)。《水经 · 禹贡山水泽地所在》,“东陵地在金兰县西北”。王先谦《汉书补注》曰,“决水注,‘灌水导源金兰县西北东陵乡大苏山’,据此,大苏山即东陵也。今商城县(河南)东南五十里”(案王说本之钱坫)。

《水经 · 江水篇》曰,“……又东北至江夏沙羡县(故城今湖北江夏县西南)西北,沔水从北来注之。又东过邾县 (故城今湖北黄冈县治)南,鄂县(故城今湖北武昌县治)北,又东过蕲春县(故城今湖北蕲春县西北)南,蕲水从北来东注之。又东过下雉县(故城今湖北阳新县东南)北,利水从东陵西南注之”。郦道元注曰,“又西北迳下雉县,……旧吴屯所在也。江水又东,右得兰溪水口,并江浦也。又东左得青林口,水出卢江郡之东陵乡,江夏有西陵县,故是言东矣。《尚书》云,江水过九江,至于东陵者也”。

东迤北会于汇

天挺案:迤,《史记·夏本纪》,《汉书·地理志》及《说文》并作迆。

《说文》曰,“迆,衺行也”。

胡渭《禹贡锥指》曰,“东迆会于汇,言与汉所汇之彭蠡会也”。

东为中江

中江见扬州。

入于海

导沇水

《汉书·地理志》河东郡垣县(故城今山西垣曲县西二十里)注曰,“《禹贡》王屋山在东北,沇水所出,东南至武德(故城今河南武陟县东南)入河;轶出荥阳北地中,又东至琅槐(故城今山东广饶县东北)入海。过郡九(九当为十,河东、河内、河南、陈留、济阴、东郡泰山、济南、齐郡、千乘),行千八百四十里”。《水经》七《济水篇》曰,“济水出河东垣县东王屋山,为沇水”。

东流为济

天挺案:济,《汉书·地理志》作泲。《史记·夏本纪》无流字。

《水经·济水篇》曰,“……又东至温县(故城今河南温县西南)西北为济水。屈从县东,南流”。

入于河

《水经·济水篇》曰,“……又东过其县北(此谓温县),屈从县东,南流过隤城(城在今温县东)西,又南当巩县(故城今河南巩县西南)北,南入于河”。又《河水篇》曰,“又东过成皋县(故城今河南汜水县西北)北,济水从北来注之”。郦道元注曰,“河水自洛口,又东左迳平皋县南，又东迳怀县（故城今河南武陟县西南），济水故道之所入。……今济水自温县入河，不于此也。所入者奉沟水耳，即济沇之故渎矣”。

溢为荥

天挺案：溢，《史记·夏本纪》作泆，《汉书·地理志》作轶，《周礼》郑注引作泆。

《说文》曰，“溢，器满也”。《广雅·释诂》一曰，“溢，出也”。《一切经音义》十六曰，“溢，古文泆同”。《广雅·释诂》三曰，“轶，过也”。《文选·西都赋注》引《三苍曰》，“轶，从后出前也”。

《水经·济水篇》曰，“……与河合流，又东过成皋县（故城今河南汜水县西北）北，又东过荥阳县（故城今河南荥泽县西南十七里）北，又东至砾溪南，东过荥泽北”。郦道元注曰，“《释名》曰，‘济，济也。源出河北，济河而南也’。晋《地道志》曰，‘济自大伾入河，与河水斗，南泆为荥泽’。《尚书》曰，‘荥波既潴’，孔安国曰，‘荥泽波水已成遏潴’。阚骃曰，‘荥播，泽名也’。故吕忱云，‘播水在荥阳’，谓是水也。”

荥泽见豫州。

东出于陶丘北

天挺案：《史记》无于字。陶丘，《墨子》、《竹书纪年》并谓之釜丘。

《汉书·地理志》济阴郡定陶县（故城今山东定陶县西北四里）注曰，“《禹贡》陶丘在西南”。清《一统志》曰，“陶丘在定陶县西南七里”。

《水经·济水篇》曰，“又东过阳武县（故城今河南阳武县东南二十八里）南，又东过封丘县（故城今河南封丘县治）北，又东过平丘县（故城今河北长垣县西南五十里）南，又东过济阳县（故城今河南兰封北五十里）北，又东过冤朐县（故城今山东菏泽县西南）南，又东过定陶县南”（案郦注于封丘以下注“北济也”；于冤朐以下注“南济也”；北济在阳武县北，南济在县南）。

又东至于菏

天挺案：菏，《史记》、《汉志》并作荷。

段玉裁《古文尚书撰异》曰，“此菏谓定陶之菏泽，非谓湖陵（今山东鱼台）之菏水也”。

《水经·济水篇》曰，“……又屈从县（定陶）东北流”。郦道元注曰，“又东北右合菏水，水上承济水于济阳县东，世谓之五丈沟，又东迳陶丘北，……《尚书》所谓导菏水自陶丘北，谓此也”。

《水经·济水篇》又曰，“……又东至乘氏县（故城今山东巨野县西南）西，分为二：其一水东南流……为菏水”。郦道元注曰，“菏水分济于定陶东北”。胡渭《禹贡锥指》曰，“乘氏故城在今巨野县西南，汉置。然曹州之东境亦兼得乘氏地。州东南与定陶接界，菏泽在焉。所谓定陶东北，即经所谓乘氏县西也。但不言菏泽为疏漏耳。”

菏泽见豫州。

又东北会于汶

《水经·济水篇》曰，“……其一水从县（乘氏）东北流入巨野泽。又东北过寿张县（故城今山东东平县西南）西界，安民亭南（亭在东平西南十里），汶水从东北来注之”。郦道元注曰，“济水又北，汶水注之，戴延之所谓清口也。郭缘生《述征记》曰，‘清河首受洪水，北注济’；或谓清即济也。《禹贡》济东北会于汶。今枯泽注巨泽，巨泽北则清口，清水与汶会也”。

汶水见青州。

又北东入于海

天挺案：北东，《史记·夏本纪》作东北。

《水经·济水篇》曰，“……又北过须昌县（故城今山东东北县西北十五里）西，又北过穀城县（故城今山东东阿县治）西，又北过临邑县（故城今山东东阿县北）东，又东北过卢县（故城今山东长清县西三十里），又东北过台县（故城今山东历城县东北三十里）北，又东北过菅县（故城今章丘县西北二十五里）南，又东过梁邹县（故城今山东邹平县治）北，又东北过临济县（故城今山东高苑县西北）南，又东北过利县（故城今山东博兴县东四十里）西，又东北过甲下邑，入于河”。郦道元注曰，“济水东北至甲下邑南，东历琅槐县，故城北。《地理风俗记》曰，‘博昌东北八十里有琅槐乡，故县也’。《山海经》曰，‘济水绝巨野注渤海，入齐琅槐东北’者也。又东北，河北枝津注之，《水经》以为入河非也！斯乃河水注济，非济入河。又东北入海”。成蓉镜《禹贡班义述》曰，“今自安民亭以西，遗迹皆湮。而安民亭以东，章丘以西之大清河；邹平迤东至海之小清河；则犹是古泲水之故渎也”。

导淮自桐柏

《说文解字》曰，“淮水出南阳平氏桐柏大复山，东南入海”。应劭《风俗通》卷四亦曰，“淮出南阳平氏县桐柏大复山，东南入海”。

淮水互见徐州；桐柏见导山。

东会于泗沂

泗水沂水并见徐州。

东入于海

导渭自鸟鼠同穴

《说文解字》曰，“渭水出陇西首阳（故城今甘肃渭源东北）渭首亭南谷，东入河。……杜林说夏书，以为出鸟鼠山。雝州浸”。《水经》十七《渭水篇》曰，“渭水出陇西首阳县渭谷亭南鸟鼠山”。郦道元注曰，“渭水出首阳县首阳山渭首亭南谷，山在鸟鼠西北。此县有高城岭，岭上有城，号渭源城，渭水出焉。三源合注，东北流径首阳县西，与别源合。水南出鸟鼠山渭水谷，《尚书》所谓渭出鸟鼠者也”。成蓉镜《禹贡班义述》曰，“渭有两源，并在甘肃兰州府渭源县境，正源出县西南鸟鼠同穴山，别源出县西北南谷山，分绕县之南北，至县东合流为渭水”。

《水经·禹贡山水泽地所在》，“鸟鼠同穴山在首阳县西南”。李泰《括地志》曰，“鸟鼠山今名青雀山，在渭州渭源县西七十六里”。《山海经·西山经》曰，“鸟鼠同穴之山，……渭水出焉，而东流注于河”。郭璞注曰，“今在陇西首阳县西南，山有鸟鼠同穴。鸟名鵌，鼠名鼵鼵，如入家鼠而短尾，鵌似燕而黄色。穿地入数尺；鼠在内，鸟在外，而共处”（案《史记·夏本纪》正义引《括地志》所录《山经》郭注与此小异）。

渭水互见梁州；鸟鼠同穴互见雍州。

东会于沣

《水经·渭水篇》曰，“……东北过襄武县（故城今甘肃陇西县东南五里）北，又东过獂道县（故城今甘肃陇西县东南二十五里）南，又东过冀县（故城今甘肃甘谷县东）北，又东过上邽县（故城今甘肃天水县西南），又东过陈仓县（故城今陕西宝鸡县东北二十里）西，又东过武功县（故城今陕西郿县东四十里）北，又东，芒水从南来注之。又东过槐里县（故城今陕西兴平县东南十里）南，又东，涝水从南来注之。又东丰，从南来注之”。

沣水见雍州。

又东会于泾

《水经》十九《渭水篇》曰,“……又东过长安县(故城今陕西长安西北十三里)北,又东过霸陵县(故城今陕西长安县东)北,霸水从县西北流注之”。郦道元注曰,“渭水又东迳霸城县(霸陵晋改霸城),与高陵(故城今陕西马陵县西南二里)分水(……渭水又迳平阿侯王谭墓北……左则泾水注之)”。

泾水见雍州

又东过漆沮

《水经》十九《渭水篇》曰,“……又东过郑县(故城今陕西华县北)北,又东过华阴县(故城今陕西华阴县东南)北”。郦道元注曰,“洛水入焉。阚骃以为漆沮之水也”。

漆沮见雍州。

入于河

《水经》十九《渭水篇》曰,“……东入于河”,郦道元注曰,“春秋之渭汭也”。《水经》四《河水篇》曰,“河水……又南至华阴潼关,渭水从西来注之”。

导洛自熊耳

天挺案:洛,《史记》作雒。

杜预《春秋释例》曰,“雒出上洛县冢领山东北,经弘农,至河南巩县入于河”。《淮南子·地形训》曰,“雒出熊耳”。高诱注曰,“熊耳山在京师上雒西北”。

《水经》十五《洛水篇》曰,“洛水出京兆上洛县(故城今陕西商县治)讙举山”。郦道元注曰,“《地理志》曰,‘洛出冢领山’,《山海经》曰,‘出上洛西山’,又曰,‘讙举之山,洛水出焉,东与丹水合’。……洛水又东得乳水,……又东会于龙余之水,……又东至阳虚山，合玄扈之水，……又东历清池山，东合武里水，……又东，要水入焉，……又东与获水合，……洛水又东迳熊耳山北，《禹贡》所谓导洛自熊耳。《博物志》曰，'洛出熊耳'，盖开其源者是也"。胡渭《禹贡锥指》曰，"讙举疑是获舆之误"。又曰，"《山海经》所谓讙举，盖即上洛熊耳之异名"。成蓉镜《禹贡班义述》曰，"冢领，熊耳，获舆皆《禹贡》之熊耳；汉代分而为三"。

洛水见荆州，熊耳见导山。

又东会于涧瀍

《水经·洛水篇》曰，"东北过卢氏县（故城今河南陕县治）南，又东北过蠡城邑（今河南渑池西四十里）之南，又东过阳市邑（今河南洛阳东北）南，又东北过于父邑（今河南宜阳县西）之南。又东北过宜阳县（故城今河南宜阳县东北十四里）南，又东北出散关南，又东北过河南县（故城今河南洛阳县西北）南"。郦道元注曰，"《地记》曰，'洛水东北过五陵陪尾北与涧瀍合'，是二水东入千金渠，故渎存焉"。胡渭《禹贡锥指》曰，"以今舆地言之，洛水自洛南县北，又东迳河南府卢氏县南，又东北迳永宁县（今名洛宁）南，又东北迳宜阳县北，又东入洛阳县界，迳河南故城南，经所谓'东会于涧瀍'也。自周灵王壅穀水使东出王城，北合瀍水，南入洛，而城西之涧水遂为死穀。及汉明帝复堨涧瀍二水，使出洛阳故城北，为千金渠，又东过偃师县南，东入于洛，而《禹贡》东会涧瀍之旧迹，无复有存者矣"。

《水经》十五《涧水篇》曰，"涧水出新安县（故城今河南渑池县东）南白石山，东南入于洛"。《水经》十五《瀍水篇》曰，"瀍水出河南穀城县（故城今河南洛阳西北）北山，东与千金渠合，又东过洛阳县南，又东过偃师县（故城今河南偃师县治），又东入于洛"。

涧水瀍水见豫州。

又东会于伊

《水经·洛水篇》曰,“……又东过洛阳县南,伊水从西来注之”。郦道元注曰,“《地记》曰,‘洛水东入于中提山间,东流会于伊’是也。”

《水经》十五《伊水篇》曰,“伊水出南阳鲁阳县(故城今河南鲁山县治)西蔓渠山,东北过郭落山,又东北过陆浑县(故城今河南嵩县东北五十里)南,又东北过新城县(故城今河南洛阳县南)南,又东北过伊阙中(今河南洛阳南阙塞山),又东北至洛阳县南,北入于洛”。胡渭《禹贡锥指》曰,“以今舆地言之,洛水自河南故城南,又东北迳洛阳县东南,又东至洛阳故城,伊水从偃师县西来注之,经所谓‘又东会于伊’也”。

伊水又互见豫州。

又东北入于河

《水经·洛水篇》曰,“……又东过偃师县(故城今河南偃师县治)南,又东北过巩县(故城今河南巩县西南)东,又北入于河”。

《水经》五《河水篇》曰,“河水……又东过巩县北,洛水从县西北流注之”。

胡渭《禹贡锥指》曰,“以今舆地言之,洛水自洛阳故城南会伊水,又东迳偃师县南,又东迳巩县故城南,又东北至洛口入河。经所谓‘又东北入于河’也。今洛水自巩界东过汜水县北,又东从满家沟入河,而洛口乃移于东,非复古之什谷矣”。

九州攸同

天挺案:攸,《汉书·地理志》作逌;《史记·夏本纪》亦攸,不作所,后人妄改。

四隩既宅

天挺案:隩,《史记·夏本纪》、《汉书·地理志》,并作奥;《玉篇》引作墺。宅,《史记》作居。

《说文》曰,"墺,四方之土可定居者也"(据李善《文选·西都赋》注改)。

《尔雅·释言》曰,"宅,居也"。

颜师古《汉书注》曰,"言四方之土已可定居也"。

九山刊旅

天挺案:刊,《史记·夏本纪》,《汉书·地理志》,并作栞。

《说文》曰,"栞,槎识也"。

苏舆曰,"旅,陈也;陈,列也。洪水泛滥,山没于水,水归山出,表识可验"。

司马贞《史记索隐》曰,"汧,壶口,砥柱,大行,西倾,熊耳,嶓冢,内方,岐:是九山也"。皮锡瑞曰,"以经考之:汧及岐,至于荆山一也;壶口,雷首,至于大岳,二也;底柱,析城,至于王屋,三也;太行,恒山,至于碣石,四也;西顷,朱圉,鸟鼠,至于太华,五也;熊耳,外方,桐柏,至于陪尾,六也;嶓冢至于荆山,七也;内方至于大别,八也;岷山之阳,至于衡山,九也:其数适合。盖山之数不止于九,而脉络相承,数山实止一山,故可合为一山"。

九川涤源

天挺案:源,《史记·夏本纪》、《汉书·地理志》,《周礼·地官注》,并作原。

《说文解字》曰,"涤,洒也"。孙星衍《尚书今古文注疏》曰,"涤同条,……《汉书集注》云,'条,达也'。涤源者,谓疏达其水原也"。

司马驷《史记索隐》曰,"弱、黑河、瀁、江、沇、淮、渭、洛为九川”。

九泽既陂

《说文解字》曰,“陂,阪也”。又曰,“坡者曰陂,一曰泽障”。

皮锡瑞曰,“九泽亦当实有九数,非谓九州之泽也。以经考之,雷夏一,大壄二,彭蠡三,震泽四,云梦五,荥波六,菏泽七,盟猪八,猪壄九,适符九数”。

四海会同

《尔雅·释地》曰,“九夷,八狄,七戎,六蛮,谓之四海”。

《周语》曰,“合通四海”,注云,“使之同轨也”。

六府孔修

天挺案:孔,《史记》作甚。

《春秋左氏文七年传》曰,“水,火,金,木,土,谷,谓之六府”。

《淮南子》高诱注曰,“修,治也”。

庶土交正,厎慎财赋

天挺按:庶,《史记·夏本纪》作众,厎,作致。

郑玄曰,“众土美恶及高下得其正矣,亦致其贡篚,慎奉其财物之税,皆法定制而入之也”。

咸则三壤成赋

《尔雅·释诂》曰,“则,法也”。

郑玄曰,“三壤,上中下各三等也”。

中邦锡土姓

天挺案:邦,《史记·夏本纪》,《汉书·地理志》,并作国。锡,《史记》作赐。

又案:《书传》及《汉书》颜师古注均以中邦属上成赋为句,惟《史记集解》引郑注中邦二字属下读,今从郑氏说。

郑玄曰,“中,即九州也。天子建其国诸侯,祚之土,赐之姓,命之氏”。

祗台德先

《尔雅·释诂》曰,“祗,敬也”。“怡,乐也”。

郑玄曰,“其敬悦天子之德既先”。

不距朕行

《广雅·释言》曰,“距,困也”。《周语注》曰,“距,去也”。

郑玄曰,“又不距违我天子政教所行”。

五百里甸服

天挺案:《史记·夏本纪》,本句上有“今天子之国以外”七字。

《穀梁·宣十五年传》曰,“古者三百步为里”。

《国语·周语》曰,“夫先王之制邦内甸服”;韦昭注曰,“服,服其职业也”。《周礼·职方》郑玄注曰,“服,服事天子也”。

《周语》韦昭注曰,“甸,王田也”。《尚书正义》引郑玄注曰,“服治田出穀税也。言甸者主治田,故服名甸也。”《逸周书·职方》孔晁注曰,“甸,田也;治田入穀也”。《周礼》贾公彦疏曰,“甸者为天子治田以出赋贡”。

孔颖达《尚书正义》曰,“去王城五百里总名甸服”。

百里赋纳总

天挺案:纳,《汉书·地理志》作内,颜师古注云内读曰纳;下同。

郑玄曰,“赋入总,谓入刈禾也”(《诗·甫田注》引)。《说文》曰,“总,聚束也”。

《书传》曰,“甸服内百里近王城者”。孔颖达《尚书正义》曰,“就其甸服内,又纳分之”。

二百里纳铚

《说文》曰,“铚,获禾短镰也”。

郑玄曰,“铚,断去藁也”。

三百里纳秸服

天挺案:秸,《汉书·地理志》作戛:《释文》云,秸,本或作稭;《礼记·礼器》郑注引作纳鞂服。

《说文》曰,“秸,禾稾去其皮”。

马融曰,“秸去其颖”。郑玄曰,“秸又去颖也”。(《诗传》曰颖,垂颖也。)

陈奂曰,“秸服二字连文得义,断去其稾,又去其颖,谓之秸;带稃言谓之秸服。秸者实也;秸服者粟之皮也”。

四百里粟

《说文》曰,“粟,嘉榖实也”。

五百里米

《说文》曰,“米,粟实也”。

五百里侯服

天挺案:《史记·夏本纪》,本句上有“甸服外”三字。

《国语·周语》曰,“邦外侯服”;韦昭注曰,“侯服侯圻也;言诸侯之近者,岁一来见也”。《逸周书·职方》孔晁注曰,“侯服为王者斥候也”。《周礼》大司马贾公彦疏曰,“侯者,候也;为天子伺候非常也”。

百里采

马融曰,“采事也;各受王事者”。

《书传》曰,“侯服内之百里,供王事而已不主一”。《礼记·曲礼注》曰,“采九州之内地,取其美以当榖税”。《周礼》贾公彦疏曰,“采者采取美物以供天子”。

二百里男邦

天挺案:男邦,《史记·夏本纪》作“任国”;《汉书·地理志》作“男国”。

《书传》曰,“男,任也;任王者事”。《周书·职方》孔晁注四,“男,任也;任王事”。《周礼》大司马贾公彦疏曰,“男者,任也;任王者之职事”。

三百里诸侯

天挺案:三,王先谦《汉书补注》云疑当作二。

《书传》曰,“三百同为王者斥候,故合三为一名”。

五百里绥服

天挺案:《史记·夏本纪》,本句上有“侯服外”三字。

《尔雅·释诂》曰,“绥,安也”。

《书传》曰,“绥,安也;侯服外之五百里安服王者之政教”。

三百里揆文教

《尔雅·释言》曰,“揆,度也”。

《书传》曰,“度王者文教而行之。三百里皆同”。

二百里奋武卫

《广雅·释言》曰,“奋,振也”。

《周书·职方》孔晁注曰,“为王扞卫也”。《周礼》大司马贾公疏曰,“卫者,为天子卫守”。

五百里要服

天挺案:《史记·夏本纪》,本句上有“绥服外”三字。

《国语·周语》曰,“夷蛮要服”;韦昭注曰,“要者,要结好信而服从也”。

《书传》曰,“绥服外之五百里,要束以文教”。

三百里夷

马融曰,“夷,易也”。

二百里蔡

马融曰,“蔡,法也;受王者刑法而已”。郑玄曰,“蔡之言杀,减杀其赋”。

五百里荒服

天挺案:《史记 · 夏本纪》,句上有“要服外”三字。

《周语》曰,“戎狄荒服”;韦昭注曰,“在九州之外,荒裔之地;与戎狄同俗故谓之荒;荒忽无常之言也”。

马融曰,“政教荒忽,因其故俗而治之”。

三百里蛮

马融曰,“蛮慢也;礼简怠慢,来不距,去不禁”。郑玄曰,“蛮者,听从其俗,羁縻其人耳,故去蛮;蛮之言缗也”。《周书 · 职方》孔晁注曰,“蛮服用事差简慢”。《周礼》大司马贾公彦疏曰,“蛮者縻也。以近夷狄,縻系之以政教”。

二百里流

马融曰,“流行无城郭常居”。郑玄曰,“流谓夷狄流移,或贡或否”。颜师古《汉书注》曰,“任其流移不考诘也”。

孔颖达《尚书正义》曰,“凡五服之别各五百里,是王城四面面别二千五百里,四面相距为方五千里也”。

东渐于海

《汉书集注》曰,“渐,入也”。

西被于流沙

《广雅 · 释诂》曰,“被,加也”。

朔南暨

天挺案:暨,《汉书·地理志》作臮。

《尔雅·释训》曰,"朔,北方也"。

《说文》曰,"臮,与也"。《尔雅·释诂》曰,"暨,与也"。

声教讫于四海

《说文》曰,"讫,止也"。《尔雅·释诂》曰,"迄,止也"。

禹锡玄圭

天挺案:《史记·夏本纪》作"帝乃锡禹玄圭"。

《说文》曰,"圭,瑞玉也。上圜下方"。

《说文》曰,"黑而有赤色者为玄"。

告厥成功

天挺案:《史记·夏本纪》作"告成功于天下"。

作于1934年

(本文为未完成稿)

中国古代史籍的分类

今天我们在考古发现的古器物中,特别是殷商的甲骨卜辞、两周的青铜器铭文和汉代的木简记录,随时可以遇见极珍贵的片段的历史记载。虽然字数不多,而故事具体,这就是最原始的历史资料。中国现存的最早历史书,像《竹书纪年》、《尚书》、《春秋》,正是这些记载的汇集。

春秋鲁文公七年,夏四月,“狄侵我西鄙”①的记载,和卜辞中“……五月丁酉,……土方征我于东鄙,𢦏二邑,……”②的记载,是相差不太多的。春秋鲁襄公十一年的“春王正月作三军”③,和卜辞的“丁酉贞,王作三师,右、中、左”④,也是相差不太多的。史称孔子“因史记作《春秋》”⑤,这种体裁一定是鲁旧史的本来面目。金文中的长篇记载,和《尚书》的文字也相差不太多。像记载关于西周分封时候受民受疆土的大盂鼎,像记载周夷王征伐猃狁的虢季子白盘,汇集起来实在就是一部《尚书》。值得注意的,在那末古的时期,我们的历史记载,在文字形义上、语法上、词汇上、体裁结构上,已趋于定型,而且这种定型不断地发展。所以说,中国已有了将近四千年的有文字可考的历史。

汉成帝河平三年(公元前26),命刘向校中秘书⑥,刘向死,他的儿子刘歆写成了中国第一部图书目录——《七略》。班固根据它写成《汉书·艺文志》。它把中国图书分成七类:辑略(总类),六艺略（六经），诸子略，诗赋略，兵书略，术数略，方技略[7]。那时，历史书籍还没有独立成为一类，像《国语》、《世本》、《战国策》、陆贾《楚汉春秋》、太史公《百三十篇》（即司马迁《史记》）等，都列在《六艺略·春秋家》内[8]。这一方面反映史籍还不如诗赋（《汉书·艺文志》所列凡百六家）、兵书（凡五十三家）之多，也反映当时史籍的地位和六经可以相比。

西晋太康元年（280），荀勖根据魏郑默的《中经》作《新簿》，改图书的七分法为四分法，分为甲、乙、丙、丁四部。甲部为六艺（《六经》，包括《尚书》、《春秋》）及小学（文字）等书；乙部为诸子、兵书、术数；丁部为诗赋、图赞及家书；而以史记、旧事、皇览簿、杂事等书入丙部[9]，于是历史书籍独立成为一大类。其后，宋元嘉八年（431），谢灵运造《四部目录》，齐永明（483—493）中谢朏造《四部书目》，梁初（502）任昉造《四部目录》，全用四分法。宋元徽元年（473），王俭撰《七志》，第一为《经典志》，包括六艺（经）、小学、史记、杂传，而以道佛经书附见七志之末，成为九类。梁初（502），又有《五部目录》，四部外别立"术数"一部。梁普通（520—526）中，阮孝绪造《七录》用七分法，一经典录，二记传（史书）录，三子兵录，四文集录，五技术录，六佛录，七道录[10]。分类方法虽各不同，而历史书籍除了《尚书》和《春秋三传》传统地列入经典以外，大都自成一类（王俭《七志》不同），次序逐渐列在诸子前面。唐初修《隋书》，贞观十年（636）奏上[11]，《经籍志》按经、史、子、集次序分为四部，从此直到清朝相沿不改。所不同的，《隋志》附列道经、佛经于集部最末，而两《唐书》之后，佛经、道经书目不再详列，只在子部道家类附列神仙家和释氏[12]，或附道释诸说[13]，或附释氏神仙类[14]。

在魏晋南北朝时候，图书目录中，历史书籍能够独立成为一类，说明历史研究的发达和历史研究地位的提高。在《隋书·经籍志》史部，正史和古史两类一共列有114部，4996卷，其中只有4部400卷，也就是说总卷的8%，是汉以前作者所著。正史类有东汉史10种，晋史11种；古史类有东汉史4种，晋史11种[15]，都是魏晋南北朝的历史家著作，这是值得我们重视的。

《隋书·经籍志》（简称《隋志》）根据唐初国家藏书实数，参考旧录，分图书为四部。这是在《汉书·艺文志》以后，第一部著录图书的史书，也是现存的第一部用四部分类的目录书。它分史部为十三类，就是：正史、古史、杂史、霸史、起居注、旧事、职官、仪注、刑法、杂传、地理、谱系、簿录。这种区分和标目，后来玄宗时毋煚有简括的解释。开元九年（721）整理图书，修成《群书四部录》[16]，不久，毋煚又编成《古今书录》[17]，毋煚说："乙部为史，其类十有三：一曰正史（百衲本作'曰正史'，脱'一'字），以纪纪传表志（百衲本脱一'纪'字）；二曰古史，以纪编年系事；三曰杂史，以纪异体杂纪；四曰霸史，以纪伪朝国史；五曰起居注，以纪人君言动；六曰旧事，以纪朝廷政令；七曰职官，以纪班序品秩；八曰仪注，以纪吉凶行事；九曰刑法，以纪律令格式；十曰杂传，以纪先圣人物；十一曰地理，以纪山川郡国；十二曰谱系，以纪世族继序；十三曰略录（《隋志》作'目录'），以纪史策条目"[18]。这种分类，直到五代修《旧唐书·经籍志》（简称《旧唐志》），北宋修《新唐书·艺文志》（简称《新唐志》），都没有改变，但在应用上颇多参差。

《隋志》和《新唐志》把陈寿的《三国志》列在正史类，而《旧唐志》把《三国志》分割成三部，《魏国志》列在正史，而《蜀国志》、《吴国志》列在伪史类。《隋志》把刘艾的汉灵献二帝纪列在杂史类，而新旧两《唐志》把它列在编年类。《隋志》把刘景的《敦煌实录》列在霸史类,而两《唐志》把它列在杂传类。《隋志》是据武德五年(622)到贞观十年(636)的见存书目编辑的[19],《旧唐志》是据开元盛时(721)书目编辑的[20],唐代实录列到中宗[21];《新唐志》是据昭宗时(889)的书目编辑的[22],唐代实录列到武宗[23]。三书根据的都是唐代书目,所以分类大体相同;而图书区分不尽一致,正说明它的分类不够明确。

隋、唐志的分类,只从旧有书籍出发,对于新书体裁往往不能包括。例如,唐苏冕叙述唐高祖到德宗九朝制度的沿革损益,编成《会要》四十卷,这是一种新体裁的史书;唐杜佑的《通典》也是一部分类叙述政治经济制度的书籍而规模更大,范围更广。这都是过去没有的,史部十三类都列不进去,于是《新唐志》把它放在子部类书类[24]。唐景龙四年(710),刘知幾写定《史通》,这是中国第一部系统地研究和批判历史编纂的书,它和旧日徐爰的《三国志评》一类的史论书是不同的,由于没有可以分入的子目,《新唐志》于是把它列入集部文史类[25],和刘勰的《文心雕龙》,钟嵘的《诗评》(《诗品》)同列在一起。

元至正五年(1345)修《宋史》,杂采宋仁宗时的《崇文总目》,徽宗时的《秘书总目》,高宗时的《中兴馆阁书目》和宁宗时的《中兴馆阁续书目》,并加以宁宗以后的藏书,编成《艺文志》(简称《宋志》)八卷[26]。史部也为十三类,但和前史有所不同。它删去起居注类,把其中的书籍散列于编年(如《大唐创业起居注》)和别史类(如《穆天子传》);又加了史钞一类,把荀绰《晋略》(《隋志·杂史类》有荀绰《晋后略记》),范祖禹《唐鉴》(清《四库》列入史评类),杨侃《两博闻》(清《四库》列史钞)等书列进去。宋代也是中国史学最发达的时期,史籍繁多而且有新创的体裁,《宋志》和前史一样，在子目上未能给予解决。《史通》还列进集部文史类，《通典》和《唐会要》、《五代会要》还列在子部类事类，新出的郑樵《通志》列入史部别史类，欧阳修《集古录》和赵明诚《金石录》都列入史部目录类（《清志》自成一类），袁枢《通鉴纪事本末》列入史部编年类（清《四库》自成一类），而史部传记类还收入了很多史料笔记。《四库总目》说它“纰漏颠倒，瑕隙百出，于诸史志中最为丛脞”[27]，是对的。

清修《明史》，《艺文志》以明人著述为限，前代著作概不列入。史部分十类，以编年并入正史，删去目录和霸史两类，其余仍沿《宋志》之旧。这固然由于明代著作实际只有这些门类而另外也由于史官的过分审慎，所以目录类虽有国史《经籍志》，而终于不列。永乐中黄维等纂辑《历代名臣奏议》，隆万中张瀚辑有《明疏议辑略》，崇祯中陈子龙辑有《明代经世文编》，这是新兴的一种政论汇集，应该属于史部，而《明志》把它都列在集部总集类[28]。

乾隆四十七年（1782）《四库全书总目提要》成，这是清代的官定图书目录。史部分为十五类：正史、编年、别史、杂史、传记、史钞、地理、职官、目录九类沿用旧目，改霸史为载记，改故事为政书，增加了纪事本末、诏令奏议、时令、史评四类。史评类在南宋高似孙《史略》和元马端临《文献通考》《经籍考·史部》已立有专目；时令类的书籍，宋明志都收入子部农家类[29]，《文献通考·史部》也有专目。诏令，《宋志》列之别史；奏议，《宋志》列之《集部·别集》，分合都不妥当。

《清史稿·艺文志》完成最晚（1928），它按照《四库总目》的分类和标目，分《史部》为十六类，而将金石书籍从目录中分出，别立金石一类。这是采用张之洞《书目答问》的说法，张之洞又是采用郑樵《通志·艺文略》的说法。

历代史籍的分类,各家书目各有不同,大都随着史籍的发展和新体裁的出现而有所变更,当然都不够完备更谈不到科学(和今天的科学的图书分类不同)。为了便于按图索骥地去找旧日史籍,我们把它表列于下:(见下页卧表)

该表根据有"艺文志"或"经籍志"的五种所谓正史加以比较,附以《清史稿·艺文志》。《汉书·艺文志》采用七分法,所以不列。尤侗有《明史艺文志稿》,朱师辙有《清史艺文志稿》,与两史不尽相同,已独立成书。明焦竑有《国史经籍志》,傅维鳞《明书》也有《经籍志》,都"冗杂无绪",远不如黄虞稷《千顷堂书目》(《适园丛书》本)的"赅赡"。古人图书目录有专为指导读书而编的,如宋晁公武《郡斋读书志》(有衢州本、袁州本两种版本,清光绪长沙思贤精舍刻王先谦校本,以袁州本校衢州本最方便),宋陈振孙《直斋书录解题》,元马端临《文献通考·经籍考》(《十通》本),清《四库全书总目提要》(《万有文库》本),《四库简明目录》,清周中孚《郑堂读书记》(《吴兴丛书》本),清张之洞《书目答问》(范希曾补正本),都可供参考。至于专门叙列历史书籍的,有宋高似孙的《史略》(《古逸丛书》本),虽然粗糙一些——在宝庆元年(1225)用了二十七天写成,——但他的闻见是渊博的。清章学诚有《史籍考》,可惜没有完成。

《史籍考》是毕沅创始的,他仿朱彝尊《经义考》体例,分史籍为一百十二子目[30],起稿未成而死,"遗编败麓,断乱无绪"[31],章学诚"因就其(毕沅)家,访得残余,重订凡例",改分为十二纲五十七目[32]共三百二十五卷[33]。残稿极小部分曾刊印于民国二年的《中国学报》,后传为国会图书馆所得,实不确。《章氏遗书补遗》仅存

隋书经籍志史部十三类	旧唐书经籍志史部十三类	新唐书艺文志史部十三类	宋史艺文志史部十三类	明史艺文志史部十类	四库全书总目史部十五类	书目答问史部十四类	清史稿艺文志类史部十六类
1. 正史	1. 正史	1. 正史	1. 正史	1. 正史	1. 正史	1. 正史	1. 正史
2. 古史	2. 编年	2. 编年	2. 编年	×并入正史	2. 编年	2. 编年	2. 编年
3. 杂史	4. 杂史	4. 杂史	3. 别史	2. 杂史	5. 杂史	6. 杂史	5. 杂史
4. 霸史	3. 伪史	3. 伪史	13. 霸史	×	9. 载记	7. 载记	9. 载记
5. 起居注	5. 起居注	5. 起居注	×散入别史及编年	×	×	×	×
				4. 故事	13. 政书	11. 政书	13. 政书
6. 旧事	6. 旧事	6. 故事	5. 故事	5. 职官	12. 职官	×	12. 职官
7. 职官	7. 职官	7. 职官	6. 职官	6. 仪注	×	×	×
8. 仪注	9. 仪注	9. 仪注	8. 仪注	7. 刑法	×	×入子部法家	×
9. 刑法	10. 刑法	10. 刑法	9. 刑法	8. 传记	7. 传记	8. 传记	7. 传记
10. 杂传	8. 杂传	8. 杂传记	7. 传记	9. 地理	11. 地理	10. 地理	11. 地理
11. 地理	13. 地理	13. 地理	12. 地理	10. 谱牒	×	12. 谱录	×
12. 谱系	12. 谱牒	12. 谱牒	11. 谱牒	×	14. 目录	× 入谱录	14. 目录
13. 簿录	11. 目录	11. 目录	10. 目录	3. 史钞	8. 史钞	×	8. 史钞
			4. 史钞		3. 纪事本末	3. 纪事本末	3. 纪事本末
					4. 别史	5. 别史	4. 别史
					6. 诏令奏议	9. 诏令奏议	6. 诏令奏议
					10. 时令	×	10. 时令
					15. 史评	14. 史评	16. 史评
						4. 古史	×
						13. 金石	15. 金石

《史考释例》和《史籍考总目》两篇。

原载《历史教学》1961年第七期

注 释

① 《十三经》，商务印书馆1914年版，113页。
② 《殷墟书契菁华》二。
③ 《十三经》，商务印书馆1914年版，227页。
④ 《殷契粹编》597片。
⑤ 《史记》四七《孔子世家》，百衲本，27页。
⑥ 《汉书》十《成帝纪》，百衲本，5页。
⑦ 《汉书》三十《艺文志序》，百衲本，1—2页。
⑧ 《汉书·艺文志》，百衲本，7页。
⑨ 《隋书》三二《经籍志序》，百衲本，4页。
⑩ 以上均见《隋书·经籍志序》，4—6页。
⑪ 《旧唐书》三《太宗纪》，百衲本，4页。
⑫ 《新唐书》五九《艺文志》，百衲本，4—8页。
⑬ 《旧唐书·经籍志》，百衲本，3页。
⑭ 《宋史》二百五《艺文志》，百衲本，7—20页。
⑮ 《隋书》三三，百衲本，1—2页。
⑯ 《新唐书》一九九《儒学马怀素传》称在八年，百衲本，14页。
⑰ 《旧唐书》四六《经籍志序》，百衲本，2页。
⑱ 《旧唐书·经籍志序》，百衲本，2页。
⑲ 《隋志·总序》，百衲本，6页。
⑳ 《旧唐书》四六，百衲本，2页。
㉑ 同上书，卷四六，20页。
㉒ 《新唐书》五七，2页。
㉓ 同上书，卷五八，7页。
㉔ 《新唐书》五九，百衲本，20页。
㉕ 同上书，卷六十，15页；徐爱书列入杂史类，见卷五八，5页，徐爱书《隋志》列在正史类《三国志》下，见卷三三，1页。

㉖ 《宋史》二〇二—二〇九。

㉗ 万有文库本,1776 页。

㉘ 《明史》九九,百衲本,23—24 页。

㉙ 《宋志》有蔡邕《月令章句》、唐玄宗删《礼记月令》等,《明志》有冯应京《月令广义》。

㉚ 《史考释例》,《章氏遗书补遗》,嘉业堂本,50 页。

㉛ 同上书,59 页。

㉜ 同上书,50 页。按同书 59 页《史籍考总目》,实十一部五十五目,另《制书》二卷。

㉝ 同上书,60 页。

中国的传记文

这里所谓传记是取现今通用的意义，传记两字连词，就是旧日叙述个人生平行事颠末的人物传，英文所谓 Biography。与古代“经传说记”（见《汉书》卷五三《河间献王传》）固不相干，也与“叙一人之始末者为传之属，叙一事之始末者为记之属”（《四库总目》），“录人物者区为之传，叙事迹者区为之记”不同。章实斋先生所谓“学者生于后世，苟无伤于义理从众可也”（《文史通义·传记篇》）。《四库总目·史部》有传记类，不过他兼收记事之杂录，与现今的范围又不尽同。

中国旧日的传记文，就形式来看可以分作两类：一类是按年编列的年谱，一类是综合叙述的碑传。就性质来说，凡是传、墓志铭、神道碑、哀启、征文启、事略、行述、行状、逸事状、遗事、诔赞、寿文等，虽然体裁不同，可是全属传记。若是就作者的立场和关系来分，又有史书里面的传，志乘里面的传，家谱里面的传，以及外传、别传、小传和自己作的自传种种的不同。可以很详，可以很略，可以记述许多事，可以记述一两件事，是没有一定的。可是对于这所要描写的主人翁的姓名、别号、籍贯、生卒，一生的事实，是要记述的，除非不知道或者是世人周知无须更说的。好的传记更要把这个人的个性、丰采、言谈、思想举止、神态，用文字或事迹衬托出来。

中国最早的传记，除了经、子里面有几段以外，要推史书里面的史传。这一班历史家或者说传记作者，他们写起传记异常审慎，异常小心，他们尽量征求异说，尽量采摭史料，但是他们绝不马虎、绝不苟且，对一切一切的事件都要辨别他的真伪，都要追寻他的真实性。因为这样才能成“一家之言”，这样才能“取信一时，擅名千载”，这是他们最高的理想，也是他们自负的责任。所以他们在写传记的时候，第一个条件是求真。他们反对不正确的“苟求异端，虚益新事”，他们反对漫无选择的“务多为美，聚博为功”，他们尤其反对“故造奇说，妄构史实”。所以他们对史料的来源要追求，对传说的真伪要辩证，对事实的先后要注意。一本书靠不住他们绝不引；一件事有可疑他们绝不引；一种传说有矛盾他们绝不引；一种传闻出之于敌国远道他们绝不引；一种奇说为事理所必无他们绝不引；他们绝不使“异辞疑事，远诬千载”。

因为传记作者同历史家写传记叙事的求真，所以他们不乱写，同时也不多写。他们提倡简要，反对文字的烦富，希望“文约而事丰”，所以他们主要尚简。有时候已经叙述了一个人的才行，就不再罗列事迹；有时候已经用事迹衬托出一个人的才行，就不必再用抽象话笼统的赞美；有时候对于才行事迹全不说，而把当时的言语记出来，因为言语有关涉所以事实也就显露了。他们绝不同时并写，以免虚费文字。假如说一个人昼夜读书，又何必再说他笃志学学？已经说了下笔千言，又何必再说文章敏速？既然已把一件事情发生时有关系的对话记下来了，又何必再把这件事情的经过重说一遍？这是历史家他们尚简的理由。因为尚简，所以他们更主张省字省句，不妄加，不烦复，但是却要简要合理。他们要做到“骈枝尽去，尘垢都捐，华逝实存，滓去渖在”。

传记作者叙事还有所谓用晦。因为他们尚简，所以有许多事迹他们不明显的直说，而用旁的方法委婉地点出来，烘托出来。或者是只说大的方面、重要的方面，而将小的、轻的不说，使读者自己去体会。他们主张“略小存大，举重明轻”，希望“省字约文，事溢于句外”，反对“弥漫重沓”。《史记·项羽本纪》，记楚军追汉军于睢水上，说“汉卒十余万皆入睢水，睢水为之不流”，这是形容汉军败北的情形，可是并没有直说汉军之败。《淮阴侯列传》，记萧何追韩信的事说，“何闻信亡，不以闻，自追之。人有言上曰，丞相何亡。上大怒，如失左右手”。在这一段叙事里衬托出来萧何对于韩信之倾佩，汉高祖对于萧何之倚任，而韩信的才略以及他的重要，也自然地烘托出来，可是全没有明说，这就是所谓用晦。

传记作者和历史家，他们叙事还有几件禁忌的事。第一是忌诡异。凡是神怪不经之谈，离奇诡异之说，纵然确有这种传说，也不必把他写入传记。例如说一位帝王或一位名臣，生时有什么祥异，死时有什么朕兆，这全是很可笑的。所以沈约《晋书》为刘知幾所讥。但是这种毛病直到清朝人的传记里还有。第二忌虚美。对于一个人的过分称赞或者一件事的过分夸张，全是不妥当的，写在传记里面是不应该的。《北齐书·王琳传》，说他“故及于难，当时田夫野老，知与不知，莫不为之歔欷流涕”；《东观汉记》说，“赤眉降后，积兵甲宜阳城西与熊耳山齐”（卷二十三），虚美太过，至今传为口实。第三忌曲隐。一个人有长处也有短处，做事有对的也有不对的，在传记里面全应该叙述，不能只述其善而曲隐其恶。但这更是历代作者不能免的通病了！

上面所说的全是传记批评家或史学家他们所悬的标准。当然在作者方面未必全能做到。在中国旧日传记作家里面，或者说历史家里面，当然要推司马迁为第一。《史记》里面许多传记，他能够把一个一个不同的个性描写出来；他能够把一件一件不同的事情叙述出来；能够把一句一句的言语记录出来；使读者仿佛见到当时的神情，这是别人所不及的。他在《项羽本纪》里写樊哙在鸿门之会的情态，当时神气，跃然纸上。所谓“哙遂入，披帷西向立，瞋目视项王，头发上指，目眥尽裂”；“项王按剑而跽曰，客何为者？”双方的紧张情绪，有如目睹。下面所谓“项王曰，壮士，赐之卮酒，则与斗卮酒。哙拜谢，起，立而饮之”。“赐之卮酒”是项羽的话，“则与斗卮酒”是项羽左右的动作，“哙拜谢，起，立而饮之”是樊哙的动作。假使一一点明了叙说，当时神情就失去了，所以太史公一气写下来，以保存当时的神情。又如《留侯世家》里面，记载项羽在荥阳围汉高祖，汉高祖很忧惧，同郦食其商议立六国后，以桡楚权，张良反对这个主张，说了八不可。太史公写这次对话情形很长，他用了“今陛下能制项籍之死命乎？曰未能也。其不可一也”的同样笔调写了八次，除了每段中一个曰字以外，没有别的表示说话的字样。他这是极力描写当时对话的急遽状态。“今陛下能制项籍之死命乎”，以上几句是张良说的；“曰未能也”，是高祖说的；“其不可一也”，又是张良说的；后面七段全是一样。这是就当时口语据实而书，你不仔细去看，觉得毫无头绪，你仔细一看，语气神情就如同画在纸上一样了。后来像《三国志》算是史书中好的了，可是《秦宓传》记宓与张温问答，一句一个曰字，远不如《史记》之紧凑了。但是《史记》也有时候喜于文字见奇诡（钱大昕《经史答问》），如《东方朔传》之类，所以扬雄说他“爱奇多杂”（《法言》），然而那在全书中是很少的。

《史记》以后的史传，要推《汉书》最好，当然他有许多是用《史记》旧文。有人说，“《史记》之文，其袭左氏者必不如左氏；《汉书》

之文，其袭《史记》者必不如《史记》”（《潜研堂文集》卷二八《跋汉书》）。这句话固然稍刻，也是实话。《汉书》里面，像《李陵传》叙霍光、上官桀使任立政至匈奴招陵事；《苏武传》叙单于使李陵至海上为武置酒设乐事；《朱买臣传》叙买臣拜会稽太守，衣故衣，怀印绶，步归郡邸事，都极有情趣，而行文亦委婉有致。然而传神方面较之《史记》则稍差了。《汉书》而外，只有《三国志》严整、简洁，比较能叙事。他往往在写个人行事以外，加上点与朋友的书札，当时的言谈，以及旁人的评论。这样可使读者在事迹以外得到些关于这个人的其他方面的概念。例如《简雍传》、《伊籍传》，记二人的滑稽机辨。《许靖传》载袁徽与荀彧书，宋仲子与王商书。《黄权传》载司马懿与诸葛亮书，《董和传》载诸葛亮与群下教，这许多书札，受者与授者并非传中人，可是书札的内容涉及传中人，我们就书中所涉可以知道其为人。《姜维传》载郤正论维之言，当时人的意见自然得真，且可作客观的批评与本传参证。这些方法，后来就少用了。再后的史传，《后汉书》、《宋书》只是文章好，其余的越后越坏。史书以外，作传记学太史公的更多，但是好传记也少。后来传记所以不好的原因，大概有下列几点：

第一，由于文字本身。古人言文一致，所以写下来的文字就同语言一样。后来文字与语言越离越远，拿古代的文字文法写后世的语言，所以语气神情不能充分表现。传记作者既不肯用当时的语法和习惯的词句来写当时的事情，记当时的对话，还要去学那更古的文法，用那早不通行的字句，以自衒古奥，于是越学越坏，越不近真实情况。隋炀帝看见李密状貌神气有些不凡，有些可怕，不教他作亲侍，《旧唐书·李密传》写作，“帝曰，个小儿视瞻异常，勿令宿卫”，已经不像当时口语，《新唐书·李密传》改为，“帝曰，此儿顾盼不常,无入卫”,相差更远了。杨素看见李密骑在牛上读书,觉得奇怪,蹑其后问之,《旧唐书·李密传》作,“问曰,何处书生耽学若此?”《新唐书》改作,“何书生勤如此?”更不像了。宋祁《新唐书》列传最喜用古字古义,使人读了不知所谓,且时时发生奇异可笑词句。如“规相屠戮”(《王世充传》,谋相屠害也),“磔之火渐割以啖士”(《薛仁杲传》,磔于猛火之上,渐割以啖军士也),“味之珍宁有加人者,弟使他国有人,我恤无储哉”(《朱粲传》,食之美宁过于人肉乎,但令他国有人我何所虑也),“君脍人多矣,若为味”(《朱粲传》,闻卿啖人作何滋味也),“诚能投天会机,奋𧝓大呼”(《刘文静传》,诚能应天顺人举旗大呼也),“是子固在,宜斥丑处”(《李百药传》,以上均依旧书传文译释,此丑处犹恶地),“祸隙已牙”(《长孙无忌传》,已牙已萌也)之类,这是作者的好奇,不能全怪文字了。

第二,由于作者技巧。古人写传记,还是平铺直叙的多,非不得已不用追叙的章法,就是《左传》“初,郑武公娶于申曰武姜”,也是在一篇的开头。可是后来写传记的人都嫌平铺直叙太呆板,太没有波澜,于是把一段叙事里面加了好几个追叙的“初,如何如何”,“始,如何,如何”,以为这才有势,这才是技巧,不知使读者更觉得头绪纷烦,无从了解,所谓古文家又讲些篇法章法,以及于义法,方法越多,技巧越劣。有的模仿《左》、《国》,有的模仿《史》、《汉》;有的模仿韩、欧,模仿越多,离开真实越远,使读者越不明了。这种过于重视法度的毛病,虽几个大家有时亦不无可议,我们亦不必为之曲讳。例如归有光《先妣事略》,文章极简练,可是中间一段,“……顾诸婢曰,吾为多子苦,老妪以杯水盛二螺进,曰,饮此妊不数矣,孺人举之尽,喑不能言。正德八年五月二十三日,孺人卒”。骤读之，仿佛孺人之死在声喑以后甚久，与饮螺水无关。可是用前面的文章一对照，孺人生于弘治元年，十六岁归归氏，前后生子女八人，弘治凡十八年，加上正德八年，正相符合，可见是饮螺水而死；假使他写明白一点岂不更好？姚鼐《周梅圃君家传》，是他自己很自负的一篇传记，他说，“传取事简，以为后有良史，取吾文登之列传当无愧”，可是他在全传里没有载明周梅圃的生卒年龄，通篇没有说到周的时代，只有“当是时，王亶望为浙江巡抚”一句可以考见年代。但是要从王亶望作浙江巡抚的时候来推求周梅圃的年代，那未免太周折了（王亶望作浙江巡抚在乾隆四十二年五月至四十五年三月）。又如汪琬的《江天一传》，在七百五十字的短文里，用了一个当是时，一个先是，一个当，这是他极力的盘行跌宕以取势，在我们看起来大可不必。所以在某一种论点下，文章尽管是好文章，然而未必是好传记。

第三，由于传统观念。写传记的人往往囿于传统的观念，不知不觉地跟着走。譬如写忠臣烈士，因为他的忠烈，于是把他一切全写得很好，纵然有不好的事也就隐讳不说了。一个奸臣，纵有好事，也只轻描淡写地写几句，或者竟不说。像明朝严嵩，文章做得很好，可是大家从不提起他的文章，也没有一个人读他的文章，甚至有人看见他的《钤山堂集》，主张把它烧掉。就是《明史》本传，也只说他“读书钤山十年，为诗古文辞，颇著清誉”而已。又如宋朝欧阳修，词作得很好，在词里可以看出他的性情是多么风流蕴藉，可是在中国道学家认为他同韩愈是直接孔孟道统的人，就认定他是一个道学家，从不提起他的风流蕴藉的真实性情，只在说他的攻异端扶正道。《宋史》本传说他“终身为文，……折之于至理”，又说他“挽百川之颓波，息千古之邪说，使斯文之正气可以羽翼大道，扶持人心”，我们看了这个传，那里会晓得这个人就是“笑问鸳鸯两字怎生书”的作者呢？又如韩愈、柳宗元的文名著于后世。在《史》、《汉》里面凡是著名文豪全要把他的文章载入传内，所以两《唐书》全把韩的《进学解》、《谏佛骨表》、《祭鳄鱼文》、《潮州谢上表》，收入本传，文章虽然很好，但祭鳄鱼事终归怪诞，而传内更说，自是潮人无鳄患，未免不经。《新唐书》又把《平淮西碑》收入《藩镇·吴少阳传》，这篇文章“点窜尧典、舜典字”，诚然是唐朝的著名文字，可是他的内容同事实颇有出入，在史法上不无可议，如李光颜、乌重胤除授在元和九年，韩公武、李文通在十年，李愬在十一年，前后不同时，而碑文连续而写作曰某曰某，各以其兵进战，变成同时了；又称裴度为丞相，与唐朝官兵不合；光颜、重胤、公武全是双名，可是碑文有时候写成“颜胤武”，或者写“颜胤”；文虽简可是事未核（参阅《潜研堂文集》卷一三《答问》一〇）。其实这篇文章大可不录进去。柳宗元文名在宋朝更胜于前，所以《旧唐书》本传很短，而《新唐书》加得很长，所加进去的文章，如《与许孟容书》、《贞符》等，既与本人事迹不相涉，又与时事毫无关系，更可不必。又如相传柳敬亭说《水浒》武松景阳冈打虎，说他闯进店去大吼一声，屋中空酒瓮嗡嗡作响，描写得多么微细、多么入神。可是吴伟业作《柳敬亭传》并没谈到这些，而说，“或问生（指柳）何师？曰，吾无师也，吾之师乃儒者云间莫君后光。莫君之言曰，夫演义虽小技，其以辨性情，考方俗，形容万类，不与儒者异道”；又说他，“与人谈，……澹辞雅对，一坐倾靡，诸公以此重之，亦不尽以其技强也”（《梅村家藏稿》卷五二）。大有替他掩饰的意思。这因为在当时士大夫眼光里，说书是贱艺，吴伟业肯给他写传已经很大胆，很脱俗，若不写得同世俗意见相近一点，更要受指摘了。又如沈近思是清朝有名的理学家，可是少年时曾在灵隐为僧，在理学家看来佛是异端，所以励廷仪所作《沈端恪公神道碑》，于此一字不提。

第四，由于作者主观。写传记的人最容易用自己主观来写旁人的言行。假如作者自己是崇拜英雄的，就把一个英雄描写得如他心目中所想像的英雄一样，而不管那个人的本来面目如何。一个生活浪漫自命风流的作者，他描写下的文人才子也同他自己一样，而不管那个人的真正生活如何。这样用主观来写传记，常常把许多个性不同的人写成一样。写孝子总是哀毁骨立；写节妇总是贤孝贞淑，凡是学者总是励志笃学；凡是武将总是武勇善射，千篇一律。《三国志》说，钟会少敏慧，《旧唐书》说，张蕴古性聪敏，杨炯幼聪敏，《新唐书》说，苏颋弱敏悟，韦渠年少警悟，褚亮少警敏，房玄龄幼警敏，长孙无忌性通悟；《旧唐书》说，白居易聪慧绝人，《新唐书》说，柳宗元精敏绝伦，韦陟秀敏异常，《宋史》说，张方平少颖悟绝人，欧阳修幼敏悟过人，《明史》说，胡翰幼聪颖异常，张居正少颖敏绝伦，史传词句历千年而如一。又如我们在现在发现的石刻古物里面，知道尉迟敬德是一个好佛的，可是两《唐书》本传全没提到，而说他"末年笃信仙方，飞炼金石，服食云母粉"，像一个好道的。这是传记作者在写传记时有所去取。又如清乾隆时，在毕沅幕府中人都不愿接近严长明，因为他议论多而不同，且喜欢骂人。可是钱大昕所作《严道甫传》说，他以"周览古今载籍，遍交海内贤俊"自命，并且说，"听其议论经纬古今，混混不竭，可谓闳览博物文字之宗"。这固然是钱氏忠厚之言，但一方面也有他的选择（《潜研堂文集》卷三七）。所以传记里面最坏的，他们往往忘了所写的人的个性，忘了所写的人的学识才情同环境，只凭自己的主观。

第五，由于史料不够。后世作传记，无论官书私志，所根据的材料多半是本人子孙所作的行述哀启，或是门生故吏所作行状家传，或是达官贵人所作的墓志铭神道碑，通篇全是称颂的话，既不考订，又不核对，以致错误矛盾随时可见；至于"直"、"实"相差更远。这种情形由来已久，朱子在南宋时已感觉到。他看见《宋徽宗实录》里面的传，详的只是写行状，略的又恰如"春秋"一样，首尾又不成伦理，更无本末可考，所以他主张改革，可是没有成。直到清朝还是如此，凡是国史省县志要立传的，全把他一生事迹一条一条的写成节略，送进去以备采择。这里面只有些生卒年月，仕进先后，既没有批评也没有比较，本人的议论主张逸闻遗事，更不敢多写了；尤其缺略的是家庭环境，童年教育，同生活情形。根据这样的史源，只有像"春秋"一样的了。我们看清代的国史列传就可以知道了，那如何会有好传记？史料的不够，其关系较上面四种更大，更是没有好传记的最大原因。

谈到这里，我们不能不想到一部史料正确、没有虚妄、没有隐讳，不受文字束缚，不受传统观念束缚，不受文章法度束缚的罗思举自述的年谱，后来叫作《罗壮勇公年谱》。

1942年10月稿

《资治通鉴》的写作和特点

《资治通鉴》二百九十四卷，北宋司马光编集，是中国一部最大的最早的编年体通史。《左传》是最早的编年史，但不是通史；《史记》是最早的通史，但不是编年体；《竹书纪年》是最古的而又不是最大的。《隋书·经籍志·史部·正史类》有"《通史》四百八十卷"(《旧唐书·经籍志》作六百二卷)，"梁武帝撰，起三皇讫梁"，是《通鉴》前一部最大的通史，可惜已经亡佚，但《隋志》把它列入正史类，可能也是纪传体的通史(南宋高似孙《史略》说它"全用编年法"，因无存不得而知)。

司马光字君实，北宋陕州夏县(今山西夏县)人，生于真宗天禧三年，死在哲宗元祐元年，年六十八(1019—1086)。《宋史》卷三三六有传。南宋朱熹《三朝名臣言行录》(四部丛刊收入)卷七中有传。清黄宗羲、全祖望《宋元学案》卷八、卷九有《涑水学案》二卷，谈司马光的思想很详。清顾栋高有《司马温公年谱》八卷(求恕斋丛书)，谱后一卷，遗事一卷；清陈宏谟有《司马温公年谱》一卷(附所刻《司马文正公传家集》内)。司马光《温国文正司马公文集》八十卷，四部丛刊有影印南宋刻本。

下面就《通鉴》的纂修目的、经过、版本诸事作简要的说明。

司马光的目的

司马光平时最重视历史，认为人人都应该读史，而国家的统治者更应该读,因为一个国家,"其兴亡在知人,其成败在立政"。假使"或当艰难之运而不能师用贤智,或有恻隐之意而无以照知忠邪"(司马光《进稽古录表》),则国家一定衰乱。这一切都是历史的内容,所以必须阅读历史书籍。但是历代史籍非常之多,统治者就是决心去读,也绝对"不能通览",所以他决心写一部供最高统治者——皇帝阅读的简明历史(《宋史·司马光传》)。

《通鉴》纂修的经过

英宗治平元年(1064)司马光就开始这一工作,从事编写"历年图"(《稽古录》十六《历年图后序》)。因为他感到"载籍之编,患乎太漫;鉴观之主,力不暇遑",所以就"敢用芟夷(删除),略存体要(大体纲要)",从"三晋开国"(前403)到"显德末造(末世)"(959),共成十五卷(《进稽古录表》),这就是今天流传的《稽古录》卷一至卷十五。但是内容太简单了,实在是个年表。

治平三年(1066)司马光又按"历年图"的年代起讫,开始另写一部编年体通史(《通鉴外纪·刘恕自序》),以论次历代君臣事迹(《通鉴·宋神宗序》),名曰"通志"(《宋史》本传)。先成八卷。《宋史本传》说:"遂为通志八卷以献,英宗悦之,命置局秘阁续其书",我想这八卷就是今天《通鉴》的卷一至卷八,也就是从周威烈王二十三年到秦二世三年的《通鉴》前八卷。因为历代史事多,所以写了前八卷先送进去。英宗看了很满意,就命他在崇文院设局,准许自己选人帮忙续写汉以后的历史,并许借龙图天章阁三馆秘阁书籍,赐以笔、墨、缯帛和其他供应。

治平四年(1067)正月,英宗死,神宗即位,十月开经筵,命司马光进讲这本新作,于是神宗把"通志"改为"资治通鉴",并给它作了一篇序。所以叫作《资治通鉴》,是由于他要求写进去的内容是

"明君良臣,切摩治道,议论之精语,德刑之善制,天人相与之际,休咎庶证之原,威福盛衰之本,规模利害之效,良将之方略,循吏之条教,断之以邪正,要之于治忽,辞令渊厚之体,箴谏深切之义"(神宗序);而他阅读的目的是在"荒坠颠危,可见前车之失;乱贼奸宄,厥有履霜之渐",是为了借鉴之意。

神宗对这部书的期望更大,把旧日藏书二千四百多卷都拨给使用。司马光到洛阳工作,神宗就命他把纂修的全部工作和人员一同带了去,并命他儿子司马康(字公休)作检阅官。

司马光在洛阳一共十五年(1069—1084),全都"以书局自随"。

参加纂修的人

司马光虽然是奉诏设局纂修《通鉴》,但准许他自己选择助手,所以和一般的官修书籍又有所不同。

助编两汉部分的是刘攽,三国南北朝部分是刘恕,唐代是范祖禹,都是当时的著名专家。"各因其所长属之,皆天下选也"(胡三省《新注资治通鉴序》)。

刘攽字贡父,临江新喻(今江西新喻县)人,事迹见《宋史》卷三一九本传。他"尤邃(精深)史学,作《东汉刊误》为人所称"(《宋史》本传)。

刘恕字道原,筠州(今江西高安县)人。《宋史》卷四四四《文苑传》六有传。所著有《五代十国纪年》和《通鉴外纪》。他"笃好史学,自太史公所记下至周显德末,纪传之外至私记杂说,无所不览。上下数千载间,钜微之事,如指诸掌"(《宋史·文苑传》)。他在洛阳住了不久就回家乡,《通鉴》修成,他死了已七年。

范祖禹字淳甫,成都华阳人。事迹见《宋史》卷三三七《范镇传》附传。另著有《唐鉴》十二卷,史称:他"深明唐三百年治乱,学者尊之，目为唐鉴公”(《宋史》)。

这三个人在《进上通鉴表》文均列名。此外，据明末严衍说，还有赵君锡(《通鉴补自序》)。赵君锡字无愧，河南洛阳人。事迹附见《宋史》卷三八七《赵安仁传》。但是本传没有说他参预修《通鉴》。

清康熙时，许自俊作《资治通鉴补序》说：“司马温公身为贤相，集当代名公巨卿二刘二范辈共删定此书”(《盛氏刻本通鉴》补卷首)。另外这一范，不知所指。司马光居洛阳时，和他常往还的有范纯仁和范镇，但是《宋史》三四四《纯仁本传》和卷三三七《镇本传》全没有谈修史事，而且纯仁和镇当时名位已高，最多只是参加一些意见而已。

成书的年代

神宗元丰七年(1084)《通鉴》纂修完成，十一月缮进(司马光《进通鉴表》，《宋史》一六《神宗纪》在十二月)，从治平三年(1066)起，凡“历十九年而成”(胡三省序)。《通鉴》成书不久，元丰八年(1085)正月神宗就病了，三月死。所以《通鉴》的纂修虽是创始于英宗，实在是神宗一朝完成的。

最初的刻本

哲宗元祐元年(1086)十月《通鉴》在杭州刻板(见胡注本卷末校勘衔名。古籍出版社标点本，9609 页)，元祐七年(1092)刻成，分赐各地(《宋史》十七)和参加纂修的人，这是通鉴的第一个刻本。司马光死于元祐元年九月，他集中卷五十一《乞黄庭坚同校通鉴副本札子》有“去年九月奉旨国子监镂板”一句话。这个“去年”只有元丰八年(1085)一个可能，如果元丰八年(1085)交国子监刻板，不会第二年元祐元年(1086)十月又交杭州刻板，我怀疑是原来交国子监刻，遇到障碍没能开工，又改交杭州镂刻，只是一个刻本。章钰《胡刻通鉴正文校宋记》说北宋有三个刻本：杭州、监本和蜀本，恐怕不确。

章钰又说："监本之有无流传，各藏家均未明载。"我想正由于没有这一刻本，所以各家都说不明确。至于《三朝名宦言行录》所说，"蔡下密令学中置板高阁"的板，是学中保存的板，不是自己刻的板。

司马光亲自动笔

《通鉴》虽由刘、范分别同修，而司马光仍然自己动笔。南宋的高似孙曾见到《通鉴》的稿本，他说："司马公《通鉴》草，纸阔狭不侔（不相同），有剪为数寸阔者，两面密书，时有涂改处，字尤端楷"（《史略》卷四，萧子显晋史草条，《古逸丛书》本，7 页）。可证《通鉴》中的看法和意见是司马光自己的。

《通鉴》只在初修时于经筵进讲过，其后司马光居洛阳十五年，当然无从进讲，修成以后，神宗就病死了。哲宗初年，据《宋史》本纪，经筵只讲鲁论和读三朝宝训，不久司马光就死了，所以《资治通鉴》中虽然有很多"臣光曰"，并没有每篇都讲过。

《通鉴》的文笔

《通鉴》的叙述史实，文字非常生动。卷一周威烈王二十三年（前 403），智伯决水灌赵。"智伯行水，魏桓子御，韩康子骖乘。智伯曰：'吾乃今知水可以亡人国也。'桓子肘康子，康子履桓子之跗，以汾水可以灌安邑，绛水可以灌平阳也。"（12 页）三个人在车上的神情跃然纸上。卷一九汉武帝元狩三年（前 120），叙汲黯和武帝争辩，"黯曰：'臣虽不能以言屈陛下，而心犹以为非；愿陛下自今改之，无以臣为愚而不知理也'。"（638 页）卷七秦二世元年（前 209）

叙张耳、陈馀旧事："里吏掌以过笞陈馀，陈馀欲起，张耳蹑之使受笞。吏去，张耳乃引陈馀之桑下，数之曰：'始吾与公言何如？今见小辱而欲死一吏乎！'陈馀谢之。"（255页）卷一二八，宋孝武帝孝建元年（454），臧质起兵失败，西走武昌，"逃于南湖，掇莲实啖之。逃兵至，以荷覆头，自沈于水，出其鼻"（4019页），遂被射死。这和前面所说臧质"自谓人才足为一世英雄"（4010页）对照起来，相映成趣。卷二〇四，武则天天授二年（691），记来俊臣鞫周兴事，所谓"请兄入此瓮"事（6472页）。卷二百八十四，后晋齐王开运二年（945），晋军大破契丹军于白团卫村，写晋军兵士愤怒求战，以及"贼已破胆，不宜更令成列"，"契丹主乘奚车走十余里，追兵急，获一驼，乘之而走"（9290页）的记载，写得如画。当然，这里都是根据诸史原文的，但也由于司马光的文艺天才，否则也会把它写成一无生气的"断烂朝报"。

《通鉴》卷九，汉高帝元年（前206），鸿门宴一段写的很生动。这是根据《史记》卷七《项羽本纪》写的，但是文字不完全相同：

通鉴

于是张良至军门见樊哙。哙曰："今日之事何如？"良曰："今项庄拔剑舞，其意常在沛公也。"哙曰："此迫矣，臣请入，与之同命！"哙即带剑拥盾入。军门卫士欲止不内，樊哙侧其盾以撞，卫士仆地。遂入，披帷立，瞋目视项羽，头发上指，目眦尽裂。项羽按剑而跽曰："客何为者？"张良曰："沛公之参乘樊哙也。"项羽曰："壮士！赐之卮酒！"则与斗卮酒。哙拜谢，起，立而饮之。项羽曰："赐之彘肩！"则与一生彘肩。樊哙覆其盾于地,加彘肩其上,拔剑切而啖之。项羽曰:“壮士复能饮乎?”樊哙曰:“臣死且不避,卮酒安足辞!夫秦有虎狼之心,杀人如不能举,刑人如恐不胜;天下皆叛之。怀王与诸将约曰:‘先破秦入咸阳者,王之’。今沛公先破秦,入咸阳,毫发不敢有所近,还军霸上以待将军。劳苦而功高如此,未有封爵之赏,而听细人之说,欲诛有功之人,此亡秦之续耳,窃为将军不取也!”项羽未有以应,曰:“坐。”樊哙从良坐。(302—303 页)

史记

于是张良至军门见樊哙。哙曰:“今日之事何如?”良曰:“甚急。今日项庄拔剑舞,其意常在沛公也。”哙曰:“此迫矣,臣请入,与之同命!”哙即带剑拥盾入。军门交戟之卫士欲止不内,樊哙侧其盾以撞,卫士仆地。哙遂入,披帷西向立,瞋目视项王,头发上指,目眦尽裂。项王按剑而跽曰:“客何为者?”张良曰:“沛公参乘樊哙者也。”项王曰:“壮士!赐之卮酒!”则与斗卮酒。哙拜谢,起,立而饮之。项王曰:“赐之彘肩!”则与一生彘肩。樊哙覆其盾于地,加彘肩上,拔剑切而啖之。项王曰:“壮士能复饮乎?”樊哙曰:“臣死且不避,卮酒安足辞!夫秦王有虎狼之心,杀人如不能举,刑人如恐不胜;天下皆叛之。怀王与诸将约曰:‘先破秦入咸阳者,王之。’今沛公先破秦,入咸阳,毫发不敢有所近,封闭宫室,还军霸上,以待大王来,故遣将守关者备他盗出入与非常也。劳苦而功高如此,未有封侯之赏,而听细人之说,欲诛有功之人,此亡秦之续耳,窃为大王不取也!”项王未有以应,曰:“坐。”樊哙从良坐。

这里,《通鉴》减省了几个字,而语气依然。不同的,只是《史记》用“项王”的地方《通鉴》改为“项羽”;《史记》用“大王”的地方,《通鉴》改为“将军”。项羽自立为西楚霸王在鸿门宴之后,《通鉴》的改正是对的。

《通鉴》卷六十五,汉献帝建安十三年(公元208),写赤壁之战(2093页),是钩稽《三国志》诸葛亮、周瑜、鲁肃等许多人的传记组织而成,我们试摘一段,看看它的来源根据:写两军遇于赤壁一段,只约三百字,基本上是用的《三国志·周瑜传》,而于曹兵出营看黄盖降一点又用了《周瑜传》裴注引的《江表传》,于曹操北还经过华容一节又用了《魏武帝纪》裴注引《山阳公载记》,《周瑜传》失载的就用其他记载补上。“时东南风急,盖以十舰最著前,中江举帆”,和“去北军二里余,同时举火,火烈风猛,船往(《志》作“往船”)如箭,烧尽北船”,“瑜等率轻锐继其后,雷鼓大震,北军大坏”几句,是用《三国志·周瑜传》裴松之注引《江表传》;“操引军从华容道步走,遇泥泞,道不通,天又大风,悉使羸兵负草填之,骑乃得过,羸兵为人马所蹈藉,陷泥中,死者甚众”几句,是用的《三国志·魏武帝纪》裴注引《山阳公载记》;“时操军兼以饥肄,死者太半。操乃留征南将军曹仁、横野将军徐晃守江陵,折冲将军乐进守襄阳,引兵北还”几句,是用《三国志·吴主(孙权)传》,而参以《曹仁》、《徐晃》、《乐进》等传。这就告诉我们,史料是多么细致、缜密而全面的工作。只有辛勤阅读,才能广泛掌握;只有广泛掌握,才能具体分析;只有不断积累,才能不断提高。

《明末农民起义史料》序

这里辑录了清内阁大库所藏有关明末农民起义的档案二百二十件。

大库是清代内阁皮藏档案、书籍的处所，在北京故宫东华门内，文华殿之南，协和门之东，是两座上下各五间向北开窗的旧式楼房，它的西邻就是内阁。两楼平列一排，分为东西，中隔走道，所以又称为东库、西库，一共二十大间。东库贮存实录、圣训、起居注、史书、书籍、表章及档册等，又称实录库，由内阁之满本房掌管；西库贮存红本，由内阁之典籍厅掌管。但这种分存的情况，时常小有变动，如乾隆十三年（1748）以后的红本因为西库已满改存东库，就是一个例子。（关于大库情况，参看方甦生《清内阁库贮旧档辑刊叙录》、徐中舒《内阁大库档案之由来及其整理》、《再述大库档案之由来及其整理》。）

大库所藏，以红本为最多。清朝以内阁总理全国政务，所谓“掌宣纶綍，赞理庶政”（《康熙大清会典》卷二，1 页），因此全国的公文都要经过内阁。雍正七年（1729）设军机房，后改军机处（1732），内阁的职掌稍分，事权渐小，但“票拟本章”，“钞发谕旨”，还在内阁（清孔宪彝《内阁汉票签中书舍人题名序》），这一部分工作并没有变更，所以所谓“红本”仍由内阁存贮大库。

清制，各行政机关为公务给皇帝的公文称为题本，为个人事给皇帝的公文称为奏本，通称为“本”。（清朝还有所谓奏折，是另外一种给皇帝的公文，与奏本不同。）在公文手续上，中央机关——六部及各院、府、寺、监的本，直接送达，称为部本；地方机关——各省将军、督抚、提（提督）镇（总兵）、学政、盐政、顺天奉天府尹、盛京五部的本，要先经过通政司，然后送到内阁，称为通本（《嘉庆会典》卷二，1 页）。无论部本、通本，都由内阁签票处拟具批答，这就是所谓票拟，又叫票本，又叫票签。票签经皇帝核定以后，由批本处用朱笔誊写于“本”的右上角，因为批字是红的所以称为“红本”。红本每天由六科给事中到内阁收发红本处领出，然后传抄于各机关，年终由六科再送还内阁，贮存大库西库（《嘉庆会典》卷二，6 页、8 页、21 页），因此西库又称红本库。

每年存入大库的红本，大约总有一万四五千件（清查红本数目档，康熙十九年份共一万五千八百零二件，康熙二十年份共一万四千三百八十五件），累年堆积，数字异常之大。加以大库没有专门负责的员工，满本房与典籍厅只是管稽查和锁匙（《嘉庆会典》卷二，17—18 页）；建筑又不完善，潮湿霉烂，雨淋虫蚀（《北厅清查光绪年红本档》光绪二十五年三月二十五日堂谕），无人过问。历年既久，残缺不全者，清末遂检出焚化。现在所存清代档案所以不很完整，年代不衔接，都由于此。

清光绪二十四五年（1898—1899），大库因年久失修，雨后墙倒（《天咫偶闻》一卷，17 页），光绪二十五年兴工修缮（故宫藏光绪二十五年《北厅清查光绪年红本档》称将实在残缺……者一并运出焚化，以免堆积，而便开工，又光绪二十七年李鸿章等《奏报皇史宬尊藏实录圣训遗失折》称“实录向存内阁大库，前于光绪二十五年因库内渗漏，奏请兴修，当将实录、圣训移置文华殿东庑”，可见兴工在二十五年），大库的贮藏情况才为大众所知。宣统元年（1909）库墙又坏，倾倒更多，特别是西库的墙，于是将实录、圣训暂移于西库南面的银库（《列朝实录圣训函数档》），档案原要检查焚毁，一部分暂移文华殿两庑，大部分仍堆库内，后来罗振玉告之张之洞，装袋移出，暂存学部，又移国子监。其中所藏书籍由张之洞建议筹设京师图书馆（《宣统政纪》卷十八，20 页，宣统元年七月二十五日）。宣统二年六月库房修齐，实录、圣训仍送还大库，而档案与书籍因有张之洞建议之故，始终没有送还。1913 年，教育部设立历史博物馆于国子监，将大库移出尚未送还之档案交其保藏（沈兼士《文献馆整理档案报告》）。1916 年历史博物馆移设午门，此项档案也移至午门。（金梁《瓜圃丛刊叙录》20 页《内阁大库档案访求记叙》作天安门，又系于 1921 年，误。）1921 年，教育部与历史博物馆因经费困难，将档案之完整者保存一部，其余约八千麻袋（这不过举成数而言，据金梁所记卖出后情形，“堆置彰义门货栈三十屋，连前后五院露积均满，高与檐齐”，当然无从计算，也无法计算。）卖给了西单大街同懋增纸店，代价四千元。纸店打算将这些档案送到定兴县纸坊重造粗纸（金梁：《访求记叙》）。罗振玉听到，于 1922 年 2 月，用一万二千元把它买了回来。大部分寄存北京商品陈列所，后移善果寺庙中，小部分运到天津博爱工厂，从事整理，印行了《史料丛刊初编》。1924 年，罗氏选择一部分自存，其余的卖给李盛铎。1928 年 12 月前中央研究院历史语言研究所又从李氏购得此项档案，1929 年 8 月将这批档案集中在北京午门西翼楼上开始整理，整理后，一部分重要的在 1933 年一度装箱南运，不久复运回，改在北海蚕坛整理，1936 年又迁运南京一百箱，先后印行了《明清史料》甲、乙、丙三集，丁集付印尚未出版；此外还有其他数种。其未经南运部分，大半是三法司案卷及碎烂档案，始终存在午门及端门（徐中舒《再述大库档案之由来及其整理》，即《中央研究院历史语言研究所所藏档案的分析》，见《中国近代经济史研究集刊》），后来交由北京大学管理。

罗振玉自己留存的一部分档案，后来迁运旅顺，于1934年成立大库旧档整理处，从事整理，1936年移送奉天图书馆储藏，后并入沈阳博物院（详见罗福颐《清内阁大库明清旧档之历史及其整理》，《岭南学报》九卷一期），今称东北图书馆。罗氏又印行了《大库史料目录》六编（1934）、《明季史料零拾》六种（1934）、《清史料零拾》二十六种（1934）、《史料丛编》二集（1935）、《清太祖实录稿》三种。1949年10月东北图书馆印行了《明清内阁大库史料第一辑》。

当1922年罗振玉收购大库档案的时候，北京大学研究所国学门（1932年改研究院文史部，1934年又改文科研究所）知道历史博物馆还保留有一部分，因此于5月12日呈请当时的政府命历史博物馆将这些没有卖掉的档案拨归北京大学，交研究所国学门同史学系组织委员会代为整理。5月22日得到允许，几经交涉，7月这批档案才由历史博物馆陆续移运到校，共计六十二箱又一千五百零二麻袋。但这并不是馆存的全部，历史博物馆他们还留下极小一部分。

1924年11月，溥仪离开故宫，清宫物品开始清点。1925年10月北京故宫博物院成立，设文献部，后改掌故部（1927），又改文献馆（1929），最近又改档案馆（1951）。先后接收了清内务府档案（1925），军机处档案（1926），清史馆档案（1928），刑部档案（1929）。而内阁大库因地址在东华门内，属古物陈列所管辖，不在故宫范围之内，直到 1930 年才正式点查，中间经过很多周折。1931 年 1 月文献馆开始整理内阁大库档案，先后印行《掌故丛编》、《文献丛编》、《史料旬刊》及其他许多专编。

就上面所述，我们知道大库档案主要的分散在下列五部门（见下）。此外流入私家的还有不少，近年各部门也陆续买回一些。

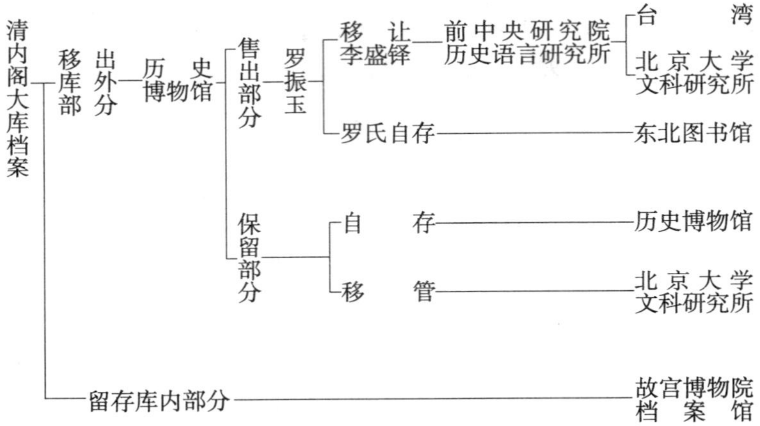

北大呈准将历史博物馆这批档案移运来校（1922），随即由研究所国学门、史学系、中国文学系的教职员、研究生、毕业生、在校学生和校外专家，组织了一个清代内阁大库档案整理会（后改明清史料整理会）。因为这是一件开创的工作，没有较多的经验和方法可以借鉴，而且数量太大，内容复杂凌乱，经过几次讨论，于 7 月 2 日公布了下列的整理计划：

第一步　形式分类及区别年代。形式分类则分誊黄、敕谕、诰命、实录、试卷、表、题本、报销册……等类。年代则分天启、崇祯、顺治、康熙、雍正、乾隆……等朝。

第二步　编号摘由。如题本、报销册两项，为档案之大宗，并多系重要史料，故先着手。题本则就内容摘录年月、机关或区域，及事实因果情形。再以事实性质，归纳成若干总类（如命案、盗案、钱粮、俸饷、建筑、财政、军政、学政、国际事件……等）；总类之下又分细目（如命案中分因奸谋杀、因仇谋杀、因戏误杀……等目），然后编号上架。报销册则摘录年月、机关或区域及名目。大别之有地丁、漕米、旗营、军饷、垦牧、建筑、浚治、清丈、盐引、课税、织造、鼓铸、物价、给发勘合火牌、内府食品、支用柴炭煤斤案件汇总，及大进大出黄册各类。至于各项档案中之特别重要者，随时提出公布。

第三步　报告整理成绩，研究考证各重要事件，及分别编制统计表。凡名项已编号摘由之档案，分别编目或录全文登载本校日刊公布。其他如大政变、文字狱及一切史乘不详之事件，则加以考证，编为报告。题本、报销册分类后，即编成各地风俗状况、犯罪行为、历朝对于人民之待遇、物价之比较……等统计表。即无甚重要之贺表、会试卷……等，将来亦拟利用之以编成历朝职官人名表，地方文风统计表。其余如公文程式及文字递变之调查，历朝官印之编谱，皆拟酌量缓急，分别进行。（稿本《北大明清史料整理会纪事》）

这个计划公布以后，就从 7 月 4 日开始在北大第三院着手整理。整理手续：先将木箱或麻袋一个一个的打开，其中档案全部出晒，去垢，铺平，抑直；再按照第一步办法分别种类、年代，然后编号、填表、摘由；手续既完，再按字号装架。如遇有事由比较特别的，另行提出。当时每开一箱或一袋，要等分类摘由完毕，才再开旁的。这样作法不免迂缓。因此在第二年（1923）6 月 2 日讨论工作时，就根据过去经验决定将所有的麻袋、木箱逐渐开拆，按照案件的原名，分为题本、报销册、揭帖、贺表、誊黄……等类，再区别朝代先后，插架陈列；摘由工作则俟此项手续完了后，再行着手。并决定利用暑假期间教室、人力的空暇，作一次大规模的整理。如清理题本时，将第三院大礼堂之桌椅分为二十多组，每组列成门形，桌面分贴清代九朝年号，和满文、杂件、残件等标签，随解袋随去土，随分形式随按年代搁置桌上，至于摘由留待另外去作。这样，从7月18日起，至10月3日止，整理结果，总计分完七百多麻袋，所剩只有五分之一了。过去整理时，凡各种无类可分的文件，全存在一起，称为杂件，不再仔细分，这次也先分为刑事案件、考功簿记及行文档册等类。再将考功类中分为考核、履历、议叙、画到簿、名册……等；行文类中分为行文底账目、画行簿、移会、知会、杂项账目、缴奏清册、注销册、挂号簿、丝纶簿等。全按照原件标目，登记，编号。

第一步的整理手续——分朝代，分种类，装架陈列——直到1923年11月才完成。因为从前没有过这样的集体整理工作，又因为大库档案问题曾轰动一时，所以国内学术界很注意这件事。有的来参观，有的托为搜查资料（如托查天主教案件、江宁织造案件、贵州考试及其他政务案件），但是当时的工作缺点太多，自己实在不能满意。后来沈兼士主任曾作过一次自我检讨，说：

我们从前在北大初整理档案的时候，大部分精力和工夫，均耗费在初步的形式整理上面。因为要将数十万件乱七八糟的东西，一一依据名目，排比时代，这是多么令人望而生畏的一桩工作。加之整理时的尘垢太多，眯目塞鼻，竟致同人中胡鸣盛君病眼，魏建功君伤肺。当时辛劳的情形也就可以想像。

但那时候的经验太少，所以方法上仍有不少的缺点。

一、太重形式，只知区别名称，排比时代，而忽略档案的内容。

二、只知注意档案本身，而忽略衙署职司文书手续之研究，遂使各类档案，均失掉它们的联络性。

三、过于注重搜求珍奇之史料，以资宣传，而忽略多数平凡材料之普遍整理。

这些错误，都由于没有把各种档案综合的研究，深刻的观察，所以结果仅知其形式而不知内容，仅知其区别而不知贯通，仅知有若干不相连属之珍异史料，而不知统计多量平凡之材料，令人得一种整个的概念。（《文献特刊》:《文献馆整理档案报告》,4 页）

这些话全是实在的。我们在 1924 年 5 月 21 日从新拟订了今后继续整理档案办法，于是工作方向就转到：一、摘录明题行稿（最初是摘录，后改全抄），二、编报销册目录和各种档案目录，三、整理清代题本内容，分类摘由，四、校订旧编书籍。因为北大所藏的档案，以这几方面比较的多而且重要，所以先从这些着手。我们先后印行了：《整理清代内阁档案报告》（要件）三册（1924）、《整理清代内阁档案报告》（题本）一册（1924）、《整理明清史料要件报告》一册（1924）、《清九朝京省报销册目录》第一册（1925）、《嘉庆三年太上皇起居注》四卷（1930）、《顺治元年内外官署奏疏》（1931）、《明南京车驾司职掌》一册（1934）、《崇祯存实疏钞》八卷十六册（1934）、《洪承畴章奏文册汇辑》一册（1935），与故宫博物院合编《清内阁旧藏汉文黄册联合目录》一册（1947）。

关于题本的内容分类，区分了下列几类：

贪污，叛逆，屯垦，刑罚，漕粮，灾荒，河工，纠参，贼匪，敷陈，田赋，盐务，隐匿，粮饷，例行，铨叙，兵马，奏销，鼓铸，茶马，俸银，遗民，仓谷，科举，考核，差派，驿递，征伐，赈恤，明藩，贡进，通商，采买，杂课，边防，关税，户口，钱法，蓄发，库藏，抚绥，印信，推荐，织造，圈地。

关于报销册的内容，区分了下列几类：

文职汉官领过俸米俸银册，京察官员册，京察笔帖式册，大进大出黄册，户部用过缎匹颜料数目册，盛京户部考成黄册，地丁本折钱粮册，江苏省城各衙门地亩项下钱粮册，奉天退圈地亩钱粮册，漕白钱粮册，南秋米粮册，各仓库收放钱粮数目册，盐课数目册，盐课销引册，钱粮事迹册，编审过盐丁数目册，盐务笔帖式银两册，灶丁应征银两册，各省滋生增益屯丁数目册，各卫所屯粮屯丁册，屯亩起存小粮考成职名册，额征民屯地丁钱粮册，丁口数目册，各省编审过人丁数目册，各省编审过军丁数目册，额征学租并应扣空缺银两册，文武官役俸工银两数目册，各官应扣空缺银两数目册，匠役口粮收放数目册，蜡茶颜料油麻缎纱等项钱粮册，杂项钱粮册，礼部用过钱粮数目册，礼部坛庙祀册，兵马钱粮册，朋桩皮脏银两册，截旷小建银米册，买马数目册，勘合火牌册，各标营官员品级及增设案由册，重囚招册，刑事案件册，工部用过钱粮数目册，太常寺用过钱粮数目册，光禄寺用过钱粮数目册，条奏事件册。

这样的整理,较之最初所定第二步计划已加推广,已从形式的分类进入内容的分类,从搜寻珍异史料进入普遍的整理。直到解放前,我们大体是向这方面努力的。

北京解放以后,文科研究所罗常培所长深深感到,我们所藏这些已整理出来的宝贵档案必须赶快公开,没有整理出来的档案必须加紧整理,以供大家利用,要使它从满足少数人的研究愿望,进入公开的随意广泛利用。因此我们工作集中到下列几项:

一、已清缮的明题行稿,分类整理印行,没有抄齐的补抄。

二、整理题本的摘由,凡不明确、不详细的加以补充,并尽可能的指出每件内容的特点。

三、过去整理题本,全按内容分类,有许多混淆不清,现在改按机关的职掌从新分类。

四、系统的整理研究本所所藏黄册——报销册及其他档案。

在1923年9月30日研究所(当时称为国学门)同人在城南龙树寺抱冰堂开第一次恳亲会席上,我们曾经宣布:

国学门搜集及整理所得之各种材料——当然不限于档案,完全系公开的,供献于全校、全国,以至于全世界的学者,可以随意的作各种的研究,绝对无畛域之限制,这是应该请大家特别注意的。(稿本《北京大学研究所国学门一览》——1922年至1927年,第五章,11页)

现在我们不但还维持着这个传统,而且更加强向这方面去作。

1950 年 5 月 4 日,我们将所中收存的档案举行了一次小型的明末农民起义史料展览,承观众给我们很多的宝贵意见和鼓励,并且建议我们将展览的史料全部印行。我们接受这个提议,更搜集了一些别处所藏的大库档案,辑成这本《明末农民起义史料》。其中一百零三篇是明末兵部的题行稿。题行稿是明代公文的习用名称,但《明会典》里没有见过。题指题本,行指各机关互相通知的行文,如咨、札、手本、揭帖之类(各部给部院和督抚的公文用咨,给总兵及属下用札,给太监用手本,给司礼监用揭帖)。同一事件,一方面先要拟题稿报告皇帝,一方面在得到皇帝批示后,再拟行稿通知有关部门和个人,内容既然相同,为了节省时间人力,在拟稿时将行稿粘在题稿后面,只写案由和批示,其详细内容即照题稿所叙抄录。本来是题稿行稿两个文件,但两者合在一起分不开,因此称为题行稿。六部对于政务执行,全要经过这样的程序,所以题行稿数量比较多。本书所收的这些题行稿,本属明代兵部的档案,其所以在清代内阁大库中发现,是因为清初纂修《明史》时,缺少天启四年(1624)、七年(1627)《实录》,及崇祯以后(1628—1644)事迹,曾下令全国查送,这就是兵部查送来的材料(事在康熙四年,1665 年,十一月十一日)。正由于此,这一批原始资料才保存至今。

这些文件全是明朝统治者的官方公文,立场当然有问题,可是里面也还保存着许多从未发见的资料,有些并且是明朝实际政治的最初报告和处理意见,可以由此洞见统治者的真面目。因此在史料价值上也还有它的相当地位。

明末农民起义,参加的很多,一般记载全说是“胁从”,或者说是“奸民”、“饥民”,《明史》卷三〇九《李自成传》更说,崇祯十三年

(1640)以前,农民起义军“所过,民皆保坞堡不下”,《张献忠传》说,“入黄州,黄民尽逃”,但是我们在本书这些文件里却看到不同的记载。崇祯六年(1633)农民军进入山西和顺县,当时的报告说:

> 探至金上村,有和顺县逃出乡民毕希然言说,县内有句连,奸细预先妆(装扮)锄田的人,白天锄田,夜晚守城上宿,因此里应外合,偶于本(六)月十三日三更举火呐喊,将城被贼抢掠(夺取)。(164页)

所说“里应外合”,“举火呐喊”,就将县城夺下,一定响应的人很多,既然装扮锄田的人,一定是和农民连结在一起,可见和顺县是在农民协助下占领的,《明史》所说“民皆保坞堡不下”“民皆逃”是不确的。至于崇祯十六年(1643)十二月山西的“荣河、河津、稷山、绛州俱自己开门”(427页),十七年(1644)三月的“阳和将士人民俱欲迎‘贼’”(451页)的记载,倒可以与史书相印证。崇祯十年(1637)山东有三个农民军先后被俘遇害,其中一个是知识分子,全是农民军起义后自动参加的。在山东报告全案的公文里说:

> 当面质之时,犹敢为贼张威,藐我(明)兵之寡弱。……如被虏之民,死生悬于贼手,有所呼而不敢不应,有所胁而不得不从,犹曰势出无奈;如陈斗魁之愿投跟随,崔文举之刺释投入,傅一春之投为步卒,夫谁呼之而谁胁之乎?此三犯者……不畏朝廷,不惜性命,喜为贼用,甘为贼死,刀锯在前,略无恐怖……。至如傅一春者,口供为秀才之子,曾从父读书,胸中了了,矢口成章,非不识一丁者比,自以双亲皆为贼所手刃,不

以为怨，反以为德，所述在贼营甘食美衣，□□角，且感且颂，……（209页）

这样的忠烈慷慨，充分证明了起义军的自发自愿，始终不渝，使明朝的官吏也不能不感叹于"夫谁呼之而谁胁之乎"！《明史·李自成传》又说，李自成在崇祯十六年（1643）入陕后，"以士大夫必不附已，悉索诸荐绅搒掠征其金"，但是我们看见崇祯十七年（1644）正月的文件说：

迩来降贼绅士，实繁有徒，负圣朝三百年作养之恩，甘心为贼运筹，……地方二三奸徒，贼尚未薄城下，辄先倡说远迎，深可恨者不肖怯死守令及几幸苟免绅衿，往往相率出城，望风伏迎。（429页）

可见当时的迎接农民军的也有所谓"士大夫"在内，至于农民军的"杀绅衿富民"（430页）"焚烧宦舍富屋"，是为了"为民除害"。类似这样可以帮助我们说明当时具体情况的史料在本书是随处可见，不及多举。这也是我们所以决定印行这本书的原因。

为便于读者参考起见，在本书末我们附录了一个"年表"，由于我们的学识谫陋，其中疏漏错误一定很多，还请读者多加指示，以便改正。

在北大先后参加整理大库档案，和参加明清史料整理会的人，有沈兼士、朱希祖、孟森、单不庵、马裕藻、陈汉章、罗振玉、王国维、柯劭忞、程郁庭、滕统音、郭振唐和陈垣、马衡、沈士远、胡鸣盛、顾颉刚、魏建功、傅汝霖、袁同礼、李泰棻、张凤举、黎世衡、杜国庠、王光玮、杨栋林、刘绍陵、刘澄清、连荫元、张步武、潘傅霖、魏江枫、陈友揆、李开先、赵冠青、李振郑、李德启、单士元、吴世拱、王崇武、杨向奎、罗福颐、张怀礼、戴文魁、蓝文卿、孙钺、于石生、袁良义、张汉清、崔季五；主持展览的人有孙钺、于石生、张怀礼、蓝文卿；参加本书编纂的人有孙钺、于石生、蓝文卿、张汉清、袁良义、蔡美彪、崔季五。附录的年表出于袁良义。并识于篇末。

1951 年 5 月 4 日郑天挺识于

北京大学文科研究所明清史料整理室。

《张文襄书翰墨宝》跋

前年一月，余在长沙获见许溯伊先生同莘致孟心史先生森书，略曰：

> 承询燕斋之名，……大约为广东盐运使瑞璋，后署广东臬司，总办洋务局，本总署章京，俸满外用，故有熟悉洋务之称，与沈芸阁同为文襄倚任[①]。

时心史先生已归道山，书既莫达，亦不详其问题所在。顷得《张文襄书翰墨宝》，而心史先生之所询问适见于此。

《张文襄书翰墨宝》上下二册，民国三年上海文明书局影印，都四十八叶，为札六十通。其中致燕斋者二十八，致芸阁者二，致芸阁、黼侯、燕斋者一，致芸阁、燕斋者一，致燕斋、湘雯者一，致黼侯、燕斋者一，致杞山、燕斋者一，致营务处者一，致牙捐局者二，无款字者十六，无款字而称蒋大人者六，皆文襄手书，为《张文襄公函稿》所未收[②]。前后无题识图记，编次凌乱[③]，未知旧藏谁氏。诸札亦无年月可考。惟其中谈冯军[④]，谈钦防[⑤]，谈刘永福[⑥]，谈唐薇卿[⑦]，谈西征洋款[⑧]，谈沙面巡勇[⑨]，谈闱姓[⑩]，谈广西科场经费[⑪]，谈粤盐加价[⑫]，则文襄督粤时所作也。文襄以光绪十年四月二十八日壬申奉命署两广总督[⑬]，闰五月二十三日到任[⑭]，七月初三日乙巳实授，十五年七月十二日丙辰调湖广总督，十月二十二日离任[15]，在粤五年[16]。册中二叶唐将军赴滇还桂无期一札，与《张文襄公电稿·致龙州李护抚台（秉衡）电》词意相若，时在十一年十月初三日；四十一叶参钱委朱一札，与《张文襄公奏稿·潮纲废弛委府兼办片》合，事在十二年二月二十五日；十三叶撤委通判陶某一札，其人于十一年八月初一日为文襄奏劾[17]；二十六叶移廉镇一札，事见《奏稿·筹设镇缺》折，十二年三月二十四日，粤中各路防营分别裁留，文襄于十一年九月初四日入奏，广东闱姓弛禁，于十年十一月二十九日获准[18]。刘永福率部抵省，事在十一年十二月二十二日[19]，而册中五叶、七叶、八叶、三十九叶均涉及之；又十九叶一札有明年之语，自注曰十二年：则册中诸札盖作于光绪十一、十二年也。

册中所称芸阁为沈镕经之字，杞山为萧韶之字[20]，燕斋者即孟心史先生以询许溯伊先生而溯伊先生以为瑞璋者也。然瑞璋以光绪十一年十月二十四日己丑升江西按察使，留粤不应过久。文襄十一年十二月初一日《请定盗案就地正法章程》折，尚有署按察使瑞璋之名，至十二月二十七日《请严定械斗专条》折已称按察使于荫霖，瑞璋离粤当在其时，十一年年终以后诸事非所及知。册中十四、十五两叶致燕斋札，有“致吴丞书已阅悉，阁下非病乃谦耳。此有成案，去年两淮运同委广西候补道程垣生署理，可署两淮不可署两广乎？本省从前亦有西盐道署鹾篆成案，何嫌何疑，况系代理耶”之语，案瑞璋以光绪十年正月初七日由浙江宁绍台道升两广盐运使[21]，入粤在文襄前，文襄奏疏数见其名[22]，履任已久，不应更有代理之说，则燕斋非瑞璋之字更可知矣。

册内诸札致燕斋者独多，余亦与之有关[23]，疑皆出自一家，所谓蒋大人者，即燕斋之姓也。十九叶查运库拨解西征洋款数目札致蒋，而二十四叶催解应还西征洋款札则称燕斋，其证一。四十一叶参潮桥运同札致蒋，而二十叶委署潮桥运同札则称燕斋，其证二。三十九叶查刘永福营营官刘正兴委员殴辱广西守备叶有春事札致燕斋，而四十一叶询刘正兴、叶有春案已问明否札则称蒋大人，其证三。九叶唐吏部拟撤回驻下冻妥否札致燕斋，而二叶唐底营不能远悬下冻宜屯何处札则称蒋大人，其证四。十八叶一札称燕斋都转，而二十五叶一札称蒋都转，其证五。据此，燕斋之为蒋姓明甚。册中数称燕斋观察则其本职为道员，考其时广东以候补道代理盐运使，而蒋姓者姓惟蒋泽春一人。《文襄奏稿》十二年二月二十五日《潮纲废弛委府兼办》片，三月二十四日《陈明广东洋务情形》片，五月二十二日《财政艰窘分拟办法》折，所谓署两广盐运使蒋泽春即其人也。

文襄督粤之始，广东布政使为龚易图[24]，按察使为沈镕经[25]，两广盐运使为瑞璋。十一年二月二十七日丁酉以沈镕经为云南布政使，次日戊戌以于荫霖为广东按察使[26]，三月十二日辛亥龚易图与湖南布政使庞际云对调，实均未履任。《奏稿》八，十一年四月二十日《筹议闱姓利害暂请弛禁》折所列广东三司仍为龚沈瑞之名，《文襄函稿》三《上阎丹初中堂书》谓“龚蔼人（易图）才具可爱，疏放可惜，以调湘部文到太迟，而臬擢滇藩沈不能接署，不得及早交卸，致有此变，殊为惋惜”，可证其时均未履任。其所谓“致有此变”者，盖指十一年六月龚易图为邓承修所劾，九月革职事。四月三十日戊戌庞际云与沈镕经对调，六月沈镕经接任[27]，而于荫霖未到粤，遂以瑞璋署按察使，以蒋泽春署盐运使。册中九叶一札称芸阁廉访，燕斋观察，十七、十八叶一札称芸阁方伯，燕斋都转，是蒋之署任与沈之履任同时。十月二十六日辛卯瑞璋迁江西按察使，以王毓藻为两广盐运使[28]，及于荫霖到任而瑞璋离粤，王毓藻到任而蒋泽春卸署职。

清季地方交涉事件率由关道管理，广东无专办洋务关道，光绪七年派粮道专管寻常洋务，各国领事狃于故常，事无巨细仍径达督署，九年遂命龚易图以布政使兼管紧要洋务，易图离任由瑞璋以盐运使兼办，文襄称其"于各国情性风尚及各口通商条约均能谙习"[29]。瑞璋离粤，复由蒋泽春以署盐运使兼理。泽春为广西候补道，同治二年破信都陈金刚有功[30]，光绪十年八月云南巡抚张凯嵩遵保人才首及之[31]，中法越南战起，文襄设东西转运局以输饷械[32]，命泽春与瑞璋、阎希范总理东局[33]，尝称其"明亮老成，凝重得体"，其行辈似前于文襄也。

许溯伊先生早入文襄幕府，并为编定遗集[34]，于文襄一时僚佐最称熟谙，此盖因瑞璋与蒋泽春同时同官，职务先后接替，偶尔颠倒耳。瑞璋之字未详，疑即册中之黼侯。二十一叶垫解西振续捐一札称黼侯廉访，其时升任臬司为沈芸阁镕经已履藩任，新任臬司于次棠荫霖尚未到粤，广东惟一瑞璋署臬司耳，非其人别无足以当之者。且垫解西振续捐，事属盐榷，不涉臬司，而札中黼侯与燕斋并举[35]，必二人皆与运使有关，时瑞璋以盐运使代臬司，正与此合，则黼侯为瑞璋字又可证也。

1940 年 6 月 22 日昆明靛花巷

原载《文史杂志》第一卷第六期

注 释

① 见《治史杂志》第二期拙作《孟心史先生晚年著述论略》。

② 《张文襄公函稿》六卷,《续编》一卷,民国九年许同莘辑,铅字排印本。

③ 29页前后倒置,48页前幅应接27页,41页后幅应接37页,文义甚明。

④ 2页致蒋札。冯子材军。

⑤ 2页致蒋札。

⑥ 39页致燕斋札。

⑦ 2页。唐景崧时以吏部主事统军援越,故9页致燕斋札又称唐吏部。

⑧ 19页致蒋札,西征指越南出师。

⑨ 7页致蒋札。

⑩ 5页,无款字。

⑪ 44页致燕斋札。

⑫ 32页致燕斋札。

⑬ 《光绪东华录》五十九。本文所举时日系干支者悉出《东华录》,后不复注。

⑭ 《张文襄公奏稿》七,《到两广任谢恩》折。

⑮ 《奏稿》十八,《恭报交卸两广督篆》折。

⑯ 《清史稿》本传谓在粤六年,盖举首尾而言。

⑰ 《奏稿》九,28页,《甄别贪劣不职正佐各员》折。

⑱ 《东华录》六十六,又《奏稿》八,16页,《筹议闱姓利害暂请弛禁》折。

⑲ 《奏稿》十一,《刘永福到粤》折。

⑳ 李慈铭:《越缦堂日记》光绪十三年二月二十八日。

㉑ 见《越缦堂日记》四十一册,74页,《东华录》失载。

㉒ 《奏稿》七,33页,十年十二月二十八日《分设东西转运局》片;《奏稿》八,17页,十一年四月二十日《筹议闱姓利害暂请弛禁》折,均有瑞璋名衔。

㉓ 致芸阁两札,一称与燕斋筹商,一称燕斋都转均此。

㉔ 《东华录》五十八,十年三月二十一日丙申任。

㉕ 《东华录》五十四,九年六月二十五日癸酉任。

㉖ 由湖北荆宜施道迁,见《越缦堂日记》。

㉗ 《张文襄奏稿》十,11页,《为沈镕经请恤》折。

㉘ 由江苏督粮道迁，见《越缦堂日记》四十五册，61 页。案《东华录》七十三，王事失载，瑞璋事系于二十四日己丑。

㉙ 并见《奏稿》八，21 页，十一年四月二十日《请派瑞璋兼办洋务》片。

㉚ 《清史稿》二一一《张凯嵩传》。

㉛ 《东华录》六十四。

㉜ 《奏稿》十，33 页，十年十二月二十八日《分设东西转运局》片。

㉝ 《奏稿》十一，44 页，十二年三月二十四日《陈明广东洋务情形并委蒋泽春兼办》片。

㉞ 《函稿》外，《奏稿》五十卷，《电稿》六十六卷，《公牍稿》二十八卷，均许氏辑。

㉟ 21 页潮桥运同一札亦黼侯燕斋并举。

《恬盦语文论著甲集》序

莘田集其所作序跋文字为一编，署曰《恬盦语文论著甲集》，余首受而读之。

窃惟序跋文字体式无碍，包罗万有，古人精蕴，往往而在。就有清诸老言之：王怀祖《淮南子杂志后序条》六十四例，古人校雠科律盖莫能外。谈允厚《资治通鉴补后序》举《通鉴》七病，涑水之用心与其得失灿然具见。戴东原《水经注序》谓经例云过，注例云径，又谓《水经》上不逮汉，下不及晋初，此杜君卿、王伯厚、顾景范、胡朏明所不及知，千载之秘于焉以启。钱晓徵跋《经典释文》，凡正陆氏经文用字不当六事，跋《说文解字》，凡正大徐妄以意说二十二字；卢召弓《新唐书纠谬跋》凡正吴氏不细审前后三事；皆因其书以订正乖违。全绍衣《斯庵沈公诗集序》辨明史郑延平沉鲁王之诬，假其诗而旁疏时事。钱晓徵《春星草堂诗集序》谓有四长，才学识情；张皋文《词选序》谓词之至者罔不恻隐盱愉，不徒雕琢曼饰，虽一家论文指明，足以昭示千古。钱晓徵《黄昆甫先生集序》，卢召弓《周礼订义书后》，登一时师友过从；朱锡鬯《北窗炙輠跋》，全绍衣《姜贞文先生集序》备作者颠末行事，卢召弓《古文孝经孔氏传序》，论次古文升降显晦之迹，黄太冲《明文案序》偻陈有明文章胜衰振废之由。凡此之属，其所涉不徒一书一事已也。而论者或侪之空率酬应之列，不将失之！（谈允厚、黄太冲两先生入清始卒）

莘田此集凡收文十二篇，各有精虑，并皆赅洽：其序《续方言稿》，则比勘杭、戴两氏之书，兼纂诸家续作末本。跋《韵史》，则抉其改定字母，拘守五声，误解等呼，臆易反切四失。跋段校释文，则索王、陈诸家移录先后，考核释文版本源流。跋宋大字本尚书释音，则参摭徐、卢、段、王诸家校本是非。跋法校释文，则举其创通音例，辨章音类，精研等韵，据音正字四长。跋唐写本释文残卷，则证明唐宋两代改窜释文系于文字者众；牵涉音韵者寡。跋韵学源流，论莫氏所疑于广韵者类多精辟。跋声韵同然集，则究求作者生平，更寻诸家改择反切无功之故。跋韵学残卷，则考守温生卒里居，考守温字母为三十，考守温三十字母无正齿音二等及轻唇音，考等韵创自唐时，门法繁于宋代，并辨增删字母得失。序七音略，则推阐宋元等韵流派，韵图肇始，七音略与韵镜异同，至治本与殿本浙本疏密。序十韵汇编，则遍叙新出韵书大凡，及遮罗补缀以研覃求新之要。跋蒙古字韵，则订提要之误，辟近人之疑。学者于此，分之可以明学问之流变，窥音韵之精微，穷旧籍之渊奥，衡作者之纯驳，合之可以为文字音韵训诂之通说，悟治学之轨则，其所涉亦不徒一书一事而已也。

余与莘田生同日，长同师，壮岁各以所学游四方又多与共，知其穷年兀兀殚竭之所极；每深夜纵论上下古今，亦颇得其甘苦。用敢逞其愚陋，弁言卷首，为读者告。

此集清钞既竟，莘田以十二月十七日付之剞劂，以申敬于国立北京大学，会余病失期。病中三逢警报，余固莫能走避，而莘田亦留以相伴，古人交情复见今日，序成归之，有余愧焉。1943 年 1 月 16 日愚弟及时学人郑天挺谨序于昆明。

原载《图书月刊》第三卷第一期。国立
中央图书馆。1943 年 11 月

四川乐山《重修凌云寺记》拓本跋

去年秋，吴兴徐森玉先生道经乐山，见永历十年石刻于凌云寺侧，及来昆明，以语如皋魏建功先生，建功贻书乐山杜道生先生，求为拓寄。今年春，余读于学无不暇簃。碑题《重修凌云寺记》，为文十五行，行五十字，楷书，字径寸余，下截多漫漶。记后题大明永历十年岁在丙申孟夏月谷□，其后列衔名十行如次：

□王驾前亲军卫指挥□知陈起龙序一行□□□□（据行款当残缺此数下同）命总理全川军务提调汉土官兵兼督粮饷总兵官挂征虏左将军印□□□□□□都□祁三升二行

□□□命提督抚剿军务总兵官挂援剿后将军印右军□□□□□督狄三品三行

平虏营总兵官都督□事杨威四行

怀远营总兵官都督□事贺天云五行

监理重庆屯田总兵官都□□事郑守豹六行

授剿前营副□张体旺七行

威虏后营管总□□潮钦八行

原任中书□逢圣九行

南藩管理事务参□□麟十行

碑末下角有□官胡永清慕时达数字，当为立石职官也。

丙申为清世祖顺治十三年（公元1656），时永历帝已入云南[①]，孙可望驻贵州[②]，清军吴三桂李国翰镇汉中[③]。乐山明为嘉定直隶州，清因之，康熙十二年升为府，以其地置乐山县，北距成都三百九十里[④]，岷江迳城东南会大渡河入犍为，大渡河迳城西南复会青衣江[⑤]，水陆辐辏，常为军事所资。顺治初明清迭为攻守，往复数四。案《清史稿·世祖本纪》及吴三桂李国翰诸传，自顺治九年（壬辰，永历六年）三桂国翰克成都嘉定后，不言其地复入于明[⑥]，惟《李国英传》有"十一年加兵部尚书，时可望等破成都，重庆、夔州、嘉定皆为明守"之语[⑦]，与此碑合。碑记云："……因是与同事诸将军□□囊中，鸠工采木，不移时而正殿金像经楼廊庑次第成焉。……因报命孔急，未暇勒石。会至仁浩荡，泽及枯骨，复敕蓉城建斋以苏幽滞，继上峨山转诵贝叶，事峻与众共议因（阙九字）固陋集而为□□朽云。"是其营造尝因清军进据而中辍，两军争拒之频从可知矣。

杨威见《清史稿·吴三桂传》及《孔有德传》，其人于顺治十年（永历七年）尝屯阳朔、永福间，数为全节所败[⑧]，顺治十六年（己亥，永历十三年）二月与马宝、李如碧等降于吴三桂，次年七月三桂部勒降兵分置十营，威以副将管义勇后营总兵官事[⑨]。结衔所称都督□事盖为都督佥事，明制都督佥事正二品，无定员，盖恩功寄禄也[⑩]。凡总兵官例以三等真署都督（都督、都督同知、都督佥事）及公侯伯充之，故都督佥事恒为总兵加衔。平虏及其下之灭虏怀远诸营，他处未见，晚明新立者也。

狄三品见《明史》二七九《樊一蘅传》，《清史稿·吴三桂传》及《明季南略》、《南明野史》、《客滇述》、《行在阳秋》诸书。其人初从孙可望为总兵讨叛夷，顺治八年（辛卯，永历五年）十二月永历帝由土司入黔境过逻江，三品扈跸以行[11]。其后任建昌总兵，封德安侯[12]。顺治十四年（丁酉，永历十一年）十月可望降清[13]，次年清军三路窥取滇黔，十二月沐天波奉永历走迤西，艾能奇子承业纠三品劫驾，事泄[14]。十六年二月三桂入云南，三品与庆阳王冯双礼自金沙江奔建昌，三桂发檄招之，密授方略使谕川南诸将，三品降，执双礼以献[15]，七月封抒诚侯[16]。三品爵历大略如此。碑中结衔右军下当为“都督府□都”五字，明五军都督府每府左右都督各一人，正一品，为武职之最崇者[17]。其曰“挂援剿副将军印”，明制有大征讨则挂诸号将军，或大将军、前将军、副将军印总兵出，归则纳之。至“后将军”则后起者也[18]。

祁三升见《明季南略》、《南明野史》、《行在阳秋》及《求野录》诸书。其人初从李定国统龙骧营，定国出粤，留之于蜀，孙可望令镇遵义。及顺治十三年定国奉永历入滇，调三升，而可望亦使人调之，三升谓其所部曰“国主”（谓可望）安西（谓定国）旧主义均，今安西尊帝，当遵西府之调为正，众皆诺，于是整旅还滇，可望遣兵追袭，三升辎重尽失。十月达行在，封咸阳伯[19]。明年以迤西平定进侯爵[20]。顺治十五年（戊戌，永历十二年）七月定国秉黄钺三路出师，命三升出中路壁鸡公背，粮少运艰，士不宿饱，十二月定国兵溃炎遮河，三升之师亦大溃，永历遂走迤西[21]。明年正月帝次永昌，进腾越，复闻定国磨盘之败，从臣多叛去，乃决意入缅，遂出铁壁关，关外即缅境也。四月，三升帅师上表迎帝，缅人请敕止之，诡言航闽，三升捧敕痛哭遂撤师[22]。既而与定国不合，独走户腊，吴三桂遣官招之，十八年（辛丑，永历十五年）二月率兵七十余人降[23]。七月清授左都督加少保兼太子太保[24]。碑中结衔挂印下当为“□军都督府□都督”。征虏左将军亦后起。明仁宗洪熙元年（乙巳，1425

年），制颁诸号将军印十，辽东曰征虏，但有前将军无左将军也[25]。祁、狄两衔并有□□命字，当为钦命二字，然就阙泐处度之，似又不仅此，疑莫能明。

陈起龙其人未详。明制王府置护卫，设护卫指挥司指挥使一人，正三品，指挥同知二人，从三品[26]，此云亲军卫疑为晚明护卫之改称，起龙之结衔盖指挥同知也。

所谓"□王驾前"王字上画微低，疑当为主字，盖"国主驾前"也。张献忠既死西充，部将孙可望、李定国、刘文秀、艾能奇、白文选、冯双礼等率残众入贵州，可望用任僎议自号为国主[27]，所部亦以国主称之[28]。此所谓国主驾前即可望麾下也。驾前二字本施诸君上之辞，非诸王所可僭，其时永历称帝已十年，不应更有"□主"之称，且当时除"国主"外，亦从无"□主"之名，则非可望实无足以当"□主驾前"之尊。案永历九年云南宜良县东岳庙常住碑记有"驾前总镇阎臣"衔名，阎臣为可望部属，是可望之称国主与"驾前"二字之专属可望，不仅一时一地为然，其所称由来久矣。或疑南明诸将骄僭，驾前之称不必限于君上，而"国主"未必非"国王"。果尔则所谓□王亦即秦王孙可望。案明代宗藩封四川者，有成都之蜀王，叙州之雍王、申王，保宁之寿王。雍王、申王未之藩，寿王随徙德安，惟蜀王传世最久，张献忠陷成都，合宗均被害[29]。国变后，宗王惟瑞王常浩奔重庆，亦死献忠之难[30]。此外无入蜀者，则□王非明藩可知。永历时异姓封亲王者三：孙可望以五年（辛卯，顺治八年）封秦王（永历三年陈邦傅胡执恭矫诏封之，五年二月始补赍金册真封），李定国以十年（丙申，顺治十三年）封晋王，刘文秀亦以十年封蜀王。献忠死，定国、文秀、艾能奇等均兄事可望[31]。四川再入于明，布置遣将皆可望主之，守将白文选亦可望部，可望虽自驻贵州，未尝不可留亲军一部于川以为耳目（起龙为指挥同知仅领亲军之半），此其一也。狄三品为可望部将，祁三升留蜀亦受可望命[32]，二人位望远在陈起龙上，而推起龙为序者必以其为主帅亲军指挥，敬示尊崇，此其二也。定国以顺治十三年（永历十年）二月扈永历帝入滇都，三月进藩王（前封西宁王），其时虽与可望携贰，尚非决裂，如以定国记室金惟新为吏部侍郎，封可望扈卫张虎为淳化伯（均在三月）[33]，遣白文选、张虎赍永历玺书谕解可望（六月），送可望宫眷入黔，定国亲饯之郊外（八月），使可望留滇大营及旧标还黔（明年正月）诸事，其所以慰结之者盖无微不至。且定国新败之余（顺治十三年二月败于南宁），唯恐可望蹑其后（定国率残卒数千迎扈，复遣兵守盘江以备可望）[34]；刘文秀以顺治九年（壬辰，永历六年）保宁之败，废弃守滇，十三年以迓永历与定国同晋藩王，久闲复出，力尤单弱，必不敢更遣亲军入川，抑亦无此余力。此其三也。据此，起龙结衔"□王"其非晋王蜀王而为秦王，可推而知。总之盖谓孙可望也。

"南藩管理事务参□"一职，他处未见。明代职官以参称者有南京兵部尚书之参赞机务[35]。侍郎之参赞军务，惟正统元年甘凉用兵命之，后改赞理军务[36]。通政使司之左右参议正五品，承宣布政使司之左右参政从三品，左右参议从四品，及武职之参将，明初五军都督府有参议正四品，后改掌判官。均与此不合。卫指挥使司理杂务者曰管事[37]，亦无管理事务之称，窃疑亦南明所创始。

案明代之称诸王，或曰王，或曰府，或曰邸，或曰藩。李定国初封西宁王，当时称之曰西府[38]，曰西藩[39]，刘文秀尝封南康王，南藩之称必指文秀无疑也。洪武三年王府置参军一人正五品，九年改参军为长史，掌王府之政令，辅相规讽以匡王失，率府僚各供乃事而总其庶务焉。此云管理事务参□，疑即参军，当为晚明改变者也。文秀以十年三月封蜀王，碑记仍用南藩者，疑其人南府旧僚未授新职，故沿旧称耳。昔徐文贞志杨忠愍墓，称王弇山为藩参[40]，以其方官浙江布政使司在参政也，与此无涉。

永历建号十五年，政令尝及两粤川湖黔滇诸省，以视圣安思文，不可同日而语，徒以托命边徼，播迁靡定，遂致记注有间，典章莫稽，良可慨矣。此碑虽微，顾有可补史籍之阙者。披读既尽，因掇拾所可知者著之于篇，以为考史之助云尔。

1939 年 3 月 13 日草于昆明柿花巷述德寄庐

注　释

①② 《明季稗史初编》卷一二《行在阳秋》。

③ 《清史稿》列传二六一《吴三桂》。

④⑤ 《清史稿》卷六九《地理志·四川》。

⑥ 《清史稿》卷五《世祖纪》二：八年九月壬午，命平西王吴三桂征四川，十月辛酉李国翰会吴三桂征四川。九年七月丁亥吴三桂与李国翰定漳腊、松潘、重庆……围成都，故明帅刘文秀举城降。十月甲寅，孙可望寇保宁，吴三桂李国翰大败之。

《清史稿》卷四七四《吴三桂传》：九年七月，三桂与国翰遣兵西抚漳腊松潘，东拔重庆，进攻成都，明将刘文秀弃城走，复进克嘉定，驻军绵州，文秀及王复臣……围巡按御史郝浴于保宁，浴趣三桂等赴援，击斩复臣，文秀引兵走。

《清史稿》二三六《李国翰传》：九年与三桂督兵复成都、嘉定，遣将徇重庆、叙州，皆下，……十年以四川平，命与三桂还镇汉中。

⑦ 《清史稿》卷二四〇。

⑧ 《清史稿》卷二三四《孔有德传》附《全节传》。

⑨ 王先谦：《东华录》顺治三十五。

⑩ 《明史》卷七六《职官志》五。

⑪ 《南明野史》卷下,48 页。

⑫ 《行在阳秋》作安德侯,《东华录》作德安侯。

⑬ 《清史稿》卷二四八《孙可望传》。

⑭ 《南明野史》卷下,64 页。

⑮⑯ 王先谦:《东华录》顺治三十二。

⑰ 《明史》卷七六《职官志》五。

⑱ 明太祖征闽,命汤和为征南将军,廖永忠为副将军。北取中原,命徐达为征北大将军,常遇春为征北副将军。征王保保命李文忠为左副将军,冯胜为右副将军。征夏命傅友德为前将军。

⑲ 《南明野史》卷下 57 页作咸宁伯。《行在阳秋》、《东华录》均作咸阳侯。

⑳ 《南明野史》卷下,61 页。

㉑㉒ 《明季稗史初编》卷一七《求野录》。

㉓ 《明季稗史初编》卷一二《行在阳秋》。

㉔ 王先谦:《东华录》康熙一。

㉕㉖ 《明史》卷七六《职官志》五。

㉗ 《清史稿》卷二二四《李定国传》。

㉘ 《南明野史》卷下。

㉙ 《明史》卷一一七《诸王二》。

㉚ 《明史》卷一二〇《诸王五》。

㉛ 《南明野史》卷下,49 页。

㉜ 《南明野史》卷下,57 页。

㉝ 《南明野史》卷下,58 页。

㉞ 《南明野史》卷下,55 页。

㉟ 《明史》卷七五《职官》四。

㊱ 《明史》卷七三《职官》二。

㊲ 《明史》卷七六《职官》五。

㊳ 《清史稿》卷二二四《李定国传》,《南明野史》卷下,55 页。

㊴ 《明季南略》卷一六。

㊵ 《明文在》卷八〇。

《慈禧光绪医方选议》序

两千年前，汉河平中（公元前28至前25），刘向、刘歆领校皇室图书，修成《七略》，著录医经七家，二百一十六卷，经方十一家，二百七十四卷，全是名医李柱国校定的。过了六百年，《隋书·经籍志》著录医方二百五十六部，合四千五百十一卷，而胎产下乳等书列入五行类还不在内。这些数字，当然不够精密，民间流行的医药书籍也未必著录。但是从这些数字中，已经清楚反映出我国关于医学医术的研究由来已久，并且越来越发达。

同样，我国中医公开为人们诊治医疗也由来已久。西汉有世医（《汉书·游侠传·楼护》）、侍医（《汉书·艺文志》）、太医监（《隋书·艺文志》），东汉有医曹吏（《三国志·魏志·华佗传》）。到了隋唐，太常寺所属有太医署，设有医师二百人，还有药园师、医博士、按摩博士以及助教等等（《隋书·百官志下》），太仆寺还有兽医博士。说明社会需要多，因而从业人员多，反映出医学医术发达的另一侧面。

到了清代，更为发达。《四库全书总目·子部·医家类》著录九十六部，一千七百四十三卷，存目九十四部，六百八十一卷，附录六部，二十五卷。未收的医书，不计其数。

清代设有太医院，是礼部领导下"掌医之政令，率其属以供医事"的独立机构。除了选拔人员要通过礼部以外，都是独立行使职权的。太医院有院使（主官）、院判（副职）和御医十五人，吏目三十人，医士四十人，医员三十人，统称官士。另有制药人员。

太医院内设教习厅，从御医和吏目中选拔“学品兼优”的二人任教习。凡进院业医人员和医官子弟，都要到厅进行业务学习和培养，并随时由院使、院判加以考试。学习科目，雍正初定为《类经注释》、《本草纲目》和《伤寒论》，号称“三书”。其后成为具文。《类经》是明张介宾（景岳）编。

自院使到医士全要按自己的专业即“给事（服务）内廷（宫中）”轮流值班。分内直和外直。内直在各宫外班房值班，又称宫直。外值在东药房值班，又称六直。

清初，太医院分十一个专业。就是大方脉、小方脉、伤寒科、妇人科、疮疡科、针灸科、眼科、口齿科、咽喉科、正骨科和痘疹科。后来将痘疹并入小方脉，咽喉并入口齿科，所以乾隆《会典》说，“掌九科之法”。清中叶以后，又将伤寒、妇人两科并入大方脉，疮疡改为外科，针灸、正骨两科停，所以光绪《会典事例》说，“现设五科，日大方脉、小方脉、外科、眼科、口齿科”。这种专业并合，只是宫廷病例多少的反映，和研究成果无关。

清制，凡是皇帝服用的药剂，应将拟方先行报告，然后将同样的两剂合煎，由宦官监视，煎熟，分装两碗，一碗由院官和宦官先尝，一碗送皇帝服用。手续严肃，用药谨慎。皇帝外出时也如此。此外，文武会试的试场医药，军前医药，以及刑部监狱的医药，也要由太医院派员管理（参见乾隆《清会典》八六，光绪《清会典事例》卷一一〇五）。

清代太医院的工作任务，如此繁重，又如此严肃，医生们医术高明、经验宏富，因此社会上对宫中太医的诊断处方，极为珍视。

但宫苑森严，难以外传，长久以来，这些宝贵经验很少为人知晓，更未整理研究。

最近，中医研究院西苑医院陈可冀、周文泉、江幼李及中国第一历史档案馆单士魁、徐艺圃诸先生，在清代历史档案中，发现大批太医院医药档案，加以研究整理，编成《慈禧光绪医方选议》、《清宫医案研究》、《清宫配方研究》三书，使我异常高兴。我不懂中医，但我关心档案，重视档案，认为历史档案是完全可以为社会主义现代化建设服务的。

我常常想，医药知识为人人所必需，我国关于医药的研究如此悠久，如此广泛，何以至今尚未达到家喻户晓。是否由于医理深邃，专门术语多而有独特解释，学习较难。医学进步，常赖临床实际经验的积累，我国脉案留存下来的多有疑难大症，而像清宫脉案这样绵亘连贯，记录详细者少。现在这三本书的研究出版，对中国医学方面的贡献是很大的。

这次清宫医方医案的研究整理，不但中国医学医术得到推进，同时还可以解决某些历史问题。例如光绪的健康情况究竟如何，是病死还是遇害，是慈禧死在前还是光绪在前，传说纷纭。就脉案的整理，可能得到解释，推动历史的研究。清制，皇帝得病，有时征调地方知医者来京诊疗。据我所知，福建人周景涛（松孙）就是清末从江苏调京为光绪诊病的一人。他是光绪十八年壬辰进士，翰林散馆任如皋知县，调京后改学部主事。不知他家是否还存有光绪脉案记录。如能将公私脉案合起来研究，一定会有更多的体会。

郑天挺谨序

1981年6月10日

《莲华盦书画集》序

贵竺姚先生以文章名海内三十余年,向学之士莫不知有弗堂先生。晚年潜翳古寺,出其余绪以为书画,见者惊为瑰宝,而文名反为所掩。

先生作书兼综晋唐篆隶,而一出之于己。二十以前规模黄、米,二十后肆力于颜,写《麻姑仙坛记》小字本逾百过。既精说文,好金石,尝杂其锋势于行楷。民国元、二而后,益以峻朴出之,雄遒茂密,体韵丕变。或以为酷似北碑。先生闻之曰:吾以隶法运颜平原耳!喜作汉分,于史晨、礼器、曹全诸碑得其神趣,而诏学者学隶则以三颂。三颂者:郙阁、西狭、石门也。尝谓方圆并用,疏茂相成,浑灏流转,自然庄重雍容,莫三颂若。于篆最喜琅邪台、峄山刻石,早岁作篆多法秦刻,其后乃参以鼎量印钵及汉碑碑头笔意,仍以小篆为规。虽嗜吉金文字而不事临抚,以古籀多凿文,晚近笔墨未偁,又字少不足于用也。

先生论画,必欲胸无古人,目无今人,以为胸无古人则无藩篱,目无今人则无瞻循。四十以前不常作画,友好投赠,偶一为之。中岁登泰山泛西湖,归而壹志作山水,峰峦巉崿,烟云郁勃,盖往往皆自写其胸臆者也。间作花卉杂物,辄题以诗或小词,时号三绝。丙寅得风疾,以残臂挥毫,韵势宕逸,稍异于前,然腰肢不胜,故作画尝多于书。自号姚风,盖比于杨凝式之杨风也。庚午后,书益清而画益妍，体又不变，未几卒。

盖先生书画凡三变焉：四十前规抚古人、四十后自立家数，一变也；丙寅得疾后之宕逸，一变也；庚午后之清妍，又一变也。天挺尝问书画之要，先生曰：意在笔先，无囿一格。呜呼！此先生之所以不朽欤！

先生生于光绪二年丙子。今岁干支再值，令子苍均昆仲出先生遗墨景印行世，以天挺从先生久，嘱一言为之序，谨撮先生书画先后之次著于篇，以俟世之征书画史者。

1936年4月21日长乐弟子郑天挺谨序

孟心史先生晚年著述述略

——纪念孟心史先生

孟心史先生以1931年重来北平，讲学北京大学。时北平图书馆新成立，广事访求；故宫博物院亦在点查，珍籍秘录一时纷出。先生既熟于史事，嗜学尤力，终日汲汲，七年之间成书数百万言，盖远迈于旧日之所作，有功于学术亦最宏。

心史先生治学态度极严谨，认为历史必须真实，因此，所写文章以考实为主。繁征博引，一丝不苟，但不是堆砌史料。晚年专门研究清史，最后一次到北京，年已六十五岁，仍然是密行细字、夜以继日地写作。六七年间，所写竟达数百万言。直到最后病倒，还有《十月十八日病中作》一诗：

> 生死如观掌上纹，已登七十复何云。
> 病深始欲偷余息，才尽难胜理旧闻。
> 长谢朋觞来简约，只亲药裹似丝棼。
> 卅年襞积前朝史，天假成书意尚殷。

依然以完成清史的写作自任。这时北平已沦陷，先生忧心如焚，因而致疾，不幸竟赍志以殁。

心史先生是一个爱国者，他壮年的游学，中年的从政，以及热心于介绍国外政法经济学说,都是想把中国富强起来。“七七事变”以后,先生关心国事,天天守着无线电收音机听新闻报告到深夜一点多钟,并且天天翻着字典看英文报纸。他对当时国民党政府的怯懦腐败和日本军人的狂妄恣纵,非常痛恨,时时见之诗歌。先生诗《九月二十七日夜闻电播书事》一首:

丰镐中朝旧宅京,几年神物落荒伧!
天吴紫凤纷颠倒,白日黄鸡有旦明。
多谢谲狂来发难,竟教残剩促销声。
膺惩出自戎荆口,一笑儿曹项领成。

并自注说:“杜诗投简咸华两县诸子:‘乡里小儿项领成,朝廷故旧礼数绝’;是谓小儿忘分,偃蹇自恣也。故用以写其事状,可以一笑置之矣。”先生的憎愤心情于此可见。但是先生对抗战胜利是有信心的。“白日黄鸡有旦明”,正说明这一点。另外在《九月二十一日家忌祀先祭告》第一诗中后四句:

体茶更无生可乐,时艰翻觉死非宜。
征东将士如龙虎,家祭留身谨告知。

也可以看出。末句用的是南宋陆游临终诗“王师北定中原日,家祭无忘告乃翁”故事。

先生和郑孝胥是旧识,郑孝胥叛国后,先生就和他“七载参商迹两歧”了。1937年后先生病,郑孝胥到先生家探病,先生已入协和医院。先生诗《枕上作有赠》一首,其中“君不见贵由赵孟何如贱，况有《春秋》夷夏辨”，就是为斥郑而作。

*　　　*　　　*

心史先生晚年撰述以《明元清系通纪》最为巨制，用力亦最勤，自谓留意者二十余年[①]。其书初名《清朝前纪》[②]，继改《满洲开国史》[③]，迭经增补于1934年易今称。明元谓明代纪元，清系谓清代世系。盖谓以明代之纪元叙清代之世系也。心史先生以清代肇基与明代开国相先后，清代以孟特木为始祖，追尊曰肇祖原皇帝，其行事在明太祖洪武间已可考见，其后历代皆与明诸帝相循而下。肇祖尝事朝鲜又臣属于明，子孙世奉朝贡，受明之恩遇甚厚，太祖努尔哈齐身自朝明者三次，而清世尽讳之。开创之迹，《清实录》既蒙昧不能自明，臣明而后复讳而不著，其在明世国史亦多削而不存，于是搜辑群籍旁及国外史料作为长编，欲以补明清两史之阙，兼发清世隐讳之秘。自孟特木、充善、妥罗以下，兴景显三祖迄于太祖、太宗，皆抉其事迹先后依年编次，太祖、太宗自有《实录》则但详其所不载或始已载而终削者。清代祖先事迹在明以前及无年可记载或不能系于一年者，若满洲名义，布库里英雄，女真源流，建州地址变迁之类，列作前编，以便省览。其编年纪事则谓之正编。

通纪取材大抵以明历朝《实录》及《朝鲜实录书》为主，辅以刊版行世之书，钞本秘籍难为征信者皆不随意取证，委巷传说更无论矣。心史先生自言，慎之又慎，不敢徇一时改革之潮流有所诬蔑于清世，非虚语也。正编纪事始自洪武四年（1371），永乐元年（1403）而后排年叙次。先生自计全书约二百五十余万言，大体均已成篇，惟明末数年尚待勘定。1934年9月，前编四卷及正编五卷刊行，其后陆续付印，迄1937年夏行世者凡前编四卷正编十五卷，约九十九万余言，叙至嘉靖三年（1524）章成事止，章成者，保能之侄,时为建州左卫都督。

心史先生既以阐明清先世史实为志,故《通纪》中记事居十之八,考订居十一强,论评说明居十一弱。莫不原原本本不厌其详,观于宣德八年(1433)一年之事至五万六百言,弘治四年(1491)一年之事至四万八千言,可以觇之矣。尤留意于考证,其辨正前说者不一而足。

《清太祖武皇帝实录》托始于布库里英雄,以肇祖孟特木[4]为其裔,日本学者则谓清始祖即为肇祖,别无布库里英雄其人。心史先生据《元史·地理志》、《明实录》朝鲜、《龙飞御天歌》,知猛哥帖木儿本为斡朵里豆漫,豆漫者,女真语万户也,斡朵里即《元史》之斡朵怜,元诸路万户皆世职,猛哥帖木儿既为豆漫必承袭有自,《朝鲜实录书》称猛哥帖木儿父挥厚为豆万,豆万即豆漫,则万户世职不自猛哥帖木儿始更可知,清代始祖不托之挥厚而托之布库里英雄,必当实有其人也[5]。马文升《抚安东夷记》谓建州女真先处开元,自来谈地理沿革者若陈芳绩、李兆洛、杨守敬,皆以元之开元路为即开原,清末屠寄知开元开原之非一地,而以开元治黄龙府即今吉林农安县,日本学者又谓开元在鸭绿江西,其说不一。先生据金、元、明诸史地理志、《明实录》、《朝鲜实录书》,谓开元在极东濒海地今珲春以东朝鲜会宁境,其地即清自承之祖居斡朵里也[6]。彭孙贻《山中闻见录》、钱谦益《初学集》均称清太祖为王杲余孽,王杲为建州右卫都指挥使,近时中外学者遂疑清帝系出建州右卫,心史先生考之,知清实左卫之后非右卫也[7]。《清史稿》以阿哈出与猛哥帖木儿为建州别派,与清代宗系无涉,心史先生据群籍证猛哥帖木儿即肇祖孟特木。并定清先世宗系:布库里英雄为一世,范察为三世,肇祖为五世,董山兄弟为六世,石豹奇与妥罗为七世,兴祖为八世,景祖为九世,显祖为十世[8]。他若辨《朝鲜实录书》之木答兀即《明实录》之杨木答兀[9],《明实录》之高早化即《朝鲜实录书》之枣火[10],《朝鲜实录书》中之土老即《明实录》之脱罗,《清实录》之妥罗[11],《明实录》中李吾哈与李斡黑二名互用,即《朝鲜实录书》之李兀哈[12];《朝鲜实录书》中管秃与权豆二名互用,即《明实录》之阿古[13],童仓与董山之非一人[14],冬果、东果、栋鄂之为一地[15],清堂子所祀邓将军之为邓佐[16],建州左卫女真属兀良哈[17]之类:均能不惑浮说,独抒精蕴,其有功清史远非前哲所可拟也。

有清一代以八旗为与前朝分别之制,治史者或以其与兵事相关,目之为清世兵制,如《清史稿》以八旗入兵志是也。或以其与户籍相关,如《清史稿·食货志》附八旗丁口是也。并属膜外之谈,于八旗本质未尝深解。心史先生考之清初史料,知八旗为太祖所定之国体,一国尽隶八旗,以八和硕贝勒领之为旗主,八旗各有土田、各有人口、各有武力、各置官属、各任工役,旗下之人谓之属人,属人于旗主有君臣之分。八贝勒共议国政商国事,无一定之君主,八家公推一人为首长,如八家议有不合或其人不纳谏、不遵道,则更择有德者立之。凡战争有所获八家均分之,毋得私。此清太祖所定之制,假借名之可曰"联邦制",实则联旗制也。太宗以来苦心变革,寖抑旗主之权,逐次更易各旗旗主,使不能据一旗以有主之名,而各旗属人亦不能于皇帝外复认本人之有主。至世宗朝而法禁大备,八旗旧制乃为新法隐蔽迨尽。先生钩剔官书中旁见侧出不经意而流露者,著为《八旗制度考实》[18],以穷其本源。执其说以证清初史事,莫不豁然贯通。先生更考得清初八旗正黄、镶黄属之太宗皇太极,正白属之多尔衮,正红属之代善,正蓝属之莽古尔泰,镶白属之多铎,镶红属之阿济格,镶蓝属之阿敏。太宗一人领两旗者,其镶黄一旗太祖留以自待，未及命而身殁，遂由太宗兼之。太宗殁，世祖继领之。及多尔衮殁，其众亦入于世祖，此后世“上三旗”所以由天子自将之故（亦即君权逐渐扩张之证也）。凡此皆《八旗通志》所不载，前哲所不详，而心史先生钩稽独得者也。

清世宣付国史立传之人，《清史稿》未尝毕收，而清国史馆列传诸家传钞本与印行本增缺亦不尽同，心史先生乃汇集《清史稿》、《清史列传》、《宗室王公功绩表传》、《蒙古王公功绩表传》、《满汉名臣传》、《贰臣传》、《叛臣传》、《国朝儒林文苑传》，并传钞诸本辑为一编，名曰《清史列传汇编》。以人为纲，凡诸书传文备录之，一书而诸本文字不同者分注之，事涉两歧者考订之。凡录稿百数十厚册，欲送商务印书馆印行，已有成议而卢沟桥变起。今原稿半存北平松公府，半存先生故居。

心史先生于1934年著《清初三大疑案考实》，三案者：太后下嫁，顺治出家，与雍正入统也。世人每以多尔衮称皇父与孝庄后不祔太宗陵寝为太后下嫁之证，且有传钱谦益以礼部尚书进大婚仪注者。先生谓多尔衮皇父之称犹之尚父仲父，纯为报功不关渎伦，皇后不祔葬者，清历朝有之，不独孝庄一人，皆不足为下嫁之证，谦益入清未尝为礼部尚书，进仪注事尤不足信。顺治出家之说，世喜以吴伟业赞佛诗为证，心史先生据《玉林国师年谱》、《王文靖公自撰年谱》、《张宸杂记》，证顺治之确死于痘。雍正之夺嫡入统，传言本多，心史先生钩稽史料，谓传位遗诏由隆科多所口传，隆科多之能口衔天宪处分嗣统，则由身为步军统领、警跸武力实在掌握，而年羹尧方为陕西四川总督，统重兵以扼允禵，故世宗得安然即位，隆、年之宠异以此，其后隆之禁锢，年之赐死，亦未尝不由挟功泄漏之故。

心史先生晚年考证清代史事文字甚多，散见于《国学季刊》、

《历史语言研究所集刊》、《文献论丛》、《读书周刊》、《文史周刊》，惟1937年所作《香妃考实》一文未出版而事变起，国人尚未尽见。先生证香妃入宫在乾隆二十三年前，其时回疆未平定，乾隆五十三年四月香妃卒，侍高宗者逾三十年，卒时太后已前卒十一年，世俗所传乾隆为求妃而兴师及太后赐妃死之说，盖皆委巷之谈，即世人艳称之香妃画像，亦与东陵所悬遗影不尽符。心史先生尝欲自辑所作清史考证文字为《心史丛刊》续编，由开明书局印行，为北京大学文史学会丛书之一，亦以事变中辍。

《永乐大典》本《水经注》行世，心史先生据以校赵、戴两家之书，知戴氏之书不尽与《大典》本合，益信戴书之出于赵。尝欲纂《大典》戴、赵《水经注》合校，为决疑之一助，未及成而忧国致疾竟不起，仅撰论文数篇见《文献论丛》及《读书周刊》。盖其时先生清史巨著将观成，移其兴会专治《水经》，假以年岁必有非常之观，而大变猝作，赍志以殉，惜哉！惜哉！

天挺以1929年获交先生哲嗣心如于杭州，1931年秋始拜见先生于北平，古城人海，会晤颇稀。1934年余得见钞本《国史列传》二百册，知心史先生方辑《清史列传汇编》，亟以送之先生，是为余与先生以学问相往还之始。余旧治国志，继探求古地理、心仪赵诚夫之学，偶得赵氏《三国志注补》，付之景印，既成以序文实《读书周刊》，先生方校《大典·水经注》，读之大喜，为跋尾一篇论赵氏生卒年岁，余于赵氏年岁，亦别有论列，遂书陈其所见。旧作《多尔衮称皇父之臆测》一文久置箧衍，亦以就正于先生，是为余与先生论学之始。1937年卢沟变作，余从诸先生后守平校，先生时督其所不逮，以是过从渐密。11月余从平南来，别先生于协和医院，执手殷殷潸然泪下，不意遂成永诀！先生负经世志，光绪末佐龙州戎幕练新军，民国初列国会议席，1928—1929年钮永建主苏政挽先生参大计，皆多所建白，惜为史学之名所掩，至民国以来通行之商法出自先生手定，世人更莫之知矣。

先生既归道山，两公子均在南，常州同乡诸公为经纪其丧，并嘱先生弟子四人点查遗稿封识之，扃贮北平先生故居。余在长沙，有许溯伊先生同莘自汴致书先生，同人嘱余存之，此书先生既不得见，因录于此，以见先生好学不倦老而弥笃。书曰：

> 承询燕斋之名，弟一再考据，大约为广东盐运使瑞璋，后署广东臬司，总办洋务局，本总署章京，俸满外用，故有熟悉洋务之称，与沈芸阁同为文襄倚任。至刘永福部将只有黄守忠并无方姓其人，彼时粤中将弁有水师提督方耀、潮州营游击方恭，又有率勇援闽之副将方友升，皆与永福不相联属，此见于文襄电牍者也。

心史先生讳森，字莼孙，晚号阳湖孑遗，江苏武进人。心史为先生写作之别署，今人习称心史之号，鲜用莼孙者矣。闲尝与先生谈及郑所南，先生笑曰，吾之心史与铁函无干也，因并识于篇末。

余初意为心史先生作传，继欲改作遗事状。后与钱宾四（穆）先生商，专述晚年著述，遂成此篇。原有短序录存于此：“孟心史教授卒经年，北京大学史学系师生将集文纪念，索传于余。余求先生行述，久而未获，因用龚定盦、杭大宗逸事状例条，举所知于此。载笔之士，或有取焉。”

1939年5月19日昆明才盛巷。后有增补。

原载北京大学史学系《治史杂志》第二期

注　释

① 见《明元清系通纪自序》。

② 1930 年列入《中央大学讲义丛书》，商务印书馆出版，凡十四万言。

③ 1932 年在北京大学开设课程，称《满洲开国史》。

④ 孟特木，《清史稿》作孟特穆；布库里英雄，《清史稿》作布库里雍顺。

⑤ 《通纪》前编，7—12 页。

⑥ 同上书，43—53 页。

⑦ 《通纪》前编，42 页；正编卷一，35 页；卷五，26 页。

⑧ 前编，9 页；正编卷一，70 页。案先生此说其后颇有修订，以布库里英雄为一世，范察为二世，董挥厚三世，肇祖四世，充善楮宴五世，石豹奇六世，兴祖七世，景祖八世，显祖九世，太祖十世，见所编《清史讲义》。

⑨ 正编卷三，29、37 页。

⑩ 正编卷四，2 页。

⑪ 正编卷十三，15、28 页。

⑫ 正编卷七，18、30 页。

⑬ 正编卷一，75 页；卷四，1 页。

⑭ 正编卷四，52 页；卷五，58 页；卷六，9 页；卷七，23 页。

⑮ 正编卷四，101 页。

⑯ 正编卷九，3 页。

⑰ 正编卷三，16、22 页。

⑱ 《中央研究院历史语言研究所集刊》第六本第三分。

郑天挺先生学术年表*

1899 年(清光绪二十五年)

8 月 9 日(七月初四)出生于北京。名庆甡,字毅生,入大学后改天挺。

1905 年(光绪三十一年)

父郑叔忱于是年秋病逝,年四十三。

1906 年(光绪三十二年)

母陆嘉坤在天津病逝,年三十八。

1907 年(光绪三十三年)

入京师闽学堂读书。班中人少,停办。

1908 年(光绪三十四年)

改入江苏学堂读书。春季始业。

1909 年(宣统元年)

闽学堂成立高小,复回该校读书。次年学校因经费不足停办。当时学校仍以读经为主,如读《书经》、《诗经》等,但读的方式已与私塾不同,另加修身、作文、算术、史地等课。

1911 年(宣统三年)

考入顺天高等学堂一年级。高班者有梁漱溟、张申府、汤用彤

---

* 本年表由郑克晟先生撰写。

等人，同班者有李继侗。课程较深。秋，武昌起义，学校停办。

1912 年

夏，考入北京高等师范学校附属中学（即师大附中前身）读书，直至 1916 年毕业。

1917 年

考入北京大学国文系。时北大校长为蔡元培，文科学长为陈独秀，老师中有马裕藻、钱玄同、马叙伦、蒋梦麟、胡适诸人。

1918 年

埋头读书。

是年开始，听贵州老学者姚华讲金石文字，每周末晚间一次。后先生曾为姚老先生写《〈莲华盦书画集〉序》（1934 年）。

1919 年

仍在北大读书。是年爆发五四运动，走出书斋，参加学生会工作。并走向街头，参加游行及宣传活动。

1920 年

在京的福建学生组织 SR 学会（Social Reformation，意即社会改革），郑先生参加。

1921 年

春，陈嘉庚筹办厦门大学，以邓萃英为首任校长。郑先生亦参加筹备工作，任助教授兼图书馆主任。是年夏，更换校长，郑先生亦离去。

秋，考入北大文科研究所国学门为研究生，由钱玄同等人指导。

秋，和泰州周俶女士结婚。

1922 年

在北京女子高等师范学校（女高师）、市立一中等校教书。

是年秋，任法权讨论委员会（会长张耀曾）秘书。该会系政府机构，主要工作系翻译中国法典为英、法文，并筹备收回帝国主义在中国的领事裁判权。

1923 年

是年夏，长女郑雯、次女郑晏同日生。

在法权讨论委员会会长张耀曾指导下，依据会中一些外交档案，撰写《列国在华领事裁判权志要》一书，以该会名义于是年八月正式出版。

1924 年

1 月 19 日，赴安徽会馆参加戴东原二百年纪念会。

是年春，为法权讨论委员会撰《中国司法小史》初稿。

是年秋，任北京大学预科讲师，授人文地理及国文课。仍兼女高师讲师。

是年，随法权会会长张耀曾等人去大同等地考察司法。

1925 年

是年仍在北大、女高师（后改名女子师范大学）任教。在法权讨论委员会任秘书。

1926 年

3 月，北洋政府教育总长非法解散女师大，全校师生抵制。鲁迅、许寿裳等人另觅校址上课，郑先生亦参加此行动。

是年夏，长子克昌出生。

1927 年

6 月，浙江民政厅长马叙伦邀去该厅任秘书。不久马辞职，命先生代拆代行，负责移交。旋即回京。时北大已被北洋政府改组，法权讨论委员会亦被解散，失业半年。

1928 年

3 月，赴上海、杭州，见到蔡元培、鲁迅、马叙伦、蒋梦麟诸先生。

4 月，在杭参加国立艺术院开学典礼。

应表兄梁漱溟之邀，于 5 月由杭至广州，任广东政治分会建设委员会(兼主任李济深，代主任梁漱溟)秘书。

9 月，郑由广州至杭州，任浙江大学(校长蒋梦麟已任教育部长，校务由秘书长刘大白代)秘书，文理学院讲师。

1929 年

除在浙大外，还在浙江地方自治专修学校(负责人马巽)讲授中国现代法令课，编有讲义。

是年，西湖博览会开幕，为教育委员。

1930 年

2 月，应蒋梦麟及刘大白(时任政务次长)之邀，任教育部简任秘书，负责筹备 3 月召开的第二次全国教育会议。

是年冬，蒋辞教育部长职，改任北大校长。先生亦随之回北大，任校长室秘书，并在预科讲授国文课。

1931 年

是年秋，次子克晟出生。旋“九一八”事变，日军侵占东北。先生命克晟又名“念沈”。

1933 年

12 月，任北大秘书长，中文系副教授。

是年始，在北平大学女子文理学院(院长范文澜)讲授中国近三百年史。

1934 年

1 月，三子克扬生。

是年夏，北大国文系改组，胡适兼系主任。先生为国文系同学讲授古地理学。

1935 年

5 月，至中山公园来今雨轩，参加《益世报》筹办“读书周刊”事。

同月，参加北平文史学者欢迎法国汉学家伯希和晚宴，晚宴由傅斯年、陈寅恪主持。

本年度为国文系学生讲授校勘学。

1936 年

本年为历史系学生讲授魏晋南北朝史。

本年撰写《多尔衮称皇父之臆测》、《杭世骏〈三国志补注〉与赵一清〈三国志注补〉》诸文。

1937 年

春，妻周俽难产逝世。先生深受刺激，为悼死者，从此不再续娶。

7 月，日军大举侵华，“七七事变”，平津陷落。先生等人决定南下。

11 月，北大、清华、南开合组长沙临时大学正式上课。先生离平去长沙临时大学。临行前多次看望重病中的孟心史（森）先生，依依惜别。先生保护学校师生安全南下，得到全校师生之赞扬，当时长沙《力报》、上海《宇宙风》等报刊均有报道。

12 月，在临时大学由国文系转至历史系，任教授，讲授隋唐五代史。

1938 年

3 月，临时大学又迁昆明，名西南联合大学。

西南联大文法学院暂设蒙自，由南开杨石先、清华王明之、北大郑天挺负责筹办。

是年夏，开始注意西南边疆问题，撰《发羌之地望与对音》等文，并向陈寅恪、罗常培、魏建功、邵循正等人征求意见。

北大史学系师生召开孟森教授纪念会，先生撰《孟心史先生晚年著述述略》。

是年，开始讲授明清史，并涉及分期问题。此外尚开史部目录学等课。

1939 年

5 月，北大决定恢复文科研究所，由中研院史语所所长傅斯年兼主任，郑先生为副主任。

是年，原拟与傅斯年纂辑新《明书》，拟定三十目，期以五年完成，因战事未成。

1940 年

是年初，任西南联大总务长。

是年夏，撰《〈张文襄书翰墨宝〉跋》一文。

1941 年

5 月至 8 月，与梅贻琦、罗常培至四川公干。至南溪县李庄史语所，与所中诸公商议北大任继愈、马学良、刘念和、李孝定论文答辩事；至成都参观四川大学及华西、齐鲁、金陵三大学，并至武汉大学参观；至重庆洽谈校务；顺游峨眉山。

是年在联大讲授隋唐五代史、明清史，在云大讲隋唐五代史。

1942 年

夏，在华山小学为云南省地方干部训练班做《明清两代滇黔之发达》演讲。计分叙论、区域分合、人口、土田、交通、矿产、盐、科举、改土归流、结论十部分。结论为：滇黔之发达在明清较前代为胜;明清滇黔之发达较之他省有过之。讲稿已佚。

12月,在联大文史讲演会做《满洲入关前后几种礼俗之变迁》讲演。

是年,在云南广播电台做《中国之传记文》的演讲。

1943年

1月,与汤用彤议北大文科研究所计划。主北大文科研究所历史考证方面,应以敦煌研究为主。

春,至重庆参加全国历史大会。

1944年

1月,在西南联大历史系晚会做《清代包衣制与宦官》之讲演。

4月,在西南联大文史讲演会,做《清代皇室之氏族与血系》之讲演,并驳斥"满洲独立论"之谬说。

暑假,应大理县志编纂会之邀,先生随西南联大、云大师生赴大理学术考察。其间,在大理三塔寺为干训班做《中国民族之拓展》讲演。计分:一、中国之移民;二、中西移民之不同;三、拓展之三方面;四、中国民族拓展的精神。听者千人。讲稿佚。

9月,应何炳棣、丁则良、王逊主持之十一学会约请,做《大理见闻》之讲演,讨论热烈。

10月,撰写论文《近百年来的中国建军》在《中央日报》(昆明版)发表。

1945年

1月,为云南文化界做《明代之云南》演讲,分绪论、范围、行政、形势、人口、土田、财富、交通、文化、结论十部分。讲稿佚。

4月,《清史探微》序写成。

6月,为《中央日报》(昆明版)撰写《六三纪念献辞》专论。6

月 3 日系禁烟日。

7 月,为昆明某纱厂做《清末洋务》之演讲。讲稿佚。

8 月,抗日战争胜利,北大、清华、南开三校筹划迁返,成立三校联合迁移委员会。以先生为主席。

8 月底,奉教育部命,至北平接收北京大学。因候飞机,9 月 3 日飞渝,11 月 3 日始达北平。

11 月,于北平成立北京大学校产保管委员会,由先生主持。

任北平临时大学补习班(主任陈雪屏)第二分班(文学院)主任。复约请陈垣、萧一山、董绍良、孔云卿(史)、俞平伯、孙人和、孙楷第、顾随(中文)、陈君哲、林宰平(哲)、陈福田、蒯淑平(外文)等人讲课。济济一堂,令人称羡。

任《经世日报·读书周刊》主编。

是年,《爱新觉罗得姓稽疑》一文在《东方杂志》发表。

1946 年

所著《清史探微》由重庆独立出版社出版。内包括近年所作清史论文十二篇。

7 月,胡适就北大校长职。先生仍任秘书长。

夏,任故宫博物院明清部专门委员。

是年,在北平广播电台做"如何读书"讲演。

1947 年

是年 11 月 20 日,在《益世报》发表《琉球应归中国》一文。

是年讲授明清史、清史研究等课。并在一些报刊撰写社论。

1948 年

2 月,为《周论》撰写《明清两代的陪都》一文。

4 月,为学潮事,先生致在南京开会的胡适校长:"北大有自由批评之传统，外间颇多误解，今后处境将益困难。……大学有其使命，学术研究应有自由，如无实际行动，在校内似宜宽其尺度，若事事以配合（‘剿总法令’）为责，奉行不善，其弊害不可胜言”。

8月，先生五十寿，北大胡适等二十六位教授为其祝贺，先生及家属均参加。

是年春夏，北平警备司令部多次要逮捕进步学生，先生出面阻拦。

10月，教育部派督学主任来平，促劝北大南迁，遭先生及其他教授反对。

12月，解放军包围北平。15日，胡适校长飞南京。北大校务由汤用彤（文学院长）、周炳琳（法学院长）及先生负责。先生致电胡先生，建议上、中、下三策：上策回北大；中策去澳讲学；下策去美。

国民党派飞机接北平知名教授南下，除少数人走外，先生及大部分教授均拒绝南下。先生决心保护校产及师生安全，迎接解放。

17日，北大五十周年校庆，学生自治会以全体同学名义，向先生献“北大舵手”锦旗。表明对先生之尊重及先生几十年在北大之地位并对北大之贡献。自治会致函郑先生并言：这种爱护北大的精神，“全北大同学不会忘记您，全中国人民不会忘记您，全中国后代的子孙也不会忘记您”。

是年，先生讲授明清史，历史研究法。

1949年

5月，北平文管会接收北大。任命先生为北大校委会委员（常委会主席汤用彤）、秘书长，史学系主任。

1950年

4月，辞北大秘书长职。校委会表彰先生十八年行政工作之劳绩。仍任史学系主任,及文科研究所(所长罗常培)明清史料整理室主任。

是年先生讲授中国史(四)元明清史,中国近代史(上)。

购买廿四史一部(“老同文”本)。

1951 年

2 月至 5 月,参加教育部门组织的中南区土改参观团。先生任团长,曾炳钧(清华政治系主任)任副团长。

10 月,北大中文(四年级)、哲学(三、四年级)、史学(三、四年级)组成土改工作团,到江西吉安地区参加土改,先生任团长。

是年,由北大、清华历史系及中国科学院近代史所共同编辑《进步日报》(原《大公报》)《史学周刊》。先生为该刊撰写近代史论文多篇。

1952 年

上半年,参加北大“三反、五反”、“思想改造”、“忠诚老实”运动。先生被指定做重点检查。

5 月,开始上课,仍讲授元明清史。

由先生主编之《明末农民起义史料》由开明书局出版。先生为该书写序。

9 月上旬,院系调整,先生奉调至南开大学历史系任系主任兼中国史教研室主任。

任《历史教学》社编委,并为该刊撰写多篇论文。

12 月,在南开上课,讲授隋唐史。

1953 年

春,当选天津市人民代表。

率历史系一年级学生至北京历史博物馆参观,承沈从文先生接待。

9月,至北京参加全国综合性大学会议,任历史组负责人。后在《人民日报》撰文谈教育改革之体会。

冬,为三联书店审阅唐长孺《魏晋南北朝史论丛》一书。

先生原在北大主编之《宋景诗史料》,由开明书店出版。

当选为天津市历史学会会长。

1954年

7月,至北京参加全国高校文科教学研究座谈会,任历史组负责人。

暑假,自上海购买《百衲本二十四史》一部。先生虽藏书不少,但始终无力购买二十四史。至此已有二十四史两部,一部仍留京。

是年,讲授元明清史、史料学等课。

《宋景诗史料》改名为《宋景诗起义史料》,由中华书局再版。

撰写《马礼逊父子》等文。

1955年

夏,身体不适,经常流鼻血,不知病因。但仍坚持工作。讲授明清史、史料学等课。

1956年

2月,至北京列席全国政协会议。

参加中科院历史研究所学术委员会议,为该所学术委员。

夏,至京出席全国高校教材会议,任历史组负责人。

评为一级教授。

10月,南开校庆,举办科学讨论会,先生做《关于资本主义萌芽问题》的报告,着重探讨《织工对》的年代问题。

是年,明清史研究室成立,先生为主任。

1957 年

撰写《关于徐一夔〈织工对〉》一文，于《历史研究》发表。

是年讲授明史专题、明清史等课。

1959 年

是年，注意中印边界文献，写《麦克马洪线不是合法的中印国界线》一文（内参）。

1960 年

6 月，参加全国文教群英会，为特邀代表。

是年讲授明清史专题、《资治通鉴》选读等课。

1961 年

3 月，参加全国文科教材会议，任历史组副组长（组长翦伯赞）。此后一直住北京，从事文科教材选编工作。仍不时回津，为研究生上课。

在京期间，经常去各高校历史系讲演，强调要"精读一本书"。

秋，为北大历史系学生讲清史专题。

1962 年

2 月，至厦门参加郑成功收复台湾三百周年讨论会，并在厦大及福建师院做学术讲演。回京经过上海时，又与黎澍等人访问复旦大学。

8 月，应北京历史学会邀请，在北京历史博物馆作《论康熙》的报告。

是秋，在北大历史系讲清代专题，侧重清代晚期诸问题。

在南开大学学术讨论会上，做《关于满洲族入关前社会性质》的报告。

1963 年

3 月,任南开大学副校长。

7 月,文科教材告一段落,回校。两年间主编(与翦伯赞合)《中国通史参考资料》十册(其中第八册清史资料,系先生及几位明清史研究室同仁自编),《史学名著选读》五册。

9 月,中华书局将标点二十四史的专家集中于北京。先生乃住中华书局西北楼招待所,集中精力标点《明史》,并作《明史拾零》笔记。

是年,为南开大学学生讲中国近代史专题,为北大历史系学生讲清史专题。

参加中科院哲学社会科学学部扩大会议。

1964 年

春,在南开大学与诸教授讲中国文化史专题。

夏,辞历史系主任。

至沈阳参加满族史讨论会。

冬,参加第三届全国人大会议,为人大代表。

1965 年

是年仍在中华书局标点《明史》,受政治气候影响,进展较慢。

1966 年

6 月,"文革"开始,被南开领导人责令回校。后即遭到严重迫害,入牛棚,失去自由。精神上乃至肉体上备受折磨。所存书籍、稿件、教学资料、文物、信件、日记、照片全部被抄,损失极重。

1971 年

是年南开开始招生。下半年先生的"问题"得以逐步缓解。先生开始注意清代边疆问题及丝绸之路之史料。

中华书局来函要求先生仍去京继续标点《明史》,遭南开拒绝,致使先生失去最后标点之机会。

1972 年

仍侧重研读东北边疆史料,并对钓鱼岛史料予以关注。为中国近代史年轻教师讲课。

春至秋,先生已开始审阅《明史》标点稿件。

1973 年

春,随历史系古代史教师至北师大历史系座谈。未发言。

春,中华书局赵守俨等人仍要求先生审阅《明史》标点之三校稿。先生仍认真负责,做"复校异议"笔记,凡数百条。历时一年完成。

夏,至天津市参加中国历史地图之审阅工作。

1974 年

夏,参加天津市"儒法斗争"座谈会,凡两天。此系先生"文革"以来第一次在天津文教界露面。

冬,至北京师范学院审阅《中国近代史知识手册》。

1977 年

春,至抚顺参加《清代简史》讨论会。与会者多为从事清史研究之年轻学人。

冬,当选为第五届全国人大代表。

1978 年

春,《光明日报》载南开郑天挺等人平反之报道。

6 月,去武汉参加教育部召开的全国文史教育会议。

1979 年

春,去成都参加中国社科院召开的历史科学规划会议。

秋，受教育部委托，主办明清史进修班，为学员讲课，主编《明清史资料》上、下册，并至清西陵参观。

是年，为研究生及留学生讲课。

冬，重任南开大学副校长。

在津召开《中国历史大辞典》首次会议，由先生任该书总编。

任中国社科院历史研究所兼任研究员。

1980 年

3 月，赴京参加中国史学会代表大会，当选为中国史学会主席团成员。

夏，先生之《探微集》及《清史简述》两书，由中华书局出版。《探微集》中包括先生所撰论文四十三篇。

当选为天津市政协副主席。

8 月，由南开大学主办国际明清史讨论会，到会中外学者一百二十多人，盛况空前。先生提交《清代的幕府》一文，博得与会者称赞。会后编出八十万字之论文集。先生决定：按论文性质排列次序，自己论文亦列其间。

至太原参加《中国历史大辞典》会议，会中决定分册主编制。

1981 年

4 月，至厦门大学参加六十周年校庆，并讲演。

5 月，至上海参加《历史大辞典》会议。任中国史学会执行主席。

暑假，参加教育部学位评定委员会议，为历史组组长；国务院学位评定委员会，与夏鼐同任组长。

10 月，至武汉参加纪念辛亥革命七十周年学术讨论会，代表中国史学会致词。

10 月，南开大学举办先生执教六十周年纪念会。先生辞副校长,改任学校顾问。

12 月 20 日,先生自京开全国人代会后即患感冒,回津不及一周而病逝。

天津市举行向先生遗体告别仪式,市长胡启立等人参加。国务院副总理方毅、教育部长蒋南翔等均来电悼念。

郑天挺和他的《清史探微》

冯尔康

郑天挺教授是杰出的史学家和教育家，他以高尚的人格与《清史探微》等著作给后世留下了丰厚的精神财富和学术遗产。

郑天挺，1899 年生于北京，字毅生，号及时学人，福建长乐人。他出身教育世家，他的父亲郑叔忱，是晚清进士，历任奉天学政、京师大学堂教务提调（即北京大学教务长），他的母亲陆嘉坤，是天津北洋高等女学堂总教习（相当于教务主任）。1920 年，郑天挺毕业于北京大学国文系，次年参加厦门大学筹建工作，1921 年考入北京大学文科研究所国学门为研究生，毕业后在母校担任教职，一度南下，就职于浙江大学，1930 年复回北京大学，直到 1952 年离开，先后在北大工作近三十年，历任讲师、副教授、教授，并且自 1933 年起，兼任秘书长，西南联大时期兼任总务长。在学校行政和教学中，他秉承自蔡元培校长以来的历任校长的“学术自由，兼容并包”的办学方针，特别坚持“保卫学术自由的传统”，他曾于 1948 年致电北大校长胡适，反对政府在学校实行钳制思想自由的军训政策。在“七七事变”之际，在北平和平解放之时，北京大学校长均不在学校，作为学校负责人的郑天挺挺身而出，与学校共存亡，被学生自治会誉为“北大舵手”。他将最美好的年华奉献给了北京大学。1952 年，郑天挺奉调南开大学执教，先后就任南开大学历史系系主任兼明清史研究室主任、副校长。他在南开大学有着强烈的使命感,希望将原来阵容并不强大的历史学系,办成“与国内素享厚望的几间大学的历史系并驾齐驱”的、最具影响力的学科。在他和他的同仁努力下,于上个世纪的 80 年代即已实现了这种愿望。1999 年 9 月,在纪念郑天挺诞辰一百周年的纪念会上,北京大学副校长何芳川说郑天挺“把最美好的年华献给了北京大学,而他一生最精彩的岁月是在北京大学度过的;对于南开大学,带来最成熟的学术,从而培养出有自家面貌的南开史学风范和传统”。史学名家宁可也指出,“南开大学历史学系有今天的强大阵容,而且很有后劲,是出于郑天挺的造就”。两位史学家的话,可视为给郑天挺的教育家地位作出了定评。

郑天挺的学术研究侧重在两个方面,一是在中国通史方面的探讨和撰著,另一个是对历史文献的整理、校勘。他的著述丰富,目前已出版的有:《列国对华领事裁判权志要》,1923 年;《清史探微》,重庆独立出版社 1946 年;《探微集》,北京中华书局 1980 年;《清史简述》,1980 年;《及时学人谈丛》,2002 年;《元史讲义》;2009 年。他曾主编《清史》(上),1989 年;主持点校张廷玉《明史》,1974 年;主编《史学名著选读》五种,1964 年;主编《中国通史参考资料》第 1、2、3、4、6、8 册,1964 年;主编《明清史史料》,1981 年;等等。

《清史探微》是郑天挺的代表作,此书奠定了他在清史学研究中开创者之一的学术地位。他同用近代方法研究清史的首倡者孟森一起,推动了清史研究。《清史探微》有三种版本,首次是前述独立出版社本;二次是台湾大立出版社 1983 年再版本;第三次为北京大学出版社 1999 年“北大名家名著文丛”本,系由郑克晟在初版本基础上增补而成。《清史探微》由四十余篇文章组成，分为几个部分，即最初版本中先清史和清初史论文，文献的序跋，清人史书评论，明清史重要论文，50 年代以来撰写的清史文论，专题探讨入关前满洲社会性质的论文；还有一组与清史无直接关系的论文，是关于西南边疆史地的，因写作于西南联大时期，是与陈寅恪、罗常培诸名家研讨的成果，故收入集中，用作特殊年代的研究纪念。

《清史探微》的学术贡献是多方面的，主要体现在：

（1）清朝开国史和清初史研究，讨论的问题有清朝皇族姓氏源流、皇族血系、满洲统一、开国重要人物多尔衮、清人关前社会性质、清初三大疑案等。如关于满洲称谓与族源，认为“满洲”系族称，满洲人始建政权，并无国号，只是以族名表示政权；满洲原系明代的建州女真，是金代女真的支裔，其先祖为唐代的靺鞨，南北朝的勿吉，周朝的肃慎，是中华历史上种族之一。郑天挺还从清朝皇帝血系论证满洲是中华民族的成员，在《清代皇族之氏族与血系》一文中，一一论述从清太宗到宣统各帝的生父与生母血统，在满洲血统之外，或有汉人血统，或有蒙古人血统，结论是“宣宗以前累世均有新血素的参入，此与当时武功之奋张，文化之调融，不无关系”。关于满洲统一历史，郑天挺划分为发生、发展、统一三个阶段，认为统一所以能够成功，在于努尔哈赤重视生产、粮食和战备。至于入关前满洲的社会性质，郑天挺认为是从奴隶社会进入封建社会，处于社会上升阶段，故而具有活力，促进了社会生产发展。对于太后下嫁的历史疑案，郑天挺从研究多尔衮被称作“皇父摄政王”着手，认为是封爵制度中，在“王”爵之前加上亲属称谓，使得“叔王”、“皇父”成为封爵，“凡亲王建大勋者始封之，不以齿，不以尊，亦不以亲，尤非家人之通称”。因此，多尔衮称“皇父摄政王”不能成为太后下嫁的证据。

(2)清代制度史研究的开启。郑天挺清史论文中,以论说典章制度的为多,即对奏章、宦官、包衣、兵制、科举考试、职官、幕府、礼俗等制度开展研讨,提出创见。《清代包衣制度与宦官》一文,指出清朝取消宦官衙门,创立内务府制度,主管皇室事务与太监,内务府总管大臣由官员出任,定期或随时更换,不能因久任而形成尾大不掉的势力,是以清朝没有宦官擅权之祸。关于明清的两京制,郑天挺得出比较性结论:明代陪都南京是政治上失意人物的聚集地,后来成为南明政治中心,而盛京地位不如南京隆重,自然也起不到那种作用。《清代的幕府》一文,对幕客的来源、地位、政治作用、发展状况作出全面研讨,开拓了一个研究新领域。郑天挺重视礼俗史,《满洲入关前后几种礼俗之变迁》一文,涉猎早期满洲人生活方式、祭祀、服饰、丧葬、婚姻诸方面礼俗,如祭堂子制度,皇帝在出师、凯旋之时,亲临堂子祭告,此为满洲人特有的习俗,保持最久,汉人不得参与。满人婚姻的聘礼,以鞍马盔甲为主,是尚武得妻的古风余绪;没有庙见礼,不讲究婚配双方的辈分关系,这些均不同于汉人。满人服装的特点是缨帽箭衣,尚窄瘦,与汉人的方巾大袖,纱帽圆领,尚宽博迥异。《清代的八旗兵和绿营兵》文,对兵制的类型、功能、演变、本质作出概括的说明。郑天挺对这些以往不甚清晰的制度、概念加以论述,为后学铺平进一步钻研的道路。

(3)作为明清档案的第一批研究者,郑天挺在档案研究方面取得了相当成就。内阁大库明清档案发现不久,在北京大学国学门读研究生的郑天挺就成为第一批整理者和研究者,后来他担任明清史料整理室主任,参与并指导档案文献的整理、编辑,出版了两种档案资料集:《明末农民起义史料》(1952 年)、《宋景诗起义史料》(1954 年),他分别写出序言和评论文章,在《明末农民起义史料序》中,详细说明明清档案保管、整理的过程和史料价值,指出档案是第一手史料中之第一手史料。

(4)极其关注边疆史研究。郑天挺对古代边疆史地多有研究,在西南联大时期致力于西南史地的考察,晚年则关注东北边疆史。他撰有《发羌之地望与对音》、《〈隋书·西域传〉薄缘夷之地望与对音》、《历史上的入滇通道》等文,发现"发羌"是藏族祖先,藏族在隋唐时代就同中央政府发生密切关系,是中国多民族国家的一个成员。对于"薄缘夷"的了解,意义不仅在于对西南边疆史地的认知,也是对中国与不丹两国关系史的开创性研究。郑天挺在东北边疆史方面,著有《明代在东北黑龙江的地方行政组织——努儿干都司》、《清初统一黑龙江》、《关于柳条边》等文,论证东北边疆与历代中央政府的隶属关系,批评苏联学者对这个地望历史的歪曲,尤其是在《奴儿干都司》一文中,用大量史料证明黑龙江流域在明代隶属于奴儿干都司辖区;在沙俄哥萨克达到远东濒海之前,清朝太宗时期已经进一步统一黑龙江流域,设立行政机关,征收赋税,行使主权。郑天挺边疆史地的研讨重在说明我国多民族国家形成、发展的过程。所以他的研究,不仅是学术的,还能体现他的爱国主义精神。

(5)强调对清代通史的研治。由于学术界和社会各界将鸦片战争定为中国古代史与近代史的分水岭,造成清史研究的割裂,郑天挺强烈主张对清代历史进行整体的研究。他在 1980 年主持召开第一届明清史国际学术研讨会,特意邀请从事中国近代史研究的学者参加,与古代史研究者一道进行清史探讨。他自己则是对先清史、清朝前期史和后期史全面关注,《清史探微》的各篇文章体现了他的主张。

(6)清代历史定位的认知。关于清代在历史长河中的地位,流行的说法是"封建末世"、"封建社会末期",郑天挺提出"晚期说",与末世说形成对峙。他在《清史简述》中认为鸦片战争以前的明清时期是封建社会的晚期,或者说是后期,并不是封建社会末期,而且中国封建社会也没有出现过末期。这一专著提出清史的六个特点,为学界所重视,有的学者说这是郑天挺综览清朝全部历史所得出,是令人信服的。

清史之外,郑天挺对其他断代史的研究,同样有着巨大的贡献。他治史主张"博"、"精"、"深","求真"、"求新"、"求用",博通古今,在中国古代史的若干断代史和专题史研究中都有精深的见解,2009年出版的《元史讲义》,以及近期将出版的《隋唐史讲义》、《明清史讲义》等,总计约百万字,表明他在这些领域有精湛的研究,是专家。

郑天挺治史的巨大成就,得力于他的行之有效的研究方法。他的方法论,可以归纳为下述三点:

(1)历史语言研究法。用历史语言说明历史,前述发羌史、薄缘夷史研究即为显例,他还撰文《墨勒根王考》,指明汉文称多尔衮为"睿王",源于满文"墨勒根",意思是善射,引申为智慧、睿智,从而说明汉文"睿王"的来源。

(2)实证方法。所谓实证方法,就是尽可能地搜集材料,详细占有史料,对史料进行检查,即去伪存真地研究,用以揭示历史面貌。郑天挺将他的文集定名为"探微",就是强调微观的实证研究法。他研讨的问题大多是具体的、细小的,但绝对不是到此为止,而是"以小见大",如《"黄马褂"是什么?》一文,通过对赏赐黄马褂制度的考察,说明清朝服饰制度和政治制度。又如论述徐一夔作的《织工对》,是关乎资本主义生产方式的大问题,他细致地考证出徐文的写作时间与地点,从而说明其史料价值之所在。

(3)比证法,即比较研究法。从对比中观察历史,如前述《明清的"两京"》,比较明朝陪都南京和清朝盛京的不同历史作用。又如《清世祖入关前章奏程式》文,讲臣工给皇帝上书,称皇帝为"皇上"、"圣上",文书称"奏",皇帝下达的文书称"圣旨";而给摄政王多尔衮的上书称"王上"、"启",多尔衮的指令称作"令旨",公文称谓、名称的不同,体现出皇帝、摄政王身份之别。

总之,郑天挺的清朝研究,开国史和初期史是研讨一个王朝兴起的重大问题,制度史涉及到一个时代的基本制度,是基础性研究,从而令人能够理解一代历史的基本面貌。他进行的是开拓者的原创性研究。孟森、萧一山和郑天挺是使用近代方法研治清史的第一代学者,是清史学的开创者。当今学者研治到郑天挺论证过的论题,必然会引证他的见解;讲到清史学,必云"孟郑"。人们总是以崇敬的心情,继承他的学术遗产。

2010 年 7 月 27 日于南开大学顾真斋

编者后记

1943年我的大姐郑雯(1923—1946,西南联大外语系学生)由沦陷区北平投奔远在昆明西南联大教书的独身父亲,经徐州、商丘、界首行至洛阳被困。父亲乃不得不向友人借贷以周济之。不久,为了归偿借款,乃有印行《清史探微》之打算。

父亲治清史多年,他的好友罗常培(莘田,1899—1958)教授早就劝他将旧日的清史论文集为一集出版,并建议此书可定名为"清史然疑"。但父亲不喜杭世骏之为人(杭著有《诸史然疑》),决定另议书名。后来又曾考虑叫"清史证疑",亦觉不太满意。一次晚饭后,他与汤用彤(锡予,1893—1964)教授在翠湖散步,二人就书名再三磋商,决定还是以"清史探微"为好。父亲也觉满意。此书后于1946年春在重庆独立出版社出版,共收集清史论文12篇。次年该书又再版一次。

上世纪60年代初,中华书局多次催促父亲将历年所著论文集为一集,但父亲一直"谢不敢应"。1980年,经中华书局李侃、赵守俨先生再三敦促,终于在中华书局出版了《探微集》,共收集论文43篇。该书并于2009年再版。

1998年,为了庆祝母校北京大学百年校庆,经北大汤一介教授推荐,季羡林教授作序,北大出版社张文定先生热心协助,将《清史探微》列入"北大名家名著文丛"中,于1999年即父亲百年寿辰时再版。书中论文由12篇增至40篇。

今年夏天，承冯尔康等教授举荐，商务印书馆著作编辑室朱绛先生热情关怀，将《清史探微》列入该馆“中华现代学术名著丛书”中。对此，我们亦深感欣慰与感谢。

本书共收集父亲的论文47篇。他在上世纪30年代为北大中文系讲授的《古地理学要略》这次全部收录。当时结合校勘学所写的《杭世骏〈三国志补注〉与赵一清〈三国志注补〉》的全部校勘记，此次亦全部收入，以备读者得窥该文之全貌。父亲在抗战时期，研究过西南史地，而到上世纪70年代中期，又把精力集中在清代东北史地的研究，写出了一些有分量的文字，此次亦将其中几篇收入本书。

父亲中年以后，行政事务缠身，在百忙之中尚能始终坚持多开课、多讲课，并从事科学研究工作，显示了他一生热爱教育事业的夙愿。同时也体现了他的坚强毅力与博学。尤其是在他的晚年，年逾八十，尚孜孜不倦从事研究著述，不仅令人感佩，也是我们后来人的学习楷模。

郑克晟

2010年8月9日于南开大学历史学院